KB195334

피고인
김재규

피고인 김재규

10·26 비공개 재판 통합 증언록

김재홍 지음

폴리티쿠스

추천의 말

45년 전 김재규의 10·26 거사를 어떻게 평가할 것인가? 반세기가 다 되도록 김재규의 거사에 대해서는 제대로 된 역사적 평가가 없다. 김재규는 '야수의 마음으로 유신의 심장을 쏘았다'고 했다. 저자는 김재규의 거사가 내란목적 살인이 아니라 민주주의 회복을 위한 결행이었음을 시사하고 있다. 현재 김재규에 대한 재심 재판이 진행되고 있다. 아무쪼록 이 책의 출판을 계기로 재심이 개시되어 김재규의 거사에 대한 사법적 정명이 이루어지길 기대한다.

● **이영기 | 호루라기재단 이사장, 김재규 재심 변호인단**

저는 김재규 장군의 셋째 여동생 김정숙 여사의 장남입니다. 어머니는 오빠가 세상을 떠난 지 꼭 40년이 되던 2020년 5월, 10·26 판결에 대한 재심을 청구했습니다. 지난 40년 동안 유족으로써 제 역할을 하지 못했다는 성찰과 반성 끝에 내린 어머니 일생일대의 결심이었습니다. 여든이 넘으셨지만, 스스로의 삶을 비겁하지 않도록 기억하고 싶으셨기에 내린 결심이기도 했습니다. 당시 어머니를 대신해 재심을 청구하는 유족의 입장을 제가 작성해 발표했습니다.

그때 저는 유족이 10·26 재심을 통해 궁극적으로 구하고자 하는 바는 '판결'이기보다는 '역사'라고 말했습니다. 역사의 존재 이유는 과거를 비추어 지금을 살아가는 데 필요한 '가치관'을 세우고, 그것으로 공동체의 미래와 희망을 만들어 가기 위해서입니다. 따라서 역사는 후대의 끝없는 기록과 재해석을 통해 살아있는 역사가 됩니다. 바로 이 책《피고인 김재규》와 같이 말입니다.

역사의 거대한 물줄기는 김재홍 교수님처럼 뜻있는 분들의 애국심과 역사에 대한 지극한 사랑과 민주주의를 지키고자 하는 강인한 의지에 의해 흘러갈 것이라고 믿습니다. 이 책을 통해 김재규라는 인물이, 10·26이라는 현대사의 한 페이지가, 그리고 이 나라와 민주주의를 향한 염원이 대한민국 국민들의 가슴속에 깊이 간직되길 바랍니다.

● **김성신** | **재심신청 유족 대표, 출판평론가**

서문

10·26 거사, 김재규는 왜 박정희를 쏘았는가?

10·26 사건 45주년, 상처 치유도 사회적 논란도 미결과제로 남아

중앙정보부장 김재규는 왜 대통령 박정희를 권총으로 쏘았는가? 세계사적으로 유례를 찾아보기 어려운 10·26 사건의 원인은 무엇인가? 이 책은 그런 물음에 대한 가장 실증적이고 분명한 답변을 담고 있다.

김재규 중앙정보부장이 대통령 박정희를 권총으로 살해한 10·26 사건이 올해로 45주년을 맞았다. 유신 군사독재의 '오너'가 제거된 지 역사적으로 한 세대가 바뀌고도 다시 15년의 세월이 흐른 것이다. 김재규가 쏜 두 발의 총탄은 강고하던 유신을 한순간에 사라지게 만들었다.

이후 12·12 군사반란과 5·18 광주 살상 진압 등 역사적 복고 역풍이 있었으나 6월 항쟁과 개헌 그리고 우여곡절 끝에 여야 간 수평적 정권교체가 이루어지고 대한민국은 고도의 산업국가가 되었다. 그러나 한편으로는 장기 독재의 상처가 아직 다 치유되지 못한 채 피해자 개인들의 고통과 회한이 이어지고 있다. 사회적 논란 또한 청산되지 않은 미결과제로 남아있는 실정이다.

10·26의 주역인 김재규의 명예 회복을 위한 재심 청구 재판은 아직 시작되지 않았다. 2020년 유족이 제출한 재심신청은 2024년 들어서 구체적인 심리를 몇 차례 마친 채 법원의 판단을 기다리고 있다. 1994년 출간했던 이 책을 30년 만에 재출간하는 이유들이다.

김재규의 유족들은 그에게 사형을 선고한 죄목 '내란 목적 살인'이 "사실과 법리에 위반되며 사법살인과 다름없다"고 재심 청구 이유를 밝혔다. 전두환 신군부가 조종한 군사법정에서 내란 목적 살인이라고 판결했으니 재심은 당연한 일이다.

신군부는 10·26 사건 후 12·12 군사반란으로 군권을 탈취한 정치 군벌 하나회와 군 내부의 그 후원자들이다. 5·18 광주민주항쟁에 대한 살상 진압을 주도한 내란집단이 이들 하나회였다. 당시 진압작전의 실질적 지휘부와 현장 지휘관들이 하나회 멤버들이었다. 그 핵심 수뇌들은 보안사령관 전두환, 수경사령관 노태우, 특전사령관 정호용이었다.

김재규는 군사재판 진술에서 "민주헌정을 조속히 복원하지 않고 이대로 가면 내년 4~5월경에는 큰 국민 저항에 부딪칠 것"이라고 예언했다. 이는 5·18 광주민주항쟁으로 적중했다고 평가할 수 있다. 김재규는 군사법정 진술에서 10·26에 대해 일관되게 민주주의 회복을 위한 '혁명'이라고 말하다 군검찰관의 제지를 받았다. 그 혁명이 시민 대중의 힘으로 이행되지 않았기 때문에 과거로 회귀하려는 역풍은 더욱 거세게 불었다. 그는 "자유민주주의 회복을 위한 혁명을 했는데 잘못하면 민주주의를 후퇴시켰다는 소리를 듣게 될 것이 가장 두렵다"고 했다. 그의 우려대로

10·26 사건은 국민을 지켜야 할 국군이 시민들을 학살한 5·18 광주민주항쟁 살상 진압 내란으로 이어진다. 5·18은 10·26의 복고 역풍이었다.

2024년 노벨문학상을 받은 한강 작가의 대표작 《소년이 온다》는 5·18 광주민주항쟁을 소재로 쓰인 소설이다. 광주항쟁 이듬해 어른들이 부엌에 모여 앉아 밤 아홉 시 뉴스를 보고 있던 틈에 열두 살 소녀 한강은 어른들 몰래 《광주민주항쟁 사료전집》을 펼쳤다. 그는 자료집의 충격을 이렇게 썼다.

"총검으로 길게 내리그어 으깨어진 여자애의 얼굴을 마주한 순간을 기억한다. 거기 있는지도 미처 모르고 있었던 내 안의 연한 부분이 소리 없이 깨어졌다."

전쟁 속의 적지에서조차 넘어서는 안 될 인륜적 레드라인이라 할 여성 성폭행도 진압군에 의해 여러 건 자행된 것으로 드러났다. 동족이라고 말하기조차 부끄러운 만행이라 하지 않을 수 없다. 유신독재 종식과 민주헌정 회복이라는 10·26 거사의 목표, 국민의 염원과 정반대로 역사는 뒷걸음질을 쳤다. 인간 박정희는 김재규의 총탄으로 절명했으나 유신 2기에 해당하는 군부독재체제가 멸망하는 데는 시간이 좀 더 필요했다. 군부독재체제의 장기집권 음모는 6월 항쟁의 성과인 대통령 직선제에 이어 1991년 대통령 김영삼이 하나회 군인들을 숙청하면서 1차로 마무리되었다.

김재규는 왜 박정희를 쏘았는가?

세계 역사상 희귀한 사건인 10·26의 원인에 대해서는 다양한 분석과 평가가 가능할 것이다. 10·26의 주역인 김재규의 군사재판 진술을 총정리해서 정제해낸 박정희 살해의 이유는 크게 세 가지다.

첫째, 유신독재에 대한 미국의 비판과 그것에 반발해 반미 노선을 감행하려는 박정희를 보며 김재규는 국가적 위기에 대한 불안감에 사로잡혔다. 미국은 유신체제를 고쳐 민주헌정으로 복원하지 않으면 주한미군을 철수하겠다고 압박했다. 당시 지미 카터 미국 대통령은 대외정책에서 강력한 인권 보호를 내걸었다. 김재규는 카터 미국 행정부의 요구를 박정희에게 보고했다. 그러자 박정희는 "미국놈들 갈 테면 가라고 해"라고 내뱉었다. 김재규는 군사법정 진술에서 "그렇게 되면 한국은 태평양상의 일엽편주에 불과하며 풍전등화의 운명에 처한다"고 토로했다.

당시 한국을 둘러싼 국제정치 환경은 북한과의 대화도 미미한 데다 코앞의 공산 강국들인 중국 및 소련과 외교 관계조차 수립하지 못한 상태로 지금과는 완연히 달랐다. 공산권 강대국들과 맞대결하는 지정학적 위치에서 주한미군이 철수한다면 한반도는 곧바로 힘의 균형이 무너지고 공산권의 입김 속으로 들어갈 수밖에 없는 처지였다. 김재규는 그것을 6·25 전쟁이 재발하는 상황이라고 보았다. 김재규는 박정희 정권에서 보안사령관과 중앙정보부장이라는 두 개의 국가안보 책임 자리에 임명된 유일한 실력자로 국가안보 지상주의자였다. 그는 박정희의 유신독재와 미국의 견제, 이어지는 박정희의 반미 행보로 인해 국가안보가 위기를 맞았다고 판단했으며 이를 방관할 수 없었다.

둘째, 1979년 10월 중순 폭발한 부산·마산시민항쟁이 단순한 재야 민주화 운동권이나 대학생 단체의 행동을 넘어서 전국적으로 독재 반대의 민심이 발화점에 이르렀음을 보여 주는 것이라고 분석했다. 10·26 당일 술자리에서 청와대 경호실장 차지철은 부마시민항쟁과 같은 국민 저항에 대해 "캄보디아에서 300만을 학살했는데 우리도 100~200만쯤 탱크로 밀어버리면 된다"는 극언을 서슴지 않았다. 박정희는 "서울에서 사태가 발생하면 발포 명령을 내가 직접 내리겠다. 대통령인 내가 직접 명령하는데 누가 막겠느냐"고 했다. 김재규는 이런 말들을 들으면서 이대로 가면 조만간 숱한 국민이 희생당할 것이 불을 보듯 빤하다고 보았다. 그는 군사법정 진술에서 "민주주의 국가에서 모든 사람의 목숨은 똑같은 것이다. 다수 국민의 희생을 막기 위해서 나에게 상관이고 은인인 각하 한 사람을 희생시킬 수밖에 없었다"고 토로했다.

부마항쟁의 배경은 그 지역 출신인 김영삼 신민당 총재를 국회에서 제명한 유신독재의 공작정치가 도화선이 되었다. 당시 김영삼과 함께 박정희 정권에 대한 비판·견제 세력의 양대 기둥인 김대중은 1973년 이후락의 중앙정보부에 의해 도쿄에서 납치돼 온 후 가택연금 상태로 정치 활동이 막혀있었다.

부마항쟁은 직접적인 원인인 야당 탄압 외에도 사회경제적 모순과 동남권 제조업 경제의 불황이 지역 민심을 더욱 악화시킨 것이 배경으로 분석된다. 5·16 쿠데타 직후 박정희 정권은 수출 중심의 경공업 육성정책을 폈고, 이에 따라 1960년대 부산과 마산에 신발·합판·의류 공장들이 집중적으로 건설됐다. 그러나 유신 선포 후 박정희는 군사력 강화 목적으로 방위산업을 육성하기 위해서 경제정책 방향을 중공업·건설로 선회했다. 이에 따라 정부 투자가 포항·울산·광양 등지의 중화학·철강·조선 쪽으로 바뀌었다.

더구나 1970년대 하반기 한국 경제는 전 세계적인 불황과 석

윳값 급등으로 인해 소비재 상품의 수출이 크게 둔화됐다. 이 때문에 경공업 소비재 생산 중심의 부산·마산 지역경제가 불황에 빠졌으며 정부에 대한 반감이 폭발 지경까지 갔다고 할 수 있다. 중정부장 김재규는 부마항쟁의 현장에 내려가 시찰하는 도중 일반 시민들이 시위대에 음료수 등을 날라다 주는 광경을 보면서 유신체제에 대한 민심의 이반을 실감했다고 군사법정 진술에서 밝혔다.

당시 부마항쟁의 현장에 파견된 특전사 예하 공수부대는 그로부터 7개월 뒤 광주항쟁에 투입되는 동일한 진압군인 1·3·5 공수여단이었으며 여단장도 동일 인물이었다. 부마에서 진압군은 전차를 세워놓고 무력 과시 위주로 시위대를 압박했으며 가혹한 폭행을 하지 않았고 더구나 발포는 없었다. 김재규는 군사재판에서 부마항쟁 중 사망자는 발생하지 않았다고 말했다. 그러나 이들 공수부대가 광주에서는 참나무 몽둥이로 시민·학생들을 무자비하게 폭행했으며 이에 격분한 시민들이 시민군과 자치공동체를 조직하자 아예 발포하기에 이른 것이다. 최고권력자가 박정희에서 전두환으로 바뀌었으며 지역이 부산·마산과 광주라는 차이일 뿐이지만 가해 행위와 피해 상황은 큰 차이를 보였다.

10·26 사건의 셋째 원인은 대통령 박정희의 사생활 문제였다. 소행사·대행사로 불리는 '술과 여자'를 즐기는 박정희의 부도덕한 사생활에 대한 김재규의 인간적 환멸감이었다. 박정희는 궁정동에 사실상 비밀 요정인 안가를 두고 여기서 사흘에 한 번꼴로 외부에서 여자를 불러들여 술자리를 가졌다. 국가 위기관리의 핵심기관인 중앙정보부의 기밀 보호를 위해 만들어진 안전가옥 (안가)에서 최고권력자가 측근들을 불러놓고 빈번하게 주색 유희에

빠져든 것이다.

동석하는 여자는 항상 두 명으로 가수나 영화배우 등 기성 연예인과 나이 어린 연예인 지망생이었다. 혼자서 여자와 술 마실 때는 소행사라 했으며 청와대 비서실장·경호실장·중앙정보부장 등 핵심 측근들과 함께 하는 술자리는 대행사라고 했다. 10·26 당일도 유명 가수와 연예계 지망 여대생이 동석한 대행사였다. 박정희는 술이 취하면 양옆에 앉은 여자 중 어느 한쪽으로 몸이 기울었고 그 뒷일은 본인들과 중앙정보부의 안가 담당자만 아는 비밀이었다. 박정희의 비밀 요정 궁정동 안가와 소행사·대행사를 관리하는 직책이 중앙정보부 의전과장으로 대통령의 채홍사라 불리기도 했다.

절대권력은 절대 타락한다는 말은 그대로 들어맞았다. 아무도 견제할 수 없었던 1인 독재 유신체제의 절대권력자는 그렇게 주색에 빠져들었다. 궁정동 안가의 소행사·대행사는 1974년 8·15 광복절 기념식에서 육영수 여사가 유탄에 맞아 숨진 이후 외로움을 달래기 위해 시작된 것이라고 할 수 없다. 박정희는 그 이전인 1973년부터 술과 여자에 빠져들기 시작된 것으로 드러났다. 박정희의 여성 편력으로 부부 싸움이 잦았던 것은 별로 비밀도 아니었으며 육영수 여사의 얼굴에 멍 자국이 외부에 노출되기도 했다. 마음은 권력에 취하고 몸은 술과 여자에 취한 유신 이후의 박정희는 판단력 마비로 인한 국가 위기감을 불러왔다. 김재규는 박정희가 주색에 빠져 정상적인 판단력을 잃은 것으로 우려했다.

김재규의 뒤통수 확인사살은 인간적 환멸감의 발로

궁정동 안가의 소행사·대행사를 관장하며 그의 주색 행각을 지근거리에서 보아온 사람이 중앙정보부 의전과장 박선호와 안가 관리인 남효주 사무관이었다. 10·26 사건 당일도 이들은 안가 정원에서 "아무리 대통령이라 해도, 너무 한다"는 얘기를 주고받았다. 이들이 궁정동 안가를 관리한 내역과 특히 박정희의 주색에 대한 뒷바라지는 중정부장 김재규에게 바로 보고됐다. 김재규가 박정희의 판단력을 우려하게 된 것도 그가 술과 여자를 과도하게 탐닉한다고 보았기 때문이다.

10·26 사건 당일 김재규는 옆에 앉은 청와대 비서실장 김계원를 팔꿈치로 툭 치면서 "각하 좀 똑바로 모시시오"라고 말한 뒤 권총을 빼들었다. 첫발을 차지철에게 "이 버러지 같은 친구!"라고 소리치면서 총탄을 발사했다. 이어 두 번째로 박정희의 가슴을 향해 총탄을 발사했다. 그가 박정희를 향해 재차 방아쇠를 당기자 권총은 "철컥" 소리만 내고 실탄이 터지지 않았다. 그러자 그는 밖으로 뛰어나가 박선호의 권총을 뺏어 들고 다시 주연장으로 들어왔다.

그는 술 시중을 들던 여대생 신 모양의 무릎 위에 머리를 올려놓은 채 쓰러져 있던 박정희에게 다가갔다. 권총을 머리 정수리 뒤통수 쪽에 가까이 겨누었다. 여대생은 충격적인 광경에 놀라 뛰쳐 일어나 몸을 피했다. 이어 권총이 불을 뿜었다. 마피아 영화에서나 가끔 볼 수 있는 확인사살이었다. 김재규의 이런 확인사살은 인간적 환멸 없이는 상상하기 어려운 장면이다. 그는 또 군사재판에서 검찰관이 "대통령 각하께서 병원으로 실려 가는 것을 알았느냐"고 묻자 "알았더라면 후송하지 못하게 막았을 것"이라고 답변했다. 냉혹한 결행이었음을 알려주는 대목이다.

중정 의전과장 박선호는 1심에서는 박정희의 술과 여자에 대해 진술을 자제했다. 변호인 신문에서 그 얘기가 나오면 군검찰관이 즉시 답변을 제한했다. 박선호에게 박정희의 사생활 문제에 대해 파고든 사람은 강신옥 변호사였다. 10·26 당일 연회가 시작되기 전 박선호의 행적이 플라자호텔을 거쳐 내자호텔을 다녀온 것으로 드러났다.

강 변호사는 "플라자호텔에 간 일이 있지요?"라고 물었다. 순간 뒤에서 "야, 얘기하지 마!"라는 작은 외침이 터졌다. 김재규가 박정희의 사생활 공개에 대한 박선호의 진술을 제지한 것이다. 강 변호사는 이어 "플라자호텔에서 내자호텔로 간 것도 여자를 데리러 간 거죠?"라고 물었다. 이에 박선호는 "상상에 맡기겠습니다"고 답변을 거부했다.

박선호는 1심에서 사형 선고를 받은 후 2심 재판에서 심경의 변화를 보이는 듯했으나 끝내 양심선언을 하지 않았다. 강신옥 변호사의 신문에 그는 이렇게 답변했다.

"그 문제는 제가 답변하게 되면 그분들이 지금 일류 배우들로 활동하고 있고, 역효과가 나고, 사회적으로도 혼란을 일으키고 고인을 욕되게 하므로 피했습니다."

2심 재판 중 심경의 변화를 보이면서 궁정동 안가 술자리에 왔다 간 연예인 명단을 밝힌 사람은 김재규였다. 김재규는 1980년 1월 어느 날, 강신옥 변호사를 보자고 면담 신청을 했다. 강 변호사는 박선호를 담당해 변론하면서 채홍사의 역할과 관련해 박정희의 술자리 여자에 대해 파고들었다. 그것이 알려지면 10·26 사건의 정당성을 입증할 수 있지 않을까 착안한 것이다. 김재규는 강 변호사에게 궁정동 안가에 와서 박정희의 소행사·

대행사에 동석했던 연예계 여인들의 이름을 증언했다.

강 변호사는 이것을 검증하기 위해 박선호에 앞서 중정 의전 과장을 지낸 윤모·이모·김모(육사 15기, 예비역 대령) 씨를 만났다. C, C′, C″, L, L′, W…. 누구나 이름만 들으면 입을 다물지 못할 TV 드라마와 은막의 유명 일류 스타들이 박정희의 술자리에 왔다 갔음을 확인했다. 그러나 이는 법정에서 진술한 것이 아니어서 공적 기록이 아니라 강 변호사가 메모한 대학노트에 접견록으로 남았다.

10·26 가담자 중에서도 박정희의 사생활 문제를 직접 아는 사람과 모르는 경우는 군사법정 진술이 달랐다. 대표적으로 궁정동 안가 주색행사를 관리했던 박선호는 자신이 10·26 사건에 가담한 사실에 대해 전혀 후회하지 않았다. 직속상관인 김재규 중정부장의 지시에 조금도 그 정당성을 고민하지 않고 충실하게 따랐다.

이에 비해 궁정동 안가의 일에 대해 직접 알지 못하는 김재규의 수행비서관 박흥주 대령(육사 18기)은 10·26 당일 궁정동 안가 현장에서 거사 얘기를 처음 듣고서 놀랐고 마음이 혼란스러웠다고 진술했다. 박정희의 사생활에 대해 가까이 들여다볼 기회가 없었던 그는 박정희를 제거하려는 그날의 행동 계획을 듣고 크게 당황했다고 진술했다.

30여 년 전인 1993년, 김영삼 정부 초기의 일이다. 당시 동아일보 기자이던 나는 10·26 박정희 살해사건을 취재하고 1993년 4월부터 1년 동안 특집기획 시리즈로 신문 지면에 장기 연재했다. 궁정동 안가 비밀 요정과 박정희의 사생활 문제를 10·26 사건의 주요 원인으로 다루었는데 주로 식자층에서 "점잖지 못한 접근법"이라는 지적도 나왔다. 대학교수 중에도 그런 입장을 보이는 경우가 적지 않았다. 남자의 허리 아래 문제는 건드리지 않는 법이라는 얘기들이었다.

그러나 김재규가 '상관이며 은인이며 가족과도 같은 박정희'를 어느 날 갑자기 권총으로 쏜 10·26 사건에 대해 상식적으로 납득할 만한 이유를 찾기란 결코 쉽지 않았다. 더구나 권총 한 발도 아니고 뒤통수에 대고 확인사살까지 한 것이나 병원으로 후송하려는 것을 알았다면 막았을 것이라는 진술을 보아도 사건은 권력 내부의 힘겨루기나 알력만으로 설명할 수 없는 내밀한 문제를 품고 있었다. 그것이 바로 변호인단이 군사재판 중 김재규와 박선호와의 문답 과정에서 찾아낸 박정희의 술과 여자 문제였다.

중정 의전과장으로 박정희의 궁정동 안가에 외부 여자를 조달하는 채홍사역을 했던 박선호가 박정희에게 드러낸 인간적 환멸과 실망감은 단순한 사생활 차원이 아니었다. 거기엔 엄중한 국가지도자로서의 기본 규범과 금도에 대한 공분과 규탄 같은 것이 내재해 있었다. 군사재판 1심 초기에 변호인이 박선호에게 여자 조달에 대해 신문하자 김재규가 "야, 얘기하지 마!"라고 소리친 것도 세상에 알려져서는 안 될 권력 내부의 내밀한 금기 사항임을 방증했다.

변호인단이 박선호의 전임 중정 의전과장들과 가진 면담에서는 대통령 전용 병실 간호사가 임신하자 중절수술을 시킨 일도 거론됐다. 1인 유신독재체제 아래서 누구도 견제할 수 없었던 절대권력자의 타락상이었다. 이런 타락상을 속속들이 알 수 있는 위치가 바로 중앙정보부장과 의전과장이었다. 그들이 절대권력자에 대해 가졌던 인간적 환멸감과 공분이 10·26 사건의 중요한 동기라고 보아야 할 이유다.

견제 없는 권력은 언제 어디서나 타락하고 멸망하기 마련이다. 김재규는 박정희에 대한 인간적 환멸과 함께 한 국가의 통치권자로서 정상적인 상태가 아니라고 판단했을 것이다. 그리고 그 결과가 부마 지역을 시작으로 국민에 대한 살상으로 이어질 가능성을 보았기에, 그는 다수 국민의 희생을 막기 위해 각하 한 사람을 희생시킬 수밖에 없었다고 진술했다. 이에 대한 정당방위론과 내란 목적 살인이라는 대척적 견해 사이에서 김재규 재심이 진행될 것이다. 이는 박정희 평가와 불가분의 관계를 가질 수밖에 없는 역사 재판이다.

사회적·정치적·문화적 관점에서 바라본 박정희의 공과(功過)

지금까지 전직 대통령들에 대한 지지도 국민 여론조사에서 박정희가 상대적으로 높았던 것이 사실이다. 정상적인 평가 위에서 존경받는 것이 아니어서인지 '박정희 신드롬'으로 불리기도 했다. 대한민국은 2차 세계대전 후 일본 식민지배에서 벗어났지만, 세계 최빈국 중 하나였다. 5·16 쿠데타의 명분이었던 빈곤 문제를 성공적으로 해결했다는 평가에 힘입어 박정희는 높은 지지를 받아왔다.

그러나 한국의 산업화와 경제성장이 박정희 정권의 개발독재 덕인지 아니면 국민의 불굴정신과 분투 결과인지를 두고 많은 논쟁이 있었다. 그뿐만 아니라 한국 경제의 질적 발전을 알려주는 지표들인 실업률·물가상승률·인플레이션·구매력 기준 실질 국민소득 등은 개발독재가 종식되고 민주 정부에 들어선 후 그 이전에 비해 급격히 향상됐다. 이는 국제경제기구 중에서도 가장 신뢰받는 세계자료은행(World Databank)의 데이터로 입증된다.

한국의 고속 경제성장에 대해 한국민의 투지와 불굴정신을 높이 평가한 연구서를 주목할 필요가 있다. 미국의 동아시아 연구의 권위자인 에즈라 보겔(Ezra Feivel Vogel) 하버드대 교수가 쓴《네 마리의 작은 용: 동아시아에서 산업화의 확산》이라는 책이다. '네 마리의 작은 용'은 대만·한국·홍콩·싱가포르를 뜻한다. 한국의 경제성장 배경에 대해 한국민의 투지를 강조하는 보겔 교수의 실증적 분석은 한국의 지식인들에게 높은 평가를 받았다.

그는 책에서 "일본인들은 고도 경제성장기에 주당 근로시간이 50시간을 넘지 않았으나 한국민의 경우 이것이 60시간에 달한다"고 놀라워했다. 한국민은 1980년대 말에도 주당 55시간으로 다른 개발도상국들보다 평균 10시간 이상 더 일했다는 것을 부각했다. 이 같은 한국민의 투지가 혹독한 열사의 땅 중동 건설현장에서도 장시간 노동을 견뎌내며 다른 경쟁자들을 따돌렸다는 것이다. 보겔 교수는 이 같은 한국민의 불굴의 정신에 대해 "일본 식민주의의 억압과 참혹한 6·25 전쟁을 겪은 결과"라고 평가하고 "3·1 운동과 4·19 혁명의 경험이 그 배경"이라고 분석했다.

한국 경제의 고속성장이 일본 식민지배 인프라나 군사정권의 개발독재 덕택이라고 주장하는 역사 왜곡 인사들에게 확대 복사라도 해서 보내고 싶은 대목이다. 더구나 군사정권 종식과 민주화 이후 K팝·영화·드라마·게임 등 한류 콘텐츠가 세계적으로 각광받는 것은 안팎의 수많은 역경을 극복한 불굴정신이 문화적 창의력으로 재탄생했음을 보여준다고 할 수 있다.

박정희의 공과(功過)에 대한 평가를 생각할 때 떠오르는 사례가 중국의 마오쩌둥이다. 서로 활동한 무대와 족적에서 큰 차이가 나고 비교의 수준이 다르지만, 장기집권자라는 공통점은 인정할 수 있을 것이다. 마오쩌둥을 평가할 때 가장 많이 회자되는 것이 덩샤오핑의 '공칠과삼(功七過三)론'이다. 마오쩌둥에 대해 긍정적인 공로가 7이고 과오가 3이라고 평가한 것이다.

마오쩌둥은 중국인들 대상 설문조사에서 항상 진시황이나 명 태조 주원장과 함께 3대 존경받는 지도자로 꼽힌다. 중국 공산혁명과 정권 수립 과정에서 정적 제거 등 사악한 행적도 많이 보였지만 천하 통일을 이루었고 중국의 근대국가 기틀을 다진 통치자로 평가받아 왔다. 덩샤오핑도 마오쩌둥 생전에 정치적 숙청과 하방에 시달렸지만 마오에 대한 평가에선 상당히 합리적 태도를 견지하고 후하게 채점한 것으로 생각된다.

이에 비교해서 박정희의 경우 공칠과삼 수준이 될 수 있을지, 역으로 공삼과칠인지 분석적 평가작업이 필요할 것이다. 선택지를 하나 더 제시한다면 6대 4, 공육과사 또는 공사과육을 놓고 토론해볼 수 있을 것이다. 공과의 차이가 클수록 사회적 합의를 도출하기는 어려워지는 것이 현실이다.

역사 재판에서 평가 기준이나 양형 기준을 아무리 정밀하게 만든다 해도 누구나 수긍하는 과학적인 방법은 존재하지 않는다. 박정희의 평생 족적에 대해 중요한 정책 수행과 사건들을 정량적 조사 방법으로 분석하고 종합해야 하겠지만, 인문학적 차원의 정성적 평가가 더 의미 있는 역사 평가가 될 것으로 생각한다. 예컨대 개발독재에 의한 경제성장에 대해 순수 경제학적 관점으로만 볼 것이 아니라 그것이 초래한 사회적·정치적·문화적 결과에 대해 함께 분석해야 하는 것이다.

중앙정보부장 김재규가 박정희의 유신독재정권이 산업화와

경제성장에 어느 정도 효율성을 발휘했다는 점에 대해 도외시했을 리 없다. 그럼에도 불구하고 유신의 심장을 권총으로 쏘아버린 것은 그보다 훨씬 더 심각한 사회적·정치적·문화적 죄과가 있었기 때문이다.

다수 국민 희생 막기 위해 한 사람을 제거한 정당방위

최고권력자에게 신임을 받던 최측근이 어느 날 갑자기 상관의 목숨을 빼앗은 사건으로 변호인단은 김재규를 고대 로마제국의 황제 시저를 살해한 브루투스에 비유했다. 브루투스는 거사 후 "나는 시저를 사랑한다. 그러나 나는 로마를 더 사랑하기 때문에 그를 죽였다"고 외쳤다. 시저가 로마 공화정을 폐지하고 황제에 오르자 브루투스는 양아버지로 섬기던 그에게 어느 날 등을 돌리고 살해 모의에 가담했다.

김재규는 군사법정에서 박정희에게 권총을 쏜 이유에 대해 "다수 국민의 희생을 막기 위해 나의 가족과도 같은 각하 한 사람을 희생시킬 수밖에 없었다"면서 "야수의 마음으로 유신의 심장을 쏘았다"고 토로했다. 다수 국민의 희생을 막기 위한 정당방위였다는 것이다. 그는 "자유민주주의를 복원하기 위해서는 각하를 희생시킬 수밖에 없었고 각하를 희생시키지 않고서는 자유민주주의를 지킬 수 없다"면서 "이는 각하가 그렇게 만들어 놓은 것"이라고 말했다.

그러나 그것을, 당시 전두환 신군부가 이미 12·12 군사반란으로 실권을 쥔 상태에서, 군사재판의 재판부가 인용할 것으로 기대하기란 불가능했고 이럴 때 흔히 역사 재판에 맡긴다는 말로 가름할 수밖에 없다. 이제 45년 지난 오늘의 사법부가 그의 유족들이 신청한 재심에 대해 과연 제대로 역사 재판을 할 수 있을지 지켜보아야 할 것이다.

공화정을 지키려는 브루투스의 외침이나 자유민주주의를 강조한 김재규의 최후진술을 역사적 대의라고 해야 할지 아니면 자기 정당화와 변명으로 보아야 할지 평가는 엇갈려 왔다. 김재규는 10·26 거사 후 후속 계획을 갖고 있지 않았다. 집권 욕심을 가졌던 것이 아니라는 얘기다. 박정희를 제거한 후 자신이 집권할 생각이었다면 치밀한 후속 행동 계획이 나와야 했다. 그러나 그는 거사 후 자신의 아지트인 중앙정보부로 가지 않고 육군참모총장 정승화의 말 한마디에 따라 국방부와 함께 위치한 육군본부 벙커로 들어갔다. 김재규는 거기서 체포되고 10·26 거사는 독재자 한 사람을 제거한 것으로 끝나고 말았다.

그러나 그 후 박정희가 키워 놓은 정치 군벌 하나회 집단에 의한 5·18 광주민주항쟁에 대한 살상 진압과 내란이라는 거센 복고 역풍을 맞게 된다. 역사 퇴행 속에서도 10·26 사건이 김재규의 사욕 때문이 아니라는 사실은 분명하며 그런 점에서 역사적 대의에 입각한 행동이었다고 할 수 있을 것이다.

김재규가 군사법정에서 누차 진술한 대로 박정희는 자신의 가족과도 같은 상관이어서 의리를 지키지 않고 배신한 것 아니냐는 시각이 상존한 것이 사실이다. 한국에서 의리와 배신이란 사회적 기본윤리의 문제다. 그러나 역사적 대의와 공적 명분에 바탕한 행동에 대해 의리와 같은 개인적 규범으로 재단할 수 없다는 관점이 중요하다.

김재규가 군사재판에서 진술한 "야수의 마음으로 유신의 심장을 쏘았다"는 말은 표변(豹變)이란 어의를 적확하게 나타내고 있다. 동양 고전《주역》의 한 구절을 생각나게 한다.

"군자는 표변(豹變)하고 소인은 혁면(革面)한다."

표변이란 표범의 털 무늬가 가을이 되면 완전히 바뀌어 전신이 아름다운 색깔로 변하는 것을 뜻한다. 가을철 표범의 털 무늬처럼 마음과 행동을 갑작스럽게 바꾼다는 비유적 묘사다. 군자는 평소 행실이 바르고 어질며 덕이 높은 사람으로 한번 마음을 고쳐먹으면 행동이 완전히 달라진다는 의미다. 표변에 비해 혁면이란 얼굴과 겉 표정만 고친다는 뜻이다. 마음을 근본적으로 바꾸는 것이 아니라 기회주의적으로 껍데기만 고치는 것이 군자와 대비되는 소인의 행동이라는 것이다. 김재규의 표변 행동이 한국 민주주의 발전사에 제대로 자리매김 되기 바라는 마음을 부족하나마 이 책에 담고자 했다.

5·18 광주민주항쟁 정신을 헌법 전문에 명기하자

김재규의 10·26 거사로 유신독재체제는 무너졌지만 12·12 군사반란으로 군권이 박정희의 친위대로 키워진 정치 군벌 하나회의 손아귀에 들어가면서 복고 역풍이 불기 시작했다. 군권을 탈취한 하나회는 민주헌정의 회복을 요구하는 5·18 광주민주항쟁을 냉혹하게 짓밟았다. 당시 광주의 시민·학생들은 진압군에 포위되고 고립됐지만, 끝까지 굴하지 않고 시민군과 자치공동체를 꾸려 저항했다. 이같이 불의에 저항하고 민주헌정 회복을 요구한 5·18 정신이야말로 3·1 운동이나 4·19 혁명과 동질적 연장선상에 있음을 부인할 수 없다. 5·18 정신을 헌법 전문에 명기하라는 요구는 여기에 근거한다. 5·18 정신을 헌법 전문에 명기함으로써 그에 대한 역사 왜곡 세력에게 교훈을 주고 미래세대에게 올바른 역사관을 전수할 수 있는 토대를 확고히 해야 한다.

이 책은 10·26 군사재판의 1심 공판 10개 회와 2심 공판 4개 회의 전 녹음을 정리하고 당시의 정치 상황을 가미한 것이다. 내가 동아일보 기자 때인 1993~1994년 기획 시리즈 '군-어제와 오늘'을 취재 집필하는 과정에서 10·26 군사재판 전량인 60여 시간 분량의 녹음테이프를 입수했다. 당시 계엄사 군법회의 관계관 출신인 '의인'에게 감사한다. 녹음 내용 중 중복되는 문답을 제외하고 의미 있는 것만 골라 200자 원고지 4,000여 장으로 정리했다. 이것을 신문의 시리즈로 활용한 뒤 두 권의 책으로 엮어 냈으며, 또한 김재규와 박선호의 최후진술 녹음테이프를 별도 단행본의 부록으로 붙여 공개한 바 있다. 이 책은 그로부터 30년이 지난 오늘의 관점에서 재조명하기 위해 새로운 서문을 작성해 재출간하는 것임을 밝힌다.

이 책을 10·26 이후 12·12 군사반란과 5·18 광주민주항쟁 전후의 내란집단에 의한 피해자들에게 바치고자 한다. 나 또한 5·18 광주민주항쟁을 보도하기 위한 검열거부 등 언론자유 투쟁을 벌이다 당시 보안사가 내려보낸 명단에 따라 신문사에서 축출된 강제해직 기자로 소회가 남다르다. 그에 앞서 대학생 때인 1971년 10·15 위수령 당시 반 박정희독재 민주화운동을 벌이다 중정과 경찰에 잡혀가 모진 고문을 당하는 등 정치군인 정권과 악연이 깊다. 그러나 주관적 편견에서 벗어나 실증적 자료에 의존하려 최대한 노력했으며, 책에 대한 평가는 독자의 몫이다. 이 책이 민주화 학생운동을 함께 했던 71동지회 동료들과 언론자유 투쟁을 함께 했던 '80년해직언론인협의회'의 선후배들에게 작은 위안이 되기를 소망한다.

나는 지난 10월 16일 치러진 서울시 교육감 보궐선거에서 정근식 후보 선거대책위원회의 총괄상임위원장으로 활동하면서 항일 독립운동사와 해방 후 군사독재 및 5·18 광주민주항쟁 등 현대사에 관한 올바른 역사교육을 강조했다. 그가 서울시 교육감으로 당선됨으로써 역사교육이 바로 설 수 있게 돼서 큰 보람을 느끼며 이 책 또한 현대사 교육의 한 자료가 되기를 희망해본다.

전직 17대 국회의원으로서 국회도서관 의원열람실을 집필실로 삼을 수 있어 큰 복이다. 의원열람실의 정경순 사서가 따뜻하게 지원해준 데 대해 감사를 표한다. 마지막으로 오랜 기간 고락을 함께하고 지원해준 아내(용경식 번역문학가)와 세 아이, 먼저 소천하신 아버지(김영길)와 어머니(김정숙)께 다시 한번 깊은 감사를 드린다.

2024년 11월 국회도서관에서

김재홍

차례

3장

국가안보를 이유로 비공개 재판으로 전환되다

(2회 공판, 12월 8일 오후)

4장

청와대 비서실장 김계원을 신문하다

(3회 공판, 12월 10일)

5장

궁정동 안가의 대행사 소행사

(4회 공판, 12월 11일)

11장

보통군법회의 최후진술

(9회 공판, 12월 18일)

12장

항소심 진술 –박정희의 술과 여자

(고등군법회의 2~3회, 1980년 1월 23, 24일)

부록

1979년 10월 27일 아침, 국민들은 박정희 대통령이 서거했다는 신문 호외를 보고 눈을 의심했다. 못할 일이 없을 것 같던 절대권력자가 하루아침에 유명을 달리했다니 어떻게 된 일인가? 10·26 사건은 서울주재 외국 특파원들의 비상 전화를 통해 세계의 톱뉴스로 이목을 집중시켰다. ⓒ 연합뉴스

1979년 12월 4일 오전 국내외 이목이 집중된 가운데 10·26 사건을 다루는 김재규 군사재판이 개정됐다. 사법사상 전례 없는 엄청난 사건임에도 계엄사 합동수사부는 불과 39일 만에 수사를 마무리 짓고 군법회의에 회부했다. ⓒ 연합뉴스

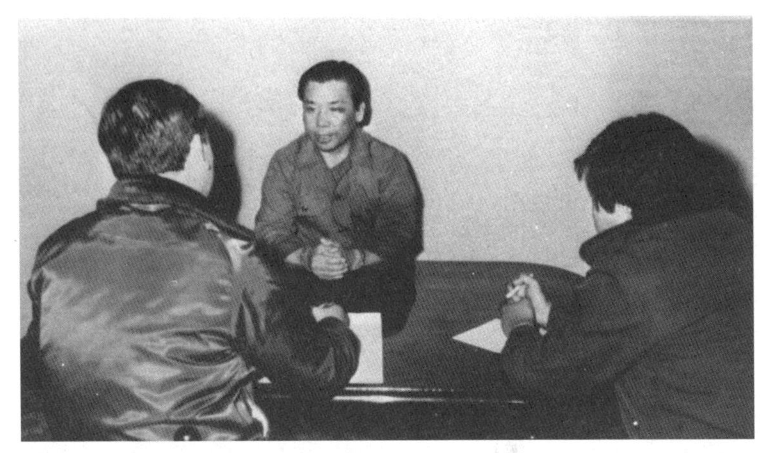

김재규 전 중앙정보부장은 10·26 당일 오후 4시 차지철 경호실장으로부터 박 대통령의 대행사를 전화 통보받은 후 이날 거사하기로 결심, 권총에 실탄을 장전하고 검사까지 했다고 밝혔다. 그는 보안사 수사 과정과 군사법정 진술을 통해 우발범행을 부인하면서 이같이 거듭 주장했다. 보안사 수사관 두 명이 그의 진술 내용을 확인하고 있다. ⓒ 연합뉴스

차지철 청와대 경호실장은 장관이나 청와대 비서실장보다 대통령과 가까운 거리를 지키면서 월권을 일삼고 정국 대처 등에 강경 발언을 하곤 했다. 사진은 박 전 대통령이 한 행사장에서 차지철 경호실장(왼쪽에서 두 번째) 등과 함께 자료를 보고 있는 모습. ⓒ 연합뉴스

정승화 전 육참총장 겸 계엄사령관이 12·12 군사반란으로 붙잡혀와 군사법정에 섰다. 10·26 사건 당일 김재규 중정부장은 박선호·박흥주 두 부하에게 "육참총장도 와 있다"고 말해 군부와 사전계획이 짜진 것처럼 내비쳤다. ⓒ 연합뉴스

김재규 피고인은 "남아가 죽을 자리를 잘 찾아야 대장부"라며 군사법정에서 의연한 태도를 견지했다. ⓒ 연합뉴스

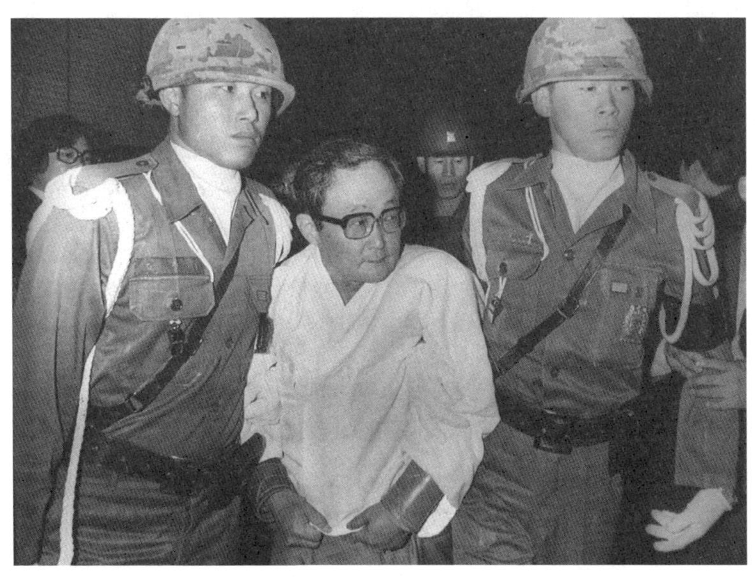

10·26 당일 궁정동 연회장의 대행사에 참석한 권력자 중 김재규 중정부장 외에 유일한 생존자인 김계원 전 청와대 비서실장이 군사법정에 들어서고 있다. 그는 김 전 부장이 차지철 경호실장 정도만 처치하고 설마 박 대통령까지 쏠 줄은 몰랐다고 진술했다. ⓒ 연합뉴스

김재규 피고인이 보안사 수사관들의 현장검증에서 박정희 대통령에게 권총을 쏘는 장면을 재연하고 있다. 그는 박정희 대통령이 건재하는 한 한국의 자유민주주의를 되살릴 수 없다고 판단, 동향이고 육사 동기이며 상관인 그에 대한 개인적인 소의리를 버렸다고 말했다. ⓒ 연합뉴스

10·26 사건이 난 지 한 달여 만에 보안사령관 전두환 소장이 수사결과를 발표하고 있다. 박정희 대통령의 사망 사실을 현장 외부에서 맨 먼저 알았던 것은 보안사였으며 다음 날 전 소장은 계엄령하의 합동수사본부장 자격으로 청와대로 김계원 비서실장을 찾아가 사건 전모를 청취했다. ⓒ 연합뉴스

김재규 전 중앙정보부장이 가장 신임하는 부하로 10·26 당일 거사를 사전에 알고 참여한 박선호 전 중정 의전과장이 증인신문을 받고 있다. 그는 박정희 대통령의 술자리 시중드는 여자를 조달하는 채홍사 역을 하는 중정 의전과장직이 자녀를 가진 아버지로서 할 일이 못 된다는 생각으로 몇 번 사의를 표했었다고 말했다. ⓒ 경향신문

김재규 전 중정부장의 수행비서였던 박흥주 대령이 군사법정으로 들어서고 있다. 그는 명문 서울고를 졸업한 육사 18기의 선두주자로 산동네의 전셋집에 살고 있었음이 드러나 군 관계자들의 마음을 아프게 했다. 그는 유일한 현역 군인으로 단심재판에서 사형을 언도받았다. ⓒ 연합뉴스

현장검증에서 박선호 피고인이 속사권총 국가대표선수 출신인 안재송 청와대 경호부처장에게 권총을 겨눈 채 그의 맞은편에 앉은 정인형 경호처장에게 "우리 함께 살자"고 설득하는 극적인 장면을 재연하고 있다. 그러나 안 경호부처장이 권총을 뽑았고 이에 박선호 중정 의전과장은 그에게 먼저 한 발 쏜 뒤 이어 정 경호처장에게 발사했다. ⓒ 연합뉴스

이기주(중정 식당 경비원)·유성옥(식당 운전기사)·김태원(경비원) 피고가 현장검증에서 연회장의 총소리를 신호로 주방에 있는 청와대 경호관들에게 사격 개시하는 장면을 재연하고 있다. ⓒ 연합뉴스

김재규 중정부장이 박정희 대통령과 함께 차지철 경호실장을 총격 살해한 궁정동 연회실 현장. 중정 경비원들은 그날 연회실은 플래시를 비추어야 할 정도로 조명이 어두웠다고 말했다. ⓒ 연합뉴스

검찰관이 "청와대 경호원들이 달려들면 금방 발각이 날 테니까 각하 시신을 군 병원으로 옮긴 것이냐?"라고 묻자 김계원 피고인은 "그건 아니다"라며 곤혹스런 표정을 지었다. ⓒ 연합뉴스

1980년 1월 24일, 항소심 3회 공판에서 김재규 피고인이 법정 최후진술을 하고 있다. 1심 때의 최후진술과 마찬가지로 그의 주장은 한편의 문장과도 같이 조리 있고 또렷했다. 그는 민주국가에서는 대통령이든 일반 국민이든 생명이 똑같이 귀하기 때문에 더 많은 국민 희생을 방지하기 위해 친형제 같은 박정희 대통령 한 사람을 희생시킬 수밖에 없었다고 진술했다. ⓒ 경향신문

대통령 박정희의 최후를 가까이서 보았던 두 여인이 군사법정에서 증언하고 있다. 두 여인의 등장은 박정희의 술자리 행사 풍속도를 공식 재판 기록으로 남겼다.
중앙정보부는 그의 술자리 행사를 뒷바라지하기 위해 궁정동 안가에 관립(官立) 요정을 운영하고 의전과장에게 외부에서 술 시중 여인을 구해오는 채홍사역을 전담시켰다. 10·26 거사 당일 김재규의 명령에 따랐던 '관립 요정'의 마지막 채홍사였다.

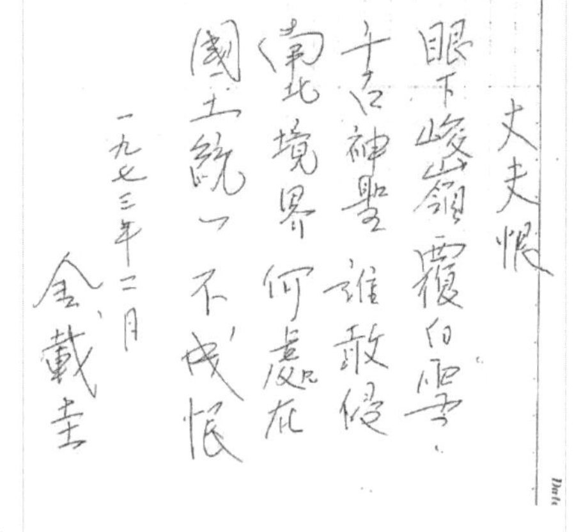

丈夫恨
眼下峻嶺覆白雪
千古神聖誰敢侵
南北境界何處在
國土統一不成恨
一九七三年二月
金載圭

김재규 피고인이 항소심 공판이 끝난 뒤인 1980년 2월 초 서대문교도소에서 강신옥 변호사와 접견을 가졌을 때 강 변호사의 노트에 써준 한시 「장부한(丈夫恨)」. "눈 아래 준령은 흰 눈으로 덮였는데, 천고신성한 땅을 누가 감히 침범하리, 남북의 경계는 어디쯤인가, 남북통일을 이루지 못하니 한이로다." 이 시는 그가 1973년 2월 3군단장으로 있을 때 눈이 쌓여 남북의 경계가 보이지 않는 것을 보고 지었다고 설명했다.

1장

세계의 이목이 집중된 재판이 시작되다

계엄보통군법회의 1회 공판

1979년 12월 4일

국민 의사에 따른 심판이 아닌 군사재판

1979년 12월 4일 오전 10시, 서울 삼각지에 있는 육군본부 군사법원 대법정. 이 당시 육군본부에는 계엄사령부 간판이 붙었다. 10·26 박정희 대통령 살해사건으로 비상계엄령이 선포됐고 육군참모총장이 계엄사령관에 임명되었기 때문이다.

전 중앙정보부장 김재규, 전 청와대 비서실장 김계원 등 박정희 대통령 살해사건의 피고인 8명에 대한 군사재판이 열렸다. 10·26 사건이 일어난 지 39일 만이었다. 국내는 말할 것도 없고 세계의 이목이 이 전대미문의 사건 진상을 캐는 재판에 쏠려 있었다. 이 때문에 형식은 공개 재판이었으나 일반인에게 자유로운 방청은 허용되지 않았다. 재판부는 법정 질서를 이유로 사전에 170여 장의 방청권만을 발부했다.

피고인들은 이날 오전 9시 40분경부터 법정에 입장하기 시작했다. 전 중정 의전과장 박선호, 전 중정 경비원 이기주·김태원·유석술, 의전과장 운전기사 유성옥 등이 헌병들의 인도로 먼저 들어와 피고인석 뒷줄에 앉았다. 이어 전 중정부장 김재규의 수행비서인 박흥주 대령과 김계원 전 청와대 비서실장이 들어와 앞줄에 앉았다. '주범' 김재규 피고인은 맨 마지막으로 입정했다. 그는 양 손목에 가죽수갑을 찼다. 한복 저고리와 바지에서부터 양말과 고무신까지 모두 하얀색에 얼굴만 검은색인 그는 고개를 곧게 세우고 의연한 모습이었다.

이 사건의 재판부는 재판장 김영선(金永先) 중장(당시 육군3사관학교장, 후에 민자당 의원)과 유범상·이호봉·오철 소장, 법무사 신복현 준장(육본 법무감) 등으로 구성됐다. 그러나 2회 공판부터 법무사는 황종태 대령(육본 법무차감)으로 바뀐다. 한편 검찰관은 전창렬 중령(수석검찰관, 육본 검찰부장)과 이병옥 소령, 차한

성 대위였다.

변호인단은 피고인별 연인원이 31명이었으나 중복된 경우가 있어 실제 인원은 29명이었다. 다음은 피고인별 담당 변호인 명단이다.

○ 김재규 피고: 김정두, 이돈명, 황인철, 홍성우, 강신옥, 조준희, 유택형, 이세중, 홍남순, 태윤기, 나석호, 이돈희, 김제형, 계창업, 강봉제, 김교창, 하경철, 민병훈, 소중영, 안명기, 박두환. ○ 김계원 피고: 이병용, 김수룡. ○ 박선호 피고: 강신옥. ○ 박흥주 피고: 태윤기. ○ 김태원 피고: 김홍수. ○ 이기주·유성옥 피고: 국선변호인 안동일, 신호양, 신선길, 정상룡. ○ 유석술 피고: 김성엽.

재판장이 개정 선언을 하자 법무사 신복현 준장이 일어섰다.

"재판장을 대리해서 인정신문을 하겠습니다."

이어 피고인들이 호명에 따라 차례로 일어서 본적, 주소, 생년월일 등을 답변했다. 이어 법무사가 재판규칙 등을 고지했다.

신복현 법무사 각 피고인들에게 진술권과 진술거부권을 알려드리겠습니다. 각 피고인들은 그 권리를 보호함에 있어서 필요한 진술과 이익되는 사실의 진술을 할 수 있으며 검찰관이나 변호인 그리고 당 재판부의 신문에 대해서 시종 침묵하거나 각기 진술을 거부할 권리가 있음을 알려드립니다.

다음 피고인 신문에 앞서서 검찰관, 피고인 및 변호인단에게 유의사항을 알려드리겠습니다. 당 재판부는 소송관계에 대해 신문사항이 중복된 사항이거나 사건과 관련이 없거나 개인의 명예에 관한 사항일 때에는 군법회의법 제344조에 따라 직권으로 신문과 진술을 제한하겠습니다.

그리고 이 재판은 공개 재판을 원칙으로 하겠습니다. 그러나 피고인들은 중요한 국가기밀을 알고 있는 주요 직위에 있던 자들이므로 피고인들의 진술이 국가의 안녕질서나 국가기밀 보호상 필요한 경우에는 군법회의법 제67조에 따라 재판을 공개하지 아니할 수 있습니다. 이 점을 명심하시고 이에 저촉되지 않는 범위 내에서 신문과 진술을 해주시기 바랍니다.

김제형 변호사 재판에 들어가기 전에 재판 진행절차에 관해서 저희 변호인들의 의견을 잠시 말씀드리겠습니다. 존경하는 재판장 그리고 재판관 여러분, 이 역사적인 재판을 시작함에 있어서 피고인 김재규의 변호인으로 관여하게 될 우리 변호인단 일동은 재판에 임하는 우리의 입장을 밝히고 아울러 몇 가지 당부와 다짐을 드리고자 합니다.

지금 검찰관의 공소장 낭독에서도 밝혀진 바와 같이 현직 중앙정보부장과 대통령 비서실장이 공모해서 대통령을 살해했다고 하는 공소사실 자체만으로도 이 사건은 전대미문의 중대 사건으로서 이 사건 재판의 심리와 결과에 대하여는 전 국민의 관심과 주목은 물론이요, 전 세계의 이목이 집중되고 있는 것으로 압니다. 따라서 이와 같은 중대 사건의 재판 과정에서 밝혀지는 진실과 재판의 결과는 바로 우리 민족이 앞으로 살아갈 정치적인 삶과 이 나라 역사의 향방을 가늠하는 중요한 의미를 갖게 될 것입니다.

그러기 때문에 이 사건은 실상 역사의 심판, 국민의 심판만이 있을 수 있을 뿐, 기존의 정치적·법적 질서의 산물인 현행 실정법 체계 안에서 재판하기에는 몹시 부적당한 것인지도 모르겠습니다. 그러나 제도적으로는 이 법정이 재판할 수밖에 없는 것이라고 한다면, 적어도 현실정치의 이해관계를 떠나 역사적 안목과 겸허한 자세로 진정한 국민의 뜻에 귀 기울이는 성실성이 재판을 통하여 나타나게 되기를 희망하는 바입니다. 그러기 위하여는 재판 절차의 적법성이 무엇보다도 철저하게 보장되어야 하겠습니다.

무릇 재판이란 그 결과가 공명정대하여야 함은 물론이려니와 이에 못지않게 중요한 것이 바로 재판 절차 적법성의 엄격한 보장인 것입니다. 때로는 오히려 적법 절차의 보장이 재판의 결론보다도 더 중요한 의미를 가질 수도 있는 것입니다. 이런 뜻에서 우리 변호인단 일동은 현명하신 재판관 여러분에 대하여 노파심의 발로로 볼지 모르겠습니다만, 역사에 길이 남을 이 재판의 전 과정이 한 점 두려움이 없는 모범적 절차에 따라 심리되기를 바라마지 않습니다. 다음으로는 상(相) 변호인인 김정두 변호인께서 재판권 자체의 문제에 관해서 한 가지 중요한 의견을 말씀드리겠습니다.

변호인단은 근본적인 문제를 따지고 나섰다. 박정희 대통령이 살해된 직후에 선포한 비상계엄이 법적으로 유효하냐는 지적이다. 유신체제 아래서 오랫동안 길들어져 정부가 하는 일이 법적으로 옳으냐의 여부를 논의하는 것은 무의미하게 생각해온 풍토였다. '위'에서 결정된 대로 따르는 데 익숙해 있었지 그것을 비판하고 새로운 의견을 제시하는 일 자체를 불순하게 여겼기 때문이다.

그러나 지금은 다르다. 바로 구체제가 무너진 직후가 아닌가. 공포통치체제였던 박정희 정권 아래서 무서움의 상징이었던 중앙정보부장, 바로 '남산의 부장'이 정권을 타도했다. 과연 새 세상이 올 것인가. 선거가 제대로 치러지고 언론 비판, 사법적인 논의가 자유롭게 이루어질 수 있을 것인가. 10·26 사건에 대한 군사재판은 이런 앞날의 전망을 짐작케 해주는 풍향기였다.

변호사들은 구체제 아래서의 법 적용이나 판례를 뛰어넘어 '과도적 혁명기'에 걸맞은 새로운 법리논쟁을 끌어내려 했다. 이른바 최고통치권 사항인 비상계엄 선포가 헌법과 계엄법상 옳으냐는 문제제기를 한다는 것 자체가 10·26 이전 유신체제에서라면 가능한 일도 아니었다.

김정두 변호사 김재규 장군에 대한 변호인 김정두입니다. 이 재판 설치에 관해서 지금 김제형 변호인으로부터 잠깐 말씀이 있었습니다만, 법률적인 문제에서 다소 이의가 있고, 본 변호인단들이 생각하는 바를 진술해서 법에 정해진 신청을 하고자 하는 바입니다.

김재규 장군에 대한 사건은 1979년 11월 26일 자로 공소가 제기되어서 육군본부 계엄보통군법회의에 배속되어 있습니다. 그러나 무엇보다도 먼저 위 계엄보통군법회의의 설치에 관해서 그 근거가 되는 대통령 권한대행의 비상계엄 선포, 이 자체에 대해서 그 적법성과 효력에 대해서 본 변호인단은 의문을 아니 가질 수가 없습니다.

원래 계엄은 국가 비상사태에 대비하기 위해서 대통령에게 수여하는 국가 긴급권한의 한 형태이긴 합니다만, 국민의 자유와 권리에 대한 침해가 너무 크고 이에 대한 영향이 지대한 것으로서 그 선포 여건은 엄격하게 제한되어 있는 것이 사실입니다. 헌법 제54조 제1항에 의하면, 대통령은 전시·사변 또는 이에 준하는 국가 비상사태에 있어서, 병력으로써 군사상의 필요 또는 공공의 안녕질서를 유지할 필요가 있을 때에 한하여서만 계엄을 선포할 수 있도록 규정하고 있습니다.

계엄 중 경비계엄이 아닌 비상계엄에 관해서는 특히 계엄법 제4조가 비상계엄은 전쟁 또는 전쟁에 준할 사변에 있어서 적의 포위 공격으로 인하여 사회질서가 극도로 혼란된 지역에서만 선포할 수 있고 그것은 명문으로 되어 있는 요건인 것이며, 따라서 대통령은 스스로 아무리 비상사태라고 판단되는 사태라고 할지라도 전쟁이 발발하거나 전쟁에 견줄 만한 중대한 사변에 있어서 현실적으로 적의 포위 공격을 받고 있는 현실적인 경우가 아니고는 헌법 절차에 따른 계엄을 선포할 수 없는 것이 헌법과 계엄법에 명기되어 있는 법령인 것입니다.

그런데 1979년 10월 27일 04시를 기해서 선포된 이 비상계엄은 위와 같은 요건의 어느 하나도 현실적으로 갖추지 못하고 있다는 것을 우리는 강조하지 않을 수가 없습니다. 다만 이 사태가 대통령이 사망하였다는 그 사유 하나만으로 비상계엄이 선포되었다고 알고 있습니다만, 적어도 헌법 자체에 따른 계엄 선포로서의 이런 사태에 대한 선포는 그 적법성과 효력을 인정하기에는 곤란한 것이다, 우리 변호인단은 이렇게 주장하지 않을 수가 없는 것입니다.

그렇다면 비상계엄 선포가 유효함을 전제로 해서 설치된 위 계엄군법회의의 피고인에 대한 소위 김재규 장군에 대한 재판권을 행사할 수 없다는 것은 법률상으로나 논리상으로 명백한 것이라고 아니할 수 없습니다. 이 점에 관하여 우리 대법원이 과거에 국회가 국정의 감시 기능을 완전히 제대로 수행할 수 있는 제도적인 보장이 되어 있을 때는 계엄 선포의 정당성 여부에 관해서는 사법부의 권익에 속하는 것이 아니고 대법원의 판단사항이 아니다, 이러한 견해를 표시한 바가 있었던 것은 사실입니다. 그러나 현재 우리가 시행하고 있는 이 헌법 아래에서는 상황이 전혀 다르다는 것은 누구나 다 인정하지 않을 수가 없는 것이고 이 대법원의 해석도 현행 헌법의 해석에 따라서 자연히 변경되어야 할 것도 또한 법률상 명백한 사실입니다.

다음으로 비상계엄 선포가 백보를 양보해서 유효한 것이라고 가정한다 해도 현역 군인이나 군속이 아닌 피고인으로 되어 있는 김재규 장군에 대해서 공소가 제기된 공소사실은 잘 아시다시피 비상계엄이 선포되기 전에 이루어진 행위인 것이 분명한 것입니다. 이것은 검찰관께서 낭독하신 공소장에 의해서도 명백히 지적되어 있습니다.

이와 같은 계엄 선포 이전의 민간인 행위에 대해서 군법회의가 과연 재판권을 가지는 그러한 법적인 근거가 되겠느냐, 여기에는 아무런 법적 근거가 없다고 우리 변호인단은 생각하는 바입니다. 이 사건에 관해서 계엄보통군법회의의 공소가 제기된 것은 계엄법 제16조가 "비상계엄 지역 내에 있어서라는 조건, 또는 작위의 죄를 범한 자는 군법회의에서 이를 재판한다"라는 그러한 규정에 근거를 두고 있는 것이 아닌가 생각하고 있습니다만 그러나 계엄법 제16조에서 말하는 비상계엄 지역 내에 있어서는, 이러한 규정은 비상계엄이 선포되어 있는 지역이라는 그 장소적인 개념뿐만 아니라….

법무사 요점만 말씀해주십시오.

김정두 변호사 시간적인 개념도 포함되어 있는 것으로 해석하는 것이 옳을 줄로 압니다. 곧 끝납니다. 이는 비상계엄이 선포되기 이전에는 비상계엄 지역이란 존재할 수 없는 것이고, 물리해석으로도 당연한 것이지만, 헌법 제24조 제2항이 군인 또는 군속이 아닌 국민이 군법회의의 재판을 받지 아니할 권리를 국민의 기본적 권리로서 보장하고 있는 것이 사실입니다.

그런데 비상계엄이 선포되기만 하면 계엄 선포 전후를 가리지 않고 군법회의에서 재판권이 있다면 이것은 명백히 헌법 제24조 제2항에 정면으로 배치되는 것이라 아니할 수 없습니다. 이 점에 관해서 대법원이 이른바 6·3 사태로 비상계엄이 선포되었을 때 위와 다른 견해를 보인 일이 있습니다. 이 대법원의 견해는 우리 변호인단으로서는 근본적으로 잘못된 것으로 생각되는 것이며 또한 앞으로 신청하고자 하는 재정신청에 관해서는 개별적인 사건에 관해서 건건마다 대법원의 견해를 받아야 한다, 이것은 법적으로 움직일 수 없는 것이라고 생각합니다.

이상에서 밝힌 두서너 가지 이유로써 육본 계엄군법회의의 김재규 장군에 대한 재판권이 없다고 우리는 이렇게 분명히 주장할 수 있는 것이고 이는 군법회의의 재판에 관한 법률 제2조 제2항에 따라서 대법원으로부터 신청취지, 앞으로 말씀드리겠습니다마는, 신청취지와 같은 재정을 바라면서 이런 신청을 하고자 합니다. 신청취지는 육본 계엄보통군법회의는 김재규 장군에 대한 이 사건에 대한 재판권이 없다는 재정을 신청하는 바입니다. 여기에 첨가해서 한 가지 더 말씀드리고자 하는 것은….

법무사 요점만 말씀해주세요.

김정두 변호사 군법회의의 재판에 관한 법률 제2조 제3항에 의하면 이 재정신청이 있을 시에는 필연적으로 재판의 진행을 정지하여 주시고 대법원의 재정이 있을 때까지 이것이 정지되어야 한다는 것은 명백한 규정입니다. 그래서 본 변호인은 여기에 참석되어 있는, 이름은 전부 생략합니다만, 21명의 변호인을 대리해서 이 변호인 전체의 이름으로 이의신청을 제청하는 바입니다. 그래서 현명하신 재판장님께서는 아까 모두(冒頭)에서 엄격한 법 규정에 의한 재판을 바란다는 모두의 진술이 있었던 만큼 이 점에 대해 심사숙고하셔서 우리 변호인의 견해에 따라서 재판의 진행을 정지해주시기를 바랍니다.

법무사 변호인께서 현행 법질서 아래서는 재판하는 것이 부적합하다는 취지의 말씀이 계셨는데, 그에 대한 논지의 근거가 어디에 있는지 설명 바랍니다. 어떤 뜻에서 현행법하에서는 재판이 안 된다고 하는 것인지 그 취지를 제출해주시기 바랍니다.

김정두 변호사 현직 대통령이 사망했고, 또 거기에 직속부하라고 볼 수 있는 중정부장과 대통령 비서실장이 관련된 사건이기 때문에 전대미문이고 우리나라 역사상뿐만 아니라 국제적으로도 보기 드문 사건이기 때문에 이런 사건은 국민 전체 의사에 따라서 심판하는 것이 바람직할 것이다. 그러나 제도적으로는 이 법정에서 할 수밖에 없다면 그렇게 말씀드리고 싶습니다.

법무사 지금 말씀을 서면으로 제출해주시기 바랍니다.

공안검사들의 각본에 따른 불공정 재판

변호사들의 만만치 않은 태도를 본 재판부는 더욱 긴장했다. 처음부터 재판장과 심판관, 법무사, 검찰관들은 엄청난 사건을 맡아 마음이 무거웠다. 이들은 한 세대의 정치사가 끝나고 새 시대가 시작되리라는 생각을 하지는 못했다. 군부가 그런 의식을 갖지 못하는 것은 당연했다. 또 그 후 신군부의 등장을 보더라도 과히 틀리지는 않은 생각이었다. 그만큼 군인정치체제는 최고권력자 한 사람이 사라진다 해서 금방 민주화로 바뀔 수 없을 만큼 이미 뿌리가 깊었다.

재판 자체도 보안사를 중심으로 구성된 합동수사본부의 지침에 따라 진행됐다. 군사법정의 진행 상황은 유신체제 아래서 중정에 파견됐던 공안검사들에 의해 면밀히 청취되고 시나리오가 짜였다. 이들이 재판정의 막 뒤에서 그때그때 지침을 적은 쪽지를 보냈다. 그래서 이 군사재판에 대해 '쪽지재판'이라는 비아냥거림이 나돌기도 했다. 이는 10·26 사건의 군사재판이 구체제 타도자에 대한 체제 수호 세력의 단죄를 위한 각본에 불과한 것이었다는 증거였다. 역사적 전환기를 가져온 사건의 원인과 의미를 가리는 순수한 재판이 될 수 없었다.

이 당시는 12·12 군사반란이 일어나기 전이다. 구체제 수호 세력이 아직 분명하게 실권을 장악하지 않은 상태였다. 장기적으로는 이때부터 군인정치체제가 해체돼가기 시작했다. 그러나 완연한 봄이 오기 전에 몇 차례의 꽃샘추위가 찬바람을 일으키는 법. 유신체제의 사생아들이 호시탐탐 새로 피어나는 민주화의 싹들을 짓밟을 기회만 엿보고 있었다. 이 재판이 시작된 후 1주일 만인 12월 12일 군사반란의 마각을 드러낸 이른바 신군부가 그들이다.

1980년대 한국의 새로운 군정(軍政) 지배 세력이라는 의미인 신군부라는 이름으로 등장한 하나회 군벌에게 1980년의 봄은 민주정치 발전사의 그것과는 반대되는 의미였다. 이들이 박정희 시대에 뒤이어 유신 2기에 해당하는 제2세대 군인정권을 창업했으며 그와 함께 이 재판은 신속히 종결됐다. 그리고 이들이 민주화를 요구하는 서울의 봄과 광주민주항쟁을 짓밟은 뒤인 1980년 5월 24일, 김재규 피고인 등 10·26 사건의 주역들은 형장의 이슬로 사라졌다. 그 후 다시 십수 년간 실질적 군정의 긴 터널이 계속됐다.

이로 말미암아 10·26 사건은 김재규 피고 자신이 법정진술에서 걱정했던 대로 민주화의 대가 없는 정치적·사회적 위기감만 뿌려놓은 꼴이 되고 말았다. 아무런 명분 없이 들어선 신군부는 권력 기반을 조작하기 위해 비판적 언론인의 강제 해직과 공직자 숙정을 자행했다. 따지고 보면 10·26에 대한 역사적 복고 역풍이었다. 그것은 시민 자체의 성숙한 힘으로 이루어낸 혁명이 아니고서는 아무런 대가를 얻을 수 없다는 또 하나의 역사적 교훈이었다. 오히려 새로운 싹에 대한 반작용과 역공으로 엄청난 희생만 치른 셈이다. 군부 내의 이 같은 분위기는 재판부의 태도에서 충분히 읽을 수 있었다.

법무사 변호인단에게 한 가지 경고하겠습니다. 오늘 재판받는 피고인은 전부 검찰관에 의해서 적법으로 공소가 제기된 피고인들입니다. 그러므로 앞으로 피고인들에 대한 호칭은 장군이라든가 부장이라든가 전관에 대한 호칭은 삼가주시기 바랍니다.

변호사 그 점에 대해서 말씀을 올리겠습니다. 변호인단의 경칭 문제는 소송법에서는 반드시 기소되어 있는 대상의 사람을 피고인으로 호칭해야 된다는 규정은 없습니다. 그래서 변호인이 재판을 받는 사람에 대해서 사적으로나 공적으로 존경심을 가지고 존칭을 올려서 호칭을 하더라도 위법사항은 아니라고 생각합니다.

왜냐하면 재판이 확정되어 죄인이라는 확정판결이 있기 전에는 그 사람의 인격은 존중되어야 하고 또 변호인으로서도 그러한 존칭을 사용해도 무방하리라는 뜻에서 김재규 장군이라는 호칭을 사용했습니다.

그 점에 대해서 현명하신 재판부에서 양해해주시기 바랍니다.

법무사 앞으로 그런 호칭은 삼가주시기 바랍니다.

변호사 네.

전창렬 검찰관(이하 검찰관) 검찰 측에서 간단히 반대의견을 개진하겠습니다. 우선 선배 법조인께서 그런 현명한 교시를 해주신 데 대해 감사하게 생각합니다. 이 사건은 법의 심판의 대상이 아니고 역사나 국민의 심판을 받아야 할 사안이라고 설명해주신 데 대해서, 법조인의 한 분으로서 이 법정에 선 이상은 다만 그러한 취지를 존중한다는 것은 당연지사라고 생각되고, 여기에 있는 검찰관도 그런 역사적 사명의식을 갖고 한 것만은 틀림없습니다.

다만, 여기에서 역사의 심판이나 국민의 심판의 대상이 된다고 한다는 것은 곧 혁명으로 이끌어가려고 하는 것에 하나의 동조 발언이 되지 않겠느냐는 것을 말씀드립니다.

비상계엄 선포의 적법성과 그 효력에 관해서 말씀드리는데, 선배 법조인들께서도 충분히 주지하고 계시겠지만 우리나라 대법원의 확립된 판례에 있어서는 적의 포위 공격으로 인하여 질서가 극도로 혼란된 경우를 상당히 광범위하게 해석하고 있고 이것이 사법심사의 대상이 되지 않는다는 것이 하나의 확립된 판례로 되어 있습니다.

계엄 선포 전의 어떤 행위가 계엄군법회의의 재판권에 속하느냐는 문제에 관해서는 우리나라에 확립된 대법원 판례가 세 군데에서 나오고 있습니다. 계엄 선포 전의 행위라 하더라도 계엄군법회의 재판관할권이 있다 하는 것이 우리 대법원 판례이고, 또

3심 제도를 취하고 있는 이상 이 계엄군법회의도 대법원의 의견을 존중하지 않을 수 없다는 의견을 제시합니다.

재판장 본 군법회의를 15분간 휴정하겠습니다.

중앙정보부장의 거사 결심

변호인단은 10·26 사건에 대해 군사재판을 하는 것은 법적으로 옳지 않다고 주장했다. 재판관할권이 일반법원에 있다는 것이다. 김정두 변호사는 10·26 사건이 비상계엄 이전에 일어났으며 피고인 김재규 등이 민간인 신분이므로 일반법원에서 재판받을 권리가 있다고 강력히 주장했다. 평상시 군사재판을 받아야 할 현역 군인은 피고인 중 박흥주 대령 한 사람뿐이다. 다만 비상계엄이 선포된 뒤라서 문제는 다르다.

그러나 10·26 사건이 발생한 당시 서울은 계엄이 아니었다. 계엄 선포 뒤 설치된 군법회의가 그 이전의 행위를 재판한다는 것은 계엄법의 소급적용으로 위헌사유라는 주장에 법리논쟁의 여지가 있었다.

변호인단은 이 문제를 법적으로 가려야 한다며 대법원에 재정신청을 냈다. 이에 따라 대법원의 결정이 내려지기까지 군사재판은 열릴 수 없게 됐다. 군사재판은 첫날 공소장 낭독만 한 뒤 이런 법리논쟁을 대법원에 넘긴 채 사실상 정지 상태에 들어갔다.

재판 첫날 검찰관이 낭독한 공소장(이 책 부록에 전문 수록)은 사실상 이 사건에 대한 보안사령부의 수사 결론이다. 계엄 선포 후 보안사 헌병들로 합동수사본부를 구성하고 공식적으로는 이 합수부 이름으로 수사가 진행됐다. 그러나 실질적으로 모든 지침은 보안사에 의해 결정됐다. 이런 점에서 공소장의 내용에는 중요한 의미가 있다. 얼마 후 12·12 군사반란을 거쳐 실권을 장악해버리는 전두환 소장 휘하의 보안사가 국민에게 이 사건의 수사 결과를 어떻게 제시했는지가 여기서 드러난다.

공소장을 보면 보안사는 이 사건을 김재규가 박 대통령의 신임을 잃어가는

데서 비롯된 불만으로 저지른 우발적 범행이라고 주장했다. 여기서 부각된 것이 김재규 중정부장의 경질설이었다. 또 차지철 청와대 경호실장이 월권행위가 심하고 오만방자했기 때문에 김재규가 그와 권력 갈등 끝에 일을 저질렀다는 것이다. 이에 비해 김재규 피고인 자신은 우발적 행동이 아니라 오래전부터 결심하고 기회를 보다가 거사한 계획적인 혁명이라고 주장했다.

당시 대내외적으로 터져 나오는 여러 가지 문제에 대해 박 대통령은 강경 일변도로 나갔다. 여기에 비위를 맞춘 것이 차지철 경호실장이었다. 그러나 남산의 부장 김재규는 달랐다. 남산은 비교적 정밀한 정보에 접근해 있었다. 그에 대한 판단도 전문가 집단이 내리고 있었다. 속속 들어오는 정보와 정세 분석을 종합해볼 때 더 이상 강경으로 나간다면 작은 불씨에 기름을 붓는 결과가 된다는 점을 남산의 부장 김재규는 절감하고 있었다.

그에게 그런 위기감을 던져준 것은 10·26 직전 터진 부산·마산의 시민 시위 사태였다. 10월 17일 부산 사태가 터지자 현장에 가본 김재규는 그것이 지금까지 흔히 있었던 시민 시위와 양상이 다르다는 사실을 알았다.

지금까지 정부가 몰아붙였던 것처럼 소수의 극렬분자나 운동권 세력에 의한 시위가 아니었다. 행동에 실제로 참가한 시위대도 규모가 컸지만 일반 시민들도 시위대에 음료수를 날라다 주는 등 마음속에서 지지하는 모습이었다. 그는 더 이상 민심을 누를 수 없음을 깨달았다.

그런데도 박 대통령은 "사태가 더 악화되면 내가 발포 명령을 내리겠다"며 강경책을 고수했다. 여기에 차지철은 "캄보디아에서도 300만 명이나 희생시켰다는데 우리가 100만 명이나 200만 명 희생시키는 것쯤이야 뭐 문제냐"고 한술 더 떴다. 김재규는 이 대목에서 소름이 끼치더라고 법정진술을 통해 여러 차례 밝혔다.

더구나 박 대통령은 당시 술과 여자를 너무 탐했다. 궁정동에 비밀 요정식 연회장을 두고 중앙정보부 부속 안가로 관리하도록 했다. 연예계 여성 등 외부에서 술 시중 등을 드는 여자들을 조달해서 벌이는 술판이 그곳에서는 사흘에 한 번꼴로 열리고 있었다. 이런 주색으로 박 대통령은 심신이 쇠약해져 가고 있었다. 안팎에서 가중되기만 하는 위기에 박 대통령이 강경 일변도로 대응하는 모습은 중앙정보부장 김재규가 보기에 사생활 문란으로 인한 판단력 마비 때문이었다. 그가 박 대통령에 대한 의리를 버리기로 결심한 데에는 이런 이유가 크게 작용했다.

2장
집권 쿠데타인가 민주 회복 거사인가

2회 공판

12월 8일 오전

피고인 진술에 대한 변호인 녹음도 금지

10·26 사건에 대한 재판관할권이 군법회의가 아니라 민간법원에 있다는 변호인단의 재정신청은 대법원에 의해 받아들여지지 않았다. 대법원은 이 사건을 군법회의에서 재판하는 것이 옳다고 판시했다. 지난 1964년 한일회담 반대시위로 인한 계엄령 때도 똑같은 재정신청이 있었으나 대법원은 그때 군법회의 재판권을 인정했다. 그것이 판례가 된 것이다.

이에 따라 12월 8일 김재규 피고인 등에 대한 군사재판의 2회 공판이 속개됐다. 그러나 이날도 처음부터 재판부 및 검찰관 측과 변호인단 사이에 심각한 대립이 나타났다.

양측 논란의 발단은 변호인들이 김재규 피고에 대해 계속 '장군'이라고 부르자 검찰 측이 경고 발언을 한 데서 비롯됐다. 군 검찰은 국가원수를 살해하고 국헌 문란을 기도한 국사범을 영웅시하는 것은 신성한 법정을 모독하는 행위라고 경고했다.

이에 변호인단은 크게 흥분했다. 법적으로도 판결에 따라 유죄가 확정되기 전까지는 죄인이 아니며 전관예우를 한다고 해서 문제되지 않는다고 반박했다. 거기에다 법정에서 검찰이 변호인에게 경고 발언을 한다는 것은 있을 수 없는 일이라며 발언 취소와 사과를 요구했다. 아직 12·12 군사반란이 일어나기 전이어서 군 검찰과 재판부도 변호인단의 반격에 곤혹스러웠다.

또 재판부는 법적으로 허용돼 있는 피고인 진술에 대한 변호인의 녹음도 일절 금지했다. 변호사들은 변론자료 준비를 위해 휴대했던 녹음기를 법정에 들어오면서 모두 맡겨야 했다. 변호인단이 녹음권을 계속 주장했으나 재판부는 불허 결정을 내렸다. 피고인들이 전직 중앙정보부장, 청와대 비서실장 등 국가 최고

기밀을 취급하는 직위에 있던 사람들이라는 이유다. 재판정의 녹음은 계엄사 당국 외에는 일절 금지됐다.

황종태 법무사(이하 법무사) 군법회의 재판권에 관한 재정신청으로 소송 진행이 정지되었던 본 군법회의를 대법원의 재정에 따라 다시 진행하겠습니다. 그리고 재판관의 구성에 경질이 있으므로 공판 절차를 갱신하겠습니다. 피고인들, 지난번 인정신문한 것 다 사실과 틀림없죠? 검찰관, 지난번 공소장 낭독한 것에 변경사항 있습니까?

전창렬 검찰관(이하 검찰관) 없습니다.

법무사 피고인들에게 알려드리겠습니다. 피고인들은 권리를 보호함에 필요한 진술과 이익되는 사실의 진술을 할 수 있고, 각개의 신문에 대하여 시종 침묵하거나 진술을 거부할 수 있음을 알려드립니다. 피고인들에 대한 사실심리에 들어가겠습니다.

검찰관 사실심리에 들어가기 전에, 본 건 피고인들은 모두 공동피고인일 뿐 아니라 범행 전에는 상·하급자의 위치에 있었기 때문에, 한 사람의 피고인이 다른 피고인들의 면전에서 충분한 진술을 할 수 없다고 인정되므로 군법회의법 제343조 제2항에 의해서 피고인 김재규를 제외한 나머지 피고인들을 퇴정시켜 주시기 바랍니다.

강봉제 변호사 군법회의법 제90조에 대해서 말씀드리겠습니다. 제90조에는 명백히 피고인이나 검찰관이나 변호인은 녹취를 할 수 있게 되어 있는데, 입정할 적에 변호인들의 녹음기를 전부 보관했습니다. 그러면 우리가 녹취를 할 수 없고, 이 사건은 녹취가 절대 필요하고 또 남겨둬야겠습니다. 그런데 녹음기를 쓰지 못하게 하고 재판을 진행한다는 것은 우선 법률에 위반되고 타당성도 없다고 봅니다. 변호인이 녹음기를 사용할 수 있도록 재판장께서 허락해주시기 바랍니다.

검찰관 검찰 측에서 반대의견 하나 제시하겠습니다. 공소장 부본이 5일 전에 이미 송달이 되어 있고, 그동안에 변호인 접견이 충분히 허용되어서 공판 준비자료가 충분히 마련되었다고 생각되고, 하등에 필요성이 없다고 사료되므로 기각해주시기 바랍니다.

법무사 변호인단이 이것을 녹취하고자 하는 이유는 무엇입니까?

강봉제 변호사 우리가 소상히 알아야 될 것 아닙니까? 이걸 귀로 듣고 말해 갖고 공판 준비상 법률이 그렇고 상식적으로도 불가능한 얘기고, 그래서 군법회의법에 명문으로 제정되어 있다고 봅니다. 우리가 흘러가는 말을 듣고 기억하는 것은 불가능하지 않습니까? 그리고 법률에 명문이 되어 있습니다. 이건 녹취할 수 있다고.

변호사 한 가지 보충해서 말씀드리겠습니다. 지금 녹취를 하겠다는 것은 공소장 내용을 녹취하겠다는 것이 아니고 오늘 피고인들이 진술한 내용을 일일이 기억할 수가 없고, 법적으로도 근거가 있으니, 녹취를 허용해주십사 하는 겁니다. (다른 변호사가 이어서 말함)

재판장 지금부터 10분간 휴정 후에 속개하겠습니다.

변호인단, 공정한 재판 진행을 호소하다

재판장 본 군법회의를 속개하겠습니다.

법무사 합의 결과 녹취 신청은 받아들이지 않겠습니다. 다만, 사건의 중대성에 비추어 피고인의 방어에 지장이 없도록 조서 작성에 신중을 기하도록 하겠습니다.

변호사 재판장 지휘에 따를 수밖에 없는데, 법무사께서 말씀하신 대로 이 사건은 중대한 사건인데 녹취를 못 하게 한다는 것은….

법무사 잠깐! 말씀하실 때는 변호사의 성함을 말씀해주십시오.

변호사 저, 변호사 강봉제입니다. 우리는 지금, 법치국가에서 군법회의를 법률에 의해 명명하게 그리고 엄숙하게 운영하는 줄로 압니다. 법률이 제정한 변호인의 권리를, 혹은 법률이 정한 것을 기각한다는 것은 대단히 유감으로 생각하고, 군법회의법 제90조에 의한 신청을 기각했다는 사실만이라도 명백히 기록에 남겨주시기 바랍니다.

태윤기 변호사 재판장님, 박흥주 피고인의 변호사 태윤기입니다. 현역 장교는 박흥주 피고인 한 사람뿐입니다. 그런데 이 재판을 그대로 한다면, 1심으로 끝나게 됩니다. 법을 찾아보니까, 그건 확실히 위헌입니다. 그래서 위헌 여부 재청신청을 합니다. 피고인은 현역 군인으로서 위헌사항을 가리지 않고 재판을 진행하게 되면 필경은 1심 재판 종결로써 재판이 확정되어 다시 회복할 수 없는 인권의 침해를 받게 되므로 위헌 여부 재정이 있으시기 바라고 신청합니다. 1979년 12월 8일 변호사 태윤기입니다.

법무사 서명해주십시오. (태 변호사는 재정신청서에 서명했다)

태윤기 변호사 헌법위원회법 제12조를 보면, 항고에 대해서는 민사소송법을 적용해서 항고하게 되어 있고, 제13조를 보면, 법원에서 재정했을 때는 당해 사건은 정지된다고 되어 있습니다. 이상입니다.

법무사 몇 조입니까? 소송 절차가 정지된다는 거요.

태윤기 변호사 헌법 제105조와 헌법위원회법 제10조입니다.

검찰관 검찰관 측 반대의견을 제출하겠습니다. 헌법 제105조에 의하면 법률이 헌법에 위반되는지 여부가 재판의 전제가 된 때에는, 법원은 헌법위원회에 제청하여 그 결정에 의하여 재판한다, 이렇게 되어 있습니다. 그러나 이 경우는 명백히 위반되었을 경우에 그런 사항이 재판의 전제가 되었을 때 한한 것이고 기존 법상, 헌법에서 수권된 범위 내에서 군법회의법상 단심제로 규정하고 있는 이상, 또 그것이 재래 재판 관행이나 관습이 그렇게 진행되어온 이상 하등의 이유가 없다고 사료되므로 기각해주시기 바랍니다.

태윤기 변호사 재판장님, 변호인으로서 말씀드리겠습니다. 지금 검찰관으로부터 하등의 이유 없다고 들었습니다. 그러나 헌법에서 법률하고 헌법에 위반될 때에는 헌법위원회로 가도록 규정되어 있습니다. 이것이 어느 검찰관 한 사람이 위헌이냐 아니냐 또 재판을 담당하신 여러분들이 위헌이냐 아니냐를 판단하게 되어 있지 않습니다. 법률상 이것은 헌법위원회에서 판단하도록 규정되어 있습니다. 그러니까 본 변호인은 법률의 규정에 따라서 판단 내려주시는 것이 이 재판을 공정히 진행하는 것이 되지 않을까 생각합니다.

재판장 본 군법회의를 10분간 휴정하겠습니다.

변호인단의 불신은 쌓이고

재판장 지금부터 육본 보통군법회의를 속개하겠습니다.

태윤기 변호사께서 신청한 이의에 대해서는 군인이 군법회의에서 재판을 받는다는 것은 온 국민이 다 알고 있는 사실입니다. 더욱이 비상계엄하에서 군인의 범죄에 관한 단심제를 규정한 군법회의법 제525조의 규정은 헌법 제108조 제3항의 규정에 근거한 것으로서 위헌이라고 볼 수 없기 때문에 변호사 태윤기의 위헌재정신청은 이유 없어 받아들이지 않기로 하며, 위헌재정신청만으로는 이 건 재판 진행에 장애 사유가 되지 않으므로 재판을 속행하기로 합니다.

태윤기 변호사 재판장님, 대단히 죄송합니다. 본 변호인으로서는 본의 아닙니다만, 박흥주 피고인으로 볼 때는 생사에 관한 문제입니다. 1심으로 끝난다는 것은, 제가 알기로는 당 법정에서 그렇게 결정될 문제가 아니라고 봅니다만, 이미 결정됐다고 하는 마당에 있어서, 장성 여러분 보기에는 대단히 안된 얘기입니다만, 이것은 피고인의 사활에 관한 중대한 문제인데, 이와 같이 간단히 헌법위원회에서 판단할 문제임에도 불구하고 당 법정에서 이것은 이유 없다라고 결정하는 것은 피고인을 공정하게 재판해줄 것을 믿을 수가 없습니다.

법무사 재판부를 불신하는 발언은 삼가주십시오. (목소리를 높여)

변호사 이거 보십시오, 아무리 그래도….

법무사 제가 알기에는, 태 변호사도 과거 군법무관으로서 군법회의를 운영한 사람으로 알고 있습니다.

변호사 알고 있고 아니고가 문제가 아니라, 제 얘기를 마저 들어야 합니다.

법무사 재판부에서 공정히 진행하겠습니다. (격앙된 목소리)

변호사 그렇기 때문에 본 변호인은 할 수 없이 재판관 전원에 대해서 기피신청을 하겠습니다. 이상입니다.

검찰관 검찰관 측 의견을 말씀드리겠습니다. 본 법정에서는 검찰관의 입장을 피력하고 변호인 여러분께 당부의 말씀을 드리겠습니다. 국가의 원수이신 대통령 각하께서 흉탄에 맞아 비명에 서거하심에 즈음해서 국민의 경악과 분노가 채 진정되기도 전에 그 범행의 원흉을 '장군'이라고 호칭하면서 영웅시한다는 것은 계엄 당국의 법 준수의 의지와 아량을 오판한 것이고 법 이전에 인간의 도리상 있을 수 없는 일이라고 생각합니다.

아무리 명명백백한 흉악무도한 범법자라고 하더라도 공개법정에서 법률에 의한 재판을 받을 수 있다는 민주적 재판 절차를 악용해서 소송 지연의 수단으로 사용한다는 것은 신성해야 할 법정을 정치 무대화하여 국민의 여론을 외면하고 본 건 범행을 미화하여 사회적 혼란을 야기하려는 음모라고밖에는 생각할 수 없습니다. 이러한 행위는 역사와 국민 앞에, 한 점 부끄럽지 않게 법률에 의한 공정한 재판을 해달라는 변호인단의 모두진술과는 너무나도 판이한 것입니다. 하루빨리 본 건 범행의 실체적 진실이 밝혀지기를 고대하는 국민의 여망에도 명백히 어긋나는 처사로서 본 검찰관은 아연실색하지 않을 수 없습니다.

여러 변호인들께서도 앞으로 공판 진행에 있어서 이러한 국민의 뜻을 저버리지 말고 공개된 법정에서 정당한 변호를 통한 사건의 실체적 진실 규명에만 진력해주시기를 바랍니다. 만약에 피고인의 변호인들께서 공익의 대표자로서의 사회적 정의의 실현이라는 사명을 저버리고 법 절차를 악용하여 김재규 피고인의 실패한 국가변란의 기도를 비호함으로써 진실을 오도하고 사회적 혼란을 야기할 경우 이는 전적으로 변호인단의 책임이고 양식 있는 국민의 준엄한 비판을 받을 것을 아울러 경고하는 바입니다.

변호사 재판장님, 제가 한마디 드리겠습니다. 법정이라는 것은 대단히 신성한 곳입니다. 지금 우리는 법이 허용하지 않는, 법을 떠나서 이 법정에서 얘기한 것은 하나도 없습니다. 변호사란 것은 국법이 정한 법에 의해서 법이 허용하고 있는 것을 하고 있습니다. 지금 얘기한 것은 마치 변호인들이 다른 목적을 가지고 다른 일을 한 것처럼, 변호인들이 조작해서 큰 죄나 지은 듯이, 무슨 이런 재판을⋯ 저도 법무장교로 근무한 적이 있습니다만, 24년 동안 변호사 하면서 처음입니다. 지금 우리 변호사가 검찰관의 훈시를 받고⋯. (흥분해서 말을 더듬으며)

법무사 (말을 가로막으며) 알겠습니다. 논쟁을 하자는 데가 아닙니다. 제한을 하겠습니다. 앞으로 변호인께서는 신청사유가 있으면 전부 서면으로 제출해주시면 법에 따라 처리를 하겠습니다. 이제 기피신청한 데 대해서는 군법회의법 제54조에 의해서 급속을 요하는 경우에 해당하므로 받아들이지 않고 그대로 진행을 하겠습니다.

검찰관 아까 분리재정신청에 대해서 결정해주십시오.

법무사 그러면 아까 그 검찰관이 신청한⋯.

변호사 재판장님, 본 변호인은 피고인 김계원의 변호인입니다. 아까 검찰관의 김재규 피고인을 제외한 모든 피고인의 퇴정명령신청이 있었습니다만, 그에 대해서 김계원 피고인의 변호인으로서 검찰관의 그와 같은 신청에 반대의견을 진술하겠습니다. 군법회의법 제443조에 피고인이 진술함에 있어서 다른 사람이 있음으로써 말을 못할 경우에 퇴정시키도록 되어 있습니다만, 김재규 피고인이 다른 피고인이 있다고 해서 자기가 말을 못 할 사안이라고는 생각지 않습니다. 또 피고인 김계원의 위치에서는 김재규 피고인의 법정에서의 진술을 생생하게 자기 자신이 들어두어야만 자기의 방어권을 행사할 수 있다고 생각됩니다.

따라서 아까 검찰관께서 심판부에 김재규 피고인의 단독신문을 할 때에는 다른 피고인들은 전부 퇴정시켜달라는 신청을 했습니다만 김계원 피고인의 변호인 입장에서는 김재규 피고인의 당 법정에서의 진술을 생생하게 꼭 들어야 방어할 수 있고 김재규 피고인이 김계원 피고인 때문에 말을 못 한다고는 생각되지 않기 때문에 검찰관의 그런 신청은 기각하심이 상당하다고 생각합니다.

김홍수 변호사 재판장님, 김태원 피고인의 변호인 김홍수 변호사입니다. 저도 그 점에 대해 한 말씀 드리고자 합니다. 요전 제1회 공판에서….

법무사 뭐에 관한 겁니까? 지금 결정 단계인데….

변호사 피고인을 분리심리한다는 데 대해서….

법무사 요지만 간단히 말씀해주세요.

변호사 제1회 공판에서도 모두에 김제형 변호사가 말씀드렸습니다만, 군 사법 나아가 전체 사법에 국민의 신뢰성을 얻고자 하면 또는 군 사법의 판결에 대한 객관성을 성취하고자 하면….

법무사 본 변호인단이 모두에서 의견을 밝힌 바 있습니다. 충분히 무슨 뜻인지 알겠습니다. (말을 제지하듯)

변호사 네, 첫째 재판관들의 결정이 변호인의 공감을 받아야 됩니다. 이 사소한 절차에 있어서조차 변호인의 공감을 받지 못하는 경우에는 그 재판의 결과에 대해서 국민의 공감을 받을 도리가 없습니다. 그래서 녹취신청에 대해서 기각을 하셨는데….

법무사 그것은 이미 결정이 되었기 때문에….

변호사 예, 거기에 대해서 왈가왈부할 필요는 없지만, 이 녹취라는 것은 피고인의 이익만을 위한 것은 아닙니다.

법무사 그건 재판부의 직권사항이니까 그것은 제한을….

변호사 예, 그 태도에 대해 말씀드리는 겁니다. 그와 같은 태도로 만약 이 법정을 끌어가려고 하신다면 반드시 변호인단의 반박을 받을 것이고 나아가서는 국민의 반박을 받습니다. 이런 점을 유의하셔서….

법무사 국민이 재판하는 게 아닙니다. 신성한 법정에서 법에 의한 재판을 하고 있습니다. (단호한 목소리로)

변호사 판결이 국민의 신뢰를 받아야 합니다.

법무사 진술을 제한하겠습니다.

변호사 그래서 이 피고인들을 각자 분리해서….

법무사 앉아주십시오. (강압조로)

변호사 각자 분리해서 신문하고자 하는 의도는 지금까지 피고인들을 각자 독방에 넣어 가지고 비공개된 장소에 격리해서 그 사람들에게 심리적 압박을 가함으로써 검찰관 측에서 의도하는 방향으로 끌고…. 상하관계에 있다고 해서 누구 면전에서 얘길 못 한다, 얘길 할 수 없다고 하는 이유가 전혀 없습니다.

법무사 그건 재판부 결정사항이니까….

검찰관 재판장님, 그건 아까 한 말과 중복되는 사항이기 때문에….

법무사 중복되는 사항이기 때문에 제한하겠습니다. 방금 변호인단의 의견을 듣고 검찰관이 신청한 피고인 등의 퇴정에 관한 군법회의 법 제343조의 규정에 따라 피고인 상호 간 면전에서 충분한 진술이 불가능하다고 인정되므로 김재규 피고인을 제외한 나머지 피고인을 퇴정시키기로 하겠습니다.

재판장 10분간 휴정하겠습니다.

긴급조치 해제로 시작된 민주화 움직임

재판부는 충분한 신문과 검증을 통해 사건의 배경을 진실하게 가리는 것보다도 재판을 신속하게 끝낸다는 데 목표를 두었다. 이에 비해 변호인단은 시간 여유를 갖고 신중하게 심의해야 한다고 주장했다. 변호인단은 이 사건으로 어쨌거나 긴급조치가 해제되고 헌법 개정도 약속되는 등 자유민주주의의 기틀이 마련됐다고 지적했다. 그런 만큼 이 사건은 후세 역사가들이 보더라도 합리적이라고 평가할 수 있게 재판 절차가 제대로 이루어져야 한다는 것이다.

10·26이 있고 보름 후 정부는 민심을 수습하기 위한 정치적 조치를 발표하지 않을 수 없었다. 11월 10일 최규하 대통령 권한대행의 특별담화가 그것이다. 이 특별담화에서 최 권한대행은 가능한 한 빠른 기간 내에 개헌과 총선을 실시하겠다고 밝혔다.

12월 6일 기존의 유신헌법에 따라 통일주체국민회의 선거에서 최규하 대통령이 선출된다. 그는 당선 다음 날로 민주화와 정치 발전을 위한 첫 조치를 취했다. 우선 헌법 개정 등 정치적 논쟁을 일체 금지시켰던 대통령 긴급조치 9호를 해제했다. 이에 따라 긴급조치 위반으로 수감 중인 인사들이 석방됐다. 지난 1973년 여름 도쿄에서 강제납치되었다 살아 돌아온 후 6년 반 동안 가택연금 상태에 묶여 있던 김대중 씨는 12월 8일 0시를 기해 자유의 몸이 되었다.

또 개헌 논의가 풀림에 따라 국회도 헌법개정심의특별위원회를 구성했다. 최 대통령은 12월 21일 취임사에서 1년 이내 개헌을 완료하고 가능한 빠른 시일 내 총선 실시 등 향후 정치 일정을 제시했다.

이렇게 민주화가 실천돼가는 듯한 분위기 속에서 두 번째 공판이 열린 날은 바로 긴급조치 해제와 정치범 석방, 김대중 씨 연금 해제 등 가장 눈에 띄는 조치가 나온 날이었다. 변호인단이 10·26에 대해 그런 민주화를 불러온 역사적 사건이라고 역설하는 것도 당연한 일이었다.

재판장 지금부터 본 군법회의를 속개하겠습니다.

김홍수 변호사 재판장님, 저희들이 말할 기회를 많이 갖는 것 같습니다만, 방금 휴정 전에 검찰관께서 이 변호인단을 지칭해서 하신 말씀이 있었습니다. 검찰관의 견해와 같이 이 사건이 국가의 원수가 살해되었다고 하는 사건이니만큼 중대하다고 하는 것은 본 변호인단이 모두진술을 통해서 이미….

법무사 그건 이미 변호인단께서 모두에 진술을 하고 입장을 밝힌 바 있습니다.

재판장 가만, 가만히 계십시오.

법무사 지금 여기에 말싸움하자고 온 것이 아닙니다.

변호사 재판장님, 저희들이 알고 있는 법률상식으로는 소송지휘권은 재판장에게 있는 것으로 알고 있습니다. 법무사는 재판장에게 고하고 신문을 하고 증거조사하는 데 협조는 할 수 있을지언정 법무사가 나와서 변호사의 발언을 제지한다든가 이러한 권한은 법률에 없는 것으로 알고 있습니다. 제가 지금 드리고자 하는 말씀이 무슨 말인지 들어보시지도 않고 계속해서 말을 제지하는 것은 법무사의 권한을 넘는 것으로 생각합니다.

재판장님, 저희들이 이 역사적인 사건의 성격을 모두에서 말씀드렸고 우리가 문화국가이고 민주국가이니만큼 아무리 큰 사건, 크면 클수록 적법한 절차에 의해서 재판이 진행되어야만 우리가 문화국가의 국민으로서의 긍지를 가질 수 있는 것입니다. 그러려면 본 법정은 신성해야 하고 절대적으로 적법성이 보장되어야 합니다.

그런데 아까 검찰관은 변호인단들이 김재규 피고인의 범행 동기를 미화해서 사회에 물의를 일으킬 음모를 하고 있다고 말씀하셨습니다. 이것은 본 변호인단을 모욕하는 중대한 발언입니다. 저희들로서는 이러한 모욕을 몹시 견디기가 어렵습니다. 뿐만 아니라 이것은 이 법정을 모욕하는 것이 분명합니다. 어떻게 해서 이 법정에서 변호인의 활동이 법에 어긋나면 법에 어긋나는 절차에 의거해서 적법한 절차로 제지를 해야지 어떻게 해서 검찰관이 법정에서 그런 얘기를 할 수가 있습니까? 그래서 이 점은 재판관 제위께서 합의해서 취소를 반드시 해주셔야만 우리가 이 재판에 응할 수 있을 것 같습니다.

저희들이 시비를 걸자는 것이 아닙니다. 서로 웃어가면서 법을 지켜가면서 부드러운 분위기로 재판을 진행하자고 하는 것이 저희 변호인단의 생각이었습니다. 그런데 이렇게 말만 나오면 법을 악용해서 소송을 지연한다느니, 지금까지 우리가 재정신청하고 또 오늘 위헌재정신청을 박흥주 피고인의 변호인께서 하시고, 또 분리심리를 요구한 견해에 대해서 김계원의 변호인이 그것의 부당성을 말씀드렸고, 그것뿐이거늘 어째서 그것이 우리가 소송을 지연하기 위해서 법을 악용해서 미화한다, 음모한다, 이것은 중대한 문제입니다. 재판관 제위께서는 신중히 합의해서 이 검찰관의 발언을 반드시 취소하고 그것을 반드시 기록에 남겨주시기 바랍니다.

김정두 변호사 잠깐, 한 가지 요청 사실이 있습니다.

법무사 성함을 말씀해주세요.

김정두 변호사 네, 여기에 부연되는 말씀이 아니고….

법무사 아니, 성함을 말씀해주세요.

김정두 변호사 김재규 피고인의 변호인 김정두입니다. 재론을 하는 것은 아닙니다. 그 점 오해 마시고, 법정에서 녹취 문제에 관해서 우리 변호인단이 그걸 다른 데 이용한다거나 혹은 또 여러 가지에 이용될까봐 검찰관께서 염려하시는 것도 이해합니다. 그러나 이것이 역사적인 재판이고 또 이 법정에서 진술되는 것이 하나하나가 법률 해석과 직결되는 문제입니다. 나중에 재판관께서나 검찰관께서나 또 우리 변호인단이나 이 법정에서 진술된 것이 만일에 오착이 있고 이것이 시정될 길이 없다고 한다면 그 재판의 결과는 중대한 오판이 될 가능성이 농후합니다. 그래서 법에 정해놓은 취지는 그러한 오착, 소위 진실을 녹취하는 데 오착이 있을까 싶어서 녹취의 조문을 피고인의 권리로서 규정해놓은 것이고, 이것은 재량처분이 아니고 하나의 권리로서 규정되어 있는 것입니다.

그렇기 때문에 본 변호인이 염려하는 것은 지금 현 법정의 상황을 보니 속기도 없고 한 분이 나와서 녹취를 하고 있습니다. 그래서 제가 보기에는 대단히 의구감이 듭니다. 그럴 염려는 없겠지마는 혹시나 그 녹취가 우리 변호인단의 녹취하고 틀렸다든지 또 법원, 검찰과 상치될 때에는 대단히 곤란한 결과가 옵니다. 이러한 중대한 일을 앞에 두고 막연하게 혹여나 무슨 다른 의도에서 이용되지 않겠느냐, 이런 염려를 갖고 결정하신 모양인데 그 결정이 내려서 이미 시기가 늦은 감은 있습니다마는, 이 군법회의 자체에서라도 녹음기를 설치해서 녹취를 해주시면 감사하겠습니다. 왜냐하면 기록의 정확을 기하자는 것이 본 변호인단의 뜻입니다. 길이 역사에 남을 사건이고 또 국민이 주시하고 나아가서는 전 세계가 주시하고 있는 사건입니다. 여기에 한 사람의 능력만으로 정확을 기한다는 것은 바랄 수 없는 일이다….

법무사 알겠습니다. 중복되는 사항이기 때문에 제한하겠습니다.

김정두 변호사 네, 그러니까 법정에서라도 녹음장치를 해주셔 가지고 녹취를 해주셨으면 하는 요청입니다.
법무사 아까 결정했기 때문에 받아들이지 않겠습니다.
김제형 변호사 저 김제형 변호사입니다. 지금 법정 공기가 너무 과열된 것 같습니다. 저희 변호사들은 그렇게 사건을 끌려고 한 것은 아닙니다. 아까도 다른 변호사가 말씀드렸지만, 검찰관의 변호인단에 대한 발언은 극히 중대합니다. 그래서 그 점에 관해서 저희 변호인단의 태도를 밝히기 위해서 잠깐 휴정을 해주시면 저희들이 그 점에 관한 태도를 밝힘과 동시에 재판부와의 면담을 허용해주신다면 앞으로 재판 진행에 관해서 근본적인 방침을, 변호인단의 방침을 설명해 올리겠습니다. 저희들이 절대 재판을 끌려고 한 것은 아닙니다. 그런 의미에서 잠깐 휴정을 요청합니다.
재판장 10분간 휴정하겠습니다.

김재규에 '장군' 호칭은 안 된다

재판장 본 군법회의를 속개하겠습니다.
법무사 변호인단에서 이의를 신청한 데 대한 의견을 말씀드리겠습니다. 검찰관의 개인적인 의견에 차질이 있었던 것으로 생각하고, 이것은 의견에 불과하기 때문에, 공판조서에는 등재가 되지 않으리라 믿습니다. 아울러 당사자들께서는 고조된 분위기를 상호자제해서 원만한 실체진실 발견을 위한 소송 진행에 협조해주셨으면 합니다.
김제형 변호사 재판장님, 제가 한 가지 말씀드리겠습니다. 아까 기피신청에 대해서 긴급을 요하기 때문에 기각한다는 법무사의 결정이 있었습니다. 그렇다면 제가 알기로는 상급법원에서 기피가 접수되면 거기에 대해서 결정하는 줄 알고 또 긴급을 요할 때는 당 법정에서 할 수 있다고 짐작됩니다. 그렇다면 저도 역시 즉시 항고를 하게 되어 있습니다. 그러니까 그 긴급을 요하는 이유를 설명해주셔야 저도 즉시 항고를 할 테니까 거기에 대한 재료로 사용하겠습니다. 뭐가 그렇게 긴급한지 그 긴급을 요하는 이유를 설명해주셨으면 합니다.

법무사 그것은 이미 변호인단께서도 주지하고 있으리라고 믿습니다만, 아까도 모두에서 잠깐 말씀드린 바와 마찬가지로 사건의 중대성이라든지 변호인단의 입장에서 밝힌 바와 마찬가지로, 하루속히 안정과 질서를 되찾아서 이 나라의 지속적인 정치적·경제적 발전을 도모하고자 하는 것이 국민의 여망이라고 본인은 알고 있습니다.

이와 같은 중대한 시기에 또한 하루속히 안정을 되찾아서 하루속히 정상적인 군이 국방의 의무에 되돌아가기 위한 중요한 의무를 띠고 있는 여러 가지 제반 입장을 고려한다면 긴급한 이유가 되지 않는다고 못 할 것입니다. 만약 여기에 대해서 이의가 계시면 소정 법 절차에 따라서 신청을 해주시면 저희들은 법 절차에 따라서 결정하겠습니다.

김제형 변호사 그도 물론 그렇겠습니다만, 제가 알기에는 전 국민이 다 아시다시피, 새 대통령께서도 탄생되었고 어제 긴급조치가 해제되었습니다. 지금 국민이 알기에는 그렇게 불안하다든가 사회가 안정되지 않았다든가 이런 상태라고 생각하지 않습니다. 유독 재판부만이 그렇게 생각하는지 모르겠습니다마는, 전 국민을 볼 때 그렇게 사회가 불안하다면 긴급조치를 해제할 리도 만무고 교도소에 있는 사람들을 내놓을 리 없습니다.

그런 객관적 사실이 있는데도 불구하고 이 재판을 이렇게 사회불안이라든가 여러 가지 이유를 붙인다는 것은 변호인은 이해가 가지 않습니다. 하여튼, 가치 판단일지는 모릅니다만 그런 사유로 기피신청을 기각한다면 법 제도 자체를 무시하는 것이 되지 않겠습니까?

법무사 예, 변호인단의 입증 취지를 알겠습니다. 그러나 이제 방금 제가 말씀드린 바와 같이 안보상의 문제는 그 아무도 평온한 상태라고 단언할 수 없을 것입니다. 유비무환의 자세로 임하면 그럴수록 국민의 안정과 평화는 하루속히 되찾을 수 있다고 믿기 때문에 받아들이지 않기로 하겠습니다.

김제형 변호사 아까 말씀드린 검찰관의 발언에 대해서 취소하고 사과를 해달라는 요청을 드렸는데 그 점에 관해서는 취소 사과를 안 시키겠다는 말씀이신지?

법무사 그것은 아까 말씀드린 바와 같이 검찰관 개인 의견이기 때문에 공판조서에 등재가 되지 않으리라고 생각합니다.

김정두 변호사 그 점에 대해서 말씀드리겠습니다. 김재규 장군의 변호인 김정두입니다. 지금 검찰관께서 발언한 것은 이 재판 진행에 아무런 이익과 소송 절차에도 규정이 없는 그런 발언입니다. 그 발언의 요지는 오로지 우리 전 변호인단을 모욕하는 결과밖에 없습니다. 그 말씀을 들은 대로 제가 되풀이한다고 한다면, 변호인단이 이 사건을 모의를 해서 어떻게 이끌고 간다는 발언이었어요. 무슨 모의를 했느냐 이겁니다.

만일 검찰관께서 그런 발언을 했으면 근거가 있을 겁니다. 어떠한 점이, 본 변호인단의 발언의 어떠한 점이 모의가 되는가를 검찰관께서는 명백히 그 원인을 밝혀주시기 바랍니다. 구체적인 사실을 지적해서 해주시길 바랍니다. 만약에 그런 발언의 구체적 근거가 없다면 이것은 모욕으로서 조서의 기재에서 삭제하는 데에 이의를 제기합니다. 왜냐하면 이러한 사실들이 기록에 남아 있어야 이 재판 진행 과정에서 이런 사실이 있었구나 하는 것을 국민들이나 모든 사람이 알게 될 겁니다.

그러니까 정식 사과를 해주셔서 근거가 없음을 인정하고 취소하시든지 아니면 그 근거를 제시할 의무가 있습니다. 이것은 재판 진행에 관한 문제가 아니고 변호인과 검찰관은 이 신성한 법정에서는 어디까지나 대등한 위치에 있습니다. 그러한 법적 전제 하에서 우리가 재판을 받고 또 우리가 변호하는 만큼 강력히 이 점을 추궁하는 바입니다. 검찰관께서 답변을 해주십시오.

검찰관 예, 의견을 제시하겠습니다. 첫째는 지난번에 1차 공판 당시 재판장님이 수차에 걸친 경고에도 불구하고, 당 법정용어인 피고인이라는 호칭을 사용하지 않고 장군이라는 호칭을 계속 사용한다는 것은 재판부의 권위에 대한 도전이라고 생각지 않을 수 없습니다. 이것은 곧 원흉을 영웅시하는 발언이라고 생각되었습니다.

또 두 번째로 재정신청에 대해서 현행 군법회의법의 모법으로서 1948년 공포되었다가 이미 폐지된 국방경비법 체제하에서, 그 당시에는 군사재판과 민사재판의 모호한 한계를 조정하기 위해서 1951년에 이 법이 제정되었습니다. 애초 이러한 제도를 그 입법 취지와는 달리 확립된 대법원 판례가 있음에도 불구하고, 이것을 소송 진행이 정지된다는 것을 이용을 해서 지연시킨다는 것은 곧 그런 식으로밖에 받아들일 수가 없습니다.

또 한 가지, 군인이 군법회의에서 재판을 받는다는 것은 삼척동자도 다 알듯이 명명백백한 사실입니다. 또 어째 수차의 계엄에 걸쳐서 비상군재가 설립되었습니다만, 그 당시에 군인을 단심제로 처리한다는 데 대해서, 그 당시에 여기 계신 법조인들께서도 계속 법조 생활하셨습니다. 그 당시에는 아무런 이의 한번 제출하지 못하셨던 분들이 오늘 비록 이 재판에 와서 절차상의 허점을 이용해서 지연한다는 것으로밖에 본 검찰관은 받아들일 수가 없기 때문에 그러한 얘기가 나오게 되었습니다. 이렇게 하면 해명이 되겠습니까?

변호사 그러면 죄송합니다만, 지금 답변하신 데 대해 제가 의견을 덧붙여야겠습니다. 장군 호칭에 관해서 요전 법정에서 본 변호인이 그 취지와 법적 근거를 명백히 했습니다. 다시 한번 말씀드린다고 하면 재판을 받는 사람이 확정판결로써 소위 죄인으로서 확정되었을 때에는 우리가 존경할 수가 없어요. 지금 대통령을 살해하고, 이것은 검찰관의 입장이지 우리 변호인 측의 입장은 아닙니다. 그것은 검찰 측의 입장을 고수한 데 불과하지, 그것을 변호인단에 강요할 수는 없는 것입니다.

그 점에 있어서 검찰관께서 장군 호칭에 대한 것이 소위 모의를 하고 이 재판을 이상한 데로 끌고 간다고 하는 것은 하나의 독단이지 모든 사람이 인정할 수 있는 객관성이 없다고 본 변호인은 주장하고, 재정 문제는 법에 명기되어 있는 바와 같이 한 건마다 심리를 하게 되어 있습니다. 이 법이 잘못되었다고 하면 모르겠지만 법에 명시되어 있는 이상 이것은 우리가 당연히 신청할 수 있는 것이고, 그로 인해서 재판이 다소 지연이 된다 하더라도 법에 의해서 지연되는 것이지 의도적으로 지연시킬 수는 없는 것입니다. 안 그렇습니까?

그러니까 이 점도 근거로서는 우리가 받아들일 수가 없습니다. 재판을 정지해서 끌려고 한다, 왜 지연을 시키느냐, 이런 요지의 말씀이 있습니다마는 이 재판에 관한 우리 변호인단의 견해는, 온 국민이 주지하다시피 이 사건으로 인해서 헌법이 개정되고 긴급조치가 해제되었습니다. 이는 곧 뭘 말하는 것이냐 하면 이 사건이 사회제도의 변혁과 소위 자유민주주의의 기틀을 마련하는 기초가 여기 있기 때문에 된 것 아닙니까?

그런 만큼 이 사건에 시일을 두고 신중하게 장시간을 두고 심의한다 하더라도 법에 어긋나는 바가 없으며, 오히려 그것이 이 재판을 다루는 데 가장 합리적이고 우리의 바람직한 태도가 아니겠느냐, 이런 견해를 우리 변호인단이 가지고 있다는 말입니다. 그래서 재판 지연 문제를 가지고 우리가 모의를 해서 이 재판을 흐리게 하겠다는 그런 근거도 우리는 받아들일 수 없는 것입니다. 그래서 적어도 "모의를 해서"라는 말씀은 취소해주셔야겠습니다. 어디까지나 우리의 발언은 법에 근거를 두고 일일이 발언했습니다.

그리고 이 재판 진행에 관해서 우리 변호인단이 되도록이면 부드러운 분위기에서 협조를 해서 단시일 내에, 물론 소요 절차를 모두 거쳐서 이루어지는 것을 온 국민이 바라겠고, 또 이 시급성도 어느 정도는 인정합니다. 그러나 그 시급성 때문에 우리가 거쳐야 할 법 절차를 죽일 수는 없는 겁니다. 안 그렇습니까? 그러니 적어도 "모의를 해서"라는 말은 검찰관께서 취소해주시기 바랍니다. "음모, 음모를 해서"라는 말은 꼭 취소해주시기 바랍니다.

검찰관 똑같은 사실에 대해서 그것을 보는 관점에 따라서 의견을 달리할 수가 있습니다. 이것은 아까 이미 구체적인 사연은 재판장님께 전부 다 설명을 드렸다시피, 이것은 검찰 측의 의견이기 때문에 더 이상 부연설명은 불필요하다고 생각합니다.

검찰관과 변호인의 언쟁

이세중 변호사 변호인 이세중입니다. 저희 변호인단에서 소송 진행과는 직접적으로 관련 없는 사항으로써 이렇게 장시간 의견을 교환하는 것 자체가 저희로서도 매우 쑥스럽고 미안한 생각이 듭니다. 그러나 그 검찰관의 발언 태도는 저희 변호인단으로서 다 같이 법조계에 몸담고 있는 사람으로서 그대로 보아 넘기기에는 너무나 모욕적이고 중대한 일이기 때문에 이 점은 앞으로 이런 분위기 아래서 재판이 진행된다는 것은, 저희 변호인단이 올바로 변론권을 행사할 수 없는 그러한 사태까지도 예상되기 때문에 이 점에 관해서는 분명히 하고 넘어가야 할 것 같아서 제가 다시 말씀드립니다.

변호사법에 변호사의 임무에 관해서 규정되어 있습니다. 변호사는 국민의 인권을 옹호하고 사회정의를 구현하는 데 이바지하도록 되어 있습니다. 비록 현재는 검찰관에 의해서 대통령을 살해했다는 죄목으로 기소는 되어 있지만, 이 피고인들에게도 인권은 있는 것입니다. 아무리 형사피고인으로 기소된 경우에도 유죄판결이 확정될 때까지는 무죄로서의 추정을 받도록 법에 규정되어 있습니다.

과거 어느 군법회의에서도 검찰관이 변호인단의 정당한 권리행사를 두고 소송 지연이니 또는 음모니 이러한 말을 들어본 일도 없고, 검찰관 자신도 그런 말을 감히 하리라고 기대도 못했었습니다. 그런데 오늘 이 신성한 법정에서 그와 같은 말을 예사로 하고서 그것에 대한 취소와 사과를 구하는 변호인단에게 적반하장으로 마치 검찰관의 태도가 정당했다고 주장하는 것은 저희 변호인단으로서 앞으로도 이런 사태나 이러한 분위기가 계속된다면 과연 이 재판이 공정하고 올바르게 진행될 수 있을까 하는 의문에서, 이 점에 관해서는 분명히 검찰관께서 거기에 관해서 취소와 사과를 구하고 이 재판을 진행하기를 바라마지 않아서 말씀드립니다.

검찰관 본 검찰관도 그 변호인이 정당한 변호인의 조력을 받을 권리에 대해서 부인하는 것은 아닙니다. 또한 그것이 법에 위배됐다고 하는 것이 아니고, 그 애초의 입법 취지가 잘못 사용되었다고 하는 겁니다. 또 경험이 없으시다고 하는데 그것은 개인적으로 경험이 일천하기 때문에 이런 얘기가 나온 것이 아닌가 생각됩니다.

또한 변호인단께서 이 검찰관과는 같이, 아까도 모두에서 진술하신 바와 같이 대등한 당사자의 입장에 있습니다. 그렇기 때문에 꼭 이것이 재판부의 입장이 아니고 검찰관의 입장이기 때문에 구태여 이것이 재판의 공정을 해할 것이라고 하는 것은 그야말로 우려에 불과하다고 생각합니다. 또한 변호인의 의견이 중복되고 이에 대해서 검찰 측에서는 충분한 해명을 했기 때문에 직접신문을 하겠습니다.

변호사 저기, 중복되는 점이 아니고, 이 사람이 그 저….

법무사 잠깐 말씀드리겠습니다.

변호사 아니, 제가 말이죠….

법무사 소송과 직접 관련 없는 사항이고 이제 있는 심판부나 또 양 당사자나 방청인들도 충분히 납득이 갔으리라고 생각되기 때문에….

유택형 변호사 제가 과거 군법회의의 선례를 하나 말씀드리고자 합니다. 제가 육본 보통군법회의의 수석검찰관을 역임했고, 고등군법회의의 법무사를 역임했습니다. 과거 여러분들의 상관이 되시는 김동하 장군, 박창암 장군 또 이규광 장군 이분들에 대한 내란죄에 대한 담당 검사가 바로 유택형 변호사 본인이었습니다. 그 당시에 중정부장이었던 김형욱 씨가 이분들을 내란죄로 해서 사형을 구형해달라고 나한테 지시했는데 내가 반대했습니다.

살펴보니 그것은 국헌을 문란하게 할 목적의식이 없고 단지 혁명을 일으켰는데 누구는 감투를 주고 누구는 감투를 안 주느냐, 이래서 소요를 떤 데 불과해요. 그래서 그 당시 박창암 씨가 지금은 서울지방검찰청 검사장으로 있는 허형구 검찰관에 대해서 "이 도둑놈아!" 이렇게 검찰관에게 대들었어요. 그때 허형구 검찰관은 달아났어요. 법정을 나가버렸어요. 창피해서. 그래서 본 검찰관이 나가서 타이르고 "그러지 말아라" 그래 갖고 그다음부터 저는 분명히 김동하 장군, 이규광 장군, 박창암 장군 이렇게 장군 칭호를 해가면서 수석검찰관으로서의 임무를 다 마쳤습니다.

그래서 김형욱 씨에게 여러 차례 설득을 시켜서 내란음모죄를 소요죄로 변경시켜서 석방시킨 선례가 있습니다. 과거의 이런 군법회의의 선례를 따른다 하더라도, 지금 김재규 장군에게 김재규 장군이라고 했다 해서 그것이 결단코 과거 군법회의의 선례를 깨뜨린 것이 아닙니다. 실체적 진실을 발견한다는 것이 대단히 중요합니다. 이 김재규 장군이 과연 사감을 가지고 자기가 대통령이 되기 위해서 이런 것을 했느냐 그렇지 않으면…. (격앙된 웅변조)

법무사 언성을 좀… 흥분하지 마시고….

변호사 그렇지 않으면 진실로 민주주의를 회복시키기 위해서 개인을 희생시켜가면서 국시를 바로잡기 위해서 했느냐 하는 문제는 역사적으로 대단히 중요한 문제인 동시에 이 진실을, 실제적 진실을 밝힌다고 하는 것이 더 중요합니다. 따라서 재판이라는 것은 신속보다는 적정, 올바른 판결을 받는 것이 무엇보다도 중요하다고 생각합니다. 더군다나 과거 3·1 구국사건에 있어서 윤보선 선생이라든가, 김대중 선생, 양일동 선생, 지학순 주교 등을 재판할 때에도 모 재판장은 피고인이라고 부르지 않았습니다. 피고인이라고 부르지 않고 경칭을 사용한 사실이 있습니다.

이런 점은 특히 과거 군법회의에 있어서나 일반재판에 있어서나 장군에 있어서나, 또는 야당 지도자에 있어서나 결국 검찰관도, 재판장도 사법권 독립의 원칙에 의해서 경칭을 썼다고 하는 사실, 이런 선례에 입각해서 검찰관도 이 점에 유의해서 해주시기 바랍니다.

법무사 양 당사자들이 너무 고조된 음성과 분위기 속에서 하고 있습니다.

이돈명 변호사 재판장님, 김재규 피고인의 변호인 이돈명입니다. 검찰관이 해명을 했고, 잘 들으셨으리라 생각합니다. 그런데 지금 이세중 상(相) 변호인께서도 말씀하셨지만, 그것은 해명이 아닙니다. 오히려 자기 입장을 더 강화하는데, 이것은 완전히 변호인과 검찰 측의 의견에 대립되겠습니다만, 재판장님 그리고 배석하신 재판관 여러분, 법정은 신성하고 존엄해야 합니다. 법정의 분위기가 신성하지 못하고 법정의 존엄이 깨지는 것은 법을 지키지 않고 법에 의하지 않은 말이 허용되면 그 법정의 신성과 존엄은 깨집니다. 법정의 존엄과 신성이 깨지면 그 재판은 적법한 재판이 될 수 없습니다.

그러므로 심리에 들어가기에 앞서서 이러한 사태가 있었다고 하는 것은 여기서 이 분위기를 바로잡지 않으면 앞으로 이 재판의 결과를 놓고 재판에 임하시는 재판관 여러분이나 여기에 관여한 검찰관 또는 변호인인 우리들도… 역사의 죄인이 되고 싶지 않습니다.

다시 한번 휴정을 하시고 심사숙고하셔서 검찰관의 의견을 정식으로 취소해서 사과를 구하시거나 어떠한 결정을 하시고 이 재판을 진행해주셔야지, 이러한 역사적 재판이라고 하는 점을 검찰관과 변호인이 이견이 없는 사건에서 어떻게 이런 상태로 놓고 그냥 재판을 진행할 수가 있습니까? 그러니 다시 한번 휴정을 하셔서 이 부분에 대한 분명한 매듭을 짓고 넘어가 주시기를 바랍니다.

재판장 이 사건에 관련이 없는 검찰관과 변호인의 언쟁은 이 사건에 직접 관련도 없고 도움이 되지 않으므로 이 이상 논쟁은 삼가주시기 바라며 앞으로 두 시간 휴정 후에 오후 2시부터 속개하도록 하겠습니다.

우발적 범행 아닌 사전에 결심한 결행

두 시간의 휴정으로 변호인단과 검찰 측의 격정적인 논쟁을 가라앉힌 후에야 재판은 처음으로 제 모습을 찾았다. 10·26 사건의 주범 김재규 피고에 대한 검찰 측 직접신문이 시작됐다.

이날 두 가지 중요한 사실이 확인된다. 첫째, 당일 오후 4시 차지철 경호실장이 박 대통령의 연회를 전화로 통보하자 김재규는 4시 15분경 정승화 육참총장과 김정섭 중정 2차장보를 초대했다는 점이다. 대통령의 행사가 있는 시각에 같은 장소에 다른 손님을 부른다는 것은 보통은 없는 일이었다. 둘째, 그는 이어 권총에 실탄을 장전하고 검사까지 했다. 이는 그가 박 대통령과 차지철로부터 정국 문제에 관해 힐난을 받은 데 자극받아 우발적으로 저지른 범행이라는 보안사 측의 주장에 반대되는 정황이다. 즉 사전에 결심했다가 이날로 결행할 기회를 잡은 것이다.

재판장 지금부터 본 군법회의를 속개하겠습니다. 이번 사건의 중요성과 긴급성을 감안할 때 피고인 및 변호인단과 검찰관은 앞으로 이 사건의 실체심리에 적극 협조하여주기 바랍니다. 오전 재판에서와 같은 이 사건심리와 직접 관련이 없는 의견 진술은 앞으로 일체 제지하겠으며, 지금 이 순간부터는 검찰관이나 변호인이 의견을 진술하거나 사건심리에 따르는 절차를 구하는 경우에도 반드시 본 재판장의 사전 허가를 받고서 진행하여 주기 바라며, 이에 어긋나는 소송 수행은 일체 불허할 것을 엄숙히 고지합니다. 그럼 검찰관은 직접신문하시오.

검찰관 검찰관 측에서 의견을 딱 한 마디만 하고 바로 신문에 들어가겠습니다. 아까 당초에 변호인단께서 그 의도 자체가 불순한 것이 아니고 재판을 통해서 실체적 진실 규명에 적극 협력하겠다는 요지의 발언이 있은 이상, 본 검찰관의 오해에서 야기된 과격한 표현이라고 생각되므로 "음모"는 "그러한 우려가 있다", "경고합니다"를 "유념해주시기 바랍니다"로 정정하겠습니다. 그러면 피고인 앞으로 나와주십시오. 재판장을 향해서 서주세요.

검찰관 피고인의 이 범행 전의 직책이 뭐였습니까?

김재규 중앙정보부장이었습니다.

검찰관 재직 기간은 언제부터였습니까?

김재규 1976년 12월 4일부터 1979년 10월 26일까지입니다.

검찰관 피고인께서 박정희 대통령 각하와 전 대통령 경호실장 일행을 살해한 사실이 있지요?

김재규 본인은 대통령 각하께서 이 나라의 자유민주주의 회복과….

검찰관 아니오, 그것은 나중에 차츰 하겠습니다. 나중에 진술 순서대로 나옵니다. 살해한 사실이 있으면 있다….

김재규 알겠습니다. 그래서 대통령 각하께서는 자신의 희생과 자유민주주의 회복을….

검찰관 아니오, 살해한 사실이 있느냐부터 말씀하시고요. 다음에 진술을 하나하나씩 묻겠습니다. 그런 진술의 기회는 부여해드리겠습니다. 그 범행이 언제였습니까?

김재규 그래서 각하께서는 숙명적인 관계를 만들어놨습니다. 그래서 본인은….

검찰관 아니오, 그 범행 시기가 언제냐고 물었습니다.

김재규 저는 10월 26일 저녁 7시 45분 민주 회복을 위한 국민혁명을 했습니다.

검찰관 그 범행 장소는 어디입니까?

김재규 궁정동 식당입니다.

검찰관 네, 그 식당 거실이죠?

김재규 그렇습니다.

검찰관 사건 당일에 중정 식당에서 대통령 주재 만찬이 있다는 연락을 몇 시경, 누구로부터 받았습니까?

김재규 그날 오후 4시경에 차 경호실장으로부터 받았습니다.

검찰관 중정 식당에서 각하를 모시고… 보통은 어떻게 전화합니까? 그냥, "있다"라고만 얘기합니까?

김재규 예, "있다"라고만 연락하면 그것으로 알 수 있게 되어 있습니다.

검찰관 양쪽이 서로 약속이 되어 있기 때문에요?

김재규 예.

검찰관 육참총장, 육군 대장 정승화 및 중앙정보부 제2차장보에게 각각 전화한 사실이 있지요?

김재규 예.

검찰관 몇 시경 전화했습니까?

김재규 4시 15분에서 4시 30분 사이에 전화했습니다.

검찰관 그 당시 전화 내용은 무엇이었습니까?

김재규 저녁에 같이 저녁이나 하자고 했습니다.

검찰관 제2차장보에게는 어떻게 전화했죠?

김재규 6시 반까지 궁정동으로 오라고만 얘기했습니다.

검찰관 아무런 사유를 말하지 않았습니까?

김재규 얘기하지 않았습니다.

검찰관 네. 그전에도 이렇게 대통령 만찬 시간과 겹치게 해서 참모총장을 집무실로 초대한 사실이 있습니까? 이미 대통령 각하 만찬이 있다는 연락을 받고 난 다음에 육참총장을 그리로 오도록, 저녁이나 하자, 한다는 것은 어떤 이유가 있었습니까?

김재규 보통은 그런 경우가 없습니다.

검찰관 그날은 왜 그렇게 시간을 겹치게 했습니까?

김재규 그날은 제가 혁명을 하기로 결심했기 때문에 혁명 초부터 육참총장과 접촉을 계속해둘 필요가 있어서 그렇게 했습니다.

검찰관 곁에서 확실히 감시를 하고…. 그러니까 범행 후 그 참모총장을 이용하기 위해서 사전에 유인해놓은 것입니까?

김재규 참모총장을 혁명 초부터 접촉하기 위해서 연락을 해서 미리 저하고 접촉했던 겁니다.

검찰관 진정을 하시고 기억을 더듬어서 확실한 답변을 해주시기 바랍니다. 피고인의 집무실이 중정 식당 근처에 있지요?

김재규 네.

검찰관 거기에 몇 시경 도착했습니까?

김재규 본인은 4시 반경 도착했습니다.

검찰관 도착해서 무슨 일을 하셨습니까?

김재규 도착해서 혁명 준비에 들어갔습니다. 제가 평소에 갖고 있는 총기를 금고에서 꺼내 실탄을 장전해서 손으로 작동해서 고장 없이 작동하는지 시험하고 나서 집무실에서 혁명 전후 과정의 문제들에 대해서 구상하고 있었습니다.

법무사 피고인은 자꾸 혁명, 혁명, 하는데 혁명이냐 아니냐는 사실 판단은 당 법정에서 하니까 사실만을 진술해주시기 바랍니다.

검찰관 본관에 도착해서 2층에 올라가서 금고 안에 있는 독일제 7연발 웰타 권총이죠? 평소에 가지고 있는 것이요?

김재규 네.

검찰관 금고에서 꺼내서 실탄 7발을 장전하고 나서 고장이 있느냐 없느냐를 노리쇠를 후퇴 진진시켜서 한 발 한 발을 떨어뜨려놨다가 다시 고장이 없음을 확인하고 그다음에 실탄을 4탄 장전해서 한 발은 장전해놓고 그러고 난 다음에 꺼내서 서가(書架) 뒤에 감춰놨었죠?

김재규 서가 뒤에 감춘 것이 아니고 위에 올려놨습니다.

검찰관 서가 위에 올려놨죠? 나중에 급하게 꺼내기 쉽게 하기 위해서….

김재규 예.

검찰관 김계원 피고인이 언제 본관 집무실에 도착했습니까?

김재규 5시 10분 전쯤 도착했습니다.

검찰관 그때 거기서 잠깐 얘기하다가, 그다음에 중정 식당으로 온 게 5시 50분경 아닙니까? 그러니까 김계원 피고인이 도착한 게 17시 40분쯤 됐죠?

김재규 아마 40분에서 50분 사이로 봅니다. 50분 전후로 생각됩니다.

검찰관 그때 김계원 피고인이 무슨 얘기를 꺼냈습니까?

김재규 처음에 말입니까?

검찰관 예.

김재규 처음에 "차 경호실장이 강경해서 야단이야" 이런 얘길 했습니다.

검찰관 "중정은 고생만 하고 공화당 친구들이 다 망쳐놨다." 이런 얘길 애초에 꺼냈죠?

김재규 그것은 사무실에 도착하자마자, "신민당에 대한 여러 가지 공작들은 중정에서 고생만 하고, 공화당이 다 망쳐놨어"

라고….

검찰관 그때 뭐라고 말하셨습니까?

김재규 "할 수 없지요. 앞으로 정 대행 체제(정운갑 당시 신민당 총재 권한대행 체제를 뜻함)가 출범하게 되면 하나씩 다소 붙여주는 노력을 하는 수밖에 없겠죠." 이렇게 말하고 말았습니다.

검찰관 그때 그래서 2층 집무실에서 내려와서 1층에서 얘기를 하면서 동시에 중정 식당 쪽으로 왔죠?

김재규 그 얘기 끝마치고는 바로 연회장 쪽으로 갔지요.

검찰관 그때 중정 식당 앞쪽 정원에 경계석이 있지요?

김재규 있습니다.

"형님 뒷일을 부탁합니다"

검찰관 거기에 두 사람이 같이 앉아서 주고받은 얘기가 뭡니까?

김재규 그날 대통령 각하를 모시고 삽교천 행사에 갔다 온 것 같습니다. 거기서 무슨 얘기가 있었는지는 모르지만 김계원 실장 말씀이 "차 경호실장 저 친구 강경해서 야단이야" 이렇게 얘길 했습니다.

검찰관 "차 실장 저 친구 강경해서 야단이야. 야당 친구 한두 사람 말만 듣고 쪼르르 각하에게 쫓아가서 보고한단 말이야" 이런 얘길 하셨죠?

김재규 예, 그런 얘길 했습니다.

검찰관 그때 뭐라고 얘기했습니까?

김재규 저는 그날 저녁에 혁명을 결심했기 때문에 김계원 실장을 떠보느라고 "오늘 저녁에 그 친구 해치워버릴까?" 이렇게 얘길 했습니다.

검찰관 네, 그 당시에 "오늘 해치워버릴까?" 한 것이 평상시에 하는 얘기로 톤이 약했습니까? 아니면 이미 결심한 후라 약간 강경했다고 생각합니까?

김재규 약간 강경했다고 생각됩니다.

검찰관 그때 김계원 피고인의 표정은 어땠습니까?

김재규 김계원 실장의 태도는 말씀은 없었고 바로 옆에 앉아 있었기 때문에 똑바로 보지 못했습니다만, 제 느낌에 긍정적 표정을 짓는 것으로 느꼈습니다. 그러나 그것이….

검찰관 그 후에 "형님 뒷일을 부탁합니다" 한 일이 있죠?

김재규 그런 일은 저는 지금도 기억이 안 납니다.

검찰관 그때 만약에, 김계원 피고인이 '해치워버릴까' 하는 제의에 대해서 불응하면 어떻게 하려고 했습니까?

김재규 불응하면 그 자리에서는 "농담이었소"라고 했을 겁니다.

검찰관 지난번 검찰 조사 단계에서 만약에 김계원 피고인이 반발한다는 표정을 지었더라면 "농담이오"라고 얘길 흘려버리고 각하 살해 현장에서 사살해버렸을 것이다, 이런 얘기를 하셨는데….

김재규 예, 그것은 김계원 실장이 완전히 저의 혁명 결행에 반대 의사를 뚜렷이 했으면 그날 저녁에 제 총에 맞아 죽었을 겁니다.

검찰관 평소 김계원 피고인과 차 경호실장의 관계는 어땠습니까?

김재규 김계원 비서실장과 차 경호실장과의 사이는 차 경호실장은 강경론자고 김계원 실장은 온건론자이기 때문에 생각하는 기본이 다릅니다. 그래서 그 둘 사이는 썩 좋은 사이가 아니라고 생각합니다.

검찰관 예를 들면 두 사람 사이가 극도로 악화되어 있다 하는 평소의 인간관계에 대해서 혹시 기억나시는 점이 있으면 진술해주시기 바랍니다.

김재규 김계원 실장께서 부임 초에 본인에게 차 경호실장에 대한 불유쾌한 얘기를 했습니다. 그래서 본인은….

검찰관 어떠한 얘기를 했습니까?

김재규 내용은 잘 모르겠지만, "저 친구 자꾸 월권을 하고 그래서 한번 받아쳐버릴까?"라고 하기에, 저는 그때는 말렸습니다. "그거 뭐, 내버려두면 될 일을. 그걸 크게 문제 삼아서 육군 대장과 육군 대위 출신이 싸웠다고 하면 결국은 대장을 욕하지 대위를 욕하겠소? 그러니까 참고 마시오" 하고 만류했습니다.

검찰관 또 아까 월권행위를 했다고 했는데, 그 차지철 실장이 어떠한 월권행위를 했는지….

김재규 저로서는 알 수가 없습니다. 그 문제까지는 저한테 설명하지 않고 그냥 월권 운운했기 때문에 내용에 대해서는 모르겠습니다.

검찰관 두 사람 사이가 극도로 좋지 않다는 것만 알고 구체적으로 내용이 어떻게 일어났고 어떻게 진행되고 있는지는 모르겠다는 얘기가 되겠습니까?

법무사 검찰관, 공소사실 범위 내에서 요점만 신문해주시기 바랍니다. 유도신문하는 인상을 주거나 불필요한 신문은 삼가주시기 바랍니다.

검찰관 예, 알겠습니다.

"각하까지입니까?"

10·26 사건의 주역은 역시 김재규 중앙정보부장과 그의 최측근인 박선호 의전과장 및 수행비서 박흥주 대령이었다. 그런데 그날 밤의 거사에 대해 김 부장의 두 부하는 사전에 알지 못했다. 김 부장은 연회장에서 나와 권총을 주머니에 넣고 쏘러 들어가기 직전에야 두 부하를 불러 함께 행동할 것을 지시했다.

처음 두 부하는 모두 꺼렸다. 박선호는 "각하까지입니까?"라고 확인한 뒤 "경비원이 7명이나 되므로 오늘 밤은 피하는 게 좋겠습니다"고 경호원 수를 3명이나 부풀려 거짓 보고를 했다. 박흥주도 깜짝 놀라 묵묵부답의 태도를 보였다.

김 부장은 주머니 속의 권총을 툭 쳐 보인 데 이어 "저쪽에 육참총장과 제2차장보도 와 있다"고 말했다. 사전에 아무 얘기를 들은 바 없는 박흥주 대령은 이 말에 무언가 자신이 모르는 일들이 상당히 진행돼온 것으로 생각했다. 육참총장이 이 시각에 온 것은 오늘의 거사에 군부가 동참하고 있다는 표시가 아닌가. 그리고 중정 제2차장보는 국내 정치 담당이다. 이 같은 짐작으로 그는 김 부장의 명령에 따르기로 마음을 정한 것이다.

박선호도 그 자리에서 거절해봤자 어차피 김 부장은 결행할 기세였고 이미 그 얘기를 들었다는 사실만으로도 살아나기 어렵다고 느꼈다. 두 부하는 이렇게 해서 엄청난 사건에 즉석에서 끌려 들어가게 된 것이다.

변호사 재판장님, 신문을 오래 할 것 같으면 피고인도 피로하고 하니까 앉혀서 신문하실 수 없습니까? 양해해주시기 바랍니다.

김재규 서서 하겠습니다.

검찰관 대통령 각하께서 당일 몇 시경에 도착했습니까?

김재규 5시경에 도착하셨습니다.

검찰관 5시…, 6시경 아닙니까? 6시경에 약속을 했기 때문에 말입니다.

김재규 아, 6시경입니다.

검찰관 약간, 5분 정도 늦었죠? 6시 5분경이요?

김재규 예.

검찰관 대통령 각하와 같이 온 사람은 누구누구였습니까?

김재규 차 경호실장입니다.

검찰관 만찬석상에서는 어떤 순서대로 앉았습니까?

김재규 다시 말씀해주십시오.

검찰관 만찬석상에서는 좌석 배열이 어떻게 되어 있었습니까?

김재규 상좌에 각하께서 앉으시고 그 맞은편 오른쪽에 비서실장께서 앉으시고 그 왼쪽에 제가 앉고 또 책상 이쪽에 차 경호실장이 앉았습니다.

검찰관 그때 김계원 피고인과 피고인과의 간격은 어느 정도였습니까?

김재규 한 20cm…, 하다 보면 붙을 때도 있고. 한 10cm, 20cm 정돕니다.

검찰관 조금 몸만 휘두르면 닿을 수 있는 거리가 되겠는데요.

김재규 닿을 수 있습니다.

검찰관 그 만찬석상에 들어가서 제일 처음에 어떤 얘기가 시작되었습니까?

김재규 제일 처음에는….

검찰관 각하께서 삽교천이 참 좋더라….

김재규 예, 각하께서 "오늘 삽교천이 참 좋던데… 저런 것은 왜 TV에서 방송하지 않느냐?" 이렇게 저하고 비서실장 쪽을 보면서 말씀하시는데, 꼭 절 보고 말씀하신 것이 아니고 비서실장 쪽을 더 주시하면서 말씀하셨습니다.

검찰관 네, 그래서 그때 "누가 할 겁니다" 이런 얘기가 나왔죠?

김재규 그건 아마, 비서실장이 그렇게 말한 것으로 기억됩니다.

검찰관 그때 각하께서 "신민당 공기가 어떻소?" 하고 다시 물었죠?

김재규 그렇습니다.

검찰관 그때, 피고인께서 주류가 주축이 되어서….

법무사 잠깐, 검찰관, 군사기밀에 관한 사항이나 국가 안녕질서에 위태로운 사항이 있으면 제지를 하겠습니다.

검찰관 예, 유의하겠습니다.

법무사 피고인도 마찬가집니다. 피고인이 과거 중정부장이라는 중책에 있었기 때문에 국가 군사기밀에 관한 사항이나 사회 안녕질서에 방해가 될 요소가 있다고 하면 서슴지 말고 얘길 해주시기 바랍니다.

김재규 그러한 진술은 안 하겠습니다.

검찰관 "신민당 공기가 어떻소?" 하고 어떤 얘기를 했습니까?

김재규 "신민당 공기가 어떻소?" 하고 말씀하시기 때문에 공화당 친구들이….

검찰관 "비주류는 국민들이 사쿠라로 여기고 또 정운갑이는 신비주류이기 때문에 주류의 협조가 불가피합니다" 이런 얘길 했죠?

김재규 그렇습니다.

검찰관 그때 차지철 전 경호실장이 뭐라고 했습니까? 그 말을 받아서….

김재규 차 실장 얘기가 "신민당 친구들 그만둘 생각을 가진 사람 하나도 없습니다. 언론을 의식하고 반체제를 의식하는 겁니다. 앞으로 그 친구들 까불고 나오면 전차로 쓸어버리겠습니다" 그랬습니다.

검찰관 그래서 신민당 얘기가 오갔죠? 자세한 것은 기억나지 않으시겠지만. 신민당 얘기가 계속 오가다가, 그런 얘기가 2차에 걸쳐서 있었다고 하는데요.

김재규 그렇습니다. 2차에 걸쳐서 있었습니다.

검찰관 그때 피고인은 속으로 뭐라고 얘길 했습니까?

김재규 뭐, 뭐라고 말씀하셨어요?

검찰관 그때 차지철 경호실장이 전차로 싹 깔아뭉개버리겠다….

법무사 (다급히 제지하는 목소리로) 검찰관, 삼가주시기 바랍니다.

검찰관 그때 피고인은 어떤 생각을 했습니까?

김재규 '저 친구 여전히 저런 생각 가지고 있구나' 하고 아주 못마땅하게 생각했습니다.

검찰관 그때 수사 단계에서 얘기하신 대로, '짜식 또 지랄이구나' 그런 얘기를 속마음으로 했다….

김재규 예, 그렇습니다.

법무사 잠깐 검찰관, 거듭 당 재판부에서 주의를 촉구했듯이 피고인은 전 중정부장이고 또 장성을 지낸 피고인입니다. 피고인은 우리나라 국가기밀을 많이 취급했고 또 알고 있습니다. 또 나아가 안녕질서를 방해하거나 우려성이 있다고 인정될 때에는 재판을 비공개로 할 수 있음을 사전에 알려드립니다. 유념해서 신문해주시기 바랍니다.

육참총장도 와 있다

검찰관 그때 권총을 어떻게 휴대했습니까? 그 자리에는 권총을 안 가져왔었죠?

김재규 그렇습니다. 그 이후에 제가 궁정동 사무실 쪽으로 가서 2층에 올라가서 권총을 가지고 나왔습니다. 권총은 라이터 호주머니에….

검찰관 간단히 다 묻겠습니다. 그래서 만찬석상에서 나왔지요? 몇 번 자리를 떴습니까?

김재규 처음에는 화장실에 가느라고 한 번 떴고 두 번째는 사무실에 와서 육참총장과 제2차장보가 와 있는가를 확인 겸 자리를 떴습니다.

검찰관 그다음에 세 번째는 뒤에 나오겠습니다만 보고를 받기 위해서 세 번 자리를 떴죠?

김재규 세 번째 나온 것은 박선호 과장이….

검찰관 그건 나중에 다시 묻겠습니다. 그때가 19시경이죠, 자리를 뜬 것이?

김재규 예.

검찰관 그래서 집무실 구관을 통해서 본관에 올라가 2층에 올라가 권총을 하의 시계 주머니에 넣고 나왔죠? 그 하의 시계 주머니에 권총이 들어갑니까?

김재규 저는 평소에 담배를 안 피우기 때문에 그 주머니를 크게 만들어서 언제든지 권총이 들어갈 수 있도록 라이터 주머니를 권총 주머니로 이용해왔습니다.

검찰관 박선호 피고인과 박흥주 피고인을 어떻게 범행에 가담시켰습니까?

김재규 일단 그 연회장을 떠나서 제 사무실 쪽으로 와서 육군 총장과 제2차장보가 있는 것을 확인하고, "두 분이 식사하고 계시오. 내가 저쪽 행사를 끝마치면 오겠소"라고 얘기하고 2층에 올라가서 준비된 권총을 갖고 나왔습니다. 나와서 제 사무실과 연회장 중간에 있는 건물 중앙에서 박선호 과장하고 박흥주 수행비서관을 세워놓고 "오늘 저녁에 내가 결행한다. 너희들도 나를 따라서 행동하라" 이렇게 지시했습니다.

검찰관 애초에 얘기한 것은 말입니다. "오늘 저녁에 해치울 테니까 너희들은 방안에서 총소리가 나면 나를 도와서 경호원을 처치하라" 그렇게 얘기했지 않습니까? 그런데 어떻게 "오늘 저녁에 해치울 테니까"라는 얘기가 나오자마자 그 의도를 받아들이겠습니까? 그 전에도 꼭 해치우겠다는 얘기를 한 사실이 있는지, 그날 처음으로 그런 얘길 한 것인지?

김재규 그 전에는 일체 기밀 누설이 염려되기 때문에 누구에게도 이런 얘기를 상의한다든지 얘기를 한 일이 없습니다. 그날 저녁에 처음 제 입으로 그 두 사람에게 얘기를 했습니다.

검찰관 그런데 "오늘 저녁에 해치울 테니까" 하고 어느 특정 대상을 지칭하지 않고 의지만 표현한 것 아닙니까?

김재규 그 방에 있는 대상이 누군지는 다 알기 때문에 굳이 설명할 필요는 없었습니다.

검찰관 그렇게 얘기하고 "자네들 각오는 되어 있겠지?" 이렇게 하니까 두 사람의 표정이 어땠습니까?

김재규 "알겠습니다. 따르겠습니다"라고 얘기를 했습니다.

검찰관 그때, "각하까지 포함됩니까?" 하고 누가 이야기했죠?

김재규 예, 박선호 과장이 그렇게 이야기했습니다. 그래서 저는 "물론이다"라고 했습니다.

검찰관 그렇게 얘기하니까, 박선호 피고인이 어떤 얘기를 다시 반문했습니까?

김재규 "오늘은 좋지 못합니다. 경호원이 다른 날보다 조금 더 많습니다" 그랬습니다. 그러나….

검찰관 "경호원이 7명이나 된다" 이렇게 얘길 했죠? 그러면서 시간을 약간 뒤로 끌자는 표정이었죠?

김재규 그날 안 했으면 하는 표정이었습니다.

검찰관 "경호원이 7명이나 됩니다. 다음 기회로 미루시지요?" 이렇게 얘기하니까, 그때 피고인께서 뭐라고 말하셨습니까?

김재규 "안 된다. 오늘 저녁에 내가 결행한다. 나는 모든 준비를 다 해 갖고 나와 있다"고 얘길 했습니다.

검찰관 그때 박흥주 피고인과 박선호 피고인이 피고인의 지시에 불응할 것은 생각 안 해봤습니까?

김재규 불응하지 않으리라고 생각했습니다.

검찰관 그 이유는 있습니까?

김재규 평소부터 제가 심복으로 생각하고 있고 또 저를 철저히 따르기 때문에 제가 일단 결심만 하면 무조건 따라오리라는 것을 확신하고 있었습니다.

검찰관 피고인 박선호와의 관계를 간략하게 설명해주시겠습니까?

김재규 저와 사제지간입니다.

검찰관 피고인 박흥주와의 관계는?

김재규 박흥주 대령은 제가 소장으로서 사단장을 할 때 저의 전속부관부터 시작했습니다. 그때 박흥주가 육군 중위였었습니다. 그래서 지금까지 자주 같이 근무하는 계기가 있었습니다. 저를 무척 지지하고 따르는 사람이기 때문에 제 결심에 반대하지 않을 것으로 심증을 갖고 있었습니다.

검찰관 아까 얘기로 다시 거슬러 올라가겠습니다. "아니다. 오늘 저녁에 꼭 하지 않으면 안 된다. 연기하면 보안이 누설될 염려가 있다. 나는 지금 모든 준비를 하고 있다"라고 하면서 하의(下衣) 시계 주머니 부분을 쳤다고 하셨죠? 그러면서 동시에 무슨 얘기를 하셨습니까?

김재규 그 얘기 외에는 더 이상….

검찰관 불응할 것 같아서, 박선호 피고인과 박흥주 피고인에게 "집무실에 참모총장과 제2차장보도 이미 와 있다"라고 해서 그 범의를 확고히 결의시켰죠?

김재규 네, 그렇습니다. 두 사람으로 하여금 오늘 저녁의 행동이 혁명이라고 하는 것을 확실히 인식하라, 그렇게 얘길 했습니다.

“각하, 정치를 대국적으로 하십시오”

김재규 중정부장이 두 부하에게 준비 지시를 내린 뒤 연회실에 들어와 보니 기타 반주와 노래가 시작됐다. 주흥이 계속되다가 조금 뒤 중정의 궁정동 식당 담당 사무관 남효주가 들어왔다. 그는 김 부장의 귀에 대고 “과장님이 찾습니다”라고 말했다. 김 부장은 밖에 나가 준비 완료 보고를 들었다. 그는 다시 술자리에 들어왔다. 박 대통령이 정치 얘기를 계속했다.

“김영삼이를 구속해서 기소하라고 했는데 말려서 안 했더니만 역시 좋지 않아.”

그러자 김 부장이 대꾸했다.

“김영삼 총재는 이미 국회의원으로서 면직됐습니다. 이미 그것으로써 처벌은 했다고 생각합니다. 또 이 사람을 사법조치까지 하면 일반 국민들에게 같은 건으로 이중처벌하는 인상을 줍니다.”

그러면서 그는 행동에 들어갔다.

“각하 정치를 좀 대국적으로 하십시오.”

이어 그는 옆에 앉은 김계원 청와대 비서실장의 팔을 툭 치면서 “대통령 각하 좀 똑똑히 모시시오”라고 말하고는 권총을 빼 들었다.

첫 발은 “이 버러지 같은 놈!”이라고 소리치며 경호실장 차지철을 쏘았다. 곧바로 두 번째를 박 대통령의 가슴에 발사했다. 박 대통령은 옆으로 비스듬히 쓰러졌으나 차지철은 팔목에 맞아 화장실로 피신했다. 권총을 계속 쏘려 했으나 탄피가 빠져나오지 않는 바람에 발사되지 않았다. 그는 밖으로 뛰어나가 박선호의 권총을 낚아채 들고 다시 들어갔다. 화장실에서 나와 문갑을 잡고 있는 차지철에게 재차 사격한 뒤 그는 박 대통령에게 다가갔다.

그는 권총을 박 대통령의 뒤통수에 바싹 갖다 대고 방아쇠를 당겼다. 말 그대로 확인사살이었다. 냉혹한 방법이었지만 완전한 제거를 위한 최후의 가격이었다.

후에 그는 법정진술에서 부하들이 박 대통령의 병원 후송 여부를 물어왔다면 허락하지 않았을 것이라고 잘라 말했다. 완전한 제거를 단단히 마음먹었다는 표시였다.

검찰관 그리고 나서 만찬석으로 다시 돌아오셨죠?

김재규 예, 그렇습니다.

검찰관 그때 주석 분위기는 어땠습니까?

김재규 그냥 주석 분위기가 되어 있었습니다.

검찰관 윗도리를 다 벗고 있었죠?

김재규 예, 다 윗도리를 벗고 있었기 때문에 저도 바깥에 상의를 벗어놓고 들어갔습니다.

검찰관 술좌석의 분위기가 노래를 들으며 계속되다가 조금 있다가 남효주로부터 "과장님이 찾습니다" 하는 얘기를 들었죠? 그러고 나가서 박선호 피고인으로부터 어떤 얘기를 들었습니까?

김재규 준비 완료되었다는 보고를 들었습니다.

검찰관 그 거실이 어느 방이었습니까?

김재규 남효주 사무실입니다.

검찰관 대기실 옆에 붙어 있는 부속실이겠죠? 그 얘기를 듣고 만찬석으로 다시 돌아왔죠? 그때 들어오자마자 총을 발사했습니까? 아니면 옆에 앉아서 얘길 하다가 발사했습니까?

김재규 얘기를 하다가 발사했습니다.

검찰관 그 직전에 무슨 얘기가 오고 갔습니까?

김재규 신민당 김영삼 총재를 구속해서….

검찰관 아니, 그 얘기가 나오고 나서 그 후에 나온 얘기가 있지 않습니까?

김재규 말씀드리겠습니다. 브라운 국방장관이 여기 와서 회의를 하게 돼 있었는데….

검찰관 아니, 김영삼 총재에 대한 발언이 있고, 차지철 실장이 그 직전에 또 한 얘기가 있었죠?

김재규 그 자리에서 제가 총쏘기 직전에는 그런 얘기가 없었고, 제가 총쏘기 직전에는 "김영삼 총재를 구속해서 기소하라고 했는데 유혁인 수석이 말려서 안 했더니만 역시 좋지 않아"라고 하면서….

검찰관 그래서 그때 "각하, 정치를 좀 대국적으로 하십시오" 하고….

김재규 그래서 제가 그렇게 말씀드렸습니다. "김영삼 총재는 이미 국회의원으로서 면직됐습니다. 사법조치는 아니지만, 이미 그걸로써 본인을 처벌했다고 생각합니다, 일반 국민들이. 또 이 사람을 사법조치까지 하면 같은 건으로 이중처벌을 하는 인상을 줍니다." 그 말씀을 드리고 곧이어 "각하, 정치를 좀 대국적으로 하십시오" 이렇게 제가 콱 흥분했습니다. 그러면서 바로 총에 손이 갔습니다.

검찰관 그때 1차 수사 단계에서의 진술은 피고인이 김계원 피고에게 "각하 잘 모시시오" 하고 손으로 치고 했다고 그랬는데요?

김재규 "정치를 좀 대국적으로 하십시오." 그러고서 옆에 딱 붙어 있던 김계원 실장의 팔을 툭 치면서 "대통령 각하 좀 똑똑히 모시시오" 이러면서 그냥 권총으로 손이 가서 그대로 쏘았습니다.

검찰관 그러면 세 마디가 전부 다 동시에 나온 말입니까?

김재규 "각하, 정치를 좀 대국적으로 하십시오." "각하 좀 똑똑히 모시시오." 그러고는 그냥 총에 손이 가서 "이 버러지 같은 친구" 하면서 차지철을 쏘고 대통령 각하를 쏘고 그랬습니다.

검찰관 차지철 실장이 어디에 앉아 있었습니까?

김재규 제 왼쪽에 있었습니다.

검찰관 그러니까 이쪽으로 치고 왼쪽으로 권총을 발사함과 동시에….

김재규 치고 권총 뽑고 쏘고, 그랬습니다.

검찰관 그다음에 차지철 실장과 각하를 쏜 시간이 어느 정도나 걸렸습니까?

김재규 그것은 1초의 몇분의 1도 안 걸립니다. 꽝, 꽝, 이렇게 됐으니까 순식간에 일어난 일입니다.

검찰관 그때, 차지철 실장이 첫 발에 치명상을 입었습니까?

김재규 치명상을 안 입었습니다.

검찰관 그런데 왜 계속 쏘질 않았습니까?

김재규 실탄이 제대로 빠져나가질 않았습니다, 탄피가. 그래서 두 발 쏘고 다시 공격을 하려고 하는데 안 되기 때문에 자꾸 작동을 하면서 밖으로 뛰어나왔습니다. 나오면서 자꾸 해도 탄피가 역시 안 빠졌습니다.

검찰관 방 바깥에 마루가 있죠? 마루를 지나 현관 밖으로까지 완전히 나갔었죠? 어떻게 다시 들어왔습니까?

김재규 바깥으로 나가는 동안 될 줄 알았는데 안 되기 때문에 완전히 성공하지 못했다는 것을 알기 때문에, 되돌아와서 누구 총이든지 뺏어서 다시 공격해야겠다고 생각하고 들어왔습니다. 들어와서 보니까 문 앞에 박선호 과장이 총을 갖고 서 있었습니다. 그래서 제 총을 버리고 그 총을 뺏어서 가지고 들어가 제2차 공격을 했습니다.

검찰관 1차로 차지철 경호실장을 쐈을 때, 치명상이 아니라는 것을 순간적으로 느꼈습니까?

김재규 두 번째 공격으로 치명상이라는 것을 느꼈습니다.

검찰관 아니, 첫 번째요.

김재규 첫 번째는 치명상 안 입은 줄 알았습니다.

검찰관 손에 맞은 걸 알았습니까, 그때?

김재규 손인지 어딘지는 몰랐지만 치명상이 아니라는 것은 알았습니다.

검찰관 그때 차지철 실장의 표정을 기억할 수 있습니까, 첫 발을 맞았을 때?

김재규 그것은 별로 기억에 남지 않습니다.

검찰관 알겠습니다. 2차로 들어오니까, 마루에 누가 서 있었습니까?

김재규 박선호 과장이 서 있었습니다.

검찰관 그래서 박선호 피고인으로부터 총을 뺏었습니까?

김재규 뺏었습니다.

검찰관 그래서 그 총을 사용한 것이군요? 그 총을 갖고 방으로 뛰어들어가서 제일 처음에 누구에게 발사했습니까?

김재규 차지철에게 발사했습니다.

검찰관 차지철 실장이 방어하는 태도든가요?

김재규 방안에서 문갑 뒤에 숨어 있었습니다.

검찰관 문갑 뒤에 숨어 있다가 문갑을 밀고 나왔죠?

김재규 나왔습니다.

검찰관 그러니까 그 문갑 사이 공간을 향해서, 복부를 향해서 그대로 쐈지요?

김재규 꼭 공간을 향해서라기보다도, 문갑이라는 것은 방어 역할을 못 하니까, 그냥 흉부를 향해서 쐈습니다.

검찰관 한 발에 적중했습니까?

김재규 예, 한 발에 적중시켰습니다.

검찰관 차 실장이 쓰러진 다음에, 각하를 어떻게 확인사살했습니까?

김재규 다시 왼쪽으로 돌아가서 각하를 쏘았습니다.

검찰관 다시 그 상을 왼쪽으로 돌아가서, 각하 두부를 향해서 약 50cm 정도에서 쐈죠?

김재규 예.

검찰관 그때 쏘고 난 직후에 '이제 완전히 절명을 했구나' 이제 확인사살을 했으니까요. 그러고 나서 바깥으로 뛰어나왔죠?

김재규 나왔습니다.

검찰관 그때 총을 쏘고 하는 과정에 김계원 피고인의 행동은 어땠습니까?

김재규 그 방에서는 보질 못했습니다.

검찰관 뛰어나오면서 마루에서 김계원 피고인을 만났죠?

김재규 만났습니다.

검찰관 그때 뭐라고 얘기했습니까?

김재규 "이제 혁명은 끝났으니까 보안유지를 철저히 하시오." 그랬습니다.

검찰관 그러니까 그쪽에서 뭐라고 했습니까?

김재규 "알았어. 하여튼" 그랬습니다.

검찰관 그러면서 "뭐라고 하지?"라고 반문하지 않았습니까?

김재규 반문했습니다.

검찰관 그래서 어떤 얘기를 했습니까?

김재규 확실히 기억나지 않습니다.

검찰관 1차 진술에 나온 것이 맞으면 맞고 틀리면 틀린다고 얘길 해주십시오. "각하께서 과로로 졸도를 했다고 하든지, 적당히 하십시오." 그런 얘길 했다고 검찰 진술에서 그랬는데요?

김재규 그런 것이 기억납니다.

검찰관 그러니까 "알았소. 하여튼" 그 얘기까지만 하고 끝이 났다?

김재규 그렇습니다.

검찰관 김계원 피고인의 입에서는 그 얘기는 기억이 잘 나지 않고, "나는 한다면 합니다" 이런 얘기를 먼저 했다고 하는데요?

김재규 저는 그런 용어는 잘 안 씁니다. 그런 얘기는 김계원 실장에게 할 필요도 없었습니다. "이제 다 끝났소. 보안조치를 철저히 하시오." 그것을 강조한 것이 기억납니다.

검찰관 그때 김계원 피고인이 적극적으로 동조하는 표정이었던가요?

김재규 적극적으로 돕는다기보다는, 김계원 실장은 그 양반의 천품이나 직책으로 봐서….

검찰관 생각을 하지 말고 그 당시의 표정만 얘길 해주시면 됩니다.

김재규 그 당시의 표정으로 보더라도 김계원이라는 사람은 혁명할 사람도 못 될 뿐 아니라 혁명에 가담할 사람도 못 됩니다.

검찰관 그러니까 끌려가면서 동조를 했다 이거죠?

김재규 저는 하여튼 혁명을 결행해버렸고, 이미 결과가 저렇게 나버렸고, 이러니까 할 수 없이 끌려오는 상태였습니다.

검찰관 대통령 각하를 살해 직후 어떻게 했습니까? 본관 집무실로 뛰어갔죠? 그때 신발을 신고 갔습니까?

김재규 신발이 보이질 않았습니다. 어디 다른 데다 치워놨는지,

그래서 신이 없어서 그냥 나갔습니다.

검찰관 그래서 맨발에 와이셔츠 바람이었죠?

김재규 와이셔츠 바람입니다, 넥타이는 있었고.

검찰관 그 중정 식당 현관에서 본관 집무실 현관까지 거리가 얼마나 되겠습니까?

김재규 한 30~40m 정도 됩니다.

검찰관 한 40~50m 정도 되는 것 같던데요. 그래서 정원으로 해서 맨발로 막 뛰어들어갔죠?

김재규 뭐 그렇게 뛴 건 아닙니다만 빠른 걸음으로 갔습니다.

검찰관 제일 처음에 어떻게 했습니까? 1층 응접실로 들어갔죠?

김재규 1층 응접실이 아니고 식당으로 들어갔습니다.

검찰관 예, 식당이죠. 식당으로 가서 "물, 물" 하고 찾아서 윤병서 비서가 물을 주니까 따라주는 것 말고 주전자째로 벌컥벌컥 마시더라, 그러고 난 다음에….

김재규 저는 그것은 기억나지 않습니다. 물 한 컵 마시고 총장과 함께 차를 탔습니다.

대통령이 죽었다

결행이 끝나자마자 그는 정승화 육참총장과 김정섭 중정 제2차장보에게 달려갔다.

"큰일 났으니 빨리 차를 타시오."

그는 이들과 수행비서 박흥주 대령을 차에 태우고 궁정동을 나섰다.

정 총장이 차 안에서 물었다.

"무슨 일입니까?"

김 부장은 말없이 오른편 엄지손가락을 세워 밑으로 뒤집는 시늉을 해 보였다. 정 총장이 재차 물었다.

"각하께서 돌아가셨습니까?"

"적이 알면 큰일입니다."

"외부의 침입입니까, 내부의 일입니까?"

김 부장은 더 이상 말을 하지 않았다. 차는 효자동길과 종합청사 앞, 시청 앞, 신세계를 거쳐 퇴계로의 세종호텔에 다다랐다.

여기서 김 부장은 "어디로 가지?"라고 물었다. 이 대목이 그의 사후 계획은 조직적인 것이 아니었다는 지적을 낳게 했다. 또 그것이 그의 거사가 실패로 돌아가게 만든 결정적인 실책이었다.

김 부장의 이 물음에 정 총장은 "육본으로 가시지요"라고 받았다. 위기 시에 자기 사무실로 가려고 하는 것은 별 계획 없이도 나타날 수 있는 반사행동일 것이다. 그러나 이것이 10·26의 역사적 운명을 결정짓는 분수령이 돼버린 것이다.

육본은 국방부와 함께 위치해 있고 중정과는 독립적인 명령체계 속에 움직이는 강력한 핵심 집단이다. 거기에는 일단 김 부장 자신의 직속부하는 있을 리 없었다. 이런 점에서 사전에 치밀한 계획을 세워두지 않았음을 감안해도 그의 순간적인 판단력은 거사를 성공시키기엔 크게 모자랐다고 볼 수 있다.

검찰관 그때 그 일이 끝나자마자, 나와서 1층 식당으로 가서 그 당시 육군참모총장님하고 김정섭 차장보가 있었죠? 그때 최초에 한 얘기가 뭡니까?

김재규 "큰일이 났으니까 차를 빨리 타시오"라고 한 걸로 기억합니다.

검찰관 그때 차에는 누구누구 탔습니까?

김재규 육군총장과 제2차장보, 운전석 옆에는 박흥주 대령이 탔습니다.

검찰관 뒷좌석 맨 왼쪽에 김정섭 차장보, 가운데 육참총장, 그다음에 피고인, 그 앞에는 박흥주 피고인 이런 순서로 탔죠? 처음에 부(部, 중정을 의미)로 가자고 했습니까?

김재규 제 차기 때문에 그냥 "가자" 하면, 부로 가는 걸로 알 겁니다. 부로 가자고 했는지 어쨌는지는 잘 기억나지 않지만 하여튼 가자고 했기 때문에, 우리 운전기사는 틀림없이 남산에 있는 중정으로 가는 것으로 알고 있었을 겁니다.

검찰관 그때 차를 타고 오면서 효자동길로 해서 종합청사 앞으로 해서 시청 앞으로 해서 신세계로 해서 퇴계로 쪽으로 남산분청으로 가면서 차 중에서 한 얘기가 기억납니까?

김재규 대충 중요한 것만 기억납니다만, 육군총장 말씀이 "어떻게 됐습니까?" 그래서 "대통령 각하께서 돌아가셨소" 그랬습니다.

검찰관 "돌아가셨소"가 아니고, 손을 이렇게 쥐고 이런 표시를 하셨죠? 그다음에 뭐라고 얘길 했습니까?

김재규 “보안을 철저히 지켜야 합니다….”

검찰관 아무래도 진술은 애초에 한 것이 기억이 확실할 테니까, 당시의 진술을 한 번 쭉 읽어드리겠습니다. “무슨 일입니까?” 하니까 엄지손가락으로 이렇게 했다. “각하께서 돌아가셨습니까?” 하니까 얘길 안 하다가 “적이 알면 큰일입니다” 이렇게 얘길 했죠? 그다음에 “외부의 침입입니까, 내부의 일입니까?” 그런 요지의 진술이 있었죠? 그때 뭐라고 했습니까?

김재규 그때도 답을 안 했습니다.

검찰관 그래서 세종호텔 근방에 이르렀죠? 거기에서 “어디로 가지?”라고 했습니까?

김재규 방향이 그리 가니까, 육군총장께서 육본으로 가는 것이 좋지 않겠느냐는 생각에서 “육본으로 가시지요” 한 것 같습니다.

검찰관 “육본으로 가시지요” 하니까, 피고인이 박흥주 피고인에게 “어떻게 하지?” 이런 얘길 하니까, “그게 좋겠습니다”라고 해서, 그 순간 차의 방향이 남산으로 해서 후암동으로 해서 8군 영내를 통해서 육본으로 오게 된 거죠?

김재규 그렇게 됐다고 생각합니다.

검찰관 그 당시 중정으로 가시지, 왜 육본 벙커로 가셨나요? 그 전에 혁명을 하실 생각이었으면 그런 정도의 계획이 없었던가요?

김재규 어떤 게 말입니까?

검찰관 각하 살해 직후에 내가 어떻게 하겠다는 구상이나 계획 같은 것이 없었느냐 이거죠.

김재규 그 계획은 육군총장으로 하여금 계엄을 선포하게 하고 나면, 일단 육군총장께서 삼권을 다 장악하게 되기 때문에, 우선 계엄 선포까지 유도해서 육군총장으로 하여금 계엄군으로 하여금 전체를 장악하게 만들고, 육군총장으로 하여금 계엄사령부를 혁명위원회로 바꾸는 것이 저의 기본구상입니다.

검찰관 만약에 말을 듣지 않으면 어떻게 하려고 했습니까?

김재규 나는 틀림없이….

검찰관 그것은 피고인의 기대에 불과한데, 본인이 불응하면 어떻게 하려고 했습니까?

김재규 불응은 안 하리라고 생각했습니다.

검찰관 아니, 불응을 했다면 어떻게 하셨겠습니까?

김재규 그것은 그때 제가 어떻게 했을는지 말씀은 못 드리겠습니다. 일단 모든 것이 기정사실화 되어버렸고, 무슨 이유로 혁명을 했다, 우리나라에 자유민주주의가 회복되어야 한다는 것은 대한민국 국민이면 누구나 다 생각하는 것입니다.

검찰관 그 당시에 그런 사유를 얘기해서 안 들었을 때에는 협박이나 감금을 통해서라도 자기의 의도에 따라오도록 하려고 했다고 하는 것이 애초의 진술이었죠? 1차는 사유를 설명해서 설득시킨다, 두 번째는 불응했을 경우 협박을 통해서라도 자기 의도대로 끌고 가겠다 하는 얘기를 분명히 제 앞에서 하셨죠?

김재규 지금도 기억하시겠습니다만, 그때의 저의 진술과 지침서들을 다 적어 해주시지 않고, 검찰 판단에서 쭉 말씀하시고 그래서 저도 거기에서 더 이상 얘기해봐야 안 되겠기에 심판받는 이 자리에서 그것을 밝혀야 되겠다 해서 못 한 부분들도 몇 군데 있습니다.

검찰관 조서를 쓰고 피고인에게 일일이 한 장 한 장 피고인에게 확인을 시켰습니까, 안 시켰습니까?

김재규 네, 알고 있습니다.

검찰관 그다음에 여기에서 한 자도 오기나 증감할 바 없다는 데 손도장을 찍으셨죠?

김재규 네.

검찰관 그럼 여기서 사실대로 얘길 하면 됩니다. 그다음에 육본 벙커에 몇 시쯤 도착하셨습니까?

김재규 20시경이라고 생각됩니다.

검찰관 정확한 시간은 다른 피고인들의 진술을 종합해서 일지에 나타나 있기 때문에 대강 하겠습니다. 그때 육본 벙커 내에 들어가서 무슨 일을 하셨습니까?

김재규 다 기억은 안 납니다만 그때 진술한 대로 틀림없습니다. 그대로 낭독해주십시오.

검찰관 얼마 후 각군 참모총장과 주요 지휘관이 들어왔죠? 국방부 장관께서 "내가 들어오면서 집으로 김계원 실장한테 전화가 왔는데 전화를 바꿔봐라" 하고 박흥주 피고인이 하니까 전화를 바꿨죠? 그때 김계원 피고인을 찾으니까 "청와대에 국무총리와 같이 계십니다"라고 보고했죠? 그래서 "그리로 오시랍니다" 이런 얘기를 들었죠? 그 보고하는 얘기를 듣고 피고인은 옆에 서 있다가 "그쪽 사정도 모르고 어떻게 국방장관과 각군 참모총장이 갈 수 있느냐?" 이런 얘기를 했죠? 그 얘기 직후에 곁에 있던 김정섭 차장보에게 "김계원 실장을 이리로 오라고 해라" 하니까 국방장관께서도 동의하셨죠? 그때 김 차장보가 김계원 실장에게 전화를 걸었죠? 그 전화 내용이 기억나십니까? 제일 첫 번에 한 전화.

김재규 그때 진술한 그대로 틀림없습니다.

검찰관 그대로 읽어드리겠습니다. 김계원 피고인에게 "접니다. 이리 오시오" 하니까 김 실장이 "큰 영애가 아버님은 어디에 계시냐고 묻기에 자기는 다른 데 계신다고 얼버무렸는데 또 물으면 뭐라고 하지?" 이런 답변을 들었죠? 그래서 그때 "잘 했소" 하고 답변하는 순간 직감적으로 김 실장이 보안유지를 철저히 지키고 있다고 생각했다고 하는데, 그래서 안심을 했죠?

김재규 네.

검찰관 그 뒤 2차로 전화를 또 주고받았죠? 박흥주에게 시켜서 안 오니까….

김재규 그때 진술한 그대로 틀림없습니다.

검찰관 김계원 피고인이 "여기 국방장관과 각군 총장이 다 모였으니 이리로 오십시오" 이렇게…. "또 총리께서도 여기 계시니 이리로 오시오"라고 말하니까 그때 피고인이 상당히 강경하게 얘기를 했죠? 뭐라고 했습니까?

김재규 "그리 못 갑니다. 이리 오시오" 그랬습니다.

검찰관 "안 됩니다. 지금은 못 갑니다. 국무총리를 모시고 실장께서 이리 오시오." 그런 얘기를 했습니까?

김재규 예.

검찰관 평상시에는 어떻게 합니까? "형님, 이리 오시오" 이런 식으로 했었는데, 그 당시에는 존칭도 약하고 명령조로, 상당히 강경하게 "실장께서 이리 오시오" 그렇게 했다고….

김재규 그러지는 않고, 그냥 억양은 조금 강했을지 몰라도 예의에 벗어날 정도의 언사는 아니었습니다. 강한 의지 표시로써 "오십시오"라고 했습니다.

검찰관 그 당시 분명히 그랬지 않습니까? 평소에 쓰던 존칭도 생략하고, 아무래도 마음이 우왕좌왕하면 안 되니까 "실장께서 이리 오시오" 하고 명령조로 강경하게 얘기를 했다고.

김재규 존칭을 빼지는 않았습니다. 존칭도 다 붙였고 억양만 조금 강했으리라고 생각됩니다.

검찰관 그러니까 그쪽에서 전화로 약간 멈칫하는 것 같은 느낌을 받았다고 그랬죠?

김재규 그렇습니다.

검찰관 그다음에 저쪽에서 뭐라고 그랬습니까? "알겠소. 내가 그리로 가겠소…."

김재규 예, 그랬습니다.

검찰관 그래서 왔다, 그때 피고인 느낌이 어땠다고 그랬죠?

김재규 어떤 느낌 말입니까?

검찰관 그때 그 전화로 "알겠소. 내가 그리로 가겠소" 하니까 그때 피고인 생각이 이제 김 실장이 내가 육군참모총장을 인질로 확보하고 있는 것으로 생각하고 응낙하는 것 같았다, 그런 얘기를 했었죠?

김재규 저는 그런 얘기를 하지 않았습니다.

검찰관 제 앞에서 조사를 받을 때 말입니다,

김재규 김계원 실장께서 제가 인질로 잡고 있구나, 이렇게 알고 왔다는 거 아닙니까?

검찰관 아니오. 그쪽에서 이쪽을 이제 완전히 군을 장악하고 있는 거 같은 감이 들었다, 저 김 실장 생각하기에 말이죠. 그래서 나중에 상황실로 갔지요?

김재규 예.

검찰관 그다음에 뭐 기억나는 일이 있습니까? 다시 한번 더듬어 보시지요.

김재규 B-2 벙커에서 김계원 실장에게, 제가 총장실 옆에 있는 화장실에 실장을 모시고 들어갔습니다.

검찰관 그리고 난 다음에 눈을 감고 총장실 소파에서 가만히 앉아 있으니까 일행들이 쭉 들어왔지요? 김계원 피고인하고 국무총리, 내무장관, 법무장관, 유혁인 수석비서관. 이분들이 전부 그 벙커에 도착을 했지요?

김재규 네.

계엄 선포 사유는 대통령 유고로

국방부에 모인 최규하 국무총리와 각부 장관들은 비상계엄 선포 문제를 논의했다. 그러나 김재규 중정부장과 김계원 청와대 비서실장은 대통령 사망을 아직 밝히지 말고 그저 국가 비상사태가 발생했다고 내세우자고 했다. 군 출신인 이들은 우선 군부대가 서울의 주요 지역에 배치되기 전까지 대통령 사망 사실을 외부에 알려선 안 된다고 생각했다. 김 부장은 더 나아가 실권 장악 조치가 끝난 뒤 발표할 계획이었다. 김 부장은 "소련의 브레즈네프는 1주일이나 행적을 비밀에 붙였다"라면서 보안을 강조했다. 김계원 실장도 계엄 선포의 사유는 대통령 유고 정도로 하자고 말했다.

김재규 부장이 처음으로 '혁명'이라는 용어를 쓴 것은 이 육본 벙커에서였다. 육본 벙커에 들어왔던 총리 이하 국무위원들이 국방부로 자리를 옮기자 김재규 부장과 김계원 실장은 잠시 둘만 남게 됐다. 김 실장이 힐난조로 말했다.

"이 사람아, 어떻게 각하까지 그렇게 했어."

이 말에 김 부장은 단호하게 받아쳤다.

"그런 얘기는 그만하시오. 사태 수습이 더 급선무입니다."

이어 그는 차후의 계획을 내비쳤다.

"보안유지를 해야 됩니다. 하루빨리 계엄사령부 간판을 내리고 혁명위원회로 바꿔 달아야 합니다."

이 혁명이란 말에 김 실장은 사태를 새로이 파악했다. 그는 후에 법정진술에서 이때 비로소 김 부장이 분명하게 박 대통령을 겨냥해서 일을 저질렀다는 사실을 알았다고 말했다. 보안사 측은 김재규가 처음에 우발적으로 범행을 저질렀다가 나중에 변호인 접견을 통해 '의식화'돼서 민주화 혁명이란 말을 내놓기 시작했다고 주장했다. 이 같은 해석은 육본 벙커에서 두 사람이 나눈 대화 내용에 비추어 보면 맞지 않는다.

검찰관 그 당시에 주고받은 얘기가 다른 거 뭐, 국무총리께서 비상계엄 선포를 해서 국무회의 의결이 있어야 한다고 얘기를 하고 한미연합사니 미 대사관에 통보를 해야 되겠다는 얘기를 주고받았지요?

김재규 네.

검찰관 그때 한 장관이 비상계엄과 국장 문제를 검토해야겠다고 하므로 그때 피고인은 지금 보안을 지켜야지 국장 문제를 앞세울 수는 없습니다….

김재규 예?

검찰관 어떤 장관이 말입니다. "비상계엄과 국장 문제를 검토해야 되겠다" 이렇게 얘기하니까 그때 피고인이 "지금 보안을 지켜야지 국장 문제를 앞세울 수는 없다" 이런 얘기를 주고받았고요. 그다음에 문공장관이 비상계엄의 사유를 명백히 해야 한다는 얘기를 했지요?

김재규 네.

검찰관 그러니까 소련의 브레즈네프는 1주일이나 행적을 보안유지 했는데 우리는 왜 며칠간 보안유지를 못 합니까, 그 이유로 국가 비상사태가 발생하여 계엄 선포하면 되지 사유를 자세히 할 필요는 없지 않느냐, 이런 얘기를 주고받았지요?

김재규 예.

검찰관 그리고 난 다음에 여기는 자리가 좁다고 해서 국방부 회의실로 전부 옮기자 그래서 한 사람 두 사람씩 자리를 뜨기 시작했지요?

김재규 예.

검찰관 그때 김계원 피고인과 단둘이 남게 되었지요? 그때 어떤 얘기를 했습니까?

김재규 김계원 실장에게 다시 보안을 강조했습니다. 그리고 "계엄사령부의 간판을 최단시간 내에 혁명위원회로 바꿔야 될 겁니다" 그렇게 얘기했습니다.

검찰관 그때, 이제 다시 그러면, 기억이 확실치 않으시니까, 최초에 기억나신 것을 한번 부연해드리겠습니다. 그 당시에 총장실 옆 화장실에 데리고 들어갔지요? 그래서 아무도 안 보게 단둘이 만났지요? 그러니까 처음 김계원 피고인이 하는 얘기가 "이 사람아, 어떻게 각하까지 그렇게 했어?" 그런 얘기를 했죠? 그러니까 본인은 "그런 얘기는 그만하시오. 사태 수습이 더 급선무입니다" 이런 얘기를 했죠?

김재규 네, 그렇습니다.

검찰관 이어서 "보안유지를 해야 됩니다. 최단시일 내에 계엄사령부 간판을 내리고 혁명위원회로 간판을 바꿔 달아야 합니다" 이런 얘기를 했지요? 거기서 기억에 틀리다면 틀린다고 진술해주십시오.

김재규 안 틀립니다.

검찰관 그러니까 그때 김 실장이 뭐라고 얘기를 했습니까?

김재규 알았다고 했습니다.

검찰관 "알겠소"라고 해서 그때는 완전히 동조한 것으로 느꼈다….

김재규 네.

검찰관 그래서 본인은 안심했다, 이렇게 얘기했죠?

김재규 네.

검찰관 그다음, 국방부 장관실로 자리를 옮겼습니까?

김재규 네.

검찰관 국방부 장관실에 올라가서는 어떤 일을 했습니까?

김재규 그것도 그때 진술한 것과 틀림이 없습니다. 그대로 낭독해주십시오.

검찰관 그렇습니까? 국방부 장관실에 들어가 있는데 장관실 회의용 탁자의 제일 상석에 국무총리께서 앉아 있고 왼쪽 첫 번째로는 피고인, 다음이 서종철 특보, 그다음이 유혁인 제1정무수석비서관, 그 맞은편에는 국무총리 오른편이 되겠죠? 거기에 김계원 피고인, 두 번째로 신현확 부총리, 그다음이 문화공보부 장관, 그래서 그때도 김계원 피고인과는 서로 눈이 마주치는 위치에 있었죠?

김재규 그렇습니다.

검찰관 혹시 변심을 할까 몰라서 눈을 이렇게 째려보고 있었다고 그랬죠?

김재규 그렇게….

검찰관 눈동자를 들여다보았다고, 이렇게 했다고 그러지 않았습니까?

김재규 앞에 앉아 있으니까 이렇게 그냥… 보고 있었지, 뭐 꼭 그렇게 본 건 아닙니다만….

검찰관 그때 그 대화 중 기억나는 거 없습니까?

김재규 대화 중 기억나는 것은 그때 다 말씀드렸습니다마는….

검찰관 그럼, 여기 있는 게 맞습니까?

김재규 예.

검찰관 제가 오다 보니, 유혁인 수석비서가 오다 보니, 중앙청 부근에 기자들이 웅성거리고 있는데 뭔가 눈치를 챈 것 같으므로 본인은 김정섭 차장보에게 국내 보도를 철저히 통제하고 혹시 외신 기자들이 눈치를 채고 전파를 날릴지 모르니까 잘 알아둬라, 단속을 해라. 또 문공부 장관이 "계엄 선포 이유를 국민에게 알려야 할 텐데 뭐라고 발표합니까?"라고 묻자, 본인은 "계속 국내에 비상사태가 발생해서 선포한다고만 하면 되지 않겠느냐?" 그러니까 국무총리께서는 "국무위원들에게는 적어도 비상계엄 선포의 제안 설명을 해야 되는데 뭐라고 하지요?" 하고 당혹한 표정을 지었다….

김재규 그렇습니다.

검찰관 그때 김계원 피고인이 "대통령 각하 유고로 인하여 27일 00시부로 계엄을 선포하면 되지 않겠습니까" 이런 얘기를 했지요?

김재규 예.

검찰관 그러니까 그때 국무총리께서 옮기면서, "김 실장께서 국무회의에 참석해 설명을 좀 해주십시오" 그런 얘기를 하니까 들어가서 사유를 설명했습니까? 국무회의에 들어가서?

김재규 예….

검찰관 국무위원들은 당시 국방장관실이 아니라 그 옆에 있는 국방부 회의실에 있었죠?

김재규 그렇습니다. 김계원 실장께서는 본인은 안 들어가겠다고, "총리께서 하시지요" 하고….

검찰관 어떻게 해서 체포가 되었습니까?

김재규 그냥 총리께서는 가자고 그랬고, 김 실장은 "총리께서 해주십시오" 해서 그대로 총리께서 회의실로 들어갔습니다.

검찰관 그런데 체포는 어떻게 해서 됐습니까?

김재규 장관실의 근무병이라고 생각이 되는데, 김 실장이 절 찾는다고 해서 장관실 앞으로 나갔더니만 대기하고 있던 헌병이 절 체포해서 연행이 됐습니다.

경호실장과 중앙정보부장의 암투

검찰관 그 국무위원들이 그 당시에 쉽사리 피고인의 제의에 동의를 했습니까?

김재규 ….

검찰관 아. 계엄 선포를 하자, 비상사태로 해서 계엄 선포하면 되지 않느냐, 이런 제의를 했을 때 말입니다.

김재규 그렇습니다. 그때에는 전 국무위원들도 보안을 강조하기 때문에 보안상의 이유 때문에 듣겠다, 이렇게 생각을 하고 동의하는 것 같았습니다.

검찰관 그런데 국무위원들한테는 사유를 알려야 되지 않겠느냐 하는 게 그때 분위기였지 않습니까?

김재규 다른 장관들은 거기에 그렇게 의문을 갖지는 않았습니다. 그 장관실에서는.

검찰관 그다음에 애초에 그 공소장에도 기재되어 있습니다마는 피고인과 차지철 경호실장과의 관계는 어떠했습니까? 이건 뭐 주관적인 생각이니까 말입니다. 다른 사람 얘기는 "두 사람 간의 관계는 대통령의 신임을 얻으려고 서로 암투를 하고 있었던 것 같다. 특히 신민당 전당대회 시, 정운갑 대행체제 구축 시, 부마사태 정보 분석 시 각 의견이 상당히 대립되었고 대통령께서 중앙정보부를 불신하는 어조로 힐책을 하는 것을 듣고 김재규 피고는 이를 차지철 실장의 농간으로 알았다" 하는 김계원 피고인의 진술이 있습니다.

김정섭이라고 중앙정보부 제2차장보가 차 실장이 자주 김 부장의 의사를 묻지 않고 20~30분 전에 식사초대를 하거나, 예를 들면 오늘 시간약속을 미리 알려주지 않고 시간을 20~30분 정도만 남겨놓고 식사초대를 하거나, 또 김 부장의 보고에 각하 앞에서 핀잔을 주는 일도 있어서 상당히 불쾌하다는 그런 말을 들은 사실이 있다….

김재규 그것은 대단히 사실무근한 얘기고….

검찰관 이거는 아마 피고인의 진술이 그 국장들 앞에서 나온 얘기기 때문에 말입니다. 그다음에 그 윤병서라고 비서가 있지요? 평소에 김재규 피고인이 "차지철 지까짓 새끼가 뭐 안다고 참견이야. 저는 경호만 하면 되지" 이런 식으로 불평 비슷하게 독백을 하는 얘기를 들었다, 이건 우리가 그런 얘기를 들었느냐 안 들었느냐 하는 게 아니라, 본인 자신한테서 자발적으로 우러나온 얘기입니다.

김재규 ….

검찰관 아, 그러니까 대화가 아니라 독백이라는 얘기를 분명히 말씀드렸습니다. 그다음에 대통령 각하로부터 동생의 문제로 인해서 경고 친서를 받은 사실이 있다고 하는데요. 그 내용에 대해서 아는 대로 얘기해줄 수 있습니까?

김재규 경고 친서… 참고로 하라고 그러면서 저한테다가… 그래서 그걸 전부 사실을 감찰부장 시켜서 조사를 해가지고. 참고로 하라고 하는 것이지만, 각하께서는 그렇게 알고 계신 것이기 때문에 제가 보고를 드렸습니다.

검찰관 아무튼 그것이 개인 서신이지요? 개인 서신으로 계씨인 김항규가 사업상 이권에 개입하고 있다고 하는데 하여튼 주의하라고 하는 요지의 서신을 받은 사실이 있지요?

김재규 주의하라고 하는 게 아니라, "이런 말이 있지요"라고 제게 보냈던 거죠.

검찰관 그때 다른 검찰이나 사정기관에 조사를 의뢰했습니까?

김재규 감찰실장한테….

검찰관 감찰실이라는 것은 중앙정보부 자체 조직입니까?

김재규 그렇기 때문에 그 내용을 밝혀드리는 것이 도리라고 생각해서 전부 밝혀가지고 보고를 드렸습니다. 그랬더니 각하께서 말씀이 "그거, 아무것도 아닌 걸 갖고 그랬구먼" 그래서 "제 아우가 저보고 한 말이 있습니다. 형님이 공직에 있는 동안 난 아무 사업을 안 하겠습니다." 그래서 제가 그 말씀을 드렸습니다, 각하께. 그러니까 각하 말씀이 "왜 아무 일도 없고 정당한 일인데, 왜 사업 안 해? 당신은 관리지만 자기 동생은 사업간데 무슨 이런 말 들었다고 사업 안 할 거 뭐 있나? 정당하기만 하면 되지" 이렇게 말씀하시고 끝났습니다.

검찰관 그 중앙정보부의 감찰실이, 감찰실장이 중앙정보부장과는 아주 상명하복 관계에 있지요?

김재규 네.

검찰관 그러면 사안의 진상을 확실히 조사하기에는 자체 조직이 아니고 제3의 조직을 이용해서 진상을 규명했다고 하면 더 사안의 진상이 밝혀지지 않았겠느냐 하는 생각은 안 해보셨습니까?

김재규 이것이 무슨 경고장이라면 그렇게 해야 되겠지만 참고하라고 했으니까 사실 그렇게 보고할 필요도 없는 것이었습니다. 제가 참고하면 그만입니다. 저로서는 더 정확하게 말씀드리기 위해서 저희 감찰실장으로 하여금 확인을 시킨 겁니다.

유신헌법은 국민을 위한 것이 아니다

검찰관의 신문에 김재규 피고인은 민주 회복을 위한 혁명이라고 일관되게 주장했다. 이에 재판부의 법무사는 "이게 정치재판이 아니다"면서 그의 진술을 제한했다.

김 피고는 절대 권력자 박정희와 한국의 자유민주주의는 함께 살릴 수 없었다고 토로했다.

"자유민주주의가 회복되려면 대통령이 희생되지 않으면 안 되고. 대통령 각하께서 희생되지 않으면 자유민주주의가 회복이 안 되고…."

그는 자신이 3군단장으로 재임중이던 때인 1972년 유신 선포 직후 새 헌법은 박 대통령이 계속 집권하기 위해 만든 헌법임을 알고 이의 타도를 생각했다고 말했다. 그러다가 1976년 중정부장이 된 후에는 순리적인 방법으로 유신체제를 바꿔놓을 수 있을 것으로 보았다고 그는 진술했다.

그러자 검찰관은 그에게 물었다.

"긴급조치 9호는 날이 무디어졌습니다. 긴급조치 10호라는 시퍼런 칼날을 주십시오. 이렇게 건의한 일이 있지요?"

그는 그러나 새로이 긴급조치 10호의 제정을 박 대통령에게 건의했던 것은 9호의 독소를 뽑아버리기 위해서였다고 주장했다.

"긴급조치 9호의 독소조항을 뽑아버리기 위해서 10호를 달라고 한 것이지 더 강경한 것을 요구한 것이 아닙니다."

검찰 측은 그의 이 주장을 계속 반박하며 믿지 않았다. 이에 김재규 피고인은 박 대통령의 성격에 관한 체험담을 소개하며 부연 설명했다. "대통령 각하께 우리가 '완화하십시오'라고 약하게 나오면 각하는 꼭 반대로 강하게 나옵니다.

그렇기 때문에 9호의 독소조항을 뺀 것을 만들려면 우리는 강화하는 인상을 주는 작전을 써야 합니다."

그는 "내가 중정부장으로 유신체제를 지탱하는 주역의 한 사람"이라며 "하지만 나도 보다보다 안 되니까 혁명까지 한 것"이라고 토로했다.

검찰관 그다음에 이 범행을 단독으로 구상한 이유라도 있습니까? 사전에 다른 사람과…, 이런 범행 구상을 얘기해준 사람이 있습니까? 이 범행 구상을 다른 사람과 협의한다든가 같이 의논해본 일이 있느냐는 말씀입니다. 그 당시에 대통령 각하 살해 후에 혁명 구상은 대개 어떻게 했습니까? 우선은 혁명의회를 구성해서….

김재규 10월 26일에 대해서는 주체가 따로 없습니다. 이것은 이미 있는 조직을 최대한 이용한다. 그래서 도지사 이상 각부 장관급, 이것을 혁명회의 위원으로 만들고 육군총장 이하 군관구사령관, 군단장 이상을 혁명위원으로 임명을 해가지고 그렇게 해서 혁명 기간은 3~5개월로 생각했습니다. 헌법위원회를 설치 운영하고 또 혁명위원회는 혁명재판소와 혁명검찰을 운영한다. 그렇게 해서 5·16 직후에서부터 지금까지 누적된 여러 가지를 설거지해야 되겠다….

검찰관 제가 요약을 하겠습니다. 혁명의회를 설치해서 거기에는 도지사급 이상 각 주요 지휘관, 그걸로 해서 구성하고 그 의장은 피고인이 하고 혁명위원회는 집행기관을 구성해서 군의 지휘관으로 구성을 하고 위원장은 피고인, 부위원장을 육군참모총장으로 하고 부설기구로서 혁명검찰부와 혁명재판소로 해서 일정한 사람들을 처단하고 그다음에 헌법기초위원회를 만들어서 헌법을 만들려고 했다. 그런데 그 3~5개월이 소요되는데 그것을 주도할 사람은 누구라고 생각했습니까?

김재규 그건 접니다.

검찰관 그다음에 그 당시 얘길 하실 때, 내 자신이 핵이 되어 혁명을 수행해나간다면 모든 것이 잘 된다….

김재규 예.

검찰관 "지금 국민들이 나의 말을 듣지 않고 어느 누구의 말을 듣겠느냐?" 이런 얘길 하신 일이 있지요?

김재규 예.

검찰관 이건 혁명의 주도권이 나 아니면 안 된다….

김재규 저는 이렇게 생각합니다. 제가 실제로 6월 23일 민주 회복 국민혁명을 시도했기 때문에 저는 국민에게 호소력이 있습니다. 저 아닌 다른 사람은 절대 호소력이 없습니다. 그렇기 때문에 혁명과업을 수행하는 데는 제가 직접 관여하지 않고는 아니 됩니다. 우선….

검찰관 그다음에 말입니다. 이런 것이 끝났을 때, 어느 정도 사태가 진정되고 그러고 난 다음에, 그 당시에 물론 나 아니면 안 된다고 한 것은 아니지만 상황에 따라서는 내가 대통령에 출마할 수 있다. 이렇게 분명히 얘길 하셨죠?

김재규 그렇지 않습니다.

검찰관 나 아니면 안 된다, 그런 생각이 아니라….

김재규 예, 저는 수차 검찰과장님에게도 말씀드렸습니다마는, 저는 대통령이 되는 것이 절대로 목적이 아닙니다. 자유민주주의를 회복하는 것이 제 목적입니다. 독재가 싫어서 독재를 타도한 사람입니다. 제가 군인이고, 오늘 지금 현재는 혁명갑니다. 제가 만일 집권을 하게 되면 저도 틀림없이 독재합니다. 독재가 싫다고 혁명한 사람이 다시 독재할 요인을 만들 턱이 없습니다. 또 제가 비단 근본 혁명목적을 달성하기 위해서 대통령 각하를 희생시켰습니다마는, 제가 대통령 각하 무덤 위에 올라설 정도로 저의 도덕관이 타락되어 있지는 않습니다.

또 제가 해야 될 일이라고 하는 것은 어디까지나 혁명을 해서 성공을 하게 되면, 새로운 민주정권이 서게 됐을 때 민주정권을 옹호해야 될 책임이 제게 있습니다. 그것은 저 아니고는 아니 됩니다. (피고인! 피고인! 하는 제지 목소리 들림)

법무사 피고인! 제한하겠습니다. 그 불필요한, 사건과 관계없는 사항은 제한해주시기 바랍니다. (변호사들이 웅성거리는 소리)

김재규 그렇기 때문에, 저는….

법무사 이건 정치재판이 아닙니다.

김재규 예, 알겠습니다. 그렇기 때문에 저는 저 아니면 안 된다고 했습니다.

법무사 검찰관, 공소사실과 관련되는 부분만 신문해주시기 바랍니다.

검찰관 그럼, 범행을 어떻게 은폐하려고 했습니까?

김재규 범행을….

김정두 변호사 잠깐 저, 발언권을 좀 주십시오. (재판장님의 허가를 얻으십시오, 하는 검찰관 목소리 들림) 지금 피고인이 진술한 것은 이 사건의 가장 법률적인 평가를 받아야 될 동기를 진술하고 있습니다. 이것이 이 사건의 가장 중요한 대목인데, 법무사께서 이 동기를 자꾸만 진술하는 것을 제한하시는 것을 막아주시기 바랍니다. 왜 그런가 하면 이 사건의 전 평가가 피고인의 이 범행 동기, 이 거사의 동기에 있으니까 이것이 이 법정에서 충분히 진술되어야 한다고 생각합니다.

법무사 그것은 반대신문 때 충분히 기회를 드리겠습니다.

변호사 그러니까 반대신문의 기회보다도 검찰관의 신문에서 그것이 나오는 것이 오히려 증거가치가 있고 심판관 여러분에게도 심증을 많이 주실 것입니다. 그러니까 충분히 들어주시기 바랍니다.

검찰관 그 당시에 이런 사태가 나고, 누구와 하등 공모 세력이 없지 않습니까? 대통령 살해라는 엄청난 일을 저지르고 난 뒤에 어떻게 은폐를 하려고 했습니까?

김재규 이 사실이 계속해서 은폐는 안 됩니다. 72시간 이상은 은폐가 안 된다고 생각했습니다. 그리고 대통령 각하께서는 자유민주주의 회복 문제와 대통령 각하의 희생 문제를 완전히 숙명적인 관계를 각하께서 만들어놓고 계십니다. 자유민주주의가 회복되려면 대통령이 희생되지 않으면 안 되고 대통령 각하께서 희생되지 않으면 자유민주주의가 회복이 안 되고….

검찰관 아니, 그 진술 기회는 다시 드리겠습니다.

김재규 예.

검찰관 그 범행을 72시간 내에 국민들이 누구나 알 거 아니겠습니까? 그러면 그것을 어떻게 은폐해서 그 단계까지 소위 계엄을 혁명위로 어떻게 이끌고 가느냐 하는 복안이 있었을 거 아닙니까? 예를 들면, 현장에서 각하를 살해한 범인이라고 금방 밝혀질 텐데 어느 정도 시간을 요하지 않습니까? 그것을 어떻게 은폐하려고 했느냐, 이거죠.

김재규 그것은 저희 자체 시설 내에서 있었던 사건이고, 저희 자체에서 수습을 해서 72시간 동안은 은폐를 한다는 계획이었습니다.

검찰관 그 사고가 나고 중앙정보부의 안전국이 수사권을 가지고 있지요(중앙정보부법상 중정 요원의 범죄는 중정 자체가 담당하도록 규정

돼 있으며 그 수사 담당 부서가 안전국임)?

김재규 네.

검찰관 그래서 안전국 요원으로 하여금 현장으로 가서 자체 시설임을 이유로 해서 그 현장에 있던 인원을 일정한 장소에 수용을 해서 보안을 유지시키고 그러고 나서 조사 중이라는 이유로 비공개를 하고 그다음에 사태에 따라서 이것을 발표하려고 했다. 이게 맞습니까?

김재규 네, 그렇습니다.

검찰관 그 진술이 틀림없지요?

김재규 네.

검찰관 YH 사건에 관해서 다른 사람들은 안전대책을 고려해서 전부 다….

법무사 검찰관, 그거 공소사실입니까?

검찰관 예, 거기에 관련이 됩니다. 안전대책을 고려해서 이것을 연기하도록 건의를 했는데 말입니다. 그 당시에….

김재규 이 문제는, 검찰과장님, 이 사건과 우리 혁명하고는 전혀 관계가 없는 것 아니겠습니까? 관계가 있다면 말씀을 드리겠습니다.

검찰관 아니, 관계가 있습니다. 왜 그러냐 하면, 지금 피고인께서는 모든 것을 혁명을 위해서 했다. 또 자기는 온건한 건의를 드리고 이렇게 했다는 것이 일관된 논지입니다. 그렇기 때문에 그 당시에 8월 10일이죠, 그날이?

김재규 예.

검찰관 김계원 실장실에서 대책회의가 논의됐지요? 그때 참석한 사람이 피고인하고 김계원 피고인하고 유혁인, 고건, 김정섭… 이런 사람들이 들어와 있었죠? 그래서 그날 하려고 하다가 21시

30분하고 22시 30분에 치안본부장이 안전대책 점검 결과 다칠 우려가 있으니 연기해달라. 그때 김계원 피고인도 같은 연락을 했죠? 연기합시다, 그러니까 피고인께서 "일단 상부에 보고했는데 강행해야지 무슨 소리야" 하고 그날 02시경에 해산해라….

김재규 아닙니다.

검찰관 이렇게 지시를 했다고 하는데요?

김재규 아닙니다. 그걸 제가 명확하게 말씀드리겠습니다. YH 사건 때에 신민당 당사에 여공들이 몰려 들어갔습니다. 그래서 신민당의 노동국장이 면도칼을 갖고 배를 그어 피를 흘렸습니다. 그런데 여공들은 그 사람이 국회의원인 줄 알고, '우리를 위해서 국회의원이 배까지 그어 저렇게 되었다' 그리고 면도칼로 한 줄 모르고 정말로 할복자살을 한 줄 알았습니다. 군중이란 붉은 색, 붉은 피를 보면 반드시 흥분하게 마련입니다. 그 순수한 여공들이 낙하산부대 점프하듯이 1번에서부터 투신자살조를 10번까지 만들어 갖고 조를 짰습니다. 그 당사에서 뛰어내리기로. 그렇기 때문에 이걸 만약 그대로 방치해두면 굉장한 희생이 생깁니다. 우선 1번 아이가 창문에 가 섰을 때에 본인은 뛰어내릴 생각이 없더라도 뒤에서 밀어버리면 그만입니다. 그리고 후에 가서 그 애가 1번이라서 뛰었다. 이렇게 됩니다.

긴급조치 10호 주장

검찰관 그 상황은 이해가 됩니다. 그런데 그 당시에 말입니다. 예를 들면, 뛰어내릴 것을 예상하고 하등 안전대책도 고려함이 없이….

김재규 했습니다.

검찰관 예, (두 사람 말이 중복되어 안 들림) …해가지고 안 된다, 모든 사람들의 일률적인 판단이 그렇게 나왔지 않습니까? 그래서 오늘은 연기합시다, 이렇게 됐는데 강행하자….

김재규 그렇지 않습니다. 경찰에게 지시를 했습니다. 작전 개시 전에 건물 주위에 전부 네트를 쳐라. 네트가 모자라서 모포를 가지고 몇 겹으로 네트를 만들었습니다. 그래서 건물 주위를 모두 에워쌌습니다.

검찰관 이 사실에 대해서는 말입니다. 피고인께서 주장을 그렇게 하시기 때문에 나중에 다시 증인을 통해서 입증을 시켜드리겠습니다. 오늘은 간단히 넘어가겠습니다.

김재규 예, 예.

검찰관 긴급조치 10호를 주장했다고 하는데요….

법무사 검찰관, 그거 공소사실과 무관하다고 생각합니다.

검찰관 범행 결행의 시기를 애초에는 이 검찰관 앞에서 조사를 받을 때요. 처음에는 본관 2층 화장실에 소변보러 올라갔다가 거기서 결의했다고 하셨죠? 그다음에, 그다음 다음 날인가 가서는 아니다, 차지철 실장으로부터 각하 만찬의 연락을 받았을 때, 그때가 16시 10분경이다, 이렇게 얘길 하셨죠? 세 번째로 저한테 진술을 하실 때는요, 검찰에서 조사가 거의 끝날 때는 1979년 4월경에 3군 총장을 만찬에 초대하고는 이와 같은 방법으로 하려고 했다. 그랬죠? 그다음에 공소가 제기되고 난 이후에, 대통령 각하를 건설부 초도순시 때, 그때 살해하려고 태극기를 찢고 그 밑에 넣어두었었다 하고 그다음에 건설부 장관 사령장을 받을 때, 그때부터 대통령을 살해하려고 그랬었다, 이 중에 어떤 것이 더 정확한 것입니까?

김재규 제가 정확히 말씀드리겠습니다. 제가 혁명을 하겠다….

검찰관 그 얘긴 제가 드리겠습니다. 우선 어떤 것이 맞느냐… 제가 다시 한번 읽어드리겠습니다. 그날 19시 05분경 본관 2층 화장실에서 죽일 결심을 했다, 그랬죠?

김재규 예.

검찰관 그러다가 어떻게 그렇게 되느냐? 그렇게 되면 왜 불렀느냐? 이렇게 되니까, 그다음 날 얘기하시기를, 16시 10분경 차지철 실장으로부터 각하 만찬 연락을 받았을 때 각하를 죽일 결심을 했다, 그다음에 여기서 조사를 받을 때 1979년 4월경부터 그러려고 했다. 그다음, 공소가 제기된 날 이후에는 대통령 각하께서 건설부 초도순시 때 살해하려고 했다. 마지막에는 1974년 9월 18일 건설부 장관 사령장을 받을 때, 그때 살해할 결심을 했다. 이렇게 자꾸 소급되어서 올라가는데, 이 중에 어느 시기가 가장 적당하냐 하는 것만 말씀해주시면 그 사유에 대해서는 나중에 말씀드릴 기회를 드리겠습니다.

김재규 지금 검찰과장께서는 역으로 말씀을 하셨는데, 저는 위에서부터 순서로 내려오겠습니다. 그렇지 않으면 얘기가 안 됩니다.

검찰관 아니요. 우선 시기를 말씀해주세요. 어떤 시기가 꼭 살해를 해야겠다고 결심한 때인지….

김재규 그러니까 그 얘기를 지금 하겠다는 겁니다. 제 말씀을 들어주세요.

검찰관 아니, 제 얘기는 그 시기 중 어느 시기가 자기 의사에 가장 맞느냐를 우선 답변해주시면 될 것 아니겠습니까?

김재규 아, 그것은 이번에 혁명을 한 10월 26일이 제일 정확한 시기지요. 그런데 위에서부터 쭉 훑어서 말씀을 드려야만 얘기가…

검찰관 피고인께서 자꾸만 얘기를 장황하게 하시니까, 제가 그것을 요약을 해서, 이거 다 피고인의 입에서 나온 얘기 아닙니까? 거기에 대한 그 구체적인 시기만 명확하게 밝혀달라 이겁니다.

김재규 알겠습니다. 지금 말씀드리겠습니다. 제가 말을 하게 좀 가만두십시오. 제가 1972년 10월 유신이 반포되면서, 유신헌법을 제가 전방 3군단장을 하면서 구해서 보게 됐습니다. 이걸 쭉 보니까 '완전히 이것은 자유민주주의 헌법이 아니다. 이것은 3권이 전부 한 사람에게 귀속돼버렸고 입법부, 사법부는 전부 시녀로 전락을 해버렸다. 또 가만히 보니까 이것은 독재헌법이라도 국민을 위한 헌법이 아니라, 대통령 각하께서 계속해서 집권하기 위해 만들어놓은 헌법이지 이 헌법은 전혀 국민을 위한 것이 아니다'라고 생각했기 때문에, 저는 그때부터 이 헌법을 타도해야 되겠다는 생각이 제 마음속에 움텄습니다.

검찰관 예.

김재규 그다음에 생각했던 것은 저 혼자 단독으로 행동할 수 있는 것은 혁명이 아니라 대통령 각하와 제가 동시에 이 세상에서 없어져 버린다. 이것이 말하자면 유신체제를 없앨 수 있는 방법입니다. 그래서 중앙정보부 차장에서 건설부 장관으로 발령되는 날, 1974년 9월 14일입니다. 그날 저는 몸에 권총을 휴대하고 사령장을 받으러 들어갔습니다. 그다음에 1975년 정월 27일, 대통령 각하께서 건설부에 초도순시를 오셨습니다. 그때 저는 태극기 밑에 권총을 숨겼었습니다. 그 의도는 뭐냐, 역시 각하와 내가 동시에 없어진다….

검찰관 계속 진술할 기회는 드리겠습니다.

김재규 아닙니다. 진술할 기회가 아니라 이걸 말씀드려야 얘기가 됩니다. 그리고 그다음에 제가 중앙정보부장으로 발령이 됐기 때문에 '아, 잘됐다. 이제는 이런 물리적인 방법, 대통령과 내가 동시에 죽어버리는 방법이 아니라 순리적인 방법으로 유신체제를 한번 바꿔놓을 수 있다' 이렇게 해서 저는 1976년 12월 임명장을 받으면서 무척 기뻐했습니다.

그러나 1976년, 1977년, 1978년까지 계속해서 제가 대통령 각하께 여러 가지 순리적인 방법으로 유신체제를 고쳐보려고 노력했지만 불가능했습니다. 그래서 금년 4월에 이번과 똑같은 이런 방법으로 혁명을 하기 위해서, 제가 육해공군 참모총장을 다 궁정동에 불렀습니다. 그러나 그날은 여건이 여러 가지로 맞지 않았기 때문에 불가능했습니다. 그리고 요번에 결행하게 됐습니다. 그래서 위에서부터 말씀하면 이렇고 역으로 말씀하면 검찰과장의 말과 같습니다.

검찰관 예, 그 당시 건설부 장관 사령장을 받을 때 그 사진이 이거죠?

김재규 예.

검찰관 이거는 수첩입니다.

김재규 아닙니다.

검찰관 제가 나중에 검증을 시키겠습니다. 그리고 또 하나, 그 당시에는 1974년도입니다. 1974년도 8월 15일이 곧 육 여사께서 흉탄에 돌아가신 해입니다. 불과 한 달입니다. 그때 경호업무가 상당히 삼엄했습니다. 그래서 그때 근무하던 신현순이라고, 본관근무 과장입니다. 그때 피고인의 태도는 뭐냐, 아무 이상 없지 하고, 백을 미리 열어보고 했기 때문에 도저히 그럴 수가 없다 하는 진술이 하나 있고요. 이걸 나중에 변호인께서도 보시겠지만 이건 완전히 수첩입니다. 어디 여기 불룩하게 나왔습니까?

김재규 그 사진을 보시지 말고 이렇게 서 있는 사진을 보십시오.

검찰관 이겁니다. 이거밖에 없습니다.

김재규 그거는 사령장을 받기 위해 엎드려 있는 사진이고 똑바로 서 있는 사진을 보십시오.

검찰관 그다음에요, 대통령 각하께서 건설부 초도순시한 때가 언젭니까?

김재규 1975년 정월 27, 28일 그때가 아닌가 생각됩니다.

검찰관 정월 27, 28일이오?

김재규 예.

검찰관 1970 몇 년이오?

김재규 1975년.

검찰관 그 당시 근무할 때의 태극기가 바로 이겁니다.

김재규 거기 보면 면도칼로 이렇게 그린 데가 있을 겁니다.

검찰관 네, 여기 있는데. 서무계장 박계준이 1972년 12월 15일부터 1977년 6월 10일까지 근무를 했습니다. 안석기라고 1977년 6월 10일부터 1978년 6월 30일까지 건설부 서무계장으로 근무를 했습니다. 그다음에 강필원이라고 총무과장으로 1978년 3월 28일부터 1979년 12월 6일까지 근무했습니다. 이 사람들의 직무는 비품 구입입니다. 그 이후에 "태극기를 교환한 사실도 없고 현재 아무런 하자가 없다" 이게 그 당시에 쓰던 거라고 아까 분명히 인정을 하셨죠? 그런데 여기에 하등 그런 하자가 없습니다. 그럼 과연 어느 진술이 맞느냐를 확실하게 얘기해주세요.

김재규 제 진술이 정확합니다. 그때 그 기를 자세히 보십시오. 내려져 있는 가닥 안으로 돌려 가지고 면도칼로 이렇게 그었습니다. 그래 갖고 총을 넣어놨기 때문에 보시면 역력히 알 수가 있습니다. 그리고 그 사진에서 엎드려 있는 것에서는 잘 안 보입니다. 똑바로 서 있는 것을 보십시오. 여기를 보십시오, 오른쪽 이 앞에를. 하복부 쪽을. 유심히 관찰하면 나옵니다. 그건 뭐 큰 문제는 아니겠습니다만, 과장님께서 말씀을 하시니까 저도 말씀드리는 겁니다. 과거에는 그러했고… 결정적으로 혁명을….

병 주고 약 주고…

검찰관 이것이 확실한 진술이 아니고 자꾸만 왔다 갔다 하니까 어느 진술을 믿어야 될지 검찰관으로서 당혹스럽습니다. 물론 거기까지 인정을 합니다만, 3군단장 시절서부터 유신헌법을 알고 보안사령관 3년 3개월 재직하는 동안 정치에 관심을 가지고 그런 얘기를 했다. 그다음에 소위 임관 시부터 자유민주주의에 대해서 확신을 가졌다. 그런 얘기가 또 있습니다.

김재규 예?

검찰관 소위 임관 시부터 자유민주주의에 대해 확신을 가졌다. 그러면 국민학교 때는 어땠습니까? (비꼬는 투로)

김재규 예?

검찰관 국민학교 때요.

김재규 국민학교 때요?

검찰관 예.

김재규 국민학교 때는 일제 땝니다.

검찰관 그때는 일제에 항거하겠다는, 독립투사가 되겠다는 그런 얘기를 안 했습니까?

김재규 아니, 지금 국민학생이, 어린애들이 항일투쟁이니 민주투쟁이니 그런 걸 생각합니까?

검찰관 글쎄 말입니다. 저도 역시 동감입니다.

변호사 재판장님, 재판 진행에 관해 잠깐 말씀드리겠습니다.

재판장 발언을 허락하지 않겠습니다. 검찰관, 계속하시오.

검찰관 피고인께서 계속 민주 회복을 위해서 이렇게 노력을 했다. 혁명의 계기가 여기에 있다. 이렇게 얘기를 하시는데요. 우선 YH 사건이 일어난 직후에 도시산업선교회라든가 가톨릭농민구제회라든가, 또 반체제를 탄압하기 위해서 두 차례에 걸쳐서 대통령 각하께 긴급조치 10호를 건의했는데요. 아니면 아니다, 기면 기다. 이렇게 말씀해주십시오.

첫 번째는 1979년 8월 중순경이죠? 그때 청와대 안보회의 석상에서 피고인과 김계원 피고인, 신직수 수석비서관이 있는데 그때 뭐라고 얘기했죠? 사태에 강경대처하기에는 긴급조치 9호는 3년 이상이 경과해서 효력이 없으니 긴급조치 10호가 필요합니다, 그때 대통령이 뭐라고 그랬어요. "9호만 가지고 하지. 그것도 제대로 못 하는 사람이 뭘 또 더 강경하게 하려고 하느냐?"고 한 사실이 있지요? 그 사실만 묻습니다.

두 번째로, 1979년 8월 하순경이죠? B-1 벙커에서 을지연습을 할 때, 그 당시 참석한 사람이 국무총리 내무, 법무, 보사, 김계원 실장 등이 전부 참석했습니다. 그때 무슨 얘기를 했냐 하면, "긴급조치 9호는 날이 무디어졌습니다. 긴급조치 10호라는 시퍼런 칼날을 주십시오" 이렇게 한 사실이 있습니까?

김재규 예.

검찰관 있죠? 그때 각하께서 뭐라고 하셨습니까?

김재규 그것을 설명을 드려야겠습니다, 제가.

검찰관 아니오, 설명은 나중에 하십시오. 제가 묻는 사실만 우선 얘기를 한번….

김재규 그러면 답이 안 되고 설명이 안 됩니다. 긴급조치 9호에 우리들이 긴급조치 10호를 각하로부터 달라고 하는 것은 긴급조치 9호가 가지고 있는 헌법에 대한 비방, 체제에 대한 비방, 말하자면 긴급조치 9호의 독소조항을 뽑아 없애기 위해서 긴급조치 10호를 달라고 한 것이지, 더 강경한 것을 요구하는 것이 아니라 9호의 독소를 뽑겠다고 하는 것이 저희들의 목적입니다.

검찰관 그런데 그것은 우선 제가 피고인의 가슴속에 들어가 보지 않는 한, 그것은 하나의 편법이었다 생각할 수는 없는 것 아닙니까? 또 그 당시에 참석한 장관들이 다 그런 식으로 받아들였고 그 당시에 각하께서 하시는 얘기가 우선 "종교나 학원 세력을 전부 적으로 돌리고 무슨 정치를 하겠느냐"라는 꾸지람을 들은 사실이 있습니까?

김재규 그런 말씀을 들은 일은 없습니다.

검찰관 "학생, 종교인, 근로자 등을 적으로 돌리면 어떻게 난국을 해결하겠소? 당분간 9호만 갖고 밀고 나가시오. 그리고 정치를 종교와 분리하는 방법만 연구하시오." 이런 얘기를 들었죠?

김재규 만일 각하께서 그런 말씀을 하셨다면 그건 매우 고무적이고 발전적인 말씀이신데요. 제가 받아들이기에는 각하께서 그런 말씀을 하지 않으셨습니다. 긴급조치 9호만 갖고 강력하게 대처하라 하는 것이 각하의 기본정신입니다. 저희가 말하는 것은 긴급조치 9호의 독소조항을 뽑는다는 것이 목적입니다. 이미 그것은 중정 기정국장 현(玄) 검사에게 지시해서 긴급조치 10호를 만들 때는 9호의 독소조항을 뽑고 연구해보라는 과제가 이미 내려가 있었습니다. 그렇기 때문에 그 문제는 제 가슴속을 들어와 보지 않더라도 충분히 이해가 가실 겁니다.

검찰관 그런 것을 말입니다, 즉 독소조항을 뺀다면 구태여 "시퍼런 칼날을 주십시오. 더 강력한 긴급조치 10호를 제정해주십시오" 이런 얘기를 거기 참석한 사람들도 다 느낄 수가 있는데 어떻게 피고인의 얕은꾀로 거기 있는 사람들이 독소조항을 제거하게 하겠습니까?

김재규 거기 있는 사람들은 문제 되지 않습니다. "긴급조치 10호를 발동하도록 하자. 긴급조치 9호를 없애도록 하자" 하면 그것을 만드는 것은 중정 또는 검찰 관계관들이 만들게 됩니다. 그러니까 거기 있는 다른 사람들은 긴급조치 9호를 폐지하고 10호를 만드는 일에 관여하질 않습니다.

그래서 그 문제에 대해서는 대통령 각하의 성품을 몰라서 그렇습니다. 대통령 각하께 "완화하십시오"라고 우리가 약하게 나오면 대통령 각하는 꼭 반대로 강하게 나옵니다. 그렇기 때문에 미리 9호의 독소조항을 뺀 것을 만들려면, 우리는 각하께 강한 인상을 주면서 실제에 있어서는 독소조항을 뽑는 이런 작전을 쓰지 않으면 결코 이 문제는 해결되지 않습니다. 실제로 일을 맡았던 저 아니고는 이해하지 못하실 겁니다. 그렇기 때문에 인상적으로 볼 때는 10호라는 강한 걸 요구하는 것 같으면서도 9호의 독소조항을 없애자고 하는 것이 우리의 목적한 바입니다.

검찰관 당시 그런 얘길 했을 때 애초에는 신직수 법률특보에게 한번 검토해보라고 했죠? 거기서 얘기가 "각하, 이것은 도저히 안 됩니다. 이렇게 하면 국민을 적으로 돌리기 때문에 안 됩니다. 너무 강경하기 때문에…" 그래서 그것이 폐기가 되었죠? 2차에 들어가서 B-1 벙커에서 다시 또 그 건의를 했죠?

김재규 신직수 특보가 각하께 그렇게 건의한 게 아닙니다. 연구해보라고 하니까 "알았습니다", "거기에는 누구누구를 포함시켜라. 현 검사하고 김 검사하고 김유후 검사하고 이런 사람들을 관여시켜서 해라" 이렇게 말씀하셨지, 신직수 특보가 "그것은 안 됩니다" 하는 반대는 없었습니다.

검찰관 그 당시에도 전부, 국장급에서도 반대를 했다는데요?

김재규 어느 국장 말입니까?

검찰관 그걸 검토하라고 하니까, 국장급에서도 너무 강경해서 안 된다고 반대했다는데요?

김재규 그건 낭설입니다. 국장급하고 논의한 일도 없고….

검찰관 그럼 한 가지만 더 묻겠습니다. 긴급조치 위반자를 최후적으로 조정하는 기관이 어딥니까?

김재규 조정하는 건 중정입니다.

검찰관 중정에서 직접 처리하고 조정하지요?

김재규 처리는 저희가 직접 하지 않고 조정은 저희가 합니다.

검찰관 거의 거기서 조정하지요?

김재규 다 하지는 않습니다. 조정할 필요가 있는 것만 합니다.

검찰관 그 당시에 중정 안전국에서 그런 걸 처리하는데, 피고인이 중정 재직 기간 동안 총 긴급조치 위반자를 몇 건이나 입건했습니까?

김재규 중정에서 입건한 것은 몇 건인지 기억 잘 못 하겠습니다.

검찰관 제가 뽑아본 통계로는 재직 기간 중 639명입니다. 그러면 어떤 때는 잡아들이고, 어떤 때는 석방 건의하고, 이거 병 주고 약 주는 얘기 아닙니까?

김재규 그게 아닙니다. 긴급조치 9호가 있고, 긴급조치 9호에 걸린 사람을 왜 구속기소해서 처리하지 않느냐는 말씀을 제가 수없이 들었습니다. 그렇기 때문에 긴급조치 위반자를 처리하지 않을 수가 없습니다. 제가 중정부장으로 유신체제를 지탱하는 주역의 한 사람이지만, 저도 보다보다 안 되니까 혁명까지 한 겁니다.

검찰관 그러니까 최일선에 나와서 하수인이 되어서 하다가 의도가 안 되니까 이런 일이 일어난 것이지, 애초에 안 되겠으면 강력하게 건의한다든가 자리를 물러난다든가 이렇게 해서 그런 일이 없도록 해야지. '잡아들이고 건의해보십시오.' 이건 병 주고 약 주는 얘기 아니냐 이겁니다.

김재규 그렇지가 않습니다. 제가….

검찰관 직접신문 마치겠습니다.

재판장 20분 동안 휴정하겠습니다.

늦은 시간까지 재판을 강행하는 재판부

재판부는 시간을 절약해야 한다는 명분을 내세워 늦은 시간까지 피고인들에 대한 신문에 이어 반대신문까지 강행했다. 이미 늦은 오후이니 폐정을 하고 다음 날부터 천천히 반대신문을 진행하자는 변호인단의 의견은 묵살되었다. 21명이나 되는 변호인단은 반대신문에 대한 예측을 하지 못하고 나온 상태였기에 당황스러웠다. 변호인단은 김재규가 힘들 것을 우려하여 앉아서 답변하라고 했으나 김재규는 목쉬고 피곤한 말소리에도 불구하고 서서 하겠다며 꼿꼿한 자세를 굽히지 않았다.

재판장 군법회의를 속개하겠습니다. 이제부터 변호인단의 반대신문 순서입니다. 변호인단의 반대신문은 소송경제상 검찰관의 직접신문과 중복되거나 이 건 공소사실과 관련이 없는 부분은 삼가주시기 바랍니다.

김제형 변호사 현재 아직 그 계획이 없습니다. 그 이유는 각 피고인에 대한 직접신문이 다 끝난 다음에 변호인이 반대신문하는 것이 원칙이라고 생각하기 때문에, 변호인들의 반대신문에 관한 순서라든지 계획 같은 것은 없습니다. 원래 모든 피고인에 대해서 이 사건이 상호관련성이 있기 때문에, 재판장의 말씀대로 시간 절약하는 의미에 있어서도 모든 피고인에 대한 검찰관의 직접신문을 다 마친 다음에 그 피고인들의 같은 사항에 대한 각각 진술을 듣고 그리고 변호인이 반대신문을 하는 것이 시간 절약이 될 것으로 압니다.

만약 그렇지 않고, 피고인별로 직접신문 마치고 반대신문한다면 나중에 다른 피고인에게서 같은 사항에 대해서 먼저 피고인과 다른 얘기가 있을 때, 그 점을 다시 먼저 피고인에게 반대신문 해야 하기 때문에, 그야말로 중복된다고 생각되기 때문에 나머지 피고인들에 대한 검찰관의 직접신문을 다 마치시고 변호인들의 반대신문을 할 수 있도록 해주시기 바랍니다.

법무사 저희 재판부에서는 일단 김재규 피고인에 대한 반대신문을 듣고 나중에 필요하다면 보충신문할 기회를 드릴 계획입니다.

김정두 변호사 그 점에 대해서 김제형 변호인께서 말씀하셨지만, 원래 소송 절차에 있어서 반대신문이라는 것은 재판받는 분들이 여러분일 때 중복되고 확정된 사실에 대해서는 반대신문할 필요가 없습니다. 서로 상치된다든지, 아까 검찰관께서 신문한 바와 같이, 김재규 장군이 그 동기에 대해서 설명하려고 하는데 자꾸 제지를 해서 진술을 못 한다면, 직접신문과 반대신문은 차이가 있습니다.

그러한 사실이 이 법정에서도 나타났고 그래서 우리로서는 모든 것을 파악해서 현재 우리 변호인단으로서는 기록도 본 일이 없고, 오로지 이 사건에 접하는 기회는 김 장군의 진술뿐입니다. 이것만 가지고 반대신문을 해라 그러면 이것은 소송상 변호권의 제한이요, 우리가 충분히 반대신문할 기회를 얻지 못하는 불이익이 있습니다.

물론 심리하시는 재판부에서도 계획은 있으리라고 믿지만 우리 변호인단은 법에 의한 절차에 따라서 해야 한다는 것을 용납해주시고 모든 재판받는 분에 대한 직접신문이 끝난 다음에 우리 변호인단에게 반대신문의 기회를 주시기 바랍니다.

변호사 본 변호인은 상(相) 김계원 피고인의 변호인입니다. 김계원 피고인의 검찰관의 직접신문 결과를 듣고 난 뒤에 상 김재규 피고인의 반대신문을 해야 요령이 맞지, 아직 자기가 맡은 피고인의 검찰관신문도 들어보지 않고 상 피고인에 관련된 것을 물어보기는 어렵습니다. 따라서 김계원 피고인의 변호인 입장에서도 검찰관의 피고인들에 대한 직접신문을 다 듣고 난 뒤에, 관련된 상 피고인의 반대신문을 허용해주시는 것이 시간경제상이나 또 심리의 편의상도 좋다고 생각합니다.

재판장 10분간 휴정하고 속개하겠습니다.

재판장 본 군법회의를 속개하겠습니다.

법무사 변호인 측 이의에 대해서 말씀드리겠습니다. 피고인 김재규에 대한 입건공소장 부본은 이미 10일 전에 송달이 완료됐고, 이 재판은 그동안 재정신청 등의 절차로 인하여 수일간이나 정지되었고 변호인단은 오늘 이 법정에서 검찰관의 직접신문 내용을 충분히 직시를 하였을 것이므로 검찰관의 직접신문에 대한 반대신문을 하면 별다른 장애가 없다고 생각됩니다. 또한 반대신문을 계속함이 변호권의 방해 또는 제한에 해당한다고 할 수 없는 것으로 봅니다. 그러므로 오늘은 반대신문을 계속하고 다음 증거조사 절차단계에 가서 소송기록 및 제반 증거물을 검토하여 오늘 미진한 점을 보충할 수 있는 기회를 부여하겠습니다.

변호사 재판장님, 한 말씀 드리겠습니다. 어쩐지 법정 분위기가 너무 딱딱한 것 같습니다. 우리 사건을 서로 원만하게 진행하기 위해서 반대신문에 관한 말씀을 드린 것은 사실 이 법조 실무에 종사해보면 반대신문이라는 것이 직접신문을 듣고 면회한 내용과 본인이 얘기한 것과 이런 것을 정리해서 반대신문해야 되거든요. 그래서 상당한 기간이 필요합니다.

그래서 재판이라는 것은 관례에 의해서 이루어져야 하는데, 보통 관례가 다섯 사람이 같이 기소되었다면 쭉 직접신문을 끝내고 차례로 반대신문을 하는 것이 관례였고, 저희들은 한 30~40년을 그렇게 해왔습니다. 그래서 당연히 그렇게 될 줄 알고, 지금 준비가 안 돼 있습니다. 지금 너무 딱딱하게 해서 준비 안 된 것을 해라 말씀하시면, 사실 진행하기도 어렵고 오늘 반대신문을 안 하면 다른 재판을 할 수 없는 사정이 있지 않는 한, 다른 피고인에 대한 직접신문이 가능할 것이므로 재고하셔서 부드럽게 진행해주셨으면 합니다. 이건 정말 사정입니다. 이런 것은 합의에 의해서 원만히 하는 것이지, 꼭 그렇게….

법무사 재판부 입장을 변호인단께서도 잘 아시겠지만, 벌써 이 사건으로 인해서 10여 일 동안 집무를 못 하고 있는 실정입니다. 물론 법무사인 저는 재판을 고유의 업무로 하고 있습니다만, 나머지 전후방 각 부대에서 수고하고 있을 뿐만 아니라, 계엄군법회의의 여러 가지 사건의 처리 등 상당히 신속이 요망되는 재판부 사정도 이해해주시기 바랍니다.

변호사 물론 그 사정도 이해합니다. 그렇기 때문에 오늘….

법무사 오늘 여기서 반대신문하시고, 미진한 것은 이다음에 상피고인들 신문할 때 보충할 기회를 갖는 것이 좋지 않을까 생각해서 말씀을….

변호사 아니, 그렇게 하실 바에야….

법무사 충분히 기회를 드리겠습니다.

변호사 아니, 저희들이, 기회를 주고 안 주고가 문제가 아니라 법률상 저희들이 묻는 것은 묻는 것이지, 저희들이 기회를 받는 것은 아닌데, 오늘 그렇게 시간이 아까우신데 시간을 절약하는 의미에서도 저희 단장님이 말씀을 드렸지마는.

법무사 또 여기 재판을 받는 피고인의 입장도 아마 괴로우실 겁니다. 그러니까 이왕 나온 김에 속행하는 것이 좋지 않을까 하는 게 제 개인적인 의견을….

변호사 거 한번 재고해주십시오. 너무 이렇게 하시면 저희들이 준비한, 너무 그렇게 가시면 곤란하니까 재고하셔서 달리 시간을 쓰실 수가 있는데요.

변호사 지금 시각이 4시 40분입니다. 한다 해도 심야재판도 할 수 없고 기껏해야 5시 정도가 아니겠느냐 하고 짐작했습니다. 20분 동안에 이 많은 변호인들이 한 사람이 한 가지씩만 질문하더라도 수 시간 걸립니다. 오늘 시간은 이 정도 됐고, 직접신문으로서도 사건의 진행상 그 끊는 단계가 좋습니다. 오늘은 이 정도로 휴정을 하시고, 정 바쁘시다면 내일이라도 하시든지, 아니면 월요일이든지 좋습니다.

한데, 재판부에서 혹은 법무사 측에서 자꾸만 이 사건이 시급하다 시급하다 하시는데, 저희들 보기에는 좀 더 시간을 가지고 충분히 서서히 신중하게 다루어주셨으면 하는 희망을 갖고 있습니다. 그 점에 대해서는 저희들하고 근본적으로 생각이 좀 달랐습니다. 오늘은 이 정도로 폐정을 하시고 다음 공판기일로 연기해주십시오. 그러면 저희들도 그동안에 반대신문을 중복되지 않게 요령 있게 진행시키겠습니다.

첨가해서 하나 더 말씀드릴 것은, 반대신문이라는 것은 다른 재판 받는 분들과 연관되기 때문에 거기에 대한 것을 이중, 삼중으로 하면 신문의 요령도 없고 집약된 진실이 나오기도 어려운 것입니다. 저희들이 형사소송법을 배울 때에는 그렇게 배우지 않았어요. 오늘 이 재판 진행은 상당히 이례에 속하는 것이 아닌가 생각됩니다. 그래서 재판장님께 최종적으로 한 번 더 말씀드립니다만, 오늘 이 재판은 이 정도로 종결시켜주십시오. 한번 재고해 주시기 바랍니다.

홍성우 변호사 김재규 피고인의 변호인 홍성우 변호삽니다. 지금 말씀하셨지만, 직접신문을 모든 피고인에게 하고, 다음에 반대신문을 쭉 시작하는 것이 여태까지 저희들의 관례였습니다. 그렇기 때문에 21명이나 되는 저희 변호인단이 오늘 반대신문을 하리라는 것은 전혀 예측을 못 하고 나왔습니다. 따라서 지금 반대신문을 강행하신다면, 누가 무엇을 물어야 할지도 모르고, 할 수 없이 여기 있는 변호인단 전원이 각자 다 몇 마디가 되건 순서대로 다 물어야 될 입장입니다.

저희 계획이 그렇게 없습니다. 저희 계획으로는 시간을 갖고 오늘 직접신문을 다 들으면 변호인단이 전부 반대신문에 참여하는 것이 아니고 4~5명이 될지 2~3명이 될지는 모르지만 분야별로 나눠서 중복되지 않게 조직적으로 반대신문을 마칠 예정이었습니다. 그렇다면 재판부에서 우려하시는 시간 문제도 지금 반대신문을 하는 것보다 훨씬 몇분의 1로 절약될 수 있습니다.

지금 김재규 피고인의 반대신문을 안 함으로써 다른 재판 일정이 없다 그러면 모르지만, 어차피 다른 피고인들에 대한 직접신문을 다 해야 합니다. 절대적으로 소요되는 시간은 항상 소요되는 겁니다. 따라서 이 순서를 지금 반대신문을 한다고 해서 소송경제가 될 수 없고 시간이 단축될 수 없습니다. 21명이나 되는 변호인이 전부 나와서 물어보고 전부 한마디씩 물어보고 중복된다는 말을 듣고 그래서 시간을 끄느니보다 저희가 조직적으로 준비를 해서 짧은 시간 안에 분야별로 맡아서 신문을 마칠 수 있는 기회를 주시는 것이 소송경제상도 훨씬 유익하리라고 생각해서 다시 한번 간청드립니다.

재판장 군법회의를 속개하겠습니다.

법무사 의견이 종합되었습니까?

변호사 아까 말씀드린 대로 거부하려는 게 아니라, 잘 안 됩니다.

법무사 대표 몇 분만이라도 반대신문 해주시면 다음에 기회를 또 드리겠습니다. 벌써 신문이나 공소장 부본이 송달된 지도 오래됐고 수차에 걸쳐 면접이 있었던 걸로 알고 있고….

변호사 내용이 산만해지고 조직적으로 할 수 없어서 그렇지, 할 때가 안 됐다는 얘긴 아닙니다. 사실 저희들도 욕심이 좀 생깁니다. 이 중대한 사건에 누(累)가 안 되게 좀 더 조직적이고 간단하게… 좋게 하려고 그러는 것이 저희들 생각이고, 재판관 여러분에게 그 진상을 알아듣기 좋게 체계 있게 해드리는 것이 저희들 변호사들의 임무 아닙니까? 여러 장성님들 전투하실 때에도 다 준비해서 효과적으로 전투하시는 것같이, 저희 재판사무도 그런 거거든요. 그래서 굳이 명령을 하신다면, 나름대로 하는 데까지 하겠습니다만, 정 재판부가 그렇게 하시겠다면 시간을 정해주십시오, 5시가 다 되었는데.

법무사 합의된 계획을 우선 제출해주세요.

변호사 아, 그걸 못했어요.

법무사 대략 시간이 어느 정도나 걸립니까?

변호사 예정을 못 세웠기 때문에 몇 시간이 걸릴지도 모르죠.

법무사 시간에 대해서는 구애 마시고 진행해주시기 바랍니다.

변호사 끝나고 오늘 저녁에 가서 반대신문 순서를 정하려고 했습니다. 갑자기 하라고 하시니까, 한번 재고해주시지요?

법무사 변호인단은 재판을 업무로 하고 있지 않습니까? 법정에서 당장 국선변호인으로 지정된다 하더라도 능력을 가지신 분들이기 때문에, 대표 몇 분만이라도 해주시고, 미진한 부분은 다음에 기회를 또 드리겠습니다. 오늘 재판이 다 끝나는 것도 아니고, 상 피고인 하려면 며칠이 걸리기 때문에, 재판부의 입장도 고려하셔서 대표 몇 분이 반대신문을 해주십시오.

변호사 정 그러신다면, 우리 변호인단으로서야 신문을 하겠습니다. 오늘 심야재판이 되더라도 시간을 주실는지 그 점이 염려가 됩니다만, 아까 이돈명 변호사로부터 말씀이 계셨습니다만, 오늘 저녁에 모여서 파트별로 변호인이 공소장을 위주로 해서 우리가 나름대로 알고 있는 것을 전부 물으려고…. 재판부의 사정이 그렇다니까 하겠습니다. 앉아서 대답해주십시오.

김정두 변호사 원래 본적지가 어디십니까?

김재규 서서 하겠습니다.

변호사 오래 하시면 피곤하실 텐데 앉아서 하셔도 좋습니다.

김재규 할 때까지 하다가 정 안 되겠으면 앉겠습니다. (목쉬고 피곤한 말소리)

변호사 본적지가 어디시죠? (김재규, 못 알아듣고 머뭇거리자 변호사가 본적지, 주소가 어디냐고 반복 질문)

김재규 경상북도 선산군 선산읍 이문동 78번지.

변호사 거기서 태생하셨나요?

김재규 네, 그렇습니다.

변호사 조상도 거기서 사셨나요?

김재규 네, 그렇습니다.

변호사 몇 대나 사셨죠?

김재규 한 3대 살았습니다.

변호사 저희 변호인단이 조사한 바에 의하면 김 장군은 김녕 김

씨지요?

김재규 그렇습니다.

변호사 김 장군의 조상 중에 사육신의 서열로 모셔야 할 김문기 선생의 후예라지요? (자상한 어조로 천천히)

김재규 그렇습니다.

변호사 그런데 김 장군은 김문기 선생의 몇 대손입니까?

김재규 18대손입니다.

법무사 공소사실과 관련이 없는 부분은 삼가주시기 바랍니다.

변호사 이 내력과 사람의 성격을 규정하는 데는 그 사람의 역사와 조상이 필요해서 간단히 묻습니다.

재판장 공소사실 범위 내에서만 신문해주시기 바랍니다.

변호사 여기 공소장에도 장남이고 출생 경위가 다 나와 있습니다.

법무사 검찰관에게 묻겠습니다. 이 변호인이 신문한 사실이 모두 (冒頭)사실입니까, 공소사실입니까?

검찰관 공소사실이 아니고 모두사실입니다.

법무사 간단히 물어주시기 바랍니다.

변호사 공소사실이지요. 검찰관님, 공소장에 명백히 기재되어 있습니다.

검찰관 예. 공소사실에 포함돼 있습니다.

변호사 부친 성함은 김형철 씨죠? 장남이지요? 국민학교는 어디를 졸업하셨습니까?

김재규 선산국민학교를 나왔습니다.

변호사 국민학교 때 성적은 좋으셨나요?

김재규 상에 속했습니다. (잘못 알아듣고 '예?' 하는 반문이 많아짐)

변호사 그래서 선산국민학교를 졸업하시고 안동농림중학교에 진학하셨군요? 거기서 성적은 어땠습니까?

김재규 거기서도 상이었습니다.

변호사 대학은 안 가셨나요?

김재규 안 갔습니다.

변호사 우리가 일본사람 지배 밑에 있을 때, 김 장군께서는 일본군의 간부후보생으로 가셨다고 하던데, 언제 가셨습니까?

김재규 1943년에 갔습니다.

변호사 당시에 간부후보생으로 가서서 임관하셨나요?

김재규 임관 전에 해방됐습니다.

변호사 해방될 당시에 계급은?

김재규 후보생 계급이었습니다.

변호사 주특기는 항공기 조종이죠?

김재규 항공대 출신이었습니다.

변호사 8·15 해방이 돼서 돌아오셨는데, 바로 선산국민학교 교사로 가셨나요? 몇 년이나 하셨죠?

김재규 한 1년 남짓 했습니다.

변호사 그다음에 육군사관학교를 가셨나요? 육군사관학교에 입학한 시기는 언젭니까?

법무사 잠깐, 검찰관에게 다시 묻겠습니다. 지금 변호인이 신문하고 있는 것이 공소사실입니까? 모두사실입니까? 분명히 답해주기 바랍니다.

검찰관 공소사실 중에 나오는 모두사실입니다.

변호사 육사 입학하신 연도가 안 나와 있는데요?

김재규 1946년…. (더듬는 목소리)

변호사 해방 이듬햅니까?

김재규 1946년 9월이라고 생각됩니다.

변호사 2기생이라고 하셨고 박정희 대통령과 동기생이라고 하는데, 육사에 다닐 때 친분관계는 어땠어요?

김재규 중대가 다르고 해서 특별한 친분관계는 없었습니다.

변호사 공소장에는 없으나 중요한 관련 사실이라서 묻습니다만, 박정희 대통령과는 한 고향이시지요? 김 장군은 선산읍에서 태생하고 거기서 성장하셨고, 박 대통령은 어디서 성장하신지 아십니까?

김재규 구미서 태어나신 것으로 압니다.

법무사 공소사실과 관계없는 부분은 좀 빼주셨으면….

변호사 아닙니다. 인간관계가 앞으로 중대한 문제가 됩니다. 어떻게 해서 어릴 때부터 한 고향이요, 학교도 동기생이요, 이런 관계가 김 장군이 한 행동에 대해 모든 사람이 의혹을 느끼고 있고 그 동기와 중대 관련이 있어서 묻습니다. 그런데 육사 시절에는 그렇게 친하게 지내지는 않았다는 말씀입니까?

김재규 동향이니까 친분은 있었지만 특별히 친한 관계는 아니었습니다.

변호사 본 변호인이 알기에는, 사관학교에 다니실 때는 동향이라는 것도 별로 의식을 못 하고 그랬다는데 사실입니까?

김재규 동향인 줄은 알았습니다.

변호사 사관학교 시절부터 흉금을 털어놓고 무슨 의논을 할 수 있는 밀접한 관계는 아니지요?

김재규 그렇진 않았습니다.

변호사 김 장군이 육사를 졸업해서 소위로 임관돼서 6사단장, 6관구사령관, 육군 보안사령관 등등을 역임하셨는데, 이것은 박정희 대통령과 무슨 친분관계 때문입니까, 아니면 김 장군의 순조로운 승진 순서에 따라서 된 것입니까?

김재규 승진 순서도 되고 친분관계도 작용되지 않았나 생각되는데, 역시 순서 쪽이 더 강하고 저의 경력으로 봐서 그런 보직에 갈 수 있게 돼 있었기 때문에….

변호사 물론 기본적으로 올라갈 순서가 됐고, 동향이고 동기라는 것이 다소는 작용했을 거라는 말씀이군요?

김재규 그랬다고 생각됩니다.

변호사 김 장군의 가족관계는 현재 모친이 계시고 춘부장께서는 작년에 작고하셨던가요?

김재규 4년 전에 돌아가셨습니다.

변호사 부인이 계시고 동생이 두 분 있죠?

김재규 남동생이 둘이고 여동생이 다섯 있습니다.

법무사 공소사실 범위 내에서만 신문해주세요. 소송경제상 그게 좋겠습니다.

변호사 이 거사를 하시는 데 있어서는 어릴 때 성격 같은 것이 중요한데, 김 장군님 부모님의 교육 방침은 어떤 것이었습니까? 부모님으로부터 어떤 교훈을 받아서 성격을 형성해왔는지 그 점을 상세히 말씀해주세요.

김재규 저희 선친께서는 저희를 매우 자유롭게 키우셨습니다. 어릴 때도 구속된 생활을 시키시지 않고 어릴 때부터 항상 정의로워야 한다고 가르치셨습니다. 정의롭지 못하면 사람의 구실을 못하게 된다. 남자란 언젠가는 죽게 되는데 그 죽을 자리를 지혜롭게 택하는 것이 대장부다. 그러한….

재판장 경고하겠습니다. 이번 사건과 직접 관련 있는 사항만 진술해주시기 바랍니다.

변호사 아닙니다. 아시다시피 이 사건은 김 장군님의 성격과 모든 것이 우러나와서 거사가 되었다고 봐야 하고, 김 장군의 성격과 교육의 바탕을 모르고는 이 사건이 해결되지 않는다고 생각합니다. 이건 아주 기본적인 사실입니다. 너무 재촉하지 마시고 좀 조용히 들어주시기 바랍니다.

지금 말씀의 요지는 자유로운 바탕에서 정의를 위해서는 목숨을 바치는 것이 사나이 대장부다. 이러한 부모님의 교육을 받아오셨다는 말씀인데 그것이 어릴 때부터 김 장군을 성격화했고 모든 생각과 행동이 거기에서부터 우러나왔다. 그렇게 됩니까?

김재규 예.

변호사 김 장군이 군을 지망한 것도 그러한 부모님의 교육과 또 그 교육의 영향을 받아서 정의를 구현하기 위한 나라를 구하고 정의를 가장 나타내기 쉬운 것은 군이다. 이런 생각에서 군에 입대하셨나요?

김재규 생리적으로 군이 저에게 맞습니다. 그리고 남자다운 포부와 기질을 발휘할 수 있는 직업이 군인이라고 생각했습니다. 일본군에서 나와서 국민학교 교원을 좀 했습니다만, 그때는 우리 한국군이 아직 건군되기 이전입니다만 그러한 저의 소질이라든가 꿈을 키워볼 수 있는 곳이 군대라고 생각했기 때문에 사관학교에 지망해서 군인이 됐습니다.

유신체제가 계속되면 미국이 한국을 버린다

10·26 사건에 미국이 배후개입을 했거나 묵시적인 영향력이라도 행사했는지의 여부는 당시 가장 궁금한 의문 중 하나였다. 시중에는 미국 CIA의 개입설이 나돌기도 했다. 그 진상은 증거불충분으로 무엇이라 결론지을 수 없다. 그러나 김재규 피고인 자신이 미국의 한국 정책에 중압감을 가졌다는 사실은 분명했다. 그는 유신체제 타도의 동기를 설명하는 가운데 한미관계의 악화에 큰 비중을 두었다.

미국과의 동맹관계가 깨진다면 소련, 중국과 바로 이어져 있는 북한을 고려할 때 한국은 일엽편주 신세에 불과하다는 것이다. 그런데 유신체제 때문에 미국이 한국을 버리려 하고 있다고 그는 위기감을 토로했다. 미국이 한국을 영원히 버리지는 않겠지만 유신체제가 없어질 때까지 한시적으로 한국을 버릴 가능성은 다분히 있다는 것이다. 미국은 한국에게 독재체제를 그만두고 민주주의체제로 환원하라는 선의의 권고와 충고를 여러 번 했다는 것이다.

유신체제의 실질적인 권력 2인자였던 중앙정보부장 김재규의 진술은 당시 반체제 인사들의 비판과 똑같았다. 그는 바로 며칠 전까지 현직 중정부장이었다. 중앙정보부가 잡아들이고 고문했던 반체제 세력의 주장을 중정부장이 그대로 하고 있었다. 그가 계속해서 한국적 민주주의라고 해서 서유럽의 민주주의와 다를 수 없다며 유신헌법에 대해 비판하려 하자 재판부와 검찰 측이 함께 소리를 질렀다.

재판장이 "지금 변호인 측과 피고는 국가안보에 관한 중요한 발언들을 하고 있기 때문에 잠시 10분간 휴정하겠습니다" 하고 선언했다. 그 뒤부터 김재규의 진술은 국가기밀 보호를 이유로 비공개 재판에 부쳐졌다.

김정두 변호사 우리나라 군으로서는 초창기에 나오셨고, 3군단장까지 하셨으면 그때 계급은 중장이시죠? 군에 계시면서 국가에 대한 모든 동향 특히 최근에는 중정부장에 있었다, 이런 요직을 거치셨습니다. 서두에 김 장군의 진술에서 잠깐 나왔습니다만 이 나라 형편, 특히 박정희 대통령이 정권을 잡고 난 후의 나라 형편에 대한 김 장군의 생각을 아까 진술 제한이 되어서 못했습니다만 지금 진술을 해주십시오. 개괄적인 것이 좋습니다. 구체적인 신문은 다른 변호인들이 할 것입니다.

김재규 우리나라는 5·16 이후에 또 한 차례 혁명이 있었다고 저는 생각합니다. 그것은 1972년 10월 유신 이전까지는 우리 대한민국은 건국이념대로 자유민주주의를 해왔습니다. 그런데 1972년 10월 유신과 더불어 이 나라에는 자유민주주의가 말살되었습니다. 유신독재체제가 시작됐습니다. 그래서 처음에 유신체제는 국가안보를 효율적으로 하고 경제의 고도성장을 추구하고 국가의 행정을 능률적으로 하기 위해서 한국적 민주주의를 해야 한다는 이유를 내세웠습니다.

그러나 우리가 국가안보를 생각한다면 우리는 공산주의와 대결해야 합니다. 그러기 위해서 우리는 더 철저한 민주주의를 해야 합니다. 독재를 가지고 공산주의와 대결해서는 우리가 이길 수가 없습니다. 뿐만 아니라 우리는 지정학적으로 매우 불리한 입장에 있습니다. 우리하고 대치하고 있는 북괴는 바로 육속해서 중공이 있고 소련이 있습니다.

배후에 미국이라는 세력이 없으면, 우리 배후에서 중공이나 소련을 견제해줄 세력이 없는 겁니다. 그러면 우리는 일엽편주와 같은 상태에서 싸워야 됩니다. 그래서 지금은 옛날과 달라서 자주국방이라고 하는 의욕은 좋습니다만, 실제는 불가능합니다.

그러니까 결국 우리는 집단안보로 해서 국제간에 유대를 가지고 자기 나라를 지켜야 합니다.

오늘날 우리나라가 독재를 함으로써 건국 이후 가장 한미간 관계가 나쁩니다. 그래서 내가 볼 때는, 미국이 영원히 한국을 버리지 않겠지만 유신체제가 없어질 때까지 한시적으로, 정책적으로 한국을 버릴 가능성은 다분히 있습니다. 옛날에 애치슨 라인이 잘못 그어져서 한국이 미국의 방어선 밖에 놓이는 바람에 6·25를 자초했습니다. 미국의 정책이 바뀐다면 또다시 6·25가 오지 말라는 법이 없습니다. 그러면 수많은 사람이 죽는다, 특히 한수 이북에 막대한 사람이 살고 있고 모든 차량이든지 높은 빌딩에 인구가 밀집되어 있는 서울에서는 막대한 희생이 날 겁니다.

이런 끔찍한 일을 생각해볼 때 우리는 소름 끼치는 일입니다. 특히 미국은 한국에게 독재체제를 하지 말고 민주주의체제로 환원하라는 선의의 권고와 충고를 여러 번 했습니다. 그러나 이런 것은 전혀 받아들여지지 않고, 오히려 한국 정부는 더 강경해졌습니다.

변호사 날짜와 시간이 필요하니까 보충해서 묻겠습니다만, 미국이 선의의 권고를 한 것이 언제 일입니까?

김재규 그것은 오래전부터인데 지금도 계속되고 있는 일입니다.

변호사 소위 유신헌법이라는 것을 전제로 해서 박정희 대통령이 독재체제로 몰고 갈 당시부터 미국에서는 그런 권고가 있었다, 국제적인 정세로 봐서는 한국이 그런 우방 국가를 잃으면 국제적인 고립을 자초해서 우리나라가 풍전등화와 같은 위기에 놓인다는 얘기죠?

김재규 그렇습니다. 그래서 제가 생각하기에는 혈맹의 자유우방인 미국인들까지도 회의를 느끼는 이런 유신과 같은 정책을 쓸 것이 아니라…

법무사 잠깐, 제한하겠습니다. 아까도 경고했습니다만, 사회 안녕질서라든지 국가기밀에 관한 사항이 있으면 비공개로 하겠습니다.

김재규 알겠습니다. 그래서 우리 한국은…

변호사 아까부터 재판을 진행하는 과정에서 법무사께서 자꾸만 국가기밀이라고 발언을 제한하시는데, 이 공판이 비공개리에 되느냐 아니냐는 별도 문제로 치고 이 사건은 누가 보든 간에 정치사건이지 단순사건은 아닙니다. 그래서 진실을 아는 데는 현시점에서 즉각적으로 국가적 위기를 받을 사항이 나온다면 우리 국가적인 이해에 저해가 됩니다. 그러나 과거에 있었던 사실들이 이 법정을 통해서 드러나서 온 국민이나 여기 있는 모든 사람들이 그것을 역사적 교훈으로 또 우리의 앞으로의 행동의 거울로서 받아들인다면 국가적으로 유익한 사실입니다. 그리고 이 재판이 뭐니 뭐니 해도…

법무사 제한하겠습니다. 아까부터 변호인단께서 법정의 존엄을 무시하는 발언을 참아왔습니다만, 앞으로는 용납하지 않겠습니다.

변호사 너무 제한을 하지 말아주십사 하는….

법무사 공소사실과 관련되는 부분만 신문해주시기 바랍니다.

김재규 제가 계속해서…

변호사 네, 말씀하십시오.

김재규 그렇게 해서 소위 그분과 안보부문에 있어서는 국내적으로도 민주주의를 해야만 효율적인 안보가 됩니다. 그것은 국민 각자가 '내가 이 나라의 주인이다. 이 나라를 내가 지킨다' 하는 생각을 가질 때 비로소 튼튼한 국방이 되는 것이지 이것이 강제로 하라니까 몰려서 나가서 하는 식은 안 된다고 봅니다. 미국과의 관계도 우호관계를 가지고 유대를 철저히 해야만 우리는 보다 효율적인 안보가 된다고 생각합니다. 그런 면에서 국가안보라는 것은 내가 볼 때는 그 이유가 되지 않는다고 생각합니다. 두 번째 문제는 경제 문제인데 그것도 문제가 있다고 봅니다.

중앙정보부장의 체제 비판

김정두 변호사 잠깐, 중요한 대목이니까. 정치적 측면에서 볼 때는 유신헌법을 갖고 하는 독재체제는 국가안보상으로도 하등 이득이 없다고 판단하셨고 현실적으로도 그렇다?

김재규 예, 그렇습니다.

변호사 이제 경제적 측면에 대해서 말씀하시죠.

김재규 역시 우리 자유민주주의 국가에서는 중산층을 옹호해야 되고 기업주라든가 사용자보다는 노동자 곧 피고용자를 보호하는 정책이 되어야 한다고 봅니다. 그런데 우리나라의 그동안의 고도성장 경제 정책이라는 것은 빈익빈 부익부의 정책이 되고 말았습니다. 이것 역시 민주국가로서는 문제가 있다고 저는 생각했습니다. 그리고 행정의 능률화를 들었습니다만, 전 국토를 병영화해서 위에서 명령하면 명령대로 움직이는 식의 능률화는 능률화가 아닙니다. 이것은 전형적 독재유형입니다. 민주주의라고 하는 것은 국민이 주인입니다. 국민의 생각을 정부가 받아서 그대로 봉사해주는 것이 정부의 할 일입니다.

법무사 진술을 제한하겠습니다. 지금 긴급조치를 재판하는 게 아닙니다. 사건과 관련된 사실만 신문해주시기 바랍니다.

변호사 지금 신문하는 취지가, 설명이 길어지니까 그렇게 느끼실지 몰라도, 김 장군의 행동의 직접적 동기가 여기에 숨어 있는 게 아닌가 해서 지금 신문하고 있는 중입니다. 양해해주시기 바랍니다.

김재규 간단하게 말씀드리겠습니다. 마지막에 '한국적 민주주의다'라고 했습니다. 저는 여기에 대해서도 전혀 이해가 안 갑니다. 민주주의라는 것은 민주, 민권, 자유, 평등입니다. 그리고 삼권분립이 특징입니다. 결국 한국이나 서유럽의 어떤 나라든 간에 민주주의가 둘 있을 수 없습니다.

검찰 측 검찰 측에서 이의 있습니다. 본 법정이 헌법학의 강의장이 아니고 본 사건과는 직접적인 관련이 없기 때문에 그런 신문은 제한해주시기 바랍니다.

김재규 간단하게 하겠습니다. 그래서 제가 볼 때는 역시 한국적 민주주의라는 말은 성립이 안 된다고 생각합니다. 그리고 유신헌법을 놓고 볼 때,

법무사 제한하겠습니다. 이제 그만하십시오. (단호한 어조)

김재규 예. 유신헌법이라는 것은…

법무사 그만하십시오. (신경질적인 큰 소리로)

변호사 가만히 계십시오. 아까 검찰관께서도 신문이…

김태홍 변호사 김태홍 변호사입니다. 저도 과거에 군법회의에서 군법무관….

법무사 그거 자랑입니까? 법정을 충고하는 겁니까, 지금? (흥분해서 대드는 투로)

변호사 아니, 조금만 말씀드리겠습니다. 지금 이 사건의 가장 중요한 동기를 얘기하는 것인데….

법무사 법적 질서에 도전하는 겁니까?

변호사 절대 그렇지 않습니다. 저는 이 사건의 동기를 말하는데 이것을 제한한다면 이 사건의 실체적 진실을 가릴 수 없습니다.

법무사 동기야 간단히 얘기할 수도 있습니다.

변호사 역사에 남는 재판을….

법무사 자꾸 역사, 역사 하지 마십시오. 혼자 재판하는 게 아닙니다. 재판은 당 법정이 합니다.

변호사 저도 법조인의 한 사람입니다. 과거에 검찰관을 지냈고.

재판장 발언권을 얻어서, 허가 맡아 가지고 하라고 했는데 이렇게 중간에 나서서 진행을 방해하지 마시오.

변호사 그러니까 법무사께서 좀 공정하게 하십시오.

법무사 공정하게 하고 있습니다. 자꾸 충고하지 마십시오.

김정두 변호사 되도록이면 우리가 너무 격하지 말고 부드러운 분위기에서 재판해주시길 바라고, 신문을 하다 보면 좀 빗나가는 경우도 있고, 자기의 진실을 알리기 위해서 설명이 길어지는 수도 있습니다. 재판장께서 양해해주시기 바랍니다.

김재규 말씀 계속하겠습니다. 결국 '이 헌법은 박정희 대통령 각하께서 영구집권을 하기 위한 헌법이로구나' 하고 저는 생각했습니다. 제 생각이 옳은지 그른지 저는 잘 모르겠습니다. 아무튼 저는 그렇게 생각하고 '국민을 위한 것이 아니라 결국 개인을 위한 헌법이 됐구나'라고 생각해서 회의를 느꼈던 겁니다. 1972년 유신헌법을 보고 그때부터 회의를 느끼기 시작했다는 것을 말씀드립니다.

우리 대한민국은 자유민주주의여야 합니다. 이것은 우리의 건국이념이 그렇고, 우리의 국시입니다. 6·25를 통해서 수많은 사람이 희생됐습니다. 미국을 위시한 자유우방 16개국의 사람들이

와서 많은 피를 흘리고, 자유민주주의를 지켜서 1972년까지 이어왔습니다. 이것이 하루아침에 말살되었다, 이 나라의 자유민주주의는 대통령이라도 그것을 보장해야 될 책임과 의무는 있어도 이걸 말살할 권리는 없다, 이것이 제 생각입니다.

변호사 그것이 김 장군의 기본적 생각이다?

김재규 그렇습니다. 제가 지금 중정부장인 만큼, 제가 유신헌법을 지탱해가는 주역의 한 사람입니다. 주역의 한 사람인 제가 어떻게 이런 혁명을 했느냐, 이 점이 매우 납득하기 어려우실 겁니다.

변호사 그건 너무 앞으로 나가셨는데, 그건 나중에 묻겠습니다. 그래서 김 장군께서 중정부장이나 과거 3군단장으로 계실 때나 또 군의 현직을 쭉 역임할 때 유신헌법에 대한 생각이 그랬고, 우리의 38선이 갈라져 있는 현실과 미국 같은 우방의 지원이 없이는 우리나라는 상당 한 위기에 처한다, 그런 우리나라의 객관적 정세를 파악하고 계셨고 이 국가안보가 더 공고해지려면 우방이 권장하는, 선의의 충고를 하는 자유민주주의가 이 땅에 심어지고 이것이 육성되고 이런 방향으로 정치가 되어야 되겠다. 이렇게 우리나라의 전체적인 정세를 파악하고 계셨다. 이런 말씀이죠?

재판장 지금 변호인 측과 피고인은 국가안보에 관한 중요한 발언들을 하고 있기 때문에, 잠시 10분간 휴정하겠습니다.

3장
국가안보를 이유로 비공개 재판으로 전환되다

2회 공판

12월 8일 오후

막무가내 공판을 강행한 재판부

재판부가 비공개 선언을 하고 신문을 계속하려 할 때 시각은 이미 오후 6시를 넘어서고 있었다. 그것도 토요일 오후였다. 반대신문을 하던 변호인단은 이날 공판을 종료하자고 제의했다. 오전, 오후에 걸쳐 종일 검찰 측 신문에 이어 변호인 신문에 답변하느라 김재규 피고는 지쳐 있었다. 또렷하던 발음도 더듬거리기 시작했다. 그는 이미 간경화증이 악화된 상태여서 과로하면 몸을 잘 가누기 힘들었다.

그러나 재판부는 막무가내 공판을 강행했다. 변호인단이 김 피고인의 건강을 들어 이의를 제기하자 법정은 10분간 휴정하고 군의관이 들어와 그를 진찰했다. 재판부는 군의관의 진단 결과 별 이상이 없다며 변호인 신문을 재촉했다. 그러자 변호인단은 신문을 포기했고, 이어 재판부의 법정신문이 시작됐다.

재판장 본 군법회의를 속개하겠습니다. 재판장 명의의 결정사항을 법무사가 고지해드리겠습니다.

법무사 김재규 피고인은 전직 중정부장으로서 국제정보 및 국내 보안정보와 국가기밀에 속하는 보안업무, 내란, 외환, 국가보안법, 반공법 등에 규정된 범죄수사의 정보 및 보안업무의 조정 감독 등의 국가기밀에 관한 주요 임무를 수행해왔고, 변호인의 반대신문에 따른 피고인의 이 법정에서의 현재 진술 내용은 국가의 안전보장, 안녕질서를 방해할 염려가 있는 사항이 상당히 포함되어 있으므로 앞으로의 신문과 진술은 비공개로 진행하도록 하겠습니다. 따라서 김재규 피고인과 변호인단 및 검찰관만 재정하고 나머지 인원은 모두 퇴정을 명합니다.

김정두 변호사 잠깐 말씀 올리겠습니다.

법무사 일동 기립!

변호사 잠깐만 기다려주시오. 시간도 6시입니다. 피고인이 건강도 나쁘고 무척 피로해 보입니다. 저희들도 피로하고….

(한참 소란스러움)

재판장 군법회의를 속개하겠습니다.

법무사 앞으로 신문이나 진술 도중에 국가기밀이나 개인의 명예에 관한 사항 등은 이를 외부에 누설하거나 공표하는 경우에는 관계 법규에 의해 처벌받게 된다는 사실을 고지해드립니다.

변호사 신문 도중에 비공개 결정이 있어서, 이에 대해서 변호인단으로서 한 말씀 짚고 넘어가야겠습니다. 재판의 공개는 헌법에 개인의 권리로서 보장되어 있습니다. 그런데 본 변호인이 신문한 요지는 자유민주주의와 소위 독재체제에 대한 호불호를 비교하는 신문과정에서 비공개가 결정되었습니다. 여기에는 국가기밀, 보안유지, 사회질서 혼란, 이런 것을 가져올 수 있는 아무런 사항이 없습니다. 변호인단으로서도 진실로 이것이 진정 국가에 해로운 결과가 온다면… 그만한 양식을 가지고 있습니다.

그런데 현 상황에서 저희 변호인단이 신문의 요지를 아무리 생각해봐도 국가에 해가 되고 사회질서를 문란케 하는 발언은 아니었다고 생각합니다. 이 비공개 결정은 헌법에 위배되는 결정으로서, 변호인단으로서 정식 이의를 제기한다는 뜻을 명백히 조서에 기재해주시기 바랍니다. 후일에 여기에 대한 판단을 받아둬야 되겠기에….

그리고 이 이상 더 반대신문을 하라면, 이것은 진행에 관한 사항이 아닙니다만, 현 상황이 시간도 늦었고 앞으로 얼마 동안이나 계속하실는지 명백히 교시해주시기 바랍니다. 왜냐하면 신문의 장단을 가려서 신문사항에 대한 배려를 해야 되겠습니다. 지금 시각이 6시 5분입니다. 몇 시까지 하실는지 진행에 관해서 재판장께서 교시해주시면 감사하겠습니다.

법무사 변호인단께서는 대략 어느 정도 걸리시리라고….

변호사 오늘은 6시도 되고 했으니까, 이 정도로 하고 폐정을 결정해주셨으면 합니다. 우리도 아까 말씀드린 바와 같이, 공개, 비공개에 대해서 재고를 좀 해주시고, 오늘 저녁 또는 내일 일요일이고 해서 신문사항에 대해서는 집약적인 합의를 하겠습니다. 만약 이것이 그대로 계속된다고 하면, 이왕 제가 반대신문에 나선 이상 처음부터 끝까지 동기, 성격 이런 데에서 상당한 시간이 소요될 것입니다. 많은 변호인이 있는데, 주제넘게 저 혼자 할 수도 없고 하니까, 저로 봐서는 이것이 최후의 기회가 아니냐 싶어서 변론을 완벽하게 한다는 뜻에서 상당한 시간이 소요될 것이므로, 이 정도로 폐정하시고 다음 공판 기회로 넘겨주셨으면 감사하겠습니다.

법무사 대표단 몇 분이 반대신문을 하시고, 필요한 사항은 상 피고인이나 다음에 또 한 번 기회를 드리겠습니다.

변호사 법무사께서는 자꾸 간단하게 반대신문을 하라고 하시는데요. 우리의 입장으로 보면 이것이 중대한 문젭니다. 반대신문이라는 것이 재판에서 가장 중요한 역할을 하고 변호사로서도 가장 힘들고 어려운 사항입니다. 그것을 여기서 자꾸만 간단하게 하시라 하는 것은 상당히 무리한 말씀입니다. 우리의 머리가 정리되어 있지 않고 하니까, 이 공소장에 따라서 인정된 점을 낱낱이 다 물어야 됩니다. 필연적으로 그렇게 할 수밖에 없습니다.

서두에서 말씀드린 대로, 본인의 면담, 직접신문 그리고 필요한 모든 것에 재판에 집약되어 있는 쟁점이 드러나 있다면 간단하게 됩니다. 그러나 현 재판의 쟁점이 직접신문 하나만 갖고 반대신문하라고 하는 것은, 저도 이 법조 생활이 23년이나 되고 군법회의에도 참석해봤습니다만, 별로 없습니다. 시급을 요하는 사정은 잘 모르겠습니다만, 오히려 법 절차에 따라서… 하는 것이 시간 절약도 되고 이 사건을 파악하는 데도 심판관 여러분께서도 잘 이해가 가시리라고 생각됩니다.

그래서 재차 간청 말씀드립니다만, 현재 시각이 6시입니다. 계속하신다면, 앞으로 얼마나 더 해야 될 것인지, 거기에 따라서 조정해서 하겠습니다. 밤새도록 한다면 밤새도록 하는 것이고, 거기에 대한 결정권은 재판장께서 갖고 계시니까 절대 복종하겠습니다.

재판장 시간에 구애받지 마시고 계속 신문해주시기 바랍니다. 변호사 아니, 앞으로 얼마나, 철야라도 하시겠다는 말씀입니까?

법무사 대략 변호인께서는 어느 정도로 잡고 계십니까?

변호사 저 혼자만으로도 상당히 긴데, 재판 순서로 보면 오늘 안으로 반대신문의 대강을 마치겠다는 뜻입니까?

법무사 일단 사실 문제만 짚고 넘어가자 이겁니다. 그리고 보충신문의 기회를 드리겠습니다.

변호사 오늘 꼭 하라는 것은 좀 무리입니다. 21명 다 대기하고 있지 않습니까? 우리가 재판을 지연하니 뭐니 그런 거 없습니다. 이다음 공판으로 넘어가도 시간 절약을 해드리겠습니다. 우리가 협조하겠어요.

재판장 다소 시간은 지체되었습니다만, 금일중으로 사실신문을 마치려고 합니다.

변호사 사실신문을요?

법무사 공소사실에 관한 김재규 피고인에 대한 사실신문은 검찰관이 했으니까 중복되는 것은 피하면 과히 길지 않을 것으로 생각합니다.

변호사 어떠세요? 건강은 괜찮습니까?

검찰관 정 견딜 수가 없습니까? 어떻게 생각하셔요, 피고인은.

변호사 요전에 저희들이 면접했을 때하고 공판 때하고 비교할 때 상당히 나빠지셨습니다.

법무사 재판부에서 자꾸 말씀드려서 안 됐습니다마는, 피고인의 건강도 그렇고요, 간단히 사실문제만 짚고 넘어가는 것이… 이 다음에 보충할 기회를 충분히 드리겠습니다. 어차피 하다 보면, 대질신문도 해야 하고 말이죠.

변호사 우리끼리 잠깐 합의를 하겠습니다.

변호인단 반대신문 포기

김정두 변호사 김재규 장군도 간병이 있고 해서 하루종일 해서 피곤하니까, 답변도 못 하겠다고 하니까, 되도록이면 재판부의 계획을 변경해주셨으면 합니다. 오늘이 아니면 안 되는 무슨 중요한 이유가 있습니까?

법무사 공소사실의 사실 부분만 중복되지 않는 범위 내에서 신문해주십사 하는 것을 다시 말씀드립니다.

변호사 그 점에 관해서 변호인단이 심판부에 대해서 자꾸 여러 가지 말씀 올리는 것을 저희로서도 몹시 송구스럽게 생각합니다. 그러나 피고인 본인의 건강이 앞으로 재판을 더 오래 끄는 것을 견딜 수 없다면 그런 상황에서까지 재판을 진행할 필요가 있느냐, 그런 점을 생각해볼 때 본인의 건강이 견디지 못한다면 다음 기회로 미루는 것이 이 재판의 실체 진실 발견을 위해서나 이 군법회의가 인권을 존중했다는 역사적 사실에 입각하더라도 그것이 온당한 조치라고 생각합니다.

저희 변호인단은 재판부에서 늦게 하신다면 거기에 참여할 수는 있습니다. 본인의 건강이 특히 간이 나쁘다는 사실은 이미 신문 보도상에도 오래전에 보도되어서 본인의 건강 상태가 좋지 않다는 것은 공지의 사실입니다. 그렇다면 본인이 더 이상 진실에 답변하는 데 건강에 장애를 느낀다면 그 점은 심판부에서도 참작을 해주셔서 다음 기회로 미뤄주시는 것이 온당한 조치라고 생각해서 거듭 말씀드립니다.

법무사 피고인에게 묻겠습니다. 앞으로 30분 내지 1시간 정도는 지탱할 수 있겠습니까?

검찰 측 저녁도 되고 했으니까, 담당 군의관으로 하여금 할 수 있는지 여부를 타진시키고 난 다음에 계속하도록 하는 것이….

변호사 지금 무엇보다도 신경을 쓰는 것이 본인의 건강입니다. 이것은 저희가 위선을 하거나 꾸미는 것이 아닙니다. 아시겠지만 피고인은 아침 10시부터 나와서 지금 6시가 넘도록 꼬박 앉아 있었습니다. 우리 건강한 사람도 휴정하면서 들락날락 바람도 쐬고 얘기도 하지만, 이 앞에 앉아서 저렇게 부동자세로 하루종일 있는다는 것은, 건강이 정상적이라고 하더라도 보통 힘든 일이 아닙니다. 본인이 지금 자신의 궁한 모습을 보이길 싫어하는 성격입니다만, 진술하기가 상당히 어렵다고 합니다.

또 저희 반대신문할 사항에 관해서는 자꾸 간단히 사실관계만 끝내라고 하는데, 사실 이 죄목의 법정형이 아시다시피 사형 아니면 무기징역 아닙니까? 유기징역도 없습니다. 그 법정형 자체만으로도 중요한 사건인데, 정상에 관한 점도 읽어야 하고, 경과 사실에 있어서 모든 점을 저희가 안 물을 수가 없습니다. 사전에 준비도 없는 상태에서 갑자기 반대신문을 하라고 그러시니까 저희가 조직적으로 신문할 능력도 없습니다.

그런데 앞으로 이런 식으로 필요한 것은 해야 하고, 몇 시간이 걸릴지 모르는데 도저히 본인의 건강 상태로는 견딜 수가 없다고 봅니다. 이건 인도적인 문제라고 생각합니다. 우리가 재판을 천연하고 싶은 생각에서 말씀드리는 것이 아니기 때문에, 이 점을 인도적인 차원에서 재판부에서 고려해주셔서 오늘 공판은 여기서 마치고 본인도 아무리 구속된 몸이지만 쉴 기회를 주셨으면 합니다.

재판장 10분간 휴정 후 속개하겠습니다.

재판장 본 군법회의를 속개하겠습니다.

법무사 군의관 진단 결과는 별 이상이 없다고 합니다. 피고인 불편하면 앉아서 진술해도 좋습니다.

이돈명 변호사 변호사 이돈명입니다. 본인의 건강이, 저희들이 알기로는 본래도 건강이 좋지 않았고, 불편한 몸으로 오늘 장시간 시달리고 그래서, 저희들이 보기에, 군의관의 판단 여하에 불구하고 도저히 더 이상 신문을 계속할 수가 없는 것으로 보였기 때문에 누차 간곡한 요청을 드렸습니다만, 저희들의 요청이 받아들여지지 않는 점에 대해서는, 법정에서야말로 인도적인 고려가 우선적으로 이루어져야 한다고 믿는 우리 변호인단들은 이렇게 강행하시는 재판부의 결정에 대해서 심히 유감의 뜻을 표시하지 않을 수 없습니다.

아무튼 재판부의 방침이 저희들의 간곡한 요청도 물리치시고 기어코 하시라고 하시니까 말씀드린 인도적 견지에 있어서나 어떤 점으로 봐도 신문을 계속할 수가 없습니다. 우리에게 현재까지 주어진 반대신문의 기회를 포기하고, 그 대신 검사께서 약속하신 다음 기회의 보충신문권을 반드시 지켜주실 것과 그때에는 저희들이 오늘 재고를 부탁드린 공개 금지를 풀어주시기를 간절히 바라고 저희들은 이상 신문 않겠습니다.

김정두 변호사 본 변호인의 신문도 변호인단의 결의에 따르고 법무사께서 약속을 해주셨기 때문에 겨우 동기의 시초 정도 오늘 물었습니다. 다음 기회에 우리 법에서 보장된 직접신문과 보충신문의 기회를 주시기를 바라면서 저의 오늘의 신문을 여기서 끝내겠습니다.

법무사 그러면 포기하기 때문에 법정신문 몇 가지만 하겠습니다. 김 피고인, 살해 현장에서 김계원 피고인의 태도가 어땠습니까? 살해 당시에 김계원 피고인이 어디에 있었습니까?

김재규 처음에는 옆에 앉아 있었습니다. 두 번째 들어갔을 때는 보이지 않았습니다.

법무사 그다음에는 어디서 만났습니까?

김재규 두 번째로 방에 들어가서 쏘고 나오다가 복도에서 만났습니다.

법무사 복도에서 방안이 보입니까?

김재규 잘 보이지 않습니다.

법무사 뭘 하고 있던가요?

김재규 잘 기억나지 않습니다만, 그냥 서 있었던 걸로 기억합니다.

법무사 아까 검찰관 직접신문에서 오고 간 말은 사실 그대로죠?

김재규 그렇습니다.

법무사 그다음에 박선호와 박흥주 대령과 피고인과의 그 계획에 관한 지시 내용도 직접진술 내용과 같지요?

김재규 그렇습니다.

법무사 긴급조치 10호에 관한 내용도 아까 검찰관신문과 같습니까?

김재규 그건 다릅니다. 긴급조치 10호는 9호를 해제해서 9호의 헌법과 체계에 대한 독소조항을 빼기 위해서….

법무사 피고인이 10호를 건의한 것이 사실인가요?

김재규 그렇습니다. 그것을 빼기 위해서 10호를 내자는 겁니다. 10호는 사태 수습하는 선에서 간략하게 만들자는 것입니다. 수없이 많은 사람이 자꾸 긴급조치에 걸리니까, 긴급조치에 걸리는 사람을 줄이기 위해서는 9호의 독소조항을 없애야 되겠다고, 제가 중정 현 국장한테 연구해보라고 지시했습니다.

박정희와 자유민주주의, 함께 살릴 수 없어

김재규 피고인은 독재자 박정희 한 사람을 제거한 것이지 체제를 전복한 것이 아니라고 말했다. 그 이유는 자유민주주의 회복을 위해서 독재자를 희생시키는 방법밖에 없었기 때문이라는 것이다. 그는 박 대통령이 건재하면 자유민주주의가 회생될 수가 없었기에 박 대통령 스스로 그런 숙명관계로 몰고 갔다고 진술했다.

미국이 유신체제를 좋지 않게 생각하니 한번 완화해보자고 건의하면 박 대통령은 내정간섭을 받을 필요가 있느냐고 대꾸했다. 그는 "미국놈들 갈 테면 가라고 해" 하고 신경질적 반응을 보이기도 했다. 또 중정부장인 김재규가 직선제 대통령선거로 바꿀 것을 건의하자 다른 수석비서관과 상의해보라고 외면했다. 당시 수석비서관들은 유신체제 아래서 대통령은 선거 개념이 아니라 추대 방식으로 선출돼야 한다고 말했다. 김재규는 이 같은 체제 완화 건의가 일절 먹히지 않는다고 깨닫고 민주화의 방법으로 혁명을 택했다는 것이다.

10·26 사건의 가장 직접적인 원인은 부산사태였다. 중앙정보부장 김재규는 독재자 박정희와 불타오르는 민심 사이에서 고민했다. 부산에서 먼저 민심이 폭발한 것은 그 지역 출신 야당 당수인 김영삼 의원을 국회에서 제명했기 때문이지만 서울, 대전, 광주 등 주요 대도시를 중심으로 이미 전국이 폭풍전야 상황이었다.

남산의 정보망은 벌써부터 적신호가 켜진 채 진화 대책을 재촉하고 있었다. 남산의 부장 김재규가 누구보다도 그 심각성을 절감했다. 그는 또 민심의 적신호와 함께 최고권력자 박정희의 심기를 가장 잘 알 수 있는 위치에 있었다. 박 대통령은 그러나 민심 같은 것은 아랑곳하지 않았다. 부산사태가 더 악화되면 자신이 직접 발포 명령을 내리겠다고 내뿜었다. 그것은 절박한 사태가 돼도 정부 내에 발포 명령을 내릴 책임자가 없으리라는 판단의 표시이기도 했다. 남산 부장 김재규는 여기서 국민을 향한 발포 명령이 나오기 전에 그 명령자를 침묵시켜버린 셈이다. 그러나 이것이 불과 7개월 후 박 대통령이 키워놓은 신군부의 광주민주화운동에 대한 발포 명령까지 침묵시키지는 못했다.

법무사 범행 동기를 장황하게 설명하셨는데, 간단히 말씀하시면 체제에 대한 반대다. 이 말씀입니까?

김재규 체제에 대한 반대가 아니고 자유민주주의의 회복이다. 자유민주주의를 회복하지 않고는 우리나라 국시나 건국이념에도 있고, 수없이 많은 사람을 희생하는…

법무사 자유민주주의의 회복을 위해서는 대통령을 살해하는 방법밖에 없었다?

김재규 예. 대통령 각하와 자유민주주의 회복이라는 문제는 숙명관계가 되어 있었습니다. 자유민주주의가 회복되려면 대통령 각하가 희생되지 않을 수가 없었습니다.

법무사 대통령 각하만 희생되면 자유민주주의는 곧 회복된다, 이런 동기에서 했다….

김재규 대통령 각하께서 건재하시면 자유민주주의는 회복 안 된다, 이 관계는 대통령 스스로가 그런 식으로 몰고 가셨다, 이런 말씀입니다.

법무사 안 되는 이유를 간단히 말씀해주시죠.

김재규 그것은 제가 1976년도 12월에 박동선 사건 때 부임했습니다만, 2월 하순경에 대통령께 말씀드렸습니다. "워싱턴 로비라는 것이 우리 한국만 하고 있는 것이 아니라, 세계 각국이 다 하고 있는데 유독 우리나라만 문제가 되고 있는 것이 로비를 잘못했다기보다 유신체제를 미국 애들이 마땅하게 생각지 않고 그래서 우리한테 비트느라고 결국은 그렇게 되는 겁니다"라고 말씀드렸습니다. 미국도 이 체제에 대해 이렇게 좋지 않게 생각하니 한번 좀 완화해서 잘 해보는 게 좋지 않겠냐는 뜻에서 말씀드렸는데, 각하 말씀은 "내정간섭 받을 필요 있느냐. 언젠가는 우리도 자주국방을 해야 되는데 기왕이면 한 1~2년 빨리 됐다고 생각하면 되지. 미국놈들 데려가려면 다 데려가라고 그래" 이런 식으로 강경하게 나오셨습니다.

1977년 6월 말이나 7월 초쯤, 각하께 건의드렸습니다. "지금 공기로 봐서는 직선으로 해도 능히 당선됩니다. 통일주체국민회의에서 대통령이 되지 마시고, 직선으로 해보시지요"라고 말씀드렸습니다. 각하 말씀이 "겨우 한번 해보고 뭘 바꾼단 말이냐, 안 된다" 그러셨습니다. 1978년이 선거인데 그것이 1977년 6월 말에서 7월 초에 있었던 일입니다. (비공개 재판 이후 긴 답변에도 제지하지 않는 분위기)

법무사 몇 차에 걸쳐서 각하께 건의한 적이 있습니까?

김재규 이게 두 번째였고요, 세 번째는 1978년도 3월 말에서 4월 초경 긴급조치 해제를 건의드렸습니다. 그랬더니 각하 말씀이 "긴급조치가 있어도 이 모양인데, 그걸 해제하면 어떻게 하느냐"고 말씀하시길래 "각하, 긴급조치가 아닌 다른 방법으로도 다 다스리는 방법이 있습니다"고 말씀드렸지만, 각하께서는 안 된다고 거절하셨습니다. 그랬기 때문에 금년 7월에 긴급조치 10호를 건의하면서 9호를 해제하려 했던 겁니다. 각하께는 이렇게 강경하게 해야 통하지 완화하라는 건의 따위는 통하지 않습니다. 사실 저희는 9호의 독소를 빼기 위해서 10호를 건의한 것이지 더 강한 걸 내기 위한 것은 아닙니다. 그게 바로 저희 실무자들의 어려움이고 고충입니다.

대통령선거 때 "각하 혼자 나가지 마시고 야당에서도 후보를 내게 해서 둘이 나가시면 모양도 좋고 한데 둘이 하시지요" 했더니, 각하께서 아주 고개를 옆으로 돌리시고 언짢은 표정을 지으면서 "지금 정무수석이 하고 있는데 그 사람하고 한번 얘기해봐" 이렇게 말씀하십디다. 저는 이미 정무수석의 얘길 들었습니다. 얘긴 뭔가 하니, "긴급조치 하에서는 대통령이 추대가 되어야지, 선거에 의해서는 안 된다" 하는 주장입니다. 각하께서 그런 유혁인 하고 상의하라는 바람에 '아하, 이것도 각하께서 안 받아들이시는구나' 이렇게 전 단념했습니다.

그리고 금년으로 들어왔고 그동안 저는, 우리 중정에 국제문제연구소라고 있습니다. 거기에서 외국 사람들의 한국에 대한 체제 인권 문제에 대한 비방 기사는 하나도 빼놓지 않고 번역해서 각하 보고서 봉투에 넣어드렸습니다. 그것은 각하의 생각을 좀 고치시도록 하기 위해서 계획적으로 계속했습니다. 그러나 그건 아무 효과를 못 얻었습니다.

"사태가 더 악화되면 발포 명령은 내가"

김재규 금년 10월에 부산에 계엄이 선포되고 나서 저는 현지에 내려갔습니다. 제가 내려가기 전까지는 남민전이나 학생이 주축이 된 데모일 거라고 생각했는데 현지에서 보니까 그게 아닙니다. 160명을 연행했는데 16명이 학생이고 나머지는 다 일반 시민입니다. 그리고 데모 양상을 보니까 데모하는 사람들도 하는 사람들이지만 그들에게 주먹밥을 주고 또 사이다나 콜라를 갖다 주고 경찰에 밀리면 자기 집에 숨겨주고 하는 것이 데모하는 사람과 시민들이 완전히 의기투합한 사태입니다. 주로 그 사람들의 구호를 보니까 체제에 대한 반대, 조세에 대한 저항, 물가고에 대한 저항, 정부에 대한 불신 이런 것이 작용해서, 경찰서 11개를 불 질러버리고, 경찰 차량을 10여 대 파괴하고 불 지르고, 이런 사태가 벌어졌습니다.

그래서 그런 관계를 각하께 그대로 보고드렸습니다. "각하, 체제에 대한 저항과 정부에 대한 불신이 이렇습니다"라고 보고하면서 각하의 생각을 좀 누그러뜨리려 했지만 또 반대 효과가 났습니다. 여기 변호인밖에 없긴 하지만 이 말씀은 밖으로 안 나갔으면 좋겠습니다. 그러자 각하는 "이제부터 사태가 더 악화되면 내가 직접 쏘라고 발포 명령을 내리겠다" 이렇게 말씀하셨습니다. "자유당 말에는 최인규라는 사람과 곽영주라는 사람이 발포 명령을 했으니까 총살됐지, 대통령인 내가 발포 명령을 하는데 누가 날 총살하겠느냐." 이렇게 말씀하셨습니다.

이런 문제에다, 차지철 경호실장 같은 사람은 캄보디아에서는 300만 명이나 희생시켰는데, 우리는 100만~200만 명 희생시키는 것쯤이야 뭐 문제냐는 얘기가 나옵니다. 들으면 소름 끼칠 일들입니다.

그래서 이렇게 건의를 쭉 해봤지만 건의하면 할수록 반대 효과만 납니다. 처음에 제가 부임할 때는 '한번 순리적인 방법으로 유신체제를 바꿔놓을 절호의 기회다'라고 생각했는데, 급기야는 '이건 불가능이다'라는 결론이 나왔습니다. 저는 이승만 대통령과 박정희 대통령을 비교해보았습니다. 이 대통령은 물러설 때 물러설 줄 알았는데, 박 대통령의 성격은 절대로 물러설 줄 모릅니다. 국민과 정부 사이에는 반드시 큰 공방전이 벌어지고, 수없이 많은 사람이 상할 것은 틀림없습니다.

그리고 지금 현재만 하더라도 약 400~500명이 교도소에 있습니다. 학교에서 쫓겨난 학생 수가 800~1,000명 정도입니다. 결국은 자유민주주의를 해야 할 나라가 독재를 하는데, 원천적으로 정부가 독재를 한다고 하는, 해서는 안 될 일을 저질러놓고 "자유민주주의 하라. 독재체제 반대다" 하는 사람을 처벌하니 이건 완전히 적반하장격이 되었습니다. 그래서 아무리 생각해봐도 '이것은 역시 방법이 없다' 그런데 아까 말씀드린 바와 같이 대통령 각하와 자유민주주의 회복과는 아주 숙명적인 관계를 맺어놓고 있기 때문에 결국은 자유민주주의를 회복하기 위해서는 한쪽을 희생할 수밖에 도리가 없습니다.

저는 여러 가지 생각했습니다. 제 나이 거기에는 53세로 되어 있습니다만, 실제로는 55세입니다. 그러니 '제 나이 한 10년이나 20년 끊어 바치더라도 좋으니까 이 나라에 자유민주주의를 회복시켜놓자. 나는 대통령의 참모인 동시에 대한민국의 고급관리다. 그렇다면 이 나라에 충성하고 이 국민에게 충성할 의무가 있지 않느냐. 결국 나의 명예고 지위고 목숨이고 또 대통령 각하와 나와의 의리도, 이런 소의에 속하는 것은 한꺼번에 다 끊어 바친다. 대의를 위해서 내 목숨 하나 버린다' 그래서… 원천을 때려버렸습니다.

법무사 알겠습니다, 그 요지를. 김재규 피고인께서 생각하는 자유민주주의는 뭐라고 생각하십니까?

김재규 소위 민주와 민권과 자유와 평등이 보장되고, 삼권이 완전히 분립된 제도가 자유민주주의 원칙에 입각한 자유민주주의라고 생각합니다.

법무사 아까 검찰관 직접신문에서 오랜 옛날부터 수차례에 걸쳐서 살해를 계획해왔다고 했죠? 그런데 그날 궁정동에 도착하자마자 2층 침실로 올라갔습니까? 그날 바로 권총을 준비했다고 했죠?

김재규 그날은 이미 제가 남산 사무실에 오후 4시에 차 경호실장으로부터….

법무사 네, 그건 압니다. 도착하자마자 2층 침실에 가서 권총에 실탄을 장전했다?

김재규 예, 그렇습니다.

법무사 그러니까 좌중에서 아까와 같은 건의를 한다든지 격한 얘기가 오고 간 뒤에 비로소 가서 권총을 준비한 건 아니죠?

김재규 격한 얘기와 권총과는 아무런 상관이 없습니다.

법무사 권총을 가지고 부하들에게 지시한 다음에 좌중에 가봤더니 술좌석이 제대로 무르익었더라, 그런 속에서 시행했다고 그랬죠?

김재규 다시 들어갔을 때는 술좌석 분위기가 돼 가지고 노래도 부르고 그랬습니다.

법무사 중앙정보부장의 임무를 간단히 말해주세요. 중정법이 다 있습니다만 여기에 명시되지 않은 것이 뭐 있습니까? 조문에 나타나지 않는 흔히 비밀사항에 해당하는 중정부장의 할 일이 어떤 것이다, 하는 걸….

김재규 중정법에 나와 있는 것이 주(主)고, 그 외에는 정치공작이 거기에 나와 있지 않죠.

법무사 YH 사건이라든가, 김대중 신민당 총재에(법무사가 잘못 알고 말한 것임. 당시 김대중 씨는 신민당 총재가 아님) 관한 문제라든지 이런 것도 다 중정에서 조정한다 이거죠?

김재규 YH 사건 같은 것은 우리가 조정 안 해도 될 일입니다.

그런데 어떤 경우에 조정하는가 하면, 경찰에 맡겨뒀다가는 더 큰 사고를 나겠다, 사건이 중대하기 때문에 우리가 직접 콘트롤 해야겠다는 것만 우리가 개입하고 나머지는 경찰에 맡깁니다. 그런데 YH 사건의 경우는 누가 무슨 소릴 할는지 모르겠습니다만, 제 소신은 지금도 변함이 없습니다. 70명쯤 되는 아이들이 10명씩 나눠서 1번에서 10번까지 점프조를 짜놨었습니다.

법무사 그건 아까 한 얘기고, 그 조정을 실제로 중정에서 했느냐 이 말이죠.

김재규 예, 아이들을 희생시키지 않기 위해서는 빨리 매트를 깔고 경찰을 투입해야지, 그렇지 않으면 희생자가 5~6명 내지 7~8명은 난다고 저는 봤습니다.

법무사 아까 변호인 신문에서 잠깐 나왔습니다만, 박 대통령과는 같은 고향이고 육사 동기시죠?

김재규 예, 그렇습니다.

법무사 그러니까 어린 시절에는 잘 몰랐다 하더라도, 또 육사 시절에는 그리 가깝지 않았다 하더라도, 일단 군에 재기용이 돼서 군단장을 거치고 중정부장을 거치고 하니까, 사적(私的)인 건의까지 전부 할 수 있는 친숙한 사이죠? 그리고 대통령 각하의 참모로서 이 나라 발전을 위한 어떠한 건의라도 해야 할 입장에 있다고 생각하죠?

김재규 예, 그렇습니다.

법무사 지금은 어떻게 생각하십니까? 피고인께서는 그동안 중정부장으로 재직하는 기간에 정국 수습, 즉 부산·마산사태라든지 이런 여러 가지 사건, YH 사건, 신민당과의 관계, 그 외에도 알려지지 않은 복잡한 관계가 많겠습니다만, 그런 것은 무난히 성공리에 마쳤다고 생각하십니까?

김재규 그것은, 부산사태는 계엄을 통해서 수습됐고….

법무사 아, 거기서 잠깐 하나 물어봅시다. 부마사태에서 희생자가 있었습니까? 죽은 사람이 있었습니까?

김재규 확실히 모르겠습니다만, 죽은 사람이 없는 걸로 압니다.

법무사 보고받은 적이 있습니까?

김재규 없습니다.

법무사 궁정동 거기에서 오간 얘기가 있습니까? 희생자가 몇 명 있었다든지?

김재규 없었습니다.

법무사 아까 질문하신 그 정국 수습에 대한 성패 여부에 대해서는 어떻게 생각하십니까? 중정부장 재직 기간 중 자기 업무를 성공리에 마쳤다고 생각하십니까?

김재규 저는 중정부장 직책에서는 완전히 성공적으로 했다고 생각합니다. 그리고 제가 건의드린 것을 각하께서 안 받아들이신 것도 있습니다만, 그 후에 각하께서 그걸 후회하셨습니다. 그렇기 때문에 저희 중정은 저 개인이 아니라 저희 조직을 통해서 올려놓은 정책은 대단히 권위가 있습니다. 그것은 사태 수습뿐 아니라, 사태도 작은 사태는 경찰이 다 하고 중요한 문제만 저희들이 합니다만, 그런 경우에 저희들의 건의나 큰 정치공작은 완전히 성공했습니다. 그런 건의를 했음에도 불구하고 각하께서 안 받으셔서 실수한 것이 한 두어 건 있습니다. 그런 경우 각하께서 후에 후회하셨죠.

살해 후 자결 생각 없었나

법무사는 대통령을 살해함으로써 자유민주주의를 회복하기 위해 소아를 버렸다면 김 피고 자신도 자결할 생각은 해보지 않았느냐고 물었다. 이에 대해 그는 처음엔 박 대통령과 같이 없어지는 방법도 생각했다고 말했다. 그러나 혁명을 결행하고 나서 그 뒤치다꺼리가 더 중요하기 때문에 생각이 달라졌다고 답변했다.

그는 4·19 혁명으로 민주당 정부가 들어섰지만 얼마 못 가서 무능하다는 이유로 군사혁명에 의해 무너졌지 않았느냐고 지적했다. 새 혁명정부가 제대로 일을 할 수 있도록 보호하고 지원해야 할 책임이 혁명을 결행한 사람에게 있기 때문에 자신의 역할이 중요하다는 주장이다. 속마음이야 알 수 없는 일이지만 그럴듯한 논리였다.

김재규 피고인은 구치소에서 변호인 접견 시 바깥세상 돌아가는 소식을 귀담아듣고 있었다. 최규하 대통령 권한대행이 긴급조치를 해제한 것과 유신헌법을 고치겠다는 담화 등을 그는 10·26 거사의 성과로 꼽았다. 박 대통령 한 사람이 없어지니까 그런 민주화 조치가 가능해지지 않았느냐고 지적했다. 바로 이것을 위해서 개인적으로 동향이고 동기생인 박 대통령에게 야수의 마음을 가지고 행동했다고 그는 말했다.

법무사 중복되는 감이 있습니다만, 박흥주하고 박선호 피고인이, "각하도 오늘 살해하느냐?" 했을 때 "물론이다" 이런 얘기를 했다고 그랬는데 말이죠, 애당초부터 차 실장만 살해하려고 했는지 그렇지 않으면 대통령 각하도 살해하려고 했던 건지 말이죠….

김재규 제가요? 솔직히 말해서 차 실장은 덤으로 보낸 거지….

법무사 애당초부터 대통령 각하와 차 실장 두 사람을 한꺼번에 살해할 생각을 가지고 계셨던 건지….

김재규 예, 목적이 솔직히 말씀드려서….

법무사 (말을 가로막으며) 아까도 말씀드렸습니다만, 차지철 실장과 개인적인 감정이나 업무 수행 도중에 너무 강경해서 충돌 같은 것은 없었습니까?

김재규 그런 것 일절 없었습니다.

법무사 김계원 피고인으로부터 차 실장과의 충돌에 관해 종종 들은 적이 있습니까?

김재규 차 실장을 못마땅하게 여기는 얘기는 들은 적이 있습니다. 그러나 충돌했다는 얘기는 못 들었습니다.

법무사 궁정동에서도 그런 얘기가 오고 갔다는 건 아까….

김재규 "저 친구 강경해서 야단이야. 신민당 친구 한 사람 얘기만 듣고 쪼르르 각하에게 가서 말씀드리고." 이런 식으로 얘길 했습니다.

법무사 연회석상에는 아까 그 네 분하고 그 외에 참석한 사람은 누구누구입니까?

김재규 각하하고 차 경호실장하고 비서실장하고 접니다.

법무사 여자 두 사람이 있었던 걸로 아는데.

김재규 네, 둘이 있었습니다.

법무사 뭐 하는 여잡니까?

김재규 글쎄요, 그건 지금도 잘 모르겠습니다만, 하나는 노래를 부르는 아이였고 하나는 뭐가 특기인지 몰랐습니다.

법무사 술 시중을 들게 하기 위해서 불러온 겁니까?

김재규 그렇죠.

법무사 김계원 피고인과 오간 얘기라든지 행동에 대해선 아까 검찰관이 신문할 때 진술한 것과 틀림없죠?

김재규 예, 아까 잠깐 말씀드렸습니다만, 제가 검찰에서 한 얘기하고 지금 생각이 조금 다른 것이 있습니다. 김계원 실장 그 사람은 제가 혁명을 하는 줄 알았으면 절대로 절 안 따라옵니다. 처음에 미리 막으려고 했겠죠. 그러다가 저에게 희생되어 죽었을지도 모르죠. 그런데 일단 제가 거사를 해서 일을 저지르고 나니까 어쩔 도리가 없는 상태가 된 겁니다. 김계원이란 사람은 그래서 그 사람은 본의 아니게 몇 번 거짓말을 하게 됐습니다. 그러나 그것이 진심에서 우러났고 그 전부터 모의를 했더라면 끝까지 입을 다물었겠지만, 순간적으로 그렇게 됐기 때문에 불과 5시간 후에는 입을 열고 불고 말았다. 이런 얘깁니다.

제가 여기서 재판관님들께 김계원 실장을 두둔하려고 하는 얘기가 아니라, 사실을 말씀드려서 오늘날의 이런 사건이 먼 훗날에 공부하는 사람들에게 정확한 자료를 주기 위해서는 내가 생각하고 있는 것, 내가 보고 느낀 것을 그대로 말하는 것이 옳다고 생각해서 말씀드리는 겁니다. 제가 김계원이라는 사람을 특별히 두둔하거나 옹호하기 위해서 하는 말씀은 아닙니다. 어떤 의미에서는 입을 좀 더 다물지 왜 벌려서 실패작을 만드느냐고 원망도 하고 싶은데, 사실은 이렇게 될 줄 알았으면, 안된 얘기지만, 김계원 실장도 같이 제거하는 건데 제거하지 못한 것이 한스럽다고 느끼고 있습니다. 그런데 김계원이란 사람은 제가 이런 혁명을 하는 줄 알았으면 그 사람의 성격으로 봐서 따르지 않고 말리려고 했을 겁니다. 제가 검찰에서 한 말과 지금의 말에는 약간 뉘앙스가 다르니까 참작해주십시오.

법무사 자유민주주의를 회복하기 위해서 거사를 했다는 얘기를 했는데요, 동기생이고 각하를 살해함으로써 이 나라에 곧 자유민주주의가 찾아온다, 이런 소아를 버리고 대아의 입장에서 했다고 했는데 각하를 살해한 후에 자신이 자결이나 뭐 이런 것을 할 생각은 없었습니까? 대통령까지는 생각을 안 했다고 했는데, 옆에서 본 사람이 있으니까 자신도 떳떳하게 자결을 해서 이 나라에 민주주의의 꽃을 피우겠다는 생각을 해본 적은 없습니까?

김재규 옛날에 각하하고 저하고 같이 없어져야겠다는 생각은 제가 건설부에 있을 때라든가 한때는 그런 생각을 했습니다. 그런데 혁명을 하기로 결심하고부터는 그 문제에 대한 생각이 달라졌습니다. 왜냐하면 혁명이라는 것은 결행하는 것도 중요하지만 결행 뒤의 뒤치다꺼리, 즉 혁명과업 수행이 더 중요합니다. 지금은 맘 놓고 얘기해도 된다고 봅니다만, 5·16 군사혁명 이후에 지금까지 한 20~30명 됩니다만, 그분들이 치부한 것을 한번 생각해보십시오. 또 그 치부과정을 생각해보십시오. 그야말로 4대 의혹사건, 증권파동 해서 모은 돈 가지고는 오늘날 1,000억에 가까운 돈을 갖고 있지 않습니까.

이러한 사람들을 그냥 그대로 두고 여기에 자유민주주의를 모셔온다 해도, 얼마 못 가서 자유민주주의는 곧 병들어 눕게 됩니다. 그러니 자유민주주의가 회복되려면 각하께서 희생되지 않을 수 없게 각하께서 스스로 그렇게 만들어놓았어요.

'이 거사 뒤에는 반드시 혁명과업을 수행한다.' 그다음에 제가 해야 할 일은 '제2의 민주당 정권을 만들어서는 안 되겠다' 정권 수립 되고 나서 열 달도 못 돼 갖고 군사혁명에 의해서 무능하다는 이유로 쫓겨나 버렸습니다. '이렇게 돼서는 안 되겠다. 이걸 보호해야 될 책임이 있다. 그 책임이 누구에게 있느냐? 자유민주주의를 회복한 혁명을 한 사람밖에 없지 않느냐. 국민에게 호소할 수 있는 호소력이.' 그래서 저는 그 자리에서 자결할 것이 아니라 혁명과업을 수행하고, 새로 발족되는 정권을 보호하고, 그 다음에 더 나아간다면 지금까지는 물리적인 방법으로 정권이 오고 갔지만, 제가 있는 한, '한 분이라도 좋으니까 국민의 투표에 의해서 정권이 왔다 갔다 하는 역사를 만들자' 하는 원대한 꿈을 갖고 있었습니다.

야수의 마음으로 행동했다

김재규 옛날에는 유신체제를 가로막고 있는 핵심이 각하요, 그것을 지탱하고 있는 전체가 각하입니다. 보십시오, 각하가 돌아가시고 나니까 바로 대통령 권한대행께서 자유민주주의 하겠다고 국민에게 공표했지 않습니까? 그러니까 결국 혁명이 없었으면 그런 말씀할 수 있었겠느냐, 따라서 그분도 혁명을 인정은 하면서도 시인은 안 한다 이것뿐이죠. 그분도 평소 국민의 생각을 알기 때문에 제일 먼저 내려온 것이 자유민주주의 하겠다는 것 아닙니까? 헌법 고치겠다는 거 아닙니까? 공화당 의장도 마찬가지고.

그래서 결국은 대통령 각하께서 계시는 한 자유민주주의는 회복이 안 된다. 유신체제는 계속된다. 유신체제가 계속되는 한 공방전이 벌어지고 막대한 희생자가 난다. 이건 불을 보듯 뻔합니다. 대통령 각하께서는 방어해내지, 학생들 데모에 물러날 분이 아닙니다. 그래서 제가 여러 가지 순리적인 방법으로 해결해보려고 노력했지만 불가능하다는 결론을 얻었기 때문에 결국은 제가 아까 말씀드린 바와 마찬가지로 '제 모든 걸 바쳐서라도 도리가 없다. 더 큰 불행을 막고… 또 그 불행이 불행으로 끝나면 좋겠는데… 틀림없이 악순환이 되면 적화가 될 것이고…' 제가 볼 때는 미국 애들이 한시적으로 우리를 버립니다. 이 나라에 독재가 사라질 때까지. 그러면 애치슨 라인과 마찬가지로 이 나라가 또 한 번 불행을 겪어야 합니다.

그 불행 겪고 난 뒤에 미국이 도와줘서 회복시켜준들 그 무슨 소용이 있습니까? 많은 사람 다 죽어버리고. 그렇기 때문에 결국은 저는 개인적으로 가까운 사이고 동향이고 동기생이고 이런 관계지만, 그 순간에는 내가 마음을 야수의 마음으로 바꿔서 행동했습니다. 지금 제가 이런 얘길 하는 것은 저로서도 무척 가슴이 아프고, 지금 이 자리에 앉아서 혼자 생각을 해보니까, 차라리 그때 죽어버렸을 걸 하는 생각이 간절하게 듭니다. 그러나 이제 말씀드린 바와 마찬가지로 그런 장래에 대한 생각을 가지고 있었기 때문에 죽으려고 안 했던 겁니다. (비공개 재판 이후 법정 신문에 대한 답변이 공개 변호인 반대신문 때보다 훨씬 차분하고 설득력 있게 전개됨)

법무사 피고인이 생각하는 혁명의 뜻은 뭡니까?

김재규 혁명이란 기존 질서를 파괴하고 신질서를 수립하는 것이 혁명입니다. (명쾌하게 즉답)

법무사 평소에도 부하인 박흥주나 박선호 피고인에게 눈짓이나 말 한마디면 이심전심으로 다 통합니까?

김재규 박선호는 중학교에서 사제관계입니다. 박흥주는 중위 때부터 제가 데리고 있었기 때문에 이심전심 통할 수 있는 사입니다.

법무사 한마디만 하면 다 알아들을 수 있는….

김재규 예, 이번에 혁명에 이렇게까지 가담했으니까….

법무사 피고인이 얘기한 그런 혁명을 하는 줄 알고 가담을 했다, 이런 취지입니까?

김재규 예, 그거야….

법무사 그 밑에 있는 이기주라든가 그 나머지 피고인들 있죠?

김재규 그건 잘 모릅니다.

법무사 중정의 체제는 상명하복, 소위 군에서 얘기하는 기강이랄까 하는 것이 잘되어 있겠죠?

김재규 예, 잘돼 있습니다.

법무사 명령을 하면 불응하거나 자기 비위에 안 맞는다고 이행하지 않는 예가 있습니까?

김재규 그렇게는 안 될 겁니다. 이번에도 완전히 명령에 복종해서 애들이 시비를 가리지 않고 따라왔지 않습니까? 명령에 철저히 복종한다는 것이 입증됐습니다.

4장
청와대 비서실장 김계원을 신문하다

3회 공판

12월 10일

중앙정보부장 대 청와대 경호실장

12월 8일 재판부는 토요일임에도 저녁시간까지 주범 김재규 피고인에 대한 사실심리를 모두 마쳤다. 일요일 하루를 쉬고 10일 신문 순서는 전 청와대 비서실장 김계원 피고인. 초고속의 긴급재판이었다.

10·26 사건의 피고인 8명 중 김계원 피고인의 진술은 다른 이들과 입장 차이가 가장 두드러졌다. 우선 다른 피고인들은 모두가 중앙정보부 소속이었다. 그래서 그런지 김재규 피고인에 대해 긍정적으로 평가했다. 그리고 이 사건에 자신들이 연루된 것을 별로 후회하지도 않았다. 그럴 수밖에 없는 상황이었으며 대부분은 김 부장의 판단이 옳다고 지지하기도 했다.

그러나 김계원 피고인은 처음부터 이 사건 자체를 비난했다. 자신이 연루돼 법정에 선 것은 오해 때문이라고 해명했다. 또 김재규 피고인의 거사 동기에 대해서도 민주 회복 혁명이니 대의 같은 것을 인정하지 않는 진술이 많았다. 사건 당일 밤 현장에서 자극을 받아 우발적으로 저지른 행동이라는 쪽으로 기울었다. 그리고 자신이 대통령의 비서실장으로서 함께 죽지 못한 것은 불충이라고 자책했다.

이런 입장인 그가 법정진술에서 유신체제나 박 대통령의 독재에 대해 한마디 비판도 하지 않은 것은 당연했다. 그가 핵심권력 내부의 일에 관해 공개한 것은 경호실장 차지철의 월권과 오만방자한 태도뿐이었다. 김재규 피고인도 김계원 실장에 대해 혁명인 줄 알았으면 결코 따라오지 않았을 사람이라고 평가했다. 그러나 이 같은 김재규 피고인의 비난은 오히려 그에게 사형을 면하게 해준 변론의 효과가 됐다.

김계원 피고인이 거사에 가담했다는 혐의를 받는 이유는 대체로 사건 당일 밤의 두 가지 행동이 미심쩍었기 때문이다.

첫째는 김재규 피고인이 박 대통령에게 총을 쏜 직후 그 자리에 동석했던 그가 비서실장으로서 취한 행동이 애매했다는 점이다. 단순하게 말한다면 살해 행위가 발생한 현장에서 가해자와 피해자 중 어느 편이었느냐에 의혹이 쏠렸다. 대통령이 살해당한 현장에서 그 비서실장이 어느 편도 아니라는 것은 있을 수 없는 일이라는 얘기다. 김재규는 박 대통령과 차지철을 쏘았지만 김계원 비서실장에게는 아무런 위해를 가하지 않았다. 같은 편이기 때문에 그랬던 것 아니냐는 혐의를 받는 근거였다.

둘째는 박 대통령이 사망했다는 얘기를 즉각 국가원수직 승계자인 최규하 국무총리에게 전하지 않았으며 박 대통령이 후송돼간 병원장에게도 상당한 시간 동안 알리지 않았다. 이 때문에 김재규 피고인이 거사 직후 보안을 유지하라고 이른 말을 지킨 것 아니냐는 의혹을 샀다. 그동안 김재규의 군부 장악 등 차후 계획이 성공하는지 여부를 보다가 뒤늦게 일이 잘 안 되는 것을 보고 나서 그가 범인이라는 사실을 발설했다는 것이 검찰 측의 신문 의도였다.

김계원 실장이 그날 술을 많이 마신 것은 사실이다. 그래서 상황판단과 응급조치가 기민하지 못했을 수는 있다. 그리고 김재규 부장이 일을 저지르더라도 차지철에게 위해를 가할지는 몰라도 설마 박 대통령을 손댈 줄은 상상하지 못했다는 것이다. 그는 너무도 엄청난 일을 목격했기 때문에 넋이 나갔었다고 진술했다. 김계원 피고인은 박 대통령의 최측근 중 한 사람으로 육군 대장 출신에 참모총장을 지내고 청와대 비서실장까지 올랐다. 미 군정 당시 국군 장교 양성기구인 군사영어학교를 나온 그는 박 대통령보다 군 선배다. 병과도 포병으로 직속 선후배 관계였다.

김계원 포병연대장, 포병감, 사단장….

전창렬 검찰관 기억이 안 나시면, 제가…. 1954년도 4월에 27사단장, 1958년 6월 육군병참감, 1959년 10월 육군 정보참모부장, 1960년 5월 육군대학 총장, 1961년 5월 5군단장, 1962년 3월 6군단장, 1963년 4월 국방부 차관보, 1964년 3월 육군참모차장, 1965년 9월 1군사령관, 1966년 9월 육군참모총장, 1969년 11월에 대장 예편하시고, 그다음에 중정부장으로 재직하게 됐죠?

김계원 네.

검찰관 청와대 비서실장으로 온 것은 언제입니까?

김계원 1978년 12월 22일입니다.

검찰관 재직 기간은 1979년 10월 30일까지 하셨죠? 본 건 사건으로.

김계원 네.

검찰관 비서실장의 구체적 임무는 뭡니까?

김계원 행정적인 면에서 대통령 각하를 보필하는 일입니다.

검찰관 대통령 각하의 신변에 위험이 닥쳤다고 생각할 때는 법률상은 아니라도 어떻게 해야 된다고 생각합니까?

김계원 물론 대통령을 비호해야 합니다.

검찰관 피고인과 상 피고인과의 관계를 대강 진술해주실 수 있겠습니까?

김계원 1960년도 4·19 직후에 제가 육군대학 총장으로 진해에 부임하니까, 김재규 부장은 거기에 부총장으로 근무 중이었습니다. 거기서 처음으로 친근하게 알게 되었습니다. 6개월간 같이 근무하는 동안, 둘 다 가족은 서울에 있고 학교 안에 있는 관사에 같이 있었기 때문에 조석으로 자주 만나서 친근해졌습니다.

특히 그 당시에 작고하신 각하께서 부산의 군수기지 사령관으로 계셨기 때문에, 김재규 피고인은 돌아가신 각하와 고향도 같고 가까운 사이여서 육군대학이 여러 가지 보급 면에서 어려울 때는 김재규 피고인이 부산에 가서 여러 가지 도움을 받아오곤 해서 특별히 가까워졌고, 또 한번은 육해군 합동 군수물자 상륙훈련이 마산에서 있었습니다.

그 훈련에 참관하고, 육해군 본부에서 온 장성들과 함께 마산에서 해군 함대사령관의 초청을 받아 저녁식사를 하고, 그날은 모두 과음을 했는데, 밤늦게 돌아오다가 해군함대 사령관 차에 동승했던 김재규 피고인의 차가 마산서 지나오는 언덕길에서 20여m 아래로 굴러서 위험한 상태에 있었습니다.

그때 200m 후방을 따라오던 제가 앞서가던 차의 불빛이 안 보이기에 무슨 사고가 났나보다 싶어서 찾아보았더니 절벽 밑에 떨어져 있는 것을 알았습니다. 그때 피투성이가 된 김재규 피고인을 구출해준 일이 있었습니다. 그래서 김재규 피고인은 본인에게 감사의 마음을 갖고 있다고 생각했습니다.

그 후에 제가 1군사령관 당시에 김재규 피고인이 현리에서 6사단장으로 있었는데 그 당시에 한번 돌연히 각하께서 저녁에 김재규 피고인의 사단장 숙소에 가시는 일이 있었습니다. 그때 본 피고인과 동행한 일이 있었고, 사단장 숙소에서 각하를 모시고 저녁 만찬을 같이 한 일이 있었습니다.

그 후에 본인이 육군참모총장 당시 김재규 피고인은 6관구사령관으로서 육군본부에 여러 가지 군수 보급지원을 하고, 특히 국군의 날 행사 같은 때는 6관구에서 전반적인 보급지원의 임무를 맡고 있기 때문에 자주 만날 기회가 있었습니다. 본 피고인이 중정부장 당시에 김재규 피고인은 육군 보안사령관을 했습니다. 업무상 자주 만날 기회가 있었고 그 당시에 여러 가지 내적인 문제도 제가 해결해준 일이 있습니다.

본 피고인이 주중대사로 있는 동안 김재규 피고인이 건설부 장관으로서 사우디에 갔다 오는 길에 대만 정부의 초청을 받고 대만에 들러서, 본인과 이틀 같이 있은 일이 있습니다. 본인과 특별히 가까운 사이였고, 본인이 대만에 근무한 지가 그 당시 이미 4~5년이 경과되었기에, 본국에 돌아오고 싶은 마음이 있어서 각하와 특별히 가까운 사이라는 것을 알고 본국에 돌아올 수 있는 길을 건의해달라고 부탁한 일이 있습니다. 주중대사로 있는 동안 본국에 오면 한 번인가 두 번 김재규 피고인이 부부 동반해서 저녁 초대를 해준 일이 있습니다. 본 피고인 생각에는 본인과 김재규 피고인은 남보다 좀 가까운 사이라고 생각했습니다.

검찰관 그 당시에 각하께서 6사단장 숙소를 직접 갈 정도로 가까운 사이였습니까?

김계원 국방장관이 김성 은씨였습니다. 국방장관하고 각하하고 낮에 청평인가에 갔다 오시다가 저녁에 거기 들렀습니다.

검찰관 6·3 사태인가요? 그때 진정하러 6사단이 서울에 진주했었죠?

김계원 언젠가 계엄 때 김재규 피고인이 사단장인 6사단을 끌고 나온 적이 있습니다. 언젠지는 잘 모르겠습니다.

검찰관 피고인께서 비서실장 재직 시에 차지철 경호실장에 대한 인간성을 어떻게 보셨는지, 차지철 경호실장과의 관계는 어땠는지요?

김계원 차 경호실장은 저와 특별한 개인적 깊은 관계는 없습니다. 5·16 혁명 뒤에, 그분이 국회의원이 된 뒤에, 제가 군 복무 시에 국회의원으로서 부대 방문 때 몇 번 만난 일이 있습니다. 본 피고인이 주중대사로 있을 시에, 차 경호실장이 당시에 국회 어느 분과위원장이었다 고 기억됩니다. 중동지구인가 아프리카에 각하 특사로 가는 길에, 대만 비행장에 트랜지트하느라고 잠시 들러서, 비행장에서 한 15분 저와 대화한 것이 처음 둘 사이의 대화였습니다. 대사로 있는 동안 본국에 돌아오면 대개 각하가 오찬을 주시는데, 그때 청와대 현관에서 몇 번 만난 일이 있습니다.

비서실장으로 부임해서 처음으로 가까이 얘기할 수 있게 됐고 업무 관계로 긴밀히 얘기를 자주 했습니다. 차 경호실장과 비서실장 간에는 업무상 엄연한 한계가 있기 때문에 상호 간 업무에 있어서 월권이라든지 침범되는 일은 전혀 없습니다. 다만, 차지철 경호실장의 성격이라 든지, 남과 얘기할 때 비타협적이고 독선적이라든지, 정치 문제에 경호실장으로서 지나치게 개입하고 있다는 점에서 청와대 근무하는 경호실장으로서 좀 행동이 좋지 않다고 생각한 일이 있습니다.

검찰관 애초에 부임 인사차 경호실장 방에 들렀는데, 원래 관례상으로는 다시 답례를 해야 되는 건데 답례를 하지 않아서 마음이 좋지 않았다, 그게 처음이죠?

김계원 제가 비서실장으로 부임해서 4~5일 후라고 생각됩니다. 경호실장실에 제가 인사차 예방을 가서 인사했습니다. 저는 외교관 생활을 했기 때문에 그 관념이 내 머리에 남아 있었던 것 같습니다. 외교 관례상으로는 예방을 받으면 1주일 전후해서 반드시 답방을 합니다. 저는 그걸 생각하고 '내가 먼저 예방을 했으니까 1~2주 후에는 같은 실장이니까 잠시 들르겠지' 싶었는데 그런 것이 전혀 없었습니다. 그래서 제 보좌관에게 "경호실장이 비서실장실에 오는 일이 있는가?" 물어봤더니 과거에도 온 일이 없었다고 했습니다. 그래서 성격상 그런가 보다 했습니다.

검찰관 비서실장 집무실이 2층에 있고 각하 대기실은 1층에 있고요. 차 실장이 무슨 볼일이 있으면 층계 하나만 오면 될 텐데 꼭 경호원을 시켜서 "비서실장을 오라고 해"라고 해서 데리러 올라오곤 했다고 하셨죠?

김계원 "비서실장 오라고 해"라는 식은 아니었지만 제 보좌관을 통해서 좀 만나자고 연락이 옵니다. 그러면 제가 아래층에 내려가서 접견 대기자 대기실에 내려가서 차 실장을 만나서 얘기한 적이 몇 번 있었습니다.

검찰관 보고할 일이 있으면, 한참 기다리고 있는데, 자기는 나오지도 않고 경호원을 시켜서 급히 보고할 일이 있으니까 차례로 들어가지 못하게 대기시켜놓고 자기가 들어와서 먼저 보고를 드리고 하는 일이 종종 있었다고 하셨는데요?

김계원 예, 그런 일이 종종 있었지만 본 피고인에게는 해당되는 일이 아닙니다. 비서실장이 각하를 뵈러 들어가는 일은 아무도 제지 못 합니다. 다만 다른 장관이나 다른 분한테 해당되는 일입니다.

검찰관 한두 번은 보고를 기다리고 있는 도중에 그런 일이 있었다고, 검찰에서 그렇게 진술하지 않으셨습니까?

김계원 본 피고인은 그런 일을 당한 일이 없습니다.

검찰관 제 기억으로는 조서에 그렇게 되어 있는데요? 잦은 일은 아니지만 피고인이 결제하려고 막 들어가는데, 경호원들이 나와서 무슨 급한 볼일인가보다….

김계원 이런 일은 있었습니다. 각하께서 등청하셨다는 보고를 받고 제가 2층에서 보고를 하러 내려오니까 차 실장이 저보다 먼저 각하께 보고드리러 들어간 일은 있습니다.

검찰관 차량 순서도 원래 서열상으로는 비서실장이 경호실장보다 위 아닙니까? 모든 게.

김계원 그렇게 됩니다.

검찰관 그런데 차량 순서도 미리 앞에 타고 차 안에서도 자기가 상석에 앉고 엘리베이터를 탈 때도 나와서 다른 걸로 타라고 제지하고 자기만 타고, 그런 무례한 행동이 자주 있었다. 그런 점에서 본인 성격에 맞지 않고 상당히 못마땅한 것만은 사실이다….

김계원 다 사실입니다. 그러나 그것은 경호실장으로서 응당 해야 될 일입니다. 거기에 대해 본 피고인은 아무런 불만은 없었습니다. 차 실장 개인적인 성격이라든지 손윗사람에 대한 예의범절 등을 불만스럽게 생각한 점은 있습니다.

검찰관 차 경호실장의 타인과의 관계는 기억나는 일이 있습니까?

김계원 다소 있습니다.

검찰관 진술해주실 수 있습니까?

김계원 그것은 지금 관계에 있는 개인의 명예에 관계되는 일이기 때문에 용서해주십시오.

검찰관 알겠습니다. 하여튼 존칭 붙이는 일이 없고 경호 나갈 때는 핑계로 무례한 행동을 하고 상급자나 연장자에게도 상당히 무례한 것에 대해 못마땅하게 생각했다고 진술하셨죠?

김계원 했습니다.

검찰관 월권행위는 어떤 점에서 했나요?

김계원 정치 문제에 대해서 각하를 직접 보좌하고 있는 청와대 근무자들은 개입해서는 안 된다고 확신하고 있습니다. 그런데 차 경호실장은 정치 문제에 비교적 깊이 개입했다고 봅니다. 또 하나는, 군 관계에 있어서 군의 지휘계통을 문란하게 할 위험성이 많이 눈에 띄었습니다. 이런 점에서 월권적인 행동을 하고 있다고 판단했습니다.

검찰관 한 가지 예를 들면, 유정회 공화당 의장, 피고인 그리고 각하까지 참석하신 자리에서 "사대주의 발언을 서슴지 않는 김영삼 하나를 제명치 못하는 국회라면 뭣 하러 있느냐, 안 되면 내가 탱크로 밀어버리겠다"고 말해서 '그런 자리에서 어떻게 그런 얘기를 할 수 있느냐'고 상당히 못마땅하게 여겼다….

김계원 예, 그런 적이 있었습니다.

검찰관 결론은 피고인과 차 경호실장과의 관계는 빙탄불상용(氷炭不相容)의 관계다. 그래서 언젠가는 각하께 건의해서 이 사람을 쫓아내야겠다는 생각을 했다고 진술하셨죠?

김계원 내보내겠다는 것은 제가 할 일이 아니겠습니다. 대통령께 건의를 드려서 차 경호실장이 현재 하고 있는 일에 대해서 각하께서 직접 주의를 주시도록 건의를 드려야겠다고 맘먹고 있었습니다.

검찰관 먼저 김재규 피고와 차 실장과의 관계는 어땠습니까? 사이가 좋았습니까?

김계원 극히 나빴다고 생각합니다. 그러나 둘이 업무상인지 자주 만나는 기회를 가지는 걸 봤습니다.

검찰관 "5·16 이후에 각하를 둘러싸고 있는 측근자 간에 신임을 얻으려는 암투 같은 것이 있는 것 같았다. 신민당 전당대회를 둘러싸고 두 사람 사이가 극도로 악화되었다." 이런 얘기를 분명히 하셨는데요?

김계원 본 피고인이 느낀 바로는, 정치 문제는 중정에서 전적으로 관계하는 일입니다. 그런데 차 실장이 관계하기 때문에 김재규 피고인으로서는 대단히 못마땅하게 생각되었을 것이며 자기 직권에 대한 침해를 당했다고 느꼈을 겁니다. 그로 인해서 차 실장에 대해서 상당히 감정이 좋지 않은 상태였다고 느꼈습니다.

차 실장도, 김재규 피고인도 서로 자기 자신이 각하의 신임도가 제일 두텁다고 자부하고 있었습니다. 신임도에 대한 상호 간의 견제, 질투 같은 것도 있었을 것으로 생각됩니다. 이제 검찰관님 말씀과 같이 신민당 문제가 정기예산 국회인데도 불구하고 공전되어가고 이것이 김영삼 의원의 발언 문제로 문제가 복잡해지자, 두 사람의 관계는 더 험악해졌다고 본인은 느꼈습니다.

검찰관 그 당시에는 차지철 경호실장하고 김재규 피고인하고 둘이 전당대회 시에 노선이 약간 달랐죠? 그런데 결국은 차 실장 때문에 실패로 돌아가자 그 비난은 중정으로 쏠리게 됐죠? 김재규 피고인은 차지철 실장의 농간이라고 생각하고 상당히 흥분했다고 진술하셨는데요?

김계원 농간이 아니고, 중정에서 해야 할 일을 차지철 실장이 도중에 가로채서 결국 성사도 못 시키고… 모르는 사람들의 잘못된 결과에 대한 비난은 전부 정보부로 오니까 거기에 대한 분개의 말을 했습니다.

검찰관 중정에서도 누구를 총재로 당선시키기 위해서 별도 공작을 하고 차지철 실장도 별도로 자기 노선에서 공작을 하고 그랬죠?

김계원 정치 문제에 깊이 개입하지 않아서 잘은 모르지만 중정에서 그 문제에 대해서 그 당시에는 크게 작용을 안 한 걸로 알고 있습니다.

검찰관 부마사태에 대해서 의견이 극도로 대치가 되고 관계가 상당히 악화되어 있는 걸로 1차 진술에서 나타났는데요, 차 경호실장은 신민당이 배후조종한 거다, 김재규 피고인은 남조선민족

해방전선 및 일부 반정부 학생들이 주동이 되어서 이런 일을 일으켰다고 각하께 보고하면서 상당히 평행선을 달렸었죠? 그런데 "각하께서는 오히려 차 실장의 얘기를 더 듣는 것 같았다. 거기서 김재규 피고인의 분노가 극도에 달했었다"고 진술하셨죠?

김계원 맞습니다.

검찰관 김재규 피고인과 피고인과는 매월 몇 번이나 만납니까?

김계원 회의라든지 하는 걸 다 합하면 10번쯤 되겠습니다만, 둘이서 사사로이 만나는 일은 한 달에 4~5회 될 겁니다.

검찰관 만날 때마다 차 실장의 오만불손한 태도가 많이 얘기됐고, 최근에는 정국 경색으로 정치 문제 같은 것이 많이 논의되었다고 하셨는데 결국 차 경호실장은 약간 강경하고 피고인은 온건하기 때문에 그래서 성격상의 차이로 상당히 관계가 악화되어 있었고 김재규 피고인도 마찬가지였다. 그런 결론이 되겠습니다.

김계원 신민당 문제를 전후해서 정치 문제로 인해서 차 실장과 본 피고인과는 아무런 관계도 없습니다. 다만 김재규 피고인과의 관계에서는, 특히 신민당 문제와 부마사태로 관계가 좋지 않았습니다. 그 정치 문제에 관해서는 본인은 개입하지 않기 때문에 어느 쪽이든 크게 문제시되지 않았습니다.

검찰관 예를 들면, 그렇게 자주 만났을 때 모든 얘기가 다 기억나지는 않지만 김재규 피고인의 차지철 실장에 대한 불만 토로를 기억해내실 수 있겠습니까?

김계원 김재규 피고인과 본 피고인 간에 차 실장에 대한 비난의 얘기는 길고 짧고 간에 얘기할 기회가 많았습니다. 본 피고인이 "차 경호실장도 각하를 모시고 내가 비서실장인데 양 실장이 감정이 좋지 않다는 것을 남들이 알면 제일 어려운 것이 각하의 입장이니까, 되도록이면 내가 모든 걸 양보하더라도 절대 충돌해서는 안 된다고 난 생각하고 있다. 우리 비서실 직원들에게도 그런 얘기를 하고 있다" 이런 얘기를 하고….

어떤 때는 "차 실장의 여러 가지 태도가 좋지 않은 것은 내가 각하께 건의드리려 한다"고 했더니, 김재규 피고인이 "실장님, 가만히 계십시오. 육군 대장이 대위와 싸웠다고 하면 남들이 어떻게 생각하겠습니까?" 이런 얘기도 주고받았고 김재규 피고인이 극도로 흥분해서, "저놈을 당장 어떻게 할까요?" 식으로 극단적인 표현도 여러 번 있었습니다. 제가 비서실장 부임해서 열 달 근무했습니다만, 특히 중반 이후 그런 얘기할 기회가 많았다고 생각됩니다. 신민당 총재 개편대회 때부터, 즉 차 실장이 정치 문제에 개입되면서부터 그런 얘기가 많았고 이번 사건 나듯이 궁정동 식당에서 각하를 기다리는 동안에도 여러 번 있었고, 제 사무실에서도 그런 얘기를 한 일이 여러 번 있었습니다.

검찰관 김재규 피고인은 "자기는 대범해서 차 실장을 안중에도 안 뒀었다. 오히려 비서실장은 그런 걸 상당히 신경을 쓰고 관계가 극도로 안 좋았다" 이런 요지의 진술을 검찰 이래 당 법정에 이르기까지 계속하고 있습니다. 또 피고인은 자기는 안 그렇고 김재규 피고인이 그렇다고 하는데, 예를 들면 "저 자식을 해치워야지 그냥 뒀다가는 각하 결심만 흐려놓는다" 이런 얘기도 자주 하고, "각하께서 나한테 명령하는 것은 좋지만, 자기가 뭐라고 각하보다 한 수 더 떠서 이러쿵저러쿵하지" 이런 얘기를 한 일이 있다고 하셨는데요?

김계원 차 실장을 두고 비난할 때는 둘이 같이 공감해서 한 일이니까 누가 강하게 했다 약하게 했다고 구분하기는 힘듭니다. 여러 가지 그 당시의 상황으로 볼 때, 정보부장으로 있던 김재규 피고인은 정치 문제에 자기가 깊이 개입하지 못하도록 각하께서 제동을 하고 자기 밑에 그 문제를 취급하던 부하직원으로부터는 왜 활동을 못 하게 하냐는 반발도 있고 해서, 퍽 어려운 입장에 있었다고 생각됩니다. 그런 모든 문제가 차 경호실장으로 인해서 파생되었다고 느껴졌으리라 생각됩니다. 그러므로 차 경호실장에 대해서 악감정이 상당히 깊었으리라고 생각됩니다.

검찰관 그때 얘기하는 것은 어떤 간격을 두고 얘기하는 게 아니고 김재규 피고인의 본심이라고 생각해도 틀림없겠습니까? 차지철 실장에 대한 악감정 같은 것이…

김계원 감정이 좋지 않은 건 사실입니다, 전반적으로 불만스런 감정이 상당히 있었다고 생각됩니다.

검찰관 아까 대강 나왔습니다만, 대통령 각하에 대한 김재규 피고인의 충성도는 그 당시의 여러 가지로 미루어봐서 어떻다고 생각되었습니까?

김계원 김재규 피고인의 대통령 각하에 대한 충성심은 조금도 의심하지 않았습니다. 직무상에서도 그렇게 보였고, 과거의 경력이라든지 각하께 입은 은혜라든지 또 지내온 과정으로 볼 때 대통령 각하에 대한 김재규 피고인의 충성도는 조금도 의심하지 않았습니다.

남자란 그만둘 때를 아는 게 중요하다

김계원 피고인은 김재규 피고인의 진술뿐 아니라 보안사 측의 수사 내용과도 상반되는 진술을 많이 했다. 김재규 중정부장의 경질설에 대해 그는 사실이 아니라고 부인했다. 오히려 김 부장 자신이 그만두어야 할 시기를 사전에 귀띔해 줄 것을 수차 부탁해왔다는 것이다.

"시오도키가 다이지라고 남자란 일하다가 뺄 때, 그만둘 때가 중요하니 나도 중정부장을 언제 그만두는 것이 가장 좋은지를 사전에 좀 알려주십시오."

박정희, 김계원, 김재규 등 군 출신 정권의 최고권력자들은 대부분 일본군 출신이어서 자기들끼리 술 마실 때나 은밀한 대화를 나눌 때 일본말 속어를 쓰곤 했다. 김계원 피고인은 법정에서 "일본말을 쓰는 것을 용서하십시오"라며 김재규 부장과 주고받았던 얘기 내용을 소개했다.

김 실장은 "대통령께서 요직 개편 문제에 대해서 금년 중에 고려하고 계시지 않은 것으로 알고 있다"고 밝혔다. 이는 김재규 피고인이 박 대통령의 신임을 잃어 경질당할 것으로 알고 범행을 저질렀다는 보안사 측의 수사 결과와는 상반되는 진술이다.

그는 또 김영삼 신민당 총재에 대해 직무정지 가처분신청을 법원에 낸 뒤 들어선 정운갑 총재대행 체제가 제대로 가동되도록 한 것은 중앙정보부의 공작이었다고 공개했다. 이는 대개 짐작할 수 있는 일이었으나 핵심권력층 인사가 직접 증언하기는 처음이었다.

검찰관 매년 연말이면 요직 개편설이 나오는데, 거기에 대해서는 아는 바가 있습니까?

김계원 전혀 아는 바가 없습니다. 외부에서 더러 중정부장이나 장관이 갈린다는 말을 혹시 들은 적은 있습니다. 김재규 피고인이 그런 얘기를 듣고 그랬는지 아닌지 모르지만, 몇 달 전부터 수차 본 피고인에게, 일본말을 잠깐 쓰겠습니다. 용서하십시오. "시오도키가 다이지라고, 사람이 남자란 것은 어디서 일하다 뺄 때, 그만둘 때가 중요하다." 이런 일본말을 인용하면서, "나도 중정부장을 그만둘 때 언제가 가장 좋을 때인가는 실장님이 잘 아실 테니까, 그 시기를 나한테 언제든지 사전에 좀 알려주십시오" 이런 얘기를 저한테 몇 번 한 일이 있습니다. 이것은 김재규 피고인이 혹 들어서 그런 말을 했는지 잘 모르겠으나, 대통령께서는 요직 개편 문제에 대해서 금년 중에는 고려하고 계시지 않았다고 알고 있습니다.

검찰관 신민당 총재 공작 전후해서 각하로부터 건의도 잘 안 되고 하니까, 그런 얘기가 그때부터 나오기 시작했죠? "남자는 뜰 때 깨끗이 떠야 하는데 얘기를 좀 해달라." 금년 5월 전후해서 그런 얘기가 나왔다고 검찰 진술에서….

김계원 아마 그럴는지 모르겠습니다.

검찰관 종로구 궁정동 50번지에 있는 그 중정 식당에 대통령 주재 만찬이 있다는 연락을 언제 누구로부터 받았습니까?

김계원 10월 26일 오후 4시 30분 전후라고 생각됩니다. 그때 차지철 경호실장에게서 받았습니다.

검찰관 연락 내용은 어떤 것이었습니까?

김계원 간단합니다. 차 경호실장이 저한테 전화해서, "오늘 6시에 각하 모시고 만찬하게 되어 있으니까, 6시 전까지 부장한테 가시오."

검찰관 어디서 연락을 받았습니까?

김계원 제 사무실에서 받았습니다.

검찰관 사무실에서 바로 중정 식당으로 왔습니까?

김계원 그렇습니다.

검찰관 중정 식당에 몇 시쯤 도착했습니까?

김계원 5시 45분 내지 50분경이 아닌가 생각됩니다.

검찰관 40~50분경에 만나자마자 중정 식당으로 바로 간 게 아니죠?

김계원 사무실로 갔습니다.

검찰관 중정 식당에서 약 50m 상거한 김재규 피고인의 집무실에 우선 도착했죠?

김계원 예.

검찰관 통상 중정 식당 만찬에 참석하는 경우 식당으로 바로 가지 않고 집무실을 거쳐 갑니까?

김계원 그 안에는 저 비서실장도 사무실에 가서 안내를 받기 전에는 어디가 어딘지 알지도 못하고 다니지도 못합니다. 또 비서실장은 거기에 갈 때 제 본인의 보좌관이나 저 자신의 비서도 데려가지 못합니다. 그러니까 거기에 가면 현관에 기다리고 있는 안내자의 안내를 받아서 사무실까지 가면 부장이 나와서 같이 갑니다.

검찰관 그때 거기서 김재규 피고인을 만나자마자 어떤 얘기를 주고받았습니까?

김계원 먼저 위로를 했습니다. 26일 전후 3~4일은 정치 문제로 대단히 어려운 상태에 있었기 때문에, 김 부장한테 "애를 썼지만 그대로 되지를 않아서 수고만 많이 하고 안 됐소" 그리고 제가 정보부장 했던 경험이 있기 때문에 "정치 문제란 것은 정보부에서 생각한 대로 안 되는 게 통상이오" 이런 말로 위로를 했습니다.

재판장 피고인은 앉아서 답변하셔도 괜찮습니다. (시간이 오래 걸릴 테니까 앉아서 하라는 변호인 목소리 들림)

검찰관 그때 김재규 피고인이 그 얘기를 받아서 어떤 얘기를 주고받았습니까?

김계원 정치 얘긴데 그냥 해도 괜찮겠습니까?

검찰관 괜찮습니다.

김계원 그때 주로 나눈 얘기는 부산사태 문제가 아니고 신민당 문제였습니다. 신민당의 정운갑 씨가 법정 총재대리인으로서 임명됐는데 행세를 잘하지 못하고 있고 신민당 의원 전원이 사표를 제출해서 국회는 2주째 공전되고 있는 상태였습니다. 예산 국회이기 때문에 빨리 국회가 소집되어야겠는데, 김영삼 씨는 국회의 원직이 박탈됐고 정운갑 씨가 총재대행을 제대로 해야만 여야 간에 대화가 되어서 국회가 정상화될 것이므로, 그 공작을 중정에서 하고 있었습니다.

그것이 저희 공화당 측에 몇 사람들의 자기 의사 발표가 잘못됨으로 인해서 그 공작이 완전히 실패로 돌아가서, 정운갑 씨 체제가 굳혀진다는 것이 거의 불가능한 상태로 됐고 신민당 국회의원들이 국회에 등원한다는 것은 난망했기 때문에 그 문제에 대해서 정보부에서 공작을 하다가 공화당 측에서 발표가 되지 않았기 때문에 그 문제를 정보부장에게 위로의 말을 해준 것이 주였습니다.

검찰관 "공화당에서 일괄반려를 한다. 그래서 이틀만 참고 발표가 늦추어졌으면 완전히 굳어졌을 텐데…" 하면서 아주 굉장히 아쉬운 표정을 지었다?

김계원 그렇습니다.

검찰관 그렇다면 그것도 대통령의 신임을 얻으려고 노력하고 그런 것만은 틀림없네요?

김계원 네, 애쓴 건 틀림없습니다.

검찰관 그다음에, 오면서 부마사태 얘기가 계속됐는데요, "지금 사회 공기가 얼마나 험악한 줄 아십니까? 김 실장은 모르실 겁니다" 이런 얘기가 오면서 또 얘기됐다고 하는데요?

김계원 길이 좁기 때문에 둘이 나란히 서서 가기가 힘들어서 식당으로 오는 도중에는 별 얘기가 없었고 식당 앞에서 각하를 기다리는 동안에 그런 얘기를 했습니다.

검찰관 "부산 계엄령이 선포되어서 며칠간은 조용하겠지만 그게 얼마나 가겠습니까. 맑은 물에 뭣 같은 놈 한 마리가 앉아서 자주 물을 흐려놓으니 되겠습니까." 이런 얘길 했죠?

김계원 예, 했습니다.

차지철의 고자질

검찰관 "저놈을 해치워야지. 저놈이 각하의 판단을 흐려놓는 한은 별수 없습니다." 이런 얘기를 주고받았죠?

김계원 거기서 부산사태에 대해 좀 더 말씀드리면, 김재규 피고인이 본 피고인에게 "지금 이 사회 공기가 얼마나 험악한지 실장님도 잘 모르실 겁니다. 대단히 험악하고 아주 위험한 상태에 있습니다" 이런 요지의 말을 본 피고인에게 했습니다. 본 피고인이 김재규 피고인에게 "여보, 우리 대한민국 정부가 그렇게 약하오? 일부 반정부 혹은 반체제, 또 정부에 대해 비판하는 사람이 있다고 해서, 오늘내일 쓰러질 것도 아닌데 뭐 그렇게 겁을 내고 그러오?"라고 말했습니다. 하여튼 부산사태에 있어서, 제가 가보지 않아서 정확한 것은 모르겠지만, 김재규 피고인은 상당히 위험한 상태로 파악하고 있는 것이 사실이었습니다.

검찰관 그때 피고인께서, "저놈이 각하의 판단을 흐려놓는 한 잘될 수 없습니다. 그 친구 한두 사람 얘기만 듣고 각하에게 쪼르르 달려가서 고자질하고 강경해서 야단이야"라고 맞받아서 얘기했다는데?

김계원 예, 그런 얘기 했습니다.

검찰관 그 당시, 현장 부근에 육군참모총장과 중정 제2차장보가 와 있다는 것은 어디서 들었습니까?

김계원 제일 처음에 사무실에서 그런 얘기를 하고, 식당 앞 한 50m 되는데 걸어서 왔습니다. 거기에 오니까 김재규 피고인이 본인한테 "오늘 갑자기 어쩐 일입니까?" 하고 물어요. "나도 모르겠소. 아까 4시 30분쯤 차 경호실장에게서 갑자기 전화를 받고, 오늘 삽교천 원거리 여행을 하고 오셨기 때문에 각하께서 일찍 퇴근하고 쉬실 줄 알았는데… 나도 모르겠소" 하니까 김재규 피고인이 "나도 갑자기 연락을 받아놔서, 육군총장도 저녁 초대를 해놨는데, 준비나 제대로 됐는지 모르겠다"며, 4~5m 앞에 서 있는 식당 관리인에게, "야, 준비가 잘됐냐?" 하고 물었습니다. 그래서 그때 육군총장을 초대했다는 사실을 알았습니다. 그때 제가 본 일은 없습니다.

검찰관 두 사람이 현장 본관 집무실에 오기로 되어 있다는 사실은 중정 식당 정원에서 들었습니까?

김계원 그런 것 같습니다. 오늘 각하 모시는 식사가 일찍 끝나면 가서 조인한다고 그때까지 둘이 식사하라고 했다는 얘기를 들었습니다.

검찰관 두 사람이 와서 식당 경계석에 이렇게 쭈그리고 앉아 있었죠?

김계원 네.

검찰관 요 정도 거리입니까? 현장검증 때 한 것은 그때 행동하고 다른 게 없지요?

김계원 예, 옆에 같이 앉았습니다.

검찰관 "그 친구 해치워버릴까" 이런 얘기를 했을 때 어떤 의미로 받아들였습니까?

김계원 재판장님, 검찰관님, 검찰 진술에서 드렸던 말은 이 자리에서 제가 하나도 부인하지도 않고 변명하지도 않으려고 했습니다만, 그러나 이건 역사에 남을 너무도 중요한 사건이었고 또 심판관님들께서 공정한 사리를, 각하께서 이룩하지 못한, 또 비운에 가신 각하의 서거에 마지막 페이지에 진실한 것을 기록되게 해주십사 하는 뜻에서, 검찰관 진술 시에 다소 차이가 나는 일도 이 자리에서 사실대로 말씀드리겠습니다.

검찰관님 기억하시겠습니다만, 신문 때 검찰관님께도 말씀드렸다고 기억이 납니다. 그러나 수사 과정에서 제가 진술한 것을 검찰 조서에 그대로 옮기셔도 좋습니다. 실은 제 기억에 남아 있는 한은, "오늘 저녁 제가 해치우겠습니다. 뒷일을 부탁한다" 이런 말 들은 일 없습니다. 다만, 아까도 말씀드렸지만, 과거의 관례로 봐서 "오늘 해치울까요? 어떻게 해치울까요?" 이런 얘기는 수없이 많이 있었습니다.

만일 그날 저녁 거기에서 차 경호실장을 김재규 피고인이 어떻게 해치운다는 감정으로 얘기했다면 본 피고인이 인지하지 못했을 리가 없습니다. 또 거기서 그런 문제가 얘기되었다면, 본인 신상에도 크게 문제가 되는 일이고, 제가 어떻게 해서든지 제지를 했을 것이고 김재규 피고인과 저와의 친분관계로 봐서도 "그게 될 말이냐. 각하 앞에서 그게 무슨 소리냐. 그런 소리 하지 마라" 내가 얼마든지 막을 수 있는 관계였습니다. 제가 수사 과정에서 김재규 피고인이…

검찰관 1차 수사 과정에서는 어떻게 됐는지 모르겠습니다. 그러나 검찰 수사 과정에서 피고인에 대해서 강요한다거나 협박한다든가, 이걸 보이지 않고 써넣는다거나 이러한 사실이 있었습니까?

김계원 아니, 제가 검찰관님께 그대로 써달라고 말씀드렸습니다.

검찰관 사실이라고 얘길 하셨죠?

김계원 네.

검찰관 또 어제도 김재규 피고인이 자기가 이미 살해를 결심했기 때문에 그 현장에서 "오늘 해치워버릴까" 한 것은 평소의 그런 어조가 아니고 상당히 강한 의지가 담겨 있었다고 얘기를 하고 있는데요.

김계원 그럴 리가 없습니다. 아시겠습니다만, 그 경계석이라는 것이 높이가 불과 10cm밖에 안 됩니다. 제가 그 얘길 듣고 끄덕였다고 공소장에도 되어 있고, 수사 과정에서 신문 시에도 육체적이나 정신적으로 협박을 받고 그런 말을 했다는 건 아닙니다. 제가 전혀 기억이 없는데 "김재규 피고인은 분명히 했다고 하는데 왜 못 들었다고 하느냐. 이것 때문에 수사가 진행이 안 된다"는 말을 듣고, 각하 서거하시고 이미 날짜가 4~5일 경과됐는데 "그 문제 뭐 대단하다고 그것 때문에 수사가 진척이 안 되어서야 되겠냐. 그럼 본인이 말했다면 말했던 걸로 하시오" 제가 처음에 그렇게 말했습니다.

검찰관 피고인께서 검찰관 앞에서 진술 시에는 "했으면 했다고 하시오"라고 한 것이 아니고, "오늘 해치워버릴까요"라는 말을 듣고 본인이 그냥 응낙했다고 했지, 언제 "본인이 그랬으면 그대로 해달라" 이런 식으로 얘기한 건 아니지 않습니까?

김계원 예. "수사 과정에서 제가 진술한 내용을 그대로 써줘도 좋겠습니다"라고 제가 말씀드렸습니다.

검찰관 그럼 앞의 말을 부인하면, "형님 뒷일을 부탁합니다"라는 얘기도 못 들은 걸로 되겠군요?

김계원 네, 제가 만일 그 얘기를 들었다면 뭘 부탁한다는 건지, "네가 차 실장을 살해하고 거기서 자살하겠다는 말이냐, 각하께 권총을 드리고 네가 뭘 어떻게 하겠단 말이냐?" 제가 반문이라도 했을 겁니다.

검찰관 "만약 거기서 응낙을 하지 않았으면 농담이요 하고 흘려버리고 나중에 죽여버렸을 것이다." 이게 공개법정에서 김재규 피고인이 한 얘기입니다. 그걸 어떻게 생각하십니까?

김계원 본인이 왜 그런 얘기를 했는지 모르겠습니다. 김재규 피고인과 본 피고인과의 관계로 보아서, 뒷일을 부탁한다든지 이런 얘기를 했으면 제가 뭘 부탁하는 건지 반드시 물었을 것이고 둘이 얼굴을 마주 보고 얘기한 것도 아닌데 제가 끄떡였다든가, 김재규 피고인이 한 말이 진실이 아니라고 생각됩니다.

검찰관 상대방 피고인이 계속 그런 얘기를 주장합니다. 자기 나름대로 혁명을 했다고 극구 미화를 하고 있고, 그런데 "내가 친한 사람을 왜 그런 데로 끌고 들어가겠느냐, 사실이 그렇다"고 검찰 이래 쭉 진술하고 있고, 어제도 이 법정에서 한 진술이 만약에 피고인이 응낙을 하지 않았을 경우, 농담이요 하고 웃어넘기고 나중에 각하까지 살해한 마당에 하나쯤 더 못 해치우겠느냐는 요지의 진술을 했는데, 그것도 전혀 거짓말이라고 생각하십니까?

김계원 전반적으로 제가 볼 때, 이번 사건이 김재규 피고인이 그날 저녁에 마당에서 나하고 얘기할 때부터 각하를 살해하겠다는 결심이 서 있었는지에 대해 저 자신 의심을 가집니다. 왜냐하면 만찬 식장에 들어가서 식사 전 30~40분간 주로 정치 얘기를 했는데, 그 당시 김재규 피고인의 입장이 대단히 어려운 데로 몰려갔습니다. 혹시 그때의 돌연적인 결심이 아니었나 생각합니다만, 그건 어디까지나 제 추리에 지나지 않습니다.

만일 자기가 결심이 서서 한 일이면 좀 더 구체적인 얘기가 저에게 있었을 것이고, 뒷일을 부탁한다면, 경호관들이 먼저 자기를 사살할까봐 그걸 막아달라는 얘기인지 혹은 자기가 그걸 할 때 경호관들의 처치를 어떻게 할 것인가 이런 뭔가 구체적인 얘기가 있었을 것이고, 제가 그날 일을 인지했달 것 같으면 반드시 어떻게 해달라는 말인지 그걸 물었을 겁니다. 그런데 저는 그런 걸 전혀 인지하지 못했습니다.

검찰관 김재규 피고인의 얘기는 "그전에 차지철을 극도로 미워하고 있는 것을 알고 있었기 때문에, 더 구체적인 얘기를 할 필요도 없이, 그 사람의 승낙을 얻으면 했다"고 하는데 어떻게 생각합니까?

"총격전이 일어나면 안 되죠"

김계원 그것도 김재규 피고인의 생각에 달렸겠습니다만, 차 경호실장에 대해서 그 사람의 성격에 불만스런 점은 있었지만, 개인적으로 그에게 감사하는 점도 있었습니다. 제가 어려운 문제에 부딪쳤을 때 차 실장이 대통령께 말씀을 드려서 저를 무척 이해해준 일도 있었습니다.

3주일 전에 일요일이었습니다만, 저의 아버님으로부터 전화가 와서 어머님께서 편찮아서 거의 의식불명인데, 각하를 모시느라 자주 올 수는 없으니까 오늘 잠시 한 시간이라도 와서 어머님 보고 갈 수 없겠는가. 일요일 11시경이었습니다. 이때 차 실장이 제 입장을 건의를 드려서 각하의 예비 헬리콥터를 내줘서 제가 시골집에 다녀온 적이 있습니다. 이런 고마움도 최근에 입고 있습니다. 이래서 제가 차 실장을 무조건 내 주위에서 없애버려야겠다고만 생각하고 있는 건 아닙니다. 그 자리는 누가 하든 성격상, 집무 수행상 그러한 성격의 사람이 아니면 안 된다는 것도 이해하고 있습니다.

검찰관 검찰 수사 당시에 진술하실 때, "뒷일을 부탁합니다" 그런 것을 어떤 의미로 받아들였느냐, 1차 수사 과정에서 드러난 것은 전부 계엄이 선포될 때까지를 얘기하는데, 그 말의 진술을 번복하셔서, 예를 들면 "각하 앞에서 어떻게 차지철을 죽이겠느냐?" 하니까, "죽이고 난 다음에는 김재규 피고인이 생명이 온전치 못할 것이다. 그러니까 그때 내가 각하한테 가서 건의를 드려서 생명만은 건져줘야겠다"는 의미로 받아들였다….

김계원 수사 과정에서, 만일 그 말을 본인이 들었다면 어떤 의미로 받아들이겠느냐는 질문이 있었습니다. 그래서 제가, 김재규 피고인이 만일 그런 의미로서 말했달 것 같으면, 왜 김재규 피고인이 차 실장을 이렇게 하지 않으면 안 되었는가를 제가 각하께 잘 말씀드려달라는 의미로 받아들일 수 있지 않겠는가, 이런 의미로 말씀드린 일이 있습니다.

검찰관 아무튼 그 당시에 그런 의미로 받아들였다 이 말이죠?

김계원 그 당시는 아닙니다.

검찰관 만약 현장에서, 차지철 경호실장이 그렇게 밉다고 하더라도, 우선 각하 살해에 대한 합의가 없었고 차 실장을 살해하면 반드시 그 총성에 의해서 경호관들이 달려들 것이고, 그렇게 되면 각하도 유탄에 맞아서 서거할 가능성도 있는 거죠?

김계원 그렇습니다.

검찰관 각하께서 서거하시면 사회에는 어떤 혼란이 벌어지겠습니까?

김계원 말할 수 없는 엄청난 혼란이 올 가능성이 충분합니다. 그 당시 우리 국내 정국을 보더라도, YH 사건 이후에 시골 가톨릭 농민회 문제, 도시산업선교회 문제, 여당과 야당의 정치적 대화가 되지 않아서 국회가 공전하고 있는 상태, 야당의 김영삼 의원이 제적된 문제, 신민당 국회의원 전원 사퇴 문제, 부산·마산지구에 계엄이 선포된 상태라서 국내는 물론이고, 국제적으로도 각하가 서거하시면 말할 수 없는 역경에 부딪치리라는 것은 충분히 예측되는 일입니다.

검찰관 각하께서 몇 시에 거기에 도착하셨습니까?

김계원 6시 5분 전후로 생각됩니다.

검찰관 만찬석 좌석 배치는 어땠습니까?

김계원 방에 들어가면 식탁 테이블이 옆으로 놓여 있고, 안쪽 중앙에 각하께서 앉으시고 문 입구에 본 피고인이 앉고 제 좌측에 김재규 피고인이 앉고 모퉁이 돌아가는 데에 차 경호실장이 앉았습니다.

검찰관 김재규 피고인과 피고인의 좌석 사이의 거리는 어느 정도 떨어졌습니까? 한 20cm?

김계원 통상 김재규 피고인과 저 사이에는 크리스털로 된 물병이 놓여 있습니다.

검찰관 각하의 시신을 국군서울지구병원에 옮겨 놓고, 바로 그 옆인 보안사령부에도 알리지 않고 비밀로 한 이유가 무엇입니까?

김계원 운전하고 갔던 운전병이 각하 차 운전기사인 줄만 알고, "너는 떠나지 말고 각하를 모시고 있어"라고 말하고 제가 나왔습니다. 보안사령부가 옆에 있다는 걸 모르는 바는 아니었지만, 그 당시에는 거기에 알릴 마음의 여유가 없었습니다. 빨리 청와대에 돌아가서 총리, 비서관들을 불러 대책을 강구하겠다는 생각뿐이었습니다.

검찰관 병원에서 몇 분간 지체했습니까?

김계원 각하를 병원에 모셔다 놓고 10분 정도 지체한 것 같습니다.

검찰관 병원서 나와 청와대로 갈 때는 어떤 차편을 이용했습니까?

김계원 택시를 타고 갔습니다.

검찰관 지나가는 택시를 타고 가서 청와대 앞에 내려서, 마침 나오는 다른 차를 타고 다시 사무실로 들어갔죠?

김계원 그렇습니다.

검찰관 택시를 타고 들어간 이유가 있습니까?

김계원 각하 차 운전기사는 시신을 모시고 있고, 저는 차도 없고 시간은 급하고….

검찰관 그것도 보안유지 때문은 아니었나요?

김계원 아닙니다. 다른 차가 없었습니다.

검찰관 청와대에 도착 시간은?

김계원 8시 5분에서 10분 사이입니다.

검찰관 청와대에 도착하자마자 어떤 조치를 취했습니까?

김계원 청와대 본관에는 일과 시간 외에는 비서실장 방은 문이 잠겨 있습니다. 본관 경비원 경호관실이 있습니다. 그 경호관실에는 항상 여러 경호관들이 대기하고 있기 때문에, 그 경호관들에게 말해서 빨리 수석비서관 전원과 총리, 국방장관, 육군참모총장, 내무·법무장관 빨리 오도록 하라고 지시했습니다.

검찰관 맨 먼저 들어온 사람이 경호실 차장이었죠? 얘기를 구체적으로 나눈 사람이? 우선 대통령 수석비서관 전부 들어오고, 경호실 차장, 이재전 장군이 다 들어왔는데 거기에서 각하 서거 사실을 알리지 않았죠? 다른 사람들한테는?

김계원 각하 신상에 중대한 일이 있다고 말했습니다.

검찰관 서거 사실은 알리지 않았죠?

김계원 그러나 제가 한 말을 이 사람들은 다 각하께서 서거하신 것으로 받아들였습니다. '각하 서거'라는 표현은 안 썼습니다.

검찰관 이재전 경호실 차장에게는 어떻게 얘기했나요?

김계원 "각하께서 신상에 중대한 문제가 일어났고, 차지철 경호실장은 지금 부대를 지휘할 수 없는 상태에 있으니까 지금부터 이 차장이 경호실을 장악해서 경계를 강화하고 국가 존망의 중대한 위기에 처해 있으니까 경거망동한 행동이 없도록 부하 단속을 잘 하시오"라고 말하니까 이재전 차장이 "경호실 부대가 출동할 필요가 없냐?"고 해서 지금 출동할 필요는 없다고 했습니다.

검찰관 경호실 차장의 조서에 나와 있는 걸 보면, "이 장군 잘 왔소" 하면서 "각하께서 큰일을 당하셔서 내가 지금 분원에 모셔다 드리고 오는 길이오" 하니까 "도대체 어떻게 된 겁니까. 정확한 내용을 알아야 조치를 하지 않습니까?" 또 이어서 "우리 실장 어디 있습니까?" 이렇게 얘기했을 때 대통령이 서거하셨다고 했으니, 그때 이미 절명하신 걸 알고 온 때죠. 그 직후죠? "내용은 차차 알고, 경호실장 하고도 연락이 안 될 테니까 이 장군이 실장 대리로 경호실을 지휘하시오. 또 경계 강화하고” 또 병력 출동이 필요하냐고 물었을 때 “필요 없다”고 하셨죠?

김계원 네.

검찰관 거기 대해 이의 없습니까?

김계원 없습니다.

재판장 본 군법회의를 20분간 휴정 후 속개하겠습니다.

"어떻게 각하까지 그렇게 했어?"

사건 당일 밤 연회가 시작되기 전 박 대통령이 도착하기를 기다리면서 김재규 부장은 김계원 실장에게 "오늘 해치워버릴 테니 뒷일을 부탁한다"고 말했다고 진술했다. 그러나 김 실장은 이 말을 들은 기억이 없다고 부인했다. 김 부장은 또 육본 벙커에서 김 실장과 통화할 때 "큰 영애가 아버지가 어디 계시냐고 물어서 다른 데 계신다고 답변했다. 그런데 다시 물으면 어떻게 하느냐"고 했다고 진술했다. 그는 이 말을 듣고 김 실장이 보안을 유지하라는 자신의 부탁을 잘 이행하고 있는 것으로 알고 안심했다고 말하기도 했다. 그러나 김계원 피고인은 이런 전화통화를 한 일이 없다고 잡아뗐다. 그의 진술 중에는 대질신문 등을 통해 검증해야 할 부분이 많았다.

재판장 본 군법회의를 속개하겠습니다.

검찰관 먼저 이재전 경호실 차장에게 한 얘기까지 신문을 마쳤습니다. 김재규 피고인이 쏜 총에 맞아서 대통령 서거를 이미 알았습니다. 그때 김재규 피고인을 빨리 체포케 한다든가 해서 혼란으로 연결되는 것을 사전에 방지해야 하지 않겠습니까? 구체적으로 어떤 조치를 취했습니까?

김계원 그 조치를 하기 위해서 총리와 필요하다고 생각되는 장관들을 청와대로 불렀습니다.

검찰관 그렇게 한다면 김재규 피고인이 범인이라는 것을 빨리 알려야 하지 않겠습니까? 그것을 알리지 않고 어떻게 체포를 한다는 말씀인지?

김계원 총리께서 오셨기 때문에, 상대가 중정부장입니다. 경찰이 체포할 수도 없고….

검찰관 제일 처음에 병력 출동을, 경호실 차장이 청와대 병력만으로도 충분히 체포할 수 있지 않겠느냐….

김계원 그 질문의 요지를 알겠습니다. 저는 그것이 불가능하다고 판단했습니다. 저녁 9시 반 가까이 되었는데, 지금 김재규 피고인이 어떠한 상황에서 중정이라는 방대한 조직을 가지고 어디서 어떤 상태로 무엇을 하는지 모르는데, 그 캄캄한데 경호실의 병력만 나가서 어디 가서 뭘 한다는 것은 도리어 혼란만 가져오고, 시내에서 군경 상호 간에 무력충돌만 일으켜서 수습 불가능한 상태를 초래하지 않을까 우려되어서 병력 출동을 말렸습니다.

검찰관 그러면 적어도 중정이 무력 조직이 아니지 않습니까. 경호실 병력에 대항할 형편이 전혀 안 됩니다. 두 번째, 그렇지 않다고 해도 다른 사람에게 은밀히 연락을 해서, 자기가 신변에 위협을 느꼈다면, 다른 사람을 시켜서 군에 연락을 해서 의중을 타진해 본다든가 하는 조치는 충분히 가능하지 않았을까요?

김계원 그것을 위해서 총리를 빨리 모시도록 한 것이고, 중정부장인 김재규 피고인을 체포해야 한다면, 시중에 그것이 나가면, 자연히 그것에 따라서 각하 서거가 발표되어야 할 것이고, 국민들이 그걸 다 알고 나면 아무런 준비도 없는데 갑자기 그런 문제에 부딪쳤을 때 국내적으로 일어날 혼란 문제 또 국제적으로 일어날 여러 가지 문제를 고려해서, 이것은 신중히 해야지 혼자 경솔히 해서는 안 될 문제라고 생각됐었습니다.

검찰관 오히려 그런 문제로 해서 김재규 피고인에게 시간적 여유만 더 준 게 아니냐….

김계원 그로 인해서 시간적 여유가 주어졌다고는 생각되지 않습니다.

검찰관 그럼 그때, 김재규 피고인이 군부도 완전히 장악했다고 생각했습니까?

김계원 그렇게는 안 됐습니다. 총리 오신 직후, 9시경 김재규 피고인으로부터 육본에 있다는 전화를 받고, 참모총장께 무엇이든 구실을 붙여서 설득하고 있으리라고는 생각은 했습니다.

검찰관 국무총리에게도 허위보고를 했죠?

김계원 허위보고가 아닙니다. 그 당시에는 사실입니다.

검찰관 "차지철 실장과 김재규 피고인이 언쟁 끝에 총격전을 하다가 그만…" 하고 말을 잇지 못하고 울다가, "그때 불이 꺼졌습니다. 그래서 불 켜라고 소리를 지르고, 불이 들어와, 차지철이 쓰러져 있고 그 위에 각하가 쓰러져 계셨습니다" 이렇게만 얘기했다고 진술했는데, 역시 마찬가지입니까?

김계원 총리께는 김재규 피고인과 차지철 경호실장이 싸움하는데, 김재규 피고인이 쏜 총에 맞아서 서거하셨다고 보고드렸습니다.

검찰관 그때 내무·법무장관이 또 피고인한테 물어봤죠? "치안본부에 비상하달을 해야 하니, 무엇이 어떻게 되었는지 내용을 좀 알려 주시오" 했을 때 구체적 내용을 회피했죠?

김계원 회피했습니다. 그 직전에 총리께서 오셨기 때문에, 총리께 "이재전 장군이 나한테 건의했는데 제가 병력 출동하지 말라고 했습니다. 그 이유는 만일 이 밤중에 시내에서 사안이 불명한 가운데서 아군 상호 간에 총격전이 발생하면 수습하기 어려운 문제이기 때문에 일단 출동을 금했습니다" 하니까, 총리께서도 "그런 총격전이 일어나면 안 되죠"라고 말씀하셨습니다. 그 보고를 드리고 그 후에 "이것은 각하 서거를 발표할 때는 계엄을 선포하든지 해서 군이 빨리 국내 요소요소를 다 장악하고 국내에서 일어날 불안요소를 제거해놓고, 각하 서거를 발표해야겠습니다" 이런 것을 총리께 보고드렸고, "그때까지는 보안이 유지되어야겠습니다"라고 했더니 총리께서도 동의하셨습니다.

검찰관 우선 김재규 피고인이 범인이라고 판단될 때, 또 틀림없이 그렇게 생각을 했고, 그 사람을 체포하고 사태를 제압할 수 있는 관계 장관은 일단은 내무장관과 경호실 차장이라고 생각하지 않았나요? 그런데 차장한테는 차지철 경호실장이 죽었다는 얘기도 안 했죠?

김계원 부대를 지휘할 수 없는 상태라고 했습니다.

검찰관 구체적으로 죽었다는 말은 안 했죠?

김계원 죽었다고 하지는 않았습니다.

검찰관 내무장관이 그렇게 얘기를 했을 때, 그 얘기는 안 하고, "각하께서 다쳤습니다. 간신배 한 놈 때문에 일이 일어났습니다" 이렇게 애매하게만 답변했는데 그 이유는 무엇입니까?

김계원 김재규 피고인이 범인이라는 것은 저와 총리 둘만 알고 그 외에는 체포할 수 있는 여건이 구비될 때까지는 이것이 밖에 누설될 경우 도리어 문제가 확대되고 체포에 어려움이 생기겠다고 생각해서 제가 말을 안 했습니다.

검찰관 총리께도 김재규 피고인이 범인이라고 말하지 않았죠?

김계원 김재규 피고인이 과실로 인해서 그랬든, 처음부터 그런 범행을 의식적으로 했든 김재규 총에 각하께서 서거하셨다는 것은 총리께서 아셨습니다.

검찰관 그 당시에 보안유지를 해달라고 해서 전부 그렇게 한 겁니까?

김계원 그거하고는 다릅니다. 김재규 피고인이 나갈 때 얘기한 것은 그 후에 생각난 것이지, 그때는 김재규 피고가 한 말이 하나도 기억에 없었습니다. 제 독단으로 생각한 것입니다.

검찰관 어떻게 중요한 부분만 기억이 안 나십니까?

김계원 아니, 그걸 기억해서 한 것은 아닙니다.

검찰관 당일 21시경에 육본 벙커에 가 있는 피고인 김재규와 전화통화를 한 사실 있죠? 처음 1차로 전화할 때, 어떤 얘기를 주고받았나요?

김계원 "제가 육참총장과 같이 있는데, 국방장관도 청와대로 온다고 그랬습니다" 그러기에, 내가 "국방장관도 이리로 오라고 그랬으니까, 김 부장은 육참총장과 같이 청와대로 같이 오시오"라고 말했습니다.

검찰관 애초에 "이리 오시오" 하니까, "그쪽에서 이리 오시오" 이렇게 얘기하고, "근혜 양이 아버지가 어디 계시냐고 묻는데 딴데 계신다고 얘기를 했다. 그다음에 또 물으면 어떻게 하지?"라고 전화를 했다고 하는데요?

김계원 그런 사실 없습니다. 근혜, 큰 영애에게 보고한 일도 없고, 그 밤중에 큰 영애가 저에게 문의한 일도 없습니다.

검찰관 그럼 어느 얘기가 진실입니까? 그저께 바로 이 공판정에서 김재규 피고인이 한 얘기입니다.

김계원 그런 얘기한 적이 없습니다. 제가 큰 영애와 얘기한 일이 없습니다. 그 이튿날 아침 2시경까지는 큰 영애하고 얘기한 일이 없습니다.

검찰관 그래서 물어보니까, 그때서야 비로소 '아직까지 보안을 지키고 있구나' 하고 김재규 피고인는 안심했다고, 이런 요지의 진술이 그저께 공판에서 있었습니다. 2차 전화 내용은 뭡니까?

김계원 1차 때 내용하고 대동소이합니다. 다만, 총리도 여기 와 계신다니까, 또 김재규 피고인이 "국방장관이 도착했다"고 그랬습니다. 그래서 "육참총장, 국방장관과 함께 이리 오시오" 했더니, "청와대 못 갑니다. 총리를 모시고 실장께서 이리 오세요" 해서 제가 "알겠소" 하고 전화를 끊었습니다.

검찰관 1차에 이리 와라, 못 간다, 이리 와라, 이런 식으로 해서 전화가 자꾸 오니까 마지막으로 실장께서 이리 오시오 하고 자기가 강경한 어조로 명령조의 얘기를 했다. 그때 상대방은 멈칫하는 것 같았다. 그러나 실장께서라는 존칭은 붙였다 하는 것이 그저께 진술 요지입니다. 그 얘기가 맞습니까?

김계원 아닙니다. 김재규 피고인의 전화는 두 번 다 조용조용한 투였습니다. 틀림없이 '전화하는 것을 누가 옆에서 들을까봐 조용조용히 하는가보다'라고 느꼈습니다. 다시 말하면 '육참총장이나 국방장관이 옆에 있으니까 그분들이 들을까봐 못 듣게 조용히 하나보다' 이런 감을 느꼈습니다.

검찰관 1차 검찰 앞에서의 진술은, 그때 강요한 것도 아닌데, "군부가 이제 김재규 피고인의 장악하에 들어갔나보다 하는 느낌이 들었다"고 했는데 그 이야기는 지금과 180도로 판이한 것이 아닙니까?

김계원 군부를 장악하려고 김재규 피고인이 지금 어떻게 하고 있지 않나 하고 느꼈습니다.

검찰관 국무총리와 관계 각료를 데리고 육본 벙커에 몇 시쯤 도착했습니까?

김계원 정확한 시간은 잘 모르지만, 9시 반이 조금 넘었을 것입니다.

검찰관 첫 번에 들어가니까 군 장성들이 분주히 움직이고 있었죠? 그걸 보고 어떤 생각이 들었습니까?

김계원 우선 깜짝 놀랐습니다. 평시인데 마치 훈련 때처럼 군 장교들이 전부 출동되어서 무슨 계획인가 하고 잠시 이야기를 들어보니까, 부대 출동 관계 여러 가지 준비를 하고 있었습니다. 그래서 이것이 어떻게 된 것인가 하고 전체 기색을 보니까, 각하 서거에 대해서 모두 내용을 깊이 모르고 있는 것 같았고 더구나 김재규 피고인이 범인이라는 것은 아무도 모르는 것 같았습니다.

군부를 장악했다고 생각해

검찰관 그 당시에 '군부를 완전히 장악했구나'라고 생각했다는 얘기는 왜 뺐습니까?

김계원 군부를 장악한 것으로 생각했다고 그랬나요?

검찰관 예. 검찰 진술조서에서는, 군 장성들이 움직이는 걸 보고….

김계원 아, 그건 처음에 들어가면서, 군인들이 의외로 많이 나와 있길래, 김재규 피고인이 사전에 뭔가 연락을 해서 한 게 아니냐 하고 깜짝 놀랐지만, 장병들의 표정을 보고 김재규 피고인이 범인이라는 것도 모르고 있는 것 같아서, 그제서야 아니라는 걸 알았습니다.

검찰관 제 앞에서의 진술에서는 분명히 그런 단서를 붙이지 않으셨지 않습니까? 장성들이 분주히 움직이는 걸 보고 '이제 김재규 피고인이 군부를 완전히 장악했구나' 하는 느낌이 들었다고 했지, 언제 그런 식으로 말씀하셨습니까?

김계원 검찰신문 때, 제가 말한 방법이 달랐는지는 모르겠습니다만, 이제 말씀드린 바와 같이, 처음에 총리를 모시고 들어갈 때는 육군총장실에 육군총장과 국방장관과 김재규 피고인하고 그 외에 누가 있다 하더라도 국방차관이나 육군참모차장이나 한두 명 더 있어서 상의하고 있는 정도가 아닐까 생각하고 갔는데 벙커에 가보니까, 전시나 혹은 훈련 시처럼 장병들이 많이 움직이고 있기 때문에, 이것이 김재규 피고인의 계획하에서 이루어진 것이 아닌가 해서 깜짝 놀랐습니다.

검찰관 육본 벙커에서 어떤 얘기가 오고 갔나요?

김계원 육본 벙커에 가니까, 국방장관과 장성들이 많이 있었습니다. 각군 총장도 몇 사람 와 있었습니다. 총리하고 모두 모시고 들어가니까 부대 출동 준비를 하고 있다고 육참총장이 총리께 보고하는 것 같았습니다. 그것이 끝나자 지금 상황을 어떻게 알고 있는지 알고 싶어서, 육참총장과 얘기를 하고 싶어서, 총장실 옆에 있는 참모총장 침실로 데려가려고 했더니 김재규 피고인이 저를 시종 주시하고 있다가 제가 육참총장하고 옆방으로 가니까 곧바로 따라왔습니다. 참모총장에게 지금 사태를 어떻게 파악하고 있는지 물어보지 못했습니다.

그러다가 김재규 피고인이 나한테 할 말이 있는 것같이 그 안으로 들어가자고 해서, 그 안이 화장실입니다. 그 화장실에 들어가서 제가 김재규 피고인을 만나자마자 각하를 어떻게 하려고 그랬느냐고 책망조로 얘기했죠. 그때는 제가 얘기를 하면 김재규 피고인이 잘못했다며 어떻게 했으면 좋겠냐고 할 줄 알았는데 의외로 김재규 피고인이 계엄을 빨리 해야겠고 뒤따라서 군사혁명을 일으켜야 된다. 혁명 간판을 달아야 된다. 이런 말이 뒤따라 나와서 이거 큰일이구나 하는 감이 들었습니다.

그 당시에 제가 바로 김재규 피고인을 체포한다든지 거기서 어떤 문제를 일으킬 수도 있겠습니다마는, 바로 옆에는 총리, 장관 여러분들과 같이 그 좁은 육참총장실에 모두 있고 그 벙커 안에, 제가 들어갈 때 봤습니다만, 상당한 인원이 중정에서 그 범행에 가담한 인원인지 경호 관계 인원인지는 모르겠으나, 상당한 인원이 김재규 경호를 위해 왔다 갔다 하는 것이 목격되었기 때문에 만일 거기에서 어떤 불상사가 일어난다면 문제가 더 커질 것 같아서 그냥 알았다는 듯이 대답은 안 했지만 그냥 밀고 나왔습니다. 그러자 국방장관이 여기는 방이 좁고 하니까 장관실로 올라가자고 해서 일행이 모두 국방장관실로 올라갔습니다.

검찰관 그때 김재규 피고인이 단둘이 화장실에 있을 때, 피고인의 품속에는 이기주로부터 빼앗은 실탄이 장전된 권총이 있었지요, 분명히? 거기에서 협박을 한다든가 할 수 있었지 않은가요?

김계원 좀 전에 말했듯이, 김재규 피고인을 내가 사살한다든지, 김재규 피고인이 반항해서 총성이 난다면, 바로 그 옆방에 있는 총리 이하 5~6명의 장관, 육군총장, 각군 참모총장 또 그 뒤에 김재규 피고인 일행이 있기 때문에 거기서 일어날 불상사를 염려해서 도저히 현장에서는 그렇게 체포할 수 없었습니다.

검찰관 그런 진술과 앞의 진술이, '군부가 장악된 것 같지 않았다' 이런 느낌이 드는 것은 서로 앞뒤가 모순되는 진술이 아닌가요?

김계원 모순되지 않습니다. 제가 벙커에 들어가면서 평소와 다른 군의 움직임을 보며 깜짝 놀랐고 조금 거기 있는 동안 공기를 보니까 육군 장병들이 각하 서거 사실 자체도 잘 모르는 것 같았고 더구나 김재규 피고인이 범인이라는 사실을 아무도 몰라서 제가 안심했습니다. 또 우리 군 장병들이 각하께 대한 충성심이 그렇게 적은 것은 아니라고 확신하고 있습니다. 아무리 뭐라 해도 김재규 피고인이 범인인 이상, 김재규 피고인이 무슨 말을 했건 그것을 따를 리가 없을 것입니다.

검찰관 그렇다면 쪽지를 쓴다든가 누구한테든, 청와대에 있는 다른 장관한테 얘기를 해서, 만약 이런 경우는 육참총장한테 얘기를 해서 김재규 피고인이 범인이라는 것을 알려서 체포케 해줘야 되지, 그런 것을 어떻게 납득하겠습니까?

김계원 상대가 중정부장입니다. 육참총장이나 치안본부장이나 어느 한 사람의 결심으로 잡는다는 것은, 지금이니까 쉽게 말을 하지만, 그 당시 같으면 어느 누구도 경솔히 손대지 못합니다. 상당히 신중해야 합니다. 그냥 다니는 범인과는 사정이 다릅니다. 적어도 우리나라의 상당한 권력을 갖고 있고 조직을 갖고 있고 또 각하의 신임을 가장 깊이 받고 있던 중요 요직에 있던 사람이기 때문에 어떤 한 사람의 결심 갖고는 체포가 그렇게 되질 않습니다.

검찰관 그렇기 때문에 결국 결과적으로 동조한 겁니까?

김계원 동조 안 했습니다. 기회를 포착하기 위해서 총리와 함께 육본에 간 겁니다.

검찰관 그런 얘기를 삼척동자라도 다 알지 않겠나요? 그러면 군부가 장악되었다는 것도 몰랐다. 또 나는 김재규 피고인 얘기도 경청하지 않았다. 또 자기가 체포할 수 있음에도 불구하고 거기의 진술은 자기가 총을 쏘면 바깥에서 다른 사람이 살해될 우려가 있어서 못했다. 어느 진술이 맞습니까?

김계원 제가 지금 말씀드린 건 사실대로 말한 것입니다.

검찰관 그저께 김재규 피고인의 진술은, 화장실에 들어가서 계엄을 선포해서 사태를 수습한 후 빠른 시일 내에 계엄사령부의 간판을 혁명위원회의 간판으로 바꿔야 된다고 이야기를 했을 때 피고인은 "알았소" 하고 확정적으로 동조하는 것 같더라고 진술했는데 그 이야기를 어떻게 받아들여야겠습니까?

김계원 거기서는 아무 얘기도 안 했습니다. 그냥 알았다는 태도를 취하면서 아무 말도 안 하고 밀고 나왔습니다.

검찰관 처음 거기 들어가니까, 피고인이 김재규 피고에게 "어떻게 각하까지 그렇게 했어?"라고 했죠?

김계원 "각하를 어떻게 하려고 그랬어?" 이랬죠.

검찰관 그저께 얘기는 분명히 "왜 각하까지 그랬어?"라고 했는데, 그러니까 "이제 그런 얘기는 그만둡시다"라고 얘기가 이어졌다는데, 그 얘기가 맞는지?

김계원 맞습니다.

검찰관 국무총리에게 "계엄을 선포해서 사태를 수습해야 합니다"라고 제일 처음 말한 사람이 누구입니까?

김계원 청와대에서 제가 했습니다.

검찰관 제일 먼저 했어요?

김계원 네.

검찰관 그때 화장실에서 그런 얘기를 할 때 다른 장관들은 다 국방부 장관실로 올라간 뒤였죠?

김계원 아닙니다. 같이 올라갔습니다.

검찰관 육군참모총장실에는 김정섭, 피고인, 김재규 피고인만 남아 있었죠? 계엄 얘기할 당시는?

김계원 모릅니다. 총장실이 과히 넓지 못하니까 많이는 못 들어와 있었습니다.

김재규를 체포하라

대통령을 살해한 범인에 대한 체포권은 우선 경찰이 가졌다고 보아야 하며 또 대통령 경호실도 임무 수행상 체포할 수 있다. 사실상 군은 민간인 신분인 중정부장을 체포할 권한과 책임이 없다.

그러나 중정부장 김재규를 대통령 살해범으로 체포한 것은 군 헌병과 보안부대였다. 그때는 계엄이 선포되기도 전이다. 법적인 근거를 가릴 것 없이 중정부장을 체포할 능력은 경찰이 아니라 군이 갖고 있다고 판단한 사람은 김계원 실장이었다. 그는 내무장관과 경호실 차장(이재전 중장)도 있었으나 이들을 제쳐두고 국방부 장관과 육참총장에게 김재규 부장의 체포를 주문했다. 그것은 이미 법치질서가 깨지고 물리적 힘이 통치수단으로 등장했다는 표시였다.

검찰관 국방장관실에서는 어떤 얘기가 오고 갔죠?

김계원 주로 계엄 선포를 해야겠는데, 계엄 사유를 뭘로 해야 하는가. 그리고 미군이나 유엔군에게 이것을 어떻게 이해시키느냐. 이 두 가지 문제가 초점이다는….

검찰관 그때 국무총리께서 "우선 그렇게 하려면, 계엄 사유를 최소한 국무위원들은 알아야 할 것 아니냐" 하면서 강력하게 사유를 알려달라고 한 적이 있죠?

김계원 총리께서 "계엄을 하려면 사유를 명백히 해야 하는데, 각하 서거로 하느냐, 유고로 하느냐 혹 그 외의 무슨 사유를 할 수 있겠지?" 이런 말씀을 하시면서 저희들 의견을 물었습니다.

검찰관 그 당시에는 국무총리께서 그 사유를 뭐라고 하느냐고 물어보니까, 김재규 피고인은 "국내 치안 상태가 좋지 않아서 그렇게 한다고 하면 되지 않느냐" 하니까, 지금 "부산·마산사태도 진정이 되었고, 국내 치안도 조용한데 어떻게 그런 걸 이유로 하느냐" 이런 얘기를 분명히 했죠?

김계원 그것은 그 후의 일입니다. 말씀 순서가 이렇습니다. 처음에 총리께서 쭉 말씀을 하시고 장관들도 그때 소집이 시작되었기 때문에 장관들이 오가고 불규칙적인 상태에 있었습니다. 그때 국무총리께서 사유를 무엇으로 하느냐고 해서, "각하 서거로 하면 계엄 선포와 함께 각하 서거를 발표해야 하는데, 계엄부대가 아직 중요 위치 점령을 하기 전이라서 곤란하지 않겠느냐?" "그럼, 뭘로 한다? 유고로 한다?" 이것도 총리께서 하신 말씀입니다. "유고로 하더라도 최소한 국무위원들한테는 내용을 설명해야 하는 것 아니냐, 다른 것 뭘로 한다?" 이런 의견이 왔다 갔다 하다가, 서거로 바로 해서는 계엄군부대의 주둔과 시간적으로 맞지 않기 때문에 서거는 지금 당장에는 곤란하다는 얘기가 나왔습니다.

본 피고인이 "유고로 하면 어떻겠습니까?" 하니까, 4시간이면 계엄부대가 주둔할 수 있으니까 유고로 해서 부대가 중요한 요소를 점령할 때-제가 처음에 내일 아침 27일 0시를 말씀드렸습니다-"부대가 주둔 완료될 상태가 되면 각하 서거를 발표하는 것이 어떻겠습니까?" 하고 제가 말씀드렸습니다. 그때 김재규 피고인이 "유고도 안 됩니다. 이건 국내 치안 상태 불량으로 해야 합니다" 하고 강력하게 주장했습니다. 그래서 총리께서 "그거야 얘기가 안 되지 않소? 부산·마산지구 계엄이 선포됐는데도 지금 평온한 상태에 있고, 서울에 지금 대학교 데모 난 것도 아닌데, 어떻게 지금 국내 치안이 불량하다고 할 수 있습니까?" 이런 얘기가 나왔습니다.

검찰관 그 당시, 유고라는 말은 피고인의 기지로 처음으로 만든 얘기라고 분명히 하셨죠?

김계원 유고라는 얘기는 총리께서 하신 말씀입니다. 나는 그런 말을 몰랐습니다.

검찰관 애초에 제 앞에서 그 얘기를 하지 않았습니까? 유고라고 하는 것이 이 사태를 해결하는 데 가장 무난하다고 생각해서….

(계속 "거짓말 아닙니까. 전부 거짓말입니다." "이거 오리발 내밀고 있지 않습니까" 하는 귀엣말이 희미하게 들리고 있음)

김계원 총리께서 "서거로 하느냐. 유고로 하면 어떻겠느냐. 그 밖에 또 뭐가 좋은가?" 이런 말씀이 계셔서 제가 유고가 괜찮겠다고 했습니다.

검찰관 그때 "유고가 괜찮을 것 같아서 제 머리에서 짜낸 것이다"라고 그날 분명히, 제 귀가 만약에 막히지 않았다면 틀림없이 그렇게 들었는데요?

김계원 그날 유고라는 말은 총리께서 하신 말씀입니다.

검찰관 그래서 김재규 피고인이 "유고도 안 됩니다. 국내 치안이 좋지 않아서 계엄령을 선포하는 것으로 해야 합니다"라고 반대하고 나섰죠? 그러니까 총리께서 국내에 데모 난 것도 아니고 계엄 선포된 부산도 조용한데 그런 이유도 댈 수 없으니-먼저 유고 얘기를 했고요.-"유고를 어떻게 국민에게 알리지 않을 수 있습니까? 계속 보안유지하는 것도 어려우며 우선 당장은 국무위원들이 납득하지 못할 것입니다" 하고 반대를 했죠? 그러니까 그때 김재규 피고인이 "소련은 1주일 이상이나 브레즈네프의 행적을 발표하지 않았었는데, 2~3일간 보안유지도 안 됩니까?" 이렇게 얘기한 건가요?

김계원 네.

검찰관 그래서 국무회의가 국방장관실에서 이루어진 것이 아니고, 그 옆에 있는 국방부 회의실에서 별도로 열리고 있었죠? 그때 장관들이 상당히 그 안에서는 강경히 반대하는 입장이 있었죠?

김계원 아닙니다. 그때까지는 국무위원들이 집합이 안 되고 있었습니다. 집합 중에 있었습니다.

검찰관 이미 와 있는 분들 말입니다.

김계원 몇 분이 와 있었는지 그건 모르겠습니다. 왜냐하면 저는 총리를 모시고 국방장관실에 있었기 때문에, 다른 장관들이 국방부에 도착하면 장관실에 와서 총리께 인사드리고 어떤 분은 총리가 앉아 계시는 회의 탁자에 잠시 앉았다가 일어나시는 분도 있고 어떤 분은 총리께 왔다는 보고만 드리고 그대로 회의실로 가는 분도 있고 해서 회의실에 국무위원들이 얼마나 집합되었는지 저는 모릅니다.

검찰관 그때 "유고로 하는 게 좋겠다. 27일 0시부로 대통령 유고로 인하여 계엄 선포를 하는 것이 어떻겠습니까"라고 했는데 유고라고 주장한 데에 어떤 이유라도 있었나요?

김계원 계엄부대가 서울에 도착할 때까지만 유고로 해두고, 국민들에게 서거를 발표할 때는 부대가 도착해 있어야 한다는 신념으로 그렇게 한 것입니다.

검찰관 그때 국방부 장관과 육참총장에게 김재규 피고인이 범인이라는 사실을 밀고한 것은 언제인가요?

김계원 그런 얘기를 주고받고 하다가 도중에 기회가 있어서 밖에 나가서 얘기를 했습니다.

검찰관 어디서 얘기했나요?

김계원 국방장관 부속실 옆에 붙은 조그만 방-무슨 방인지 잘 모르겠는데-창고는 아닌데 전속부관실도 아니고 구석진 방입니다.

검찰관 그때 뭐라고 했나요?

김계원 육군참모총장과 국방장관을 조용히 불러달라고 했더니 두 분이 왔습니다. "김재규 피고인이 각하 살해 범인이다. 김재규 피고인은 지금 무기를 휴대하고 있으니까 여기서 체포를 서툴게 해서 소란을 피우면 문제가 커지니까 군인 몇을 불러서 조용히 무슨 일이 있는 것 같이 김재규 피고인을 불러내서 사고 안 나게 체포하도록 잘 조치를 하십시오"라고 말했습니다.

검찰관 군부가 가담되지 않았다는 사실을 언제 알았습니까?

김계원 육본의 전체 공기를 보고 자신을 가졌습니다.

검찰관 그 순간이 언제부터인가요?

김계원 처음에 지하실 벙커에 들어가면서, 처음에는 육참총장, 국방장관, 김재규 피고인만 있을 줄 알았는데, 전 군인들이 동원되어서 전시 비슷한 훈련을 하고 있는 상태에 있었기 때문에, 어찌 된 일인가 하고 깜짝 놀랐습니다만, 전체 장병들의 얼굴을 보고 하니까 전혀 사실 내용을 모르고 있는 것 같고, 제가 볼 때도 특히 김재규 피고인이 범인이라는 사실은 아무도 모르고 있는 것 같아서 안심했습니다.

검찰관 화장실에서 권총도 뺏어서 가지고 있었고 또 군부가 가담하지 않은 것도 알고 하니까 그때라도 바로 권총을 들이대고 협박해서 체포를 할 수 있지 않았겠느냐….

김계원 만약 그때 협박하고 체포하려고 하면 최소한 김재규 피고인이 나한테 대항해서 대들었을 것입니다. 맞으면서라도 같이 맞쏘았을 겁니다. 만약 그리되면, 바로 옆에 있는 참모총장실에 총리라든가 장관이 여러분이 계셨는데 그때 어떤 불상사가 일어났을지는 단언할 수 없습니다.

검찰관 그래서 거기서… 해도 된다고 그래서 체포가 된 겁니까?

김계원 네.

검찰관 그럼, 전반적으로 그동안에….

김계원 그때도 그랬습니다. 지금 말씀드리겠습니다. 전혀 제가 단독으로 행동할 기회가 없었습니다. 김재규 피고인도 물론이고 김재규 피고인을 추종하는 몇 명이 항상 저를 감시하고 있는 것 같은 억압감을 느끼고 있었습니다. 김재규 피고인 자신도 총리를 모신 회의 탁자에도 저하고 딱 마주 앉아서 제 얼굴만 쳐다보고 있고, 이런 상태여서 기회를 얻지 못했습니다.

장관과 육군총장을 구석진 방에 불러서 그 얘기가 막 끝나자마자 김재규 피고인이 막 뛰어왔습니다. 그래서 그 즉시로 화제를 돌려서 "계엄부대 특식비 준비가 다 되었는가?" 이런 식으로 화제를 바꿔서 "계엄부대 출동 문제에 대해서, 특식비 문제에 대해서 얘기하고 있소." 육군총장에게 "빨리 조치하십시오." 이러고…. 육군총장은 총장실로 내려가고, 국방장관하고 저하고 김재규 피고인이 다시 장관실로 돌아왔습니다. 그만큼 제가 그럴 기회를 얻지를 못했습니다.

새로운 칼, 긴급조치 10호 논의

검찰관 긴급조치 10호를 김재규 피고인이 주장했다고 하는데, 그것은 언제 어디서 어떤 내용으로 들었습니까?

김계원 사건 나기 2주 전쯤, 열흘이 될지, 2주 전쯤 될 겁니다.

검찰관 첫 번째는 8월 초순경이죠? 아니 8월 중순경?

김계원 모르겠습니다. 한 번, 훈련 때문에 B-1 벙커에 가서….

검찰관 그건 8월 하순경이고, 그전에 8월 중순경에 청와대 안보회의 석상에서….

김계원 그럼 그 전이 되겠습니다. 청와대에서 언제 안보회의인가 무슨 회의할 때 김재규 피고인이 그런 발언한 것을 기억합니다.

검찰관 어떤 내용의 발언을 했나요?

김계원 긴급조치 9호는 햇수가 너무 오래됐고 범위가 너무 광범위하고 따라서 그대로 실행도 안 되기 때문에 긴급조치로서 위엄도 권위도 없어져서 실효를 거둘 수 없으니까 9호를 없애고 10호를 다시 제정해서 내용을 간추려서 필요한 분야는 좀 더 강화시키고 전체는 좁히고 해서, 칼로 말하면 9호는 녹이 슨 칼이니까 새로운 칼로 바꿔야된다는 건의였습니다.

검찰관 규제 대상의 범위는 어떻게 됩니까?

김계원 그 내용은 보지 못했습니다.

검찰관 그 당시에 얘기했을 때 말입니다.

김계원 종교 문제가 많이 대두되고 있었으니까 종교 문제도 관계있지 않았나 생각됩니다만, 그 당시에 내용 하나하나에 대해서 검토한 일은 없습니다.

검찰관 그때 나온 말만으로요, 내용은 검토하지 못했더라도….

김계원 종교 문제하고 정치 문제, 솔직히 말하면, 야당의 어떤 의원의 경우 신민당 지구당 개편대회 시에 긴급조치 9호에 해당되는 발언을 수십 번 한 사람이 있습니다. 그러나 이것이 너무나 횟수가 많고 수가 많다 보니까… 조처를 못 하고 있었어요. 이런 것은 긴급조치에서 없애버리고 그중에 아주 필요한 핵심만 간추리자는 얘기였습니다.

검찰관 B-1 벙커에서는 어떤 얘기가 있었습니까?

김계원 거기에 대한 김재규 피고인의 보충적인 설명과 강조였다고 생각됩니다.

검찰관 "긴급조치 9호는 날이 무디어졌으니까 10호라는 시퍼런 칼을 주십시오." 그렇게 했을 때 대통령 각하가 뭐라고 했습니까?

김계원 각하께서는 아무 말씀 없으시고, 그 후에 특별보좌관을 시켜서 검토하신 결과, "그것은 필요 없다"고 하셨습니다. 제 생각에는 각하께서 긴급조치 9호 자체에 대해서도 '어느 적당한 시기에 가면 해제해버려야 되지 않겠는가' 이런 생각을 갖고 계신 걸로 생각됩니다. 긴급조치 10호에 대해서 각하께서는 시종 반대하셨습니다.

검찰관 여기에 붙어 있는 진술서는 피고인이 직접 작성한 것이 아닙니까? 10호 발동 경위에 대해서 쓴 것 말입니다.

김계원 어떤 걸 말씀하시는지 모르겠습니다.

검찰관 그때 얘기를 했을 때 "칼날을 주십시오" 하니까, 1차에는 "9호를 가지고 해보고 검토를 해라. 그래서 신직수 특보에게 연구 검토를 지시했다"고 했죠?

김계원 예.

검찰관 그래서 안 되니까, 육본 벙커에서 계속 건의했다고 그랬죠? 그게 무산이 되니까, 두 번째 B-1 벙커에 가서 긴급조치….

김계원 순서가 잘못됐을 겁니다. B-1 벙커에서 한 게 먼저일 겁니다.

검찰관 그게 먼저입니까?

김계원 그럴 겁니다. 그게 먼저고, 대통령께서 신직수 보좌관한테 검토를 시켜서 안 된다고 말씀하신 것은 이 사건 나기 1주일 전쯤 되지 않나 생각됩니다.

검찰관 그걸 건의하니까 "학원과 종교 세력을 등지고 정치를 어떻게 하느냐" 그런 얘기를 했다고 하는데요?

김계원 각하께서 말입니까? 각하께서 하신 말씀 전부 기억은 안 납니다만, 여하간 "현재 9호보다 더 강력한 것은 필요치 않다. 앞으로는 긴급조치보다도 되도록 법으로 위법행위에 대해서만 법으로 다스리도록 하고 영으로 하는 것은 되도록 줄이라"는 말씀이 계셨습니다.

검찰관 YH 사건의 근로자 강제 해산 건에 대해 아는 바가 있습니까?

김계원 예. 그때 들려오는 정보가 대단히 불순했고, 만일 그날 밤에 해산시키지 않았으면-그날 저녁까지 들려오는 정보에 의하면-10여 명이 집단자살한다는 정보가 상당히 믿을 만하게 들어왔습니다. 그래서 그날 밤에 해산을 강행한 것으로 알고 있습니다.

검찰관 그때 피고인은 고건 수석비서와 유혁인 수석비서와 협의 결과, "안전대책이 고려되지 않았다. 그러니까 오늘 강행하지 말라"고 지시하고 김재규 피고인한테도 연락한 바가 틀림없습니까?

김계원 내무부에서 오늘 밤에 강행하면 희생자가 날지 모른다는 보고가 고건 비서관을 통해서 왔습니다. 그래서 "절대 희생자가 나면 안 되니까 만반의 준비를 갖춰서 해산시키도록 하라"고 얘기했습니다. 그랬더니 조금 있다가 "정보부장이 오늘 강행하랍니다" 이렇게 치안본부에서 연락이 왔습니다. 그래서 제가 김재규에게 다시 전화로 확인했습니다. 절대 안전 문제를 고려해서 희생자가 나지 않도록 충분히 안전대책을 강구해서 해야 된다고 했더니, "그거 다 고려됐습니다. 그리고 오늘 안 하면 안 됩니다" 이런 얘기가 있었습니다.

검찰관 안전대책이 고려되지 않았다는 것을 알고도 그날 강행시킨 것은 피고인이 지시했습니까?

김계원 아닙니다. 안전대책이 다 되어 있었습니다.

검찰관 매트리스와 담요밖에 없었다고 하지 않았습니까?

김계원 그 안전대책이 뭘 어떻게 하는 건지 전 잘 모르겠습니다.

검찰관 뛰어내리는 것에 대비한 안전대책인데 그것이 완료되지 않았기 때문에, 치안본부장이 2차에 걸쳐서 김정섭 차장보를 통해서 "오늘 밤은 희생자가 많이 날 염려가 있으니 다음으로 연기해 주십시오. 그러면 안전대책을 완전히 고려하고 난 이후에 해산시키겠습니다"라고 했다는데, 그런 식의 얘기를 피고인도 김재규 피고인에게도 했다고 하는데….

김계원 그렇습니다.

검찰관 그런데 그날 밤에 강행시키라고 한 것은 누구입니까? 기억나시는 대로만 얘기하십시오.

김계원 마지막에는 김재규 부장이 하라고 그랬을 겁니다. 그날 저녁에 그것을 강행한다는 것은 그날 오후 무슨 회의에서 결정되었습니다. 회의에 누구누구가 모였었는지는 잘 모르겠습니다.

검찰관 그런데 일단 방침이 섰다가 나중에 안전대책 문제 때문에 연기되었죠?

김계원 "연기했으면 어떻겠느냐"고 말이 나왔지만, 연기되지는 않았습니다.

검찰관 김재규 피고인이 "대통령을 살해하려고 애초부터 작정했다. 목표는 대통령이다" 이렇게 동기를 얘기하고 있는데, 그 문제에 대해서 그동안 느끼고 본 관점에서 피고인의 생각을 얘기할 수 있습니까?

김계원 공소장에서 김재규 피고인이 4월인가 5월부터 각하를 살해하고 혁명을 일으켜서 자기가 대권을 탈취하겠다고 계획하고 있었다고 하는데, 본인이 지금 와서 그렇게 말하니까 사실이겠지요. 그러나 도저히 사건 당시까지 믿어지지 않고 생각지도 못한 일입니다. 왜냐하면 그 당시까지 김재규 피고인은 중정부장으로서 자기가 할 수 있는 한 누구보다도 성의껏 충성스레 이 정권을 위해서 일해왔던 중정부장입니다. 그런 생각을 그때부터 했다는 것을 저는 도저히 믿을 수가 없습니다.

검찰관 주로 어떤 동기에서 살해를 했다고 생각합니까? 여기는 공개법정이므로 검찰에서 한 얘기에 구애받을 필요 없습니다. 솔직한 얘기를 해주십시오.

김계원 저는 그 자리에서 저녁식사를 하다가 시초에 정치 문제가 화제로 되어서 본 피고인은 어떻게 해서든 다른 화제로 바꿔보려 애썼습니다. 심지어 그날 각하를 모시고 갔던 충청도 풍경 얘기도 해보고, 삽교천 웅대한 공사에 대한 얘기도 드려봤는데, 화제가 다른 데로 돌아갔다가도 다시 정치 문제로 돌아오고 했는데, 그러면 김재규 피고인이 어려운 위치로, 궁지로 몰리는 상태였습니다. 그때 그 사람이 이성을 잃은 격한 상태인데다 차지철 경호실장이 참을 수 없게 감정을 거스르고 하니까 이성 잃은 행동을 하게 된 것이 아닌가 생각됩니다. 그러나 지금 본인이 혁명이다 뭐다 하니까, 그건 잘 모르겠습니다.

검찰관 검찰신문은 이것으로 마치겠습니다.

재판장 10분 휴정 후에 변호인단의 반대신문으로 들어가겠습니다.

궁정동 안가 만찬 참석자의 행동 규칙

재판장 본 군법회의를 속개하겠습니다.

법무사 변호인 측은 반대신문 하십시오. 중복되지 않는 범위 내에서….

이병용 변호사 검찰관께서 장장 4시간 동안 직접신문을 해주셨고 본 변호인이 밝히고 싶은 것도 어느 면에서는 자세히 신문을 해주셨기 때문에, 김계원 피고인의 변호인 두 사람은 그렇게 길게는 하지 않겠습니다. 먼저 제가 양해를 구할 것이 있습니다. 저의 존경하는 대학의 선배이시고 제가 평소에 동문 선배, 실장님이라고 불러야 할 텐데, 당 심판부에서도 말씀이 있었고 법정용어는 경칭을 쓰지 않는 것이 상례이기 때문에 선배님이라고 부르지 못하고 피고인이라고 부르는 것을 양해해주시기 바랍니다.

먼저 아버님이 김길준 씨…?

김계원 맞습니다.

변호사 영주에서 할아버님부터 독실한 장로교 신자로 계셨다는데….

김계원 맞습니다.

변호사 따라서 학교도 배재고등보통학교, 연희전문학교로 기독교 학교로만 공부를 하셨는데….

김계원 맞습니다.

변호사 공소장에 보면 연희전문학교 2년 수료라고 되어 있는데, 2년을 다니다가 학도병으로 나가셨다가 다시 해방 뒤 1946년에 졸업한 것으로-공소장에 수료로 되어 있기 때문에 제가 일부러 가서 동문록을 다시 한번 찾아봤습니다. 1946년 102명 졸업하는 상과 졸업자 명단이 있는데-1946년 졸업하신 거죠?

김계원 네, 그렇습니다.

변호사 가족관계를 좀 묻겠습니다. 아버님은 79세, 어머님은 80세이시죠. 어머님은 현재 위독한 상태라고 하는데요?

김계원 네.

변호사 부인과 2남 1녀를 거느리시고 아래로 동생들이 셋 있고, 누이동생도 있고, 또 손자가 둘 있고, 말하자면, 제가 보기에는 그 어느 사람보다도 가족 환경은 복된 집안이라고 생각되는데, 본인도 그렇게 생각하시죠?

김계원 네.

변호사 육군참모총장으로 재임 시 고 박정희 대통령에게 건의해서 예비군 창설 기초작업을 수행하셨다는데 그렇습니까?

김계원 그렇습니다.

변호사 그것은 박 대통령에게 예비군 창설의 필요성을 강조하시고 해서 시작한 것이죠?

김계원 네.

변호사 이 사건이 나지 않았으면 27일 어머님을 뵈러 갈 계획이 있었다는데요?

김계원 26일 아침에 각하께서 지방순시를 나가시는데, 헬리콥터장에 나가시는데 제가 자동차로 배석하고 모시고 나갔습니다. 차 안에서 각하께서 "자당께서 편찮으시다고 하는데 지금 어떤 상태인가?" 물으시길래 노환이시니까 아직도 의식이 분명치 않은 상태로 계신다고 하니까 "내일이 토요일이니 내일 내려가서 자당 모시고 하룻밤 자고 일요일에 올라오시오. 내가 내일하고 모레는 찾지 않을 테니까" 이런 고마운 말씀이 있으셨습니다.

변호사 피고인은 노부모를 모시는 장남이기 때문에 병환에 계시는 어머님을 잘 모셔야 하는 아들의 효도의 길과 국가원수를 주야로 잘 보필해야 하는 충성의 길이랄까 이 갈림길에서 상당히 어려운 처지인데, 각하가 토요일, 일요일은 비서실장을 찾지 않을 테니 그때라도 가서 뵙고 오라는 말씀이 있어서, 이런 일이 없었다면 27일에 가서 어머니 뵐 계획으로 있었다는 말씀입니까?

김계원 네.

변호사 아까 26일 오후 4시 반경, 차지철 경호실장으로부터 "만찬에 참석하도록 하라, 전에 가 있어라" 하는 그런 연락을 받았을 때, 연락을 받은 것은 청와대 비서실장실에서 전화로 연락받으셨나요? 그 연락을 받을 때 최영희 의원이 피고인 사무실에 와 있었죠?

김계원 그렇습니다.

변호사 최 의원은 그 시간에 뭐 하러 왔나요? 피고에게 그날 저녁이나 같이 먹고 얘기나 나누자고 해서 왔다는데요?

김계원 그렇습니다. 다른 용무로 왔다가, 며칠 전에 최 의원이 저를 저녁 초대한 일이 있었습니다. 그날도 갑자기 각하께서 손님이 오셔서 청와대에서 식사를 하자고 하셔서, 오후 5시쯤 갑자기 최 의원에게 "오늘 참석 못 합니다" 하고 못 간 일이 있었습니다. 그래서 그날 최 의 원이 "오늘 저녁이 어떻겠느냐"고 해서 아직 모르겠다고, 5시까지 있어 봐야겠다고 하는 찰나에 전화가 왔습니다.

변호사 공식적인 만찬에는 비서실장이 거의 참석해야 하지만 이번 만찬은 공식적 만찬이라고 볼 수 없지요? 가령 외국 원수라든가 다른 장관의 회식은 공식이지만, 이번만으로 각하 혼자 하시는 거니까 공식 만찬은 아니죠?

김계원 사사로운 만찬입니다.

변호사 그런 만찬에 비서실장이 꼭 참석합니까? 아니면 지시나 연락이 없을 때는 안 하기도 합니까?

김계원 이번 같은 공식 만찬이 아닌 경우에는 각하께서 지명하시지 않으면 대개는 참석 않습니다.

변호사 그전에도 각하가 궁정동 식당에 가실 때, 비서실장은 가실 때도 있고 안 갈 때도 있었겠군요?

김계원 그렇습니다.

변호사 이 본 건 사고가 난 그 장소에는 몇 번이나 모시고 간 일이 있습니까?

김계원 이번 사건까지 합해서 네 번으로 기억합니다.

변호사 피고인이 배석하지 않은 만찬도 더러 있는 것으로 알고 있습니까?

김계원 그렇습니다.

변호사 그런 때에도 경호실장은 여하한 경우에도 배석하지만 비서실장은 특별한 지시가 있을 때에만 참석하고, 그렇지 않으면 참석 않는다….

김계원 그렇습니다.

변호사 각하 도착 10~15분 전에 거기에 도착하셨다고 하셨죠?

김계원 네.

변호사 그 장소는 완전히 중정이 관장하는 곳이기 때문에 비서실장이라도 그 안에서는 내 집처럼 행동할 수는 없는 것 아닙니까?

김계원 내부 구조는 저도 잘 모르고, 정보부 사람이 안내해주기 전에는 제가 그 안에서 마음대로 갈 수도 없습니다. 제 수행원, 제 운전기사까지도 거기에는 들어가면 서약을 하고 지정된 장소 이외에는 마음대로 갈 수 없습니다. 저는 제 비서도 데리고 가지 못합니다. 만찬 장소에는 제 운전기사도 못 옵니다. 운전기사는 50m 떨어진, 육군총장이 와 있었다는 사무실, 거기까지만 옵니다.

변호사 그런 사람들조차도 거기 들어가서는 행동에 제약을 받는 곳이란 말이죠?

김계원 네.

운명의 술, 시바스 리갈

한국 사회에서 시바스 리갈이라는 양주가 유명해지고 널리 팔리기 시작한 데는 10·26 사건이 결정적으로 기여했다. 그것도 하나의 희화적인 시대상이었다. 그 당시 시바스 리갈은 생산지인 스코틀랜드에서도 웬만해서는 마시기 힘든 고급술이었다. 대통령 비서실장이 되기 전 중앙정보부장과 해외 주재 대사까지 지낸 김계원 피고인도 이 양주의 이름을 알지 못하고 있었다. 법정에서 반대신문을 하던 변호사도 "그날 술은 양주입니까? 시바스 뭐라고요?"라고 박 대통령이 마신 최후의 술에 대해 물었다. 이에 답변하는 김계원 피고인의 묘사가 더욱 희화적이다. "시바스 뭐라고… 노란 거, 통통한 병에…." 양주를 마셨다면 일반 국민 정서에 안 좋을 것 같아 일부러 모르는 체한 것인지는 알 수 없으나 상당히 고급 생활을 즐기는 이들도 시바스 리갈을 잘 알지 못했다. 그러나 그 후 이 양주는 웬만한 샐러리맨들의 연회에 흔히 등장하는 인기상품이 됐다.

이병용 변호사 거기 가서 정보부장 집무실에 들어가서 조금 있으니까 김재규 피고인이 나왔다는 거죠?

김계원 예.

변호사 거기서 조금 얘기하다가 식당 앞 경계석으로 가서 이야기했다….

김계원 네.

변호사 그전에 볼 때하고 그날의 김재규 피고인의 태도하고 다른 것이 있던가요?

김계원 별로 다른 것을 느끼지 못했습니다.

변호사 사람이 중대한 결심을 했다면 아무리 감추려 해도 표정이 굳어졌다든가 살기가 있다든가 할 수가 있는데, 과거의 표정하고 특별히 다르게 느껴진 점이 있었습니까?

김계원 전혀 없었습니다.

변호사 피고인은 아까 검찰관신문에서 뒷일을 부탁한다는 그런 말 들은 일 없다. 내가 왜 자세한 것을 안 물었겠느냐고 말씀하시는 데, 김재규 피고인은 그런 말을 한 것처럼 얘기를 해요. 차지철을 해치워버리겠다는 얘기를 그전에도 입버릇처럼 했지만 그날 저녁 경계석에 앉아서는 그런 이야기를 들은 일이 없다 이거죠?

김계원 그날도, 전에 하던 식의 얘기는 있었으리라고 생각됩니다.

변호사 어디에서요?

김계원 경계석에 앉아서 차지철 실장에 대해 비난 얘기를 하면서 "그놈을 해치워버릴까요" 하는 식의 얘기는 과거의 입버릇과 같이 있었다는 말입니다.

변호사 오늘 저녁이란 말을 했던가요?

김계원 그전에도 오늘이란 말을 간혹 썼습니다만, 그날 특별히 그런 얘기가 있었는지는 기억에 없습니다.

변호사 뒷일을 부탁한다는 말도 들은 일 없죠?

김계원 없습니다.

변호사 피고인이, 처음에 권총을 들고 빵빵 소리가 나자 그와 동시에 옆방에서도 총소리가 수없이 났다. 그러자 피고인은 김재규 피고인을 밀고 밖으로 나가자 전깃불이 꺼졌다고 말씀하셨죠?

김계원 네.

변호사 그때, 김재규 피고인이 옆 팔로 툭 쳤다고 말하는데….

김계원 쳤다고 말했다던데, 저는 의식하지 못했습니다.

변호사 피고인이 그 순간에 들은 말이, "차지철 이놈아." 차지철 실장은 "김 부장 왜 이래? 왜 이…" 각하는 "거 무슨 짓들이야?" 이 세 마디가 거의 동시에 튀어나왔다는데요?

김계원 네, 그렇습니다.

변호사 세 분의 이런 외마디 소리가 거의 연속적으로 나오면서 총소리가 두 번 팡팡 나자 바로 옆방에서도 총소리가 수없이 났다는 말이죠.

김계원 그렇습니다.

변호사 그때 피고인은 일어나서 김재규 피고인을 "무슨 짓이야!" 하면서 떠다밀었다는 거죠? 그런데 몇 초 후에 전깃불이 나갔습니까?

김계원 제가 김재규 피고인에게 손을 대는 순간이 아니었나 생각됩니다.

변호사 "불 켜라, 불 켜라" 하면서 스위치를 찾았다는 거죠? 네 번밖에 안 갔다니까, 방에 스위치가 어디에 있는지 몰랐죠?

김계원 전혀 몰랐습니다.

변호사 불이 꺼졌다가 다시 불이 들어오기까지의 시간은 얼마나 됩니까?

김계원 15초 전후 아닌가 생각됩니다.

변호사 불이 꺼져 있는 순간에도 총소리가 들린 것으로 이야기가 나온 것 같던데요?

김계원 옆방에서 나는 총소리가 불 꺼진 후에도 몇 발이 연속된 것으로 생각됩니다.

변호사 불이 꺼져 있던 15초 동안 피고인은 벽을 더듬고 있었구면요?

김계원 네.

변호사 김재규 피고인이 재차 들어오는 것을 피고인은 보지 못했습니까?

김계원 네.

변호사 출입구는 피고인이 서 있는 데하고 비슷할 텐데…. 그러니까 그때 당시로 봐서는 상황이 깜깜한 데서 불 켤 일에만 정신을 쓰고 있어서 사람 들어오는 것을 느끼지 못한 건가요?

김계원 그렇습니다.

변호사 그날 만찬에서 술을 들었는데 술은 무슨 술이었습니까? 양주입니까? 시바스 뭐라고요?

김계원 시바스 뭐라고… 노란 거, 통통한 병에….

변호사 그날 술은 주로 각하와 대작을 한 사람은 피고인이었습니까?

김계원 그렇습니다.

변호사 차 실장이나 김재규 피고인은 주량이 별로….

김계원 별로 술은 못 합니다.

변호사 피고인은 기독교 집안에서 컸지만 직책상 술을 들게 되고, 또 각하 혼자 들게 할 수 없으니까 누구 한 사람 대작을 해야 할 테니까 그래서 그날 양주의 양은 각하와 피고인이 주로 마셨다는 얘기죠?

김계원 그렇습니다.

변호사 술이 취해서 갑자기 예상 밖의 사태가 벌어졌기 때문에 그때 당시의 상황을 검찰관신문에서 "이렇지 않느냐, 저렇지 않느냐?" 하면, 결국 피고인으로서는 그런가, 이런가 할 수도 있는 거 아닙니까? 오히려 사람의 기억이란 것은 정확한 것처럼 꾸미는 것이 오히려 부자연스러운 것입니다. 어떻습니까?

검찰관 재판장님, 저거는 완전히 유도신문이라고 생각되기 때문에 저런 신문은 제지해주시기 바랍니다.

변호사 아니죠. 그때 당시의 피고인의 의식 상태가 어느 정도인가를 묻고 있는 것입니다. 물론 정신이 말짱할 때와 술이 취했을 때 당하는 것은 인식의 차이가 있습니다. 그것을 묻고 있는 것입니다.

김계원 말씀드리겠습니다. 저는 기억을 더듬어봤습니다만, 확실히 술이 조금 취한 것 같습니다. 이 사건과 아무런 관계가 없는 것입니다만, 총격 사건이 언제 났던가, 그날 저녁에 차지철 경호실장이 노래를 불렀는데 평소에 잘 부르는 노래가 있었는데 그걸 안 부르고 다른 노래를 불러서 제가 각하께 "차 실장이 저런 다른 노래를 부를 줄 아는구먼요"라고 말했고, 그 노래가 아주 귀에 익은 노래였는데 그 기억이 며칠 전에도 나질 않았습니다. 후에 알고 보니까 〈도라지〉였는데 그게 기억이 안 났던 것을 보면 술에 취해서 그날 있었던 일이 며칠 후에 기억이 나지 않고 이런 일이 있었습니다.

변호사 술도 많이 들었고, 동시에 경악할 상태에 처했기 때문에, 〈도라지〉라는 노래의 곡목조차도 기억이 안 날 정도였다는 얘기군요. "나는 한다면 합니다. 보안을 부탁합니다"라고 말하고 뛰쳐나갔다고 했는데, 그때 "알았소"라고 대답했다고 아까 말씀하셨는데….

김계원 네.

변호사 그 "알았소"라는 말은 김재규 피고인을 어떻게 감싸기 위해서 '네가 말한 대로 해주겠다'는 대답인가요, 아니면 이런 돌발 사태를 어떻게 수습할 것인가, 슬기롭게 수습한다는 뜻에서 한 말인가요? 어느 쪽입니까?

김계원 김재규 피고인이 손에 권총을 들고 살기가 등등한 태도였기 때문에 빨리 그 장소를 모면해야겠다는 의미에서 '김재규 빨리 나가버려라' 하는 뜻으로 한 것입니다.

변호사 손에 총을 들고 있는 사람과 이러니저러니 해서는 현명한 일이 못 되기 때문에 면전에서 빨리 나가주기를 바라서 한 말이다…. 이기주가 권총을 들고 있으면서 "차지철 실장이 아직 안 죽었습니다" 할 때에 총을 뺏은 것은 피고인이 그 총을 꼭 써야 할 필요가 있어서 뺏은 것이 아니라 각하 앞에서 총을 들고 있는 법이 어디 있느냐 해서 뺏은 거지요?

김계원 그렇습니다.

변호사 재차 김재규 피고인이 들어와서 확인사살할 때에 피고인은 못 봤다는 거죠?

김계원 못 봤어요. 순서가 반대입니다.

검찰관 재판장님, 변호인 질문에서 미리 답변을 제시하는 것은 분명히 유도신문이라고 생각됩니다. 객관적 사실만 묻게 해주시기 바랍니다.

변호사 지금 사실을 묻고 있습니다. 사실 아닌 것은 묻지 않았습니다. 검찰관께서 하도 그렇게 말씀을 하시니까, 저도 이론의 얘기를 하겠습니다. 검찰관의 유도신문은 변호인이 반대할 수 있지만, 검찰관의 신문이 끝난 뒤의 변호사의 반대신문은 유도신문이 훨씬 허용되는 것으로 알고 있습니다.

귀관과 저의 논쟁은 별도로 하시기로 하고 신문을 하겠습니다. 아까 각하의 두부에 총 맞은 것은 몰랐다고 하셨는데, 병원에 갈 때까지도 머리에 총 맞은 것은 몰랐다고 하셨는데, 그랬죠?

김계원 네.

변호사 그것은 후에 알고 보니까 어째서 그랬습니까?

김계원 자동차에서 제가 각하를 모시고 갔는데, 각하 안면이…. 후에 알고 보니까, 김재규 피고인이 머리 후두부를 향해서 쏜 총탄이 각하 머리를 관통하지 않았습니다. 그래서 안면에는 파열되었다든지 하는 상처가 없었습니다.

변호사 그러니까 후에 밝혀진 일이지만, 뒤에서 맞아서 총탄이 밖으로 안 나가고 속에 그대로 있었기 때문에 안고 있을 때 얼굴에는 피가 안 보여서 두부에 맞은 것을 몰랐다….

김계원 네….

변호사 병원에서 보안조치를 하는 것은 마치 김재규 피고인을 감싸는 것같이 공소장에서는 그렇게 되어 있는데, 그 병원에는 각하가 평소에도 1주일에 한 번 가시기 때문에 군의관들은 각하를 보면 각하를 금방 알 것이기 때문에 누구라는 것을 굳이 얘기하지 않았다는 얘기죠?

김계원 그렇습니다.

변호사 그것이 특별히 누구를 감추기 위해서 그런 것은 아니다…. 그리고 출입을 금지하라고 한 것은 왜 그랬습니까?

김계원 각하 서거를 정부에서 모든 조치가 강구될 때까지는 일반 국민에게 새나가면 안 되겠기에 기밀을 유지하도록 했습니다. 출입을 금지시키토록 했습니다.

변호사 정부 조치 이전에 국민이 각하 서거를 알아서는 민심에 큰 영향이 갈 것이므로, 외부인의 출입을 금지시켰다….

김계원 네.

서로 맞죽게 될지 알 수 없어

변호사 아까 검찰관신문에서 총도 가지고 있으니 즉각 중정부장을 체포하는 노력을 왜 안 했느냐고 자꾸 주장하시는데, 중정부장의 체포도 중요하지만 그보다 앞서 해야 할 중요한 문제가 있는 거 아닙니까?

김계원 제가 거기서 체포를 시도했을 경우, 체포가 됐을지 난투가 되고 서로 맞죽게 될지 알 수 없었습니다. 아무튼 그때에는 그보다도 사태 수습이 더 중요했다고 생각되고, 중정부장이 거기에 있는 것이니까, 시간만 나면 체포는 언제든지 가능하고 체포는 그다지 어려운 문제라고 생각지 않았습니다.

변호사 그 당시 피고의 위치에서는 김재규 피고인 체포도 중요하지만 그보다 앞서야 할 것은 이런 돌발적인 중대 사태를 어떻게 처리할 것인가 하는 정치적 고려가 앞선 거 아닙니까?

김계원 예, 그렇습니다.

변호사 그래서 최초로 총리께 사태를 보고한 것이 몇 시경입니까?

김계원 8시 40~50분경 총리가 청와대에 도착했을 때입니다.

변호사 그때 말하자면, 단도직입적으로 김재규 부장이 각하를 쏘았다고 말하지 않고, 김재규 피고인과 차 실장이 싸우다가 잘못해서 각하가 서거했다고 보고했다는 거죠? 그러나 범인이 김재규라는 것, 피해자가 각하라는 것, 그 결과가 대통령 서거라는 것, 이 세 가지는 되는데. 다만 그것이 김재규 피고인이 고의적으로 사살했다는 용어를 안 썼을 뿐이지 내용은 그대로 전달이 됐는데. 그것이 허위보고냐 아니냐 하는 것이 문제인데…. 그날 8시 45분 그 무렵까지 피고인이 느끼고 있는 것은, 김재규 부장이 처음부터 계획적으로 각하를 사살한 것으로 생각한 것입니까, 아니면 욱하는 마음으로 잘못되어서 사살해서 서거한 것으로 아셨습니까?

김계원 육본에 가서 김재규 피고인을 만나서 혁명 운운하는 얘기가 나올 때까지는, 그 이전까지는 김재규 피고인이 의식적으로 고의적으로 각하를 살해했다고는 생각지 않았습니다. 그래서 당연히 총리께 보고는 제가 여러 가지 말씀드리는 가운데 그 보고를 드렸습니다만, 허위보고를 드린다는 생각으로 보고드리지는 않았습니다.

변호사 당시 상황까지의 피고인이 인식하고 있는 한에서 보고를 한 것이지 총리를 속이려고 한 것은 아니다, 이 말씀이죠? 그리고 육본 벙커에서 김재규 피고인하고 전화로 서로 자기네 있는 쪽으로 오라, 청와대로 오라, 그랬다고 하는데 김재규 피고인이 청와대에 못 갈 테니까 총리 모시고 이리 오시오, 그랬죠? 그러면 김재규 피고인이 청와대 못 간다고 한 이유를 뭘로 해석했습니까?

김계원 김재규 피고인은 청와대에 오면 경호원들에게 사살 또는 체포될까봐 무서워서 못 오는 줄 알았습니다.

변호사 그러니까, 사살될 것이 두려워서 못 오는 걸로 판단했다….

김계원 제가 총리께도 그렇게 보고를 드렸습니다.

변호사 그러니까 총리께서 벙커로 갑시다 하고 모시고 갔다….

김계원 네.

변호사 '유고'라는 용어가 처음에 나온 것은 총리의 말에서 나온 것으로 되어 있는데 그렇습니까?

김계원 그렇습니다.

변호사 총리께서 계엄을 선포하기는 해야겠는데, 사유를 각하 서거로 할 것인가, 유고로 할 것인가, 또는 치안이나 긴급사태로 할 것인가, 이 세 가지를 놓고 여러 사람에게 물었다. 이 말이죠?

김계원 총리께서 서거로 하느냐 유고로 하느냐, 그 외에 무슨 적절한 사유가 있지. 이런 식으로 말씀하셨습니다.

변호사 그랬을 때 피고인이 서거로 하면 미처 계엄군이 장악하기 전에 국민이 동요할까 무서우니 유고라고 해놓고 장악한 뒤에 진실을 밝히자는 뜻에서 유고로 하자고 했다는 거죠?

김계원 그렇습니다.

변호사 검찰관신문에서는 안 나왔는데, 국무회의에 가서 계엄 선포 사유의 설명을 비서실장이 하는 것이 좋겠다는 총리의 말씀이 있었다는 거죠?

김계원 그렇습니다.

변호사 그때에 피고는 그렇게 하겠다고 했습니까, 못 하겠다고 했습니까?

김계원 총리께서 "비서실장이나 정보부장이나 둘이 국무회의에 들어가서 계엄 선포 사유를 설명해줄 수 있겠소"라는 말씀이 계셔서 제가 못 들어간다고 했습니다. 비서실장은 국무위원이 아니라 들어갈 수 없고 제가 못 들어간다고 했더니 김재규 피고인은 들어가서 자기가 설명하겠다고 했습니다. 그래서 중정부장도 들어가면 안 된다고 제가 그랬습니다.

변호사 원칙적으로 국무회의에는 국무위원들만 들어가는 것이다. 따라서 비서실장이나 중정부장도 들어가서는 안 되겠다고 생각해서 그 사유는 총리께서 직접 하시는 것이 좋겠다고 말씀하셨다지요?

김계원 그렇게 말은 안 했지만, 우리가 안 들어가면 그 사유를 알고 계신 분은 총리뿐이니까, 총리가 하실 것으로 생각했습니다.

변호사 그러니까 피고가 국무위원이 아닌데도 국무회의에 들어가서 사유 설명을 하게 되면 자연히 국무위원 아닌 중정부장도 들어가면 일이 좋지 않겠다고 생각해서 중정부장이 안 들어가게 하기 위해서 피고인도 국무위원이 아니라는 이유로 안 들어갔다. 이 말씀이군요.

김계원 예, 그렇습니다.

변호사 그래서 결국 김재규를 체포케 하는데. 피고인이 빨리 안 한 것 가지고 책망이 나오는데, 김재규 피고인이나 그 외에 그를 추종하는 중정의 몇 사람이 피고인을 둘러싸고 있었기 때문에 그 진실을 빨리 알리는 데에 여러 가지 지장을 받아서 조금 주춤주춤댔다 그거구먼요.

김계원 그렇습니다.

변호사 결국 김재규 피고인이 정식으로 체포되는 과정은 피고인이 국방장관과 참모총장에게 귀띔해줘서 이뤄진 것이군요?

김계원 그렇습니다.

변호사 몇 분 후에 이루어졌나요?

김계원 한 20여 분 경과되었습니다.

변호사 그리고 그 당시에는 그냥 그 말만 한 것이 아니라 무장하고 있고 여러 사람이 있으니까 좀 날쌘 사람이 하라는 것까지 말하고 있는데, 김재규 피고인이 쑥 들어오니까 안 되겠다고 생각해서 동원 부대 급식비는 준비가 되었느냐는 말로 화제를 돌렸다는 거죠?

김계원 네.

변호사 김재규 피고인이 어떻습니까? 평소에 자기가 이런 유신정치체제에 대해서 불만을 가진 것처럼 말하는 것을 들은 적이 있나요? 본 사건 전에….

김계원 체제에 대한 불만은 별로 들은 바가 없습니다. 다만, 자기의 정보 판단이라든지 모든 것이 그대로 채택되지 않았을 때, 그걸 기초로 해서 그때그때 불만을 털어놓은 적은 있습니다만, 체제 자체에 대해서라든가 또 정부나 각하께서 해나가는 방침에서 적극적으로 선두에 서서 일하고 있었던 것이 사실입니다.

보안사 전두환 소장, 수사에 착수하다

이 사건에 대한 수사에 맨 먼저 착수한 것은 역시 보안사였다. 27일 비상계엄이 선포됐기 때문에 군이 전면에 나선 배경도 있지만 그만큼 보안사가 준비를 하고 있었다는 증거였다. 보안사는 사건 발생 후 3시간여 만에 외부 기관으로는 가장 빨리 박 대통령의 사망 사실을 알았다. 이 정보 확인 작전의 주역은 참모장 우국일 준장이었다(이 책 10장 '대통령의 죽음을 둘러싼 증언'에 상술).

보안사는 이같이 엄청난 사건이 터졌을 때 냉철하게 파고드는 자세를 보였다. 당시 국내에서 중앙정보부와 함께 가장 조직적인 위기관리 촉각을 가진 집단이 보안사였다는 증거이기도 했다. 중정은 이미 대통령 살해 집단으로 전락했으므로 보안사가 유일한 핵심 조직인 셈이다.

보안사령관 전두환 소장이 청와대에 가 김계원 비서실장으로부터 사건 개요를 청취한 것은 10·26 다음 날 오후 5시 반. 그는 수사관 2명을 대동했다. 평상시 같으면 보안사령관이 대통령 비서실장에게 범죄 사건을 설명해 달라고 청하는 것 자체가 생각하기 어려운 일이다. 그러나 대통령은 죽었고 계엄 아래서 보안사가 그 사건의 수사기관임을 전 소장은 잘 알고 있었다. 그의 권력에 대한 후각은 군인 차원을 훨씬 넘어선 골수 정치군인의 그것이었다. 5·16 직후 대위 때부터 박정희 최고회의 의장 아래서 최고회의 비서실과 중앙정보부 과장 등을 이미 거친 그는 정세 파악 후각이 남달랐다. 이런 상황이 12·12 군사반란 이후 그의 정권 장악과 결코 무관하지 않은 것이다.

이병용 변호사 본 건 후에 정식으로 구속되기 전에, 27일 청와대 비서실에서 사건 청취에 응한 일이 있습니까? 27일 몇 시부터 몇 시입니까?

김계원 오후 5시 반부터일 겁니다.

변호사 누구한테 청취시켰나요?

김계원 보안사령관이 사건 개요를 좀 알았으면 좋겠다고 해서 오라고 했습니다.

변호사 보안사령관이 누구인가요, 보안사령관이?

김계원 보안사령관이 수사관을 두 명 데리고 직접 왔습니다.

변호사 말하자면 참고인으로서 진술하신 거죠? 그것이 녹음되어 있나요?

김계원 그분들도 녹음했고 저도 처음 이야기하는 것이기 때문에 혹 참고가 될까 해서 그 당시의 상황을 기억나는 대로 이야기한 것이기 때문에 제 녹음기에도 녹음했습니다.

변호사 저도 들어봤습니다만 그중에 한두 가지는 기억이 잘못된 것도 있습니까?

김계원 있습니다.

변호사 어떤 것이 있나요? 자기 승용차로 청와대에 갔다고 되어 있는데….

김계원 그게 사흘 후에 기억이 났습니다. 병원에서 청와대로 갈 때 제 차가 와서 병원에서 기다리고 있어서 제 차를 타고 돌아간 것으로 알고 있었습니다. 나중에 알아보니까, 수사관 얘기가, 실장님이 병원에서 택시를 타고 청와대에 갔다는데 왜 자기 차를 타고 갔다고 하느냐고 하기에 그때 비로소 제가 택시를 타고 갔다는 기억이 났습니다. 그런 것이 몇 가지 있을 겁니다.

변호사 그것이 일반적인 경우라면, 자기 차를 탔느냐 택시를 탔느냐를 혼동할 정도라는 것은 있을 수 없는 경우인데, 술은 취하고 어마어마한 사태는 일어났고 그런 까닭에 내 차였던가 택시를 탔던가 하는 혼동이 와서 그 당시에는 잘못 진술했으나, 나머지를 그 당시 상황은-사건 난 지 얼마 안 되었으니까-가장 정확하게 말씀하신 건가요?

김계원 크게 틀린 것 이외에는 기억이 가장 생생할 때 진술한 것으로 봅니다.

김수룡 변호사 김계원 피고인의 변호사 김수룡입니다. 피고인은 지금 당 법정에서 말씀하신 것이 맞습니까, 검찰관 앞에서 진술하신 것이 맞습니까?

김계원 아까 검찰관께 죄송하다고 말씀드렸습니다만, 내용이 다른 것은 지금 이 법정에서 말하는 것이 사실입니다.

변호사 제가 11월 29일 처음 접견을 갔을 때, 피고인은 육군참모총장을 지내셨고 군법회의를 운영하셨던 분인데, "내가 지금 구차하게 '아니다', '기다'를 하면 생명에 연연해서 구차히 살려고 하는 수작이라고 보지 않겠느냐. 그러니까 모든 것을 검찰관이 이야기한 대로 법정에서도 시인을 하겠다" 이렇게 말씀하셨죠?

그래서 "나중에 재판 결과는 어떻게 되든 간에 이 역사적 진실은 법정에서 밝혀놓아야 된다. 그러니까 재판 결과에 대해서는 전혀 신경 쓰지 말고 모든 사실을 법정에서 진실하게 이야기하셔야 된다"고 말씀드렸죠? 그래서 피고인께서도 이것이 변명이 될까, 남의 빈축을 살까 망설이던 끝에 오늘 이 법정에서는 사실 그대로 진술하시는 겁니까?

김계원 그렇습니다.

변호사 처음에는 왜 사실대로 이야기하지 않았느냐고 물었을 때 "김재규 피고인은 이렇게 말했는데 실장님 때문에 수사가 자꾸 지연이 된다. 그러니까 대답을 해주시오" 하면서 자꾸 이야기를 해서, 혼자서 자꾸 부인하는 것 같고 해서, 김재규 피고인이 그렇게 말했다면 그렇게 쓰라고 대답하셨다는 거죠?

김계원 그렇습니다.

변호사 이제 이 법정에서 하시는 말씀은 조금도 거짓이 없습니까?

김계원 없습니다.

변호사 그럼 검찰관신문과 보충신문에서 빠진 부분 몇 가지 묻겠습니다. 대통령 비서실장으로 임명이 된 데에는 김재규 피고인의 노력이 가미된 사실이 있습니까?

김계원 전혀 없습니다.

변호사 조서 기재를 위해서, 신문사항 5항입니다. 피고인이 대통령 비서실장으로 임명된 후에 김재규 피고인과 단둘이서 별도로 회식을 하거나 별도로 특별히 만나서 서로 이야기한 사실이 있습니까?

김계원 각하를 모시기 위해서 궁정동 식당 앞에서 만난다든지 제 사무실에 김재규 피고인이 찾아와서 이야기한다든지 이런 일은 여러 번 있었지만 단둘이 회식한 일은 없습니다. 차지철 경호실장을 포함해서 셋이서 회식을 한 일은 몇 번 있습니다.

변호사 김재규 피고인과 간혹 이야기할 때 김재규 피고인이 각하를 비방하거나 각하를 살해할 눈치를 조금이라도 보인 적이 있습니까?

김계원 전혀 없었습니다.

변호사 차 실장에 대한 비방은 간혹 했죠?

김계원 그건 여러 번 있었습니다.

변호사 그 비방할 때에는 어떤 용어를 주로 썼습니까?

김계원 정치 문제에 너무 깊이 개입한다든지 태도가 오만불손하다든지 월권적인 행동을 많이 한다든지, 이런 점에 있어서 비방

했는데 어떤 때는 그놈을 처치하겠다는 등 격한 정도에 이를 때도 간혹 있었습니다.

변호사 감정이 격해졌을 때는 해치운다는 말을 상례적으로 쓰고 있었다는 말씀인가요?

김계원 네.

변호사 신문사항 생략하겠습니다. 14항, 각하와 궁정동 식당에서 만찬이 있다는 연락을 받고 피고인만 먼저 궁정동 식당으로 가셨는데, 왜 각하와 함께 가시지 않고 먼저 만찬석상으로 가셨습니까?

김계원 각하께서 공식행사 시에는 언제든지 비서실장이 각하 차에 배석합니다. 그러나 이런 비공식행사 시에는 경호실장이 모시는 것이 통례입니다.

변호사 17항, 궁정동 식당에 갈 때 비서도 같이 갔습니까?

김계원 운전기사만 같이 갔습니다.

변호사 그 외에 피고인의 심복이나 가까운 사람으로서 궁정동에 같이 간 사람이 있습니까?

김계원 없습니다.

변호사 권총은 휴대했나요?

김계원 무기는 아무것도 못 가져갑니다.

변호사 10항, 본관 집무실과 식당간 거리는 약 40~50m 된다고 그랬는데요. 두 건물은 같은 울타리 안에 있나요, 전혀 별개의 집인가요?

김계원 전혀 별개의 집입니다. 양 건물 사이에 집이 또 하나 있습니다. 사이를 왕래하려면 방에 뚫린 쪽문이 있어서 그리로 오고 갑니다.

변호사 본관 집무실이라는 곳이 바로 참모총장께서 유인됐다는 곳입니까?

김계원 그렇습니다. 일단은 그리로 다 와야 합니다.

변호사 외부에서 오시는 분은 피고인도 거기를 가야 하고 다른 사람들도 거기를 가야 나중에….

김계원 그렇습니다. 일단은 그리로 다 와야 합니다.

변호사 21항, 운전기사도 식당에는 같이 가지 않았겠네요?

김계원 운전기사는 제가 그 안의 어디에 가 있는지 모를 겁니다.

변호사 운전기사에게 총기를 휴대시키지는 않았습니까?

김계원 아닙니다.

변호사 차에 총기를 숨겨놓지는 않았나요?

김계원 비서실장 차에는 없습니다. 제 경호관들이 있지만, 제가 거기에 가기 때문에 경호관들은 청와대에 그대로 남아 있었습니다.

변호사 24항, 식당 앞 정원으로 가게 된 것은 각하께서 도착할 시간이 되어서 영접하기 위해서였습니까, 아니면 은밀하게 계획을 세우기 위한 것이었나요?

김계원 각하 도착을 맞이하기 위해서 갔습니다.

변호사 25항, 식당 앞 경계석 얘기가 많이 나오는데 그 크기가 얼마나 됩니까?

김계원 너비, 높이가 10cm 되는 화강암을 깎아 만든 돌로, 잔디밭과 일반 콘크리트 바닥하고의 차이를 둔 것을 말합니다.

변호사 제가 이런 것을 묻는 목적은, 이런 큰 거사를 그렇게 불편한 장소에 앉아서 이야기가 될 수 있을까 해서 묻습니다. 거기서는 몇 분간이나 이야기를 했습니까?

김계원 서서 이야기하다가 앉아서 이야기를 했는데, 앉아서 이야기한 것이 한 5~6분쯤….

변호사 약 5~6분 이야기하셨습니까? 그 이야기 내용에 대해서는 검찰관이 다 물었고, 이야기 내용 중 빠진 것을 제가 접견실에서 들은 것을 묻겠습니다. 김재규 피고인께서 차 실장에 대한 격한 말을 많이 해서, 그걸 듣고 "각하께 차지철 경호실장의 월권행위에 대해 전에도 말씀드린 바 있지만 다시 한번 더 말씀드리겠고, 내가 다른 사람을 통해서 말씀드리라고 해놓았으니까 잘 해결될 것이다"라고 하셨다는데, 그런 말씀 하셨나요?

김계원 네, 기억이 납니다.

변호사 그러니까 김재규 피고인이 그렇게 미지근한 방법을 써서는 안 된다. 그걸 일본말로 하셨다는데요….

김계원 "나마노리 방법 가지고는 안 됩니다." 그랬습니다.

변호사 피고인께서는 각하 성격도 그러니까, 적절한 기회를 보아 가지고 건의 드려야지, 오히려 잘못하다가는 역효과가 난다고 하셨다면서요?

김계원 예, 그렇습니다.

변호사 그런 이야기를 하고 있을 때 각하가 도착했나요?

김계원 예, 그렇습니다.

변호사 29항, 각하께 차지철 경호실장의 월권행위에 대해 피고인께서 말씀드린 사실은 있습니까?

경호실장의 정치 개입과 월권

대통령 박정희는 경호실장의 정치 관여를 허용했으며 다른 사람이 넌지시 문제를 제기하자 그것을 비호했다. 그는 경호실장을 기능적인 경호업무 책임자가 아니라 종합적으로 자신의 의중을 잘 헤아리는 분신이라고 생각했다. 1974년 8월 15일 광복절 기념행사 도중 대통령 부인 육영수 여사가 저격 당한 사건에 책임을 지고 박종규 경호실장이 물러나자 그는 차지철을 그 후임으로 불러들였다. 당시 차지철은 국회 외무통일 위원장까지 지낸 중진 정치인으로 사실상 경호실장 후보로는 초과 경력이었다.

그러나 대통령의 위상이 워낙 높다 보니 그 경호실장의 격도 법률과 제도상의 지위보다 높을 수밖에 없다는 생각들이 퍼져 있었다. 김계원 비서실장이 "정치 문제에 청와대에서 직접 손대는 것은 피하는 것이 좋겠다"고 건의하자 박 대통령은 "차 실장은 국회의원도 여러 번 했다"며 그를 비호했다.

김계원 과거에 한 번 정치 문제에 대해서 청와대에서 직접 손대는 것은 피하는 것이 좋겠다고 건의드린 일이 있습니다.

변호사 그러니까 각하께서는 뭐라고 대답했나요.

김계원 제가 차 실장이라는 것을 지적하지 않았지만, 각하께서는 바로 아시고 "차 실장은 국회의원도 여러 번 했고 정치 문제도 잘 알고 하니 과히 실수 없이 잘한다"고 말씀하셨습니다.

변호사 김재규 피고인에게 각하께 차 실장의 월권행위에 대해서 다른 사람을 시켜서 말씀드리라고 했다고 했는데, 그 부탁을 한 사람은 누구입니까?

김계원 그 이튿날 토요일, 부산사태에 대해서 저희 비서실 민정비서반에서 부산에 가서 직접 조사해온 보고가 있습니다. 그것을 박승규 민정수석비서관이 각하께 직접 보고드리도록 되어 있었기 때문에, 그 보고드릴 때 차 실장에 대한 일반 여론에 대한 정보보고를 함께 드리도록 부탁했습니다.

변호사 박승규 수석비서관에게는 언제 어디서 그런 말씀을 하셨습니까?

김계원 그날 아침, 제가 각하 모시고 삽교천 준공 행사장에 출발하기 전에 제 사무실에서 제가 지시했습니다.

변호사 그러니까 사고 당일인 10월 26일 오전에 피고인 사무실에서요. 30항, 피고인과 김재규 피고인이 정원석에서 이야기한 것이 검찰신문에서도 산발적으로 많이 나왔고 보충신문에서도 나왔는데, 그 5~6분 동안의 이야기는 어떤 특별한 명제를 갖고 한 것이 아니라 김재규 피고인에 대한 위로 이야기, 차 실장에 대한 이야기, 부산사태, 신민당 이야기 등 당시 사회적으로 화제가 된 이야기를 주고받은 데 지나지 않습니까?

김계원 그렇습니다.

변호사 거기에는 어떤 특별한 목적이 있었던 것이 아니고 기다리는 동안의 무료함을 달래기 위해서 하신 거지요? 어떤 특별한 목적이 있지 않았던 것은 틀림없지요?

김계원 목적이 없었습니다.

변호사 30-1항, 당시는 신민당 김영삼 총재가 법원의 가처분으로 집무 집행이 정지되어 있고, 또 신민당 의원들이 총사퇴를 하겠다고 일괄사표를 내놓고 있었고, 부산·마산 소요사태가 완전히 가시지 않은 때라서, 주로 일반인들도 모이면 그 관계 이야기가 오고 가던 때이지요?

김계원 네.

변호사 그렇지만 그것을 실행하는 데 차 실장을 죽여서 해결하리라고는 꿈에도 생각해본 일이 없죠?

김계원 상상도 못 한 일입니다.

변호사 32항, 김재규 피고인의 차 실장을 해치워버리겠다는 말을 몇 번 들었다 해도 사람은 누구나 화가 나면 죽여버리겠다는 말을 아무런 깊은 뜻도 없이 사용하는 경우가 많고, 이 경우에는 해치우겠다는 말을 김재규 피고인의 차 실장에 대한 평소의 입버릇에 비추어 볼 때, 그날도 홧김에 한 것으로 가볍게 넘어간 것이지요?

김계원 그렇습니다.

변호사 34항, 가령 해치워버린다는 말을 경계석에서 김재규 피고인께서 하는 말을 흘러가는 말로라도 들었다고 하고 그것이 정말 죽인다는 말로 받아들인다고 가정해도, 사람은 누구나 화가 나고 흥분하면 죽여버린다는 말을 깊은 뜻도 없이 잘 하므로 실제로 죽인다는 뜻으로 생각하지는 않았고, 가령 그렇더라도 그 죽이는 장소와 시기가 대통령 각하께서 계시는 만찬석상에서 일어나리라고는 생각할 수도 없었겠죠?

김계원 네.

변호사 확실하십니까?

김계원 예. 전혀 생각 못했습니다.

변호사 34-1항, 만약 김재규 피고인의 말이 정말로 죽인다는 의미로 받아들여졌다면 피고인은 그 죽이는 상대가 보통 사람이 아니고 날아가는 새도 잡을 수 있는 군대 최고 사격술과 대단한 무술을 가진 경호원들이 그림자처럼 따라다니는 경호실장이고 그 상대가 각하라는 것을 생각할 때 경호실장이 무기 휴대를 하고 있는가 여부, 경호관들의 도착 여부, 경호관들이 도착할 것은 틀림없기 때문에 경호관들의 처치 여부 그리고 그다음 어떻게 할 것인가가 반드시 의논이 되었겠죠?

김계원 제가 들었으면 그런 문제를 반드시 문의를 했을 것입니다.

변호사 그것은 삼척동자라도 생각할 수 있는 것인데, 그것을 의논도 없이 그냥 했을 리는 만무하시지요?

김계원 네.

법무사 김 변호사님, 중복되는 부분은 좀 생략하시지요.

변호사 아까 검찰관 직접신문에서 말씀이 분명치 않은 것이 있었습니다. 만약 김재규 피고인에게서 뒷일을 부탁한다는 말을 들었다면 어떻게 했겠느냐 하니까, 피고는 각하께 건의드려 사형을 면하게 해달라는 취지로 받아들이겠다고 대답한 것 같은데, 그것이 분명치가 않습니다. 조서에 어떻게 기재되었는지 몰라서 다시 한번 묻습니다. 뒷일을 부탁한다는 말을 들은 사실도 없지요?

김계원 없습니다.

변호사 그런 말을 들은 사실도 없기 때문에 그것을 상상해본 일도 없지요?

김계원 지난번 수사 과정에서, 수사관들이 "만일 그런 말을 들었다면 어떻게 받아들였겠느냐?" 하는 말을 듣고 그때 그런 말을 한 일이 있습니다. 그 당시에는 상상도 못했습니다.

변호사 그 당시에는 전혀 상상도 못했던 일이지요?

김계원 예.

변호사 검찰관 직접신문에서, "각하가 사망하면 혼란이 예상된다고 생각되지요" 하니까 그렇다고 대답하셨는데, 그 당시 경계석에서의 이야기나 각하 살해 당시나 그때는 전혀 생각지 않은 것이고, 지금 수사 과정에서 "만약 있다면 어떻게 하겠느냐"는 데 대한 대답이지요?

김계원 그렇습니다.

변호사 35항, 정원의 경계석에서 김재규 피고인과 대화 도중에 각하 살해할 언행이 조금이라도 보인 적 있었습니까?

김계원 전혀 없었습니다.

변호사 불만은 차지철 경호실장에 대한 것만 있었지, 대통령 각하에 대한 불만은 전혀 언급이 없었지요?

김계원 그렇습니다.

변호사 그 언급 중에 그런 말씀이 있었지요. "대통령 각하께서는 무슨 말을 하셔도 달게 받아들이겠는데, 차지철 경호실장이 그 자식이 지가 뭐길래 함부로 중간에 끼어들어가지고 이래라저래라 하느냐"는 말도 있었죠?

김계원 있었습니다

변호사 37항, 가정입니다. 김재규 피고인이 대통령이 된다면 피고에게 어떤 자리가 주어질 것이라고 약속이라도 되었습니까?

김계원 전혀 상상도 못 해봤고 그런 이야기 한 일도 없습니다.

변호사 30항, 피고인은 지금 대통령 자리 외에 당시의 직책인 대통령 비서실장보다 더 좋은 자리로 갈 데가 있다고 생각하십니까?

김계원 저는 대통령 비서실장이 제 관직의 마지막 자리라고 결심하고 있었습니다.

변호사 김재규 피고인은 피고인보다 연령도 아래이고 군에서도 하급자인 후배로 늘 지내오셨죠? 따라서 가령 비서실장 자리보다 더 좋은 자리가 주어진다 하더라도 박정희 대통령 밑에서 비서실장을 하겠습니까, 연령으로 보나 군대 경력으로 보나 모든 것이 아래인 김재규 피고인 밑에서 그 자리에 있는 것이 낫겠습니까?

김계원 그것은 상상도 못 할 일입니다.

비서실장의 반역?

변호사 41항, 그러면 아무런 이득도 없고 이것이 실패하면 죽음을 면치 못한다는 것을 삼척동자도 알 것이고, 가족까지 파멸하게 될 대역행위를 하자는데, 아무런 그것도 없이 승낙하고 동조하셨단 말씀입니까?

김계원 전혀 그런 일이 없습니다. 가령 김재규 피고인하고 동조해서 성공했다 하더라도 우리의 윤리 관념으로 봐서, 대통령을 모시고 있던 비서실장이 반역할 수는 없습니다. 그래 가지고는 이 나라에서 생명을 부지할 수 없습니다. 도저히 상상 못 할 일입니다.

변호사 그 이전에 달리 공모하거나 한 사실은 전혀 없습니까?

김계원 전혀 없습니다.

변호사 43-1항, 피고인은 평소 우리나라의 민주주의 회복을 위해서는 각하를 살해하지 않으면 안 되겠다고 생각해본 일이 있습니까?

김계원 없습니다.

변호사 그런 말을 김재규 피고인으로부터 들어본 일은 없습니까?

김계원 없습니다.

변호사 44항, 피고인은 김재규 피고인께 차지철 경호실장에 대한 불평을 듣고 앞서 말한 바와 같이 각하께 다시 한번 건의드리겠고 다른 사람을 시켜서 각하께 말씀드리라고 했으니 잘 해결될 것이다. 이렇게 말씀하셔가지고 차지철 경호실장 월권행위도 합법적으로 해결하려고 하셨지, 폭력이나 완력은 아예 생각도 안 해보셨단 말인가요?

김계원 물론 생각지 않았습니다. 각하 주변에서는 폭력과 완력으로 그런 문제를 해결해 갖고는 각하가 국가를 통솔하지 못합니다.

변호사 46항, 만약 각하 앞에서 김재규 피고인이 차지철 경호실장을 살해한다면 피고인에게 유리한 점이 있습니까?

김계원 하나도 없습니다.

변호사 47항, 만약 김재규 피고인이 차지철 경호실장을 죽일 것이라고 조금만 눈치챘더라면, 어떤 조치를 취할 수 있습니까?

김계원 취할 수 있지요. 쉽게 할 수 있습니다.

변호사 어떻게 할 수 있겠습니까?

김계원 김재규 피고인이 자리를 비웠을 때, 차 실장한테 아무 말도 하지 않고 "내 기분이 이상하니까, 오늘 경호관들 좀 긴장해서 있도록 하시오"라고 한마디만 하면, 김재규 피고인은 범행 못 저질렀을 것입니다.

변호사 48항, 피고인은 아침 출근할 때, 가족들에게 만약 돌아오지 못하면 어떻게 해라고 이야기한 사실이 있습니까?

김계원 그런 일 없습니다.

변호사 중간에라도, 경계석에서 김재규 피고인과 이야기가 끝난 후에 가족들에게 그런 연락을 하신 일은 없습니까?

김계원 없습니다. 각하 서거하신 후에 오늘 집에 못 돌아간다고 연락했을 겁니다.

변호사 만약 국가변란을 목적할 의사가 있었다면, 실패할 경우 사형을 당할 텐데 가족들에게 아무 이야기도 안 하셨단 말씀입니까?

김계원 저는 그런 계획을 한 일이 없습니다.

변호사 51항, 각하께서는 6시 정각쯤 도착하셨습니까?

김계원 4~5분 늦었다고 생각됩니다.

변호사 그때, 김재규 피고인과 대화 도중 각하가 오셨습니까?

김계원 그렇습니다.

변호사 국가반란을 하려는 큰 모의를 하려면 어떤 결론이 내려져야 할 텐데, 각하를 살해하고, 차지철 경호실장을 죽이겠다는 결론을 내린 부분이 있습니까? .

김계원 어떤 한 가지 목적의 대화가 아니었기 때문에 그날은 결론이란 것이 없었습니다.

변호사 전혀 결론 같은 것도 없었다….

김계원 그렇습니다.

변호사 53항, 각하와 저녁 만찬 때 누가 술을 제일 많이 드셨나요?

김계원 아마도 본 피고인이 제일 많이 든 걸로 생각됩니다.

변호사 그때 술은 모두 몇 병 준비되었습니까?

김계원 두 병 준비되었던 걸로 압니다.

변호사 평소에도 양주 시바스를 두 병씩 준비하나요.

김계원 네.

변호사 변호인으로서는 좀 부끄러운 말씀입니다만, 전혀 검증조서를 못 봐서 양주가 얼마 남아 있는가를 못 봤습니다. 그런데 그때 두 병 준비된 것은 틀림없고, 나머지는 다 마신 걸로 되겠군요?

김계원 그렇게 생각됩니다.

변호사 그러면 그 술은 주로 대통령 각하와 실장님께서 다 드셨나요?

김계원 각하와 본 피고인이 거의 비슷한 양을 들었을 것으로 생각됩니다.

변호사 차 실장은 얼마나 들었습니까?

김계원 거의 못 합니다.

변호사 김재규 피고인은?

김계원 김재규 피고인도 거의 들지 못했습니다.

변호사 만약 각하를 살해할 것이라든지 차지철 실장을 해치울 것이라는 것을 아셨다면, 긴장이 되셔서 피고인도 거의 술을 드실 수 없었겠죠?

김계원 전혀 못했겠죠.

변호사 56항, 그 술자리에서 정치 이야기가 나오고, 김재규 피고인이 우울한 표정을 지어서 피고인은 분위기를 유쾌하게 하기 위해서 화제를 다른 데로 돌리려고 삽교호 준공식 이야기를 했지요? "삽교호가 참 잘 됐습니다"라고 하셨죠?

김계원 그거하고 충청도 지방의 농촌 풍경이 아름답고 좋다고 말씀드렸습니다.

변호사 그런 이야기로 화제를 돌리려고 애를 썼는데, 각하께서도 삽교호가 참 잘 됐더라, 그리고 충청도 농촌 이야기가 나오고 반월공단 이야기가 나오다가 또 정치 이야기로 돌아가서 다시 김재규 피고인 이 난처한 입장이 되고 그랬나요?

김계원 그렇습니다.

변호사 그 분위기를 융화시켜볼 생각으로 피고인은 김재규 피고인에게도 양주를 권하셨지요? 그랬더니, 김재규 피고인은 술을 조금 마시고는 글라스에 양주를 스트레이트로 부어서 피고인에게 권했죠?

그래서 피고인은 자리의 분위기를 위해서 좀 과하지만 글라스의 양주를 다 마셨죠?

김계원 네.

변호사 만약 공모를 했다면, 그렇게 글라스로 양주를 마시면 완전히 핑 돌 텐데?

김계원 글라스라는 게 큰 잔이 아니라 작은 잔이었습니다.

변호사 57항, 그때 피고가 술을 많이 들고, 김재규 피고인에게 술을 권하고 화제를 정치 이야기에서 다른 데로 돌리시고, 각하께도 술을 많이 권하고 한 것은 각하를 살해하겠다는 음모를 노출시키지 않기 위해서 일부러 연극하신 건가요?

김계원 아닙니다. 전혀 그런 것은 생각도 안 했고 생각도 못했고, 다만 각하를 모처럼 모신 장소이기 때문에 잠시나마 그중 누구 하나라도 침울해 있으면 각하께 송구스러울 것 같아서 김재규 피고인의 침울한 표정을 누그러뜨리기 위해서 그랬던 것입니다.

변호사 58항, 피고인은 김재규 피고인이 만찬 도중 자리를 비우고 밖으로 나가는 것을 알았다고 했는데 그때마다 다 의식했습니까?

김계원 대개 그날은 세 번 정도 나간 것으로 알고 있었습니다. 과거에는 그걸 느끼지 못한 때도 물론 있습니다.

변호사 평소에도 중간에 나갈 때가 많이 있습니까?

김계원 흔히 있지만, 언제 나갔다가 언제 들어오는지 모를 때도 있고 그렇습니다.

변호사 그날은 "너무 급작히 오셔서 음식이 제대로 준비되었는지 모르겠다" 하고 정원석 앞에서 이야기하는 도중에 들었기 때문에 그것 때문에 나가는 줄 알았지 다른 특별한 의도는 전혀 생각지 못했습니까?

김계원 그렇습니다.

변호사 피고가 앉은 자리는 방 출입문을 등지고 각하를 마주 보고 앉은 상태이죠?

김계원 그렇습니다.

변호사 그리고 방문은 활짝 열려 있는 상태이고?

김계원 그렇습니다.

변호사 그래서 드나들 때 구태여 문을 여닫을 필요가 없죠?

김계원 그렇습니다.

변호사 방문을 활짝 열어놓은 것은 각하께서 앞의 양어장과 분수를 보시기 위해서 열어놓으라고 하신 거죠?

김계원 네, 문이 상당히 넓습니다.

변호사 그리고 복도는 모두 주단이 깔려 있어서 발걸음 소리가 전혀 안 들리죠?

김계원 네.

변호사 따라서 김재규 피고인이 나가는 것은 혹시 옆에 있으니까 알 수 있지만, 들어오는 것은 바로 옆에 앉지 않으면 잘 모르시죠?

김계원 잘 모릅니다.

변호사 아까 검찰관신문에서 김재규 피고인이 밖에서 들어와서 "각하 잘 모시시오"라는 말은 전혀 들은 바 없다고 하셨죠?

김계원 네.

변호사 당시 만찬 식탁의 길이가 1.5~2m, 폭이 1m 정도 됩니까?

김계원 그쯤 될 겁니다.

변호사 김재규 피고인이 앉은 자리는 차지철 경호실장이 앉은 바로 오른쪽이죠?

김계원 예.

변호사 피고인은 김재규 피고인의 왼쪽에 앉으셨죠?

김계원 오른쪽입니다.

변호사 그렇지, 오른쪽에 앉으셨죠? 피고인 쪽에서 보면 김재규 피고인의 왼쪽이 되고?

김계원 그렇습니다.

변호사 그리고 김재규 피고인과 차지철 경호실장 사이의 간격은 얼마나? 반 팔 간격 정도밖에 안 되죠?

김계원 네.

변호사 만약 손을 휘두르면 목 같은 데나 어디든지 다 맞을 거리죠?

김계원 네.

변호사 시야가 피고인이 앉은 자리는 각하를 바로 마주 보고 있고, 김재규 피고인이 뭘 하는지 보려면 일부러 돌아보아야 알 수 있는 위치죠?

김계원 그렇습니다.

변호사 차지철 경호실장은 김재규 피고인이 뭘 하는지 의식적으로 보지 않아도 잘 감시할 수 있는 위치죠?

김계원 그렇습니다. 시야에 들어가 있습니다.

변호사 피고인은 아까 검찰관신문에서 앉아서 쏜 것이 아니고 밖에서 들어오면서 쐈다고 진술하시고, 김재규 피고인은 앉아가지고 옆에서 이야기 좀 하다가 피고를 툭 치면서 "각하 잘 모시십시오" 하고 각하를 쳐다보고 "정치를 대국적으로 하십시오" 하면서, 차지철 경호실장에게는 "이 버러지 같은 자식아!" 하면서 쏘았다는 이야기입니다. 그런 기억이 있습니까?

김계원 전혀 그런 기억이 없습니다.

변호사 이치적으로 생각을 해도 차지철 경호실장은 태권도나 검도의 유단자이고 경호가 주 임무고 바로 김재규 피고인을 마주 보고 감시할 수 있는 위치이기 때문에 그런 불필요한 사전 동작을 해서는 차지철 경호실장에게 선수로 먼저 당하기 쉽지요?

김계원 그렇습니다.

변호사 그 앉은 자리가, "각하 잘 모시십시오" 하면서 옆에 앉아서 툭 친다면, 차지철 경호실장은 완전히 김재규 피고인을 노려볼 것이고 권총을 쏘았으면 바로 한 손을 갖고 목이나 가슴이나 급소를 칠 수 있는 위치지요? 움직이지 않고 손만 휘둘러도?

김계원 그런 거리입니다.

첫 총탄에 가슴 맞아

변호사 피고인은 김재규 피고인이 총을 꺼내는 것을 보았습니까?

김계원 못 봤습니다.

변호사 잘 볼 수 있는 위치도 못 되지요? 바로 옆에서 꺼내도 볼 수가 없는데 피고인 기억으로는 바로 뒤에서 쐈기 때문에 더욱 모르겠다는 말씀입니까?

김계원 네.

변호사 만약 김재규 피고인이 앉아서 총을 꺼내거나 또 문에서 들어오면서 꺼낼 때 제일 잘 볼 수 있는 위치에 있는 사람은 누구입니까?

김계원 각하와 차 실장입니다.

변호사 피고인이 뒤를 돌아보기 전에는 볼 수가 없고요?

김계원 네.

변호사 그런데 피고인이 "김 부장, 이거 무슨 짓이야. 각하께 이거 무슨 짓이야?" 하고 나서, 김재규 피고인의 총소리가 난 기억밖에 없다는 거죠?

김계원 네. 그렇습니다.

변호사 김재규 피고인이 들어오기 전, 총을 쏘기 직전에 좌석 분위기는 어땠습니까?

김계원 노래를 하는 중이었기 때문에 좌석 분위기는 좋았습니다.

변호사 그때 피고인의 시선은 어디에 두고 뭘 하고 있었습니까?

김계원 확실한 기억은 안 납니다만, 앞에 앉은 애가 기타를 치고 있어서 그걸 보고 있었던 것 같습니다.

변호사 전깃불은 누가 껐는지 피고인은 모르셨죠?

김계원 다시 한번 말씀해주십시오.

변호사 "각하 계시는 데 이게 무슨 짓이야" 하셨죠? 김재규 피고인을 뒤로 밀었죠? 바로 그 순간, 옆에서 총소리가 빵빵 나고 전깃불이 꺼졌다고 하셨죠? 그 당시 전깃불을 누가 껐는지 피고인은 전혀 모르셨죠?

김계원 몰랐습니다.

변호사 피고인은 "각하 계신다. 불 켜라!" 고함지르며 밖으로 나가셨습니까?

김계원 그렇습니다.

변호사 67항, 각하는 김재규 피고인이 쏜 첫 총탄에 가슴을 맞아서 앞으로 쓰러졌는데, 피고인은 그것을 보았습니까?

김계원 제가 김재규 피고인을 보는 순간, 각하께서 옆으로 누우신 걸 옆으로 피하는 것 같은 자세를 보았습니다.

변호사 그것을 각하가 총에 맞은 것이라고 생각했습니까?

김계원 아닙니다. 피하시는 것으로 보았습니다. 차지철 경호실장과 김재규 피고인이 그러는데, 각하가 피하시는 걸로….

변호사 피고인은 김재규 피고인과 차지철 경호실장이 서로 싸우는데, 혹시 그 유탄이라도 맞을까봐 싶어 상 뒤로 피하는 걸로 알았다….

김계원 네.

변호사 그 식탁 밑은 발을 편히 놓기 위해 상 밑이 움푹 패어 있다고 하셨죠? 그러니까 그렇게 몸을 피하실 수도 있다고 생각했나요?

김계원 네.

변호사 68항, 피고는 "각하 계시는데 이거 무슨 짓이야?" 하면서 가슴을 밀었다고 했는데, 그때 그 말을 한 것은 결국 김재규 피고인이 총을 쏘더라도 차지철 실장을 쏜 것이지 대통령을 쏜 것이라는 생각은 전혀 못했다는 건가요?

김계원 예. 그렇습니다.

변호사 당시 총소리가 났을 때, 차지철 경호실장은 어떻게 하던가 기억납니까?

김계원 전혀 기억에 없습니다.

변호사 너무 순간적이고 당황해서 그것을 본 기억이 없고….

김계원 네.

변호사 그때 여자들은 어떻게 했습니까?

김계원 그 자리에 그대로 있는 것으로 보았습니다.

변호사 불이 꺼지고 김재규 피고인이 밖으로 뛰쳐나가는 것을 보았습니까?

김계원 나가는 것 못 봤습니다.

변호사 나가는 것도 못 보시고, 피고인께서는 불 꺼지자 그냥….

김계원 네.

변호사 대통령 비서실장으로서는-불이 꺼지고는 총소리가 좀 멎었죠? 그때 대통령이 옆으로 몸을 피하시고-의당 아무리 깜깜하더라도 대통령이 무사한지 확인해야 하지 않았을까요? 그건 왜 확인 못 하셨나요?

김계원 불을 켜기 전에는 너무 깜깜해서 확인할 수가 없어서, 불을 켠 후에 하려고….

변호사 너무 당황도 하셨고, 불을 켠 후에 확인하려고 그러셨나요?

김계원 네.

변호사 74항, 불이 꺼졌다가 다시 켜질 때까지 피고인은 정보부 경호원들이 경호실 경호원들의 처치 장면을 감시한 것이 있습니까?

김계원 감시는 할 수도 없고, 계획이 어떻게 됐는지 뭐가 어떻게 돌아가는지도 모르니까 감시할 수도 없죠.

변호사 누가 대통령 경호원인지, 정보부 경호원인지 구별할 수 있습니까?

김계원 알 수 없습니다.

변호사 구별하실 수도 없으시지요?

김계원 네.

변호사 불이 꺼진 후 왔다 갔다 하는 사람을 봤습니까?

김계원 못 봤습니다.

변호사 공소장에는 불 꺼진 후에 총 쏘는 것을 감시 감독하기 위해서 복도에 계셨다고 되어 있는데 아무런 감시 감독하신 것이 없지 않습니까?

김계원 안 했습니다.

총리에게 비상계엄 선포를 건의하다

김계원 실장은 자신이 박 대통령을 구하려고 애쓴 것은 쇼가 아니었으며 국무총리가 대통령 비서실장실로 왔을 때 박정희 대통령이 잘못 쏜 총탄에 맞아서 서거했다는 것을 보고했다고 말했다. 또한 그는 강력한 통치를 해오던 박정희 대통령이 서거했기 때문에, 최소한 국내에 계엄을 선포해서 군이 전방은 물론 후방까지 완전한 치안을 확보해야 한다고 생각해 총리에게 계엄 선포를 제안했다고 주장했다. 또한 불순분자들이 이 기회를 이용할 수 없을 정도로 강력한 치안을 확보하기 이전에는 각하 서거를 경솔히 발표해서는 안 된다고 생각했다고 한다. 김재규의 전화를 받고 그가 육본에 있는 것을 알았고 그가 흑색선전을 해서 참모총장과 국방장관의 판단을 흐려놓을까 걱정이 되어서 빨리 가서 사태 수습을 해야 된다고 생각했다는 것이다.

재판장 지금으로부터 본 군법회의를 속개하겠습니다.

법무사 중복된 것은 회피를 해주시죠.

김수룡 변호사 네. 피고인, 전깃불이 꺼지고 복도로 뛰쳐나갔는데, 정확하게 서 있었던 위치가 어딥니까?

김계원 식당 방하고 주방하고 중간쯤….

변호사 식당과 주방 사이 변소 벽 입구입니까?

김계원 거기쯤 됩니다. 한 군데 가만히 서 있지 않고 거기서 왔다 갔다 했기 때문에….

변호사 벽을 더듬으면서 "각하 계신다. 불 켜라" 하면서, 그때 피고인은 권총을 갖고 있었습니까?

김계원 없었습니다.

변호사 불이 켜지자마자 총성이 울렸습니까, 불이 켜진 후 한참 있다 총소리가 났습니까?

김계원 거의 동시에 나지 않았나 생각됩니다. 지금 그 시간 차이에 대한 관념이 남아 있지 않습니다. 불이 켜진 뒤 같습니다.

변호사 그러면 피고인께서는 불이 켜진 것을 불이 켜지자마자 알았습니까, 아니면 총소리가 다시 빵빵 나니까 정신이 들어서 알았습니까?

김계원 불이 켜지자마자인 것 같습니다. 불이 켜진 것과 총소리 중 어느 것이 먼저인지 기억나지 않습니다.

변호사 당시 너무 순간적이고 예측하지 못한 일이라서 "불 켜라. 불 켜라" 하면서 화장실 입구 벽에다 잠시 동안 이마를 대고 멍하니 서 계셨지요? 불이 언제 켜졌는지는 잘 모르는데 총소리가 빵 나서 정신이 아차, 해갖고 방으로 들어가려고 하다가 김재규 피고인이 현관 쪽으로 나갈 때 만나셨다는 거지요?

김계원 그렇습니다.

변호사 그때 피고인과 김재규 피고인이 거리는 얼마나 떨어져서 서로 이야기를 했습니까?

김계원 김재규 피고인이 확 뛰어나가는 상태이고 멈춰 서서 얘기한 게 아니기 때문에 거리가 얼마라고 말할 수는 없겠습니다만, 바로 제 앞을 뛰어서 나갔으니까 1~2m 앞으로 쭉 뛰어나갔습니다.

변호사 아까 검찰관신문 때 김재규 피고인께서 뛰어나간 것이 현관이고 현관 쪽 부분에 피고인도 서 있었는데 어떻게 2차로 사살하기 위해 들어오는 것을 몰랐느냐? 이렇게 물으니까 어쨌든 몰랐다고 대답을 하셨는데요. 그 당시 피고인께서 서 계신 곳이 현관이 아니고 변소 입구이기 때문에 다시 현관에서 들어오고 나가는 것을 빤히 볼 수는 없는 곳이지요?

김계원 그렇습니다.

변호사 바로 현관 쪽을 보지 않으면 출입구를….

김계원 현관 쪽을 바라보면 알 수가 있겠습니다마는….

변호사 그쪽을 보지 않으면 들어오고 나가는 것을 알 수가 없는 위치였지요?

김계원 네.

변호사 2차 사살 후에 김재규 피고인께서 피고인에게 말씀하실 때의 상태가 일부러 만나기 위해서 만난 것이 아니고 피고인께서는 방에 무슨 일이 생겼나 해서 들어가시려고 한 것이고, 김재규 피고인께서는 밖으로 나가시는 중이었고 그래서 나가시다 들어오시다가 이렇게 만난 것이지요?

김계원 그렇습니다.

변호사 그때 만나실 때는 각하께서 총을 맞으셨는지 안 맞으셨는지 피고인께서는 모르셨습니까?

김계원 아직 몰랐습니다.

변호사 각하께서 총을 맞으신 걸 알기 전에 김재규 피고인을 만났다?

김계원 그렇습니다.

변호사 그 당시에 생존한 사람이… 피고인뿐만 아니라 그 여자애들도 총 안 맞았죠?

김계원 네.

변호사 피고인께서 이름은 잘 모르겠지만 공소장에는 이기주로부터 권총을 교부받았다고 되었는데 탈취한 것이 맞습니까?

김계원 제가 뺏었습니다.

변호사 그 권총을 빼앗을 때, 이기주 피고인이 "차지철 경호실장이 아직 살았습니다" 하는 소리를 듣고도 그 권총 안에는 실탄이 한 발 남아 있었을 텐데 왜 총을 쏘지 않으셨습니까?

김계원 저는 각하도 계셨지만 차지철 경호실장을 죽일 생각이 전혀 없었습니다. 권총에 실탄이 있는지 없는지 전혀 모르고 그냥 빼앗아서 주머니에 넣었습니다.

변호사 각하께서 총에 맞으신 걸 언제 제일 처음 아셨습니까?

김계원 권총을 뺏어서 주머니에 넣고 방에 들어가면서 각하를 보니까 각하 어깨에 피가 보여서 알았습니다.

변호사 그때 각하의 총 맞은 상태를 전부 확인하셨습니까? 아까 검사 얘기로는 방석 밑에도 피가 흥건했다는데….

김계원 방석 밑에는 안 보고 이쪽에서 보니까 각하 오른쪽 어깨 위의 와이셔츠가 빨갛게 되어 있는 것이 보였습니다.

변호사 그러니까 빨리 후송하신다면 살아날 가망성이 많이 있다는 생각에서 급히 서두르셨습니까?

김계원 예, 그렇습니다.

변호사 궁정동 식당 내에 만약 각하의 시신을 그냥 놔둔다면 보안유지상으로는 가장 안전한 곳이죠? 통합병원으로 후송하면 보안이 안 되는 것은 틀림없겠죠?

김계원 그렇습니다.

변호사 그러면 김재규 피고인께서 나가면서 "보안유지를 철저히 하시오"라고 말씀하셨는데, 왜 그 뜻을 거역해서 통합병원으로 후송하셨습니까?

김계원 저는 각하를 어떻게든 소생시켜보겠다는 일념뿐이었지, 김재규 피고인이 보안유지 해달라는 부탁을 염두에 두고 행동한 것은 아닙니다.

변호사 김재규 피고인께서 "보안을 철저히 지키시오" 할 때, "알았소" 한 것은 그 위기를 모면하기 위한 것이었지, 꼭 그대로 하겠다는 취지는 아니었다는 말씀입니까?

김계원 네.

만약 쇼를 했다면

변호사 만약 피고인께서 공소장대로 나중에 각하를 살린다고 쇼를 했다고 한다면 구태여 통합병원까지 안 가도 근처에 병원이 많이 있죠? 그리고 그 수도통합병원 분실은 각하께서 최소한 1주일에 한 번은 다니시는 병원이지요?

김계원 그렇습니다.

변호사 그래서 각하의 얼굴뿐만 아니라 심지어 배꼽의 점을 봐도 다 알 수 있는 상태죠?

김계원 그렇습니다.

변호사 그래서 통합병원에 간다면 각하라는 사실이 어디보다도 제일 먼저 알려질 수 있는 상태죠?

김계원 그렇습니다.

변호사 피고인께서는 대통령 각하를 모실 때 대통령 차로 운반하신 것은 틀림없습니까?

김계원 틀림없습니다.

변호사 그 차 운전기사가 각하 운전기사가 아니라는 것을 언제 알았습니까?

김계원 익일 2시에 총리를 모시고 국방장관과 같이 각하 시신을 총리께서 확인하러 병원에 들러서 그 입구에 서 있는 둘을 보고 국방장관이 "느이들은 뭐냐?"하고 물을 때, "저희들은 중정에서 왔습니다" 할 때 알았습니다.

변호사 일반인들이 추측하기에 대통령 비서실장 같으면 대통령 승용차 운전기사 얼굴 정도는 알 수 있을 것으로 생각되는데요?

김계원 각하 승용차가 여러 대가 있습니다. 그래서 공식으로 행차 시에 타시는 승용차의 운전기사는 제가 대개 압니다만, 사사로이 타시는 차의 운전기사는 제가 잘 모릅니다.

변호사 유성옥 피고인이 각하 승용차를 운전해 갔는데 그 유성옥 피고인을 각하 운전기사인 줄로 아셨습니까?

김계원 예.

변호사 대통령 각하를 후송해가는 도중에 빨리 가자고 그 운전기사에게 독촉을 많이 하시면서 병원으로 가셨다는데요?

김계원 병원에 전화를 걸라고 했습니다. 그랬더니 그 옆에 앉은 친구가 전화를 거는 척하더니 전화가 안 나온다고 해서 못 걸었습니다.

변호사 먼저 수술 준비하라고 전화를 걸려고 하셨는데, 전화가 안 나와서 바로 병원으로 후송하셨습니까?

김계원 네.

변호사 공소장에 보면 병원에서 각하가 5분 전에 돌아가셨다는 말을 듣고도 일부러 살리려고 애를 썼다는 것을 가장하기 위해서 "이 사람을 꼭 좀 살려달라"고 말했다고 하는데 돌아가셨다는 걸 훤히 알면서도 그런 말씀을 하신 사실이 있습니까?

김계원 군의관이 돌아가셨다고 그랬지만, 혹시 모른다는 생각에서 군의관에게 그렇게 말했던 겁니다. 쇼가 아닙니다.

변호사 그러니까 살리려고 하는 척한 것이 아니고 진정으로 애석하시고 꼭 살리고 싶은 마음에서 그러셨다는 말씀입니까?

김계원 예.

변호사 공소장에 의한다면 김재규 피고인께서 총을 쏜 시간이 7시 43분이고 병원에 도착한 시간이 7시 55분인데요. 각하가 다친 것을 알고부터 병원에 도착한 것이 불과 12분인데, 차에 운반하는 시간이 얼마나 걸렸겠습니까?

김계원 한 8~10분 걸렸다고 생각됩니다.

변호사 그러면 궁정동에서 통합병원에 도착한 것이 불과 2분도 안 되게요?

김계원 아닙니다. 병원에 도착한 것이 55분입니다.

변호사 우선 방에서 차에 싣는 시간도 있어야 할 것이고, 병원 정문에서 지체한 시간도 있었겠지요? 그러면 최대한도로 빨리 간다고 노력은 하신 것 같네요?

김계원 그렇습니다. 그 이상 빨리 갈 순 없었을 겁니다.

변호사 각하를 모시고 병원으로 가실 때 각하를 눕히고 피고인은 뒷좌석에서 각하를 안아서 피고인의 옷에는 피가 많이 묻어 있었다는데 어디 어디 묻었습니까? 와이셔츠에도 묻고 상의에도 많이 묻었지요?

김계원 네.

변호사 이것은 과연 쇼로서 각하를 모시고 간 것인가를 입증하기 위한 것입니다. 여기에도 피가 묻었고 소매에도 묻어 있고 와이셔츠는 다 빨았다고 하는데요. 여기 군데군데 피가 많이 묻어 있습니다. 이 옷이 그때 입었던 옷 맞습니까?

김계원 네.

변호사 이 옷은 언제 갈아입었습니까?

김계원 27일 아침에 갈아입었습니다.

변호사 사무실에 달리 갈아입을 옷이 있었습니까?

김계원 사무실에는 누가 돌아가셨다든지 하면 각하 명에 의해서 비서실장이 조문을 해야 되기 때문에 사무실에는 까만 옷이 언제든지 준비되어 있습니다. 그래서 27일 아침에 갈아입었습니다.

변호사 27일 아침 몇 시경입니까?

김계원 27일 아침 5시나 6시경입니다.

변호사 국무총리께 보고드릴 때나 육본 벙커에 가셨을 때도, 이 피 묻은 옷을 입고 다녔습니까?

김계원 저는 피가 묻은 줄도 모르고 입고 다녔습니다.

변호사 와이셔츠에는 피가 더 많이 묻었는데, 소매 같은 데에….

김계원 소매에 묻은 피는 제가 세면장에서 그냥 씻어버렸습니다. 안쪽에는 피가 얼마나 묻었는지 알지 못했습니다.

변호사 만약 후일, 공소장대로 대통령 각하를 살리려는 구실로 삼으려면 그렇게 급히 서두를 필요도 없었겠지요? 그리고 대통령 운명 사실을 완전히 확인하시고 그 식당에서 돌아가셨는가 안 돌아가셨는가 확인 다 해보고 병원으로 후송하는 척했을 것 아닙니까? 이 옷에 피까지 묻혀가면서 그렇게 하시지는 않았을 거라고 추측되는데요? 진정으로….

김계원 추호도 그런 생각은 없었습니다.

변호사 통합병원에 가셨을 때 말입니다. 피고인께서는 유성옥 피고인에게 "너희들은 여기서 밤새워 각하 모셔라" 하고 청와대로 오셨습니까?

김계원 그렇습니다.

변호사 그때도 역시 각하 운전기사인 줄 알았던 거죠?

김계원 네, 각하 운전기사인 줄 알고 "네가 각하를 밤새워 모셔라" 그랬습니다.

변호사 그런데 유성옥 피고인이 각하 얼굴을 가리고, 외부와 연락을 금지시켰다고 공소장에 나와 있는데, 그건 피고인이 지시하신 겁니까?

김계원 안 했습니다. 몰랐습니다. 나중에 병원장한테 얘길 들었습니다.

변호사 뒤에 얘기를 들으셨습니까? 전혀 그렇게 지시한 일도 없고 뒤에서야 얘기를 들으셨다?

김계원 그렇습니다. 병원의 일직장교가 병원 군의관에게 병원 출입을 금지시키라고 단속했습니다.

변호사 피고인이 수도통합병원 분실에서 청와대로 가실 때 택시를 타고 가셨는데, 하도 급해서 택시비 5,000원을 주기로 해서 거리가 얼마 안 되는데도 5,000원 주고 타고 가셨다면서요?

김계원 5,000원을 주기로 한 것이 아니라, 거리는 1,000m밖에 안 되지만 청와대 뒷문 앞에 내려서 지갑을 꺼내 돈을 꺼내니까 제일 적은 돈이 5,000원밖에 없어서 주고 가라고 그랬습니다.

변호사 피고인께서 청와대에 들어와 계실 때, 통합병원 원장한테서 전화가 와서 "이 시체를 어떻게 할까요?" 하고 물어와서 "각하가 평소 입원하시던 입원실에 모셔라" 하고 말씀을 하셨다면서요?

김계원 그렇습니다.

변호사 그러니까 병원장께서 뭐라고 그러십디까?

김계원 안 된다고 그랬습니다.

변호사 그래서 피고인은 뭐라고 하셨습니까?

김계원 왜 안 되냐고 각하실로 모시라고 그러니까, "죽은 사람을 어떻게 각하실로 모십니까"고 하길래, 저는 또 병원의 무슨 특별난 규정이 있는가 싶어서 거기서 전화로 장시간 얘기할 수도 없고 해서, 그럼 우선 현 상태대로 잘 모시라고 하고 전화를 끊었습니다. 그런데 잠시 후 또 전화가 와서 똑같은 소리를 다시 하길래 저도 싫은 소리를 또 했는데, 본인이 또 안 된다고 그랬습니다. 그리고 한 15분 후에 또 전화가 와서 "지금 옷을 갈아입히고 있는데 각하 입원실로 모시겠습니다" 이렇게 연락이 왔습니다.

변호사 피고인은 병원에 도착하셔서 각하라는 말씀은 안 쓰셔도, 각하 얼굴만 봐도 아실 거고 충분히 다 아실 건데 운명하셨으면 각하 입원실로 모실 걸 분명히 아셨는데, "안 된다" 이렇게 이야기하길래 '거기에는 시체 안치실이 없어서 그런가 보다' 이렇게 생각하셨습니까, 처음에?

김계원 아닙니다, 처음에는 왜 안 된다고 그러는지 이유를 몰랐습니다.

변호사 어쨌든 "각하를 입원실로 모셔라, 왜 안 된다는 말이냐"라고 명령조로 하셨구먼요?

김계원 그랬습니다.

변호사 사실은 그때 병원에서는 유성옥 피고인이 각하 얼굴을 가려가지고 병원장이 잘 몰라서 그렇게 한 것인데, 피고인께서는 그 사실을 전혀 모르고, 왜 각하인 줄 뻔히 알면서 입원실로 안 모시려고 그러느냐 하는 생각에서 호통을 치셨구먼요?

김계원 그렇습니다.

변호사 병원에서 청와대로 들어오시자마자 비상소집을 하셨다고 그러는데요. 그때는 참모총장과 국방부 장관을 다 소집했는데, 정보부장은 비상소집 대상에서 빼셨죠?

김계원 안 했습니다.

변호사 101항, 비상소집된 대통령 수석비서관들과 경호실 차장 등에게 각하께서 큰일을 당하셨다고 말씀을 드렸을 때 참석자들은 사망한 것으로 알고 울기도 했다는데 그랬습니까?

김계원 그렇습니다.

변호사 옷에 피 묻어 있는 거 그리고 말씀하시는 뉘앙스라든지 울먹이시면서 큰일을 당하셨다고 그러니까, 다른 사람들은 다 사망하신 줄 알고 다 울고 그러신 거죠?

김계원 네.

변호사 구체적으로 누가 어떤 사유로 살해했다는 것은 말씀 안 하셔도, 각하가 운명하셨다는 것은 다 알고 있었던 거지요?

김계원 다 알고 있었습니다.

변호사 102항, 이재전 경호실 차장에게 "병력 출동이 필요 없다. 부대를 장악해서 경계만 강화해라" 하고 말씀하신 것은 김재규 피고인 이 어떠한 내란 목적을 갖고 있는데 그것을 용이하게 수행하도록 하기 위해서 하신 겁니까, 다른 목적이 있는 겁니까?

김계원 김재규 피고인의 어떤 계획을 돕자는 의미는 전혀 없었습니다. 중정의 김재규 피고인이 어떤 일을, 무슨 청와대에 습격해 들어온다든지 하는 불상사가 있을까 염려해서 경계를 강화하라고 그랬고, 경호실 병력이 나가지 말라고 그런 것은 아까 검찰관께서 말씀하실 때 제가 말씀드렸지만, 사안도 정확히 모르는 밤중에 무장병력들이 나가서, 우선 궁정동에 있는 중정이 있는 거기다가 습격을 해서 총소리가 난다고 할 것 같으면, 남산 시내 또는 딴 데 산재되어 있는 중정에서 그런 무장 충돌이 일어난다고 한다면 나중에는 자꾸 확대되어서 수습하지 못할 불상사가 일어날 것이 염려되어서 나가지 말라고 그랬습니다.

변호사 네, 좋습니다. 피고인께서는 참모총장, 정보부장도 역임하셨으니까 이 사태가 앞으로 진전될 것에 대해서 소극적으로 보시지 않고 좀 대국적으로 볼 때, 이것이 전개되어나갈 과정을 머리에 그려보고, 알린다면 잘못하다가 시가전이 벌어지지 않겠느냐 하는 우려가 있었기 때문에 병력 출동을 안 시킨 것이지요?

김계원 네.

양다리 걸친 것 아니냐

변호사 103항, 그날 8시 40분경, 국무총리께서 대통령 비서실장실로 오셨을 때 김재규 피고인이 쏘았다는 말은 안 해도, 잘못 쏜 총탄에 맞아서 서거하셨다는 것을 보고하신 것은 틀림없죠? 그때 총리께서는 무릎을 치며 원통해 하시면서 김일성이가 이 일을 알면 어떻게 하냐고 걱정을 하시기에, "이제 총리께서 지휘를 하셔야겠습니다. 군경이 충돌을 일으킬까봐 걱정이 됩니다" 하고 말씀드리니까, "군경이 충돌을 일으켜서는 안 되지요" 하고 총리께서 말씀하셨다는데 그렇습니까?

김계원 그렇습니다.

변호사 그 후 조금 있다가 법무장관과 내무장관께서 들어오셨는데, 법무장관께서는 이미 울면서 비서실장실로 들어오셨고, 내무장관께서는 들어오시면서 "이게 도대체 어찌 된 일이오?" 하면서 들어왔다는데 그렇습니까?

김계원 그렇습니다.

변호사 법무장관께서 울면서 들어오셨다는 것은 비서실장실 옆 보좌관실을 거쳐 들어오면서 거기서 대강 얘기를 들었기 때문에 그렇습니까?

김계원 그렇게 생각됩니다.

변호사 106항, 그때 피고인께서는 총리께 계엄 선포를 건의 드렸는데, 그것은 어떤 내란 따위에 대해서는 전혀 생각지도 않으시고, 나라의 총통수권자가 없어지고 그것을 북괴나 모든 사람들이 알게 되면 치안이 확보되지 않을 테니까 치안유지를 시키고 외세의 침범을 방지하자는 목적에서 계엄 선포를 건의드린 것이지요? 다른 목적은 추호도 없었습니까?

김계원 전혀 없었습니다.

변호사 그 상황에서 계엄 선포 외의 다른 방법은 없었습니까?

김계원 적어도 우리나라에서 각하께서 강력한 통치를 해오던 순간에 각하께서 서거하셨기 때문에 각하의 서거를 국민과 세계에 알리자면 최소한 국내에 계엄을 선포해서 군이 전방은 물론 후방 국내 치안까지 완전하게 어떠한 불순분자들도 이 기회를 이용하지 못하도록 강력한 치안을 확보하기 이전에는 각하 서거를 경솔히 발표할 수가 없다고 생각했습니다.

변호사 만약 피고인께서 그때 그 상황에 다시 처했다면 지금도 그런 조치밖에 취할 길이 없겠습니까? 더 이상 다른 조치를 취할 방법은 없습니까?

김계원 저는 지금 제가 했던 조치에 대해서 여러 가지 의심을 받고 있습니다만, 제가 취한 조치에는 하등의 잘못이 없었다고 지금도 자신 있게 말씀드릴 수 있습니다. 그 이상의 방법은 없었다고 봅니다.

변호사 김재규 피고인이 육본 벙커에 있다는 것은 언제 아셨습니까?

김계원 9시경에 총리가 오셔서 한 10분 후에 육군참모총장한테서 전화가 왔다고 해서 제가 받으니까 바로 김재규 피고인이 나왔습니다. "지금 육본 벙커에 와 있습니다. 육군참모총장과 같이 있습니다." 이래서 알았습니다.

변호사 궁정동 식당에서 총격이 있은 후에 어디에 계시는가를 전혀 알지도 못했는데, 육본 벙커에서 1차 전화가 왔을 때 처음 아셨다는 말씀입니까?

김계원 네.

변호사 전화가 올 때도 "B-1 벙커다" 해서 "B-1 벙커가 어디냐?"고 부관에게 물어보니까, 가르쳐줘서 비로소 아셨다는 거지요?

김계원 네.

변호사 첫 번 전화가 왔을 때는 국무총리만 계셨습니까, 내무장관, 법무장관도 계셨습니까?

김계원 정확히 기억이 안 납니다만, 처음에는 다른 장관들이 오기 전인 것 같습니다.

변호사 총리께서만 계셨는데, 그 전화가 온 것을 국무총리께서도 알고 계셨습니까?

김계원 네.

변호사 총리께서는 그 전화 받은 사실을 아시고 뭐라고 말씀하셨습니까?

김계원 아무 말씀 없으셨습니다.

변호사 전화 내용은 보고 드렸습니까?

김계원 보고 드렸습니다.

변호사 비상계엄을 선포해서 치안유지를 시켜야겠다고 국무총리께 건의 드린 것은 김재규 피고인이 육본 벙커에 있다는 것을 아시기 전입니까, 후입니까?

김계원 그 전입니다.

변호사 김재규 피고인이 어디에 있는지도 잘 모르는 상황에서, 어쨌든 각하는 돌아가셨으니까 비상계엄은 선포되어야겠다는 생각에서 국무총리께 비상계엄 선포를 건의 드렸군요?

김계원 그렇습니다.

변호사 2차 전화를 받고 또 총리께 김재규 피고인이 경호실이 무서워서 청와대로 못 오는 것 같으니까, 빨리 계엄을 선포해서 치안을 유지해야 하니까, 국방장관과 참모총장이 있는 데로 가십시다, 하니까 국무총리와 내무장관과 법무장관께서도 그렇게 하자 해서 육본으로 가게 된 것이라고….

김계원 그렇습니다.

변호사 계엄을 선포하기 위해서 육본 벙커로 오신 것입니까? 아니면 김재규 피고인이 오라고 하니까 할 수 없이, 전 육군을 장악하고 있나 보다 해서 가신 겁니까?

김계원 김재규 피고인이 오라고 해서 간 것은 아닙니다. 다만 사태 수습을 위해서 가장 중요한 것이 국방장관과 육군참모총장이었습니다. 그 두 사람이 참석하지 않고는 계엄 문제가 토론이 되지 않기 때문에, 또 그 두 분은 올 수도 없겠고, 또 하나는 김재규 피고인이 자기가 살해했다고는 절대 얘기하지 않을 것이고 뭔가 딴소리를 해가지고 육군참모총장이나 국방장관을 설득하고 있지 않겠느냐 싶어서, 빨리 총리를 모시고 가서 이 문제를 해결하고 사태를 수습하려고 건의 드렸던 겁니다.

변호사 114항, 피고인은 김재규 피고인이 전화 거는 태도로 보나, 검찰관신문에서나 보충신문에서 전화 거는 목소리가 살금살금 남이 눈치채지 못하게 하는 눈치였다… 눈치라고 아까 말씀하셨죠?

김계원 네.

변호사 그래서 그 전화 거는 태도나 또 피고인께서는 군의 각하에 대한 충성심을 봐서 도저히 김재규 피고인을 따라가지 않을 것이라고 확신하셨다는 거지요?

김계원 네.

변호사 그래서 그것을 보나, 각하에 대한 국방장관과 참모총장의 신뢰도로 보나 김재규 피고인이 군을 장악할 수는 없을 것이라고 판단하셨죠?

김계원 그렇습니다.

변호사 그런데 혹시 김재규 피고인이 흑색선전을 해서 참모총장과 국방장관의 판단을 흐려놓을까 걱정이 되어서 빨리 가서 사태 수습을 해야 된다고 생각하셨습니까?

김계원 그렇습니다. 김재규 피고인이 국방장관이나 총장께 자기 자신이 각하를 살해했다는 말은 절대 안 했을 테니까, 빨리 총리를 모시고 가서 김재규 피고인이 다른 얘기를 하기 전에 총리를 모시고 가서 수습해야겠다고 생각해서 모시고 갔습니다.

변호사 내무장관과 법무장관에게 김재규 피고인이 각하를 살해한 장본인이다라고 이야기하지 않은 것은, 국무총리에게는 이미 보고가 되어서 총리께서 필요하다면 말씀을 하실 것이고 김재규 피고인을 체포한다고 하면 지금 벙커에 있고 하니까 군에서 잡을 것인데, 미리 여러 사람에게 알려놓으면 보안만 누설되기 때문에 개인적으로는 내무장관과 법무장관과 참 친하시고 미안한 일이지만 이야기를 하지 않으신 것이라고 말씀하셨는데요, 그렇습니까?

김계원 그렇습니다.

변호사 피고인께서 육본 벙커에 가서 참모총장을 총장 침실 쪽으로 잠시 데리고 나가서 말씀을 드리려고 할 때 김재규 피고인이 가로막았죠?

김계원 따라왔습니다.

변호사 그때부터 계속 피고인을 감시해서 국방장관과 참모총장에게 이야기할 기회를 전혀 주지 않았다는데 그렇습니까?

김계원 그렇습니다.

변호사 육본 벙커에서 국방장관실로 올라가서 비상계엄에 관한 얘기가 오고 갈 때에도 계속 감시를 당한 눈치였습니까?

김계원 네.

변호사 공소장에 의하면, 피고인께서는 내무장관과 법무장관의 강력한 반발이 있다는 것을 눈치채고 뜻대로 안 되겠다 싶어서 소위 양다리 걸치는 식으로 살짝 일러주고 했다는데요. 그때 국무위원들이 강력하게 반대한 것이 있습니까?

김계원 그것이 정식 국무회의가 아니고 총리를 모시고 시종 앉아 있었던 것은 본인과 김재규 피고인과 국방장관뿐이었고 그 외의 다른 장관들은 수시로 출입했기 때문에 고정적으로 앉아 있지를 않았습니다. 다만 총리께서 계엄 사유를 무엇으로 하는가를 판단하지 못해서 이리저리 생각하고 계셨습니다. 그때 특별히 어떤 장관이 무슨 안을 지지하고 어느 장관이 무슨 안을 반대하고 이런 갑론을박하는 일은 없었습니다.

변호사 아까 검찰관 직접신문 때 그런 말이 나왔는데요, 어떤 장관께서는 국장 문제를 거론하니까, 그게 지금 피고인한테 묻는 게 아니고 김재규 피고인한테 물었던 건데요. 육본 벙커에서 "그건 지금 거론할 때가 아니다"라고 잘라 말했다는데, 육본 벙커에서 국무위원들도 각하 서거 사실을 다 알았기 때문에 국장 문제가 논의되었던 거지요?

김계원 그렇습니다. 장관실에서 총리를 모시고 계엄 사유를 뭐로 하냐 할 때는 거기 왔던 장관들은 각하께서 서거하셨다는 것을 다 알고 계셨습니다.

변호사 한 가지 더 묻겠습니다. 피고인께서 계엄 선포 사유에 유고로 하자고 말씀하셨던 것이 지금 공소사실의 소위 내란 목적 실행 분담 행위로 적시되어 있습니다. 김재규 피고인은 유고라는 말도 넣지 말고 각하가 돌아가신 것을 3일간은 발표해서는 안 되니까, 국내 치안 문제를 이유로 하여 비상계엄을 선포하자고 제의했고, 총리께서는 어떻게 3일간이나 보안유지가 가능하겠냐고 난색을 표명해서 피고인은 유고로 하자고 하신 것이지, 치안 문제로 하자는 데 동조한 사실이 있습니까?

김계원 전혀 없습니다. 다만 제가 유고로 하자고 말씀드린 것은 각하 서거를 발표함과 동시에 계엄을 선포할 것 같으면, 계엄부대가 서울에 도착하는 시간이 늦으니까 그것을 어떻게 맞추는가를 생각했던 것이지, 만약 계엄부대가 동시에 서울에 도착할 수 있다면 각하 서거를 바로 발표해도 괜찮겠다고 생각했습니다만, 그 당시로는 그것이 시간적으로 맞지 않고 아침 4시라야만 계엄부대가 서울에 주둔할 수가 있다고 해서 그럼 4시까지 이 기밀이 유지될 수 있겠는가 없겠는가가 염려되어서 그것이 어려울 것 같으면 그때까지 유고로 해도 괜찮겠다고 생각했던 겁니다.

남산의 부장을 누가 체포하나

박정희 대통령 비서실장 김계원은 김재규가 궁정동을 떠나자마자 박정희의 시신을 국군서울지구병원으로 싣고 갔다. 박정희의 죽음을 확인한 후에는 청와대로 들어와 최규하 국무총리와 함께 육군본부로 가서 정승화 육군참모총장과 노재현 국방부 장관을 만나 범인은 김재규라고 알렸다. 이후 정승화는 보안수와 헌병대에 임무를 주어 김재규를 체포하는 데 결정적으로 공헌했다. 그러나 12·12 군사반란으로 보안사령부로 압송되어 조사를 받았는데 만찬 전에 김재규로부터 박정희 암살을 암시하는 말을 듣고도 이를 다른 사람에게 알리지 않아서 결과적으로 박정희 암살을 방조했다는 이유였다. 정승화는 10·26 군사재판에서 10년형을 선고받고 동시에 대장에서 이등병으로 강등됐다. 노태우 정부 때 이등병으로 강등된 장군들의 복권 대상에 포함돼 대장 계급을 되찾았으며 군인연금 수급권도 돌려받았다.

변호사 치안 문제를 사유로 해서 비상계엄을 선포하자고 한 데에는 전혀 동의하지 않으셨구먼요?

김계원 네.

변호사 김재규 피고인이 무기를 갖고 있으니 조심스럽게 잡아야 된다고 국방장관과 참모총장께 말씀드리셨죠, 불러내 가지고?

김계원 네.

변호사 그래놓고 김재규 피고인이 들어오기 때문에, 계엄군… 관계로 화제를 돌려놓고 다시 국방장관실로 들어가셨죠. 같이 앉아 계셨죠?

김계원 네.

변호사 그때 왜 빨리 안 잡느냐 하는 생각에 어찌 조바심이 나는지, 기다리고 있다가 살짝 김재규 피고인의 눈을 피해서 또 벙커로 쫓아 내려오셨죠, 참모총장실로?

김계원 네.

변호사 그때 총장에게 왜 빨리 안 잡느냐고 독촉을 하셨지요?

김계원 예.

변호사 그러니까 "곧 될 겁니다" 하고 조금 앉아 있는데, "체포했습니다" 하는 보고가 들어온 거지요?

김계원 예.

변호사 그 이전에 왜 보고를 빨리해서 빨리 체포하지 않았느냐고 검찰관께서는 추궁을 하시는데요. 피고인께서는 보통 사람이 아닌 현직 정보부장을 체포하는 데 있어, 그것도 대통령 이 명령하는 것도 아니고 대통령은 벌써 돌아가셨고, 보통 총리나 장관이 얘기해서는 도저히 누가 말을 듣지 않을 거라고 생각하셨죠?

김계원 네.

변호사 어떤 특정인이 체포하기는 정말로 어려운 것이고 최소한 참모총장과 국방장관이 동시에 있을 때, 동시에 결심을 하지 않으면 체포할 수 없다고 생각해서 그 두 분을 동시에 불러낼 수 있는 기회를 많이 보신 거지요?

김계원 그렇습니다.

변호사 그런데 총리께서, 국무회의 석상에 들어가서 비상계엄 선포에 관한 사유 설명을 해줄 수 있느냐 하니까 김재규 피고인이 승낙을 하고 잠시 눈을 감고 있는 사이를 살짝 이용해서 두 분을 불러낸 거지요?

김계원 네.

변호사 그것은 두 분을 동시에 불러내서 두 분께 동시에 이야기 하지 않으면 도저히 체포할 수 없다고 생각했기 때문이지요?

김계원 실지로 체포 행동은 육참총장이 할 수 있습니다만, 상대가 중정부장이기 때문에 총장도 혼자서 결심하기에는 대단히 어려운 단계라고 봅니다. 왜냐하면 그때는 계엄이 선포되기 전입니다. 그래서 저는 국방장관도 동석해서 육참총장이 결심하는 데 용이하게 하면 좋겠다 싶어서 두 분을 같이 오라고 했습니다.

변호사 피고인께서는 김재규 피고인을 체포해야겠다는 생각을 전에는 안 갖고 계시다가 1차 전화가 왔을 때 청와대로 오라, 그리고 2차 전화가 왔을 때도 청와대로 오라, 이렇게 말씀하실 때까지도 오시면 "네가 왜 그랬느냐. 빨리 자수를 해라" 하고 얘기할 생각을 하셨던 거지요?

김계원 그렇습니다. 제가 청와대로 김재규 피고인을 오라고 한 것은, 제가 아는 김재규 피고인은 자기가 각하를 살해했으면 충분히 와서 자수할 수 있는 사람이라고 저는 봤기 때문에 자수하러 오라는 뜻이었습니다. 제가 육본 벙커에 가서 "각하를 왜 그랬는가?" 질책을 할 때도 "어떻게 했으면 좋겠습니까?" 하고 다음 단계 문제를 제게 상의할 줄 알았습니다. 그러면 "지금 총리 오셨으니까 가서 자수해." 내가 이렇게 말하려고 했는데, 엉뚱한 소리를 하고 있기 때문에 그때 내가 지금까지 잘못 생각하고 있었구나 하는 것을 깨달았습니다.

변호사 육본 벙커에 가서, 계엄을 선포하고 혁명위원회로 간판을 바꿔야 되겠다 할 때, '아, 이 사람이 딴 생각을 갖고 있구나. 실수로 각하가 살해된 것이 아니라 일부러 그랬구나. 그러니까 꼭 체포해야 되겠다'는 생각을 갖게 되겠다는 말씀이지요. 도저히 자수 권유는 불가능한 것이고?

김계원 예.

변호사 피고인께서는 지금 심정에요, 무엇이 잘못되어서 이 법정에 서게 되셨다고 생각하십니까?

김계원 본 피고인은 (한참 침묵) 각하와 같이 죽지 못한 것 외에는 잘못한 것 하나도 없습니다. 제가 한 조치 하나도 후회 안 합니다. 말할 수 없는 혼란이 일어날 가능성이 있었지만, 제가 그때그때 판단한 데 대해서 하나도 후회 안 합니다.

변호사 이상입니다.

재판장 다음은….

검찰관 검찰관 측이 보충신문 잠깐 하겠습니다.

김정두 변호사 재판장님, 검찰관이 보충신문하기 전에 김재규 장군에 대한 공소사실에 관련해서 한 두어 가지 질문하겠습니다.

법무사 관련되는 사실에 대한 보충신문은 검찰이고 변호인 측이고 증거조사하기 전에, 전 피고인이 한 번 하고, 그렇게 해야 소송경제상 편리할 것 같습니다. 자꾸 꼬리에 꼬리를 물면 시간이 많이 걸리니까 재판장 말씀대로 당 재판부에서 몇 가지 물어보겠습니다. 피고인 현장검증 때 같이 가셨죠?

김계원 네.

법무사 그때 재현한 것이 사실과 틀림없습니까?

김계원 아까 김재규 피고인이 앉아서 두 방을 쐈다는 것을 계속 거기서 주장했댔습니다.

법무사 피고인이 김재규 피고인을 쳤다 밀었다 했는데 앉은 상태에서 밀었습니까, 일어서면서 밀었습니까?

김계원 김재규 피고인이 일어서 있었기 때문에, 저도 앉아 있다 일어서면서 뒤로 밀었습니다.

법무사 밀었다는 시기가 언젭니까? 누구를 쏘고 난 뒤….

김계원 두 방 소리 나고 난 뒤입니다.

법무사 차 실장과 대통령 각하를 사살하는 총소리를 듣고 나서 일어서면서 밀었다?

김계원 네 그렇습니다.

법무사 아까 검찰관이 물을 때는 부인하고 변호인 반대신문할 때는 긍정하고 이랬는데, "이놈아, 왜 이래? 무슨 짓들이야" 하는 걸 들었다 못 들었다 하는 건, 현장에 있었던 증인들의 증언에 의해서 다 나타날 수 있겠죠?

김계원 있을 겁니다. 그것이 김재규 피고인하고 저하고 하는 말이 맞지를 않아서….

법무사 어느 걸 믿느냐 하는 것은 이제 재판부에서….

김계원 그건 검찰관 진술에도 제가 말씀드린 겁니다.

법무사 김재규 피고인과 피고인 사이에 물병이 하나 놓여 있었다고 그랬죠? 떠다밀 때도 그 물병이 그대로 있었습니까?

김계원 현장검증 때 보니까 물병이 그대로 있었습니다.

법무사 넘어진 걸 세워놨습니까?

김계원 컵을 위에 씌워놓은 것이 그대로 있었습니다, 물도 있고.

법무사 그대로 있더라?

김계원 네.

법무사 아까 진술 때 궁정동 식당 내부 구조에 대해서는 잘 모른다는 말씀을 하셨죠?

김계원 네.

법무사 하물며 총소리가 났을 때 불이 나갔지 않습니까? 그런데 스위치가 어디에 있는 줄 알고 밖으로 뛰어나갔습니까?

김계원 그러니까 방문 옆을 계속 더듬으면서….

법무사 더듬으면서 계속 밖으로 나갔다?

김계원 예.

법무사 그 당시 상황으로 볼 때, 옆방에서도 총소리가 났죠?

김계원 예.

법무사 거기는 경호원이 있고 옆방에서 총소리가 나고 하면 상당히 위험을 느낄 텐데, 스위치를 찾는다 하고 사람의 본능으로 봐서 주저앉거나 숨거나 하는 것이 상식이라고 생각되는데….

김계원 불은 꺼지고 총소리가 한두 사람의 총소리가 아니고 여러 총의 총소리이기 때문에….

법무사 그러니까 위험하니까 본능적으로 엎드리거나 주저앉는 것이 상식이라고 생각되는데, 어떻게 스위치를 찾는다고 밖으로 나갈 수가 있겠느냐, 그것이 좀 이해가 안 됩니다.

김계원 불이 꺼졌으니까, 불을 켜야 안전하다고 생각했습니다.

법무사 아까 분명히 말씀하셨는데, 피고인이 생각할 때는 김재규 피고인이 체제에 대한 도전이나 각하에 대한 어떤 것이 아니고 우발적인, 궁정동 식당에서 정치 얘기가 오가고 자기가 불리한 입장에 놓이자 순간적으로 흥분해서 저지른 실수다, 혁명이나 거사가 아니다. 말씀하셨는데 틀림없습니까?

김계원 아니, 그럴 가능성이 있지 않겠는가 하고 저 혼자 생각해 봤습니다.

법무사 김재규 피고인이 주장하는 혁명이나 이런 것은 아니고, 피고인이 생각하기에는 그런 것이라고 느낀다는 말이죠? 그럴 가능성으로 본다는 말씀입니까?

김계원 그날은 그렇게 생각했습니다. 지금 와서 김재규 피고인이 혁명을 계획했다고 하니까 그런가 보다 했지, 그날 저녁에 김재규 피고인을 체포해가지고 그다음 날 때까지도 저는 그런 건 전혀 생각 못했습니다.

법무사 평소에 김재규 피고인이 차 실장을 해치우겠다고 얘기하는 것하고, 자기 집에 모신 손님을, 더군다나 각하와 같이 식사를 하는 도중에 자기 집에서 해치운다는 게 조금 이상하게 생각되지 않으셨습니까?

김계원 전에도 궁정동 식당에서 이번 비슷하게 각하를 기다리는 동안에 차 실장을 비난할 때 이번 같은 얘기가 여러 번 있었습니다.

법무사 평소에도 그 식당에서 여러 번 있었기 때문에 의심할 수가 없었다?

김계원 예.

법무사 이기주 피고인이 갖고 있는 총을 왜 뺏었습니까?

김계원 각하 계시는 방 앞에서 총을 들고 있기에 제가 뺏었습니다.

법무사 각하를 쏠 줄 알고?

김계원 차 실장이 앞에 넘어져 있었는데 차 실장을 겨누고 있었습니다.

법무사 차 실장을 겨누고 있기 때문에?

김계원 겨눈다기보다도, 이래 가지고 있어서.

법무사 "살아 있다" 하는 얘기를 하고 쏘기 때문에 뺏었다?

김계원 예.

법무사 그 총을 계속 휴대하고 다니셨습니까?

김계원 예.

법무사 아까 얘기 도중에 "각하 정치를 좀 대국적으로 하십시오", "각하를 똑바로 모십시오" 하고 쳤다고 하는데 그건 어떻게 생각하십니까?

김계원 전혀 기억에 없습니다.

법무사 피고인은 주량이 어느 정도나 됩니까?

김계원 전에 많이 했는데, 각하도 그렇고 저도 그렇고 여행을 하고 와서 그런지 조금 일찍 취한 것 같았습니다. 보통 각하하고 그렇게 하면 위스키 한 병의 4분지 1 정도 하면 기분이 좋아집니다.

법무사 그날은 어느 정도 음주하셨습니까?

김계원 그날은 각하께서도 기분이 좋으시고 해서 꽤 많이 했습니다.

법무사 그날 피고인이 의식이 없었다거나 만취된 적은 없죠?

김계원 저는 그렇게는 기억 안 합니다만, 그다음 날 그날 있었던 일을 자꾸 상기하면서 보니까 상당히 기억 안 나는 부분이 여러 가지가 있었습니다.

법무사 병원으로 각하를 모시고 가고 청와대에 들어오고 벙커까지 가고….

김계원 그런 건 물론 제가 정신이 있을 때 했지요.

법무사 이제 본 법정에서 진술하시는 걸 보니까 상당히 기억이 정확하신데….

김계원 그렇게 취해서 기억을 못했다고는 느껴지지 않습니다.

법무사 술이 취해서 실수를 했거나 넘어졌거나 하는 건 없으시지요?

김계원 없습니다.

법무사 과거에도 음주를 하시면서 만취되거나 실수를 하시거나 한 적은 없으시지요?

김계원 각하를 모셔다 드리고 나서 제가 정신이 없어진 적은 있습니다만, 각하 모시는 중에는 그런 일이 없습니다.

재판장 본 군법회의를 폐정하겠습니다.

5장
궁정동 안가의 대행사 소행사

4회 공판

12월 11일

해병대 출신 채홍사 박선호 대령

김재규·김계원 피고인에 이어 박선호 피고인에 대한 사실심리 차례가 됐다. 박 피고인은 해병대 대령 출신의 중정 의전과장으로 김재규 부장이 가장 신임하는 오른팔이었다. 그는 김재규 피고인이 중위 시절 좌익인 연대장과 싸우고 잠시 군에서 쫓겨나 대구 대륜중학교 체육 교사를 할 때의 제자였다. 박 피고인은 해병대에서 유망한 장교였으나 해병대가 해군에 통합될 때 대령으로 전역했다.

그 후 그는 중앙정보부에 들어와 있다가 부장으로 부임한 김재규를 다시 만나게 됐다. 김 부장은 옛 제자인 그를 총애했으나 박선호는 총무과장 등을 지낸 뒤 중정을 그만두었다. 사우디에 나가 해외 근무를 한 뒤 개인사업을 시작한 그는 김 부장의 강력한 권유로 다시 복직해 의전과장을 맡았다. 그 의전과장이란 바로 박 대통령의 주색(酒色) 행사를 뒷바라지하는 자리였다. 당시 대통령과 중앙정보부장, 청와대 비서실장 등 핵심권력자들이 술을 마시는 궁정동 안가는 이미 요정화 돼 있었다. 관립 요정인 셈이다. 그 관립 요정의 관리를 중정이 맡았고 중정 의전과장이 지배인격이었다.

박선호 피고인은 의전과장의 임무 중에서도 술 시중 여인을 구하는 일이 가장 괴로웠다. 이른바 대통령을 위한 관립 요정의 채홍사였다. 이 일이 마음에 걸려 그는 중간에 몇 번 그만두겠다고 사의를 표했다. 그러나 그런 일을 심복이 아니면 맡길 수도 없어 김재규 부장은 박 과장을 계속 붙들었다.

박선호 피고인은 법정에서 그런 김 부장에 대해 한마디도 원망의 말을 하지 않았다. 그는 끝까지 김 부장에 대해 상관으로서 존경하고 신뢰하는 태도를 견지했다. 오히려 박 대통령의 사생활에 문제가 있었다는 증언을 남겨 김재규 부장의 10·26 결행이 정당한 판단이었음을 부각시켰다. 그는 1980년 5월 24일 김 부장 등 5명의 피고인들과 함께 형장의 이슬로 사라졌다.

재판장 군법회의를 개정하겠습니다.

법무사 어제 심리에서 김계원 피고인이 상(相) 피고인들에 대한 당 법정에서의 진술 내용 중 관계되는 부분에 대해서 그 요지를 고지해드리겠습니다.

첫째, 김재규 피고인과 관계되는 부분에 있어서는 피고인과 각별히 친근한 관계에 있었다.

둘째, 차 실장과는 관계가 나빴으며 항상 처치해버리겠다는 말을 해왔다. 만찬석상에서 피고인에 대한 불신임 발언 등으로 흥분되었다.

긴급조치 제10호를 김재규 피고인이 건의했다. YH 사건의 안전대책 고려 없이 강행 지시를 했다. 각하에 대한 충성과 중정부장의 업무에 대한 최선을 다해왔다.

이기주 피고인에 관한 부분에 있어서는, 김계원 피고인이 이기주 피고인이 소지하고 있는 권총을 탈취했다. 이기주 피고인이 차 실장이 아직 안 죽었다고 소리치는 것을 들었다.

유성옥 피고인에 관계되는 부분에 있어서는, 각하를 통합병원으로 운반 시에 운전했다. 밤새워 각하의 경호 지시를 했다. 이런 요지의 진술이 있었습니다.

(피고인들의 진술거부권에 대한 고지)

법무사 오늘 신문은 박선호 피고인으로부터 시작하겠는데, 특히 박선호 피고인과 박흥주 피고인, 상 피고인 면전에서 충분한 진술을 할 수 있는지 없는지 우선 답변 바랍니다. 박선호 피고인, 일어나주세요. 상 피고인 면전에서 진술을 그대로 하겠습니까,

퇴정시킬까요?

박선호 괜찮습니다.

법무사 괜찮다? 또 박흥주 피고인은?

박흥주 상관없습니다.

법무사 그럼 그대로 진행하는 걸로 하겠습니다.

재판장 검찰관, 직접신문 하시오.

검찰관 피고인 박선호.

법무사 피고인 박선호 앞으로 나오시오.

검찰관 검찰관이 피고인 박선호에 대해 직접신문하겠습니다. (김재규, 김계원을 신문한 검찰관과 교대)

법무사 정병, 마이크 조정해줘요.

검찰관 피고인, 구속되기 전에 직업은 무엇이었습니까? 잘 안 들려요? 이번에 구속되기 전에 직업이 뭐냐고….

박선호 전 중정 비서실 의전과장이었습니다.

검찰관 피고인은 해병 대령으로 예편한 사실이 있지요?

박선호 네.

검찰관 예편한 다음 중정 의전과장이 되기까지의 경력을 얘기해 보십시오.

박선호 예편된 다음 해인 1974년도에 중정 총무과장으로 들어가서 부산의 정보과장을 거쳐서 거기서 의원면직을 해서 현대건설 사우디 현장에 안전부장으로 1년간 근무를 하고 돌아와서 중앙상사라는 상사를 차려서 대표로 근무하다가 지난해 8월 11일에 비서실에 근무하게 되었습니다.

검찰관 본래 의전과장이 하는 일이 뭡니까?

박선호 궁정동에 있는 본관, 즉 정보부장님의 집무실 관리와 각하가 쓰시는 구관, 가·나·다동 이 네 개 건물과 다섯 개 건물의

관리를 하고, 주로 제가 하는 일의 90%는 각하 행사를 지원하는 일을 했습니다.

검찰관 피고인과 피고인 김재규와는 어떤 관계에 있습니까?

박선호 과거에는 사제지간으로서, 그리고 제가 지금까지 성장해오는 데 있어서 여러 면으로 제게 많은 충고와 지도를 해주신 분으로서 제가 항상 존경해왔습니다.

검찰관 피고인 김재규가 3군단장으로 있을 당시에도 피고인이 대륜중학교 동문들과 같이 방문한 사실이 있지요?

박선호 네, 그렇습니다.

검찰관 피고인 김재규가 유정회 국회의원과 건설부 장관으로 있을 당시에도 피고인이 찾아가 인사를 나눈 사실이 있지요?

박선호 네, 그렇습니다.

검찰관 피고인이 이번에 중정 의전과장으로 취직하게 된 것도 피고인 김재규의 힘이 컸었죠?

박선호 네.

검찰관 피고인이 보기에, 김재규 피고인과 차지철 경호실장과의 사이가 어떻다고 생각했나요?

박선호 제가 근무하면서 정치나 정보에 대해서는 잘 모르고 있었지만, 모든 면에서 차지철 경호실장은 정보부장님에 대해뿐만 아니라 행동에 있어서 안하무인격으로 한다는 것을 제가 피부로 느꼈고, 경호실장으로서 경호 이외에 정치 문제를 자꾸 관여하기 때문에 혼선을 일으킨다는 것을 알고 있었습니다. 그래서 이분을 정보부장님뿐만 아니라 여러분께서 상당히 싫어하신다는 것을 많이 느꼈습니다.

검찰관 김재규 피고인과 김계원 피고인의 사이는 어땠다고 생각합니까?

박선호 잘은 모르지만, 별로 사이가 나쁘지는 않다고 느꼈습니다.

검찰관 피고인과 이기주 사이는?

박선호 이기주는 제가 처음 부임하니까 경비를 하고 있었는데, 모든 행정력이 상당히 좋고 평도 가장 좋고 해서 경비직이면서 경비원들을 관리하게 해서 저를 많이 지원해줬습니다.

검찰관 피고인과 유성옥 사이는?

박선호 제가 처음에 총무과장으로 근무할 당시에 총무국장으로 계시던 허영만 장군의 기사로 있었고 또 제가 부산에 근무할 때 허영만 지부장의 기사로 부산에 같이 가 있었고 그래서 저와 두 번 같이 근무했던 사이고 또 제가 작년 8월 11일 정보부에 근무할 당시에 저와 같이 근무하기를 원해서 같이 근무한 적이 있습니다.

검찰관 피고인이 김재규 부장의 본관 집무실 관리도 하죠? 그때 혹시 김재규 피고인과 김계원 피고인이 사적으로 만나서 무슨 이야기한 것을 들어본 적이 있나요?

박선호 없습니다.

검찰관 한 번도 없습니까?

박선호 두 분이 이야기하시는 데는 저희가 접근할 수도 없고 접근해서도 안 됩니다.

검찰관 피고인과 김태원을 포함한 경비원들과의 사이는?

박선호 근무요원들과는 모두 화목 단결했습니다.

검찰관 궁정동 사무실 경비근무가 경비근무로서는 제일 좋은 위치이기 때문에 경비원들이 복종심이 강하고 피고인의 말을 잘 듣죠?

박선호 제일 좋다기보다도 거기에는 항상 각하도 오실 뿐만 아니라 부장님도 오시고 높은 분들이 많이 오시기 때문에 품행이 단정하고 충성심이 강한 사람들만 있기 때문에 거기에 근무하는 것을 영광으로 생각했던 것 같습니다.

검찰관 지난 10월 26일 대통령 각하 주재 만찬이 있다는 연락을 언제 누구로부터 받았습니까?

"오늘 저녁 해치운다"

박선호 26일 오후 4시 25분경에 청와대 경호처장으로부터 "오늘은 대행사가 있다. 장소는 나동이다" 이렇게 나왔습니다. 그래서 내가 그 연락을 직접 받고 바로 나동을 관리하는 남효주 사무관에게 "나동에서 대행사가 있다. 대행사가 있다"고 그러면… ("네, 알겠어요"라며 검찰관 이 말을 끊음), 그래서 준비시켰습니다.

검찰관 김재규 피고인이 남산분청에서 본관 집무실에 몇 시에 도착했습니까?

박선호 약 4시 30분경으로 생각됩니다.

검찰관 피고인이 식당 관리인인 남효주에게 만찬 준비를 시킨 후에 시내에 손님을 만나러 간 사실이 있죠?

박선호 네.

검찰관 몇 시에 나갔다가 몇 시에 들어왔나요?

박선호 부장님이 4시 30분경에 도착하셨기 때문에, 행사 관계를 보고를 드리고 제가 차를 가지고 바로 플라자호텔을, (이때 검찰관이 "네 알겠습니다" 하고 말을 막음. 플라자호텔은 박 대통령의 술자리 여인들을 만나 데려오는 장소들 중 하나였다.)

검찰관 네, 알겠습니다. 그래서 18시 25분경 위 식당으로 되돌아왔습니까?

박선호 네.

검찰관 피고가 만찬장에 도착했을 때 이미 만찬은 시작되었죠?

박선호 네. 제가 오니까 이미 만찬이 시작됐습니다.

검찰관 만찬 도중에 김재규 피고인이 밖으로 나왔다가 구관 정문에서 피고인을 만난 일이 있죠? 그 경위를 말씀하시오.

박선호 그때 저희는 경호처장과 전부 같이 주방에 있었는데, 남산 무관이 와서 저를 보고 깜짝 놀라면서 "부장이 나가신 지 한 5분가량 됐는데 모르고 있느냐" 하길래, 제가 당황하면서 플래시를 가지고 구관을 거쳐서 본관에 갔습니다. 보니까 이미 부장님이 나오시고 계셔서 모시고 같이 왔습니다.

검찰관 그때 김재규 피고인 혼자 왔습니까?

박선호 그 뒤에 박흥주 비서관이랑 셋이서 왔습니다.

검찰관 김재규 피고인이 박흥주와 피고인을 구관 침실 뒤쪽 잔디밭쯤 와서 뒤돌아서면서 두 손으로 "둘 다 모여" 했죠?

박선호 네.

검찰관 첫 마디가 어떤 이야기를 하던가요? "자네들 어떻게 생각하나? 잘못되면 자네들이나 나나 죽는 거야." 첫 마디가 그거였죠?

박선호 네.

검찰관 다음에는 어떤 이야기를 하던가요? "오늘 저녁에 해치우겠다. 방 안에서 총소리가 나면 너희들은 경호원을 처치해라." 이렇게 이야기하던가요?

박선호 네.

검찰관 그때 피고인 김재규가 권총을 휴대하고 있다는 것을 알았습니까?

박선호 네.

검찰관 어떻게 알았습니까?

박선호 툭 치면서 권총을 가진 시늉을 해주셨습니다.

검찰관 그 후 김재규 피고인이 본관을 가리키면서 이미 "육군총장과 제2차장보도 와 있다. 자네들 각오는 돼 있지?" 했을 때, 피고인은 뭐라고 했습니까?

박선호 각오가 돼 있다고 했습니다.

검찰관 그때 곁에 있던 박흥주는 어떻게 했나요?

박선호 대답이 없었습니다.

검찰관 알았다는 듯이 고개를 끄덕이고 있었죠?

박선호 네, 침통한 얼굴로 그랬습니다.

검찰관 그러고 나서 피고인이 김재규 피고인의 귀에 입을 가까이 대면서 "각하까지입니까?"라고 물은 사실이 있죠?

박선호 이미 가까이 다가가 있었기 때문에 귀에 댈 것도 없이 그냥 있는 상태에서 이야기했습니다.

검찰관 각하까지냐고 물은 사실은 있죠?

박선호 네.

검찰관 그때, 김재규 피고인은 뭐라고 하던가요?

박선호 "음"이라고 대답했습니다.

검찰관 피고인이 "오늘 경호원이 7명이나 되니 다음 기회에 하는 것이 어떻습니까"라고 한 일이 있습니까?

박선호 그날 실제로 경호원은 처장과 부처장하고 경호 요원 2명 합쳐서 4명이었습니다. 그래서 너무나 의외의 사실이었기 때문에 경호원이 7명이라고 거짓 보고를 드렸던 것입니다.

검찰관 김재규 피고인이 뭐라고 하던가요? "안 돼. 오늘 안 하면 보안이 누설돼서 안 돼. 똑똑한 놈 세 놈 골라서 나를 지원하라." 이렇게 말했죠?

박선호 네. 안 된다고 얘기했습니다.

검찰관 그때 피고인은 "30분간 여유를 주십시오" 했습니까?

박선호 왜냐하면 그 전에 하시면 부장님이 먼저 총탄에 쓰러질 것 같아서 제가 시간을 달라고 했습니다. 저희가 너무 긴박한 상황에서 그런 말씀을 하셨기 때문에 우왕좌왕했던 것입니다. 그래서 시간을 달라고 했습니다.

검찰관 그러니까 김재규 피고인이 "안 돼. 너무 늦어" 이렇게 이야기했죠?

박선호 30분은 너무 늦다는 표시를 하셨습니다.

검찰관 그래서 피고인이 "30분 전에는 절대로 행동해서는 안 됩니다" 이렇게 말했습니까?

박선호 네.

검찰관 그 대답을 김재규 피고인은 긍정적으로 받아들였죠?

박선호 네.

검찰관 피고인이 봤을 때, 이미 본관 집무실에는 육군총장과 중정 제2차장보가 와 있고 김재규 피고인이 서슴없이 권총을 차고 나가면서 각하를 살해하겠다고 하는 것을 보고 어떤 생각을 했습니까?

박선호 저는 그때 군의 최고지휘관인 육군총장님이 오실 시간이 아닌 시간에 와 있다는 것하고 또 한 가지는 국내 모든 정치를 담당하는 제2차장보가 안 오실 시간에 와 계신다는 사실에 굉장히 위축되었습니다. 그리고 국내외의 모든 정보를 자세히 알고 계시고 부산·마산사태를 직접 순시하고 오셨고 해서 이것은 뭔가 긴박한 상황이구나 하는 것을 느꼈습니다.

그때 제가 마중을 나가니까 이미 총을 차고 나오셨는데 그때 행동은 이미 각오를 하신 상황이었고 만약 제가 그것을 행동에 옮기지 않는다면, 거부했다면 그것이 성공하든 실패하든 제가 살아남지 못한다는 것을 피부로 느꼈습니다. 그리고 또 한 가지는 "각하까지입니까?" 할 때 "응" 하고 대답은 했지만 평소에 저희들에게 좀….

검찰관 네, 알겠습니다. 다음 질문하겠습니다. 폭력으로 대통령을 살해하면 우리나라는 어떻게 되겠습니까? 혼란해지겠죠? 국가변란 사태가 되지 않겠느냐는 이야기입니다.

박선호 네.

검찰관 그럼에도 불구하고 김재규 피고인의 지시에 따른 이유는 무엇입니까?

박선호 평소에 제가, 인격적으로 저희들에게 "검소하라", "모든 이에게 겸손하라" "물의 흐름을 막을 수 없다" 등등으로 항상 좋은 교훈의 말씀을 해주셨고, 저를 오래전부터 많이 돌봐주셨기 때문에 제가 인격적으로 우선 존경하게 되었던 것입니다.

검찰관 박흥주와 피고인은 본관 집무실을 거쳐서 서로 헤어진 다음 피고인은 경비원 대기실로 갔죠?

박선호 네.

검찰관 피고인의 사무실은 경비원 대기실 2층에 있나요?

박선호 네.

검찰관 경비원 대기실을 거쳐서 2층으로 가면서 당시 경비원 대기실에 있던 이기주를 불러서 "날 따라오너라" 했습니까?

박선호 네.

검찰관 이기주에게 "2층에 가서 권총 하나 가져오너라" 했지요?

박선호 네.

검찰관 그때 가져온 권총이 뭐였나요?

박선호 리볼버 권총입니다.

검찰관 본래 경비원 대기실에는 38구경 리볼버 5연발 권총이 3정 있죠?

박선호 몇 정이 있는지는 잘….

검찰관 리볼버 권총은 위 식당 정문 경비원들이 항상 휴대하는 권총이죠?

박선호 네.

검찰관 그 권총은 안전사고를 미연에 방지하기 위해서 평상시에는 실탄을 한 발 뽑아놓지요?

박선호 네.

검찰관 그러니까 실탄은 보통 4발 장전되어 있겠군요?

박선호 네.

검찰관 이 권총을 허리에 차고 식당 대기실로 내려오면서 이기주에게도 "너도 무장하고 오너라" 한 사실이 있죠?

박선호 네.

검찰관 그때 이기주가 갖고 나온 총이 무엇이었습니까?

박선호 M15였습니다.

검찰관 M15면 기관단총인가요?

박선호 네.

검찰관 그 기관단총을 오른쪽 상의에 차고 경비원 대기실을 나오다가, 아무래도 한 사람 더 필요하다고 생각해서, 이기주에게 유성옥도 총 쏠 줄 아느냐고 물었습니까?

박선호 처음에 이기주 한 사람만 데려오려고 했던 이유는 저희가 먼저 총으로 위협하면 반항하지 않을 것으로 생각하고 이기주만 데리고 나오다가, 가만히 생각하니까 저쪽은 경호원이 너무 많기 때문에 한 사람 정도로 위협해서는 안 될 것 같은데, 마침 거기에 유성옥 기사가 있어서, 제일 말도 잘 듣고 평소에 성격이 활발하고 그래서 유성옥이도 같이 오라고 했습니다.

검찰관 그때 이기주가 뭐라고 대답했나요? "유성옥도 육군 중사 출신입니다"라고 했죠?

박선호 네, 저는 유성옥이 기사이기 때문에 총을 쏠 줄 아는지 모르는지 그것이 염려되어서 총을 쏠 줄 아느냐고 물었는데, 육군 중사 출신이기 때문에 총을 쏠 줄 안다고 했습니다.

검찰관 피고인이 무장하고 있는 유성옥과 이기주를 데리고 구관으로 들어갔다가 식당 쪽문을 들어서면서 어떤 이야기를 했죠? "부장 지시인데, 오늘 일이 잘 되면 한몫 볼 것이다. 부장이 방안에서 총을 쏘면 너희들은 주방에 있는 경호원을 몰아붙여라." 이렇게 말했습니까?

박선호 그 사람들이 순순히 따라오고, 아무 내용도 모를 것 같고 해서 그렇게 이야기했습니다.

검찰관 그때 유성옥이 "만약 경호원이 사격해오면 어떻게 할까요?"라고 묻던가요?

박선호 우선 경호원들이 전부 손을 들게 해서 사격을 못 하게 제지하라고 했더니, 만약에 말을 듣지 않으면, 저쪽에서 사격하면 어떻게 하느냐고 물었습니다.

검찰관 그래서 피고인이, 그러면 사살하라고 지시했나요?

박선호 저쪽에서 사격하면 같이 응사하라고 했습니다.

검찰관 그런데 "오늘 일이 잘되면 한몫 볼 것이다" 이 말은 어떤 뜻으로 했나요?

박선호 그것은 그 사람들이 아무 뜻도 모르고 따라오기 때문에 우선 말을 듣게 하려면 무슨 기대가 있어야 하기 때문이고 그 사람들이 하도 고마워서 말로 그렇게 말했던 겁니다.

검찰관 그 정도의 말만 하면 유성옥과 이기주는 대충 감을 잡죠? 부장을 시킨다. 과장을 시킨다는 것을 굳이 이야기하지 않아도 '이 범행을, 이 거사를 행하고 나면 뭔가 좋은 대우를 해줄 것이다'라는 생각을 한 것은 틀림없는 이야기죠?

박선호 제가 그 당시 너무 갑작스럽게 이야기했기 때문에 그 사람들도 그 자리에서 듣고 바로 직감하기는 어려웠을 것 같습니다. 굉장히 긴박했습니다.

청와대 경호원들이 사격해오면 응사하라

검찰관 당시 식당에 각하가 계신다는 것은 이기주와 유성옥도 알았죠?

박선호 네. 알았습니다.

검찰관 이기주는 식당 정문 경비를 하고 있던 서영준과 교대해서 근무시키고 유성옥을 시켜서 식당 건너편에 있던 경비원 대기실 차고에 있는 제미니 차를 식당 주방 곁에 옮겨 놓으라고 지시한 일 있죠?

박선호 네. 그렇습니다.

검찰관 그러고 나서 이기주를 보니까 M16 총이 너무 거추장스럽게 보이므로 "너 가서 권총으로 바꿔 와라" 했죠?

박선호 네.

검찰관 잠시 후 박흥주가 구관에서 식당 쪽문으로 들어오면서 "나는 어디로 가지?" 이렇게 이야기하던가요?

박선호 네.

검찰관 그때 피고는 뭐라고 말했습니까?

박선호 저쪽 주방 쪽으로 같이 가라고 했습니다.

검찰관 주방과 곁에 있는 제미니 차를 가리키면서 저쪽으로 가서 지휘하라고 했습니까?

박선호 네.

검찰관 당시 정문 경비를 하고 있던 이기주도 아무래도 방안에서 총소리가 나면 정문에서 주방으로 오는 데 시간이 걸리니까, 이기주 역시 차 속에 있는 것이 좋겠다고 생각한 다음 서영준을 다시 불러서 정문 경비를 시키고 이기주는 제미니 차 속에 가 있으라고 했죠?

박선호 네.

검찰관 그리고 나서 피고는 어디로 갔습니까? 식당 대기실로 갔나요?

박선호 네.

검찰관 그때 식당 대기실에는 누가 있었습니까?

박선호 처장, 부처장이 있었습니다.

검찰관 경호처장 정인형과 부처장 안재송이 있었죠?

박선호 네.

검찰관 그 두 사람은 뭘 하고 있었습니까?

박선호 땅콩을 먹으면서 텔레비전을 보고 있었습니다.

검찰관 텔레비전 방송은 어떤 것이었죠?

박선호 지금 생각하기로는 8군 방송을 보고 있었습니다.

검찰관 AFKN 8군 방송을 보고 있었나요?

박선호 네.

검찰관 경호처장 정인형과 부처장 안재송과 피고 사이는 어떻습니까?

박선호 같은 해병 출신입니다.

검찰관 경호처장 정인형은 해병 임관 동기생이고, 경호부처장 안재송은 해병대 장교 후배죠?

박선호 네.

검찰관 평상시에 친분이 두터웠겠군요?

박선호 네.

검찰관 19시 38분경에 피고는 주방과 대기실 중간에 있는 부속실로 간 사실 있죠?

박선호 네.

검찰관 그곳에서 식당 관리인인 남효주에게 만찬장에 가서 부장님 좀 불러달라고 한 일 있습니까?

박선호 네.

검찰관 잠시 후에 나온 김재규 피고인이 피고인을 보고 뭐라고 하던가요? "준비 다 됐어?" 그랬죠?

박선호 제가 준비 다 됐다고 보고했습니다.

검찰관 김재규 피고인이 알았다고 하던가요?

박선호 그건 잘 모르겠습니다.

검찰관 그리고 나서 김재규 피고인은 만찬장으로 들어가버리고, 그때 안재송이 화장실에 간 사실이 있습니까?

박선호 네.

검찰관 안재송이 화장실 갔다 온 다음에 피고인이 대기실 들어갔죠?

박선호 네.

검찰관 대기실에 들어가서 어디에 앉아 있었습니까?

박선호 입구에 있는 소파에 앉아 있었습니다.

검찰관 이어서 19시 40분경 만찬장에서 총소리가 났죠. 전부 몇 발 났습니까?

박선호 전부 2발 났습니다.

검찰관 첫 발과 두 번째 사이는 어느 정도라고 생각합니까?

박선호 처음에 꽝 하고 소리가 나니까 처장과 부처장이 의아해하며 저와 함께 셋이 얼굴을 마주 보았습니다. 그러고 나서 이미 처장과 부처장은 총에 손이 가서 빼려고 하는 것을 내가 제일 먼저 뽑았고, 그때 두 번째 총소리가 꽝 하고 나서, 제가 "꼼짝 말라"고 했습니다.

검찰관 잠깐, 첫 번째 총성이 났을 때, 정인형과 안재송이 서로 눈이 마주치고 의아해하고 또 총소리가 날 때 피고인이 총을 뽑았죠? 그러면 두 발의 총성 사이에는 시간 여유가 좀 있었죠?

박선호 네.

검찰관 그다음에 피고인이 한 행동을 이야기해보시오.

박선호 소리 날 때 그 사이에 처장, 부처장 두 사람의 손이 먼저 여기 갔기 때문에 뽑기 전에 내가 먼저 뽑고 "꼼짝 말라"고 했습니다. "움직이면 쏜다"고 하면서 시간이 흘러갔고 제가 "같이 살자"고 했습니다.

검찰관 그런데도 불구하고, 안재송이는 속사수죠? 안재송이 권총을 뽑는 순간 안재송의 가슴을 향해서 1발 쐈습니까?

박선호 제가 그렇게 말할 때 처장은 너무 당황해서 모든 것을 포기한 인상을 제가 받았습니다. 안색이 변하고 그랬는데 몇 초가 지나자 안재송 부처장이 처장과 얼굴을 마주하더니 이럴 수가 있나 하는 표정을 하면서 안재송이 총을 뽑아서 저를 겨누기 직전에 제가 발사했습니다.

검찰관 어쨌든 안재송이 1발 쏘고 나니까 정인형이 또 달려들었죠? 이래서 피고인은 두 발 정도 뒤로 물러서면서 또 당겼습니까?

박선호 처장과 부처장이 같이 총을 뽑았으면 제가 당했을 텐데 시차가 있었기 때문에 처장이 다음에 앞으로 오면서 저에게 총을 겨누기에 저는 두 발 후퇴하면서 또 발사했던 것입니다.

검찰관 그때 주방에서도 총소리가 나고 전깃불이 꺼졌죠?

박선호 제가 나가니까 이미 불이 꺼져 있었습니다.

검찰관 그때 피고인이 플래시를 가지고, 왼손에 들고 있던 플래시, 평상시에 김재규 피고인을 안내하기 위해서 항상 플래시를 휴대하고 다녔었는데 그 플래시를 갖고 주방 연회석과 식당을 막 비추면서 "나 과장인데 불 켜라" 하고 고함쳤습니까?

박선호 네.

검찰관 그러자 잠시 후에 불이 켜졌죠?

박선호 네.

검찰관 불이 꺼졌다가 켜질 때까지 시간이 오래 걸렸나요, 아니면 얼마 안 됐나요?

박선호 얼마 안 되었습니다.

검찰관 그때 김계원 피고인은 어디서 뭘 하고 있었나요?

박선호 잘 기억나지 않는데, 마루 어딘가에 있었던 것 같습니다.

검찰관 전깃불 켠다고 벽을 더듬는다든가 이런 행동을 하고 있던가요?

박선호 잘 모르겠습니다.

검찰관 그 후 김재규 피고인이 뛰어오면서 자기가 갖고 있던 작은 총을 버리고 피고인이 갖고 있던 리볼버 권총을 나꿔 채간 일이 있죠?

박선호 그때는 제가 사격을 하고 시간을 오래 끌었는지, 이미 그 안에 와서 계셨습니다. 들어오시는 것을 못 보았습니다.

검찰관 그런데 피고인은 왜 김계원 피고인을 쏘지 않았습니까?

박선호 저는 전부 사살하는 데 목적이 있는 게 아니고 경호원들을 제지하는 데에만 목적이 있었고 또 그런 것은 지시받은 일도 없고 해서 관계없었습니다.

검찰관 특별히 김재규 피고인으로부터 김계원 피고인은 쏘지 말라는 얘기를 들은 일 없습니까?

박선호 없습니다.

검찰관 혹시 말은 안 해도 표정으로 봐서 못 느끼겠던가요?

박선호 전혀 느끼지 못했습니다.

검찰관 피고인은 주방으로 들어가서 마침 사격을 다 끝내고 주방에 들어와 있던 이기주와 유성옥에게 어떤 지시를 했습니까? "경호관들 총을 거두어라." 이렇게 이야기했죠?

박선호 잘 기억이….

검찰관 그러고 나서 김재규 피고인과 다시 만난 일 있나요?

박선호 구관 쪽으로 나가니까 벌써 차가 떠났습니다.

검찰관 차 떠나는 꽁무니를 피고인은 봤겠구먼요?

박선호 네.

검찰관 그래서 본관 정문 경비원들에게 뛰어가서 김재규 부장이 누구하고 갔느냐고 물은 일이 있지요?

박선호 네.

검찰관 그러니까 경비원들이 뭐라던가요?

박선호 아까 계신 분들과 다 같이 갔다고….

검찰관 총장님과 제2차장보 그리고 수행비서관 박흥주와 같이 갔다고 하던가요?

박선호 네.

검찰관 그 말을 들은 다음 식당 건너편에 있는 경비원 대기실로 갔죠?

박선호 네.

검찰관 경비원 대기실 책상 위에 작은 권총을 놨나요?

박선호 네.

검찰관 김재규 피고인이 버리고 간 총이 그거죠?

박선호 네.

검찰관 그 총을 놓고 경비원들에게 어떤 지시를 했습니까? 무장하고 있다가 청와대 경호원들이 오면 쏘라고 했죠?

박선호 그때의 지시는 그런 것이 아니고, 상황이 이미 전투 때처럼 긴박한 상황이었고 청와대에서 경호관들이 사격하고 올 것 같은 예감이 들었습니다. "저쪽에서 사격을 하면 같이 응사하라"고 지시했습니다.

검찰관 경비원 대기실에서 김태원을 데리고 범행 장소인 식당으로 또 간 사실이 있죠?

박선호 그때는 아직 각하가 어떻게 됐는지 내용도 모르고 갔기 때문에 궁금해서 데려왔습니다.

검찰관 궁금한 것도 사실이지만 사람이 확실히 죽었는지 아닌지 무섭기도 했죠?

박선호 네.

검찰관 그때 김태원이 갖고 있던 총은 무엇이었습니까?

박선호 M16으로 알고 있습니다.

검찰관 김태원을 데리고 식당으로 갔는데, 거기에는 정문 있고 주방 쪽에 후문이 있죠? 후문을 들어서면서 당시에 거기에 있던 이기주에게 뭐라고 얘기했나요? "안에 깨끗이 정리됐어?" 이렇게 했나요?

박선호 그것은 왜 그렇게 얘기했나 하면, 제가 안에 들어가 보고 싶기도 한데 들어가 보려니까 섬찟하고 해서 "깨끗이 정리됐어?"

라고 한번 물어보고 다시 가동으로 돌아갔습니다.

검찰관 "깨끗이 정리됐어?" 하는 얘기는 그 안에 혹시 살아 있는 사람 정리하란 소리죠? 그 말뜻은 확인사살하라는 것과 똑같은 얘기죠?

박선호 이기주는 이미 거기에 오래 있었기 때문에, 깨끗하게 다 죽었는가를 다 확인되어 있는 것으로 알고 반문한 것입니다.

박선호, 피신 안 한 채 사무실에서 잡혀

검찰관 그때 김태원은 안에서 총소리 난 것도 모르고 아무것도 몰랐습니까?

박선호 아마 가동에서 총소리 나는 것은 들었을 것입니다.

검찰관 각하가 와 있다는 사실도 알았죠?

박선호 네. 아마 알고 있었을 겁니다.

검찰관 각하도 계시고 식당에서 총소리가 들리고 했으니까, 피고인이 봤을 때 김태원이도 심상치 않다는 생각을 했겠죠?

박선호 각하가 와 계신다는 건 알았을 것입니다.

검찰관 물론 피고인은 김태원을 데리고 식당으로 들어가지는 않았지만 잠시 후에 식당 안에서 총성이 두 발 나는 것을 들었죠?

박선호 네.

검찰관 그 소리를 듣고 경비원 대기실로 갔나요?

박선호 네.

검찰관 김태원이 왜 경호관 박상범은 확인사살 안 했다고 생각했나요?

박선호 그 내용은, 안에 누가 살았는지 죽었는지 저는 전혀 몰랐습니다.

검찰관 범행 후에 김재규 피고인의 궁정동 본관 집무실의 윤병서 비서로부터 "청와대 경호실에서 연락이 오는데 어떻게 하면 좋겠냐"는 인터폰 질문을 받은 사실이 있나요?

박선호 네.

검찰관 그때 피고인은 뭐라고 대답했습니까?

박선호 모른다고 하라고 했습니다.

검찰관 "외부로부터 전화가 오면 받지도 말고 하지도 말라. 차량 출입을 통제하라. 행사가 끝나고 자리를 옮겼다고 해라" 그랬나요?

박선호 하여튼 모른다고 하라고 했습니다.

검찰관 피고인은 대방동에 있는 피고인의 집에 다녀온 사실이 있죠? 가서 어떤 일을 했습니까?

박선호 가니까 꼬마가 있어서 차에 싣고 처갓집으로 갔다가 다시 사무실로 들어왔습니다.

검찰관 왜 대방동 집에 갔다 왔습니까?

박선호 그때 자연히 발이 그리로 갔습니다.

검찰관 다시 사무실로 돌아왔을 때 본관 비서 윤병서가 전화한 사실 있죠?

박선호 네.

검찰관 전화하면서 "지금 전문이 계속 들어오고 있다" 이런 보고를 들었습니까?

박선호 네.

검찰관 피고인이 그 전문이 뭐냐고 물었더니 "병력 이동 사항입니다" 했죠?

박선호 네.

검찰관 피고인이 다시 확인하기 위해서 본관 비서실로 갔나요?

박선호 네.

검찰관 그때 그 전문 내용 역시 병력 이동 사항이던가요?

박선호 네.

검찰관 그 전문을 보고 피고인은 어떤 생각을 했습니까? 계획적으로 잘돼가는구나 했죠?

박선호 무슨 계획이 있었구나 하는 것을 느꼈습니다.

검찰관 그러다가 한참 기다려도 계속 소식이 들어오지 않으므로 피고인이 김재규 부장 차가 어디에 가 있느냐 하는 궁금증도 있어서 김재규 부장차와 IMTS, 즉 무선전화로 연락한 사실이 있죠?

박선호 네.

검찰관 누가 받던가요?

박선호 제가 위치가 어디인가 확인했습니다.

검찰관 그때 박흥주 피고인은 어디에 있었습니까?

박선호 육본이라고 했습니다.

검찰관 그때 박흥주 피고가 피고에게 뭐라고 하던가요? "나 지금 잘 있는데 소식을 기다리고 있다" 그러던가요?

박선호 박흥주 비서도 그때는 내용을 잘 모르고 대기하는 상태라고 했습니다.

검찰관 피고인은 사무실에 있을 때 이기주로부터 "유성옥 피고인은 병원에서 자꾸 전화한다, 보안사 사람들이 자꾸 사고 현장에 가자고 하는데 어떻게 하면 좋겠냐"는 보고를 받은 사실 있죠? 그때 이기주에게 뭐라고 지시했나요? 전화를 해서 유성옥 피고인이 사람 데리고 이 범행 장소로 오지 말고 계속 병원에 있으라고 지시한 사실이 있죠?

박선호 유성옥 피고인에게는 보안유지를 하라고만 했습니다.

검찰관 계속 기다리다가 특별히 소식도 연락도 없으니까, 다음 날 새벽 3시 30분에 남산분청에 갔다 온 적 있죠?

박선호 네.

검찰관 그때 갈 때 베레타 권총을 차고 갔죠? 왜 차고 갔습니까?

박선호 이미 일은 크게 벌어졌고 유사시에는 자결이라도 하려고 필요했던 겁니다.

검찰관 피고는 그곳에서 제2차장보 김정섭을 만난 사실 있죠? 피고인이 '이상하다. 총장님과 같이 가셨는데 왜 여기에 있는가?' 하는 취지로 "아니 어떻게 여기 계십니까? 별일 없습니까?" 하고 물으니까 김정섭 차장이 아주 침통하고 의아한 표정으로, "아, 도대체 거기서 무슨 일이 있었어?" 하고 물은 사실이 있습니까?

박선호 네.

검찰관 그때 피고인이 보니까 '이미 틀렸구나' 이런 생각을 했죠?

박선호 네.

검찰관 계엄이 선포되고 대통령 각하가 유고되었다는 발표는 언제 어디서 들었나요?

박선호 비서실에서 나가면서 들었습니다.

검찰관 김정섭 차장보로부터 그런 말을 듣고 '아, 이번 일은 틀렸구나' 하는 생각이 들고 사무실로 되돌아오려니까 겁이 나서 못 왔죠?

박선호 이제는 마지막으로 가족도 봐야겠고 해서 방배동으로 갔던 겁니다.

검찰관 06시경 다시 처갓집인 방배동으로 갔겠군요? 거기 가서 무슨 이야기를 했습니까?

박선호 제가 유언 비슷한 이야기를 다 했습니다.

검찰관 어떻게 해서 체포됐습니까?

박선호 사무실에 다시 돌아와 있으니까 남산 감찰실에서 찾는다고 해서 제가 확인을 하니까 계엄군에서 찾는다고 해서 제가 감찰실로 가서 대기했다가 계엄군에서 와서 같이 갔습니다.

검찰관 지금도 피고인의 범행은 잘했다고 생각합니까?

박선호 내용을 잘 모르고 했기 때문에 잘했다고 하는 것은 아니고 아직까지 어안이 벙벙합니다, 저한테는.

검찰관 이상 마치겠습니다.

재판장 10분간 휴정하겠습니다.

비운의 육사 18기 선두주자 박흥주 대령

박흥주는 동기생 중 항상 1차로 진급하는 그룹으로 분류된 육사 18기의 선두주자였다. 정치군인 집단인 하나회와는 거리가 먼 야전군인이었다. 중령 시절 12사단 포병대대장 보직을 마치고 육군본부에서 근무하다 김재규의 부름을 받고 중앙정보부장 비서실 수행비서관이 되었고 대령으로 진급했다. 그는 군사정권에서 손꼽히는 엘리트 장교였고 날아가는 새도 떨어뜨린다는 중앙정보부장의 최측근이었다. 중정부장 수행비서관 보직에서 일선 연대장으로 나가기를 희망했으나 김재규가 몇 달만 더 하라고 붙잡는 바람에 박 대령의 운명은 극적으로 뒤바뀌었다.

1979년 10·26 사건 때 김재규의 지시로 안가 경비원 이기주, 중정 의전과장 박선호, 차량 운전사 유성옥과 함께 식당에 있던 경호원 사살에 가담하였고 김재규가 보안사에 체포되면서 본인도 구속되어 비극적인 최후를 맞았다. 박흥주는 10·26 당시 현역 군인이었기에 1심 선고만으로 사형이 확정됐고 1980년 3월에 사형이 집행됐다.

재판장 군법회의를 속개하겠습니다.

법무사 심리 순서는 검찰관이 직접신문을 전부 한 다음에 반대신문으로 들어가도록 하겠습니다. 박흥주 피고인 앞으로 나오세요. (검찰관이 박흥주 피고인에게 계급, 군번을 묻고 박 피고인에 이에 대답.)

검찰관 육사를 졸업했죠?

박흥주 1962년도에 졸업했습니다.

검찰관 대한민국 국군의 최고통수권자가 누굽니까?

박흥주 대통령 각하이십니다.

검찰관 피고인이 구속되기 전 하던 일은 무엇이죠?

박흥주 직책은 중앙정보부 비서실 수행비서관입니다.

검찰관 피고인이 김재규 피고인을 언제 어떻게 알았나요?

박흥주 제가 중위 때인 1964년도 8월경, 6사단 포병 77대대 3과 보좌관으로 근무 중 어느 날, 당시 포병 사령관이 사단장실에 가보라고 해서 가서 면접했습니다. 그 자리에서 이름을 묻고 "오늘부터 내 부관을 하라"고 해서 알게 되었습니다.

검찰관 그 후, 김재규 피고인이 육군 보안사령관으로 있을 당시 피고인이 육군 보안사령부 506보안부대의 수경사 반장 등의 직책에 있었죠?

박흥주 예.

검찰관 지난 10월 26일 몇 시경에 남산분청을 출발했습니까?

박흥주 남산분청에서 4시 10분경, 궁정동 도착한 것이 4시 30분쯤 됐습니다.

검찰관 남산분청에서 궁정동 집무실로 가는 도중에 차 속에서 김재규 피고인의 표정이 굳어 있다거나 특별히 전화를 한다거나 한 적이 있나요?

박흥주 기억이 없습니다. (차분한 목소리)

검찰관 김재규 피고인이 궁정동 집무실에 도착한 다음 만찬 장소에 갈 때까지 있었던 일을 대충 기억나는 대로 이야기해보십시오.

박흥주 남산을 출발해서 궁정동 도착이 16시 30분경이었습니다. 차를 대자 박선호 과장이 귀엣말로 부장에게 보고하는 것 같았습니다. 그래서 직감적으로 '오늘 행사가 있나 보다' 하고 알게 되었습니다. 가방을 들고 2층으로 따라 올라갔습니다. 그날은 제가 부장님이 오랫동안 장거리 출장에, 매일 저녁 늦게까지 회의를 하시고 머리를 깎지 못하셨기 때문에 15시까지 이발 준비를 해놓도록 했는데, 2층에 올라가니까 부장께서 "각하께서 일찍 나오시면 곤란하니까 내일 이발하도록 하자"고 하셔서 가방만 놓고 밑에 내려와 있었습니다.

얼마 후, 거기 근무하는 윤병서 비서가 내려와서 부장님이 새로 맞춘 줄 있는 조끼 있는 양복을 가져오도록 지시를 받았습니다. 그래서 제가 공관에 연락했습니다. 얼마 후 시간이 상당히 많이 지난 후, 인터폰을 받고 2층으로 뛰어 올라갔습니다. 오늘 저녁 3인분 저녁 준비하라고 해서 직원에게 지시했습니다. 17시 20분경 옷이 도착해서 그때 경호차가 대기 중이었는데, 각하가 오시면 경호차를 다른 곳으로 대피시킵니다.

그 차편을 이용해서 구두를 사기 위해 제가 세종로 우측에 있는 에스콰이어에서 구두를 사 신고 헌 구두는 차 뒤에 싣고 궁정동으로 돌아왔습니다. 돌아오는 도중, 궁정동에 거의 다 온 500m 전방에서 빨리 들어오라는 연락을 받았습니다. 윤병서 비서가 부장께서 집무실에 계신다고 하길래 제가 화장실 앞에서 대기하고 있으니까 나오십디다.

검찰관 그때 이미 김계원 피고인은 와 있었죠?

박흥주 저는 뵙지 못했습니다. 문이 둘 있는데, 저는 오른쪽 화장실 입구 식당 있는 쪽 앞에서 대기하다가 "오늘 손님들이 오신 다음에 내가 19시까지 오지 못하면 손님들끼리 식사하도록 하라"고 말씀하셨습니다.

검찰관 그 후 김재규 피고인과 김계원 피고인은 만찬석으로 가버리고 잠시 후 한참 있었겠군요. 육군참모총장과 중정 제2차장보가 본관 집무실에 온 사실이 있죠?

박흥주 18시 30분경입니다.

검찰관 그때 김재규 피고인이 대통령 각하와 만찬 약속이 있음에도 불구하고 어째서 두 사람을 초대했다고 생각했습니까?

박흥주 그동안 그런 경우가 거의 없었습니다. 3군 참모총장이 많이 기다리다가 다른 데 나가셔서 저녁을 같이하신 적이 있는데 그때는 특별한 경우였습니다. 그래서 요즘 사태도 긴박하고 계엄도 선포되어 있는 상태이기 때문에 중요한 지시 사항을 받아서 말씀을 나누려는 게 아닌가 생각했습니다.

검찰관 김재규 피고인이 만찬 도중에 본관 집무실에 온 사실이 있죠? 19시 10분쯤 해서.

박흥주 19시 10분이 채 못 되어 가지고 궁정동 집무실로 오셨습니다.

검찰관 그때 김재규 피고인 혼자 왔나요?

박흥주 저는 그때 비서실에 있었는데, 혼자 지나가신 것만 뵈었습니다.

검찰관 그래서 피고인이 뒤따라 나갔겠군요?

박흥주 저는 따라 나가지 않고 사무실에 있었습니다.

검찰관 아니, 김재규 피고인이 만찬 중에 본관 집무실에 왔다가 만찬 장소로 되돌아갈 때 말입니다. 그때 피고인이 현관문을 열어보니까 의전과장 박선호가 회중전등을 비추면서 서 있더라고 했죠?

박흥주 궁정동 본관 집무실에 오셨다가 가실 때는 급히 제가 뛰어나갔습니다. 현관 입구까지 가서 서 있었습니다. 부장과 박 과장이 한참 걸어가고 있었습니다. 구관 쪽문 있는 쪽 다 가서 손짓을 해서 부르기에 쫓아갔습니다.

검찰관 어디까지 갔었나요? 구관 침실 뒤에 있는 잔디밭까지 갔었죠?

박흥주 들어오라고 해서 계단 두 개를 올라가서 잔디밭 있는 데까지 갔었습니다.

검찰관 좀 전에 박선호 과장을 본 검찰관이 피의자 신문할 때 서로 주고받은 이야기가 있었다고 했는데, 그 얘기를 다 들었나요? 예를 들면, "자네들 어떻게 생각하나. 잘못되면 자네들이나 나나 죽는 거야. 오늘 해치울 테니, 너희들은 경호원을 처치하라" 그랬죠?

박흥주 제가 듣기에는 "자네들 어떻게 생각하나? 나라가 잘못되면 자네들이나 나나 다 죽는 거야" 이런 식으로 들은 것 같은데 확실하게는….

검찰관 그때 김재규 피고인이 권총을 차고 있는 것을 알았죠?

박흥주 네.

검찰관 박선호가 "각하까지입니까?" 하는 말도 들었죠?

박흥주 네. "각하까지입니까?" 하는 얘기 들었습니다.

검찰관 박선호가 30분간 여유를 달라고 하는 얘기 들었죠?

박흥주 시간 여유를 달라고 하는 얘기를 들었습니다.

검찰관 똑같은 질문이 되겠습니다만, 본관에는 이미 육군참모총장과 중정 제2차장보가 와 있고 김재규 피고인이 서슴없이 권총을 차고 가면서 "대통령을 살해하겠다" 이런 이야기를 들었을 때 피고인은 어떤 생각을 했습니까?

박흥주 사태가 상당히 긴박한 상황에 도달하지 않았나 생각을 했습니다. 그동안 저는 부장을 수행해서 부산에 다녀왔고 옆에서 보기만 했습니다만, 여러 가지 복잡한 정치 사항이 잘되지 않고 있지 않나 하고 막연히 생각하고 있었는데 그 자리에서 갑자기 그런 말씀을 하시기 때문에 무척 당황했고 사태가 어떻게 진전되고 있는 건가 하는 것을 의혹을 가지고 상당히 놀랐습니다.

검찰관 폭력으로 각하를 살해하면 우리나라가 어떻게 될 걸로 생각했습니까? 국가변란 사태가 되겠죠?

박흥주 그렇습니다. (풀 죽은 목소리가 됨)

검찰관 그럼에도 불구하고 김재규 피고인의 지시에 따른 이유는 뭡니까? 더군다나 피고인은 육군사관학교를 졸업한 현역 육군 대령입니다. 그럼에도 불구하고 각하 살해 지시를 받고 왜 이런 지시에 따르게 되었습니까?

박흥주 그 자리에서는 대답도 못 하고 듣기만 했습니다. 그 자리에서 나와 권총을 차고 본관 비서실에 들어가서 담배를 피우면서 생각했습니다. 첫째, 육군참모총장, 김정섭 차장보도 와 있고 모든 준비가 다 되어 있고 또 중정부장은 한국의 모든 중요 정보를 전부 관장하시는 분이고 상당히 섬세하고 주도면밀한 분이므로 모든 준비가 다 되어 있으니까 저렇게 이야기하시는 것이다. 그리고 "나라가 잘못되면 자네들이나 나나 다 죽는 거야"라고 말씀하시는 걸로 봐서 상당히 긴박한 상태에 도달한 게 아닌가 생각되었습니다.

검찰관 그러한 범행 지시를 받고 피고인은 어디 가서 어떤 총으로 무장했나요?

박흥주 그 자리에서 지시를 받고 부장과 박선호 과장은 만찬장으로 들어갔습니다. 저는 좌측으로 나오면서 주차장에 있는 차량의 제 가방에 있는 권총을 꺼내서 좌측에 찼습니다.

검찰관 그 권총이 38구경 9연발 독일제 웰슨 권총입니까?

박흥주 예.

검찰관 그 당시 그 권총에는 실탄이 몇 발 들어 있었습니까?

박흥주 각기 다른 두 종류 실탄 7발이 들어 있었던 것으로 기억됩니다.

검찰관 19시 20분경 본관 집무실 경비원 대기실에 있던 김재규 피고인의 차 운전기사 유성옥 피고인에게 조금 있다가 차에 가 있으라고 한 사실이 있습니까?

박흥주 예.

검찰관 왜 그런 지시를 했나요?

박흥주 우선 일이 생기면 차가 움직일 것 같고, 항상 그런 행사가 있으면 식사도 하고 나가 있기 때문에 그랬습니다.

검찰관 몇 시경 만찬 장소로 갔나요?

박흥주 확실한 시간은 기억 못 하지만 30분 다 되어서일 겁니다.

검찰관 쪽문을 들어서면서, 박선호에게 "나는 어디로 가지?"라고 물었나요?

박흥주 쪽문을 들어가 한참 걸어갔는데, 껌껌하고 잘 보이지를 않아서 "나는 어디로 가냐"고 물었습니다.

검찰관 그때 박선호가 뭐라고 이야기하던가요?

박흥주 "저쪽 주방 옆" 하는데, 어슴푸레하게 차가 보였습니다.

검찰관 그때 주방과 차를 가리키면서 저쪽으로 가 있으라고 하던가요?

박흥주 손으로 이렇게 가리켰습니다.

검찰관 그때 피고인이 제미니 차에 가서 어디에 앉아 있었나요?

박흥주 운전석 우측에.

검찰관 운전석에는 누가 앉아 있었나요?

박흥주 한 사람이 앉아 있었습니다.

검찰관 그 사람은 평소에 잘 아는 사람이었나요?

박흥주 안면이 있습니다. 한 번 그 차를 타고 남산분청까지 간적이 있습니다.

검찰관 잠시 후 또 뒷좌석에 다른 사람이 와서 탔죠? 그 사람도 안면이 있던가요?

박흥주 예.

검찰관 경비원이라는 건 알았죠?

박흥주 예.

검찰관 그때 차 안에서 무슨 이야기를 했습니까?

박흥주 그 집을 지은 뒤에 들어가 본 적도 없고 장소도 모르고 어떤 상황인지 몰라서 "저 뒤에 몇 사람이나 있지?" 하고 물었습니다.

검찰관 경호원이 몇 명이냐고 물었죠? 그러니까 차 뒤에 타고 있던 사람이 경호원은 3명이고 주방에 있다고 했죠?

박흥주 3~4명이라고 했습니다.

검찰관 피고는 19시 40분경, 만찬석상에서 나는 총소리를 듣고 어떤 행동을 했나요?

박흥주 총성이 나면서 좌측과 뒤에 있던 직원이 막 뛰어나갔습니다. 저는 밑을 당겨야 문이 열리는데, 위에 고리가 있어서 조금 늦었습니다. 총을 빼 들고 보니까, 안전장치가 되어 있어서 늦었습니다. 뛰어가 보니까 총소리는 벌써 나고, 출입문을 들여다보니까 사람은 하나도 보이지 않고 환한 벽만 보입니다. 그쪽에 대고 "일어나면 죽어. 일어서지 마" 하고 산발적으로 사격했습니다.

검찰관 그래서 피고인이 주방 출입문 쪽 좌측에 몸을 기대면서 주방을 향해서 총을 다섯 발 쐈죠?

다섯 발인지 여섯 발인지

박흥주 다섯 발인지 여섯 발인지 정확히는 모르겠는데….

검찰관 어쨌든 다섯 발 쏘고 나니까, 불이 꺼졌죠?

박흥주 예.

검찰관 불이 꺼진 후에도 주방을 향해서 또 두 발을 쐈군요?

박흥주 거의 같은 시간이었다고 생각됩니다.

검찰관 그때 총의 노리쇠가 후퇴된 상태죠?

박흥주 예.

검찰관 총을 쏜 다음에 어디로 가서 누구를 만났습니까?

박흥주 총을 쏜 다음 불이 꺼지고, 그 자리를 이탈해서 제가 들어온 출입문 쪽으로 막 뛰어나갔습니다.

검찰관 출입문 쪽으로 갈 때, 피고인이 주방에서 총을 쏘고서 구관 쪽으로 해서 이 식당을 돌았습니까, 아니면 정문 쪽으로 해서 현관으로 갔나요?

박흥주 처음에 들어오던 길로….

검찰관 그렇다면 이 식당의 구관 쪽으로 돌아서 현관으로 간 거군요?

박흥주 쪽문으로 들어와서 주방 쪽으로 갔던 길로 갔습니다.

검찰관 그때 현관에 가서 누구를 만났습니까?

박흥주 커브를 돌아서니까 하얀 그림자가 보입디다. 머뭇거리며 경계를 하다 보니까 부장께서 손으로 이렇게 뭘 만지고 계셔서 "박 비서관입니다" 하고 달려갔습니다.

검찰관 그때 흰 와이셔츠 입은 사람이 허리를 구부리고 두 손을 비비는 것 같은 행동을 하고 있어서 보니까 김재규 피고인이라서 "박 비서관입니다" 하고 뛰어갔나요?

박흥주 예.

검찰관 그때 김재규 피고인이 뿌리치듯 하면서 다시 현관 쪽으로 들어갔죠?

박흥주 네, 쫓아가는데, 문이 좌우로 흔들리는 문인데 흔들리다 탁 닫힙니다.

검찰관 흔들리는 문 사이로 보니까 김계원 피고인은 뭘 하고 있던가요?

박흥주 제가 봐서 우측으로 급히 뛰는 모습만 보이고 문이 닫혔습니다.

검찰관 그 후에 피고인이 또다시 뛰어나오는 김재규 피고인을 따라서 본관으로 간 사실이 있죠? 본관으로 가서 어떤 일이 있었습니까?

박흥주 본관으로 막 뛰어나가는데, 옆에 주차한 차들이 막 나오려고 해서 그것을 제지시키고, 부장께서 "차! 차!" 하시길래, 차 있는 데로 막 뛰어갔습니다. 보니까 운전기사가 없습니다. 그 근처 조금 떨어져 있는 식당에서 운전기사가 뛰어나와서 그 차를 타고 평소에 차를 대는 현관 앞 채 못 미쳐서 차를 댔습니다.

검찰관 그때 김재규 피고인이 그 차에 타면서 "손님 빨리 나오라고 해"라고 고함을 지르던가요?

박흥주 그 소리는 제가 어렴풋이 들었는데 확실치 않았습니다. 저는 차 있는 곳으로 막 뛰어갔습니다.

검찰관 그 차에 누구누구가 탔습니까?

박흥주 부장께서 먼저 타시고, 두 분이 나오셔서 그 옆에 서 있는 데 한 30초 간격으로 세 분이 다 타셨습니다. 참모총장과 김정섭 차장보였습니다.

검찰관 운전석 곁에는 피고인이 탔군요?

박흥주 예.

검찰관 그 차를 타고 가면서 차 속에서 주고받은 이야기 기억나는 것 있습니까?

박흥주 그때 경황 중이라 뒤에서 말씀하시는 것은 제가 못 들었습니다. 우선 정문을 열고 좌측으로 돌라고 해서 좌측으로 도니까 차량이 무척 많았습니다. 그 차량을 헤치고 가느라고 운전기사에게 조심하라고 얘기를 하느라고 뒤에서 하는 얘기를 잘 못 들었습니다.

검찰관 그때 차가 과속으로 달렸기 때문에 차 앞만 보고 뒤에서 하는 얘기는 잘 못 들었다는 말인가요?

박흥주 예.

검찰관 차 속에서 피고인 김재규가 피고인에게 상의 좀 벗어 달라고 하는 말은 들었죠?

박흥주 궁정동에서 출발해서, 500m 정도 갔을 때인데 "박 비서관, 자네 상의 좀 벗어 주게" 그러셨어요. 낮에 옷을 두 벌 가져온 걸 갈아입으셨는데, 퇴근 준비를 하는 중이었기 때문에 앞 좌석에 다 있었습니다. 그중 하나를 빼서 드렸습니다.

검찰관 피고인 김재규가 "어디로 가지? 부? 육본?" 하는 말 들은 사실 있죠?

박흥주 거기서 상당히 많이 가서, 동아일보사 좌측으로 돌아가서 3·1고가도로상에서 남산 쪽으로 올라가는 고가도로상에서 "박 비서관, 어디로 가지? 부? 육본?" 이렇게 얘기를 했습니다.

검찰관 그래서 피고인이 뭐라고 대답했나요?

박흥주 참모총장께서 말을 가로채서 "육본으로 가지"라고 말해서, 저도 "육본이 좋겠습니다" 그랬습니다.

검찰관 피고인은 왜 육본으로 가자고 했습니까?

박흥주 옆에서 물어보시니까 그냥 대답했습니다. 처음에 의아하게 생각한 것은 전부 뒤의 분들이 더 잘 아실 텐데 저한테 물어보기 때문에 '괜찮겠지' 해서 그냥 대답했습니다.

검찰관 벙커에 도착해서 김재규 피고인이 차에서 내리면서 신발도 없어 가지고 피고인에게 신발까지 달라고 했죠?

박흥주 그렇습니다.

검찰관 김재규 피고인에게 피고가 신고 있던 신발을 주고 나서 피고인은 누구로부터 신발을 얻어 신었나요?

박흥주 운전기사 유성옥의 신발을 빌려 가지고 꺾어 신고 다녔습니다.

검찰관 육본 벙커에서 김재규 피고인의 심부름으로 청와대에 있는 김계원 피고인에게 전화한 사실 있죠?

박흥주 전화 대라고 하시기에 전화를 댔습니다만, 처음에는 통하지 못하고 상당히 시간이 흐른 다음에 통화가 되어서….

검찰관 아니, 그 이야기는 조금 있다가 하겠습니다. 육군 벙커에 도착하니까 총장실 옆에 부속실이 있었죠?

박흥주 그렇습니다.

검찰관 그때 김재규 피고인이 "박 비서관, 김계원 실장에게 전화 좀 대주게" 하던가요? 그래서 피고인이 부속실 전화를 해보니까 불통이므로 상황실에 가서 일반전화로 김계원 비서실장 댁에 전화하니까, 그곳에 안 계신다고 그러죠?

박흥주 네.

검찰관 그래서 나와서 김재규 부장 차의 무선전화로 청와대에 호출했나요?

박흥주 무선전화는 되지 않았습니다.

검찰관 그래서 "지금 전화가 안 된다"고 김재규 피고인에게 보고

한 사실이 있죠?

박흥주 그렇습니다.

검찰관 피고인은 육본 벙커 밖에 있는 김재규 차의 무선전화로 경호 차량을 찾은 사실이 있나요?

박흥주 예.

검찰관 당시 경호 차량은 어디에 있었나요?

박흥주 그 경호 차량은 문화재관리국 옆에서 항상 대기하도록 되어 있습니다.

검찰관 누구와 통화했습니까?

박흥주 조장 김인수 대위와 했습니다.

검찰관 김인수 대위에게 청와대에도 별일 없느냐고 물었죠?

박흥주 "청와대 근처 별일 없느냐?"라고 했습니다.

검찰관 뭣 때문에 그렇게 물었나요?

박흥주 궁금해서 물었습니다.

검찰관 사고 후에 혹시 경호관들이 달려 나오지 않았나, 병력 이동이 없는가, 어쨌든 궁금해서 물었죠? 김인수 대위에게 독립문을 돌아서 육본 벙커로 오라고 지시했죠?

박흥주 코스를 독립문 쪽으로 해서 오라고 했습니다.

검찰관 광화문, 시청, 삼각지로 오면 훨씬 빨리 올 수 있는데 왜 독립문을 돌아서 오라고 했나요?

박흥주 그쪽에 차가 꽉 막혀서 저희가 오는데 몹시 고생을 해서 다른 코스로 오는 것이 좋다고 생각했습니다.

검찰관 그렇게 시키고 나서 20시 30분경, 안에서 김재규 피고인이 찾는다고 해서 다시 벙커로 들어간 일이 있나요? 그러니까 김재규 피고인이 "김계원 피고인에게 다시 전화해봐라" 하고 시킨 일이 있죠?

박흥주 예.

검찰관 그래서 피고인이 청와대 비서실에 전화했나요?

박흥주 예.

검찰관 그때 누가 받았습니까?

박흥주 이우영 비서가 전화를 받았습니다.

검찰관 뭐라고 했나요? 부장님 전환데 실장님 바꿔 달라고 했습니까?

박흥주 예.

검찰관 잠시 후에 김계원 피고인이 전화를 받았죠? 그래서 "박 비서관입니다" 그랬나요?

박흥주 예.

검찰관 그때 김계원 피고가 뭐라고 하던가요?

박흥주 "왜 그래? 이리 오라고 해" 이렇게….

검찰관 하면서 그리고 전화를 끊어버렸습니까? 그리고 잠시 후 김인수 대위가 육본 벙커에 도착했나요?

박흥주 시간은 정확히 모르겠는데 그 전후에 김인수 대위가 아무튼 도착했습니다.

검찰관 도착하자마자 피고인이 경호 차량에 있던, 오후에 새 신을 신으면서 맡겨두었던 헌 신을 신고, 김인수 대위에게 독립문 앞도 별일 없느냐고 했죠?

박흥주 예. 별일 없느냐고 그랬습니다.

검찰관 경호 차량 경호조장인 김인수 대위에게 남대문과 서울역에 한 사람씩 배치했다가 병력 이동 사항이 있으면 부장 차로 보고하라고 시킨 사실 있죠?

박흥주 예. 사실이 있습니다.

검찰관 그 후 어떤 보고가 들어온 사실이 있나요? 좀 있으니까,

김인수 대위가 지금 남대문에서 연락이 왔는데 "개미 두 마리 이동" 이와 같은 보고 들은 사실 있죠?

박흥주 제가 얘기할 때는 "너희들 남대문과 서울역에 있다가 병력 이동 사항 있으면 보고하라"고 했는데, 보고가 없었습니다. 그래서 제가 출입증을 바꾸러 나가서 "무슨 보고가 없느냐"고 했더니 "병력 두 사람이 이동한다"고 해서 "이 사람들아, 그런 걸 뭐 하러 보고하나" 그랬습니다.

검찰관 잠시 후 서울역에 나가 있던 요원으로부터 빈 트럭 한 대 이동 보고를 유성옥에게 얘기했다는데?

박흥주 저는 그런 얘기는 못 들은 것 같습니다.

검찰관 그 후 중정 안전과장 장윤수가 육본 벙커에 온 사실 있죠?

박흥주 육본 벙커가 아니라, 장 과장은 국방부에서 봤습니다.

검찰관 장 과장이 "어떻게 된 일이요?" 하고 피고인에게 물었을 때, "아마 데모인 것 같은데 확실히는 모르겠다"고 대답했죠?

박흥주 "확실히는 모르겠다. 우리는 부장 경호만 잘하면 되지"라고 했습니다.

검찰관 김재규 피고인이 육본 벙커에서 나와서 국방부로 갈 때에도 피고인이 수행한 사실이 있습니까?

박흥주 예. 그렇습니다.

헌병에게 무장해제 당하고

검찰관 국방부에서 피고인은 어디에 있었나요?

박흥주 부관들이 있는 데하고 보좌관실에서 왔다 갔다 하면서 앉아 있었습니다.

검찰관 피고인이 국방부에서 한 일을 얘기해보십시오.

박흥주 국방부에 가니까 높은 분들이 많아서 앉을 데가 없어서 옆에 있는 보좌관실에 들어가서 앉아 있다가 차량 걱정이 돼서 차를 부르려고 했더니 무선전화도 없어서 차를 부를 수가 없었습니다. 그래서 청와대 이우영 비서에게 차가 같이 있을 것 같은데 차를 좀 부를 수 있느냐고 했더니 자기 모토롤라로 부르다 못 불렀습니다. 그래서 부관실에 있던 전화기로 차를 찾았지만 못 하고, 제가 카운터에 저희 차 두 대를 찾아서 육본에서 국방부 주차장으로 올려보낼 수 있도록 하라고 해서 올라온 사실이 있습니다.

검찰관 그 후 계속 대기실에 기다리는데, 잠시 후에 "국무위원들을 모시고 오신 분은 나가시오" 그랬죠?

박흥주 예. 서서 대기 중에 누군지는 잘 모르겠는데, 뚱뚱한 장교가 "국무위원 수행원들은 전부 나가주시오" 했습니다.

검찰관 그때 국무총리 일행이 병원에 갔다는 사실도 알았습니까?

박흥주 그 후에 옆에서 수군거리는데 전부 병원에 가신 것 같다고 했습니다.

검찰관 피고인이 그 얘기를 듣고 김재규 피고인을 만나기 위해서 안으로 들어가려고 했죠?

박흥주 예.

검찰관 그러니까 안에 있던 사람이 "여기에 부장 없으니까 가시오" 그랬던가요?

박흥주 육군총장께서도 거기 계셨고 장교 한 사람이 있었습니다. 제가 우리 부장 좀 봬야겠다고 하면서 들어가니까, "부장 여기 안 계시니까 부에 가시오" 총장께서도 "어, 여기 안 계셔. 부로 가봐" 이렇게 얘기하셨습니다.

검찰관 그래서 복도에서 기다리다가 경호차에 내려가서 또 기다렸죠?

박흥주 어떻게 된 상황인지를 몰라서 복도에 한 시간쯤 서 있다가 차량으로 내려왔습니다.

검찰관 국방부에서 어떻게 해서 무장해제를 당했습니까?

박흥주 차량에서 쉬었습니다. 부장님께서 무슨 연락을 하실지, 상황이 어떻게 돌아가는지 도무지 몰라서 계속 앉아 있었습니다. 그 당시 연락을 받고 경호차들이 와 있었습니다. 평소 수행하는 경호차와 대기 경호차가 와 있었는데, 그 요원들 둘이 2층으로 올라갑니다. 그때 장 과장도 따라 올라갔을 겁니다. 조금 있으니까 또 병사 하나가 와서 저를 불렀습니다. 그래서 따라갔더니, "위에서 보자고 합니다" 그랬습니다.

검찰관 "상부의 지시니 무장을 해제하겠습니다." 이러면서….

박흥주 2층에 올라갔더니, 장관실 우측에 있는 방에서 육군 헌병 대위가 상부 지시에 의해서 무장을 해제한다고 해서 총과 모토롤라를 내줬습니다.

검찰관 그때 피고가 제출한 총이 베리타 25구경 권총 1정, 탄창 한 개, 피고인이 휴대하고 있던 모토롤라 무전기 한 대죠?

박흥주 그렇습니다.

검찰관 잠시 후 다른 경호조장인 홍시교 대위와 경호원 1명 역시 그 방에 들어와서 무장해제당하는 것을 보았죠?

박흥주 제가 거기 앉아 차를 한 잔 대접받고 있었습니다. 차를 다 마시는데 그 두 명이 들어왔습니다. 들어오면서 "비서관 여기 계시지 않느냐"라고 말하는 것을 듣고 제가 직감적으로 무장해제를 위해서 유인해온 것을 알았습니다.

검찰관 그것을 보고 어떤 생각을 했나요? '아, 이거 다 틀렸구나' 했죠?

박흥주 그보다도 '일이 뭔가 되게 많이 잘못되어서 내가 생각하던 것과는 다르구나'라고 알았습니다.

검찰관 피고인이 무장해제를 당한 후에 어떻게 해서 국방부를 탈출했습니까?

박흥주 그 두 명은 사격을 잘하는 경호원들입니다. 만약 제가 뭐라고 하면 총격이 일어날지도 모르고 해서….

검찰관 어쨌든 경호차에 있던 그 경호원들에 의해서 국방부에서 구출되었습니까?

박흥주 그런 게 아니고 제가 그 자리에서 이렇게 얘기했습니다. "여기 지시를 따라라." 그리고 두 사람은 지시에 따르게 하고 저는 걸어서 내려왔습니다.

검찰관 그 후 경호차를 타고 남산분청으로 간 사실이 있죠?

박흥주 부장 차를 타고 갔습니다.

검찰관 그 부장 차에도 무기가 있었나요? 범행에 사용했던 독일제 9연발 웰슨 권총 그대로 있었죠?

박흥주 그때 사용한 권총이 가방에 있었고….

검찰관 또 운전기사 유성옥이 차고 있던 권총도 있었고….

박흥주 예, 베리타 권총을 휴대하고 있었습니다.

검찰관 국방부를 빠져나와서 남산분청에 가서 누구를 만났습니까?

박흥주 비서실장인 김갑수 준장을 만났습니다.

검찰관 비서실장이 피고인에게 뭐라고 하던가요?

박흥주 비서실에 들어가니까 "전두환 장군이 박 비서관 육본으로 보내라고 하던데" 그랬습니다.

검찰관 그 말을 듣고 피고인은 육본으로 갔습니까?

박흥주 가지 않았습니다. 그 차를 타고 한남동으로 갔습니다. 상황도 제대로 모르겠고, 그 당시 여러 가지 여건으로 봐서 뭐가 잘못된 것 같은 생각도 들고….

검찰관 그래서 육본 가까이로 가서 혹시 김재규 피고인이 나오지는 않을까 하는 생각에서 거기서 기다렸죠?

박흥주 차량을 부르면 가장 가까운 거리에서 갈 수 있지 않겠나 생각해서 거기에서 계속 대기했었습니다.

검찰관 한참 기다려도 김재규 피고인이 안 나오므로 금호동으로 간 사실이 있습니까?

박흥주 예.

검찰관 왜?

박흥주 그 이상 뭐… 밤늦게 다닐 수도 없고 해서, 차를 세워놓고 거기서 쉬었습니다.

검찰관 한참 쉬다가 다시 잠실까지 가서 운전기사 유성옥에게 10원짜리를 빌려서 공중전화에서 전화한 사실이 있죠?

박흥주 그렇습니다. 비서실에 연락해서 "별일 없느냐, 부장께서 연락 없느냐?"고 물었더니 연락 없다고 해서 끊었습니다.

검찰관 대통령 각하가 유고고 비상계엄이 선포된 사실을 언제 어디서 알았습니까?

박흥주 아침 뉴스를 듣고 알았습니다.

검찰관 몇 시경 어디서 체포되었습니까?

박흥주 잠실에 있다가 부장 차를 몰고 이문동 본청으로 갔습니다. 제1차장실에 들러서 제가 "여기 왔습니다" 얘기해놓고 거기서 차를 한 잔 마시고 거기가 복잡해서 제1차장보실에 있는 부속실에서 계속 대기하다가 보안사 요원에 의해서 체포됐습니다.

검찰관 마지막으로 한마디만 더 묻겠습니다. 피고인은 정규 육사를 졸업한 현역 대령입니다. 대한민국 국군의 최고통수권자인 대통령을 살해하려고 한 그 일에 지금도 잘했다고 생각합니까?

박흥주 (차디찬 목소리) 잘못됐습니다.

검찰관 이상 마치겠습니다.

(8명의 피고인 중 김재규, 김계원, 박선호, 박흥주 등 간부 직위자들에 대한 사실심리가 끝났다. 남은 피고인은 중정 경비원인 이기주, 김태원, 유석술과 운전기사 유성옥. 그 가운데 경비원 조장 역할을 한 것으로 지목된 이기주 피고인에 대한 신문 차례가 됐다. 그는 경비원 중에서 고참일 뿐 조장이라는 직책은 없다고 말했다.)

법무사 이기주 피고인 신문은 몇 분 정도나 걸리겠습니까?

검찰관 30분 정도….

재판장 휴정하고 오후 2시에 속개하겠습니다.

"변론이 혁명 대의를 퇴색시켜"

12월 11일 (4회 공판) 오후 2시 군법회의가 속개됐다. 재판장의 공판 속개 선언이 끝나자마자 김재규 피고인이 갑자기 손을 번쩍 들었다. 그는 피고인석 앞의 마이크로 나갔다. 이날 그는 변호인 없이 재판을 받겠다고 선언했다. 이유는 변호인의 신문이 자신의 대의를 위한 혁명을 오히려 퇴색시킨다는 것. 평생을 군인과 공직자로 지내온 그에게는 사선변호사의 도움을 받는다는 것이 탐탁지 않았다. 또 변호사들의 변론이 효과가 있을 것 같지도 않은데다 엄청난 일을 결행해 놓고 구차한 호소 같은 생각이 들었기 때문이었다.

그러나 재판부로서는 변호인 없는 재판을 할 수는 없다. 모든 재판에서 어떤 피고인이든 변호사의 도움을 받아야 하는 것이 법률 규정이다. 이 때문에 피고인이 사선변호인을 선임하지 않을 경우 국선변호인을 붙여주게 돼 있다.

김재규 재판장님, 본인은 지금으로부터 본인을 위한 변호인단의 변론을 거부하겠습니다. 변호인단 없이 재판받게 해주십시오.

법무사 참고로 말씀드리겠는데, 군법회의는 필요적 변호제도이기 때문에, 만일 사선변호인을 선임하지 않을 경우 국선변호인을 붙이게 됩니다. 그 점을 감안해서 결정해주시기 바랍니다.

김재규 네, 국선변호인을 붙여주셔도 좋겠습니다. 저는 오늘 이 시간 이후 사선변호인의 변론을 받지 않겠습니다.

법무사 전 사선변호인을 다…?

김재규 저를 위한 전 사선변호인의 변론은 받지 않겠습니다.

법무사 변호인단 무슨 의견 있습니까?

변호사 가족의 신임을 받고 모임의 면접을 받아서 변호인으로 선임되어서 나왔습니다. 이 재판 과정에서 김재규 장군이 어떤 심적인 변화를 일으켜서 갑작스런 해임을 하시는지, 그 진의를 헤아리기가 대단히 어렵습니다.

법무사 피고와 가족과의 상의를 위해서….

변호사 그래서 결론을 들어주십시오. 그 이유를 좀 알아야겠고, 우리가 면접을 자주 못 하고, 군법회의의 진행 상황이 너무 급속도로 진전되기 때문에, 변호권을 행사하기 위한 피고인과 변호인들 간의 연락이 충분치를 못했습니다. 그래서 행여 오해가 있었는지, 어떤 점이 미흡했는지 우리가 전혀 알지 못했습니다. 변호인으로서 대단히 죄송합니다만, 이 재판이 시간적 여유가 없이 강행되므로, 우리는 이런 사태를 전혀 예측지 못했습니다. 그래서 어떠한 심정이신지 다시 의사를 번복해주실지 확인을 해야겠으니 잠깐 휴정해주시고, 변호인에게 면접을 하게 해주시기 바랍니다.

김재규 재판장님, 변호인단에서 제 소신을 얘기해달라는 말씀이 계셨는데, 말씀드릴 수 있는 기회를 주십시오.

법무사 왜 사선변호인을 거부하는지 그 이유를 말씀해주세요.

김재규 재판장님, 본인은 10월 26일 민주 회복 국민혁명을 저는 소신을 갖고 기도했습니다. 이 혁명이 재판을 받는 데 변호인이 필요 없습니다. 그러나 가족들이 여러 가지 안타까운 심정에서 많은 저명한 변호인을 동원했습니다. 변호인단으로서의 역할이 제대로 되지 않습니다. 저는 변호인단을 통해서 제가 무사하게 되겠다는 생각은 해본 일이 없습니다. 다만 오늘의 이 사실을 후세에 남기기 위해서 정확한 자료를 제공하려고 변호인단의 조력을 받으려고 했지만, 그런 전망이 전혀 보이지 않기 때문에 저는 사선변호인의 저를 위한 변론은 필요 없다고 생각합니다. 변호인단이 무능했다든지 혹은 성의가 없었다든지 하는 등의 이유가 아니라, 처음에 말씀드렸듯이 저는 소신과 신념과 확신을 가지고 한 혁명이 오히려 변론을 받음으로써 퇴색될 가능성이 있습니다. 그렇기 때문에 저는 원형 그대로 받겠다는 말씀입니다. 이상입니다.

중앙정보부 경비조 청와대 경호원을 쏘다

재판장 그러면 검찰 측에서는 오전에 이어서 신문을 계속해주시기 바랍니다.

(김재규 피고인 변호인단들 서류 보따리를 챙겨 나감. 김정두, 강신옥 등 변호인 9명 퇴정. 이들은 항소심에서 김재규 피고인의 직접 부탁으로 다시 변론을 맡음.)

검찰관 이기주 피고인, 앞으로 나오세요.

법무사 잠깐, 아까도 고지해준 것과 마찬가지로 군법회의는 필요적 변호제도이기 때문에, 국선변호인을 선임 결정하겠습니다. 법 절차에 따라서….

검찰관 피고인은 본 건 범행 당시 중정에서의 직책이 뭐였죠?

이기주 경비원으로 근무하고 있었습니다.

검찰관 중정 비서실 경비원으로 근무한 기간이 언제부터입니까?

이기주 1975년 11월 4일, 신직수 부장님 계실 때 경비과 계장과 조장님 추천으로 갔습니다.

검찰관 본 건 범행을 저지를 때까지 경비원으로 근무했죠? 중정 비서실 경비원의 임무는 어떤 것입니까?

이기주 경비원의 임무는 그 건물을 보호하고 높은 분들을 보호하는 데 있다고 생각합니다. 그다음에 화재 예방, 도둑 방지. 거기서는 경비원이 경비만 하는 것이 아니라 과장님 지시에 의해서 청소, 심부름 등 여러 가지를 합니다.

검찰관 중정 식당의 관리 책임자가 누굽니까?

이기주 남효주 사무관이고 그 위에 총괄적으로 박선호 과장님이 계십니다.

검찰관 평소 피고인과 박선호 과장과의 관계는 어떠했습니까?

이기주 거기에 경비원이 30명가량 되는데, 박 과장님이 오실 당시에는 해병대 출신은 저 혼자였습니다. 전부 타군이었습니다. 박선호 과장님이 해병대 대령 출신이라고 했습니다. 저한테 한 보름간 관심을 가지시고 뒷조사를 하신 것 같습니다.

검찰관 그러니까 박선호 피고인이 이기주 피고인을 특히 아껴주고 신임했다는 말이죠?

이기주 네, 제가 제일 신임을 받은 것으로 알고 있습니다.

검찰관 앞으로 진술은 재판장님을 향해서 말씀해주시오. 피고인은 박흥주, 유성옥 등과 함께 대통령 경호관 등을 살해한 사실이 있나요?

이기주 있습니다.

검찰관 언제 어디서죠?

이기주 1979년 10월 26일 오후 7시 40분 넘어서인 걸로 압니다.

검찰관 중정 식당 주방에서죠?

이기주 네.

검찰관 피고인은 10월 26일 몇 시에 중정 식당에 출근했나요?

이기주 저는 중정 식당 근무자가 아니라 원래는 본관 근무자입니다. 중정 식당에 직원으로 있는 노수길이 사고 10일 전에 경희

대 의료원에 입원해서 과장님께서 저한테 한 달간만 노수길 대신 근무하라고 했습니다. 그날도 평상시와 똑같이 아침 6시에 집에서 나왔습니다. 본관에 도착한 게 7시, 본관 비서실을 정돈하고 중정 식당으로 건너가서 경비원 대기실 2층에 있는 과장님 방을 청소하고 거기서 근무를 하다가 오후에 시간이 있길래 본관에 가서 이발했습니다. 오후 6시쯤 중정 식당에 건너가니까 행사 준비들을 하고 있었습니다.

검찰관 중정 식당에 대통령 일행이 몇 시경에 도착했습니까?

이기주 제가 알기로는 6시 좀 넘어서 도착한 것으로, 확실히 보지는 않았습니다.

검찰관 중정 식당에 대통령 각하 일행이 도착할 즈음에 피고인은 어디서 무엇을 하고 있었습니까?

이기주 경비원 대기실에서 경비원들과 얘기하고 놀고 있었습니다.

검찰관 잡담하고 있다가 당일 19시 10분경 경비원 대기실에서 박선호 피고인에게 권총 1정을 갖다 준 사실이 있죠?

이기주 네.

검찰관 누구로부터 무슨 권총을 받아서 갖다 줬나요?

이기주 엄현희라는 경비원한테서 리볼버 권총을 1정 받아서 2층 과장님한테 갖다 드렸습니다.

검찰관 박선호 피고인으로부터 피고인도 M15 기관단총으로 무장해서 따라오라는 지시를 받았나요?

이기주 네.

검찰관 박선호 피고인이 양복 상의 안쪽에 기관단총을 숨기고 따라오라는 지시를 하던가요?

이기주 네.

검찰관 그래서 피고인이 어디서 총을 꺼냈습니까?

이기주 총기함이 경비원 대기실 출입구 바로 앞에 있습니다. 경비원들이 방안에 있길래, M15를 내달라고 해서 실탄을 한 탄창을 장전해서 보는 데서 양복 상의에 넣었습니다.

검찰관 평소에도 피고인이 경비 근무할 때 기관단총으로 경비 임무를 수행한 적이 있습니까?

이기주 저는 경비 임무를 안 했습니다. 일반 직원식당 관리와 심부름을 했습니다.

검찰관 그래서 잘 모르겠다는 취지인가요?

이기주 저는 총을 휴대하고 경비근무를, 과장님 오시기 전까지는 경비근무를 했지만, 과장님 오신 뒤로는 경비근무한 게 중간에 5개월 정도밖에 안 됩니다.

검찰관 그날 유독 박선호 피고인이 피고인에게 무장하라고 그랬군요?

이기주 네.

검찰관 그 후에 유성옥 피고인을 어떻게 불러내서 무장시켰나요?

이기주 따라오라고 해서 갔더니 신관 정문 앞에서, 과장님이 유성옥이 총 쏠 줄 아느냐고 물으셨습니다. 유성옥 피고인이 실제로 총 쏘는 것은 한 번도 못 보고 공기권총 쏘는 것은 여러 번 봤고 해서 육군 중사 출신이라고 대답했습니다.

검찰관 박선호 피고인이 뭐라던가요?

이기주 가서 유성옥이도 무장하고 같이 오라고 했습니다.

검찰관 유성옥 피고인은 운전기사지요?

이기주 네.

검찰관 운전기사인 유성옥이 평소에 무장한 적이 있나요?

이기주 그건 제가 잘 모릅니다. 왜냐하면 유성옥하고 같이 근무한 것은 작년에 한 4개월 근무하고 그 뒤로는 같이 근무하지 않았습니다. 사고 나기 10일 전부터 같이 근무했습니다.

검찰관 그렇게 해서 피고인도 무장하고 유성옥 피고도 무장하고서 박선호 피고인을 따라서 어디로 갔죠?

이기주 본관 정문으로 들어갔습니다.

검찰관 들어가서 어느 쪽을 향했나요?

이기주 구관으로 들어가는 조그만 문이 있는데 그쪽으로 따라갔습니다.

검찰관 따라가서 박선호 피고인으로부터 대통령 경호관 등을 사살하라는 지시를 받은 장소가 어디죠?

이기주 행사가 진행 중인 중정 식당 뒷문으로 들어가서 정원 있는 데서 지시받았습니다.

검찰관 대기실에서 나와 그곳까지 가는 동안에는 박선호 피고인이 아무 이야기도 안 하던가요?

이기주 아무 얘기도 안 했습니다.

검찰관 중정 식당에서 박선호 피고인이 피고인에게 처음에 뭐라고 하면서 범행 지시를 하던가요?

이기주 저한테만 딱 이야기한 것이 아니라, 과장님을 가운데 두고 양쪽으로 서 있었습니다. 양쪽으로 보면서 얘길 하셨는데, "안에서 총소리가 나면 주방 뒤에 있다가 뛰어들어가서 경호원들을 몰아붙여라"고 했습니다.

검찰관 그러면서 그것이 누구 지시라고 하던가요?

이기주 지시라는 말은 들은 적이 없습니다.

검찰관 부장님 지시라고 그랬죠?

이기주 그런 얘기는 들은 적이 없습니다.

검찰관 경호관들을 한쪽으로 몰아붙이라고 했을 때 피고인은 뭐라고 질문했었죠?

이기주 겁이 덜컥 나서 "만약 경호원들이 총을 쏘면 어떻게 하냐"고 하니까 "그때는 같이 쏴라. 사살해도 좋다" 그랬습니다.

검찰관 박선호 피고인이 왜 그런 지시를 한다고 생각했나요?

이기주 그 당시에는 그 소리를 듣고 어리벙벙해서 아무 생각도 할 여유가 없었습니다.

검찰관 피고인은 박선호 피고인으로부터 그런 지시를 받기 전에, 본관에 이미 육군총장과 중정 제2차장보가 와 있다는 사실을 알고 있었죠?

이기주 네.

검찰관 어떻게 알았나요?

이기주 경비원 대기실에서 경비원들과 같이 놀고 있는데 윤 비서한테서 인터폰이 왔습니다. 과장님 방에 창고가 있어요. 거기에 물건이 전부 있는데 본관으로 와인 한 병을 보내라고 했습니다. 직원을 통해서 보내고 나서 생각하니까, 거기 10일간 근무하면서, 저녁때 더구나 행사 중에 본관에서 술 찾는 것은 처음이고 해서 본관 정문 근무자에게 물었습니다. 누가 와 계시냐고. 그랬더니 참모총장과 2차장보가 와 계신다고 했습니다.

검찰관 그래서 박선호 피고인으로부터 그런 지시를 받고, 지시를 하면서 박선호 피고인이 유성옥 피고인에게 경비원 대기실에 있는 제미니 승용차를 주방 뒤에 옮겨 놓고 그 안에서 박흥주 대령과 함께 차 안에서 신호를 대기하라는 지시가 있었죠?

이기주 네.

검찰관 피고인에게는 박선호 피고인이 정문 경비원인 서영준과 교대하여 정문에서 근무하라는 지시를 했나요?

이기주 네.

검찰관 그런 지시를 받았을 때 피고인 옆에는 박흥주 피고인은 없었죠?

이기주 없었던 걸로 알고 있습니다.

검찰관 그렇지만 박선호 피고인 입에서 박흥주 피고인과 같이 대기하라는 말을 들었을 때는 '박흥주 피고인도 같이 범행하는구나' 알고 있었죠?

이기주 네, 알고 있었습니다.

검찰관 박선호 피고인이 유성옥 피고인에게 차를 주방 뒤로 옮길 때 경호관들이 뭐라고 하면 박 과장이 옮기라고 대답하라고 하던가요?

이기주 그 소릴 들었습니다.

검찰관 그런 범행 지시를 받을 때 박선호 피고인이 피고인에게 오늘 일이 성공하면 한 계급 올려주겠다고 얘기했죠?

이기주 오늘 성공하면 하는 식으로 얘기한 게 아니라 그냥 잘하면 한 급 올라간다고 하셨습니다.

검찰관 잘하면 한 급 올라간다는 게 무슨 뜻일까요?

이기주 그 당시에는 그걸 생각해보지도 않았습니다. 그냥 상관의 지시니까 무조건 따른다고 생각했습니다.

검찰관 당시 중정 식당 안에는 각하와 누가 있는 줄 알았어요?

이기주 단체 행사라고 하면 항상 대통령하고 부장님하고 경호실장, 비서실장 네 분이 오신다는 것을 경비원이면 누구나 다 알고 있습니다.

검찰관 경호관들도 수행하겠죠?

이기주 네.

검찰관 김재규 피고인과 박선호는 누구를 사살한다고 하던가요?

이기주 그런 소린 일절 못 들었습니다.

검찰관 그러면 누구를 사살할 것으로 생각했어요?

이기주 그건 제가 나중에 제미니 차에 타고서 생각했습니다. 정문에 서 있을 때는 그런 거 생각할 여유도 없었고요. 부장님이 뒤에 계셔서 이런 얘기하면 죄송합니다만, 평상시에 직원들 간의 얘기가 경호실장에게 부장님이 꿀리고 있다는 식으로 돌았습니다. 왜냐하면 경호실장에게 보고를 하러 가기도 하고, 보고서도 경호실장한테 올라간다는 얘기도 부장님의 웨이터 최명곤한테 여러 번 듣고 그랬습니다. 실제로 경비원 대기실의 무전 핸드토키 모토롤라 경호망이요, 그걸 들어보면 청와대를 들어갈 때도 각하한테 들어갈 때하고 경호실장한테 들어갈 때하고 두 가지로 나눠서 나옵니다. 각하한테 들어갈 때는 멕시코로 나오고 경호실장한테 들어갈 때는 멕시코시티로 나옵니다. 그래서 경비원이 다 알고 있었습니다. 경호실장에게 보고하러 들어가고 한다는 걸.

검찰관 그곳 경비원들 사이에는 김재규 피고와 차지철 실장 사이가 굉장히 나쁘다는 말이 퍼져 있었다는 얘기인가요?

이기주 굉장히 나쁘다. 이런 건 거기서 보안이 철저하기 때문에 모르겠는데, 하여간 경호실장 밑에서 지낸다는 걸로 짐작만 하고 있었습니다.

검찰관 '막강한 중정부장이란 사람이 경호실장 밑에서 꼼짝을 못 한다.' 이런 식으로 생각했다는 거죠?

이기주 꼼짝 못 한다기보다는 하여간 밑에서 지낸다고 생각했습니다.

검찰관 피고인은 중정 식당에는 당시 각하께서 계시는데, 김재규 피고인이 차지철 실장을 살해한다면 그 주위에 있는 경호관들도 달려들겠죠?

이기주 네.

검찰관 경호관들이 달려들면 그곳에는 피고 같은 중정 경비원이 있죠?

이기주 네.

검찰관 그러다 보면 경호실 경호관들과 중정 경비원들 사이에 총격전이 벌어질 가능성도 있죠?

이기주 네.

검찰관 그러다가는 그곳에 계신 각하의 신변까지 위태로워질 가능성이 있는 것이 아닙니까?

이기주 거기까지는 생각지 않았습니다. 거기서는 직원들이, 정보부장은 대통령이 없으면 힘을 못 쓴다고 생각하고 있습니다.

검찰관 총격전이 벌어지다 보면 각하께서 유탄에 다칠 가능성도 있는 것 아닙니까?

이기주 있겠습니다.

검찰관 만약 경호실장과 경호관 등이 중정부장이나 중정 요원들에 의해서 사살되고, 나아가서 대통령 각하까지 살해된다면 사회에 어떤 사태가 초래된다고 생각합니까? 심한 혼란 사태가 야기되고, 국가적으로 큰 변란이 일어나겠죠?

이기주 저희는 그런 건 생각지 않았습니다.

검찰관 피고인은 왜 박선호 피고인에게 그런 지시를 받고 거기에 동조하고 본 건 범행에 가담하게 되었습니까? 박선호 피고인의 지시를 거역할 수는 없었나요?

이기주 맨 처음 그 얘기를 듣고 굉장히 떨렸습니다. 정말 도망이라도 가버릴까 하는 생각도 들었지만 총을 바꾸러 가면서 생각했습니다. 저는 해병대 출신이고 과장님도 해병대 대령 출신인데, 해병대에서 그런 얘기를 합니다. 한 번 해병이면 영원한 해병이다. 그런 생각도 들고 그리고 또 과장님이 저를 그만큼 신임했는데 과장님의 명령을 거역할 수가 있는가. 그리고 과장님이 평소에 직원들에게 그렇게 말씀하셨습니다. 유사시에는 자기의 목숨을 버려서라도 상관의 명령에 복종해야 한다고. 그래서 거기에 따르기로 마음먹었습니다.

검찰관 피고인이 본 건 범행에 사용한 총은 권총인데, 처음에 휴대하고 나온 총은 기관단총이거든요. 언제 바꿔 찼습니까?

이기주 과장님이 정문에서 마주 보이는 문에 들어가서 불과 몇 초도 안 돼서 금방 나와서, M15를 들고 움직이니까 총 꼬리에서 소리가 딸그락거리면서 났습니다. 거추장스러운데 권총으로 바꿔 차고 나오라고 했습니다. 바로 그 옆이 경비원 대기실이니까 권총으로 바꿔 차고 나왔습니다.

검찰관 누구로부터 받았죠?

이기주 서영준이 주는 총을 찼습니다.

검찰관 피고는 서영준으로부터 권총을 받아서 정문으로 왔죠?

이기주 네.

검찰관 정문에 와 있다가 제미니 차로 다시 간 것은 왜죠?

이기주 오니까 과장님이 그랬습니다. 정문 근무자가 핸드토키를 갖고 있는데, 저한테 서영준을 다시 불러서 정문에 있게 하라고 하고, 저는 차에 가 있다가 박흥주 대령하고 유성옥과 같이 행동하라고 했습니다. 그래서 무전기로 서영준을 나오라고 해서 정문에 세우고 저는 제미니 차에 들어가서 유성옥이 뒷좌석에 앉았습니다.

검찰관 유성옥 옆좌석에는 누가 앉았나요?

이기주 박홍주 대령이 앉았습니다.

"궁정동 안가 조명은 술집보다 더 어두웠다"

검찰관 피고인도 평소에 박홍주 피고인 얼굴 보면 알 수 있나요?

이기주 잘 알고 있습니다.

검찰관 제미니 차 안에서 총소리를 기다리고 있는 동안 무슨 얘기를 했습니까?

이기주 이야기는 안 나눴고, 박홍주 대령이 뒤에 경호원이 몇 명이냐고 물었습니다. 제가 3~4명 된다고 이야기했는데, 그때 경호관들이 뭘 마셔가면서 놀고 있었습니다.

검찰관 당시 제미니 차가 서 있던 곳은 어두웠지만, 주방 안에는 불이 환하게 켜져 있었죠?

이기주 굉장히 환하게 켜져 있었습니다.

검찰관 그러면 주방 안에 누가 있는지를 충분히 알지 않습니까?

이기주 제미니 차가 뒤에 선팅이 되어 있고 창문이 위에 있기 때문에 주방 안의 사람은 안 보입니다.

검찰관 차 안에 있는 동안에, 그 주방 쪽에서 차 있는 데로 사람이 온 적이 없나요?

이기주 김용남이 한 번 와서 앞의 박홍주를 힐끗 쳐다보고 주방 안으로 들어간 것 봤습니다.

검찰관 그렇게 차 안에서 총소리를 기다리다가 7시 40분쯤 두 발의 총성이 들렸는데, 연속해서 들렸나요?

이기주 저는 연속해서 들렸는지 어쨌는지는 잘 모르겠고, 아무튼 한 발인가 두 발 들렸습니다.

검찰관 총소리를 듣고 피고는 어떻게 했어요?

이기주 뛰어나왔습니다. 문을 열고.

검찰관 차 문을 조금 열어놓고 있었죠?

이기주 네.

검찰관 총소리를 듣고 바로 뛰어나와서 어디로 갔나요?

이기주 후문 쪽으로 뛰어가다가 생각해보니까 후문 쪽으로 뛰어들어갔다가는 먼저 총을 맞을 것 같았습니다. 경호원들은 평소에 총도 잘 쏘고 그래서… 제가 생각하기에, 그래서 뛰어가다가 블록으로 조금 올라설 수 있는 담이 있기에 거기에 올라서서 창문으로 향해서 소리쳤습니다.

검찰관 뭐라고 소리쳤습니까?

이기주 "꼼짝 마. 손들어" 하는데 벌써 총성이 났습니다.

검찰관 당시 피고인이 뛰어나갈 때 차 속에 같이 있던 유성옥 피고인과 박흥주 피고인은 어떻게 행동하던가요?

이기주 그 사람들 행동하는 것은 볼 겨를도 없었습니다.

검찰관 그래서 시멘트 난간 위에 올라가서는 주방 안을 향해서 권총 몇 발을 발사했습니까?

이기주 두 발을 발사했습니다.

검찰관 두 발 발사할 때 주방 안에 불이 켜져 있었나요, 꺼져 있었나요?

이기주 "꼼짝 마" 하는데 총성이 나길래 저는 경호원들이 저한테 쏘는 걸로 알았습니다. 창문을 향해서. 그래서 얼른 고개를 숙이는데 바로 불이 나갔습니다. 그래서 저는 경호원들이 자신을 방어하기 위해서 불을 끈 줄 알았습니다. 불이 나가길래 안에 대고 두 발을 쐈습니다, 껌껌한 데다 대고.

검찰관 두 발 쏘고 어떻게 했나요?

이기주 두 발 쏘고 내려와서, 후문 옆에 바람벽 같은 게 있어서 거기 서서 안에 대고 두 발마저 쐈습니다.

검찰관 60~70cm 높이의 시멘트 난간을 어떻게 그렇게 쉽게 올라갈 수 있었습니까? 어떻게 올라갔는지 생각도 안 나요?

이기주 생각도 안 나는데, 그렇게 높은 것 같지 않았고, 그 당시에는 밑에 떨어지는 층계가 있는 것도 몰랐는데 현장검증 때 보니까 밑에 내려가는 층계도 있고 그랬습니다.

검찰관 피고인이 사격할 당시 주방 안에는 대통령 경호관들 외에 중정 요원들도 있었죠?

이기주 네.

검찰관 피고인이 박선호 피고인으로부터 사살 지시를 받은 것은 누구를 사살하라는 지시입니까?

이기주 경호원들 사살하라는 지시입니다.

검찰관 그런데 피고인은 주방 안에 대고 무작정 총을 쏘았습니까?

이기주 그 당시에는.

검찰관 표적을 보고 쐈나요, 무작정 쐈나요?

이기주 소릴 치니까 벌써 총소리가 나오고 불이 나가서 확인할 수도 없었습니다. 사람을 확인하고 총을 쏜다는 게 참 힘든 것 같았습니다. 사람을 직접 보고 쏘는 것이….

검찰관 피고인이 그렇게 총을 쏜 것은 결국 내 총에 경호관이 맞더라도 할 수 없는 것이고, 중정 요원들이 맞더라도 할 수 없는 거고 그런 상황이었죠?

이기주 그런 상황이었습니다.

검찰관 불은 언제 다시 켜졌나요?

이기주 4발 쏜 다음 바로 불이 켜졌습니다. 불 켜지기 전에 플래시 불이 비치고 소리치는 소리가 났습니다.

검찰관 뭐라는 소리였나요?

이기주 확실히는 못 들었습니다.

검찰관 불이 켜지고 피고인은 다시 주방 안으로 들어갔죠?

이기주 네.

검찰관 주방 안에 들어가니까 어떻게 되어 있었나요?

이기주 사람들이 전부 바닥에 양쪽으로 엎드려 있었습니다.

검찰관 엎드린 사람도 있고, 쓰러진 사람도 있고?

이기주 네.

이기주 김일선 씨인가가 한쪽 구석에 쭈그리고 앉아 있는 것 같았습니다.

검찰관 피고인이 주방 안에 들어가서 경호관들 총을 회수하려고 그랬죠?

이기주 네.

검찰관 왜 그랬나요?

이기주 들어가니까 과장님이 총을 회수하라고 그랬습니다. 두 사람 상의를 들추니까 총이 없었습니다.

검찰관 당시 주방 안에 피고인도 들어갔지만 유성옥 피고인도 같이 들어갔습니까?

이기주 같이 들어갔는데, 옆에 같이 갔는지 저보다 먼저 갔는지 잘 모르겠습니다.

검찰관 당시 피고인은 그곳에서 김계원 피고인을 못 보았습니까?

이기주 맨 처음에 본 것은, 두 사람 상의를 뒤졌는데 총이 없어서 일어서려는데, 마루에서 "얘들아, 빨리 들어와라" 하는 소리가 들렸습니다. 보니까 하얀 와이셔츠만 보였습니다. "얘들아 어서 들어와. 각하 부상 당하셨어" 하는 소리가 나서 그냥 뛰어들어갔습니다.

검찰관 어디로 들어갔죠?

이기주 마루로 들어갔습니다.

검찰관 마루로 들어가서 만찬석상을 들여다보니까 어떻게 되어 있었나요?

이기주 막 들어가니까, 밝은 데 있다가 들어가서 그런지 굉장히 컴컴했습니다. 술집 조명보다 더 어두웠습니다, 내부가. 그래서 바닥을 보면서 들어가는데, 엎드려 있는 사람 다리가 보였어요. 방으로 들어가는 문턱에. 그래서 제가 다리에 대고 "꼼짝 마" 하고 총을 겨눴습니다.

검찰관 총을 겨누고 안을 들여다보니까, 사람이 하나 쓰러져 있는데, 눈을 뜨고 손이 움직이고 있었죠?

이기주 네.

검찰관 그래서 피고인은 놀라서 꼼짝 마라 하고 소리치면서 그 사람에게 총을 겨눴는데 그 후에 어떻게 되었습니까?

이기주 다리를 향해서 겨누고 안을 쳐다보는데, 누가 "이리 줘" 하면서 총을 가져간 것 같았습니다.

검찰관 누가 총을 뺏어간 겁니까, 아니면 피고인이 그 사람한테 총을 건네준 겁니까?

이기주 제가 안에 들여다보고 있는데 누가 "이리 줘" 하면서 총을 탁 채갔습니다. 누군지 몰랐는데 수사관들이 비서실장이라고 했습니다.

검찰관 피고인은 그 당시는 상당히 급박한 상황이고 어디서 총알이 날아올지도 모르는 상황인데, 총을 뺏기고도 가만히 있었어요?

이기주 그런데 그 안에는 전부 높은 분들만 계신다는 걸 알았기 때문에… 할아버지도 계시고. 거기서는 각하를 할아버지라고 부릅니다.

검찰관 지금 피고인이 얘기하는 것은 검찰관 앞에서도 몇 번 얘기 했었죠?

이기주 네.

검찰관 사실대로 얘기하세요. 지시를 하니까, 김태원 피고인이 안에 들어가본 적이 없어서 그러니까 같이 들어가자고 했죠?

이기주 네.

검찰관 그래서 피고인도 김태원 피고인과 같이 경호관 대기실에 들어갔죠?

이기주 네.

검찰관 들어가니까 어떻게 되어 있었죠?

이기주 쓰러져 있었습니다.

검찰관 두 사람이 쓰러져 있었죠?

이기주 네.

궁정동 안가에서 벌어진 총격전

김재규는 박흥주와 박선호에게 "똑똑한 놈 세 명만 골라서 나를 지원하라"고 지시했고 이에 중앙정보부 소속의 안가 경비조장인 이기주와 운전기사 유성옥, 경비원 김태원이 합류했다. 이들은 함께 식당에서 총격을 가해 2명 살해, 3명 살인미수로 동일한 죄가 적용되었다. 김재규는 재판 과정에서 여러 차례 그들에게는 선택의 기회가 없었다며 "저에게 극형을 내려주시고 나머지 사람들에게는 극형만은 면해 주시기 바란다"고 했지만 결국 받아들여지지 않았다. 김재규와 박선호·이기주·유성옥·김태원은 1980년 5월 20일 대법원의 사형선고를 받았고 선고 나흘 후인 1980년 5월 24일 사형이 집행돼 형장의 이슬로 사라졌다. 5·18 광주민주항쟁이 최종적으로 발포 진압된 5월 27일을 사흘 앞둔 날 서둘러 사형을 집행한 것이다.

검찰관 김태원 피고인이 입구에 쓰러져 있는 사람에게 몇 발을 쐈나요?

이기주 한 발을 쏘았습니다.

검찰관 반대편 출입구에 있는 사람한테 두 발을 쐈죠?

이기주 그건 제가 잘 기억을 못 합니다.

검찰관 그 당시 경호관 대기실에 쓰러져 있던 사람들은 완전히 사망했었나요?

이기주 완전히 죽어 있었어요. 쓰러져 있었습니다.

검찰관 죽었는지 살았는지 확인을 해봤어요?

이기주 확인은 못했지만, 엎어져 있는데 꼼짝을 안 했습니다.

검찰관 당시 경호관 대기실은 불빛이 밝았죠?

이기주 그런 것 같습니다.

검찰관 그러니까 그곳에 쓰러져 있는 사람들이 중정 요원이 아니고 대통령 경호관이라는 것을 충분히 알 수 있었죠?

이기주 네.

검찰관 김태원도 당시 확인사살을 할 때 그 대상이 누군가는 확인을 했겠네요?

이기주 제가 본인이 아니라 모르겠네요.

검찰관 피고인은 김태원 피고인과 어디까지 따라갔습니까?

이기주 방 입구에서 안에도 있다고 손가락질만 하고 다시 나왔습니다.

검찰관 저 안에도 있다는 말은 차지철 실장을 지칭하는 말인가요?

이기주 네.

검찰관 김태원 피고인으로 하여금 확인사살케 한 후 김태원 피고인으로부터 그 결과 보고를 받았죠?

이기주 보고받은 것이 아닙니다. 주방으로 나왔는지 어디로 나왔는지 확실히는 모르겠는데, 나와서 주방에 우리 직원들이 있다고 하면서 "우리 직원들은 쏘면 안 되죠?" 하길래 "그럼 안 되지"라고 대답 한 일이 있습니다.

검찰관 피고인이 "저 안에도 한 사람 있다"고 가르쳐주고 나온 뒤 총성이 몇 발이나 났습니까?

이기주 헤아려보지 않았지만, 총성은 났습니다.

검찰관 김태원 피고인으로부터 확인사살 보고를 듣고 피고인은 경비원 대기실로 갔습니까?

이기주 김태원 피고인하고 같이 거기에 있는데, 경비원 대기실에서 뛰어와서 과장님 나가셨다면서 "나가시면서 당신한테 경비원 대기실에 와 있으라고 하셨다"고 해 제가 경비원 대기실로 갔습니다.

검찰관 경비원 대기실로 가서, 그곳에 있는 경비원에게 "아무 일 없었으니까 걱정들 하지 말아라"고 얘기하고 경비원들을 진정시킨 일이 있습니까?

이기주 그런 소리 한 적도 없었고 믿지도 않았을 것입니다. 바로 앞이기 때문에 총소리 나고 소리치는 거 훤히 압니다. 그런데 들어가서 보니까, 전부 M16에다 실탄을 장전하고 있었습니다. 분위기가 굉장히 긴장된 것 같았습니다. 직원들이 말도 안 하고…. 들어가서 보니까, 노수길 책상에 처음 보는 권총이 한 정 있었습니다. 누가 여기 놔뒀냐고 물으니까 과장님이 놓고 가셨다고 해서, 그 사고 현장에서 가져온 걸로 알았습니다.

검찰관 그 총은 노리쇠가 후퇴되어 있었죠?

이기주 네.

검찰관 그 총을 어떻게 했죠?

이기주 처음 보는 총이라서 작동할 줄도 모르고, 괜히 만지다가 오발할까봐 그대로 책상 서랍에 넣었습니다.

검찰관 그 당시가 몇 시쯤입니까? 처음 총소리가 난 19시 40분 경부터 얼마쯤 뒤인가요? 확인사살 다 끝났을 때가?

이기주 한 10~15분 뒤로 생각됩니다.

검찰관 책상 위에 있던 노리쇠가 후퇴된 권총을 치우고 난 뒤에, 경비원 대기실로 남효주가 들어와서는 권총 한 정을 피고인에게 준 사실이 있죠?

이기주 네.

검찰관 그 권총은 피고인들이 통상 휴대하는 권총하고는 크기도 틀린 것이죠?

이기주 그 권총은 리볼버로 총열이 긴 겁니다. 저희가 갖고 있는 것은 리볼버 총열이 짧은 것입니다. 그 권총을 봤을 때, 경호관 총이라는 걸 대번에 알았습니다.

검찰관 피고인은 그 총에서 실탄 5발과 탄피는 분리해서 무기함 서랍에 넣고, 권총은 어디에 숨겼습니까?

이기주 이불 속에 숨겼습니다.

검찰관 피고인이 경비원 대기실에 갔을 때, 박선호 피고인으로부터 "청와대 경호실에서 사람들이 오면, 사살해버리라는 지시를 받았다"는 얘기를 경비원들에게서 들었습니까?

이기주 예, 경비원들이 그런 얘기를 했습니다.

검찰관 그래서 경비원들이 전부 다 M16에 탄창을 끼운 채, 무장하고 있었죠?

이기주 네.

검찰관 언제 청와대에서 경호실 요원 3명이 범행 현장에 왔습니까?

이기주 그 소릴 듣고 생각하니까, 만일 청와대 경호실에서 오게 되면 큰 총격전이 벌어질 것 같아서 일단 거기서 무장을 해제했습니다.

검찰관 언제쯤 경호실 요원 3명이 왔죠?

이기주 그러고 조금 있으니까 3명이 왔습니다.

검찰관 그들을 어떻게 따돌려 보냈습니까?

이기주 와서 우리에게 물었어요. 총소리 못 들었냐고요. 그래서 우리도 텔레비전 보느라고 못 들었다고 다 같이 얘기했습니다. 직원들이 다 같이, 남효주 사무관도. 그들이 이상하다고 하길래, 우리도 지금 상부 지시에 따라서 비상근무 중이라고 했습니다.

남효주 사무관한테 자기들이 와서 확인했다는 걸 청와대에 가서 보고해야 한다고, 남효주에게 직책이 뭐냐고 물었습니다. 관리관 남효주라고 대답했습니다. 일반전화와 카운터 전화번호를 알려 달라고 해서 경호원 3명한테 알려줬습니다.

검찰관 그 후에 병원으로 각하를 후송해간 유성옥 피고인과는 어떤 연락을 취했습니까?

이기주 제가 연락을 취한 것이 아니고 유성옥한테서 전화가 왔습니다. 사무실로. 지금 무슨 병원에서 있는데, 가망 없다고 한다고 했습니다. 그래서 제가 지금 과장님 나가고 안 계시다고 했습니다.

검찰관 병원에서 유성옥 피고인으로부터 "어느 부대에서 각하를 인계하라고 하는데 어떻게 하느냐?", "그 부대에서 현장검증을 하려고 하는데 어떻게 하느냐?" 이런 문의 전화가 수차례 계속 왔죠?

이기주 네.

검찰관 그래서 피고인은 뭐라고 했습니까?

이기주 맨 처음에는 모 부대에서 각하를 인수하러 왔다고 하는데 어떻게 했으면 좋겠냐고 해 과장님한테 물었더니 그냥 인계하라고 해서 그대로 대답해줬습니다.

검찰관 피고인은 범행 당일 밤을 어디서 보냈어요?

이기주 경비원 대기실에서 있었습니다.

검찰관 잠을 잤나요?

이기주 졸다가 앉아 있다가 그랬습니다.

검찰관 김재규 피고인의 범행이 완전히 실패했다고 느낀 것은 언제죠?

이기주 부장님이 범행을 했다거나 실패했다거나 하는 생각은 안 했습니다. 아침에 뉴스를 들으니까 계엄군 사령관에 의해 구속되고, 경호실장과 다투다가 잘못해서 각하가 돌아가셨다고 나왔습니다.

검찰관 피고인은 그런 방송을 듣고 난 뒤, 그러니까 10월 27일 07시경 경비원 유석술에게 권총 등을 매몰토록 시킨 사실이 있죠?

이기주 네.

검찰관 피고인은 유석술에게 주방에 들어가서 은박지로 포장하여 지하실에 있는 삽으로 정원에 묻어달라고 지시했죠?

이기주 네, 했습니다.

검찰관 당시 매몰시킨 것이 처음에 피고인이 범행 후 경비원 대기실에 갔을 때 책상 위에 있던 노리쇠가 후퇴된 권총 1정과 남효주 사무관으로부터 받은 권총, 그리고 그 권총의 실탄 5발, 탄피 하나, 경비원 대기실에 있던 박선호 피고인이 범행 현장에서 신고 온 슬리퍼 한 켤레죠?

이기주 네.

검찰관 그런 것들을 주면서 유석술에게 "정원에 가서 파묻어라" 할 때 상대방인 유석술은 그것이 무엇인 줄 알았습니까?

이기주 유석술은 저와 친구라서 얘기했는데, 아무것도 모르는 것 같았습니다.

이기주 그냥 알았다고 하면서 들고 나갔습니다.

검찰관 잠시 후에 와서 묻었다고 피고인에게 얘기했죠?

이기주 그건 잘 기억이 안 나고, 유석술에게 그렇게 지시하고 나서 가만히 생각하니까 권총 하나는 과장님이 놓고 간 거고 다른 하나는 남효주 사무관이 절 준 거라서 괜히 '제 마음대로 묻어놨다가 나중에 욕먹지 않나' 그런 생각이 들어서 남효주 사무관에게 물었습니다. 유석술한테 묻으라고 했는데 어떻게 할까요? 그러니까 남효주 사무관도 아무렇지 않게 그냥 놔두라는 식으로 얘기했습니다.

검찰관 피고인은 왜 그 권총을 묻으라고 했나요?

이기주 처음에는 그 노리쇠 후퇴된 권총이 경호실장이나 높은 사람 것인 줄 알았기 때문에, 청와대 경호원들이 뉴스 듣고 몰려올 것으로 생각했습니다. 우리 경비원 대기실에 있다가 만약 발각되면 큰일 날 것 같았습니다. 만약 나중에 과장님이 달라고 할 때까지만 우선 은박지에 싸서 묻어둘 생각이었습니다.

검찰관 피고인은 언제 체포되었나요?

이기주 경비원 대기실에 계속 있다가, 낮 12시쯤에 식당에서 직원들과 같이 밥 먹는데 비서실 총무과장과 계엄군하고 수사관 몇 명이 왔습니다. 호송차 가지고서. 남효주 사무관, 나, 김용남, 김일선 네 명을 나오라고 해서 나갔더니, 비서실 총무과장이 저희에게 차장님 지시니까 따라가서 사실대로 전부 진술하라고 그랬습니다.

검찰관 피고인은 지금 이 법정에서 생각해볼 때, 대통령 경호관들을 살해한 행위가 잘한 짓이라고 생각합니까?

이기주 상관의 명령에 절대복종한 것은 잘했지만, 죄 없는 경호원들에게 총을 쏜 건 잘못했다고 생각합니다.

검찰관 이상 직접신문 마칩니다.

재판장 10분 휴정 후 속개하겠습니다.

경호관들을 몰아붙여라

재판장 군법회의 속개하겠습니다.

법무사 김재규 피고의 국선변호인으로서 안동일 변호사, 신호양 변호사를 선임 결정하겠습니다. 필요하시다면 접견하도록 하세요, 이따가.

검찰관 유성옥 피고인.

유성옥 예.

안동일 변호사 재판장님께 말씀드리겠습니다. 김재규 피고 국선변호인으로 지정된 안동일 변호사입니다. 신호양 변호인과 의견을 나눈 결과, 여러 선배 법조인들의 변론이 있었는데, 2명의 국선변호인으로서는, 다른 피고인에 대해서 지정되어 있었습니다. 그래서 좀 벅찬 감이 있어서 다른 변호사도 보강해서 지정해주셨으면 감사하겠습니다. 부탁 말씀 올리겠습니다.

법무사 검토해서 보완할 것인가는 추후에 결정하겠습니다.

검찰관 피고인 유성옥에게 신문하겠습니다. 피고는 본 건 범행 전에 처벌받은 사실이 있나요?

유성옥 처벌받은 사실은 없고 벌금을 냈던 일이 있습니다.

검찰관 1977년 2월경에 변호사법 위반으로 벌금 납입한 사실이 있죠?

유성옥 네.

검찰관 피고인은 본 건 범행 당시 중정에서 무슨 직책에 종사하고 있었습니까?

유성옥 운전직에 있었습니다.

검찰관 누구 차 운전기사였습니까?

유성옥 의전과장 차를 운전했습니다.

검찰관 박선호 피고인의 운전기사였죠?

유성옥 네.

검찰관 차종은?

유성옥 크라운 7189를 했고요….

검찰관 1978년 8월경부터는 서울 1라 크라운 차 7189를 했고, 금년 4월경부터 제미니 서울 1다 2578호를 운행했죠?

유성옥 네.

검찰관 피고가 박선호 피고인의 운전기사라고 했는데, 주된 임무가 무엇입니까? 중정 식당에서 사용하는 부식 구입이 주된 임무입니까?

유성옥 네. 그렇습니다.

검찰관 피고인과 평소 박선호 피고인과의 관계는 어떠했습니까?

유성옥 저희 의전과장님으로서는 좀 엄한 데가 있어서 명령이 한번 떨어지면 꼭 해야 하고, 거역이 있어서는 안 된다는 지침이 있어서 언제든지 한마디 떨어지면 이행하는 것으로 알았습니다.

검찰관 만약 명령에 불복종하면 어떤 일이 생기나요?

유성옥 저로서는 명령을 위배해본 적이 없고 하라는 대로는 다 했습니다.

검찰관 다른 사람이 명령에 위배해서 불이익한 처분을 받은 사실이 있습니까?

유성옥 다른 사람에 대한 것은 말씀드릴 수 없습니다.

검찰관 피고인은 1979년 10월 26일 19시 40분경 중정 식당에서 박흥주·이기주 피고인 등과 함께 대통령 경호관들을 살해한 사실이 있죠?

유성옥 그렇습니다.

검찰관 피고인은 10월 26일 아침 몇 시에 출근해서, 대통령 각하가 중정 식당에 오실 때까지 어디서 무엇을 했죠?

유성옥 제가 아침 출근을 8시까지 궁정동에 도착했다가, 10시에 본부 이문동에 들어가서 새로 온 기사를 데리고 마크4 정비에 들어가서 2시 30분경에 궁정동에 들어와서 계속 대기하다가, 오후 3시가 넘어서 행사가 있다는 이야기를 듣고 시장 갈 준비를 하고 대기하고 있다가 돈 6만 원을 받아서 동대문시장에 가서 시장을 봐서 들어왔습니다.

검찰관 그날 중정 식당에 대통령 각하는 몇 시경에 오셨습니까?

유성옥 오신 시간을 정확하게는 모릅니다. 거기에는 우리는 출입이 금지되어 있고 그 위치에 들어오시는 것을 목격할 수가 없기 때문에 확인할 수가 없습니다.

검찰관 시간은 모르시지만 도착하셨다는 것은 어떻게 알 수 있었습니까?

유성옥 나중에 물건 사 와서 건네주고 난 뒤에 근무자들이 나가는 것을 보고 알았습니다.

검찰관 동대문시장에 가서 부식을 구입한 뒤 피고인은 어디에 쭉 있었습니까?

유성옥 경비원 대기실에서 대기했습니다.

검찰관 대기 도중에 피고인은 19시 15분경 권총으로 무장했죠? 어떻게 해서 무장했습니까?

유성옥 저희 과장님 지시라고 이기주로부터 전달받고 권총으로 무장했습니다.

검찰관 권총은 누구에게서 받았나요?

유성옥 유석술한테서 받았습니다.

검찰관 그것이 38구경 리볼버 권총이죠?

유성옥 네.

검찰관 피고인은 직책이 운전기사라고 했죠?

유성옥 네.

검찰관 그런데도 평소에도 무장합니까?

유성옥 저한테는 총 지급이 없고 그날따라 총을 무장하라고 과장님 지시가 있다고 하길래, 처음에는 경비를 철저히 서라고 그러나보다 하고 받았습니다.

검찰관 그렇지만 그 경비원 대기실에 피고인 외에 다른 경비원들도 많이 쉬고 있었죠?

유성옥 근무자들이 나가고 나면 한두 명이 근무하고 있습니다.

검찰관 당시 박선호 피고인과 이기주 피고인이 무장한 사실을 압니까?

유성옥 그 사실은 전혀 몰랐습니다.

검찰관 피고인이 무장한 뒤 밖으로 나가니까 누가 있었나요?

유성옥 이기주와 과장님이 계셨습니다.

검찰관 그 사람들을 따라서 어디로 갔죠?

유성옥 본관으로 들어가서 구관으로 들어가는 쪽문으로 들어갔습니다.

검찰관 중정 식당 구관 쪽문 앞 정원에서 박선호 피고인으로부터 범행 지시를 받았는데, 그 지시 내용은 아까 박선호 피고인 검찰 직접신문에서도 나왔고 이기주 피고인 검찰신문에서도 나왔는데, 그 내용 중 틀린 사실 있습니까?

유성옥 맞는 걸로 알고 있습니다.

검찰관 제가 대충 읽어드릴 테니까 틀린 게 있으면 지적하세요. 처음에 박선호 피고인이 피고인과 이기주 피고인을 양쪽에 세워놓고 "부장님 지시다. 부장님이 안에서 총을 쏠 테니까, 그 총소리에 맞춰서 너희들은 주방에 있다가 경호관들을 몰아붙여라."

그때, 이기주 피고인이 반문했나요? "그쪽에서 총을 쏘면 어떻게 할까요?"라고?

유성옥 반문한 사실은 잘 모르겠고, 지시는 들었습니다.

검찰관 그 질문에 박선호 피고인이 "그때는 사살해버려"라면서, 피고인에게는 경비원 대기실 앞에 주차해놓은 제미니 차를 주방 앞으로 몰고 와서 그 안에서 총소리를 박흥주 피고인과 함께 대기하라는 지시를 했었죠?

유성옥 네.

검찰관 평소 제미니 차를, 각하가 중정 식당에 오시고 난 뒤에도 그 식당 안에 주차시킬 수 있습니까?

유성옥 1차 2차가 있어서 확실한 것은 말씀드릴 수가 없고 1차로 끝이 나게 되면, 제미니를 대게 되어 있습니다. 타고 나가시는 분이 있어서 그 차를 댄 적은 여러 번 있습니다.

검찰관 그날 박선호 피고인이 그런 지시를 하면서 혹시 대통령 경호관들이 뭐라고 하면 "내가 시키는 것"이라고 대답하라고 했죠?

유성옥 네, 그렇습니다.

검찰관 그런 지시를 받았을 때, 박흥주 피고인도 함께 범행하는 줄 알았겠네요?

유성옥 그렇게 차를 대놓고 있으니까, 박흥주 대령과 이기주가 차에 들어왔을 때 좀 이상한 생각이 들었습니다. 박흥주 대령은 저와 접촉이 자주 없었고, 안면만 있었고, 한 번 분청에 간 적은 있지만, 그날따라 같이 있어 보기는 처음인데….

검찰관 박흥주 피고인이 들어와서는 피고인 바로 옆좌석에 앉았죠?

유성옥 네, 저 옆에 있었습니다.

검찰관 박흥주 피고인이 온 뒤, 얼마 뒤에 이기주 피고인이 왔습니까?

유성옥 이기주가 제 뒷좌석에 있었습니다.

검찰관 제미니 차를 식당 주방 앞에 주차시킬 때 누구로부터 제지받은 사실은 없나요?

유성옥 제지받은 것은 아니고 차를 대고 있을 때 김용남이 나왔습니다.

검찰관 김용남이 뭐라고 그럽디까?

유성옥 김용남이 왔을 때 제가 팔 끝으로-문은 닫혀 있고, 차 유리만 내려놓고 있었습니다-김용남에게 신호를 했습니다. 앞의 큰 문 좀 열라는 신호를 했는데, 모르고 그냥 들어갔습니다.

검찰관 그래서 문을 피고인이 직접 열고 주차시켰습니까?

유성옥 아닙니다. 제 손으로 직접 열고 제가 문을 잠갔습니다.

검찰관 당시 중정 식당 안에는 대통령 각하 외에 어떤 사람이 있다고 생각했습니까?

유성옥 제가 알기로는 각하와 저희 부장님하고, 경호실장님이 와 계신 걸로 생각했습니다.

검찰관 각하와 경호실장이 오면 경호관들도 보통 수행하죠?

유성옥 네.

검찰관 피고인은 박선호 피고인으로부터 그런 경호관들을 사살하라는 지시를 받았을 때, 박선호 피고인은 누구를 사살한다고 그러던가요?

유성옥 경호원들을 주방으로 몰아붙이고, 반항하면 사살하라는 지시를 받았습니다.

검찰관 박선호 피고인 자신은 누구를 사살한다고 그럽디까?

유성옥 그런 말은 들은 적이 없습니다.

검찰관 당시 피고인 생각에는 김재규 피고인이 중정 식당에서 누구를 사살하리라고 생각했습니까?

유성옥 거기까지는 생각을 못 하고, 일단 과장님이 저희에게 지시했기 때문에 저로서는 이걸 해야 되느냐, 도주를 해야 되느냐 이런 것에 신경을 쓰다 보니까 거기까지는 생각할 여지가 없었습니다.

검찰관 그런 것까지도 생각을 못 하고 범행했다고 그러는데, 어떻게 감히 중정 일개 경비원이 그곳에는 대통령이 계신 곳인데, 함부로 총질을 할 수 있습니까?

유성옥 그 내용은 과장님 지시에 응하지 않으면 제가 죽지 않겠는가, 이런 겁이 먼저 앞섰고 그 현장에서는 하지 않고는 안 될 위치에 놓여 있었습니다. 시간적으로도 그렇고.

검찰관 피고인으로서는 박선호 피고인이 무장한 채 지시를 하고, 오늘 일이 잘되면 한 급 올려주겠다는 얘기도 하고 그러니까, 이왕 일은 벌어진 것 같고 무슨 큰일이 일어나리라고는 생각했죠?

유성옥 큰일이 일어나리라고는 생각했습니다. 그러나 제가 올라가 봐야 운전기사입니다. 그런 사실에 대한 것은 정확하게 잘 모르지만 일의 내용에 대한 것은, 지금 와서도 그리고 그 순간에도 사살한다는 것은 사실상 자신이 없는 것을 나도 모르게 얼떨결에 움직인 것입니다.

검찰관 피고인은 대통령이 계신 곳에서 대통령 경호관을 살해하면 어떤 결과가 오리라고 생각했습니까?

유성옥 거기까지는 생각 못했습니다.

검찰관 피고인이 박선호 피고인의 지시를 거절할 수는 없었어요?

유성옥 문만 열렸다면 제가 그 자리를 피했을 것으로 생각합니다.

검찰관 박선호 피고인으로부터 지시를 받고 어떻게 행동했습니까?

유성옥 뒤에 이기주가 있었고 제 옆에 박홍주 대령이 있었는데, 양쪽에 문들은 다 열려 있었습니다. 제 문만 유리창만 다 열려 있고. 그런데 안에 총성이 나게 되면 그걸 신호로 안으로 몰아붙이라는 지시를 받았습니다.

검찰관 그래서 어떻게 행동했습니까? 총소리가 19시 40분경에 두 발 난 것을 들었습니까?

유성옥 탕, 하고 소리가 남과 동시에 두 사람이 뛰어나가고 저도 뛰어나갔습니다.

검찰관 어디로?

유성옥 주방 후문으로.

검찰관 그곳에 가서 안을 보고 사격했습니까?

유성옥 일단 갔을 때는 박홍주 대령이 앞에 있었고 그 옆에 가서 섰다가 박홍주 대령 총소리에 저도 멋모르고 쏜 겁니다.

"이분은 꼭 살려야 된다"

검찰관 당시 그 식당 안에는 누가 있었죠?

유성옥 제가 사격했을 때는 앞에 보이는 게 훤히 비쳤는데, 보이는 게 아무것도 없었습니다.

검찰관 피고인이 사격할 때 불은 켜져 있었나요?

유성옥 네. 켜져 있었습니다.

검찰관 불 꺼진 건 언제죠?

유성옥 제가 사격하자 불 꺼지고 그렇게 되었습니다.

검찰관 그곳에서 피고인은 몇 발을 사격했습니까?

유성옥 그때는 확인이 안 되었는데, 나중에 확인해보니… 쏜 총에 사람이 맞았다고는 단정 짓지 않습니다.

검찰관 지금 피고인 생각에는, 내가 쏜 총에 누가 맞았는지 모른다는 얘기 아닙니까?

유성옥 그렇습니다.

검찰관 그렇지만 피고인이 당시 총을 쏠 때는 주방 안에 대통령 경호원이나 다른 중정 요원이나 일반 요원이 몇 명이나 있었는데, 그 사람들이 다쳐도 할 수 없었던 거죠. 그 당시에는?

유성옥 예.

검찰관 총을 발사하고 나서 피고인은 주방에 들어가서 그곳에 쓰러져 있는 경호원들의 총을 회수했죠?

유성옥 네.

검찰관 총 몇 정을?

유성옥 2정을 회수했습니다.

검찰관 어디에 쓰러져 있는 사람의 총을 회수했습니까?

유성옥 주방 후문에서 들어가자면 좌측에 두 사람이 쓰러져 있었습니다. 그 사람들이 다 살아 있었습니다. 그 순간에 총을 회수하라고 하기에 회수해서, 제가 하나는 곁춤에 끼고 제가 갖고 있던 총이 있어서 다 쥐지를 못하겠기에 다른 하나는 보일러공 강몽희에게 그것을 맡겼습니다.

검찰관 회수는 누구의 지시였습니까?

유성옥 과장님의 지시라고 이기주로부터 들은 걸로 알고 있는데 확실한 기억은 없습니다.

검찰관 총 회수 후 피고인은 김계원 피고인을 본 적이 있나요?

유성옥 그렇습니다. 총을 회수해서 강몽희한테 인계하고 나서, 현관 쪽에서 부르는 소리가 나서 제가 뛰어갔습니다.

검찰관 어떻게 부르던가요?

유성옥 운전기사 오라고. 제가 뛰어가니까 차를 대라고 말씀하셨습니다.

검찰관 직접 김계원 피고인을 보았습니까? 현관에서.

유성옥 거기서 그렇게 하실 때는 김계원 비서실장인지 몰랐고, 차를 대라고 해서 무조건 댔는데, 대고 나니까 서영준이 등에 업혀서 나와서 뒤에 싣고 김계원 비서실장님이 뒤에 타시고 옆에 서영준 직원이 같이 타고 병원으로 옮겼습니다.

검찰관 피고인 옆좌석에 서영준이 타고 뒷좌석에 김계원 피고인과 대통령 각하가 탔다는 거죠?

유성옥 예.

검찰관 피고인은 당시에 김계원 피고인은 왜 사살하지 않았죠?

유성옥 그런 지시를 받은 일도 없고 사람을 사살할 목적으로 한 것도 아니고, 저 자신도 얼떨결에 일은 일으켰지만 사람이 부상한 걸 봤기 때문에 우선 내 의무는 차를 빨리 움직여서 병원으로 후송해야 한다고 생각했습니다.

검찰관 당시 피고인은 사람을 살해한 직후고 누가 차를 대라고 해서 댄 거고 어떤 사람이 사람을 하나 업고 나오길래 차에 태운 것이지, 그 당시에 피고인이 지금 등에 업고 나온 사람이 누군지, 누가 지시하는 건지를 깊이 생각할 겨를도 없었죠?

유성옥 그렇습니다.

검찰관 처음 차에 환자를 뒤에 실을 때는 그 환자가 대통령 각하라는 것은 생각도 못했겠죠?

유성옥 그렇습니다.

검찰관 처음에 대통령 각하를 차에 태울 때 환자의 얼굴을 한 번이라도 봤습니까?

유성옥 못 봤습니다.

검찰관 그러면 피고인은 운전석에 앉아서 무작정 앞만 보고 계속 병원으로 갔습니까?

유성옥 네, 그렇습니다.

검찰관 뒷좌석의 대통령 각하로부터 신음소리나 숨소리를 들었습니까?

유성옥 가는 도중에 김계원….

검찰관 피고인이야 빨리 병원으로 가자고 뒤에서 재촉하는 상황이고, 피고인도 사람을 살해하고 난 직후인데, 운전하면서 뒤의 신음소리에 신경 쓸 겨를은 없었겠죠?

유성옥 없었습니다.

검찰관 어느 병원으로 갔죠?

유성옥 보안사령부에 있는 분원이라고 해서 그리 갔습니다.

검찰관 누가 그리로 가자고 했나요?

유성옥 김계원 비서실장이 그리 가자고 그랬습니다.

검찰관 당시까지만 하더라도 뒤에 타신 분이 김계원 비서실장인지 몰랐죠?

유성옥 가는 도중에 "각하다"라고 말씀하시고 빨리 가자고 했고 정문 들어갈 때 "나 청와대 비서실장이다"라고 해서 알았습니다.

검찰관 정문에 들어갈 때 누가 제지하지 않았어요?

유성옥 예. 보안사 근무자들이 제지했습니다.

검찰관 어떻게 통과했어요?

유성옥 김계원 비서실장이 청와대 비서실장이라고 말씀하신 것 같았습니다.

검찰관 병원에 도착했을 때, 대통령 각하 몸에서 계속 출혈이 있던가요?

유성옥 예. 그랬습니다.

검찰관 어느 부분에 출혈이 있던가요?

유성옥 어느 부분인지 확실히는 모르겠고, 서영준이 웃옷을 벗어 얼굴을 가려서 저는 얼굴을 못 봤습니다. 피가 떨어지는 것만 봤습니다.

검찰관 그 당시 환자를 본 군의관들이 환자의 신분을 알 수 있었습니까?

유성옥 내리신 뒤에 차를 대놓고 뛰어들어가니까, 응급실에서는 군의관들이 인공호흡을 하고 있었습니다.

검찰관 그 당시 군의관들이 환자를 봐서 대통령 각하인지 알 수 있었나요?

유성옥 제가 볼 때는 각하로 보기에 어려운 실정이었습니다.

검찰관 피고인의 입장에서 보더라도 환자가 대통령인지 누군지 잘 구별할 수 없었다는 말이죠?

유성옥 그렇습니다.

검찰관 보통 군의관이 볼 때 그 사람이 대통령이라고는 상상도 못했겠죠?

유성옥 네. 그렇습니다.

검찰관 병원 응급실로 각하를 모시고 들어갔을 때 군의관들이 이미 사망했다고 그랬습니까?

유성옥 저는 바로 못 들어가고 서영준이가 계속 거기에 있었고 저는 비서실장님 지시로 "보안유지를 철저히 해라. 사람의 출입을 통제하라"고 하셨기 때문에 안에서 일어난 내용은 확실히 모르고 있습니다.

검찰관 피고인은 병원에서 환자가 대통령 각하라는 사실을 다른 사람에게 얘기한 적 있습니까?

유성옥 없습니다.

검찰관 비서실장 김계원 피고인이 군의관들에게 그런 얘기를 한 적이 있습니까?

유성옥 그렇게 말씀하신 것이 아니고, 나오시기 직전에 "이분은 꼭 살려야 된다"고만 하시는 걸 들었습니다.

검찰관 각하라는 말을 한 것을 들은 적이 없다?

유성옥 네.

검찰관 피고인은 대통령 각하를 빨리 소생시키려면 군의관들에게도 이분이 대통령 각하라는 걸 알려주고 빨리 치료를 시키도록 해야 하는데 왜 신분을 감췄나요?

유성옥 비서실장님 지시도 있고, 또 저하고 너무 지체가 차이 나는 분이고 해서 일단 말씀하신 것을 거역할 수도 없고 해서….

검찰관 비서실장의 "그런 얘기를 하지 마라, 보안유지를 하라"는 지시 때문에 못했다는 말인가요?

유성옥 그렇습니다.

검찰관 피고인이 병원 도착 뒤, 얼마 후 김계원 피고인이 그곳에서 자리를 떴나요?

유성옥 다시 말씀해주십시오

검찰관 병원 도착 후, 김계원 피고인은 어디로 갔습니까?

유성옥 차가 없으니까 "뭘로 가시겠습니까?"라고 말씀드리니까 "아무거나 타고 나갈 테니까, 여기 대기하고 철저히 감시하라"고 하시고 나가셨는데, 청와대로 가신 걸로 알고 있습니다.

검찰관 병원 도착 후, 김계원 피고인이 병원을 떠날 때까지 시간이 얼마나 될 것 같아요?

유성옥 확실히 모르겠습니다.

검찰관 피고인이 병원에서 계속 있으면서, 병원장실에서 김계원 피고인으로부터 온 전화를 받은 사실이 있나요?

유성옥 병원장님과 통화한 후, 저하고 통화가 되었는데….

검찰관 바꿔주길래 전화를 받았는데, 그때 통화 내용이 뭡니까?

유성옥 계속 감시 잘하고 경호 잘하라고.

검찰관 보안유지하고 외부 출입자 못 들어오게 하라는 지시를 받았나요?

유성옥 네.

검찰관 그 후에 김계원 피고인에게서 전화 온 적 없습니까?

유성옥 한 번 병원장한테 왔는데 저는 통화를 못했습니다.

검찰관 그러면 병원에 가서 서영준 경비원은 계속 대통령 각하 옆에 따라다니고 피고인은 어디 있었나요?

유성옥 병원장실에 있으면서 왔다 갔다 했습니다.

검찰관 병원장이 외부와 전화를 못 하게 통제했습니까?

유성옥 "비서실장님 지시인데 전화는 삼가주십시오"라고 병원장께 말씀드렸습니다.

검찰관 김계원 피고인이 전화로 그렇게 지시해서 그렇게 얘길 했다?

유성옥 네, 그렇습니다.

검찰관 그 뒤 병원장실에 있는 동안 보안사 참모장에게 전화가 걸려온 적이 없나요?

유성옥 전화가 오긴 왔는데 누구인지는 모릅니다.

검찰관 그날 밤 12시경 보안사 감찰실장으로부터 병원장실로 전화가 왔는데, 병원장이 "이리로 오게 할까요?" 할 때, 피고인이 "오지 못하도록 하시오"라고 한 적이 있습니까?

유성옥 그런 사실 없습니다.

검찰관 병원에 있으면서 중정 식당에 있는 이기주 피고인과는 무슨 연락을 취했나요?

유성옥 제가 병원에 있는 동안 서영준과 제가 각하 병실을 둘이서 지켰습니다. 전화통화를 해야 가든가 뭘 하든가 하고 배도 고프고 해서 지시를 받고 행동하려고 전화를 했습니다. 과장님도 안 계시고, 비서실장님하고도 통화가 안 되고 서너 번 시도하다가 그냥 거기서 대기하고 있었습니다.

검찰관 피고인은 병원에서 군의관들에게 피고인의 신분이 중정 운전기사라는 사실을 밝혔습니까?

유성옥 밝히지 않았습니다.

검찰관 뭐라고 했죠?

유성옥 비서실 직원이라고 했습니다.

검찰관 왜 그랬습니까?

유성옥 나중에 총리께서도 오시고, 국방장관도 오시고 했는데, 김계원 비서실장이 처음에 비서실 직원이라고 말했기 때문에 저도 계속 그렇게 했습니다.

검찰관 처음에 김계원 비서실장이 피고인이 누군지 잘 모르고 그냥 비서실 직원이라고 한 소리를 듣고 피고인도 그냥 다른 사람에게 비서실 직원이라고 말했다?

유성옥 네.

검찰관 그 당시만 하더라도 피고인이 이렇게 구속되어 재판을 받게 되리라곤 생각 못했죠?

유성옥 병원에 있을 때 이미 저는 벌을 받을 거라는 걸 확신했습니다.

검찰관 피고인은 어떻게 체포됐습니까?

유성옥 각하 병실 경호 근무 중 보안사에서 와서 계엄 선포라고 하면서 체포하겠다고 휴대품 다 내놓으라고 해서 거기서 체포되었습니다.

검찰관 피고인의 지금 생각으로는 김재규 피고인이 왜 대통령 각하를 살해했다고 생각합니까?

유성옥 저는 거기까지는 알 수 없고, 다만 이렇게 큰 물의를 일으켰다는 건 생각할 여지도 없는 겁니다.

검찰관 지금 피고인 심정은 어때요?

유성옥 제 심정으로서는….

검찰관 잘한 짓입니까?

유성옥 지휘관으로부터 지시받은 것은 이행했지만, 범행 사실은 잘못됐다는 것을 충분히 알고 있습니다.

검찰관 이상으로 일단 직접신문 마치겠습니다.

중앙정보부 경비원, 시키는 일엔 절대복종

검찰관 김태원 피고인, 앞으로… 피고인은 본 건 범행 당시 중정에서 직책이 무엇이었습니까?

김태원 경비원이었습니다.

검찰관 피고인이 중정 경비원으로 근무한 기간은?

김태원 1976년 10월 14일부터입니다.

검찰관 신관 근무는 언제부터 했나요?

김태원 1979년 10월 8일까지 본관에서 근무하다가 10월 8일에 건너갔습니다.

검찰관 평소 피고인과 박선호 피고인과의 관계는 어떠했습니까?

김태원 저는 경비원이고 과장이라는 것뿐입니다.

검찰관 박선호 피고인이 시키는 일엔 절대복종해야 합니까?

김태원 예.

검찰관 만약 복종하지 않으면 어떻게 되죠?

김태원 예전 과장으로부터 내려오는 전통이, 거기서는 상관이 시키는 일에 복종을 안 하면 다시 이문동으로 가거나 회사를 그만둬야 하는 입장입니다.

검찰관 본청 근무가 중정 식당 근무보다 더 힘듭니까?

김태원 더 힘도 들거니와 우선 궁정동 근무는 긍지가 있습니다. 부장님을 모신다는 긍지도 있고 가정적으로도 혜택이 있고… 다시 쫓겨 들어가면 다시 신입자 생활을 해야 하기 때문에 대개 다 그걸 싫어합니다.

검찰관 평소 이기주 피고인과의 관계는?

김태원 별다른 관계는 없고 같은 직원일 뿐입니다.

검찰관 같은 경비원이라는 것 외에 별다른 관계는 없다?

김태원 네.

검찰관 이기주 피고인과 박선호 피고인의 관계는 어땠어요?

김태원 저희보다는 가까운 것 같았습니다.

검찰관 같은 경비원이지만 이기주 피고인이 박선호 과장으로부터 더 신임을 받고 있는 것 같더라?

김태원 이기주가 전달 역할을 하기 때문에 과장님과 좀 더 가까운 사이입니다.

검찰관 피고인은 10월 26일 궁정동 신관 경비원 대기실에 몇 시에 출근했나요?

김태원 그 전날 25일에 야간 근무했습니다. 그래서 오전에 비번이라, 오전에 처갓집에 들러 점심식사를 하고 집에 잠깐 들렀다가 은행에 가려고 나오다가, 일상 집에 가면 오후 4~5시경에 행사가 있는지 없는지 확인하기 위해서 회사로 전화를 합니다. 전화했더니, 행사가 떨어졌으니 빨리 들어오라고 해서 회사로 택시 타고 들어갔습니다.

검찰관 도착 시간이 몇 시쯤입니까? 5시경입니까?

김태원 네.

검찰관 5시경 중정 식당에 도착해서 대통령 각하께서 오실 때까지 피고인은 무엇을 했습니까?

김태원 5시 조금 넘어서부터 6시까지 사전 근무를 했습니다.

검찰관 5시 20분부터 6시까지 외곽 근무를 했죠?

김태원 사전 근무를 나갔었는데 6시에 윤진호가 근무 교대를 나왔습니다. 제가 다시 경비원 대기실로 가 있으니까 잠시 후 각하 통과하셨다는 무전 연락이 왔습니다.

검찰관 그래서 계속 대기실에 있었습니까?

김태원 대기실에도 있다가 방에도 있다가 했습니다.

검찰관 당일 19시 10분경 경비원 대기실에서 이기주 피고인이 M15 기관단총으로 무장하고 나가는 것을 봤습니까?

김태원 방에서 총을 꺼내서 대기실 쪽으로 나가는 것을 봤습니다.

검찰관 평소에도 이기주 피고인이 기관단총으로 무장을 합니까?

김태원 평소에는 그런 예가 없었지만, 우리는 총을 갖고 근무하는 일이라 총 만지는 걸 별다르게 생각지는 않았습니다.

검찰관 보통 근무 때 사용하는 총은 권총이죠?

김태원 저쪽 본관 근무 때는 권총입니다. 이쪽에 와서 근무 때는….

검찰관 이기주 피고인이 기관단총을 휴대하고 나온 그 무렵에 유성옥 피고인이 또 권총으로 무장을 하고 나가는 것을 보았습니까?

김태원 방에서 권총 달라는 건 들었습니다.

검찰관 유성옥 피고인이 권총으로 무장하고 나간 뒤, 19시 40분 경 중정 식당에서 총소리가 들렸죠? 어떻게 들렸습니까?

김태원 네, 여러 발 들렸죠.

검찰관 그 총소리를 듣고 피고인은 어떻게 했어요?

김태원 무슨 일인가 갈피를 못 잡았습니다.

검찰관 그래서 어떻게 행동했습니까?

김태원 화장실을 갔다온 뒤였는데, 다들 방에서 대기실로 나왔습니다. 인원이 10명 정도 됐는데, 옥신각신하면서 무장해야 되지 않겠느냐고 하면서 무장했습니다.

검찰관 총성을 들은 직후, 본관에 있는 윤병서 비서로부터 전화가 걸려왔죠?

김태원 인터폰이 그 전에도 왔습니다.

검찰관 총성 들은 직후 전화 안 받았습니까?

김태원 무장하는 관계로 시끄러워서 기억이 안 납니다.

검찰관 총성이 난 곳이 다른 곳이 아니라, 각하가 계시던 중정 식당 쪽에서 총소리가 났죠?

김태원 네.

검찰관 통상 각하께서 중정 식당에 오시면 경호실장이나 경호관들이 수행을 하죠?

김태원 항상은 아닙니다.

검찰관 그날 중정 식당에 누가 와 있는 줄 알았습니까?

김태원 그 당시 중정 식당 옆, 구관 건물 쪽문 근무자가 장민순인데 그로부터 부장님과 비서실장님이 통과하셨다는 무전을 들었습니다. 시간은 확실치 않지만, 윤병서 비서한테서 총소리 나기 훨씬 전에 인터폰이 왔는데, "손님들이 왔으니 과장님께 연락을 드려라. 그러면 과장님이 전하실 거다"라는 연락을 받았습니다. 중정 식당 정문에 있는 사람이 무전기를 갖고 있습니다. 거기에 손님이 오셨다고만 전했습니다.

검찰관 그 손님이 누굽니까?

김태원 모르겠습니다.

검찰관 피고인은 대통령 계신 곳에서 총성이 났는데 왜 그곳에는 안 가보고 경비원 대기실에만 그대로 있었나요?

김태원 우리는 임의대로 행동할 수가 없습니다.

검찰관 총소리를 들었을 때 피고인으로서는 어떤 예감이 들었죠?

김태원 예감보다도 갈피를 못 잡았습니다.

검찰관 총성 얼마 뒤 박선호 피고인이 경비원 대기실로 와서, 거기 있는 경비원들에게 "너희들은 걱정할 것 없고 청와대 쪽에서 경비원들이 몰려오면 사살해버려라"고 했죠?

김태원 제가 문 앞에 서 있었습니다. 과장님이 오셔서 2층에 올라가실 때는 그런 얘기를 안 하셨습니다. 올라가셨다가 2~3분 후에 내려오시면서 그런 얘기를 하시는 걸 들었습니다.

검찰관 그런 얘기를 들으면서 무슨 이상한 생각이 들지 않았어요?

김태원 이상한 생각이 들었습니다.

검찰관 무슨 생각이?

김태원 이상하게 여러 가지 생각이 복합적으로 들었습니다.

검찰관 박선호 피고인이 대통령 경호관들이 몰려오면 사살하라고 지시한 것은 지시한 사람이 경호관이니까, 그것은 곧 대통령에 대해 대항하라는 뜻이 아닙니까?

김태원 글쎄요, 대통령하고는 연관 짓지 않았습니다.

검찰관 박선호 피고인이 그런 얘기를 하고 대기실을 나가면서 피고인에게 "자네 따라와"라고 했죠?

김태원 네.

검찰관 그래서 피고인은 박선호 피고인을 따라서 중정 식당으로 갔습니까?

김태원 네. 식당 옆 차고 문으로 들어갔습니다.

검찰관 당시 피고인도 무장하고 있었습니까?

김태원 과장님이 2층으로 올라갈 때까지는 안 했고 올라가신 후에 문 앞에 근무하면서 무장을 안 하면 욕먹을 것 같고, 더구나 무장했는가라고 물어보시기에 앞에 있는 최종열에게 총을 달라고 했습니다. 그리고 문 앞에 있었습니다.

검찰관 박선호 피고인을 따라 중정 식당 안으로 들어가니까 이기주 피고인이 있었습니까?

김태원 정문에 있었습니다.

남산의 율법, 맹목적 복종

남산으로 불리는 중앙정보부의 율법은 맹목적 복종을 요구했다. 경비원 김태원과 유석술 등은 법정진술에서 그들은 박선호 의전과장의 명이 엄격했으며 그 명을 전달하는 경비조장 이기주의 지시를 따를 수밖에 없었음을 명확히 밝히고 있다. 김태원은 영문도 모른 채 명령에 따랐다가 사형을 받았지만 재판 과정에서 가장 의연한 모습을 보여 변호인들조차 감명을 받았다. 재판 당시 김재규는 부하들만은 살려달라고 호소했다. 그러나 결국 5명의 부하에게 사형이 확정되자 부하들과 한자리에 묻어달라는 유언을 남겼다. 자기 재산은 부하들의 유족을 위해 나눠주라는 말도 강조했다. 그러나 그의 유언은 모두 지켜지지 못했다.

검찰관 이기주 피고인으로부터 어떤 지시를 받았습니까?
김태원 "여기서 근무 서"라는 지시를 받았습니다. 정문에서요.
검찰관 여기서 근무하라 그러다가 잠시 후에 과장이 다시 와서 "안에 들어가 전부 깨끗하게 쏴 죽여"라고 했죠?
김태원 그렇게 안 했습니다.
검찰관 어떻게 얘기했죠?
김태원 과장님하고 이기주하고 저만치 가다가 다시 와서 "김태원 씨, 저 안에 있는 사람들은 다 죽었는데 들어가서 다시 한번 쏘고 오시오. 과장님 지시입니다"라는 말을 들었습니다.
검찰관 그래서 피고인은 "나는 한 번도 안 들어갔는데 같이 갑시다" 그랬나요?

김태원 "거길 무서워서 어떻게 들어갑니까? 저는 한 번도 안 들어갔습니다" 했습니다.

검찰관 이기주 피고인하고 같이 안으로 들어갔나요?

김태원 아닙니다. 그전에 제가 또 거부반응을 보였습니다. 할아버지하고 부장님은 어떻게 됐습니까? 그랬더니 할아버지하고 비서실장님과 부장님은 피신했다고 했습니다. 그래도 그렇지 거길 어떻게 들어가냐고 하니까, "그럼 따라오라" 그래서 따라갔습니다.

검찰관 어디로 따라갔습니까?

감태원 그 대기실입니다.

검찰관 대기실에 들어가니까 입구 쪽에 한 사람이 쓰러져 있었죠?

김태원 네.

검찰관 그 사람이 어떻게 쓰러져 있습디까?

김태원 엎어져 있었습니다.

검찰관 당시 대기실 안방은 밝았죠?

김태원 거의 밝았습니다.

검찰관 그 쓰러져 있던 사람이 누구였습니까?

김태원 모르겠습니다.

검찰관 이기주 피고인으로부터 확인사살하라는 말을 듣고 그 대상이 누구라는 얘기는 못 들었습니까?

김태원 그런 얘기는 못 들었습니다.

검찰관 처음 들어가서 문 입구 쪽에 쓰러져 있는 사람에게 1발을 발사하고, 반대편 입구 쪽에 있는 사람에게 다가가서는 2발을 발사했는데, 그 사람에게는 왜 2발을 쐈습니까?

김태원 한 발을 먼저 쐈는데 그게 잘 안 맞은 것 같고, 얼핏 보니까 거기에 이기주가 서 있길래 확인하는 게 아닌가 싶어서 다시 한 발을 쐈습니다.

검찰관 그때 이기주 피고인이 안쪽을 가리키면서 저기도 한 사람 있다고 합디까?

김태원 한 사람 있다고 안 했습니다…. "저 안에도 있다" 그랬고, "방마다 확인하라"고 했습니다.

검찰관 안으로 들어가 만찬석상에 보니까 한 사람이 신음하고 있었죠?

김태원 신음 안 했습니다.

검찰관 당시 만찬석상에서 신음소리가 들리며 얼굴을 하늘 향해 누워 있는 뚱뚱한 사람이 왼손이 움직이는 것 같았다고 진술했는데?

김태원 신음 안 했고 움직이지도 않았습니다. 저쪽 보안사 취조 과정에서 그게 나온 것입니다.

검찰관 피고인은 만찬석상의 상 입구에 쓰러져 있는 차지철 전 경호실장에게 몇 발을 발사했습니까?

김태원 대기실에서 마루로 나가려면 칸막이가 되어 있습니다…. 거기에 나가보니까, 깜깜하고 여러 갈래로 길이 뚫려 있고, 저쪽에 보니까….

검찰관 차지철 실장에게 몇 발을 쏘았습니까?

김태원 2발을 쏘았습니다.

검찰관 2발 발사 뒤, 피고인은 마루를 따라 쭉 가다가 다시 어느 방문을 열려니까 문이 안 열렸죠?

김태원 네.

검찰관 그래서 돌아와서 다시 주방으로 갔습니까?

김태원 네.

검찰관 당시 주방 안은 환했죠?

김태원 네.

검찰관 주방에 들어서면서 주방 입구에 쓰러져 있는 사람을 향해서 또 몇 발을 쐈습니까?

김태원 주방 입구가 아니라 우측에 있는 사람에게 한 발 쐈습니다.

검찰관 그때 주방에 들어가니까 그 안의 사람들이 어떤 상태로 되어 있었습니까?

김태원 우리 직원도 엎드려 있고 전부 엎드려 있었습니다.

검찰관 처음에 쏜 한 사람은 어떤 상태로 쓰러져 있어요?

김태원 엎어져 있었습니다.

검찰관 그 사람이 중정 요원인 줄 알았습니까?

김태원 확실한 기억이 없습니다.

검찰관 피고인은 대통령 각하께서 참석하신 만찬석상에서 요란한 총성이 들렸고, 바로 뒤에 박선호 피고인이 경비원 대기실로 와서는 경호실 요원들이 오면 사살하라는 지시를 들었고, 그리고 난 뒤에 이기주 피고로부터 확인사살하라는 지시를 받고 중정 식당 안으로 들어가서 사람들이 쓰러져 있는 것을 봤는데, 그런 광경을 보고 대통령에게 무슨 변란이 일어났구나 하는 정도의 생각을 못했습니까?

김태원 그렇게까지는 생각을 못했습니다.

검찰관 그러면 아무 생각 없이 살해했습니까?

김태원 대통령 각하하고 비서실장님하고 부장님은 피신하셨다고 해 제가 차고 문을 통해 들어올 때 보니까 경호원 차들도 없고 해서 피신하신 것으로 알았고 '이 사람들은 적이구나'라고 예감했습니다.

검찰관 당시 피고인이 확인사살한 대상은 전부 방에 쓰러져 있는 사람들이죠?

김태원 네.

검찰관 식당 밖에 쓰러져 있는 사람은 하나도 없었죠?

김태원 네.

검찰관 만약 그 쓰러져 있는 사람들이 외부에서 침입한 침입자들이라면 모두 방 안에만 쓰러져 있지는 않았겠죠?

김태원 모르겠습니다. 그것은….

검찰관 당시 피고인이 확인사살한 대상이 피고인이 아는 중정 요원들은 아니었죠?

김태원 네.

검찰관 그러면 확인사살 대상이 적어도 대통령 경호관이라는 건 알았습니까?

김태원 그 당시는 몰랐습니다.

검찰관 그러면 누군 줄 알고 쐈습니까?

김태원 모르고 쐈습니다. 그리고 손님이 오셨다고 들었습니다.

검찰관 당시 피고인이 확인사살할 때, 그 대상이 된 경호관들이 실제 완전히 사망을 했는지, 사망했을 가능성도 있고 숨이 붙었을 가능성도 있었겠죠? 그것까지 확인할 경황이 없었던 거 아닙니까? 그 사람들 심장소리를 확인할 수도 없고 말이죠.

김태원 네, 확인은 안 했지만, 다 죽어 있는 표정이었습니다. 또 다 죽었다고 들었습니다.

검찰관 죽은 사람을 왜 또 쏘라고 했을까요?

김태원 그건 모르겠습니다.

검찰관 피고인이 왜 주방에 들어가서 한 발만 쏘고 그만뒀죠?

김태원 우리 직원도 그 옆에 엎어져 있고 가깝게 있어서 우리 직원 다칠까봐 그랬습니다.

검찰관 그래서 그 직원들보고 뭐라고 했어요?

김태원 김용남 씨에게 일어나라고 했습니다.

검찰관 김용남 씨하고 평소 잘 압니까?

김태원 네.

발발 떨고 엎드려

검찰관 당시 주방 안에 쓰러져 있던 사람 중, 총으로 부상당한 사람이 몇 사람인 것으로 보였습니까?

김태원 김용남 씨가 어깨를 맞았습니다. "김형, 누구한테 그랬어요?" 하니까, 자신도 모른대요.

검찰관 다른 사람, 이종오라든지….

김태원 네, 이종오도 다쳤어요.

검찰관 또 다른 대통령 경호관이 쓰러져 있는 건 못 봤어요?

김태원 봤는데 그 사람은 죽은 걸로 알았어요.

검찰관 피고인 얘기는 그 사람들은 죽은 걸로 알았으니까 확인사살을 안 했고 다른 사람은 죽지 않았으니까 쭉 확인사살한 거네요?

김태원 그게 아니고 김용남 씨가 바로 옆에 있어서 김씨가 맞을까 봐 안 했습니다.

검찰관 당시 상황으로 봐서는 피고인이 확인사살할 때, 혹시 완전히 절명하지 않았더라도 확인사살을 안 할 수 없는 상황이었죠. 위에서 지시를 하니까.

김태원 네, 해야 됩니다.

검찰관 들어가서 주방 안에서 왜 중정 요원들은 사살 안 했어요?

김태원 우리 직원들인데요?

검찰관 처음 들어갈 때 지시는 어떻게 받았어요? 무조건 안에 들어가서 처치하라는 지시를 받았는데, 누구를 사살하라는 지시는 안 받았다고 피고인이 분명히 그랬고, 중정 요원들도 총에 맞아 쓰러져 있었는데, 그 사람들은 왜 확인사살하지 않았지요?

변호사 이의 있습니다.

김태원 김용남 씨는 총에 맞았지만, 발발 떨고 엎드려서 무릎 꿇고 있었습니다.

검찰관 피고인은 그렇게 확인사살을 한 뒤에 그 결과를 이기주 피고인에게 보고했습니까?

김태원 네, "다 됐는데 우리 직원들은 데리고 나와야죠" 그랬습니다.

검찰관 그러니까 이기주 피고가 뭐라고 했나요?

김태원 데리고 나오라고 했습니다. "우리 직원이면 데리고 나와야죠" 했습니다.

검찰관 피고인은 범행에 사용한 M16 소총은 어떻게 했죠?

김태원 시간이 좀 흐른 뒤 최종렬이 왔습니다. 혼자 거기서 지키려니까 무섭고 안 되겠어서 가서 지원을 보내겠다고 하며 "이것을 좀 갖고 계시오" 하고 제가 신관으로 갔습니다.

검찰관 총은 최종렬에게 인계하고 경비원 대기실로 갔다?

김태원 네.

검찰관 피고인이 경비원 대기실에 가 있는 중에 청와대 경호실에서 경호원 직원 3명이 현장에 찾아온 사실이 있죠?

김태원 네.

검찰관 그들이 어떻게 왔고, 어떻게 돌려보냈죠?

김태원 저는 그것을 듣기만 했지 보지는 못했습니다. 방에서 봤습니다.

검찰관 방에서 누가 왔다고 그럽디까?

김태원 밖에서 얘기가 청와대에서 온 걸로 알고 있었습니다.

검찰관 피고인은 조금 전 확인사살 직전에 박선호 피고인으로부터 청와대 경호원들이 오면 사살하라는 지시를 받았는데 왜 그 사람들을 사살하지 않았죠?

김태원 저는 방 안에 있었습니다.

검찰관 방 안에 있었고, 밖에서 아무런 지시를 안 하니까 아무 행동을 안 했다는 말입니까?

김태원 네.

검찰관 피고인은 경비원 대기실에 쭉 있다가 이대부속병원에 간 일이 있죠? 거기는 왜 갔나요?

김태원 남효주 비서관이 이종오를 입원시키고 왔는데 시간이 없어서 그냥 왔다고 하면서 "가서, 자꾸 집에 전화하려고 하니까 전화 못 하게 하고 그냥 사고라고만 하라"고….

검찰관 누가 물으면 감찰과 소속이라고 말하고 부상 이유를 누가 물으면 단순한 오발 사고라고 하라는 얘기를 듣고, 그 병원으로 가서 이종오에게 그 얘기를 해줬습니까?

김태원 그렇게 전했습니다.

검찰관 그리고 나서 왜 다시 중정 식당으로 돌아왔습니까?

김태원 근무지가 거기니까 왔습니다.

검찰관 갔을 때 시간이 몇 시였죠?

김태원 정확히는 모르고 거기서 출발할 때가 11시….

검찰관 통금 거의 직전이었죠?

김태원 네.

검찰관 피고인이 중정 식당에 있는 남효주 사무관에게 전화를 해서 본인도 들어가야 돼냐고 확인했나요?

김태원 네.

검찰관 그러니까 뭐라고 해요?

김태원 들어오라고 그랬습니다.

검찰관 그래서 들어간 거죠?

김태원 네.

검찰관 당시 피고인이 다시 경비원 대기실로 왔을 때, 박선호 피고인이 경비원에게 "자네들은 안심하고 누가 물으면 무조건 모른다고 하라"고 얘기했습니까?

김태원 2층에 올라가시면서 그러셨을 겁니다. 제가 방에 있을 때입니다.

검찰관 "육본 쪽도 잘 해결되었다"라고 했다는데 들었나요?

김태원 네, 제가 방에 있을 때입니다.

검찰관 피고인은 그런 얘기를 듣고 어떤 생각을 했죠?

김태원 어떻게 생각은 못했습니다.

검찰관 결국 박선호 피고인이 그런 얘기를 하는 것은 김재규 피고인이 저지른 쿠데타가 지금 잘 진행되어가고 있다는 그런 얘기 아닙니까?

김태원 부장님이 무슨 일을 저질렀는지 그 당시까지 몰랐습니다.

검찰관 사건 당일 밤, 피고인이 경비원 대기실에 들어가기 전에, 옆에 있는 김영남에게 "주사위는 이미 던져졌다"고 말했다고 김영남은 진술하는데, 그런 얘기를 한 적이 있습니까?

김태원 저는 그런 기억 안 납니다.

검찰관 피고인은 그 이튿날 새벽에는 무엇을 했죠?

김태원 아침에 밥 먹으라고 깨워서 일어났습니다.

검찰관 1시경에 이강철, 강무홍, 백창제 등과 함께 중정 식당에서 근무한 적 있죠?

김태원 네, 1시부터 3시까지 근무했습니다.

검찰관 그날 잠이 제대로 올 리가 없었죠, 잘 수도 없었고? 모든 사실을 제대로 안 것은 몇 시경입니까?

김태원 아침에 밥 먹으면서 직원으로부터 대충 듣고 텔레비전을 봤습니다.

검찰관 직원들 누구로부터 무슨 얘기를 들었나요?

김태원 누구라고는 기억 안 납니다.

검찰관 피고인이 경호관 대기실에서 쓰러져 있던 두 사람을 확인 사살하고 마루로 들어갔죠?

김태원 네.

검찰관 실내로 들어가자, 대통령 각하가 계셨던 만찬석상에 쓰러져 있던 사람이 문 입구에 쓰러져 있었나요, 아니면 방 안에 쓰러져 있었나요?

김태원 제가 처음 들어가 본 곳이라서, 그 당시에는 방인지 뭔지 확인 못했습니다.

검찰관 아무튼 문 입구에 한 사람 쓰러져 있었죠?

김태원 네.

검찰관 그 사람이 어떻게 쓰러져 있었나요?

김태원 하늘을 보고 쓰러져 있는데, 상반신 이하는 안 보였습니다.

검찰관 왜 안 보였나요?

김태원 이쪽 대기실 문에서 볼 때는 안 보였고, 거기 가서 제가 쏠 때는 어깨 위로는 안 보였습니다. 거기에 칸막이가 되어 있습니다.

검찰관 그 방 안에 요리상 차려진 것은 봤나요?

김태원 못 봤습니다.

검찰관 요리상 뒤에 병풍이 세워진 것도 못 봤나요?

김태원 그 안이 깜깜했습니다.

검찰관 그 당시에는 만찬석상에 불이 켜져 있었는데 그것도 못 봤습니까?

김태원 불이 아주 흐려서 그런 걸 구별할 수가 없었습니다.

검찰관 그런데 사람은 어떻게 보고 사람에게 적중시켰죠?

김태원 그래서 두 발을 쐈습니다. 맞았는지 안 맞았는지 몰라서.

검찰관 다른 것은 아무것도 안 보이고, 차지철 경호실장이 쓰러져 있는 바로 옆의 상도 안 보이고 뒤에 있는 병풍도 안 보였는데, 어떻게 사람만 보여서 적중을 시켰을까요?

김태원 그 당시 그렇게 신경을 쓸 수가 없었습니다. 아무튼 머리가 복잡했습니다.

검찰관 머리가 복잡했으니까, 차 실장이 살아 있었는지, 죽었는지 아무것도 몰랐겠네요?

김태원 죽었다고 들었고 꼼짝 안 하니까 죽은 걸로 알았습니다.

검찰관 피고인은 언제 체포되었습니까?

김태원 28일 03시입니다.

검찰관 사건 난 것이 26일이니까, 그다음 다음 날인데, 그동안 뭐 했죠?

김태원 대기실에 있었습니다.

검찰관 그동안 피고인의 심정은 어땠어요? 피고인은 안 잡혀갈 줄 알았나요?

김태원 제가 잘못한 건 알고 있었습니다.

검찰관 일단 마치겠습니다.

총을 파묻은 까닭

검찰관 유석술 피고인은 본 건 범행 당시 직책이 뭐였습니까?

유석술 중정 경비원입니다.

검찰관 정보부 경비원으로 근무한 것은 언제부터입니까?

유석술 정보부에 들어온 것은 1973년 8월부터입니다.

검찰관 경비원으로 근무한 것은 언제부터죠?

유석술 궁정동에는 1977년도 8월에 들어왔습니다.

검찰관 피고인과 이기주 피고인과는 어떤 관계입니까?

유석술 남산에서 같이 근무했기 때문에 조금 압니다.

검찰관 이기주 피고인이 지시하는 것은 반드시 따라야 합니까?

유석술 그 당시는 이기주가 지시를 하고 통솔했기 때문에 평소에도 뭘 시키면 꼭 해야 됩니다.

검찰관 이기주 피고인이 같은 경비원이지만 경비원들을 통솔하는 입장이죠?

유석술 과장님 명령을 받고 저희에게 지시하기 때문에 평소에 그의 지시를 거역할 수 없습니다.

검찰관 피고인은 10월 26일 18시경 중정 식당에 각하가 오신 것을 어떻게 알았죠? 오후 4시 반쯤 대기실에서, 윤진호 비서가 전화로 오늘 저녁에 행사가 있다고 전했나요?

유석술 그렇게 전달받았습니다.

검찰관 그래서 비번 근무자들도 소집했고, 피고인은 5시부터 6시까지 지금 사고가 난 중정 식당 정문 근무했죠?

유석술 네.

검찰관 정문 근무할 때, 각하가 도착하신 것이 6시가 조금 넘어서였는데….

유석술 저희가 문을 열 때는 6시 5분경 되었습니다.

검찰관 각하가 도착하기 전에, 김재규 피고인과 김계원 피고인이 중정 식당 경계석에 앉아서 서로 대화하는 것을 본 적이 있습니까?

유석술 보통 오시면 얘기를 하시는데, 저희들은 전혀 들을 수 없습니다.

검찰관 내용은 듣지 못했지만 그렇게 앉아 있었던 것은 보았습니까?

유석술 나무에 가려서 잘 안 보이고 아래 발만 보일 정도입니다.

검찰관 그러니까 발은 봤나요?

유석술 네.

검찰관 그날 각하께서 누구와 함께 그곳에 왔나요?

유석술 차에서 내리실 때, 경호실장, 경호처장님을 제가 봤습니다.

검찰관 각하께서 도착 후 피고인은 어떻게 했습니까? ,

유석술 서영준은 주방 일 교대로 쫓아가고, 잠시 후 엄연희가 와서 저는 교대했습니다. 교대해서 대기실로 갔다가 저녁식사를 하고 30분간 제 시간을 끝내고 다시 6시 30분에 나왔습니다.

검찰관 6시 30분부터 7시까지 또 정문 근무를 했나요?

유석술 네.

검찰관 정문 근무 후 또 대기실로 갔고요?

유석술 서영준이 나와서 저는 또 대기실로 갔습니다.

검찰관 대기실로 갈 때, 그날 19시 40분경 각하가 계신 중정 식당에서 총소리가 들렸죠?

유석술 7시 40분경에 총소리를 들었습니다.

검찰관 피고인은 그 총소리를 듣고 어떻게 행동했나요?

유석술 방에 있던 직원들과 함께 대기실로 쫓아 나왔습니다. 서로 우왕좌왕하다가, 우리 자체경비라도 서야 되지 않겠냐고 김태원인가 누군가 말했습니다. 그래서 총을 들고 나와서 저는 대기실 바로 옆에 있는 차고 위로 올라갔습니다.

검찰관 피고인 생각에는 왜 그런 총소리가 났다고 생각했어요?

유석술 저희 직원들이 자체 경비라도 서자며 각자 뿔뿔이 흩어졌습니다.

검찰관 각하 계신 곳에서 총소리가 났는데, 왜 그곳에 가보지 않았죠?

유석술 그쪽으로 밖으로 나간 사람도 있고 자체 경비하는 사람도 있고 그랬습니다.

검찰관 그러는 도중에 주방 요리사 김일선이 부상을 입고 경비원 대기실로 뛰어온 사실이 있죠?

유석술 우리 있는 대기실이 아니고, 가동 안 건물 대기실이 또 있습니다. 저는 거기 차고 위에서 1시간 반가량 쪼그리고 경계태세로 서 있었고, 대기실에서 4명인가, 이기주가 안으로 들어가라고 지시해서 안으로 들어가는데, 저는 위에서 어떻게 됐냐고 물었더니, 이왕철이 "전혀 모르겠다"며, "이기주가 들어가라니까 들어간다"고 하기에 저도 따라 들어갔습니다.

검찰관 요리사 김일선을 봤습니까?

유석술 대기실 안에 있는데, 9시 40분경에 김일선이 문을 열고 들어왔습니다.

검찰관 그 당시, 김일선의 얼굴 표정이 어땠어요?

유석술 그렇게 긴장된 얼굴은 아니었는데, 우리가 어떻게 됐냐고 물으니까, "주방에서 불이 탁 꺼지면서 총소리가 나는데, 한참 있다 보니까 이정호가 옆에 부상을 당해 있었다"는 소리만 들었습니다.

검찰관 김일선이 와서 "갑자기 불이 꺼지고 사방에서 총을 쏘아 대는데 주방 바닥에 엎드려 있다가 총소리가 끝난 다음 나는 밖으로 나왔지만, 지금 주방 안에 있는 사람들은 죽었는지 살았는지 모르겠다"라고 말했죠?

유석술 그 당시 경호원들 얘기는 안 했습니다.

검찰관 피고인이 "주방 안에 누가 있더냐?"고 물으니까 뭐라고 하던가요? "경호원 두 명이 밥을 먹으려는 순간, 불이 꺼지고 총소리가 났으며, 이정오가 옆구리에 총을 맞았다"라고 했죠?

유석술 김일선으로부터 제가 얘기 듣기로는 옆에 부상을 입었다는 얘기만 들었습니다.

검찰관 그 뒤 강무웅이 또 왔습니까?

유석술 강무웅이 문을 열고 "김일선이 어디 갔냐?"고 묻기에, "저쪽 안 주방으로 들어갔다"고 말했습니다.

검찰관 그 뒤, 누가 피고인을 대기실로 나오라고 해서 나가니까 이기주 피고인과 남효주 사무관이 있었죠?

유석술 이강철이 안에서 인터폰을 받아서 저희들을 다 나오라고 해서 밖으로 나왔습니다.

검찰관 나오니까 이기주 피고인이 뭐라 했나요?

유석술 현장 근무를 해야 한다고 저희에게 지시했습니다.

검찰관 이기주 피고인이 "아무 일도 없었으니까 걱정들 마라" 하면서 "근무를 나가야 하니까 M16 소총을 갖고 오라"고 하면서 근무지를 지정해줬죠?

유석술 네.

검찰관 그래서 피고인은 어디에 있었죠?

유석술 저는 정문 바로 옆 나무 밑에 있으라고 해서 거기 있었습니다.

검찰관 피고인이 10월 26일 19시 40분경에 난 총소리가 왜 났는지 정확히 안 것은 언제죠? 이튿날 새벽 5시경 라디오를 듣고 알았나요?

유석술 27일 라디오에서 05시에 잠결에 대통령 유고 시에는 국무총리가 권한을 대행한다는 것을 들었습니다.

검찰관 그걸 듣고 '어제 사고가 바로 그거였구나'라고 생각했죠?

유석술 '각하가 돌아가셨구나. 큰일 났구나' 하고 생각했습니다.

검찰관 그런 뉴스를 듣고 난 뒤, 피고인은 이기주 피고인으로부터 10월 27일 07시경 경비원 대기실에서 권총 2정을 정원에 묻으라는 지시를 받은 사실이 있나요?

유석술 네, 7시경에 이기주가 와서 저희를 다 기상시켰습니다. 일어나서 방 정돈을 하고 방문 앞에 나가는데 이기주가 어디서 슬리퍼와 총 2정을 갖다가 묻으라고….

검찰관 "주방에 가면 은박지가 있으니까, 은박지에 싸서 신관 지하실에 있는 삽을 갖고 정원 아무 곳에나 파묻고 와라"고 했나요?

유석술 네.

검찰관 그 당시 묻은 내용물이 권총 2자루, 실탄 5발, 탄피 하나, 슬리퍼 한 켤레 맞죠?

유석술 네.

검찰관 그중 권총 하나는 노리쇠가 후퇴된 상태고, 다른 권총 하나는 평소 피고인들이 만지는 총이 아니었죠?

유석술 무슨 총인지도 모르고 엉겁결에 받아서 잘 모릅니다.

검찰관 그래서 피고인은 이기주 피고인으로부터 지시받은 대로 그것들을 정원에 파묻었죠?

유석술 이기주가 알아서 처리한다고 우선 묻으라고 해서, 총에 대해 신경도 쓰지 않고, 그것이 제게 이렇게 큰 죄과가 돌아올지도 모르고, 나중에 처리할 줄 알고….

검찰관 시키는 대로 했죠?

유석술 네, 우선 시키는 대로 묻었습니다.

검찰관 당시 피고인이 매몰한 권총 등이 김재규 피고인 등이 그 전날 7시 40분경에 중정 식당에서 대통령 각하 살해에 사용한 총이라는 것을 생각 못했어요?

유석술 총을 받을 당시에는 이것이 대통령이 저격당한 증거물이라는 것을 전혀 짐작 못하고….

검찰관 그러면 무슨 총이라고 생각했습니까?

유석술 물론 직감으로는 사건에 관계된 것이라는 것은 알았지만, 대통령이 저격된 것인지는 몰랐습니다.

검찰관 그 총으로 대통령이 살해당했는지 경호관이 죽었는지 모르지만, 사건에 관련된 총이라는 것은 직감으로 알지 않았습니까? 그런 총이 아니라면 묻으라고 지시할 리가 없죠?

유석술 지시대로, 알아서 처리한다기에 저는 멋도 모르고 묻었습니다.

검찰관 결국 피고인 얘기는, 이기주 피고인의 지시하기에 시키는 대로 했다는 거 아닙니까?

유석술 시키는 대로 했는데, 저는 그 이튿날 신고했습니다. 직원들에게 그 얘기를 다 하고, 이기주 지시로 총을 묻어놨는데 신고를 해야 하지 않냐 하면서. 그중에서 장민순 직원과 함께 본관에 가서 윤 비서에게 사실 얘기를 하고 "이기주 지시에 의해 총을 묻었는데 처리해달라" 하니까, 윤 비서가 알았다면서 총은 그대로 두고 가서 기다리라고 했습니다.

검찰관 그 당시, 이기주 피고인이 대통령 등을 살해한 범인인지는 몰랐습니까?

유석술 아침에 제가 이기주로부터 총을 받을 때는 이기주가 직접 총을 쏘았는지 직접 관련이 있는지 전혀 몰랐습니다.

검찰관 이상 직접신문 마칩니다.

6장

중앙정보부 의전과장과 경호관의 권총 대결

4회 공판

12월 11일

"호텔에 여자 데리러 간 거죠?" "야, 얘기하지 마"

1979년 12월 11일 오후. 계엄보통군법회의 제4회 공판이 속개됐다. 박선호·박흥주 피고인에 대한 검찰관 측의 사실심리가 이날 오전 끝났다. 오후부터 변호인단의 반대신문이 시작됐다. 박선호 피고인의 변호인은 강신옥 변호사. 강 변호사는 처음 김재규 피고인의 사선변호인단 21명에 포함됐으나 김 피고인이 이날 사선변호인단의 변론을 거부하는 바람에 박선호 피고인의 변론에 주력하게 된다.

강 변호사는 박선호 피고인이 검찰관 측의 신문에 답변하면서 내비친 궁정동 안가의 대행사·소행사에 착안했다. 대통령 박정희의 연회행사와 그 자리에 동원된 외부의 여자들. 국정 최고책임자가 술과 여자에 지나치게 빠져 있었다고 느껴졌다. 권력자의 부도덕성으로 예부터 언제나 문제를 일으켰던 것이 바로 술과 여자가 아니던가. 그리고 중앙정보부장이 대통령을 총으로 쏜 사건의 배경에 대해 품었던 자신의 의혹이 풀리는 것을 느낄 수 있었다. 대통령의 타락상과 판단력 마비 때문에 국가 위기가 다가옴을 절감했을 것이다. 국내적으로 부산·마산의 시민데모가 심각했고 밖에서는 미국 측의 압력이 전해져 오고 있었으니 그것이 국가 위기가 아니고 무엇이겠는가.

강 변호사는 중앙정보부 의전과장으로 대통령의 채홍사 역할을 해온 박선호 피고인을 통해 박 대통령의 부도덕성을 폭로하기로 마음먹었다. 박 대통령의 부도덕성을 부각시킬수록 그만큼 10·26 거사의 정당성이 커지는 것이다. 그는 박선호와의 구치소 접견에서 이 점을 어느 정도 주입시켰다.

재판장(김영선 중장) 본 군법회의를 속개하겠습니다.

법무사(황종태 대령) 박선호 피고인, 앞으로 나오세요. 강 변호사님 중복되지 않는 범위 내에서 좀…. (약간 부드러워진 말씨)

강신옥 변호사 제가 묻는 대로 재판장을 향해서 대답해주세요. 피고인은 본적지인 경북 청도 원정리에서 태어났나요? 아버지는 언제 돌아가셨습니까?

박선호 8·15 전입니다.

변호사 그 당시 아버지의 직업은?

박선호 농업입니다.

변호사 어린애는 몇이나 두었습니까?

박선호 넷입니다. 제일 큰놈은 대학 2학년이고, 둘째는 고등학교 1학년, 셋째는 국민학교 5학년, 막내는 국교 1학년입니다.

변호사 김재규 전 정보부장이 피고인이 대륜중학교 다닐 때 은사라고 알고 있는데 언제부터 언제까지 피고인을 가르쳤고 담당 과목은 무엇인지요?

박선호 저희 중학 2학년 때 체육 담당입니다.

변호사 그때 김 부장은 피고인을 가르쳤을 뿐 아니라, 당시 피고인이 살던 집과 가까이에 살고 있어서, 피고인을 특별히 비호해주는 관계였다는데요?

박선호 네, 그렇습니다.

변호사 대륜학교를 졸업하고 피고인은 해병간부후보 16기로 입대했는데, 해병대에 간 특별한 동기라도 있습니까?

박선호 해병대를 항상 동경하고 있었습니다.

변호사 왜요?

박선호 모든 면에서 씩씩하고 용감하기 때문입니다.

변호사 해병간부후보 16기 동기생 중 성적은?

박선호 보통이었습니다.

변호사 동기생 중 해병대에서 진급은 피고가 가장 빨랐고, 6개월간 교육받는 해병대학에서는 1등 졸업했다는데 그렇습니까?

박선호 네.

변호사 이번 사건으로 죽은 청와대 경호관 정인형은 해병간부후보 16기 동기생이라는데요?

박선호 네.

변호사 피고인이 해병대 대령으로 예편한 이유는 무엇입니까?

박선호 해병대 사령부가 해체할 때, 한꺼번에 나왔습니다.

변호사 더 있기 싫어서입니까?

박선호 그렇습니다.

변호사 평소 동경하던 해병대가 없어지니까 그랬습니까?

박선호 네.

변호사 해병대 근무 중 군대에서 받은 무공훈장이나 표창장을 받은 것이 있으면 언제 어떤 훈장인지요?

박선호 종류가 다양하기 때문에 간단히 말씀드리겠습니다. 울진 대간첩작전에 참전해서 중정 부장으로부터 대간첩작전 유공표창, 국군의 날에 참모총장표창, 보국훈장 3·1장, 베트남전에서 화랑무공훈장, 베트남훈장 2개를 받았습니다.

변호사 해병대에서 예편 후 피고인이 중정 총무과장이 된 것은 언제입니까?

박선호 해병대 제대 이듬해, 1974년도입니다.

변호사 그것도 김 정보부장이 피고인의 은사로서 대륜고등학교 동창회를 통해서 피고인과 사제지간을 계속 유지해온 때문에, 김 부장이 피고인의 능력과 인간성을 믿고 발탁한 겁니까?

박선호 네, 그런 줄로 알고 있습니다.

변호사 피고인은 해병대 장교로서 군대 생활을 오래 했기 때문에 해병대에 대한 긍지가 대단하고, 해병대에서 타군보다 특히 강조하는 해병대 정신을 갖고 계실 텐데 해병대에서 특히 강조하는 것은 무엇입니까?

박선호 모든 훈련이나 정신면에서 항상 자랑하고 있었습니다.

변호사 정신이 강건한 거 말입니까?

박선호 네.

변호사 피고인 자신의 성격도 의리를 중시하고 정의감도 강하고 국가가 요구하는 책무에 대한 책임감과 상관의 명령에 절대복종하는 것을 덕으로 삼아왔다는데, 사실입니까?

박선호 저희 해병대 생활을 통해서 그렇게 체험해왔고, 아직까지 상관의 명령에 불복하거나 배신해본 일도 없습니다.

변호사 피고는 정보부 총무과장에서 부산지부 정보과장을 하다가 정보부를 그만두었는데, 김 부장이 부장이 된 후에, 다시 부장이 불러 해외에 나가라고 해서 현대건설 사우디 안전과장으로 1년간 근무하다가, 정보부를 그만두고 귀국해서 윤활유를 취급하는 장사를 시작했다고 하는데 사실입니까?

박선호 그렇습니다.

변호사 중앙상사란 상호로 피고인이 대표가 되고 상당한 돈도 투자했고 고용한 직원도 상당히 많았다는데요?

박선호 고용원이 10명, 사무원이 그렇습니다.

변호사 투자한 액수는?

박선호 잘 판단되지 않습니다.

변호사 피고인은 그 장사를 시작해서 장래 수입도 꽤 괜찮을 것으로 예상되었는데, 장사도 잘되고 있을 때인데, 1978년 8월 초, 평소 존경하고 있던 은사인 김 부장이 피고인을 불러서 정보부에서 다시 일해 달라고 했다는데요?

박선호 네.

변호사 그때 김 부장은 어떤 말로 같이 일하자고 했습니까?

박선호 제 사정을 물으시고 정보부에서 근무하도록 바로 명령하셨습니다.

변호사 당시 피고인은 하던 사업을 그만두기에는 좀 아까운 처지였지요?

박선호 그런 감은 좀 있었지만, 부장님께서 지시하기 때문에 모든 것을 정리했습니다.

변호사 모든 것을 희생하고 부장님의 부름에 응했다는 거죠?

박선호 네.

변호사 정보부 비서실 의전과장의 임무는 정보부 궁정동 사무실에 있으면서 궁정동에 있는 다섯 개 연회장을 관리하고 정보부장을 보필하는 비서까지 겸하고 있다는데요?

박선호 네.

변호사 궁정동 다섯 개 연회장은 피고인이 의전과장이 되기 전부터 있던 구관과 지금은 가동이라 부르는 신관, 세검동 및 피고인이 와서 새로 건축한 나동과 다동을 말하는데, 그렇습니까?

박선호 네.

변호사 이번에 대통령이 살해된 궁정동 식당은 위에 말한 나동입니까?

박선호 네.

변호사 피고인이 관리하는 다섯 개 연회장은 대통령이 혼자 사용하시거나 이번에 사건이 생겼을 때와 같이 대통령·경호실장·비서실장·김 정보부장 이 네 사람이 연회를 가질 때 사용하는 장소라는데, 사실입니까?

박선호 네.

변호사 궁정동 연회장에 연회가 있으면, 청와대 경호실 경호처장인 정인형이 피고인에게 전화로 연락을 주는데, 대통령 혼자 오실 때는 '소(小)행사'라고 말하고, 위에 말한 대통령·차 실장·비서실장·김 부장이 오실 때는 '대(大)행사'라고 한다는데?

박선호 그렇습니다만…, 그 행사 관계는 참고로 해주시면 좋겠습니다.

(그의 말소리는 무언가 꺼리는 투가 역력해 보였다. 그러나 강 변호사는 계획대로 밀고 나갔다.)

변호사 아까 검찰관 질문 시, 당일 몇 시 몇 분에 플라자호텔에 간 일이 있지요?

박선호 …네.

(이때다. 앞줄에 앉아 있던 김재규 피고가 박선호 피고의 등에 대고 가볍게 소리쳤다.)

"야, 얘기하지 마."

(법정에는 순간 묘한 긴장이 감돌았다. 무언가 최고권력자의 내밀한 문제가 숨겨진 것인가. 공개적으로 말하지 못하는 내용이 있는 것만은 분명해 보였다. 강 변호사는 다그쳐 물었다.)

변호사 거기에 간 것은 그날 도와줄 여자를 데리러 간 거죠?

박선호 …상상에 맡기겠습니다.

(김재규의 입막음이 금방 효과를 나타내고 있었다. 강 변호사는 그러나 계속해서 물었다.)

변호사 플라자호텔에서 내자호텔로 간 것도 여자를 데리러 간 거죠?

박선호 상상에 맡기겠습니다.

(그는 거듭 말하기를 거절했다. 강 변호사는 기대감이 무너지고 낭패했다. 그러나 이것만으로도 대통령 박정희의 술자리 여자 얘기는 공개된 셈이

었다.)

변호사 그래서 도착한 것은 몇 시죠?

박선호 제가 오니까 이미 행사가 시작되고 있었습니다. 약 6시 30분쯤, 정확한 시간은 기억나지 않습니다.

"돈은 얼마든지 줄 테니 좋은 여자를 구해달라"

강신옥 변호사 피고인은 차지철 경호실장이 여자 문제를 더 힘들게 하고, 피고인 자신이 어린애들을 두고 있는 아버지로서 그런 일을 하고 있다는 데 대해 인간적으로 괴로워서 김 정보부장에게 수차 "도저히 이 일을 계속할 수 없습니다"고 하소연하면서 그만두게 해달라고 했으나, 김 부장이 "궁정동 일은 자네가 없으면 어떻게 하느냐"고 하면서 사의를 만류시켰다고 하는데 사실입니까?

박선호 제가 근무를 몇 번 꺼렸습니다. 그래서 하기 어렵다는 여러 가지 사유를 김 부장님께 말씀드린 적이 있습니다.

변호사 결국 김 부장이 "자네가 없으면 어떻게 하느냐"고 해서 할 수 없이….

박선호 네, 저를 신임하시고 자꾸 계속 근무를 원하셨습니다.

변호사 차 실장은 "돈은 얼마든지 줄 테니까 좋은 여자를 구해달라"고 하면서, 실제로 경호실장이 돈은 한 푼도 도와주지 않으면서 하도 말만 많아서 피고인이 경호처장인 정인형한테 "당신이 고르라"고 말했더니, "청와대에서 고르는 걸 국민들이 알면 큰일 난다"며 안 된다고 하기에, 피고인은 "골라놓은 사람들에게 좋든 싫든 말이나 말아야 할 것 아니냐"고 항의까지 했더니, 그 이후에는 차 실장도 잔소리가 적어졌다는데, 그렇습니까?

박선호 말씀 안 드리겠습니다. (나직한 목소리)

변호사 (한참 묵묵히 있다가) 피고인은 1978년 8월 11일에 의전과장이 되어서 1979년 10월 27일 면직될 때까지 하루도 출근하지 않는 날이 없었다는데요?

박선호 네.

변호사 추석이나 정초, 휴일까지 포함되지요?

박선호 그렇습니다.

변호사 휴일을 포함해서 하루도 빠지지 않고 계속 출근했다는 말이지요?

박선호 네. 부장님이 언제 어떤 지시가 있을지도 모르고 그래서 매일 나갔습니다.

변호사 피고인은 이제 말한 소행사나 대행사의 빈도가 하도 심해서 남효주 사무관과 같이 앉아서, "대통령이지만 너무 심하다…."

검찰관(전창렬 아님) 재판장님, 이의 있습니다. 지금 본건 변호인은 이 본건 공소사실과는 아무런 관계없는 사실에 대해서 질문하고 있습니다. 신문을 제한해주십시오.

법무사 사건과 관련 있는 건 신문해주십시오. (검찰관의 이의제기에 동의하지 않는 말투)

변호사 사건과 관련은 있습니다. 만약 관련이 없다면 재판부에서 대답하지 않게 해도 좋습니다만.

법무사 피고인도 마찬가지입니다. 직무상 비밀 등에 대해서 진술거부권이 있다는 것은 고지한 바와 같습니다.

변호사 어떻습니까?

박선호 다시 말씀해주십시오.

변호사 소행사, 대행사, 이런 빈도가 하도 심해서 남효주 사무관과 같이 앉아서, "대통령이지만 너무 심하다"는 불평을 주고받았다는데?

박선호 답변을 거부하겠습니다.

변호사 있죠?

박선호 답변을 거부하겠습니다.

변호사 피고인은 김 부장님이 대통령 앞에서도 아첨하는 법이 없는 것을 우연히 목격하거나 대통령과 전화를 할 때도-피고인이 전화 연결을 시켜주는 관계로-들은 일도 있다는데, 그런 경우를 구체적으로 말할 수 있습니까?

박선호 그것은 급한 연락사항이 있을 때, 부장님께서 각하실로 연결하라고 하면 대주고 한 일은 있습니다.

변호사 그럴 때 전화를 듣고 역시 김 부장님은 대통령 앞에서도 솔직하게 무슨 말을 하는구나 하는 걸 느꼈다고 했는데, 구체적으로 몇 가지 말할 수 있습니까?

박선호 모든 사항을 서슴지 않고 사실대로 말씀하시는 여러 가지를 들은 적이 있습니다.

변호사 다른 분 같으면 대통령 앞에서 그런 투로 말하지 않을 텐데, 의사를 아주 분명히 솔직하게 말한다는 얘깁니까?

박선호 예, 그래서 제가 항상 존경했습니다.

변호사 검찰신문 때도 몇 가지 충고와 훈계를 해줬다는데, 특히 피고인한테는 운동도 테니스나 하라고, 피고인에게는 그게 좋다고 했다면서요?

박선호 수시로 부장님께서 "모든 것을 검소하게 하라", "운동도 골프보다는 정구 같은 것을 하라"고 말씀하시고, "사람들을 대할 때 겸손하라"는 등 저희들에게 지도의 말씀을 자주 하십니다.

변호사 사건 당일에 처음 김 부장님이 "오늘 내가 해치울 거야" 할 때, 피고인은 처음에 '오늘 안 했으면' 하는 생각으로, "경호원이 7명이나 되는데요?"라는 말을 한 적이 있죠?

박선호 네. 그렇습니다.

변호사 실제로는 4명밖에 안 됐는데….

박선호 실제로는 4명입니다. 운전기사 포함해서 5명인데, 운전기사는 경호원이 아니기 때문에 실제 4명인데, 제가 그냥 7명이라고 얘기했습니다. 그러면 부장님께서 혹시 생각을 달리하실 줄 알았던 것입니다.

변호사 그런데도 부장님의 결의가 확고하고, 만약 피고인이 응하지 않으면 어떻게 할 것 같은 예감이었어요?

박선호 그때 부장님은 이미 모든 각오를 다 하셨고, 제가 모시러 가니까 벌써 총까지 차고 나오시고, 제가 없더라도 단독으로라도 행동에 옮기실 것이라는 느낌을 받았습니다.

변호사 단독으로 결행하고 본인은 자결할 것 같은 결연한 태도였습니까?

박선호 그것까지는 제가 모르겠습니다.

변호사 그래서 거기에 가담하게 된 정신적 결의는 어떻게 해서 일어났습니까?

박선호 그날 상황에서 어디 심부름을 갔다 와보니까, 벌써 연회는 벌어졌고…. 저는 경호원들하고 같이 있었는데, 남효주 사무관이 와서 "부장님이 연회장에서 5분 전에 나가셨는데 모르느냐"고 해서, 제가 부장님을 찾으러 평소에 다니는 구관을 통해서 본관으로 갔습니다. 갔더니 부장님께서 나오시면서, 구관에서 아까 말씀드린 그 말씀을 하시기에 이미 모든 각오는 다 하시고 나오는 입장이고 그 시간에 오실 리도 없는 육군총장님께서 오시고 정보부 2차장보께서 오셨고, 그래서 벌써 모든 게 확고부동하게 됐구나 하는 것을 느꼈습니다.

제가 거기에서 솔직하게 판단한 것은, 그때는 이미 "각하도 포함됩니까?"라고 물었을 때 부장님께서 "응" 하고 말씀하셨지만, 제가 알기로는 매일 하루 한 번 정도씩 청와대에 들어가시고 모든 것을 수시로 보고하시고 지금까지 부장님과의 관계는 좋은 걸로 알고 있었기 때문에 '설마' 하는 생각이 제 머리의 50%를 차지하면서, '차 경호실장을 처치하려는가 보다'는 생각과 동시에 '각하는 납치하시려나' 하는 생각이 머리를 스쳤습니다.

그러나 그때 막상 그 당시는 제가 판단도 할 수 없고 그런 걸 감히 물어볼 수도 없고 어차피 모든 것은 부장님께서 하신 행동이고 저희에게 지시를 하셨으니까, 저희는 이 입장에서 최선을 다해야겠다는 생각만 했습니다.

총을 뽑으려는 경호부처장을 먼저 쏘다

박선호의 죄목은 두 가지였다. 하나는 청와대 경호관들인 정인형과 안재송 등을 사살한 것이고 두 번째로는 이른바 '확인사살' 지시를 내린 장본인이라는 혐의다. 확인사살 지시에 대해서 중정 경비원들이 주장했으나 박선호 본인은 이를 부인했다.

그러나 경호관들에게 총을 쏜 것은 자신도 시인한 범죄사실이다. 그 경호관들 중에서도 정인형 경호처장은 박선호와 해병대 장교 임관동기로 친구 사이였다. 해병들의 전우애는 유별나다. 장교는 물론이려니와 사병 출신도 "한 번 해병은 영원한 해병"이라며 동기나 선후배 사이를 따진다. 그런 해병대 장교 동기가 중정 의전과장과 청와대 경호처장으로 비슷한 일을 하면서 가깝게 지낸 것은 짐작할 만했다.

10·26 당일 밤, 그 전우에게 권총을 겨누며 박선호는 "함께 살자"고 설득을 시도했다. 극적인 장면이 아닐 수 없었다. 더구나 그 옆에는 한국에서 속사권총의 1인자로 올림픽 대표선수 출신인 안재송 경호부처장이 함께 있었다. 정인형과 안재송은 '이게 무슨 일이냐'는 표정으로 서로 쳐다보았다. 이내 속사수 안재송이 권총에 손을 댔다. 그러나 아무리 빠르다 한들 이미 권총을 겨누고 있는 박선호에게 대항하기는 무리였다. 박선호의 권총은 안재송에 이어 정인형에게 불을 뿜었다.

박선호는 법정에서 처음부터 이들을 사살하려 했다면 구태여 자신이 맡을 필요가 없었다고 말했다. 전우를 설득하기 위해 나섰다가 실패했다고 그는 한을 되씹었다. 강신옥 변호사는 그날 밤의 최후 장면에 접근해가며 반대신문을 계속하고 있었다.

강신옥 변호사 그럼 김 부장님이 피고인에게 지시한 것은 "육군총장도 와 있고 김정섭 차장보도 와 있다" 이런 말까지 보탠 데다가, 부마사태를 보고 온 김 부장이 피고인도 만났죠?

박선호 네.

변호사 갔다 와서 뭐라고 해요?

박선호 제게 특별한 말씀은 없었습니다. 단지 부장님께 오는 정보 보고서를 제가 수시로 보니까, 상당히 심각하더라는 것은 피부로 느껴졌습니다.

변호사 만약 서울에 이런 사태가 생기면 선량한 시민이 많이 다칠지 모른다는 얘기도 우연히 김 부장님께 들은 일이 있다는데, 그렇습니까?

박선호 이런 상황이 서울에서 일어났다면 도저히 막을 수 없는 상황이다, 하는 정도까지 제가 판단했던 것입니다.

변호사 이제 말한 육군총장·김 차장보도 와 있다. 피고인은 평소에 김 부장을 존경하고 있었다. 부마사태가 심각하고 만약 이런 사태가 전국적으로 확산되면 나라에도 큰 문제가 있다는 걸 어느 정도 피부로 느끼고 있던 차에 부장님으로부터 그런 말을 듣고 '이 행동이 옳다. 정의로운 행동이다'라는 생각은 안 했습니까?

박선호 그 당시 정치나 정보는 알지 못했습니다. 옳다·그르다는 부장님이 판단하시는 거고 제가 일단 부장님을 존경하는 이상, 부장님 지시대로 따를 뿐이고 그 급박한 상황에서 제가 옳다·그르다를 판단할 수 있는 시간적 여유가 없었습니다.

변호사 이런 여러 가지로 보아서 부장님이 결행하시는 일은 옳다고 하는 것은 피고인이 관여할 일이 못 되고 단순히 상관이 하라고 하니까 결행했다?

박선호 모든 사항을 판단하시는 게 제가 보기에 조금도 무리가 없고 모든 지휘가 각하에게 욕을 먹는 한이 있더라도 사실대로 보고하신다는 것, 모든 것을 순리대로 하시고 무리하지 않는다는 것을 알기 때문에, 이번에도 이 일에 군 총장님도 오시고 해서 '이게 뭔가 다 통했구나'라고 느꼈습니다.

변호사 그 당시에 30분까지 여유를 달라고 할 필요도 없었지요?

박선호 사실은 행동하려면, 아까 말씀드린 대로 다 아시겠지만, 제미니 차에 4~5명을 싣고 그대로 총을 가지고 후문으로 들어오게 되면, 2분밖에 걸리지 않습니다. 제가 그때 상황을 판단할 수가 없었습니다. 그래서 30분 아니라 1시간을 요구하고 싶었지만, 부장님께서 이미 완전히 결심하셨고 보안 문제 기타 등등으로 안 된다고 하시고 총장도 와 계시고, 이 긴박한 상황에서 제가 최선을 다해서 말한 것이 30분입니다. 그러나 사실은 그 시간이 필요 없었습니다. 시간이 남아서 제가 우왕좌왕했던 시간입니다.

변호사 그래서 세 사람은 누구누구 택했습니까?

박선호 세 사람을 못 택하고… 얼떨결에 제가 생각한 것은 총을 먼저 꺼내서 신호가 났을 때 위협을 하면 다 들을 걸로 생각해서, 처음에는 저 혼자 지시받은 박 비서와 단둘이 할까 하다가, 아무래도 뜻대로 될 것 같지 않고 해서 문 앞에 있는 이기주를 같이 가자고 했습니다. 또 보니까, 이기주 하나 붙여서는 경호원과 기사까지 5명이 다 총을 차고 있는데 도저히 불리할 것 같고 해서 기사를 하나 더 데려왔습니다. 기사가 총을 쏠 줄 아는지 모르는지도 모른 채, 그냥 둘을 데리고 왔습니다.

변호사 유성옥·이기주 둘만 데려왔군요?

박선호 네.

변호사 그러니까 결국 네 사람만 알고 있었구먼요?

박선호 그 두 사람도 실제는 유성옥과 이기주는 제가 데려오면서 아무 얘기도 안 했기 때문에 오면서도 무슨 일인지도 몰랐고, 구관 쪽 문 지나서 비로소 "한쪽으로 경호원을 몰고 응사하면 같이 응사하라"고 지시했습니다.

변호사 피고인은 그 사람들한테까지도 사람들을 사살하는 것이 아니라 "너희들이 저 안방에서 총성이 나면 경호원들을 한쪽으로 몰아서…" 항복받도록, 행동을 제지하도록만 부탁했다는 말이죠?

박선호 사살 지시는 안 했습니다. 일단 한쪽으로 몰도록만 지시했습니다. 만약 사격해오면 어떻게 하느냐고 묻기에, 그때에는 사격을 하라고 지시했습니다.

변호사 아주 부득이한 경우에만 사격을 하고 되도록 살리면서 해보라고 했단 말이죠?

박선호 네.

변호사 그 당시에 경호관의 직무로 봐서 살린다는 건 어려운 일 아닙니까?

박선호 아까도 말씀드렸듯이, 저하고 박 비서하고 단둘이 하려고 했던 것은 이미 저희가 먼저 총을 뽑으면 행동을 하지 않을 줄 알았습니다. 그런데 제가 착각한 것 같습니다.

변호사 그런데다가, 피고인은 정인형과 안재송이 있는 방을 담당했죠?

박선호 네.

변호사 그것은 피고인이 정인형과 해병대 동기생이고, 또 피고인의 그 당시 입장에는 박흥주를 거기 보낼 수도 있었는데, 피고인은 오히려 정인형의 생명을 내가 구해볼까 하고 그 방을 본인이 갔다면서요?

박선호 처음에 마음속으로는 이기주를 정문에다 서영준하고 근무 교대를 시켰습니다. 제 목적은 이기주가 거기에 있다가 경호처장·부처장이 있는 데에 가서 총을 뽑아서 행동을 못 하게 하라고 하고 싶은 마음이었습니다. 만약 그렇게 되면, 총신호와 동시에 이기주가 겁이 나기 때문에 아무 말 없이 먼저 쏠 것 같고… 그래서 이기주는 안 되겠다 싶어서 다시 돌려서 제미니 차로 보냈습니다. 나중에 박흥주 비서관이 왔을 때도 박 비서에게 맡기고 제가 뒤에 가서 지휘할까 하다가 역시 똑같은 결론이 나올 것 같아서 제가 자청해서 두 사람 사이로 들어가고 나머지는 전부 뒤로 보냈습니다.

변호사 그러니까 피고인의 그 당시 심정은 어차피 누가 가긴 가야겠는데… 그래도 내가 가는 것이 내 친구를 구할 수 있는, 피해가 가장 적을 것이라 생각하고 갔다는 거죠?

박선호 정 차장이나 부처장이 제 말은 들을 줄 알았습니다. 왜냐하면 제가 벌써 그 상황에서 총을 뽑으면 상황이 급변한 걸로 본인들도 인정하고 할 줄 알고 제가 그 방으로 들어갔던 겁니다.

변호사 그래서 안방에서 총성이 두 방…. 언제 총을 빼고 그 친구는 뭐라고 했습니까?

박선호 안에서 부장님의 총소리가 한 방 나자, 전부 의아해서 서로 쳐다보고 있는데, 보고 있으면서 두 사람이 다 권총으로 손이 갑디다. 그래서 그들이 빼기 전에 제가 먼저 뽑았습니다. 두 번째 나기 직전에 내가 먼저 뽑았습니다. 뽑으면서 "꼼짝 마라. 움직이면 쏜다"고 했는데, 이 사람들이 묵묵하게 가만히 있어요. 그래서 보니까, 정 처장은 이미 모든 걸 포기한 상태였고 얼굴색까지 확 변했습니다. 그때 "우리는 같이 살자"고 얘기하니까 잠시 주춤했습니다.

그러는 사이에 시간이 흘렀고 그때 이미 안에서는 총 두 방 다 끝났을 때고, 이 사람들이 둘이 서로 눈을 마주치더니 '이럴 수가 있느냐'는 식으로…. 제가 볼 때는 안에 일이 났으면 자기네는 살아도 안 된다는 각오 같았습니다. 그래서 부처장이 속사기 때문에, 먼저 쓱 뽑아서 저를 겨누기 직전에 제가 먼저 발사했습니다. 그와 동시에 경호처장이 일어서서 제게 달려오면서 총을 뽑기에 제가 먼저 발사했습니다.

변호사 그때 피고인이 총을 겨누면서 같이 살자고 권유한 시간이 제법 됐겠네요?

박선호 15초간은 붙들어놨던 것 같습니다.

변호사 그때는 안방·주방에서 총성이 끝났을 때였겠네요?

박선호 총성이 한창 나고 있을 때였습니다. 총성이 나고 있다가 그것이 다 끝나고 문밖에 나가보니까 이미 불이 다 꺼지고 주방에서는 사격이 다 끝났던 상황입니다.

변호사 결국 안재송이 총을 빼는 바람에 정인형이도 총을 빼게 됐다고 봐야 되겠군요.

박선호 그렇습니다. 안재송 부처장이 뽑았기 때문에 정 처장도 덩달아 뽑았던 것이고, 두 사람이 같이 사격을 했다면 제가 희생당했을 것이고, 제가 희생됐더라도 그 사람들이 마루에 나갔을 때는 이미 우리 직원들에게 당하는 상황으로 판단됩니다.

변호사 두 사람이 동시에 뽑았더라도 피고인이 다쳤을 것이고, 피고인이 다치고 그 사람들이 나와도 밖에서 사살될 처지이고, 또 정인형이 쏠 때는 피고인이 문지방에 걸렸지만 다행히 넘어지지 않았다는데, 그래요?

박선호 네, 두 발 후퇴하는 사이에 이미 정 처장은 모퉁이까지 돌아왔고 그 순간 쐈습니다.

변호사 그때 넘어졌더라면 정 처장한테 또….

박선호 조금만 실수했으면 당했을 겁니다.

변호사 아주 다급한 상황에서 총을 쐈다는 얘기죠?

박선호 처음부터 저는 죽이는 게 목적이 아니었고, 처음 몇 초간은 말을 잘 듣기 때문에 제가 상당히 잘돼간다고 판단했습니다.

"어떻게 됐어, 깨끗하게 됐어?"

문제의 확인사살 부분에 대해 박선호는 부인했다. 자신은 단지 연회실 안의 상황이 꺼림칙해서 "어떻게 됐어, 깨끗하게 됐어?"라고 물었을 뿐이라고 주장했다. 확인사살을 실행한 사람들은 이기주와 김태원 등 중정 경비원이다. 이들은 박선호의 지시에 따라 쓰러져 있는 사람들을 확인사살 했다고 주장했다. 후에 변호사들이 이기주에게 "깨끗하게 됐어?"라는 말을 확인사살 하라는 지시로 들었느냐고 물었다. 그러자 이기주는 "박선호 과장이 김태원을 시켜 깨끗하게 쏴 버리라고 지시했다"고 거듭 주장했다.

지시의 경위가 분명치 않으나 확인사살 행위가 있었던 것은 사실이다. 그리고 합동수사본부장 전두환 소장이 이 사건의 수사결과를 발표했을 때 국민이 경악했던 대목 중 하나가 바로 이 잔혹 행위였다.

강신옥 변호사 일이 끝난 뒤에, 몇 분 뒤에는 피고인이 확인하고 싶은 생각이 있었죠?

박선호 그때는 이미 상황이 끝나고 부장님이 구관을 통해서 본관으로 가셨기 때문에 제가 따라가니까 이미 차는 나갔습니다. 그래서 저는 그 길로 제가 있는 가동으로 왔습니다. 정신이 없어서 올라가 있다가 생각하니까 나동에서 어떤 일이 일어났는지 궁금했습니다. 저는 각하가 떠나시는 것도 못 보고 아무것도 못 봤기 때문에 궁금하던 차에 김태원을 데리고 나동으로 왔습니다.

변호사 그때 이기주를 만났다면서요?

박선호 네, 이기주는 계속 거기에 있었던 걸로 알고 있습니다.

변호사 그 이기주에게 "깨끗하게 됐어?" 하고 물어봤다면서요?

박선호 제가 거기에 들어가니까, 이기주가 각하는 어떻게 해서 병원에 갔는지 얘기를 해줬고, 제가 거기에 들어가 볼 생각이 났는데 맘이 섬찟해서 "안에 어떻게 됐어? 깨끗하게 됐어?" 하고는 그냥 가동으로 왔습니다.

변호사 그때 "깨끗하게 됐어?"라는 말은 가서 확인사살 하라는 말은 아니라는데?

박선호 그런 뜻이 아니고, 안에 다 죽었느냐는 뜻으로 확인했던 것입니다.

변호사 오늘 김태원 피고가 법정에서 말하는 걸 보면 이기주가 확인사살 한 것은 마치 피고인이 시켜서 한 것으로 착각하고 있던데, 피고인의 뜻은 깨끗하게 됐냐고 확인하는 뜻밖에 없었다면서요?

박선호 네, 그때는 상황도 다 끝났고… 끝난 마당에 안에 들어가서 보고 싶었는데, 살았는지 죽었는지, 총을 어떻게 갖고 있는지도 모르기 때문에 확인을 못 하고 돌아갈 형편이었습니다. 그때는 다른 생각이 전혀 없었습니다.

변호사 결국 3시 반경에 이것이 잘못된 것을 알고 집에 갔다면서요?

박선호 아닙니다. 그 전날 갔다가, 3시 반에는 남산 비서실로 갔습니다.

변호사 남산 비서실에서 잘못된 것을 알고 다시 집으로 돌아갔어요?

박선호 네.

변호사 잘못된 걸 알고 집에 돌아간 게 몇 시예요?

박선호 아침 6~7시경입니다.

변호사 그때 집에 가서 권총을 가지고 나오려고 그랬다는데요?

박선호 제가 권총을 가지고 갔었습니다.

변호사 그럼 집에 있는 권총이 아니고요?

박선호 네.

변호사 권총을 갖고 집에 가서 집사람에게 뭐라고 그랬어요?

박선호 제가 사나이답게 자결하겠다고 그랬습니다.

변호사 유언은 뭐라고?

박선호 그게 바로 유언이 아니겠습니까?

변호사 아, 사나이답게…. 그때 부인은 뭐라고 그랬어요?

박선호 교를 믿는 입장에서 그러지 말라고 당부했습니다. 그래서 제가 그 설득을 듣고 사무실에 왔다가 감찰실로 갔다가 계엄군에게 왔던 것입니다.

변호사 피고인은 교회에 언제부터 나갔습니까?

박선호 한 20년 됩니다.

변호사 20년 전부터 기독교?

박선호 네.

변호사 기독교인으로서 자결하는 것은 좋지 않다고 설득당하고, 피고인 자신도 그렇게 생각해서 다시 궁정동 사무실로 나왔단 말이죠?

박선호 네.

변호사 궁정동 사무실에서 아침 10시쯤, 그 전날 왔던 여자들이 그대로 있어서 피고인이 그 소식을 들었다면서요?

박선호 아닙니다.

변호사 거기에 없었는가요?

박선호 네.

변호사 출근해서 정보부에서 찾는다고 해서 자진 출두했어요?

박선호 네.

변호사 어디서 오라고 했어요?

박선호 남산 감찰실에서 오라고 해서 제가 제 차로 갔습니다.

변호사 자진해서 감찰실로 갔더니, 거기에 보안사….

박선호 거기서 한 시간쯤 기다리니까 계엄사 수사본부에서 왔습니다.

변호사 마지막으로 하나 묻겠습니다. 이제 사건이 다 터지고… 현재 심경으로 옛날 긴박한 상황에서 김 부장이 지시한다면, 지금도 그런 심경으로 응할 수밖에 없는 심경입니까?

박선호 그때 이런 결과를 아무도 모른다면 어느 누가 그 자리에, 그런 환경에, 그 위치에 있었건 상황 판단이 어려웠을 것으로 생각됩니다.

변호사 그러니까 피고의 처지에서 가장 올바른 판단에서 행동했다. '그 이상 어떻게 하겠는가'라는 심정이라는 말입니까?

박선호 네, 결과는 제가 사람을 죽였기 때문에 큰 죄는 지었습니다만, 그 긴박한 상황에서 저 아닌 어느 누구라도 상황 판단이 어려웠을 것으로 생각됩니다.

변호사 중정의 상명하복 관계는 군내에서의 그것에 비해 어떻습니까? 구별하기 좀 어렵겠지만….

박선호 군대는 군대대로 규율이 있고 여기는 여기대로 규율이 있고… 특히 부장님을 보시고 있고, 매사에 순리대로 판단하는 지휘관의 말을 안 들을 수 없다는 걸 말씀드립니다.

변호사 이상입니다.

재판장 오늘의 군법회의를 이상으로 폐정하겠습니다. 내일 10시부터 속개하겠습니다.

7장
거부할 수 없는 운명

5회 공판

12월 12일

중앙정보부장 수행비서 박흥주

12월 12일 오전 10시, 보통군법회의 5회 공판이 속개돼 이 사건의 유일한 현역군인인 박흥주 대령에 대한 변호인 반대신문이 시작됐다.

박 대령은 명문 서울고교 출신으로 육사 18기의 유망주. 유망주였기 때문에 힘깨나 쓰는 장성인 김재규의 부관으로 발탁됐으나 그것이 자신의 운명을 단축시킬 줄이야…. 게다가 그가 살았던 집은 찻길조차도 안 닿는 산동네 꼭대기의 단칸방으로 밝혀져 주위 사람들을 더욱 안타깝게 했다. 현역 군인인 그는 재판도 다른 피고들과 달리 항소심이 없는 단심이었다.

중정부장의 수행비서로서 그는 최고권력자들의 움직임과 민심 동향을 짐작할 수 있었다. 수행비서란 그야말로 직속상관의 그림자. 그는 김재규 중정부장의 일거수일투족을 지켜본 증인이기도 했다.

수행비서 박흥주 대령은 김재규 부장이 김형욱 전 중정부장 실종사건과 긴급조치 10호 건의문제 등으로 애를 쓰고 있었다고 말했다. 박 대통령을 만나러 가는 김 부장은 왕조시대의 어전에 나가는 신하와도 같았다. 집무실에서 양치질과 세면을 다시 하고 거울 앞에서 복장을 비춰보았다. 그리고 대통령에게 진언할 보고서를 테이블에 올려놓고 일일이 검토했다. 그러니까 그가 권총을 쏜 대통령 박정희는 이미 개인적인 동향이라거나 육사 동기(2기) 사이라는 정감은 사라진 지 오래였다. 그저 절대권력자로 중정부장에게조차 무서움의 대상이었다.

법무사 박흥주 피고인에 대한 반대신문을 계속해주십시오.

김수룡 변호사 재판장님, 김계원 피고인의 변호인 김수룡 변호삽니다. 5차 공판을 거치면서 재판부나 재판장님께서 석명을 해주실 줄 알았는데 전혀 석명이 없어서, 공소장 적용 법규와 공소사실의 불특정한 점에 대해서 석명을 구하려 합니다.

첫째, 김계원 피고인에 대해서 내란 미수죄로 기소하면서, 형법 제89조와 87조를 적용하고 있습니다. 그런데 형법 제87조는 1호·2호·3호로 구분되어 있어서, 1호는 수괴, 2호는 모의에 참여하거나 지시하거나 기타 주요한 임무에 종사한 자, 3호는 부화수행하거나 단순히 폭동에만 관여한 자, 이렇게 세 가지로 구분되어 있습니다. 이는 그 구성요건과 법정형에 있어서도 큰 차이가 있습니다. 그래서 피고인별로 형법 87조 제 몇 호에 해당하는지가 특정해져야 할 것인데, 공소장에는 전혀 특정되어 있지 않습니다. 그래서 피고인의 방어권 행사에 많은 지장을 초래하고 있습니다.

둘째, 공소장 적용 법조에 보면, 내란 목적 사변과 내란 미수죄와의 관계가 적용 법조에 적혀 있지 않습니다. 그것이 경합범 관계인지, 상상적 법적 경합범 관계라는 것인지 적시되어 있지 않습니다.

셋째, 형법 30조를 적용 법조에 적시해놓았습니다. 그 30조는 내란 목적 살인에만 적용되는 것인지, 그렇지 않으면 내란 미수죄까지도 적용되는 것인지 불명합니다.

넷째, 김계원 피고인에 대한 공소사실, 1항 '나', 공소장 9페이지 6~7항에서 "오늘 해치울 테니까 뒷일을 부탁한다, 취지의 제의를 해서 동 김계원의 승낙을 받고"라는 부분에서 누구를 해치운다는 말이 없어서, 차지철인지 대통령인지 불분명합니다. 또한 차지철 개인을 해치운다는 것을 내란 목적 살인으로 본다는 것인지 불분명해서, 피고인의 방어권 행사에 많은 지장을 초래하고 있으니까, 그 네 가지 점을 검찰관으로 하여금 석명하게 해주십시오.

법무사 의견 제시하십시오.

검찰관 예. 첫째, 김재규 피고인에 대해서는 내란수괴죄를 적용해서 87조 1호를 적용하고, 기타 피고인에 대해서는 내란에서의 살상 등 주요 임무 종사를 했기 때문에 87조 2호를 적용합니다. 두 번째, 각 범죄는 전부 실체적 경합 관계에 있다고 봤기 때문에, 37조와 38조를 추가합니다. 셋째, 형법 30조는 내란죄는 필요적 공범이기 때문에 30조를 적용할 수 없고, 내란 목적 살인의 경우에만 30조를 규정했습니다. 넷째, "오늘 해치우겠다"는 얘기는 상황에 따라서 해석될 수 있는 문제이기 때문에 구태여 석명할 필요는 없다고 생각합니다. 그 자체로 명백하기 때문입니다.

법무사 반대신문 해주시죠.

태윤기 변호사 박 피고인, 흥분하지 마시고 차분히 자기 한 일을 사실대로 얘기해주시기 바랍니다.

법무사 누가 묻더라도 재판장을 향해 답변해주시기 바랍니다.

변호사 제가 앞서 교도소에 면회 갔을 때 머리가 대단히 아프다고 했는데요.

박흥주 머리는 좀 나았습니다. (차분한 목소리)

변호사 기억을 충분히 더듬어서 충분히 얘기할 수 있겠죠?

박흥주 할 수 있습니다.

변호사 피고인은 평남 출생입니까?

박흥주 예, 평남 평원군 평원면에서 출생해서 2세 때 충남 금산에 내려와서 살다가 지금은 서울에서 살고 있습니다.

변호사 선친의 직업은 무엇입니까?

박흥주 광산 기사로 주로 광산에서 종사했습니다.

변호사 자랄 때 아버님으로부터 가훈 같은 것은?

박흥주 부모님 말씀은 "항상 정직, 매사에 충실하고, 어디를 가든지 주인 같은 자세로 일하라"고 얘길 했습니다.

변호사 2남인데, 몇 형제죠?

박흥주 5남매 중 제가 둘째입니다.

변호사 2세 때 월남했다는 얘긴데, 8·15 직후에 왔습니까, 그 전부터입니까?

박흥주 이전입니다.

변호사 학교는, 서울고등학교를 나왔구만요?

박흥주 네, 서울중·고등학교, 그리고 육사 18기입니다.

변호사 사관학교 졸업 후 처음 부임한 부대는요?

박흥주 강원도에 있는 당시 6사단 77포병대대입니다.

변호사 그때 여기 같이 계신 김 부장을 만났습니까?

박흥주 부임하고 2년 후 중위로 진급한 다음에, 1964년 8월경에 당시 부장께서 6·3 사태로 출동했다가 귀대하신 다음인데, 면접 후 부관으로 근무하게 됐습니다.

변호사 김 부장을 알게 된 이후 이 사건 발생까지 같이 근무한 기간이 얼마나 됩니까?

박흥주 전속부관으로 근무한 것은 6사단에서 1년 8개월, 6관구로 나와서 약 5개월, 합해서 2년여 됩니다. 그리고 실제로 같이 근무는 안 했어도, 제가 베트남에서 귀국 후 전방에서 포병 포대장을 마치고 보안사령부 보안교육대를 마친 다음에 506보안부대에서 근무한 적이 있는데, 그 당시 김 부장께서는 보안사령관으로 근무한 적이 있습니다. 그 당시 같이 근무하지는 않고 휘하부대에 있었습니다.

그리고 1978년 4월 1일 육군본부 교육참모부 훈련처 연합 및 합동훈련 장교로서 팀스피리트 육군 담당 장교로 있었습니다. 그때 국방부 명령에 의해서 정보부 비서실로 전보됐고, 부장 수행비서로 1년 6개월여 근무해왔습니다.

변호사 그동안 다른 부대에 근무할 때도 휴가 같은 때 자주 김 부장을 만났습니까?

박흥주 네, 중위 시절에는 미혼이었기 때문에 부장님 공관에서 같이 생활했고, 저녁이면 많은 말씀을 해주셔서 교육을 많이 받았습니다. 대위 이후 결혼하고 나서는 자주는 아니지만 부부동반으로 가서 인사드리고 했습니다. 전방부대 시절 자주 뵙지는 못했지만 틈틈이 휴가 중일 경우 가서 인사를 드리고 좋은 말씀을 듣곤 했습니다. 그리고 중정에 와서 근무 시, 항상 공관 수행임무로 측근에서 모시게 되었습니다.

변호사 이 사건이 나기 전에 수행비서를 하셨는데 그 임무는 구체적으로 어떠어떠한 일을 합니까?

박흥주 수행비서관은 부장님이 사무실을 떠나 밖에서 임무 수행하실 때 따라 나가서 부장 지시에 따라 관계부서에 연락하고 휘하부대로부터 올라오는 보고를 받아서 부장께 보고하는 임무를 수행합니다.

안전팀이라는 1개 경호조가 있는데 그것은 크라운 차 1대, 장교 1명, 직원 2명, 운전기사 1명, 이렇게 4명으로 구성된 안전조가 하루 한 개씩 배속됩니다. 부장의 외부 활동 시 이 1개 안전조를 배속받아서 부장의 신변경호를 위한 임무 수행을 합니다.

셋째로 공관근무는 출퇴근하기 때문에 거기 근무하는 근무요원들에 대한 근무상태를 확인하고 감독할 책임이 있습니다.

변호사 부장이 외부에 있을 때는 같이 따라가고 돌아와 있을 때는 그 안에 있는 사람들을 감독하고 이런 업무를 맡았으니 쭉 같이 있다시피 하겠군요?

박흥주 정보부의 내부 사항은 구체적으로 말씀드리지 못하겠습니다만, 부장과 수행비서관 사이는 차량으로 이동하거나 특별한 외부 활동을 할 때만 잠시 같이 있게 되고 사무실에 일단 출근하면 저는 딴 곳으로 나와 있고 비서실장 이하 관계 직원들이 임무를 수행합니다. 궁정동에 나와 일할 때는 거기서 근무하는 직원 1명과 제가 직접 업무에 대한 전화 연락을 한다든가 손님 접견에 대한 준비를 갖추곤 하고…. 주로 다른 분보다는 가까이서 많이 모시는 편에 속합니다.

변호사 평소 피고인의 정해진 근무처는 어디에?

박흥주 부장 가시는 곳은 항상 따라 나갑니다만, 사무실이 항상 지정되어 있지 않고 통상 많이 나가시는 사무실에서, 국회의원 비서실처럼 붙어 있지 않고 수행비서는 좀 떨어져 있고, 총무과장과 같이 대비되어 있습니다. 직접 임무를 수행하는 것은 비서실장이나 기타 관계 요원들이 수행합니다.

대통령과의 독대, 복장 확인하고 세면과 양치질 다시 하고…

태윤기 변호사 그렇게 친하고 가까이 모시는 사이라고 하니까, 김부장으로부터 평상시에 국제 정세에 관한 얘기를 들은 적이 있습니까?

박흥주 국제 정세에 대한 얘기는 각종 보고서 중에 발췌된 내용이 있습니다. "자네도 육군 대령이고 하니까 이런 걸 자주 읽게" 해서 국제 정세에 대한 것은 보고서도 읽고 〈뉴스위크〉 지나 〈타임〉지나 각국에서 들어오는 정보를 종합해서 만든 보고서이기 때문에 중요 사항이 있으면 제가 보고도 드리고, 아시는 게 있으시면 제게 말씀해주셔서 알고 있습니다.

변호사 국내 문제에 대해서도 중요한 문제는 김 부장이 수행비서인 피고인을 보고 의견을 묻거나 상의하거나 알려준 일도 있습니까?

박흥주 국내 정세에 대해서는 그렇게 구체적으로 말씀하시지 않습니다. 왜냐하면 제가 항상 수행해서 청와대에도 들어가고 필요한 부서에 항상 수행하기 때문에 대개 어떻게 돌아가는지를 눈치로 아는 것이지, 실제로 어떤 사항이 구체적으로 어떻게 진행되고 있다 하는 것은 비밀에 속하는 사항이고 상당히 많은 통제를 하기 때문에 제가 정확히는 알 수가 없습니다.

변호사 구체적으로 얘기해서, 이 사건이 일어나기 전에 있은 YH 사건이라든가 신민당 총재 선거에 관한 사항, 부산·마산사건, 기타 말할 수 있다면 김대중 씨에 관한 사항…, 김형욱 씨 실종에 관한 사항 따위를 김 부장이 피고인에게 이야기한 일이 있습니까?

박흥주 지금 말씀하신 내용 중 중요한 문제들은 국내에서 그동안에 각종 신문이나 라디오에서 많이 다뤘던 문제라고 생각합니다. 그중 김형욱 씨에 관한 문제는, 실제로 그분이 어떻게 됐다는 것은 확실히 모르지만, 부장께서 그런 문제의 해결을 위해서 애를 쓰고 계신다는 것은 알았습니다.

변호사 김 부장이 당 법정에서 말했지만, 그 전에 대통령에게 수차-네 차례로 기억하는데-여러 가지 건의했다. 심지어 긴급조치 10호까지 건의했다는 이야기를 하셨습니다. 그런 내용을 피고인에게 얘기한 적이 있습니까?

박흥주 각종 보고서는 제가 가방을 챙깁니다. 가방을 챙겨서 청와대에 들어가실 때에는 항상 복장 한번 다시 보고 세면 다시 하고 양치질 전부 다시 하고 몸을 완전히 정비하고 그 리포트를 앞의 테이블에 갖다 놓으시고 거기서 일일이 전부 다시 검토하신 후에 파일에 끼워서 가지고 들어가시기 때문에 그 내용이 뭔지는 모르지만 그런 사실을 보고하러 들어가신다는 것은 챙겨드려야 하기 때문에 압니다.

그러나 제가 그걸 읽거나 내용을 확인하지는 않습니다. 그때그때의 임무를, 지금 뭣 때문에 들어가시고 뭣 때문에 애를 쓰고 계신가, 뭣 때문에 야간회의를 하는가 하는 것은 알 수 있습니다.

변호사 그런 일이 몇 번이나 있었나요?

박흥주 중요 업무라는 것이 부장 업무 수행할 때 보면 이틀이 멀다 하고 중요 업무를 가지고 청와대에 들어가시고 거기서 일 처리하시고 관계되는 분들과 회의하시고 하기 때문에 상당히 많은 시간을 거의 그쪽에서 보내시고, 저희들은 거기에 가면 밑에 있는 사무실에서 대기하고 있기 때문에 무슨 말씀을 하시는지는 모르지만, 중요한 문제들이 토의되고 있다는 것을 짐작은 합니다.

나만 모르는 거사 계획이?

박흥주 대령은 당시 보직이 김재규 부장의 수행비서여서 사건 연루를 피할 수 없는 운명이었다. 그러나 그는 상당한 고민 끝에 끌려 들어갔다. 사전에 아무런 낌새를 모르고 있다가 당일 엄청난 얘기를 듣고 그는 당혹스러웠다.

다른 한편으로는 '내가 모르는 사이 상황이 이렇게까지 됐나' 하는 소외감 같은 것도 느껴졌다. 이 점에서 김재규 부장의 심중을 깊이 헤아리고 있었던 박선호 과장과는 대조적이었다. 박 대령은 이 사건에 뒤따를 '국가변란' 상황 같은 것보다도 자신의 처신을 어떻게 해야 할지로 머리가 혼란스러웠다. 그는 판단이 서지 않은 상태에서 상사의 명령이니 따를 수밖에 없다고 생각했다. 개인의 판단은 마비되었고 조직원으로서 복종 의무만 떠오른 것이다.

변호사 공판이 몇 회 계속되는 사이에 들어도 머리에 잘 떠오르지 않고 이해 못 하는 거 하나 있는데, 구관이니 신관이니 1층이니 2층이니 하는데 실제로 우리가 본 것은 신문에 조그맣게 나온 것밖에 없어서 머리에 잘 들어오질 않아요. 구관과 본관이 같은 집입니까?

박흥주 그쪽에 대해서는, 제가 부장께서 그쪽에 가서 근무하실 때만 수행을 하기 때문에, 전반적인 내용은 모르고….

변호사 내용 말고 집 위치가 어떻게 됐는지를 모르겠는데, 그것을 알지 못하면 계속되는 얘기를 잘 알지 못하겠고 그래서 그럽니다.

박흥주 제가 들어갈 수 있는 곳은 본관밖에 없습니다.

변호사 본관이란 데는….

박흥주 김 부장의 집무실이 있는 곳입니다.

변호사 구관은?

박흥주 집무실 바로 옆에 있는 건물인데, 사용 용도는 여러 가지인데 구체적으로 어떤 용도로 쓰이는지는 모르겠습니다.

변호사 지금 사고 난 식당은 어디요? 구관하고 다른가요?

박흥주 그 옆에 새로 지은 집으로 알고 있습니다.

변호사 언제 지었나요?

박흥주 금년 8월 말경….

변호사 본관 건물은 2층입니까?

박흥주 네.

변호사 구관도 2층인가요?

박흥주 네, 항상 잠겨 있어서 들어가 보지는 못했지만 2층입니다.

변호사 지금 사고 난 그 집도 2층인가요, 단층인가요?

박흥주 밖으로 볼 때는 1층 비슷한데 잘 모릅니다. 좀 높으니까 2층 같기도 한데, 처음에 기초공사할 때 계단이 있었는데, 그게 2층으로 올라가는 것인지는 모르겠습니다.

변호사 주변에 거의 붙어 있는 집들이겠군요?

박흥주 그렇습니다.

변호사 그날 피고인이 이 사건 일어나기 전에, 저와 면회할 때, 발에 무좀이 있어서 구두 사러 갔다고 했는데, 그 얘기 좀 해주세요.

박흥주 제 왼발에 무좀이 상당히 심합니다. 동료들이 무좀 심한 것은 종이창 구두 때문이라고 해서 구두를 바꿔야겠다고 생각은 했지만 상당히 오랫동안 구둣방에 못 갔습니다. 모시고 부산도 갔다 오고 밤에까지 회의도 있고 해서 시간이 없어 못 가다가, 그날 마침 행사가 있다고 하길래…. 행사가 있을 때에는 저는 특별한 임무는 없습니다. 자유로운 시간이 있습니다. 대기 중인 경호차는 밖으로 내보냅니다. 그 시간을 이용해서 신을 사러 가야겠다고 해서 신을 샀습니다.

변호사 신을 그날 샀는데, 앞서 공판에서 나오기를 대통령은 다리 완성한 데에 갔다 온 날이고 김 부장은 부산·마산에 갔다 왔다고 했는데, 그날이 아닌가요?

박흥주 그날이 아니고 며칠 전입니다.

태윤기 변호사 그때는 피고인도 같이 부산·마산까지는 같이 갔다 왔습니까?

박흥주 마산까지는 안 가고, 부산까지는 같이 갔다 왔습니다.

변호사 그날 행사가 있다는 것을 몇 시에 누구한테 들었습니까?

박흥주 그날 오후 4시 30분경 본관 집무실 앞에 차를 댈 때 박선호 과장이 부장 귀에 대고 무슨 이야기를 하는 것 같았습니다. 그래서 혹시 오늘 무슨 일이 있나 보다 하고 가방을 들고 따라서 2층으로 올라갔습니다. 그때 이발 준비를 시켰었는데, 근무자가 이발 준비가 되었다고 하니까 각하께서 일찍 나오시면 시간 맞추기가 어렵겠는데 내일 하는 게 어떻겠느냐고 해서 확실히 알았습니다.

변호사 말이 바뀌었습니다만, 나오신다는 것을 아시고 그 후에 신발 사러 갔습니까?

박흥주 그 후입니다. 그렇게 되면 저한테 시간 여유가 있습니다. 나가셔서 한 9시까지는 거기서 통상적으로 일을 보기 때문에 시간이 있고, 손님이 온다고 했는데 8시 30분쯤 오시도록 되어 있고….

변호사 아, 그 얘기를 좀 해보세요. 그 손님 온다는 이야기. 손님

중에 누구누구가 온다는 얘기도 있었는가요, 아니면 그냥 손님이 온다는 것만 알았나요?

박흥주 누가 오시는가는 몰랐습니다.

변호사 그건 이발 얘기 나올 때 한 이야기인가요?

박흥주 아닙니다. 훨씬 후의 일입니다. 제가 2층에서 내려와 신문을 보고 있었는데 양복을 갖고 오라는 지시가 있어서 전달하고 한참 있다가 인터폰 연락이 와서 올라갔더니, 식사 3인분 준비를 시켰습니다. 통상적으로 거기서는 지시하면 "왜 이렇게 하느냐?"고 묻지 않습니다. 오시는 분들이 저희가 보면 깜짝 놀랄 분들이 많이 오시고 비밀로 하시는 일들이기 때문에 묻지도 않고 물어서도 안 됩니다. 또 필요할 때는 알려주시기 때문에 그냥 지시받는 대로 이행할 뿐입니다.

변호사 앞서 면회 때 피고인도 얘기했는데, 수행비서로서 김 부장을 친히 모시고 따라다녔지만 그 행사 때도 누가 온다는 이야기는 수행비서에게도 해주지 않는다고 했는데, 사실입니까?

박흥주 어디 오시는 손님 말인가요?

변호사 집무실이나 거기에 사전에 누가 온다는 말 한 일 없고, 이심전심 알 수 있지만, 사전에 이 자리에 누가 몇 시에 온다는 것은 말하지 않는다는 것이 사실인가요?

박흥주 중요 인사일 경우에는 한 5분 전에 손님이 온다고 통고받습니다. 특히 관심을 안 둬도 될 분 외에는 누구라고 구체적으로 이야기 안 해주십니다.

변호사 그날은 이발을 하려다가 오늘 각하께서 오시게 되니 내일로 미루자 했다고요?

박흥주 네.

변호사 그날 저녁에 행사가 있다고 했는데 그 행사에 누가 오는 것으로 알고 있었나요?

박흥주 거기에 참석하시는 분에 대해서는 그냥 짐작으로 알지 누가 오신다는 것을 저한테 통보는 안 해주십니다. 거기에 오시는 손님, 거기에서 진행되는 사항은 저한테는 비밀로 되어 있기 때문에 뭣 때문에 누가 온다는 구체적인 것은 모릅니다.

변호사 이야기를 다시 거슬러 올라가서, 신발 사 갖고 오다가 그 안에서 누가 빨리 오라고 해서 빨리 왔다는 이야기를 해주시오.

박흥주 신을 사서 그 자리에서 바꿔 신고 헌 신발은 포장해서 경호차 트렁크에 싣고 "너 저쪽으로 가서 대기할 때 신고 있어라"고 하고서는 들어오던 길인데 사무실로부터 500m 전방쯤에 왔을 때, 핸드키로 연락이 왔습니다. 사무실에 들어가니까 거기 근무하는 요원이 아래 집무실에 부장님이 계시니까 잠깐 기다리고 있으라고…. 무슨 하실 말씀이 계실까 모르겠다 하기에 서서 기다리고 있었습니다.

변호사 지금 이야기한 이 과정까지 아직 그날 무슨 일이 발생하는지는 전혀 알 수가 없었나요?

박흥주 전혀 알 수가 없죠.

변호사 김 부장이 증언하기를, 피고인과 박선호를 오라고 해서 잔디밭에서 두 사람을 양쪽에 세워놓고 이야기했다는데 무슨 이야기를 어떻게 들었습니까?

박흥주 시간이 7시 10분가량 됐다고 생각됩니다. 저는 사무실에 앉아서 다른 일을 하고 있는데 부장님께서 손님 만나시고 나가시는 신호가 왔습니다. 그래서 쫓아나갔지요. 그런 때에는 제가 부장을 끝까지 수행하지 않고 현관이나 마루에서 인사만 하고 따라 나가질 않습니다. 나가시는 걸 뒤쫓아가서 현관문 앞에서 더 이상 안 가고 서 있는데, 박 과장하고 부장님하고 걸어서 행사장으로 들어가는 구관 쪽문 거의 다가서 뒤를 돌아보고 손짓을 하시길래 제가 뛰어갔습니다.

그때 생각은 '손님이 두 분 와 계시니까 그분들에 대한 지시사항을 말씀하시려나 보다' 생각하고 뛰어갔는데 잠깐 들어오라고 하시길래, 잔디밭 있는 데로 올라갔습니다. 중간쯤 되는 지점에 이르니까 "잠깐 더 가까이 오라"고 손짓을 하시더니 그때부터 말씀하시기 시작했습니다.

상당히 긴장된 표정이었고, "자네들 어떻게 생각하나? 나라가 잘못되면 자네들이나 나나 다 살 수가 없는 걸세" 이렇게 말씀하셨습니다. "내가 오늘 중대한 결심을 하겠고, 오늘 저녁에 내가 해치우겠다. 지금 참모총장도 와 있고 김정섭 차장보도 옆에 와 있고 준비는 다 되어 있는데, 자네들 둘이서 만약 내가 일을 벌이게 되면 나를 해칠 것 같으니까 경호관들이 불응할 경우에는 사살해도 좋네." 그런 식으로 말씀하십니다. 그러니까 옆에서….

변호사 가만, 모시고 있는 윗분이 오라고 해서 가니 그때 뜻밖의 이야기가 처음으로 나왔지요? 사전에 나라가 큰일 났다든가 어떻게 해야 되겠다든가, 이런 이야기를 피고인하고 김 부장·박선호 피고인과 같이 이야기한 일이 없지 않겠어요?

박흥주 그런 적은 없고, 그 자리에서 처음으로 느닷없이 하신 말씀이었습니다. 상당히 놀랐습니다. 그냥 입만 벌리고 듣는 거죠. 저녁때 그런 시간에 그런 얘기를 들어서 상당히 많이 놀랐습니다.

변호사 그때 피고인이 판단하기는, "나라가 망하면 우리가 다 죽는다" 하고 "오늘 밤에 해치우겠다"고 하면 피고인은 무슨 상황이 벌어진다고 느꼈습니까?

박흥주 그때 그 말씀을 하실 때는 도대체 무슨 말씀을 하시는 건지 어떻게 하신다는 건지 그냥 놀라서 듣기만 했습니다.

변호사 뭔지 모르고 듣고만 있고 그랬는데, 거기 참모총장도 와 있고 정보부 2차장보도 와 있다고 했다는 말이지요?

박흥주 네.

변호사 그러면 피고인이 받아들일 때, 그런 말을 하고 그런 사람이 와 있다는 것을 어떤 의미로 받아들였어요?

박흥주 '지금 일이 뭔가 잘못돼서 크게 일이 진전되고 있는데 나만 모르고 있었구나' 하는 놀라움이 들었습니다.

변호사 그런 분이 와 있다고 할 때는, 김 부장이 하는 일에 그 사람들이 동조한다든가 협력한다고 받아들였나요? 아무 일 없이 와 있는 것을 김 부장이 공연히 그렇게 이야기를 한 것으로 느꼈는가 하는 것을 피고인이 느낀 대로 이야기해주시오.

박흥주 그냥 와 계신데 그렇게 말씀하신다고 믿어질 정도는 아니었습니다. 부장님이 저한테 말씀하시면 항상 옳은 말씀만 하시니까 그대로 믿었죠.

변호사 피고인은 어떻게 받아들였냐는 질문입니다. 그걸 알아야 피고인도 왜 가담하게 되었는지, 동기가 여러 가지 나오기 때문에 묻는 건데, 그 이야기를 어떻게 이해했는가를 묻는 겁니다.

박흥주 그 사람들이 전부 와서 같이 이야기를 나눴다는 걸로 알았습니다.

"뭔지 모르게 잘못되어가고 있다는 느낌이…"

태윤기 변호사 뭔지 모르게 잘못되어가고 있다고 느꼈다고 했는데, 김 부장이 당 법정에서 앞서 이런 이야기 한 일이 있습니다. 피고인도 잘 듣고 이야기해주세요. 박흥주 피고인이나 박선호 피고인은 자기가 꼭 짚어서 말은 하지 않았지만, 이심전심으로 자신이 혁명을 할 것을 알았을 것이고 박흥주 피고인은 중위 때부터 데리고 있었다고 했는데…. 혁명이 일어나고 있다는 것을 이심전심으로 알았습니까? 그것은 김 부장 개인의 생각인지, 피고인들도 오늘 저녁에 혁명을 한다는 걸 알았는지요?

박흥주 그 자리에서는 처음에 놀라서 이게 뭔가 하고 느꼈는데, 뒤에 여러 가지로 생각을 해보니까….

변호사 뒤에 생각 말고 그때 생각을 말해주세요.

박흥주 그때는 의심스러운 생각으로 놀라서 듣기만 한 겁니다.

변호사 나중 생각은 얼마 후 어디서 한 생각인지, 그것도 한번 말해주시오.

박흥주 말씀을 다 끝마치시고 들어갈 때, "민주주의를 위하여" 하고 손을 탁, 하면서 들어가셨거든요. 그래서 그 옆으로 있는 층계로 내려가면서 정신이 없고 어지러웠습니다. 걸어서 차 있는 데까지 가면서 생각을 했죠. 그 전에는 그냥 놀랐을 뿐입니다.

변호사 그때 가면서 생각한 것은 뭐였어요, 느낀 것은?

박흥주 느낀다기보다는 이게 어떻게 하는 것이 좋은가, 왜냐하면 부장님께서 그렇게 하신다고 하고 모든 각오가 서서 뛰어들어가셨다는 것은 알지만, 어떤 계획을 가지고 어떻게 하시는지는 전혀 알 수 없었기 때문에 '이게 도대체 어떻게 되는 거냐?' 하는 생각이 우선 들었습니다. 하여튼 그런 각오를 갖고 들어가셨구나 하는 것만 알았지, 뭘 어떻게 하신다는 것은 그 당시 제가 알 수 없었습니다.

변호사 들어간 후에 박선호 피고인과 만났나요? 그 후의 일을 이야기해주세요.

박흥주 그리고 나와서 우선 총 있는 데 가서 총을 찼습니다.

변호사 아니, 그때 김 부장이 총을 준비하라든가 하는 지시가 있었어요? 아까 이야기할 때. 총을 가지러 가게 된 단계까지만 이야기해주세요.

박흥주 아까까지 말씀드린 것 외에, 나와서 총을 차고 비서실 제 사무실 안으로 들어갔습니다. 생각을 해봤어요. 지금 두 분도 와 계시고 부장도 강경하게 결심을 하고 들어가셨는데 '틀림없이 오늘 저녁에 일은 있다. 내가 어떻게 행동하는 것이 좋은가'를 생각해보고 어쨌든 '일이 잘되든 못 되든 간에 나는 이 자리에 있었기 때문에 안 되는 거다. 상사의 지시이고 하니 내가 상사의 지시에 따라야겠다'고 결론지었습니다.

변호사 그렇게 결심이 굳어졌다? 아까 만날 때 그것은 박선호 피고인이 한 말인가요, 피고인이 한 말인가요? "각하도 포함됩니까?"라고 했다는데요?

박흥주 그것은 잔디밭에서 박선호 피고인이 한 말입니다.

변호사 시간을 한 30분 더 달라고도 했다는데, 준비하는 데 필요하다 그런 얘깁니까?

박흥주 그 얘기도 들었습니다.

변호사 그래서 상사가 결심했으니 따라갈 수밖에 없다고 결심했다는 얘기죠?

박흥주 훨씬 후에 그렇게 생각했습니다.

변호사 지금 거기까지 갔을 때, 2차로 부장이 나와서 준비 다 됐냐고 확인했다는 것이 공소장에 나와 있는 사실인데, 그때 물을 때 박선호 피고인만 있었나요, 피고인도 있었나요?

박흥주 준비 보고는 제가 안 했습니다.

변호사 공소장에는 준비됐느냐고 묻기 위해 김 부장이 다시 한 번 밖으로 나온 것으로 되어 있어요. 그때 그 자리에 피고인이 있었느냐, 아니면 박선호만 있었느냐는 겁니다.

박흥주 들어오라고 해서 제가 들어갔었습니다.

변호사 들어가니….

박흥주 들어갔다가 저는 그냥 나왔습니다.

변호사 나와서, 피고인은 다른 두 사람과 함께 자동차 안에서 기다렸다고 되어 있는데, 그 사람들은 평소에 피고인이 지휘하는 그런 사람들인가요?

박흥주 아닙니다.

변호사 그런데 그 사람들하고 같이 행동하게 된 것은 어떻게 해서?

박흥주 저는 그 안의 내용을 잘 모르기 때문에 쪽문 쪽으로 들어가야 하는데… 박선호 과장의 안내를 받아서 "내가 어디로 가야 하느냐?"고 물었더니 "저쪽 앞으로 가라"고 해서 갔더니 차가 있어서 거기에 가 앉았습니다. 그 사람들하고 평소에 지휘를 하거나 하는 관계는 아니었습니다.

변호사 거기서 몇 분이나 기다렸나요?

박흥주 상당히 흥분한 상태에 있었기 때문에 시간은 잘 모르겠습니다.

변호사 앉아 있을 때 총소리 났죠? 몇 발 났습니까?

박흥주 "빠방" 하고 났는데 몇 발인지는 모르겠습니다.

변호사 그래서 자동차에서 뛰쳐나와서 사격 위치에 닿았는데, 세 사람 중 누가 제일 먼저 나오고 누가 어떻게 했는지 얘기해주세요.

박흥주 제가 알기로는 두 사람이 먼저 나갔습니다. 유리창 밑 문을 열려고 당기니까 안 열렸습니다. 평소에 타는 차는 밑을 잡아 당기면 열리는 차인데…. 잘 보니까 옆에 고리가 있어서 문을 열고 나가서 총을 빼서 쏘려고 하니까 안전장치가 되어 있어서, 항상 가방에 넣어 두었기 때문에, 사격이 안 되었습니다. 그때 벌써 총소리가 나는 것 같고… 보니까 앞에는 상당히 높은 창문이 하나 있고 옆에는 환히 비치는 출입문이 있었습니다. 그 앞에 가서 몸을 확 내밀 수가 없으니까 몸을 돌렸더니 환하게 비치는 데가 있었습니다.

변호사 도어 옆에 가서 옆으로 비켜서면서 시야에 들어온 것은 무엇입니까?

박흥주 벽입니다. 환하게 비치는 벽이었습니다.

변호사 그래서?

박흥주 벽에 대고 총을 겨누고서 "일어서면 죽는다, 일어서지 마라" 하면서 산발적으로 사격을 했습니다.

변호사 그럼 세 발 쏠 때까지는 사람을 겨눠서 쏜 적은 없다는 얘기죠?

박흥주 사람을 겨눠서 쏜 적은 한 번도 없습니다. 그 결과는 과학적인 수사를 하면 알겠지만, 그때는 벽밖에 안 보였고 사람들이 움직인 적도 없고요.

변호사 그래서 7발을 다 쐈는데, 그때는 몇 발을 쐈는지 기억도 없다는 말이죠.

박흥주 그건 기억이 없고… 일어서지 말라고 소리 지르며 산발적으로 쏜 후 불이 꺼지자마자 그 자리를 떠났습니다. 그러고서 불이 꺼진 후 그 지역을 탈출했습니다.

변호사 피고인은 벽을 향해 쐈으니까 그 자리를 떠난 후 사람이 몇이 죽었는지는 전혀 몰랐죠?

박흥주 그건 전혀 몰랐고 나중에 조사 과정에서 수사관을 통해서 알았습니다.

변호사 그리고 나서 본관 앞에 가서 자동차를 대기시켰다고 했는데, 거기까지 가는 데는 몇 분이나 걸립니까?

박흥주 몇 초 안 걸립니다. 한 40초 정도 뛰어가면 될 겁니다.

“어디로 갈까, 중앙정보부? 육본?”

궁정동에서 거사를 끝낸 김재규는 차를 타고 빠져나왔다. 어디로 가는 것이 아니라 사건 현장을 단지 빠져나왔다는 것이 알맞은 표현이었다. 조직적인 혁명 거사였다면 향후의 행동 계획이 짜였을 법하다. 그러나 이 점에서 그는 너무도 허술했다. 최고권력자를 제거한 다음의 행동은 최소한 자신이 어떤 위협으로부터도 보호받으면서 일을 수습할 수 있는 '아지트'로 들어가는 일이다. 그런 의미의 아지트라면 남산의 중앙정보부가 목적지가 되는 것이 당연했다.

차에는 정승화 육참총장, 김정섭 중정2차장보 그리고 자신의 수행비서 박흥주 대령이 함께 타고 있었다. 차가 3·1고가도로 위에 올랐을 때 그는 수행비서와 운전기사가 앉은 앞에 대고 물었다.

“어디로 갈까? 부(중앙정보부)? 육본?”

그와 함께 뒤에 앉았던 정승화 육참총장은 “육본으로 가는 게 어떻습니까?” 하고 말했다. 긴박한 상황에서는 각자 자기 아지트를 생각하는 법이다. 육참총장이 육본으로 가자는 것은 당연한 반응이다. 북한의 동태 등을 살피기 위해서라면 중앙정보부가 그만 못하지 않을 것이다. 이에 수행비서 박 대령도 동의임을 표시했다. 이렇게 해서 10·26 거사의 지도부는 준비된 아지트가 아닌 사실상 호랑이굴로 들어간 셈이었다.

태윤기 변호사 총을 쏘고 나서 그 자리를 떠나자마자 곧 그 자동차 있는 데로 갔어요? 그 사이에 뭘 했어요?

박흥주 그렇게 안 되었습니다. 총을 쏘고 그 자리를 이탈하는데, 밖이 상당히 깜깜했고 제가 처음 들어온 길밖에 모르기 때문에 처음 들어온 길 쪽으로 나갔습니다.

변호사 나와서 자동차 있는 데로 갔나요?

박흥주 아닙니다.

변호사 그러면 자동차 있는 데 오기 전까지 뭘 했나요?

박흥주 나와서 보니까 앞에 쭈그리고 뭘 하는 분이 보여서 우선 경계를 하고 물러섰다가, 가까이 가서 보니까 부장님 같아서 "부장님, 박 비서관입니다"라고 얘기했고, 그 자리에서 다시 돌아서 부장께서는 안으로 들어갔고, 그다음에 나오실 때 따라서 같이 뛰어갔습니다.

변호사 그 자리에서 나오실 때까지 기다렸다가 동행을 했다?

박흥주 저는 바로 그 자리에 있는 것이 아니라 들어가는 쪽문으로 많이 가 있었죠.

변호사 따라갔을 때에 거기서 손님이라고 한 분들을 오라고 하든가, 부장이 그런 얘기했어요?

박흥주 무슨 얘기신지?

변호사 부장님이 사무실에 가고 피고인은 자동차 준비를 했는지, 뭘 했나요?

박흥주 그냥 막 뛰어가니까 부장님이 "차, 차" 그러시더군요. 차는 상당히 멀리 떨어져 있는 차고에 있기 때문에 제가 막 뛰어갔습니다. "기사 있나? 기사 있나?" 그러니까 기사가 조금 있다가 뛰어나와서 그 앞 좌석에 타고 그 차를 현관 못 미쳐서 대놓았습니다.

변호사 거기까지 왔는데 몇 분 있다가 부장이 나와서 차를 탔나요?

박흥주 몇 분도 안 되고 조금 있다가 바로.

변호사 혼자 탔나요? 누가 탔어요?

박흥주 육군총장하고 김정섭 차장보하고 같이 탔습니다.

변호사 그러면 위치가 가까운 건물들 아닌가요? 그 부근에 있는 사람들이 총성이, 피고인이 쏜 것만 해도 일곱 발이고 또 다른 사람들 것까지 수십 발의 총소리가 났으니까, 총을 쏘고 무슨 일이 있구나 하는 것을 구체적으로는 몰라도 짐작은 할 수 있었겠죠?

박흥주 제가 확실히 모르겠습니다만 다른 사람들도 들었겠죠.

변호사 그러면 세 분이 자동차를 타고 갔는데 그때 자동차 안에서 총에 관한 얘기가 나오지 않았습니까?

박흥주 거기에 대해서는 제가 정확하게 듣지 못했습니다. 왜냐하면 차가 너무 고속으로 달려서 뒷분들이 하시는 말씀은 잘 못 들었습니다.

변호사 거기서 옷하고 신발 얘기가 나왔다고 했는데요?

박흥주 그날 부장께서 뛰어나오실 때 와이셔츠 바람으로 나오셔서 저한테 상의를 벗어달라고 하셨는데, 그때 차가 퇴근 준비가 다 되어 있었기 때문에 낮에 가져왔던 옷이 제가 앉는 운전석 바로 옆에 실려 있었습니다. 그 위에 그냥 앉았었는데 그중 한 벌을 그냥 드렸습니다.

변호사 신발은 어떻게 했나요?

박흥주 육본에 다 도착해서 내리시면서, 저도 내려서 문을 열어 드리고 서 있는데, "나 신발이 없는데 신발 좀 달라"고 하셔서 제가 신고 있던 것을 이것도 될까 하면서 그냥 벗어드리고 저는 맨발로 서 있었습니다. 움직일 수가 없어서 운전기사에게 신발을 빌려달라고 했습니다. 그런데 너무 작아서 신고 다닐 수가 없어서….

변호사 그 오는 도중에, 신문을 보면 3·1고가도로 위에서 중정을 가자고도 하고 육본을 가자고도 했는데 피고인이 육본으로 가자고 해서 갔다는 식으로 났던데….

박흥주 3·1고가도로 상에서 부장님이 앞에 대고, "어디로 갈까? 부? 육본?" 이렇게 얘기를 하셨습니다. 그러니까 뒤에 계신 육군총장께서 육본으로 가는 게 어떻겠느냐고 제의하는 것 같아서 저도 "육본이 어떻겠습니까?" 해서 가게 되었습니다.

변호사 이건 안보와 관계되면 말 안 해도 좋은데, 공소장을 볼 때도 그렇고 당 법정에서도 그런데, 육본 벙커니 참모총장 방이니 국방장관 방이니 하는 말이 나오는데, 이 세 가지가 어떻게 되어 있는지를 모르니까 곤란한데, 거기에 대해서 아는 대로 이야기해주시오.

박흥주 벙커 같은 것은 말씀드리기가 곤란합니다.

변호사 글쎄, 안보에 관한 것이면 이야기 안 해도 좋고 하니까, 알아서…. 누구는 벙커로 오라고 해라, 누구는 청와대로 오라고 해라, 이런 말도 있고 또 참모총장 방, 국방장관 방 옆에 있었다 하는 게 관념적으로 머리에 들어오지 않아서 묻는 것이니까, 말할 수 있는 데까지만 말해주면 돼요.

박흥주 예, 위치나 이런 건 말씀드리지 않고요….

변호사 기능이니 설비 같은 건 말할 필요 없이… 위치를 몰라서 그래요, 위치.

박흥주 위치도 곤란한데….

법무사 위치는 보안에 관한 것입니다.

변호사 위치가 보안입니까? 그래도 얼마나 떨어져 있는지 알아야… 뭐 왔다 갔다 했다는데….

박흥주 거의 가까이에 있다고 보시면 됩니다.

변호사 세 곳이 다요? 국방장관실, 벙커, 참모총장 방이 다 가까이 있다는 소리요?

박흥주 그렇게 보시면 됩니다.

변호사 거기에 가서 김 부장하고 다른 분들은 안으로 들어가고 피고인은 같이 못 들어갔죠? 같이 들어갔어요?

박흥주 한참 있다가 신발을 빌려 신고 따라 들어갔습니다.

변호사 들어갔어요? 그래서 거기서부터, 앞서 검찰관과의 얘기에서 대개는 나왔지만, 국방장관실 옆에서 무장을 뺏길 때까지의 이야기를 간략하게 얘기해줬으면 좋겠어요.

재판장 10분 휴정하겠습니다.

깊은 고뇌 끝에 명령에 따랐을 뿐

법무사 중복되지 않는 범위 내에서 신문해주시기 바랍니다.

태윤기 변호사 아까 신문에서 육본 가고 국방부 가고까지 나오다가 휴정했는데, 그 후에 있은 일은 중요한 것도 아니고 한데, 검찰관이 물을 때와 다른 것 있습니까?

박흥주 육본과 국방부에 갔을 때 설명할 상황이 있습니다.

변호사 설명하지 않았던 상황이 있으면 해주시오.

박흥주 육본에 갔을 때 거기서 전화도 대드리고, 상황이 어떤지도 모르고 해서 부관실에 계속 서 있다가 제가 경호차를 부른 사실이 있습니다. 경호차는 통상적으로 부장 차가 움직이면 대개 따라다니는데 그날은 다른 코스로 오는 바람에 이 차가 따라오지를 못했습니다.

그래서 제가 시간이 상당히 지난 후에 그 생각이 떠올라서 그 차를 불러야 되겠다고 생각이 됐고, 또 제가 신고 있는 신이 운전기사 신인데 작아서 발이 아파 도저히 서 있기도 힘들기에 그걸 부를 생각으로 나갔습니다.

부장 차에 있는 무선전화기를 이용해서 우선 조장을 대서 "거기 별일 없느냐?" 물으니까 "별일 없다" 해서 "내가 아까 오다 보니까 그 앞길이 상당히 복잡하던데 독립문 쪽으로 해서 육본으로 오라" 그렇게 연락을 했습니다.

잠시 후 그 차가 와서 조장이 보고를 합니다. 우선 보고를 받고, 내가 발이 아프니까 신발을 가져오게 한 다음 거기 있는 직원 두 명을 서울역과 남대문에 배치하라는 지시를 했습니다. 왜냐하면 우선 일을 그렇게 하고 나서 육본에 와 보니까 아무것도 모르고 있고 전부 우왕좌왕하길래 상당히 겁이 났습니다. 통신은 좋고 혹시 어떻게 되는가 해서 거기에 나가 있으라고 지시한 적이 있습니다.

임의로 그렇게 했습니다. 그다음에 국방부에 올라가서의 일이나 그런 것들은 제가 상황을 모르고, 그대로 따라다니고 대기한 것은 별다른 게 없습니다.

변호사 그때 따라다닌 것도 수행비서로서 일상에 자기가 지켜오던 관례에 따라서 했다. 그거에 불과한 것이 아니겠어요?

박흥주 그렇죠. 부장이 가시니까 그냥 뒤에 따라만 다녔습니다.

변호사 청와대에 전화 연락도 부장의 지시에 따라서 했다는 얘기죠?

박흥주 예. 장성들 여러분 앉아 계신 자리에서 그 앞의 누가 날 부른다고 전하기에 뛰어들어갔더니 "전화를 좀 대라"고 하셨는데 전화를 대려고 하니까 부속실 전화는 다 끊어져서 전화가 안 됩니다. 그래서 상황실에 와서 전화를 대려고 하는데 처음에는 전화가 안 나오고 나중에 전화가 나와서 말씀 한번 드렸더니 전화가 제대로 안 통한 일이 있습니다.

변호사 앞서 제가 면회 때 얘기했는데, 그 후에 피고인은 자동차를 타고 시내를 돌아다니며 시간을 허비했다는 얘기를 했어요. 그것은 어떤 이유로, 어떤 경로로 돌아다녔는지 이야기해 주세요.

박흥주 국방부에서 분명히 국방부 장관실에 부장이 들어가셔서 회의도 하시고 각료들하고 이야기도 하고 그러셨는데, 조금 있다가 "각 국무위원을 수행해온 수행자들은 전부 나가시오" 그러길래 무슨 장내 정리가 있나 해서 전부 나왔습니다. 다시 들어가려고 하니까 못 들어가게 해서 이상하다고 생각하며 거기서 기다렸습니다. 상당히 오래 기다렸는데, 계단 밑에서도 기다리고 밑에 차에서도 기다렸어요.

차에서 기다리고 있는데 사병이 한 명 오더니 "위에서 잠깐 보자고 하니까 따라오십시오" 하길래 아무것도 모르고 따라갔는데, "상부 지시에 의해서 무장해제를 하십시오" 하면서 헌병 대위가 무장해제를 시켰습니다. 가지고 있던 걸 그대로 다 줬습니다. 거기에 앉아 있던 대령 한 분이, 누군지 잘 모르겠는데 수행비서냐고 하며 차를 줘서 마시고 있는데, 저희 경호조 요원들이 둘 들어옵니다. 들어오면서 그 안내한 장교가 "아, 수행비서관 여기 계시지 않느냐?" 그러는 걸 보니까, 무장해제를 시키기 위해서 제가 불렀다고 해서 데려온 것 같습니다.

제가 그 자리에서 뭐라고 하면 사격 잘하는 사람들인데 무슨 일이 있을 것 같아서 "여기 지시에 응하라"고 말하고 나와서 차를 타고, 그다음에 상황이 어떻게 돌아가는지 모르니까, 마음도 그렇고 뭐가 어떻게 될지도 모르겠고 해서, 혹시 연락이 있을까 해서 국방부에 가까운 한남동 쪽에 차를 대놓고 거기 무선

전화기가 있으니까 급히 부르면 갈 수 있도록 왔다 갔다 했습니다.

변호사 대체적인 사항에 대한 질문은 끝났는데, 피고인은 주일이나 그런 거 있습니까? 1년에 며칠이나 수행비서로 나갑니까?

박흥주 아직까지 중정 비서실로 전보되어서 부장 수행하면서 하루도 출근 안 한 날은 없습니다. 특히 토요일·일요일은 각하를 모시고 하는 각종 행사들에 수행해야 되기 때문에, 그날은 특히 상당히 신경 쓰고 근무하고… 하루도 쉰 일이 없습니다.

변호사 저녁에 몇 시경에 돌아옵니까?

박흥주 보통 11시에 가면 빨리 가는 겁니다. 공관에서 특히 다른 걸 해서가 아니라, 혹시 무슨 일이 있을까 해서 뒤에 있는 작은 부속 건물에서 대기하고 볼일이 있으면 수시로 들락날락하면서 일보고, 별 사항이 없어야 퇴근을 하곤 합니다.

변호사 피고인댁에 어린애가 몇 살이지요?

박흥주 국민학교 6학년, 3학년 딸, 최근에 6개월 된 아들 하나 있습니다.

변호사 그래서 이것은 인간적인 이야기인데, 그날 아침에 나갈 때 애기를 붙잡고 뽀뽀하고 나갔다는 애긴데….

박흥주 그 전날 큰애가 〈사명당〉 연극하는 데 선조대왕으로 뽑혔다고 그래서 면류관을 하나 만들어주고 출근하고 나서 못 봤습니다.

변호사 공소장에 대해서 두 가지만 묻겠습니다. 공소장 8페이지 보면 "박선호·박흥주 등을 시켜 처치키로 하며, 대통령 살해 후 국가안전과 질서 교란을 이유로 계엄을 선포하고 중정의 권한과 동부(同部) 소식력을 이용, 계엄군을 장악하여 무력으로 사태를 제압하고, 입법·사법·행정권을 총괄하는 혁명위원회를 구성, 자신이 위원장에 취임하여 집권 기반을 확보한 후 대통령에 출마할 것을 계획하고 부마사태를 거사의 계기로 역이용하여 기회를 엿보아오던 중…" 이렇게 되어 있는데, 읽어봤죠?

박흥주 예.

변호사 아까 얘기 쭉 했지만, 이것은 김 부장이 마음에 이런 것을 갖고 있었는지 없었는지는 김 부장의 생각이고, 피고나 박선호 피고인은 잔디 있는 뜰에서 처음으로 들었다는 얘기죠?

박흥주 그 내용은 사전에 저희들이 계획을 알고 있거나 한 것은 아니고, 그날 저녁 7시 10분경에 불러놓고 말씀하시기에 알았지, 사전에 계획하거나 이야기하거나 토의하거나 그런 건 전혀 없었습니다.

변호사 10장에 보면 - 잔디밭에서 있던 이야기인데 - "육군총장·김차장보가 와 있다고 고시, 범행 가담 의사를 확고히 하도록 촉구하여 30분 내 준비 완료하겠다는 승낙을 받고…" 이렇게 되어 있는데, 그때 결국 자기가 거부하지 않았으니까 어떤 의미에서는 승낙하겠다는 얘기가 된 겁니까, 같이 하겠다고 승낙을 한 겁니까?

박흥주 아까도 말씀드렸지만, 그 자리에서는 얘기 듣고 놀랐을 뿐 가담이니 뭐니는 생각도 못했습니다.

변호사 11페이지를 보면 "국가변란사태인 점을 알면서 이 지시에 따라 가담하기로 응낙함으로써 각 국헌 문란 목적의 폭동·살상에 가담할 것을 금차로 상호공모했다" 이렇게 되어 있는데, 이후에 국가변란이 일어난다거나 어떤 사태가 일어나서 폭동·살상에 가담해서 어떻게 하겠다든가, 국가변란이라는 것을 알면서 그렇게 했나요? 아니면….

박흥주 그때 상황은 갑자기 말씀하셨기 때문에 '내가 어떻게 행동해야 할 것이냐' 하는 생각뿐이지 앞으로 국가변란이 일어나서 거기에서 내가 어떻게 한다는 것은 생각할 겨를도 없었습니다. 그 당시에는 '지금 내가 어떻게 해야 올바로 하는 것인가'에 대한 고민밖에 없었습니다.

변호사 보통 이런 사건에 입회를 해보면, 사전의 음모라는 것은 누가 주동이 되고 할 적에 어떻게 한다는 계획이 있고 사후의 수습책이 다 서 있습니다. 과거에 이승만 있을 때 대통령 살해 미수사건이란 것도 있었고, 전부 그렇게 되어 있는 건데, 이 사건에는 그런 거 들어본 일도 없고 공소장에도 나타나 있지 않아요. 피고인이 아까 말한 것과 같이 그 상황에서 어떻게 할지에 대한 판단만 급급했던 것이 사실입니까?

박흥주 예, 그 당시는 그 얘기를 듣고 놀라서 내가 모르는 사이에 상황이 이 정도로까지 됐는데 내가 어떻게 행동을 하는 게 좋으냐는 것만 고민이었지… 계획이 어떻다, 앞으로 수습책이 어떻다 하는 것은 전혀 아는 바가 없습니다. 갑자기 당한 일이기 때문에 내가 어떻게 처신해야 옳은가 뿐이었습니다. 다음 계획 같은 것은 전혀 아는 바가 없습니다.

변호사 끝으로 하나 더 묻겠는데, 피고인은 군인이기 때문에 단심 재판을 받게 돼 있습니다. 이 법정에서 말을 않고 지나가면 더 이상의 기회가 없어요. 그러니까 제가 물은 것이 다 물었는지, 혹시 빠진 것 있으면 이 사건에 관해서 얘기해주세요.

박흥주 이 사건하고 관련해서 말하고 싶은 것은 사전에 저는 계획을 몰랐다. 갑자기 말씀하시니까 그런 상황에 접하게 되었고 제가 그 자리에 보직되어 있었고 그런 인연이 있었기 때문에, 결론적으로 제가 모시는 상사의 지시에 따라서 움직이는 것이 가장 현명한 방법이 아닌가 판단되었을 뿐입니다. 갑자기 접한 상황이기 때문에 깊이 생각하거나 전후좌우를 생각할 겨를이 없었다는 것만은 분명합니다.

변호사 그게 쉽게 말하면, 부장의 명령에 거역할 수 없는, 복종해야 할 의무도 있고 또 하나는 사람을 죽이라고 한 것에 대해서 '내가 이걸 해야 되나 말아야 되나' 하는 양심적인 것도 있지요? 그런 갈림길에서 어느 쪽을 선택하느냐 하는 고민을 하시다가 부장의 명령에 따라간 것이 옳겠다고 해서 했다는 겁니까?

박흥주 처음에 그 상황을 접했을 때, 이게 어떻게 돌아가는 건지 잘 몰라서 행동 처신을 어떻게 하는 건지 잘 몰랐었고, 사람을 살해해야 한다는 문제는 내가 꼭 살해해야 한다고는 생각지 않았습니다.

부장께서도, "불응하면 사살해도 좋아"라고 이야기했고 또 그때 제 생각에는 또 하나 문제가 있었던 것은, 각종 계율에도 보면 살인자는 꼭 재판을 받고 아무리 좋은 일을 해도 처벌을 받아야 한다는 것이 여러 책에 있습니다. 성경에도 있고…. 그것 때문에 무척 고민을 많이 했습니다.

변호사 김 부장과 차 실장 사이에 대해서 알고 계신 것 있나요?

박흥주 저는 항상 공식적인 행사에만 수행했습니다. 부장이 그 사무실을 방문하시면 두 분은 예의를 깍듯이 갖추어서 들어오시고 나가시는 모습을 보았고, 제가 알기로는 차 실장이 상당히 강경하다는 것을 알고 있었지만, 두 분의 내면 감정이 어떤지는 정확히 모르겠습니다.

변호사 피고인은 군에 근무한 기간 중에 공적에 의해서 표창이나 훈장을 타신 것 있나요?

박흥주 저는 포병이라서 베트남전에도 참전했지만, 훈장은 없고 근무유공표창은 있습니다. 크게는 대통령 개인표창이 있고 팀스

피리트훈련을 마치고 받은 육군참모총장의 공로표창이 있고, 육군참모총장 표창은 두 번 있고, 각군 사령관들 표창을 비롯해서 각종 표창이 있습니다.

변호사 이상입니다. 들어가세요.

'왜' 같은 건 생각 안 해

12월 12일 오전, 박선호·박흥주 피고인에 이어 중정의 경비원들에 대한 변호인 반대신문이 계속됐다. 경비원들에게서는 박흥주와 같은 고민은 찾아볼 수 없었다. 이들은 사건 당일 오히려 윗사람들의 지시보다 한 걸음 더 나가는 과잉행동을 나타냈다.

정보기관의 엄격한 기율과 명령 실천 훈련이 이들에게 냉혹성만을 일방적으로 키웠음을 엿볼 수 있었다. 상사의 뜻이면 별생각 없이 어떤 일이라도 실행하는 맹목적 복종 그것이었다.

법무사 이기주 피고인 앞으로 나와요.

안동일 변호사 이기주 피고인의 국선변호인 안 변호사입니다. 해병대 3년 동안 근무하셨다는데 만기제대인가요?

이기주 원래는 더 근무해야 하는데, 베트남에 파견되었던 해병대들이 철수하는 바람에 그 혜택으로 조금 일찍 제대했습니다.

변호사 하사로 제대했다는데요?

이기주 네.

변호사 제대 이후에 일반 경력 있었나요. 일반 회사에 취직을 했다든지?

이기주 없습니다.

변호사 운동한 거 있나요?

이기주 현재 태권도 3단이고 유도 초단입니다.

변호사 현재 생활 정도는 130만 원짜리 전세방에서 살고 있다는데요?

이기주 사실입니다.

변호사 봉급이 얼마나 되나요?

이기주 수령액이 19만 원이고 특별수당으로 매달 5만 원씩 받았습니다.

변호사 궁정동 식당에 근무하기 때문에 받는 건가요?

이기주 거기에서 근무하면 본청이나 분청에서 안 주는 특별수당을 주게 되어 있습니다.

변호사 하사 제대하신 이후 중정 경비원으로 채용된 것이 1974년 3월 30일 맞죠?

이기주 네.

변호사 처음에 경비원으로 채용된 경위는?

이기주 정보부에 아는 친지 한 분이 있어서 그분이 중정에서 경비원을 공채로 뽑는다고 알려줘서 시험 봐서 들어갔습니다.

변호사 처음에 들어가서 어디에서 근무했나요?

이기주 본청 정문에서 근무하다가, 남산분청 정문에서 근무하다가, 경비조장 계장의 추천으로 그전에 의전과장이 이부성 씨, 신직수 부장 계실 때 그래서 의전과장님께 면접을 받고 뽑혀왔습니다.

변호사 1975년 11월부터 1976년 말경까지 신직수 부장 집무실 경비원을 했다는데요?

이기주 사실입니다.

변호사 궁정동에는 언제 왔나요?

이기주 사고 난 중정 식당하고 집무실이 담 하나로 붙어 있습니다, 앞뒤로. 신 부장님 집무실에 1년 근무하고, 근무 성적이 좋은 사람은 식당으로 뽑혀갑니다.

변호사 그런 일을 하면서 10월 26일까지 주로 누구로부터 업무 지시를 받는다든가, 말하자면 명령 계통이 어떻게 되어 있나요?

이기주 과장님께 직접 받습니다. 전체 직원들한테 지휘 사항 있을 때는 과장님이 저한테 할 때도 있고 윤 비서한테 할 때도 있습니다. 과장님께서는 경비원에게도 개인적으로 뭘 시키려면 직접 지시를 합니다.

변호사 남 사무관으로부터 지시받은 경우도 있죠?

이기주 네.

변호사 그렇지만 거의 대부분 개인적인 일 지시할 때는 과장으로부터 직접 지시를 받지요?

이기주 네.

재판장 변호인, 휴정했다가 오후에 할까요?

변호사 좋습니다.

(휴정 후 군법회의 속개)

안동일 변호사 정보부 경비원으로 채용된 후에 특별한 교육훈련 받은 바 있나요?

이기주 없습니다. 매일 태권도 훈련은 했습니다.

변호사 특히 보직이 변경될 때마다 특별한 지침을 하달받은 일 있나요? 예를 들면, 부장 집무실이나 식당 경비원으로서의 어떤 특별한 임무라든지, 비밀유지 사항이 있다든지 하는 게 있나요?

이기주 특별한 임무는 없고 거기에서는 보안이 제일 중요합니다. 상관이 항상 얘기하는 게, "직원들은 첫째도 둘째도 보안"이라고 말씀하시고, 전화번호 같은 것도 자기 직계가족 외에는 알려주지 못하게 하고 근무처의 위치도 친구는 물론 가족에게도 얘기하지 못하게 합니다. 외부 사람을 만날 때에도 사무실 부근에서는 만나지 않게 되어 있습니다. 평상시 본청이나 분청에 일 보러 갈 때도 맘대로 자기 개인 일로는 출입할 수 없게 되어 있습니다. 왜냐하면 거기 가서 타 직원들을 만나게 되면 거기에 대한 보안이 누설되기 때문에 가능한 한 출입을 못하게 합니다.

그리고 자기가 맡은 일 외에는 남이 하는 일에 대해서는 신경을 쓰지 않습니다. 자기가 상관으로부터 지시받은 일 외에는 절대 신경을 안 씁니다. 그리고 꼭 지시받은 일만 해야 합니다.

변호사 개인적인 활동은 제약을 받고 항상 윗사람한테 지시받은 일만 임무를 수행했다는 뜻인가요?

이기주 그렇습니다.

변호사 지시받은 대로 항상 해야 한다는 말이군요?

이기주 거기서 4년 가까이 근무하면서 상관 명령에 거역해본 일 한 번도 없습니다.

변호사 사건 당일 17시 50분경, 출근해서 그때까지 무슨 일을 했나요? 무슨 특별한 일 한 게 없어요?

이기주 특별한 것은 없고 출근해서…

변호사 지난번 검찰관신문 시에 경비원 대기실에서 잡담하고 있었다고 했는데요?

이기주 사실입니다.

변호사 19시 10분경, 당시 박선호 과장의 지시로 근무자 권총 한 정을 가져오라고 해서 식당 경비원 엄현호의 권총을 가져다주었다는데요?

이기주 사실입니다.

변호사 그때 왜 그런 심부름을 시킨다고 생각했어요?

이기주 왜 그런지는 생각을 안 해봤어요. 거기서는 과장께서 시키면 시키는 대로 하지, '왜' 같은 건 생각지 않습니다.

오늘 일 잘되면 한 급 올라간다

변호사 5분 지난 19시 15분경…. 식당 서편에 정원이 있나요?

이기주 네.

변호사 그 정원에서 유성옥 피고인과 같이 있는 자리에서 박선호 피고인이 공소장에 의하면 "부장님 지시인데, 오늘 일이 잘되면 한 몫 볼 것이다. 부장님이 안에서 총을 쏘는 데 맞추어 너희들은 경호원들을 사살하라"라고 했습니까?

이기주 거기서 조금 틀린 사항이 있습니다. 처음에 과장이 유성옥과 저를 양쪽에… 사고 난 건물에 처음 들어갔는데, 과장이 후문으로 들어가셔서 저희들에게 그랬습니다. "너희들, 주방 뒤에 있다가 안에서 총소리 나면 뛰어들어가서 경호원들을 한쪽으로 몰아붙여라"고 했습니다. 그 소리를 듣고 아찔했습니다. 이제 죽었구나 했습니다. 그래서 "경호원들을 한쪽으로 몰아붙이는데 경호원들이 먼저 총을 쏘면 어떻게 합니까?"라고 물었습니다. 과장님은 "그때는 총을 쏴도 좋다"고 했습니다.

변호사 "잘하면 한몫 볼 것이다"는 얘기도 들었어요?

이기주 그건 정문 근무할 때 오셔서 얘기한 것 같습니다. 잘하면 한 급 올라간다고 했습니다.

변호사 한 급 올라간다는 말을 무슨 뜻으로 받아들였나요?

이기주 뜻을 생각해보지는 않았어요. 현재 경비원 자리에서 좀 더 좋은 자리로 옮겨준다는 뜻으로 얘기한 것 같습니다.

변호사 피고인은 9호봉이라고 했나요?

이기주 네, 9-9입니다.

변호사 9는 호봉이고, -9는 등급인데, 군경력 3년에다 거기에서 경력 6년으로 9급이었죠?

이기주 네.

변호사 그런 급수 올라간다는 뜻으로 받아들였나요?

이기주 모르겠습니다. 그 당시에는 그런 생각할 여유가 없었습니다.

변호사 "부장님 지시인데"라는 말이 있었나요?

이기주 없었습니다.

변호사 그런 지시를 받았을 때, 과장님 개인 지시라고 생각했나요, 더 윗분의 지시라고 생각했나요?

이기주 과장님 개인 지시라고는 생각지 않았습니다. 거기에서는 과장님 독단적으로 하시는 일은 거의 없는 것으로 알고 있습니다. 전부 90% 이상이 윗분의 지시를 받고 하시는 것으로 압니다. 과장님이 지시를 하시면 그것은 과장님의 지시가 아니라 더 윗분의 지시로 알고 복종했습니다.

변호사 과장님 지시를 받았을 때, 거기에는 부장님 지시가 포함되는 것으로 생각했다는 취지인데, "안에서 총소리 나면 경호원들을 몰아붙여라. 여의치 않으면 사살해도 좋다"는 얘기를 들었을 때, 사살한다는 것은 상당히 특별한 경우죠? 그런 지시를 전에는 받지 않았겠죠? 아무리 과장님 지시를 받을 때마다 생각할 여유도 없고 무조건 복종했다고 해도 사살해도 좋다고 하는 단계에 가서는 좀 이상하다는 생각이 들지 않았어요?

이기주 들었습니다. 정문에 있는데, 과장이 제미니에 가서 타고 있으라고 했습니다. 타고 있다가 총소리가 나면 유성옥과 수행비서와 같이 행동하라고 했습니다. 그래서 제미니에 타고 총소리를 기다리면서 잠시 생각해보았습니다. 그전에 지내온 일이 생각났습니다. 그전에 신 부장님 계실 때는….

변호사 그 대기하는 시간이 몇 분 정도였어요?

이기주 시간을 확실히는 모르겠는데요.

변호사 기억을 돕기 위해서 지시받은 것이 19시 15분이고 19시 40분경 총성이 나서 뛰어나갔으니까, 25분입니다. 지시를 받고 제미니 차로 가는 시간만 빼면 대기한 시간이 나오지요.

이기주 그럼 10분 정도….

변호사 그 10분간 박흥주·유성옥 피고인과 차 안에 같이 있으면서 무슨 대화를 나누지는 않았어요?

이기주 대화는 없었고, 수행비서관이 "경비원이 몇 명이냐?"고 물었습니다. 뒤에 보니까 경비원이 3~4명 놀고 있었어요.

변호사 평소에 의전과장이 지시하면 생각 없이 무조건 복종했다고 했는데, 의전과장의 지시 한마디면 어떤 지시라도 생사를 걸고 따라야 합니까?

이기주 그전에는 그렇게 생사를 걸 지시는 없었습니다. 그러나 과장님 지시라면 저뿐만 아니라 어느 직원이라도 그 자리에서 뛥니다.

변호사 사살해도 좋다는 것은 상당히 이례적인 지시이기 때문에 잘못된 것 아니냐, 부당한 것 아니냐는 등 반문을 하거나 항의할 수는 없었나요?

이기주 그런 건 생각도 못 합니다. 과장님과 저희들과의 계급 차는, 저희는 기능직이고 과장님은 부장님과 제일 가까운 위치에 계신 걸 알기 때문에 아무리 그런 지시라도 반문하거나 항의할 수는 없습니다.

변호사 승낙한다거나 불응한다거나, 말하자면 선택하거나 판단할 여유는 없었다. 그런 얘깁니까?

이기주 네.

변호사 그런 행동이 옳은지 그른지는 생각지 못했나요?

이기주 그런 생각할 여유도 없었습니다. 상관의 지시니까 무조건 복종하자는 생각뿐입니다. 맨 처음 지시받았을 때 '난 여기서 죽는구나' 하는 생각밖에 못했습니다.

변호사 지시를 받고 행동에 옮길 때 만찬석상에 누가 있다는 건 알고 있었습니까?

이기주 그건 이전에 다 알고 있었습니다.

변호사 그러면 "안에서 총소리가 나면"이라고 했을 때, 안에서 총소리가 난다는 말은 누가 누구에게 총을 쏜다는 것인가를 생각해봤나요?

이기주 그런 건 생각을 안 하고 그걸 신호로 알아들었습니다. 과장님이 안에서 총소리가 나면 그것을 신호로 해서 뛰쳐나가라고 했기 때문에 신호로 알았고….

변호사 그러니까 누가 안에서 누가 누구를 어떻게 사격한다는 것은 생각을 못했고, 행동으로 옮기는 신호로만 알았다?

이기주 네.

변호사 공소장에는 피고인이 승낙해서 가담한 것으로 되어 있는데, 박선호 피고인의 지시를 받고 따를 때 김재규 피고인이 박 대통령과 차지철 등을 살해해서 혁명이나 변란이나 폭동을 일으킨다는 걸 생각해봤습니까?

이기주 그런 건 꿈에도 생각지 못했습니다. 저희 경비원들은 높은 사람들의 일에 대해서는 알려고 하지도 않습니다.

변호사 접견 시 이런 얘기를 했죠? 검찰 수사 단계에서 "각하 살해 사실을 이치로 보아서 알 수 있지 않느냐"고 추궁을 받아서 "이치적으로 봐서는 그렇습니다"라고 대답했다고 했는데, 그 뜻은 무슨 뜻인가요?

이기주 수사관들이 그랬어요. "경호원을 살해한다면, 경호원이 누굴 지키는 사람이냐"고 물었습니다. "각하를 지키는 사람"이라고 대답하니까 "그러면 경호원을 살해하면 각하를 살해하는 것과 마찬가지가 아니냐"고 그래서 "이치적으로 따져서 말한다면 그렇다"고 했습니다.

"차지철은 덤으로 보낸 거지"

검찰 측의 사실신문과 변호인단의 반대신문이 끝났다. 공판 진행 순서에 따라 재판부의 법정신문이 시작됐다. 여기서는 재판부의 실무책임자 역할을 하는 법무사가 신문한다. 재판부는 일반 장성 지휘관인 재판장 및 심판관 3명과 군법무관인 법무사로 구성돼 있다. 따라서 이 중 재판의 진행과 법률적 해석 등은 법무사가 맡는다.

보통 일반법원의 재판부는 검찰과 변호인의 중간 입장에서 양측 주장을 공정하게 듣고 판단하도록 돼 있다. 그러나 10·26 사건의 군사법정은 재판부와 검찰이 한편이고 그에 대항해서 변호인단이 피고인을 변론하는 형상이었다. 이 때문에 재판이 사건의 동기와 배경을 발견하려는 데 목적을 두었다기보다도 피고인들을 법적으로 처리하기 위한 수순에 불과했다는 비판을 받았다.

법무사 박선호 피고인 앞으로 나오세요. 법정신문을 하겠습니다. 해병대 대령 출신이죠? 상명하복 관계에 대해서는 누구보다 잘 알겠죠? 경호원이 운전기사 포함해서 5명인데, 7명이라고 한 이유가 뭐라고 했죠?

박선호 경호원이 많아서 행동을 도저히 할 수 없다는 것을 말씀드려서 방향을 돌리기 위해서 그랬습니다.

법무사 바꿔 말하면, 선뜻 마음이 내키지 않는다. 안 했으면 좋겠다. 한편 생각하면, 윗사람의 결의를 살피기 위해서 30분의 여유를 달라는 것이 그 얘기죠?

박선호 그렇습니다.

법무사 안가에 대한 경호 책임은 누구한테 있나요?

박선호 외곽 경비는 청와대에서 합니다.

법무사 평소에도 권총을 휴대하나요?

박선호 특별한 규정은 없고 근무자는 전부 휴대하게 되어 있습니다.

법무사 그 안에 손님이 오셨을 때 권총을 휴대하고 들어가느냐는 거죠.

박선호 할 때도 있고 안 할 때도 있습니다.

법무사 어제 신문에서 경호원의 처치 목적이 아니고 제지 목적이었다고 했는데, 더욱이 피해자들과는 군의 동료일 뿐만 아니라 한 사람은 후배죠?

박선호 네.

법무사 개인감정 같은 것이 있었나요?

박선호 전혀 없었습니다.

법무사 김 피고인이 얘기하는 소위 혁명이란 뜻으로 했나요?

박선호 그런 뜻은 전혀 없었습니다.

법무사 상사의 명령이기 때문에 부득이했는데 시행하기까지는 상당히 고민했습니까?

박선호 네.

법무사 김 피고인에 의하면, 이심전심으로 이미 대상자는 나와 있다고 했는데요?

박선호 하명을 받고 이 현실을 이 위치에서 어떻게 피할까 하는 것이었고, 따라서 얼떨결에 나온 것이 경호원 7명이라는 것과 30분이라는 말을 했습니다.

법무사 김 피고인 얘기가 "오늘 해치운다"라고만 하면 이심전심으로 그 대상자는 확정 지을 수 있다고 했는데요?

박선호 어제 말씀드렸듯이, 실장이 대상이라는 것은 알았고 "각하까지입니까?" 했지만, 부장님께서 매일 한 번씩 청와대에도 가시고 모든 협조 관계, 업무 보고라든가 하는 것으로 봐서 설마 하는 생각도 들었고, 경호실장을 처치하고 각하는 납치를 하지 않을까 정도는 머리에 스쳐 지나갔습니다.

법무사 경호실장은 당연히 대상자가 된다는 뜻이 되는데, "각하도 합니까?" 하는 얘기는 한 번 다지고 넘어가는 얘기이고 말이죠?

박선호 네.

법무사 왜 경호실장을 해치운다고 생각했나요?

박선호 그때 부장님의 모든 인상이라든가를 봐서는 완전히 각오가 되어 계셨고, 일단 제지를 하기 위해서 그렇게 말씀드렸는데도 안 된다고 하셨고, 이런 것으로 봐서 틀림없이 행동하신다는 것은 확인되었고, 모든 업무 면에 있어서 경호실장이 경호근무 이외에 정치 문제 또는 제대로 알지 못하는 정보를 가지고 자꾸 혼선을 시키고, 오히려 국내 혼란을 야기시킨다는 것을 제가 종종 여러 군데에서 듣고 했기 때문에, 저로서는 그렇게 알고 있었습니다.

법무사 "각하도 합니까?" 한 것은 각하에 대한 평소 불만이라든지 살해를 할 만한 외부 얘기라든지 김 피고인으로부터 들은 사실이 있어서 "각하도 포함됩니까?" 하는 얘기를 했나요?

박선호 들은 것은 없고, 혹시 각하도 포함되는가 염려가 되어서 저는 전혀 내용을 알지 못 하기 때문에 물었던 것입니다.

법무사 금년 5월경에 요직 개편설이 있었나요? 차 실장이 중정부장이 된다든가 하는 얘기가 중정에서 나돌지 않았나요?

박선호 금시초문입니다.

법무사 평상시에도 나라가 잘못되면 다 죽는다는 얘기를 해왔나요?

박선호 듣지 못했습니다. 부산을 다녀오시고 그런 말씀을 하셨기 때문에, 저는 아주 실감 있게 들었습니다.

법무사 김계원 피고인을 왜 사살하지 않았다고 생각하나요?

박선호 저희가 듣기로도 경호요원만 제지하도록… 만약 응사하면 응사하라고 했기 때문에 경호만 신경을 썼지, 비서실장은 포함된 줄 몰랐습니다.

법무사 지시할 때 경호원만 처치하라고 지시했나요, 경호실장이나 비서실장까지 모조리 처치하라고 지시했나요?

박선호 그런 건 없었고 또 그 안에서 일어나는 상황을 알 수도 없고 부장님의 의도가 어디에 계신지도 모르고 이미 군 고위지휘관과 정보차장보가 와 계셨고… 그때로는 위의 돌아가는 상황은 짐작도 할 수가 없었습니다. 지시하실 때 총소리가 나면 경호요원만 처치하라고 했기 때문에 그 범위 내에서 제가 할 수 있는 최선의 방법을 택했던 겁니다.

법무사 대기실에서 "차지철이 아직 살아 있다"는 고함소리를 듣지 못했나요?

박선호 듣지 못했습니다. 완전히 다 사망한 것으로 알고 있었습니다.

법무사 청와대 경호관들에게 총을 겨누면서 "다 같이 살자"고 할 때 상당히 처절하고 애절한 상호 눈짓을 하면서 대항할 기세를 보였다고 했는데, 그때 피고인의 생각은 어땠습니까?

박선호 하여튼 일생에서 그런 장면은 앞으로도 없겠지만, 말로 형용할 수 없는 입장입니다. 제가 마지막으로 목숨을 걸고 호소했던 것입니다.

법무사 그날의 만찬 준비 상황은 종전에 비해서 어땠나요?

박선호 똑같았습니다.

법무사 현장검증 때 갔었죠? 사실대로인가요?

박선호 네.

법무사 피고인은 군에서 군인정신이라든가 국군의 사명·군기·사기 같은 것을 다 알고 있죠? 부하에게 교육도 시켰고?

박선호 네.

법무사 "각하도 포함됩니까?" 하는 얘기를 했는데, 김 피고인이 각하를 꼭 해치울 만한 이유가 있다고 생각하나요?

박선호 아까도 말씀드렸듯이, 고위층에서의 생각은 전혀 모르겠습니다.

법무사 참고 사항인데, 이번 각하 살해사건에 대해서 피고인은 혁명이라고 생각하나요?

박선호 저는 지금까지, 제가 합동수사본부에 출두해서 이 시간까지 그 문제에 대해서 생각해보지 않았습니다.

법무사 좋습니다. 들어가십시오.

박정희의 사생활을 아느냐 모르느냐에 따라 생각 달라

법무사는 박흥주 대령에게 군인의 윤리 문제를 물었다. 직속상관의 명령에 따르는 것과 군 통수권자인 대통령을 보호하는 일, 그것이 서로 상충될 때 어떻게 해야 하는가. 박 대령은 직속상관인 김재규 부장의 명령에 따라 대통령 살해를 거들었다. 그는 고민했지만 상관의 명령에 따랐다. 갑자기 당한 긴박 상황에서 국가변란 같은 것보다도 자신의 처신만을 생각했다고 그 는 법정에서 토로했다. 그는 순간적으로 판단을 잘못했다고 진술했다. 이 점에서 그는 박선호 피고인과 달랐다. 박선호 피고인이 확신범이라면 박 대령은 불가항력적인 상황에 휩쓸린 우발범에 가까웠다.

이 두 사람의 차이는 대통령 박정희의 사생활을 얼마나 아느냐에서 비롯된 것이다. 박선호 피고인은 대통령의 채홍사 역할을 하면서 최고권력자의 타락상에 혐오감을 가졌었다. 이에 비해 박흥주 피고인은 그런 베일 속의 사생활에 대해서는 잘 알지 못했다. 이런 두 사람의 대통령에 대한 존경심이 판이한 것은 당연했다.

이는 일반 국민에게도 그대로 적용된다. 권력자들이 벌여온 정치공작과 추잡한 사생활 등에 관해 어느 정도 아는 사람이라면 그들에게 더 이상 국정을 맡겨선 안 된다는 생각을 갖게 마련이다. 10·26에 대한 역사적 평가도 이 점이 전제돼야 할 것이다.

법무사 박흥주 피고인, 피고인도 역시 육군의 고급 간부죠? 군의 엘리트라는 육사를 수료했죠? 상명하복 관계라고 했는데, 박 피고인에게 물은 것과 마찬가지로 김 피고인의 명령이 중요하다고 생각하나요, 국군 최고통수권자인 각하의 명령이 중요하다고 생각하나요?

박흥주 그 당시에는 긴급한 주위 여건상, 대의명분보다도 개인 안전만 생각했기 때문에 판단을 잘못했습니다.

법무사 피고인은 고민한 나머지 담배를 피우면서 여러 번 결심을 되새기려고 했다고 진술했죠?

박흥주 어떻게 하는 것이 제가 올바른 행동인가를 많이 생각했습니다.

법무사 심지어는 가족과 함께 자결을 해볼까 하는 생각도 했다고 했는데요?

박흥주 여러 가지 생각을 많이 했지요. 사실입니다.

법무사 누구누구를 해치우는 것으로 알았나요?

박흥주 처음에 말씀하실 때는 놀라서 듣기만 하다가, "각하도입니까?" 하는 소리를 듣고 사태가 크다는 것을 알았습니다.

법무사 아까 여러 번 나왔지만, 사태 이후에 상황 파악을 한 이유는요?

박흥주 첫째 경호차를 불러서 별일 없냐고 물었고, 둘째 경호차가 온 뒤에 병력을 배치했는데, 그 이유는 육본에 가보니까 제가 생각했던 것과는 달리 전부 모르고 있었습니다. 개인적으로 상당히 걱정이 되고, 통신 자체가 상당히 우수한 통신기재이기 때문에 안전할 수 있을까 해서 배치했던 것입니다.

법무사 차를 타고 남산으로 가다가 육본으로 가자고 한 이유는요?

박흥주 3·1고가도로 상에서 갑자기 뒤에서 물었습니다. "부? 육본?" 하시길래 무슨 얘기냐고 뒤를 돌아보니까 육군참모총장님께서 "육본으로 가지" 하셔서 "육본으로 가는 것도 괜찮겠습니다"라고 했습니다. 다른 이유는 없습니다.

법무사 김 피고인의 양복을 가져왔다고 했죠?

박흥주 양복은, 그때가 5시 20분경에 양복이 도착했습니다. 그것은 사전 지시에 의해서 공관으로부터 두 벌을 가져왔습니다. 그걸 갈아입고 행사장에 가셨습니다.

법무사 그 양복을 본 일이 있습니까, 전에도?

박흥주 지금 보면 알 수 있습니다.

법무사 안주머니에 권총이 들어가도록 주머니가 달려 있다고 하는 데요?

박흥주 안주머니 밑에 주머니는 항상 크게 만들어서 옷마다….

법무사 옷마다 전부 달려 있느냐, 지금까지 본 것 중에는 전부 안에 권총이 들어가도록 주머니가 되어 있느냐….

박흥주 예, 그렇게 되어 있는 것이 많습니다.

법무사 현장검증 때 갔었죠?

박흥주 네.

법무사 법정에서 밝혀진 문제이지만, 이번 사건을 혁명이라고 생각하며 배후가 있다고 생각합니까?

박흥주 저는 저녁 7시 10분에 부장께서 불러놓고 말씀하실 때 처음 들었고, 배후가 있는지 사전준비가 있었는지는 전혀 모릅니다.

법무사 지금 판단할 때 어때요? 그 당시 상황을 쭉 분석해보건대 배후가 있고 사전준비가 있었던 것 같아요, 우발적이라고 생각하나요?

박흥주 제 생각으로는 다른 사람과 관련 없이 혼자서 구상하시지 않았나 싶습니다.

법무사 각종 지시를 하고 2층으로 올라가면서 "민주주의를 위하여"라고 했다는데, 과거에도 그런 얘기를 종종 하셨나요?

박흥주 그런 얘기는 안 하셨고….

법무사 그게 무슨 뜻입니까?

박흥주 그렇게 얘기를 하고 가니까 그냥 들었을 뿐입니다. 그 당시 상황으로는 저는 듣기만 하고 너무 엄청난 얘기라서 참여할 수 없었습니다.

법무사 피고인은 안가 식당 내부구조를 아나요?

박흥주 내부구조는 정확히 모릅니다.

법무사 원래 거기서 행사가 있을 때 피고인은 어디서 대기하나요?

박흥주 집무실 바로 앞에 보면, 저희 비서실, 조그만 사무실이 있습니다. 그곳 외에 다른 데는 나가지 못하게 되어 있습니다.

법무사 육군 벙커에서 청와대 김계원 피고인과 전화 연결을 했죠?

박흥주 전화를 대라고 해서 댔습니다.

법무사 김계원 피고인과 전화 연락 도중에 옆에서 들었나요, 어디 있었죠?

박흥주 처음에 전화를 대서 오시도록 말씀드리라고 해서 전화가 나오자, "박 비서관입니다" 하니까 "뭐야? 이리 오시라고 해" 하고 끊은 적이 있습니다. 그 이후에는 직접 통화하신 것은 모르겠습니다. 제가 대드리지도 않았고.

법무사 벽에 대고 발사했다는 말을 했는데요?

박흥주 그때 보니까, 상당히 높은 창문이 있고 옆에 아주 좁은 들어가는 도어가 있고, 보니까 안쪽에는 환한 불이 있고 앞이 굉장히 밝게 비칩니다. 좌측에는 뭔가 있는 것 같았는데 테이블이 아닌가 생각됩니다. 그 앞쪽에 대고 사람들이 움직이지 못하게 "일어서지 마. 일어서면 죽어" 하고 사격했습니다.

법무사 피고인은 몇 발을 쐈나요?

박흥주 9연발로 된 것 중에, 나중 조사 과정에서 보니까 7발을 쐈다고….

법무사 주방 안에는 사람이 있는 거죠?

박흥주 있었을 겁니다.

법무사 현장검증 때 가보니까, 벽에 대고 쐈는데 탄착지점이 있었나요?

박흥주 그건 직접 보여주지 않았습니다. 저는 밖에서 자세만 취하라고 해서….

법무사 이기주하고 유성옥을 피고인이 지휘했죠?

박흥주 지휘라기보다도 같이 앉아 있다가….

법무사 같이 뛰어나가서 세 사람이 같이 주방에 대고 사격하지 않았나요? 주방 안에는 사람이 있고… 사람이 잘 보이든 안 보이든 사람 있는 곳을 향해서 쏜 것은 틀림없죠?

박흥주 그때 사람은 보이지 않고요….

법무사 그럼 어느 총에 맞았다고 생각하나요?

박흥주 그것은 수사를 해서 전문적으로 분석하지 않는 한….

법무사 피고인이 쏜 총에 맞지 않았다는 무슨 반증이라도 있나요?

박흥주 그건 제가 지금 여기서 말씀드릴 수가 없지요.

법무사 알겠습니다, 들어가십시오.

김 부장이 차 실장의 위세에 꿀린다더라

법정신문의 순서에 따라 중정 경비원 이기주 피고인과 운전기사 유성옥 피고인이 현장 행동을 설명했다. 중정의 부하들은 김재규 부장이 차지철 경호실장의 위세에 꿀린다는 소문을 듣고 있었다. 이것이 남산과 청와대 경호실 간의 대립의식을 부추겼다. 합리적 정치가 아닌 독재체제 하의 권력기관들 간에 흔히 볼 수 있는 이른바 집단할거주의의 전형적 예였다.

법무사 이기주 피고인, 현장검증 때 다 갔죠? 사실대로죠?

이기주 네.

법무사 방안에 들어갔을 때, 어둠침침한 데서 뭐라고 하면서 누가 총을 달라고 했나요, 뺏었나요?

이기주 총을 겨누고 안을 들여다보는데 "이리 줘!" 하면서 누가 가져갔습니다.

법무사 누구에 대해서 총을 겨눴나요?

이기주 다리를 향해서 겨누면서 안을 쳐다보았습니다.

법무사 그게 누구인가요?

이기주 차지철 경호실장이었습니다.

법무사 거기에 대고 쏘려고 겨누니까, 어디서 누가 뭐라고 하면서 총을?

이기주 "이리 줘!" 하면서 옆인지 뒤인지 잘 모르지만 가져갔습니다.

법무사 사람을 쏘고 상당히 긴장하고 초조한 순간일 텐데, 옆에 사람 소리가 나면 자기도 모르게 흥분해서 "이리 줘!" 할 때 돌아보며 쏘는 것이 사람의 본능이라고 생각하는데, 왜 김계원 피고인을 사살하지 않았나요?

이기주 안에 주방에서 일어서는데, "얘들아, 이리 들어와"….

법무사 "얘들아" 하니까 이건 높은 사람일 것이다. 직감적으로 그렇게 느끼고 쏘지 않았다? 피고는 그 방 내부구조를 잘 알죠?

이기주 그날 처음 들어갔습니다.

법무사 그런데 어떻게 김태원을 안내했나요?

이기주 그게 끝난 다음, 차가 나간 다음인데, 김태원이 한 번도 안 들어가서 모르겠다고 같이 들어가자고 해서….

법무사 같이 들어가자고 해서 조심스레 들어갔나요, 이기주 피고인은 전에 들어가 봤기 때문에 안내역으로 들어갔나요?

이기주 그런 생각은 안 했습니다. 그냥 같이 들어갔습니다.

법무사 김재규 피고인이 경호실장한테 꿀린다는 소문이 중정에서는 퍼져 있었다. 그런 얘기 있나요?

이기주 직원들은 다 알고 있습니다. 무전기로 항상 나오기 때문에….

법무사 혹시 4~5월부터 차 실장이 중정부장으로 온다는 개편설이 나돌거나 한 것 없나요?

이기주 그런 건 일절 못 들었습니다.

법무사 상관 지시는 무조건 따라야 하나요?

이기주 저는 그렇게 교육받았습니다. 군대 있을 때부터.

법무사 사람을 죽이라는 지시도 따라야 한다?

이기주 그건 생각 안 해봤습니다.

법무사 그 방에 최소한 각하·비서실장·경호실장이 와 계신다는 건 알고 있었죠?

이기주 네.

법무사 유석술에게 한 매몰 지시는 아까 유석술이 말한 것과 같은가요?

이기주 네.

법무사 차 실장이 살아 있다고 소리 지른 것은?

이기주 기억이 안 납니다.

법무사 기억이 안 난다는 것은 흥분된 상태라서 모르겠다는 것인가요, 안 질렀다고 생각하는 건가요?

이기주 모르겠습니다.

법무사 확인사살을 하라고 하니까, 김태원이 뭐라고 했다고요?

이기주 한 번도 안 들어가 봤다고 같이 들어가자고 했습니다. 나도 한 번밖에 안 들어가 봤는데 그러면서….

법무사 그때 피고인이 같이 들어가서 "여기 한 발 쏴라, 저기 한 발 쏴라" 지시한 게 아니고요?

이기주 그런 얘기는 안 했습니다.

법무사 쏠 때 같이 옆에 있었죠?

이기주 처음에 들어가서 한 발 쏘는 것만 보고 "저 안에도 있다"고 손가락질하고 그냥 나왔습니다.

법무사 그 당시 차 실장을 보니까 눈이 떠져 있고 손가락이 움직이는 것 같았다고 했죠? 다른 데에서는 움직이거나 신음하는 소리 못 들었나요?

이기주 못 들었습니다.

법무사 상사의 지시이기 때문에 쐈나요, 한몫 보기 위해 쐈나요?

이기주 그런 건 생각 못했습니다. 위의 명령이니까 그냥 따랐습니다.

법무사 '이제 여기서 죽는구나'라는 생각을 했다고 했죠?

이기주 네.

법무사 들어가서 쓰러져 있는 사람들의 권총을 다 수색한 것이 피고인인가요?

이기주 두 사람만 했습니다. 식탁 좌우로 쓰러져 있었는데, 식탁 오른쪽에 쓰러져 있는 사람만 했습니다.

법무사 들어가시오.

법무사 유성옥 피고인, 현장검증 때 갔었죠? 사실 그대로이죠? 피고인은 한몫 보기 위해 쏘았나요, 상사의 지시이기 때문에 쐈나요?

유성옥 한몫 본다는 것보다도… 제가 기사의 입장에서 한몫 봐야 뭘 보겠습니까? 상사의 지시이고 또 내가 이 일을 하지 않으면 혹시 뒤에서 나를 어떻게 할 것 같고 그래서 내 생명의 보존을 위해서 한 사실입니다.

법무사 평소에 운전기사도 무장을 한 적이 있나요?

유성옥 없습니다.

법무사 병원에 각하를 운반했다고 했죠?

유성옥 네, 운전기사를 부르고 악을 쓰는 바람에 제가 뛰어갔더니 빨리 시동을 걸라고 했고, 어두워서 누군지는 몰랐습니다.

8장
기타 반주 속의 총성

6회 공판

12월 14일

경호병력 공격하면 응사하라

12월 14일 오전 10시, 계엄보통군법회의 6회 공판이 열렸다. 본래 13일 속개하게 돼 있었으나 12·12 군사반란 다음 날이어서 이날 공판이 열리지 못했다. 이 군사재판의 최고책임자(관할관)인 계엄사령관이 바뀐 것이다. 계엄사령관 정승화 육참총장이 이 사건과 연루된 혐의가 있다며 전두환 보안사령관을 중심으로 하는 신군부가 그를 체포해버렸다. 12·12 군사반란이 재판에 영향을 주는 것은 당연했다. 변호인단의 변론을 위축시킬 수밖에 없었을 것이며 재판부는 더욱 보안사의 눈치를 살펴야 했다. 이 사건의 수사를 담당한 보안사가 이때부터 실권을 장악했기 때문이다.

법무사 피고인들에게 다시 한번 진술거부권과 묵비권이 있음을 고지합니다. 심리 편의상 박선호 피고인부터 보충신문을 시작합니다.

안동일 변호사 재판장님께 말씀 올리겠습니다. 김재규·이기주·유성옥 피고인에 대한 국선변호사 안동일입니다. 서면으로 제출했는데, 김재규·이기주·유성옥에 대해서 변론 준비를 위해 기록 열람 및 등사를 신청했습니다. 그리고 김재규 피고인과 유성옥 피고인에 대해서, 김재규 피고인은 구속 전부터 지병인 간경변 증세로, 유성옥 피고인은 구속 기간 중 귀와 허리 및 다리 부분에 심한 통증으로 신음하고 있습니다. 그 병세가 더욱 악화될 우려가 있으므로 귀 군법회의가 지정하는 적당한 외부 의사의 진단을 받아보고자 신청합니다.

법무사 기록 열람 및 등사 신청서는 허가하고 외부 의사 진단 허가 신청에 대해서는 추후 결정하겠습니다.

변호사 공판조서에 대해서 조사가 기재된 대로 증명력이 있기 때문에 공판조서의 열람이 선행된 다음에 보충신문에 들어갔으면 합니다.

법무사 검찰 측 의견을 말해주세요.

검찰관 본건의 수사기록은 대한민국의 안전에 대한 내용이 많아서 등사는 할 수 없고 변호인에 한해서 저희 사무실이나 기타 일정한 장소에서 와서 열람하는 것은 허용하시는 게 좋지 않나 생각합니다.

법무사 심판부에서 이의가 없으시다면, 현출해서 심판부에 제출해서 거기서 등사하거나 열람하거나, 저희 소관사항이 아니기 때문에 상관없는데, 저희 단계에서는 어제 일부는 열람시킨 것으로 압니다. 그것을 잘 고려해주셔서 결정하십시오.

변호사 감사합니다. 검찰부의 배려로 어제 수사기록에 대해서 일부 열람했습니다. 다만 미진한 점이 있었습니다만. 제가 지금 말씀드리는 것은 수사기록보다도 공판조서에 대한 열람을 신청하는 것입니다. 왜냐하면 공판조서는 피고인의 진술이 그대로 기재되면 공판조서의 증명력을 부여받기 때문에 공판조서의 열람이 선행되어야 그에 따라서 보충신문의 기회도 변호인이 가질 수 있겠습니다. 우선 열람을 선행시켜주시고 보충신문에 들어갔으면 합니다.

이병용 변호사 김계원 피고인을 위해서도 공판조서의 열람과 등사를 신청합니다.

법무사 이제 검찰 측에서 비밀사항이 포함되어 있다고 하기 때문에 등사는 허가하지 않기로 하고 검찰의 입회하에 열람할 수 있도록 결정하겠습니다.

변호사 지금 제가 신청한 것은 검찰 기록이 아니고 공판조서입니다.

법무사 공판조서는 보여드리겠습니다.

변호사 등사를….

법무사 등사는 준비가 안 된 것으로 압니다.

변호사 되면 허락해주십시오.

법무사 추후에 결정하겠습니다. 검찰 측은 박선호 피고인에 대해 보충신문하세요.

검찰관 검찰 측은 박선호 피고인과 박흥주 피고인에 대해서는 보충신문할 것이 없습니다. 이기주·유성옥·김태원·유석술 피고인에 대해서도 보충신문할 것 없습니다.

법무사 박선호 이하 피고인들에 대한 변호인 측의 보충신문하실 분 해주세요.

변호사 김계원 피고인에 대해서는 지난번에 다 했지만, 한두 가지 더….

법무사 김재규 피고인과 김계원 피고인에 대해서는 나중에 기회를 드리겠습니다.

변호사 관련 피고인으로서는 김재규·박선호·이기주·유성옥 피고인은 김계원 피고인을 위해서 보충신문의 기회를 주세요. 박흥주 피고인까지 합쳐서 다섯 사람입니다.

법무사 우선 박선호 피고인에 보충신문하실 분 계십니까?

김수룡 변호사 김계원 피고인의 변호인 김수룡 변호사입니다. 입증 취지는 박선호 피고인이 현장을 목격했고, 그 이후 김계원 피고인께서 통합병원으로 가는 과정과 간 이후 병력의 이동, 궁정동 경계태세에 대해서 보충신문하겠습니다. 재판부에 한 가지 요망하고 싶은 것은 지금 이 피고인들 중에서 모두 김재규 피고인과 같은 정보부 직원이거나 부하입니다. 유독 김계원 피고인만 신분이 다릅니다. 따라서 이 보충신문 과정에서 다른 피고인과 같이 앉아서 하면, 이 진술이 전부 증거가 되는 것인데, 좀 분리신문해주셨으면 합니다.

법무사 검찰 측 의견은?

검찰관 이미 각 피고인의 진술이 나왔었고, 분리신문에서 먼저 진술한 피고인의 진술 요지가 고지되었기 때문에 분리신문할 필요가 없다고 생각합니다.

법무사 면전에서 진술하기 곤란한 것이 있나요?

이병용 변호사 면전에서 진술하기 곤란해서 분리신문하자는 것은 아닙니다. 김계원 피고인에 대해서는, 조금이라도 유리한 진술에 대해 서로가 모르는 상태에서 진술하는 것이 좋지, 모든 피고인이 모두 증인들인데 앉아서 다른 사람 증언하는 것을 다 듣고 또 그대로 증언한다는 것은 신빙성에 문제가 있을 것 같습니다.

법무사 받아들이겠습니다. 박선호 피고인은 앞으로, 나머지 피고인은 퇴정해주십시오.

변호사 김계원 피고인은 재석하셔야 진술의 가부를 알 수 있습니다.

법무사 김계원 피고인은 그대로 남고 나머지는 밖으로 나가십시오.

(박선호 피고인 – 김계원을 위한 증언)

이병용 변호사 박선호 피고인에 대해서 몇 마디만 묻겠습니다. 이 자리는 측근 상사이신 김재규 피고인이 없기 때문에 진실대로 이야기해주셔야 합니다. 10·26 저녁때, 김계원 피고인이 중정 식당에 온 것을 언제 알았나요?

박선호 밖에서 볼일을 보고 들어오니까 이미 각하와 네 분이 벌써 앉아계셨습니다. 도착 시간은 저보다 먼저 도착하셨기 때문에 잘 모르겠습니다.

변호사 볼일을 보고 들어온 시간?

박선호 6시 반 정도입니다.

변호사 그러니까 6시 반에 아신 거군요?

박선호 네.

변호사 식당 앞에 경계석이 있는데, 거기에 사람이 편하게 앉아서 말할 정도입니까?

박선호 그 자리는 식당의 경계석이 아니고 본관 정원 경계석입니다. 부장 집무실이 있는 본관의 경계석인데, 항상 이런 행사가 있으면 반드시 경호실장은 각하와 같이 나오시고 비서실장은 먼저 오셔서 부장님과 10~20분 정도 대기하다가 각하 오실 시간이 되면 식당에 도착합니다. 그래서 그 시간을 이용해서 두 분이 밖에서 자주 이야기를 하십니다.

변호사 그 경계석이 편히 앉아서 이야기할 만한 곳입니까?

박선호 충분합니다.

변호사 김재규 피고인이 연회장소에서 들락날락할 때, 세 번으로 나와 있는데, 김계원 피고인도 식당 안에서 나온 것을 보신 적이 있습니까?

박선호 사건 나기 전인가요, 후인가요?

변호사 총성 나기 전에 봤습니까?

박선호 총성 날 때 봤습니다.

변호사 언제 어떻게 보셨나요. 6시 반에 오셔가지고?

박선호 이미 제가 사살을 하고 나가니까 마루에 있었습니다.

변호사 총 쏘고 난 뒤에 봤다는 얘기죠? 총성 전에 본 적 없죠?

박선호 없습니다.

변호사 그때 보셨을 때, 김계원 피고인이 벽을 더듬는 것을 봤나요?

박선호 그런 거 못 봤습니다.

변호사 그럼 어떻게 하고 있는 것을 봤나요?

박선호 마루에 서 있는 것을 봤습니다.

변호사 불 꺼졌을 때 "불 켜. 불 켜" 한 소리를 들었나요?

박선호 그건 제가 한 겁니다.

변호사 김계원 피고인도 각하 계시는데 불을 켜라 했다는데요?

박선호 제가 나갔을 때 불이 꺼졌으니까, 내가 과장이라고 설명하면서 플래시를 부엌 쪽으로 비치면서 불 켜라고 고함쳤습니다.

변호사 그럼 김계원 피고인은 불 켜라는 소리를 않던가요?

박선호 못 들었습니다.

변호사 처음에 총성이 날 때, 박선호 피고인은 방에서 가까운 데 있었나요, 먼 데 있었나요?

박선호 각하 계신 곳에서 4~5m 되는 곳입니다.

변호사 그 안에서 총성 나기 전에, 김계원 피고인의 말에는 "차지철 이놈아." "김 부장 왜 이래, 왜 이래." "그 무슨 짓들이야." 이런 외마디 소리가 연속적으로 나왔다는데, 그 안에서 지르는 소리가 들리는 곳에 있었나요, 안 들리는 곳에 있었나요?

박선호 제가 그 당시 거기 있었으니까 안에서 각하 말씀하시는 소리 정도는 들리는데, 그런 말은 들은 기억이 없습니다.

변호사 아무 말소리도 들은 기억이 없다고요.

박선호 예, 그때는 음악소리만 들렸습니다.

변호사 소리 지르면 들릴 만한 거리인데, 음악 때문에 못 들을 수도 있나요?

박선호 기타 소리만 들었습니다.

두 번째 총성

변호사 대통령이 살해되고 난 뒤에, 총성이 난 뒤에, 김계원 피고인이 대통령 승용차로 유성옥이 운전해서 통합병원에 갔습니다. 그런데 총성이 난 뒤 유성옥이 차에 모시고 갈 때까지의 시간은 얼마나 됐나요?

박선호 잘 모르겠습니다.

변호사 대략, 몇 분이나 되느냐….

박선호 이미 부장님이 사격을 하고 나가실 때, 제가 부장님 뒤따라서 바로 구관으로 해서 본관으로 갔기 때문에 몰랐습니다. 그래서 그것이 궁금해서 다시 식당으로 왔더니 이미 갔다는 보고를 들었습니다.

변호사 확인하러 온 거리는 몇 분이나?

박선호 10분 정도입니다.

변호사 모시고 떠났다는 얘기를 들었나요, 몇 분 전에 떠났다는 얘기를 들었나요?

박선호 그것은 못 들었습니다. 아마 바로 가신 것으로 압니다.

변호사 사건 후 그 장소에서 김재규 피고인은 이미 육참총장·제2차장보와 떠난 것을 안 뒤죠?

박선호 알았습니다. 그 뒤에 현장으로 다시 왔습니다.

변호사 그 장소에서는 김재규 피고인 다음으로는 피고인이 제일 상급자 아닙니까?

박선호 그렇습니다.

변호사 김재규 피고인의 지시를 받고 피고인은 행동했었으니까, 부상한 대통령을 밖으로 내보내면 안 될 것이라고 생각했나요?

박선호 사고가 난 후 말입니까? 당시에는 이런저런 것을 머리에 둘 염두도 없었습니다.

변호사 유성옥은 중정 운전기사죠?

박선호 네

변호사 김계원 피고인은 기사를 찾고 차를 찾아 대통령 모시고 갔는데, 당시 김계원 피고인은 유성옥을 대통령 운전기사로 알았다는데, 대통령의 승용차 운전기사인지 아닌지 그 밤에 금방 분간할 수 있고 보나요, 없다고 보나요?

박선호 비서실장님이 각하의 운전기사를 모를 리가 있나요. 그리고 중정의 유성옥 기사는 모든 풍채로나 그런 인물이 못 되는 것으로 압니다.

변호사 저녁이고, 보통 때의 공식 차 기사는 안답니다. 운전기사가 하나가 아니지 않습니까? 그래서 분간을 못했다는 것입니다.

박선호 그때 상황이 긴박했으니까, 운전기사 볼 겨를이 없었다면 모르겠습니다.

변호사 이상입니다.

김수룡 변호사 자꾸 신문해서 죄송합니다. 피고인은 검찰관 직접 신문에서 청와대 병력이 사격하면 응사하라고 이기주 피고인에게 지시한 사실이 있다고 했죠? 그 당시 정보부 분실에는 경비원이 몇 명이나 있었나요?

박선호 약 10여 명 있었습니다.

변호사 그 경비원으로 청와대 병력이 출동해오면 감당할 수 있다고 생각했나요?

박선호 이미 일은 벌어졌고 지휘관으로서 판단할 때, 곧 사격해올 것 같아서, 제가 그대로 맞아 죽으라고는 못 합니다. 방어가 되지 않을까 해서 응사를 같이 하라고 분명히 지시했습니다.

변호사 결국 무력충돌이 없었던 것은 청와대 경비실 병력이 출동하지 않았기 때문에 무력충돌이 생기지 않았던 거죠?

박선호 막간에 사격 없이 경호원들이 왔다 갔기 때문에 그 사람들은 그대로 왔다가 그대로 돌아간 것으로 압니다.

변호사 그 사람들이 각하께서 궁정동 식당에서 살해되었다는 사실을 모르고 돌아갔기 때문에 별다른 일 없이 넘어갔던 거죠?

박선호 네.

변호사 만약 그 사람들이 궁정동 식당에서 각하가 살해당했다. 바로 경비원들이 그런 짓을 했다고 알았다면, 소란이 벌어졌을 것은 틀림없었죠?

박선호 하여튼 사격을 해오면 이쪽에서 무조건 사격하라고 했습니다.

변호사 만약 그런 경위로 무력충돌이 생기면 신문과 외신에 보도되고 사회질서는 극도로 혼란해지겠다는 것은 거의 상식에 속하겠죠?

박선호 그런 것은 당시 판단할 시간이 없었습니다.

변호사 지금 생각하면 어떤가요?

박선호 지금 제가 말씀드리려면 길게 말씀드려야 하기 때문에 이 자리에서는 말하지 않겠습니다.

변호사 만약 무력충돌 사태가 생기고 그것이 방송과 신문에 나고 외신에 나가면, 그것은 항상 북괴가 노리고 있는 바로써, 북괴의 남침 가능성을 배제할 수 없는 것이겠죠?

박선호 답변하지 않겠습니다.

변호사 피고인은 검찰과 직접신문 시에 만찬석상에서의 첫 총성과 두 번째 총성 사이에는 상당한 간격이 있다고 진술하셨죠?

박선호 그게 몇 초 정도를 말하는 겁니다.

변호사 대략 몇 초 정도로 생각되나요?

박선호 약 4~5초 정도로.

변호사 김재규 피고인은 그 첫 발과 두 발 사이는 불과 10분의 몇 초밖에 안 될 것이라고 이야기하고 계시던데요.

박선호 모든 위치로 볼 때, 벌써 서 있는 위치와 걸어가는 위치만 해도 몇 초 되는 것 같습니다.

변호사 피고인은 착각을 하고 계신 것 같습니다. 차지철을 쏘고 각하를 쏠 때 처음 만찬석상에서 첫 총성이 나거든 너희들도 행동하라고 한 그 첫 총성입니다.

박선호 그 총성을 듣고, 첫 총성이 발사됐을 때 저 있는 쪽에서 경호원들이 손을 대는 시간이 있었고 갸우뚱하고 고개를 흔드는데 두 번째 총성이 났기 때문에, 제가 볼 때는 약 3~4초의 간격이 있었다고 생각합니다.

변호사 김재규 피고인의 기억이 잘못된 것 같고 피고인의 생각으로는 약 3~4초 된 것 같다 이 말입니까? 피고인께서 만찬석상에서 첫 총성이 울렸을 때는 총을 뽑지 않고 정인형과 안재송을 바라보고 있으니까 두 사람도 의아한 눈초리로 보고 있더라. 그러다가 두 번째 총성이 났는데 안재송이 총을 뽑으려고 하니까 피고인이 먼저 총을 뽑았다고 하셨죠?

박선호 예

변호사 두 번째 총성이 나서 행동을 개시하셨나요?

박선호 두 번째 총성과 제 행동은 거의 같은 순간이었습니다.

변호사 피고인이 총을 쏠 때 옆방에서 이기주·유성옥·박흥주 피고인이 바로 옆방에서 총 쏘는 소리를 들었나요.

박선호 많이 들었습니다.

변호사 그러니까 정리를 하면, 김재규 피고인이 첫 총을 쏘고 그 다음에 이기주·유성옥이 총 쏜 방을 주방이라고 하나요?

박선호 예.

변호사 그 주방에서 총성이 여러 발 들렸고, 그다음에 김재규 피고인의 둘째 총성이 들리고 피고인이 총을 쐈나요?

박선호 아닙니다. 제일 먼저 안에서 부장님 총성 1발이 났고, 제가 있는 쪽에서는 처장·부처장이 총에 손을 대고 어리둥절해서 보는데 곧 뽑을 것 같아서 제가 먼저 뽑았는데, 방안에서 두 번째 총성이 났습니다. 첫 총성이 났을 때 주방에서는 벌써 위협사격인지 아무튼 총성이 났고 저는 처장·부처장에게 설득을 시도해 한숨 붙들었다가, 결국 두 방을 다 쏘고 나가니까 이미 불은 꺼졌습니다.

연회실은 조명이 어두웠다

박 대통령이 술자리 행사를 갖는 연회실은 조명이 어두웠다. 술 시중드는 젊은 여자 두 명이 그의 양옆에 앉아 있는 방. 박선호 피고인은 그날 밤 연회실 불빛이 굉장히 컴컴해 전기가 나간 것인지 판단하기 어려웠다고 말했다.

김수룡 변호사 제가 피고인을 추궁하는 것 같아 안됐습니다만, 우리가 알고 있기로는 경호관들이 첫 총성이 나면 벌써 총을 뽑는 게 상식이라고 알고 있는데요. 지금 피고인께서는 첫 총성이 나도 경호관끼리 눈만 멀뚱멀뚱 쳐다보고 있었다는데 그게 조금 상식에 맞지 않네요?

박선호 …상식에 맞지 않는 것 같지만 사실은 사실이었습니다. 왜냐하면 그 당시에는 너무나 엉뚱한 일이 벌어지니까, 서로 총성이 어디서 나는지 겁도 나거니와 자기들도 상황 판단이 어려웠을 겁니다.

변호사 혹시 피고인은 김재규 피고인의 첫 총성과 둘째 총성이 간격이 좀 길다고 함으로써, 김계원 피고인이 막을 수 있는 충분한 시간적 여유가 있는데도 막지 못했다고 하기 위해서 일부러 하시는 말씀이 아닌가요?

박선호 그 안의 사정은 어떻게 돌아가는지 알지 못하기 때문에 내가 아는 사실만 말씀드린 겁니다.

변호사 박흥주·이기주·유성옥은 먼저 이 법정에서, 식당에서 한 발인가 두 발인가는 몰라도 어쨌든 총성이 나자 바로 주방으로 달려가서 총을 쐈다고 그런 이야기를 하는데, 그 시간이, 차에서 주방까지의 거리는 얼마나 되나요?

박선호 바로 옆입니다.

변호사 신문에 나와 있는 주방 출입문이라고 하는 것이 주방 쪽 문인가요?

박선호 1초면 주방에….

변호사 차에서 주방까지는 1초면 들어갈 수 있는 거리다?

박선호 네.

변호사 김재규 피고인으로부터 지시를 받을 때는 만찬석에서 총성만 울리면 행동을 개시하라고 했나요, 두 발 총성이 나면 개시하라고 했나요?

박선호 부장님이 먼저 쏘면 하라고 분명히 알고 있었고, 저도 그렇게 지시했습니다.

변호사 김재규 피고인이 방안에서 총소리만 나면 행동을 개시하라고 지시했는데, 그 취지는 한 발이든 두 발이든 방안에서 총소리가 나기만 하면 개시하라는 뜻인데, 총소리가 두 발이 나도록 머뭇거린 것은 그 경호관들이 같은 동기이고 같이 살아보려고 죽이지 않으려고 멈칫거렸다는 말씀이죠?

박선호 총소리가 한 발 나고, 뽑지 않을 총을 내가 총을 뽑으니, 처장과 부처장으로서는 의아하지 않을 수 없고 떨지 않을 수 없고 그 상황에 처하면 누구나 그렇게 될 겁니다.

변호사 피고인은 검찰관신문 때나 변호인 보충신문 때, 전깃불이 나간 후에 김계원 피고인이 마루에 서 있는 것을 보았다고 진술했는데, 김계원 피고인이 피고에게 경호원들 다 해치웠느냐고 물은 일이 있나요?

박선호 저하고는 일문일답도 없었습니다.

변호사 빨리 해치우라고 독려하거나 감시하거나 지휘한 사실이 있나요?

박선호 그런 것도 없었으며 제가 들을 필요도 없었고 저 자신이 바쁜데 그런 것 들을 시간이 없었습니다.

변호사 당시 피고인은 어디에 무엇을 하러 가다가 마루에 있는 김계원 피고인을 발견했나요?

박선호 제가 경호원들을 처치하고 나오니 불이 나갔습니다. 그때 플래시를 켜보니까 거기에 있었습니다.

변호사 플래시를 켠 것은 뚜렷한 목적은 없고 불이 꺼지니까 켠 것인데 마루에 있더라, 이거죠. 일부러 만나기 위해서 한 것은 아니죠?

박선호 아닙니다.

변호사 마루라고 하는데, 저도 현장에 가보지 못했고 현장검증 조서도 보지 못했고 단지 신문에 기재된 것만 보고 이야기를 하니까 정확지를 못합니다. 이 마루라는 것이 길이가 긴데 마루 어느 부분에 서 있었나요?

박선호 길이가 필요 없고 폭이 문제입니다. 제가 있던 방하고 마루 하나 건너서 각하 방이 있으니까, 마루폭은 200~250cm로 압니다. 거기서 만났습니다.

변호사 피고인 계시던 방은 대기실이죠?

박선호 소위 비서실입니다.

변호사 대기실에는 복도 쪽으로 나가는 방문이 바로 주방하고 붙은 벽 쪽으로 출입문이 있는 것으로 그림에는 되어 있는데, 피고인은 그리 나가시다가 보니까 복도에 서 계시더라는 말인가요?

박선호 제가 나가니까 연회실 바로 앞에 서 있었습니다.

변호사 대기실에서 바로 나가시면 연회실 입구 커브가 되겠네요? 그 커브에 서 있더라?

박선호 커브가 아니고 연회실 문 앞에요.

변호사 그때 이후나 이전에는 김계원 피고인을 보신 일이 없고요? 아무 말 없이 스쳐 지나가 버리셨고요? 그때 김재규 피고인이 들어오셨나요?

박선호 네.

변호사 어디서 들어오셨나요? 현관 밖에서 총을 피고인으로부터 교부받지 않았나요?

박선호 그때는 내가 나가니까 이미… 아마 시간이 같았을 겁니다. 내가 마루에 나가는 시간하고요.

변호사 피고는 어디서 총을 김재규 피고인에게 빼앗겼나요?

박선호 그 근처, 마루입니다.

변호사 그 마루에 세 사람이 서 있었나요?

박선호 그때는 벌써 남효주도 거기에 있었고 사람이 많이 있었습니다.

변호사 피고인, 기억을 잘 더듬어주세요. 피고인은 아무렇게나 말씀하셔도 한 사람이 잘못하면 무고하게 들어가느냐 안 들어가느냐입니다. 중요합니다. 피고인이 총을 빼앗기고 할 때는 불이 들어와 있었죠?

박선호 수사 과정에서도 그 얘기를 했습니다만, 밝은 불에 있다가 거기에 나가니까 연회실은 굉장히 어둠침침하게 해놓고 있어서 그게 불이 간 것인지 아닌지 제가 플래시를 비춰서 판단하기 힘들다고요.

변호사 연회실 방이 아니고요.

박선호 복도도 마찬가지입니다.

변호사 대기실도?

박선호 대기실과 주방은 밝습니다. 거기 있다가 나가면 제가 불을 비췄기 때문에 굉장히 희미합니다.

변호사 대기실 문은 열려 있는 채 복도로 나갔을 것 아닙니까?

박선호 복도로 나간 것은 제가 못 봤으니까 답변할 수 없습니다.

변호사 아니오. 피고인이 대기실에서 경호원들을 처치하고 바로 불이 꺼지기 때문에 복도로 나가셨다고 하지 않았나요. 플래시를 들고.

박선호 불이 꺼져서 나간 것이 아니고 나가니까 불이 꺼져 있었다는 것이지요.

변호사 처치하고 복도로 나갈 때 방문을 닫고 나가지는 않았겠지요, 이치상?

박선호 네.

변호사 대기실에 불이 꺼졌다가 들어오면 환하게 비쳐서 당장에 감각적으로 알 수 있지 않나요?

박선호 그건 그렇게 안 되어 있습니다, 그 방이.

변호사 대기실에 밝은 불이 들어와도 복도에서 알 수 없나요, 문이 열려 있어도?

박선호 문 앞에서는 알겠지만 모퉁이가 돌아가기 때문에 나가면 달라집니다.

변호사 김재규에게 총을 교부할 때는 전깃불이 들어왔다고 검찰관신문 때나…

박선호 그건 잘 모르겠습니다. 제가 제 문제로 복잡했기 때문에 내용을 모르겠습니다.

변호사 불이 들어왔는지 안 들어왔는지는 기억에 상당히 밝을 수 있는 건데, 그것도 기억을 못 하면서 김계원 피고인이 어디에서 있는 것은 어떻게 그렇게 잘 알고 있습니까?

박선호 나가서 서 있는 것은 보았습니다.

변호사 그게 우리 경험으로 봐서 상당히 어긋나는 것 아닙니까? 어떻게 그것은 그렇게 기억이 똑똑히 나고 전깃불이 들어왔는가 안 들어왔는가는 모릅니까?

검찰관 재판장님, 반복되고 중복되는 것은 제한해주시기 바랍니다.

법무사 중복되는 것은 피해주십시오.

권총을 차 불룩한 상의

변호사 피고인은 평소 의전과장이신데 때로는 의전실장이라고도 통칭합니까?

박선호 모르겠습니다. 제가 그렇게 말한 적도 없고….

변호사 밑의 부하들이 가령 이기주나 유성옥이 실장님이라고 부를 때도 있습니까?

박선호 그렇게 부르지 않습니다.

변호사 유성옥이 병원에 간 후 몇 번이나 전화를 받았습니까?

박선호 한 번도 직접 받은 적은 없습니다.

변호사 전화 왔다고 해서 지시한 적은 있었습니까?

박선호 보안조치하라고 지시한 것은 한 번 있습니다.

변호사 몇 시쯤?

박선호 잘 모르겠습니다.

변호사 잘 모르겠다는 것은 기억이 없습니까?

박선호 예.

변호사 각하께서 이 사건 전에 최근 10월에 궁정동 식당에 오신 일이 있었습니까?

박선호 말씀드리지 않겠습니다.

변호사 김재규 피고인이 권총 차고 있는 것을 보았다고 검찰신문에서 진술했죠?

박선호 네.

변호사 언제 어디서 어떤 모양으로 차고 있었습니까?

박선호 그건 이미 진술했는데, 찼다고 신호를 했기 때문에 찬 것으로 알았습니다.

변호사 신호를 해서 알았지, 보지는 못했죠?

박선호 불룩해서 찬 걸로 알았습니다.

변호사 어디에서 지시를 받았는데 그렇게 똑똑히 알 수 있었습니까? 정원 대기실 아니었습니까?

박선호 그렇습니다.

변호사 옥외등이 켜 있었습니까?

박선호 권총 찼을 때 말입니까? 그건 마당입니다. 정원입니다, 정원.

변호사 권총 찼다는 것을 이야기만 들어서 아는 거지, 확인은 못했죠?

박선호 불룩하니까 제가 권총인 줄 알았습니다.

변호사 그때 상의를 입어도 불룩한 표시가 나더란 말이죠?

박선호 이렇게 손으로 때리니까 안에 있는 것이 표시가….

변호사 좋습니다. 찼다고 말도 했고, 상의도 입었는데 불룩한 표시가 나서 알았다?

박선호 네.

변호사 그날 만찬 준비하라는 지시는 피고인이 받았습니까, 다른 사람이 받았습니까?

법무사 중복되는 것은 피해주십시오.

변호사 이것은 나온 적이 없습니다.

법무사 준비하러 나갔다고 다 얘기했는데….

변호사 지시받은 시간이 안 나왔습니다.

법무사 다 진술됐는데요?

변호사 여기 제가 하는 질문은 하나도 중복되는 것은 없는 것으로 압니다. 그 지시는 몇 시입니까? 이건 좀 중요해서 그렇습니다. 기억 나는 대로 말씀해주세요.

박선호 그건 아까, 검찰에서 진술된 그대로입니다.

변호사 여기 신문에도 그렇고 제가 필기한 것도 있는데, 지시받은 시간은 나와 있지 않습니다.

검찰관 박선호 피고인이 남효주 사무관에게 지시한 것은 16시 10분에 연락을 받고 바로 지시했기 때문에, 검찰 직접신문에서 충분히 나왔습니다.

변호사 그날 만찬에 사용한 술은 시바스 두 병인가요, 한 병인가요?

박선호 잘 모르겠습니다.

변호사 그것은 피고인이 준비하는 것 아닙니까?

박선호 제가 할 때도 있고 안 할 때도 있습니다.

변호사 잘 모르겠다고요? 그날 피고인이 안 했습니까?

박선호 안 했습니다.

변호사 안 했기 때문에 잘 모르겠다?

박선호 제가 아까도 얘기했지만, 나갔다 오니까 만찬은 벌써 시작되어 있었습니다.

변호사 좋습니다. 피고인은 김재규 피고인에게 준비 완료 보고를 대기실에서 했나요?

박선호 무슨 준비 완료 보고 말입니까? 연회 준비 말입니까?

변호사 사격 준비….

검찰관 그것도 다 중복되는 질문인데 자꾸만…. 소송경제상 제지해주시기 바랍니다.

법무사 중복되는 것은 회피해주세요.

변호사 그게 조금 신빙성에 문제가 있습니다.

법무사 그렇게 하면 한량이 없습니다. 중복되는 것은 회피해주세요.

변호사 한 마디만 더 묻겠습니다. 대기실에서…

검찰관 그건 대기실이 아니라 부속실이라고 얘기했습니다.

변호사 부속실입니까? 중복되는 이유를 말씀드리겠습니다. 기록이 열람이 제대로 안 되어 있고 검증조서가 열람이 안 된 상태기 때문에, 부속실·대기실 무슨 말들이 자꾸 나오는데 위치를 정확히 몰라서 그럽니다. 그 부속실이라는 것은 이 신문에서 응접실 방 테이블 대기실로 되어 있는데, 응접실이 부속실인가요?

박선호 방이라는 건 그걸 말할 겁니다.

변호사 바로 만찬석 옆에 붙어 있는 방을 부속실이라고 하나요?

검찰관 위치에 관해서 간단히 설명을 드리겠습니다. 제일 위쪽에 주방, 주방과 대기실 가운데가 부속실, 응접 소파와 텔레비전이 있는 방이 대기실, 대기실과 주방 가운데 있는 방이 부속실입니다.

변호사 네, 알겠습니다.

검찰관 다른 변호인 물을 거 없어요?

(10분 휴식)

방향 모르고 복종했다

김재규 피고인이 혁명론을 폈으나 그날 거사의 2인자 격인 박선호 피고인은 큰 방향이 무엇인지 모른 채 복종했을 따름이라고 진술했다. 이는 집단적 모의는 없었다는 얘기다. 다른 부하들도 거사 내용을 사전에 듣지 못했으나 현장에서 명령에 따라 총을 쏘았다. 박선호 피고인은 그런 맹종의 배경에 대해 "김 부장님을 믿고 존경했기 때문"이라고 말했다.

법무사 태윤기·강신옥 변호인은 검찰기록을 보십시오. 어제부터 연락을 드렸는데 응답이 늦어서 못 봤습니다.

강신옥 변호사 그날 김재규 피고인이 준비를 다 시키고 연회장으로 들어갈 때 무슨 말을 했나요? "자유민주주의를 위하여"라는 말을 박흥주 피고인은 들었다고 했는데….

박선호 저는 들은 기억이 없습니다.

변호사 기억이 없나요? 못 들었나요?

박선호 저는 들은 기억이 없습니다. 제가 무관심하게 들었는지 하여튼 기억이 안 납니다.

변호사 박흥주와 서 있는 거리는 어느 정도였는데요?

박선호 부장님이 가운데 서고 저하고 박 비서관하고는 바로 옆에 붙었으니까… 가면서 그랬는지 제가 먼저 떠났는지 기억이 안 납니다.

변호사 지금 공소장을 보면, 김재규 장군이 대통령이 될 생각이 있어서 이런 일을 했다. 말하자면 사심이 있어서 이런 일을 했다고 되어 있는데, 피고인은 김재규 부장이 사심을 갖고 이런 일을 했다고 생각하십니까?

박선호 평소에 이런 말 하는 것은 들었습니다. "긴급조치 9호를 빨리 폐지해야겠다. 이것을 건의하니까 듣질 않더라. 강력한 것은 폐지하고 그 대신 긴급조치 10호를 내서 9호보다 좀 약하게 해서 국민의 숨통을 터뜨린 다음 이것을 해제하는 방향으로까지도 건의했는데 그것까지도 안 듣더라."

그런 모든 면을 봐서 부장님이, 제가 가장 존경하는 분이고 그분이 저를 그만큼 아껴주셨고…그래서 제가 생각할 때는 그분이 하는 일은 웬만한 것은 제가 다 아는데 이번과 같은 일은 도대체가 금시초문이었고 그 자리에서 들었고 혼자 한 행동으로 받아들였습니다. 그래서 그분은 그분대로 무슨 뜻을 별도로 가지신 것으로 판단됩니다.

변호사 개인적인 사심하고는 관계없다는 말인가요?

박선호 제가 볼 때, 그분은 답답할 것도 없고… 국민들이 좋다면 좋고 나쁘다면 나쁜 자리인데, 그 정보부장이란 자리를 내버려두고, 완전히 이건 공을 위해서 희생을 해야겠다는 것이 평소의 그 분의 마음이었습니다.

변호사 김 부장은 평소에 피고인과 사담하는 자리에서 "내가 건강도 좋지 않은데 대통령이 이 자리를 쉬게 해줬으면 오히려 좋겠고, 너하고 나하고 어디 나가서 바둑이나 두고 초야에서 살자"고 했다는데?

박선호 어떤 때는 밤 10시까지 일하다 나가시면 굉장히 피로해 보이셔서 "어렵겠습니다"라고 말씀드리면, 수시로 농담 삼아도 얘기하고 어떤 때는 정색으로 말씀하셨습니다. "이 자리 빨리 그만두고 우리 시골에 가서 낚시나 하고 장기나 두고 놀자" 하는 소리를 종종 하셨습니다.

저희가 가끔 그런 얘기를 했습니다. "바깥에서 부장님 자리를 가지고 왈가왈부하는 소문도 나옵니다" 이런 얘기도 서슴없이 부장님께 합니다. "이 자리는 3년이란 것이 정해져 있는데 더 하란다고 하고 하지 말란다고 안 하겠느냐, 오늘이라도 그만두라면 그만두는 건데" 하는 말을 서슴없이 하셨던 걸로 봐서 그 분이 어떤 사심을 갖고 이렇게 했다고는 생각지 않습니다.

변호사 이상입니다.

안동일 변호사 김재규 피고인하고 이기주·유성옥에 관계되는 부분에 대해서 중복되지 않는 범위에서 몇 가지 묻겠습니다. 우선 이기주·유성옥이 피고인의 지시를 받아서 그와 같은 행동을 했는데, 그곳의 지휘계통·명령계통상, 피고인이 생각하기에 피고인이 지시하면 불응하거나 불만을 얘기할 수 있는 여건이었나요? 아니면 지시받으면 무조건 복종해야 하는 그런 위치였나요?

박선호 그 두 사람은 일단 지시를 하면, 속으로 불만이 있더라도 하는 충성심을 가진 부하들로 압니다. 이기주는 하나를 지시하면 둘을 행동하는 그런 성격의 소유자로 알고 있습니다.

변호사 이기주가 검찰신문에서 한 얘기에 의하면, "한 번 해병이면 영원한 해병이다" 이런 생각을 갖고 있었고 피고인과는 같은 군대 선배라고 해서 평소에 아꼈다는데, 이기주에 대해서 각별한 신임을 줬었다는데 사실입니까?

박선호 처음에 들어와 보니 전임자가 관리요원으로 썼던 것을, 제가 전임자가 한 것을 알기도 싫고 해서 교대시키는 것이 통례입니다. 그래서 사람을 물색하다가 전부 여론을 들어보니까 이기주가 제일 정확하고 양심적이라고 해서 데려다 놓고 보니 해병 출신이라는 것을 알았습니다.

변호사 공판조서를 보지 못해서 신문을 인용하는 것을 부끄럽게 생각합니다만, 정확한지 모르겠습니다. 박흥주는 아까 강신옥 변호사가 신문하는 데 대해서 "자유민주주의를 위하여"라는 말을 못 들었다고 했는데, 박흥주는 또 이렇게 얘기했다고 합니다. "잘못되면 너나 나나 다 죽는다"라고 피고인은 들었다고 했는데, 박흥주는 하나가 더 붙어 있습니다. "나라가 잘못되면 너나 나나 다 죽는다"라고 들었다는데, 기억이 나십니까?

박선호 그런 문구는 기억나지 않습니다. 대충적인 골자만 기억하고 있지 수식어는 잘 모르겠습니다.

변호사 "둘 다 모여. 자네들 어떻게 생각하나? 잘못되면 모두 죽는 거야." 이렇게 말했나요?

박선호 저는 대략 그렇게 들었습니다.

변호사 김계원 피고인의 변호인 보충신문에서 나온 얘기인데, 사고 현장에 주방과 대기실 사이에 작은 방이 있죠?

박선호 그것이 부속실입니다.

변호사 대기실에서 나와서 바로 오른쪽에 그 방으로 통하는 문이 있고 왼쪽으로 돌아서서 나와야 본건 사고 장소가 있는 복도로 나오는 것이죠?

박선호 네.

변호사 그렇다면 대기실에서 나올 때 문이 어느 쪽으로 열리나요? 안에서 열리나요, 바깥으로 열고 나가나요?

박선호 안에서 밖으로 열고 나갑니다.

변호사 문이 저절로 닫히나요?

박선호 자동이 아닙니다.

변호사 바깥으로 연다면 왼쪽으로 여나요, 오른쪽으로 여나요?

박선호 왼쪽에서 오른쪽으로 열지요.

변호사 예컨대, 신문에 나온 약도를 보면 바로 거기에 문이 있습니다. 그렇다면 오른쪽으로 열 수는 없지요. 거기 문이 있으니까요?

박선호 그것은 방안으로 열게 되어 있을 겁니다.

변호사 거기서 나가서는 조그만 복도가 있고 돌아나가는 것이니까, 안의 불빛과 바깥과는 문으로서 차단되는 역할을 하겠네요?

박선호 그렇습니다.

변호사 그 당시의 상황에 대해서는 너무 갑작스럽고 황망스러워서 기억이 나는 부분도 있고, 안 나는 부분도 있어서 정확지 않은 것이죠?

박선호 네.

변호사 기타 소리 때문에 못 들었다고 했는데, 노랫소리도 흘러나왔나요?

박선호 그건 전 말씀 안 드리겠습니다.

변호사 기타 소리 속에서 사람의 목소리도 들을 수 있었나요?

박선호 말씀하지 않겠습니다.

변호사 경호실에서 오면, 그쪽에서 사격하면 응사하라고 했지요?

박선호 멀쩡한 사람을 사격할 리는 없지 않습니까?

변호사 대륜중학교 때 김 부장이 은사였다면서요?

박선호 그거 다 나왔던 얘기입니다.

변호사 그때부터 존경심이 있었나요, 아니면 같이 근무하면서 생겼나요?

박선호 그때부터 계속 접촉이 있었습니다.

변호사 아니, 제가 묻는 것은 평소 존경해왔다고 하시니까.

박선호 네, 그렇습니다.

변호사 그때부터 존경심이 있었어요?

박선호 네, 그렇습니다.

변호사 중학교 은사 때부터 지금까지 존경심이 있었다…. 이기주와 유성옥은 피고인의 지시로 인해서 이 법정에 같이 서게 되었는데, 어떻게 생각합니까?

박선호 어떤 면에서 말씀인가요?

변호사 피고인의 지시를 따라서, 상관의 명령에 따라 행동했는데, 같은 법정에 서게 되었는데, 부하에 대해서 어떻게 생각하느냐는 것이죠?

박선호 처음에 말씀드렸다시피, 모든 악순환적인 상황의 긴박한 입장에서 저도 지시를 받아가지고 어찌할 바를 몰랐고, 저도 방향도 없이 맹목적으로 복종했을 따름이고, 그 사람들 역시 저와 같은 입장에 처해서 그렇게 된 것으로 알고 있고. 그런 사람들까지 이 법정에 세웠다는 것은 지휘관으로서 볼 면목이 없고 차라리 제가 모든 책임을 지고 저 혼자 해결해야 될 일을 그 사람들을 여기까지 세운 데 대해 드릴 말씀이 없습니다.

변호사 네, 알겠습니다. 고맙습니다.

중앙정보부의 기율

신호양 변호사 신호양입니다. 빠진 것만 몇 말씀 묻겠습니다. 김재규 피고와 같이 근무한 것은, 같이 동고동락한 것은 얼마나 되나요, 기간은?

박선호 접촉은 줄잡아 20년간 있었습니다.

변호사 금년도 4월경에 중정부장의 교체설 풍문이 있었다는데 알고 있었나요?

박선호 여기서 처음 들었습니다.

변호사 김재규 부장이 재직 시에 사직원을 낸다는 말을 들은 사실이 있나요?

박선호 그보다는 간혹 싫증을 느끼시는 것을 제가 느꼈습니다.

변호사 3~4월경에, 궁정 식당에서 3군 총장님을 별도실에 모시고 각하가 궁정동에 오신, 그렇게 양쪽으로 모신 적이 있다는데 아는가요?

박선호 그런 일이 있었습니다.

변호사 연회장에서 사고 당일 연회할 때, 옆에 있을 때 그 방안에서 김재규 피고인의 목소리를 들었나요?

박선호 목소리는 못 들었습니다.

변호사 이기주·유성옥에 대해서는 확인하는 의미로 묻겠습니다. 피고인의 지시니까 맹목적으로 복종한 사실뿐이죠?

박선호 그렇습니다.

변호사 마지막으로 김재규 피고인의 신념이나 인간성을 간략하게 말해줄 수 있나요?

박선호 그분을 존경하게 되었다는 것은 지난번에도 말씀드렸고, 그분의 신념은 모든 것을 뿌리치고 민주 회복을 해야겠다는 것을 많이 가진 것으로 압니다. 왜 그렇게 느꼈냐 하면, 간혹 각하에게 전화 같은 것으로 보고할 때가 있습니다. 그럼 제가 대드리면, 보고를 하면 반드시 욕을 먹을 입장인데 국민의 입장에서 속이지 않고 보고하는 것을 제가 몇 번 들었습니다. 이런 것을 다 보고하는구나 하는 걸 봐서 그분의 신념은 항상 국민 편에 서 있었다는 것을 제가 자신 있게 말씀드립니다.

변호사 여러 가지로 봐서 유신체제보다는 국민과 민주주의를 더 생각하는 그런 인간성과 신념을 갖고 있다는 말인가요?

박선호 네.

변호사 피고인의 입장에서 볼 때, 김재규 피고인이 본 사고를 일으킨 것은 사심과 욕심보다는 그런 신념에 의한 행동이라고 확신하는가요?

박선호 그렇지 않고서야 어떻게 감히 그런 행동을 하겠는가라고 생각합니다.

변호사 이상입니다.

변호사 소위 중정의 기율에 대해서 얘기를 해줬으면 좋겠습니다. 정보기관이란 것은 특히 다른 직장보다 명령 복종을 강조하고 비밀을 지켜야 하는 기관이지요? (신호양 변호사의 보충신문이 끝나자 다른 변호사가 나섰다.)

박선호 그렇습니다. 제가 베트남에서 청룡부대 연대장도 하고 군대 생활을 쭉 해왔기 때문에 군대 기율은 잘 압니다. 그런데 정보부에 가보니까 정보부대로 기율이 따로 있는데 그것은 보이지 않는 가운데 굉장히 엄한 규율이 있습니다.

변호사 만약 기율을 지키지 않으면, 어떤 처벌을 받나요?

박선호 예를 들어, 정당한 지시를 받지 않으면 파면도 할 수 있고 비근한 지시를 했는데 안 들으면 해직도 시킬 수 있고 그건 자유자재입니다.

변호사 그런 정보기관이란 것은 영화 같은 것을 볼 때, 잘못하면 기율을 어기면 자기 생명까지 위협을 받는 경우를 많이 봤는데, 그런 엄격한 기율이 있는지를 알고 싶어서 묻고 있는 것입니다.

박선호 그것은 경우에 따라서 가능하기도 하고 불가능하기도 합니다.

변호사 이번 이 경우에, 증인은 상관으로부터 오늘 이렇게 이렇게 한다는 얘기를 받았을 때 자기가 개인적으로 비판하고 배반할 자유가 있었나요, 없었나요?

박선호 의전과장으로 소속은 비서실이지만, 직속상관은 부장님뿐입니다. 그래서 궁정동에 올 수 있는 것은 저희 정보부에서는 부장님밖에 출입을 못 합니다. 그래서 차장이고 기타 어떤 간부들도 거기는 출입이 금지되어 있습니다. 만찬 장소가 어딘지조차 알지 못할 정도로 엄하게 되어 있습니다. 여기에서 직속상관으로 모시면서 계속 있으면서 그 지시를 받았을 때 감히 그 자리에서 못 하겠다는 소리는 못 합니다. 그래서 제가 최선을 다해서 생각했던 것이 "오늘 경호원이 많기 때문에 오늘은 도저히 안 된다"며 본인 스스로가 취소할 수 있도록 해봤습니다.

변호사 제가 알고 싶은 것은 과거부터 그분을 존경했다는 의미에서 배반 못 한 것이냐, 아니면 정보부의 기율이 그렇게 엄하기 때문에, 증인뿐만 아니라 박흥주도 그 기율을 벗어나서 자유롭게 행동할 수 없었느냐 하는 것을 알고 싶습니다.

박선호 거기에서 부장과의 관계가 좋고 나쁘고 존경하고 안 하고에 관계없이 어떤 정보부장이 지시를 하더라도 정보부장님을 모시고 있으면서 그 지시를 듣지 않을 사람은 100명 중 한 사람도 없다고 생각합니다.

변호사 증인의 지시를 받은 아랫사람도 그 기율에 의해서 배반할 수 없다는 결론이 나오겠군요?

박선호 똑같은 결론입니다.

변호사 이상입니다.

경호원 확인사살 협의를 부인하는 박선호

일단 박 대통령과 차지철 경호실장·경호원들에게 사격이 끝난 후 이기주·김태원 중정 경비원은 확인사살을 했다. 이기주 피고인은 박선호 과장의 지시에 따라 쓰러져 있는 사람들을 확인사살 했다고 진술했다. 그러나 박선호 피고인은 그런 지시를 한 바 없다고 부인했다. 웬만한 한계상황이 아니면 무저항의 적군에게도 하지 않는 확인사살. 차라리 총살형의 집행이라면 그런대로 논리가 설 수 있다. 김재규 부장이 두 번째 들어가 쏠 때도 권총을 박 대통령의 머리에 바싹 갖다 댔다. 그것은 꼭 죽어야만 할 사람에게나 하는 확인사살이었다. 행동을 실천한 이기주 피고인은 지시를 받았다고 했으나 박선호 피고인은 단지 "안에 깨끗이 됐어?"라고 물었을 뿐이라고 주장했다.

김홍수 변호사 김태원의 변호인입니다. 김태원과 관계된 부분만 말씀드리겠습니다. 8시경에 궁정동 살해 현장에서 일을 마치시고 그 옆에 있는 경비원 대기실로 가셨다죠?

박선호 네.

변호사 그때 경비원 대기실에 가셔서 다시 궁정동 식당으로 오실 때까지의 얘기를 다시 한번 해주셨으면 합니다.

박선호 얘기한 것 없습니다.

변호사 어떻게 8시에 가서 김태원을 데리고 와서 어떻게 됐는지, 이 법정에서 다시 한번 얘기해주시지요.

박선호 김태원에 대해서만입니까?

변호사 전부에 관해서요.

박선호 제가 일을 끝내고 본관에 가서 부장님이 육군총장님과 나가시는 걸 보고 경비원 대기실로 갔습니다. 거기에 있다가 제 방에 앉아 있다가 생각하니까, 지금 각하가 어떻게 됐는지 궁금한 게 많았습니다. 그래서 다시 오려니까, 이미 총격전을 벌였고 해서 마음이 섬뜩해서 문 앞에 있는 김태원이한테 같이 가자고 했습니다.

변호사 8시경에 경비원 대기실로 가셨을 때, 대기실에 있던 경비원들이 무장하고 있었다는데 보셨나요?

박선호 무기를 휴대했는지 안 했는지는 못 봤습니다.

변호사 그때 경비원들이 열 명쯤 있었나요?

박선호 그 정도는 항상 있습니다.

변호사 그 경비원들에게 "너희들은 걱정할 것 없어. 청와대 쪽에서 경호원들이 몰려오면 발사하라"고 했나요?

박선호 거기서는 내가 누구한테 대놓고 말한 것이 아니라, 전반적으로 지시한 것 같습니다. 일은 이미 벌어졌기 때문에 각하도 나오시고 했으니까 이런 상황에서 청와대에서 올 거다. 1대 1로 오면 좋은 데 만약 총을 쏘면서 오면 사격으로 방어하라는 뜻으로 사격 지시를 했습니다.

변호사 김태원을 데려온 이유는?

박선호 나올 때 보니까 김태원이 문 앞에 있었고 제가 평소에 김태원을 좋아하고, 씩씩하고 그래서 데려왔습니다.

변호사 궁정동 식당 살해 현장에 인원이 부족해서 데려왔나요?

박선호 이미 총격전을 벌였기 때문에 전부 총을 갖고 있고 어떻게 된지 모르기 때문에, 제 신변안전 삼아 혼자 오는 것보다는 두 사람이 오는 게 좋은데… 오라고 했더니 자연히 총을 가지고 따라왔던 것입니다.

변호사 현장에 끔찍한 일이 일어났고 박 과장도 혼자 가는 것이 뭣 해서 데려왔다는 뜻인가요?

박선호 네.

변호사 들어오자마자 이기주가 박 과장께 대통령이 병원으로 가셨다고 보고했다면서요?

박선호 네, 처음에는 기억이 안 나는데 부하가 그랬다고 하니까 맞는 걸로 알고 시인했습니다.

변호사 들어오자마자 이기주에게 "깨끗이 됐느냐?"고 물었다고 했는데요?

박선호 이기주한테 했는지 누구한테 했는지 모르겠는데, 이기주가 들었다니까 그런 줄 알았습니다. "깨끗하게 됐어?" 했습니다. 안에 들어가 보고 싶은 충동을 받아서 현장도 보고 싶고, 만찬 장소도 어떤 상태로 벌어졌는지도 보고 싶고 해서 "안에 깨끗하게 됐어?"라고 질문했던 겁니다.

변호사 그때는 궁정동 만찬 식당에 남아 있던 사람이 이기주 한 사람뿐 아니었습니까?

박선호 아닙니다. 식당 사람도 많이 있었습니다.

변호사 요컨대, 이 사건에 가담한 사람 중에는 이기주 한 사람뿐이죠? 김 부장은 육본으로 가고 김계원 실장은 병원으로 가시고, 다 갔죠?

박선호 네.

변호사 현장에 들어가 보고 싶지만 섬찟해서, 깨끗하게 됐냐고 물어봤다는 얘기죠?

박선호 네.

변호사 그러면 박 과장님께서 김태원에게 뭘 어떻게 지시한 일은 없죠?

박선호 제가 확인사살 지시했다는 것이 수사 과정부터 아직까지 저로서는 미결인데, 처음부터 사살은 하지 말고 한쪽으로 몰라고 했던 겁니다. 전우를 살리려고 들어갔던 것이 이런 결과가 나니까, 오히려 다른 사람을 시켰으면 하고 후회까지 하고 있는 형편에. 더구나 확인사살이란 것은 이 마당에 할 필요가 없는데, 제가 들어가 보기 위해서 깨끗하게 됐냐고 한 것을… 시킨다면 김태원에게 시키지 이기주를 통해서 김태원을 시킬 이유도 없고.

그래서 끝에 가서는 제가 확인사살 시켰다니까, 부하가 한 것은 전부 제가 책임지는 것이기 때문에 이렇게 응하고 있습니다. 그래서 확인사살 시켰다는 것은 지금 생각해도 "깨끗하게 되었어?"라는 말 이외에는 기억나지 않습니다.

변호사 이기주에게도, 김태원에게도 확인사살 하라고 말씀한 일이 없다고요?

박선호 네, 만약 확인사살 시키려면 총 가진 김태원에게 시키지 구태여 똑같은 경비원 이기주에게 시킨다는 것도 이상하고… 아무튼 해놓고 보니까 전부 제가 지시한 것으로 되기 때문에, 모두 제가 데려왔고 총체적 책임은 제게 있기 때문에 그렇지 기억은 나지 않습니다. 그래놓고 보지도 못하고 바로 돌아갔습니다. 돌아가는 도중에 확인사살 총소리만 들었습니다.

변호사 이기주와 문답을 하고는 즉시 박 과장님 사무실로 돌아가셨더군요?

박선호 네, 확인사살 확인도 못 하고, 가는 도중 총소리만 들었습니다.

변호사 박 과장께서 공소장에 보면 안재송·정인형을 쏜 것으로 되어 있는데 사실인가요?

박선호 네.

변호사 직접 살해한 안재송·정인형은 살아 있을 것으로 생각되는 상태에서 발사를 중지한 것은 아니겠죠? 완전히 죽었다고 생각되었나요?

박선호 제 손으로 완전히 사살된 것으로, 거기에 확인사살 시켰다는 것은 이해가 가지 않습니다.

변호사 박 과장님 총에 맞은 사람은 완전히 즉시 죽은 것으로 확인했다?

박선호 그 당시 제가 나가보니까 차지철 실장이 연회장에 벌써 뻗어 있는 것을 봤습니다. 차 실장도 죽었다고 끝까지 수사기관에서 말씀드린 바 있습니다.

변호사 안재송·정인형을 발사해서 완전히 죽은 것을 확인하고 나가다가 차지철이 죽은 것도 확인했다는 말인가요?

박선호 만약 처장이나 부처장이 안 죽었으면 마루에 그렇게 오래 있는 그 상황에 그 사람들이 총을 갖고 안 나올 리도 없고 이미 죽었다는 것은 너무나 분명한 사실입니다. 나가보니까 차 실장도 흰 커튼을 통해서 보이는데, 바로 누워 있었습니다. 그것까지 제가 봤고 모든 것은 이미 사망이 다 된 것으로 알고, 확인사살이란 것은 제 머릿속에 있을 수 없는 것으로 압니다.

변호사 알겠습니다. 공소장에 보면 나중에 이기주·유성옥이 45분경에-발사가 40분경에 있었는데-총기 회수를 했다고 각자 입에서 나오는데 총기 회수도 박 과장이 지시했나요?

박선호 제가 했다고 그러니까 그냥 했다고 했는데, 제가 그 마당에 무슨 총기 회수하고 그런 것은 생각나지도 않습니다. 조사 과정에서 그 사람들이 그렇게 말했다니까, 저는 부하들이 했다고 하니까 부하들 말을 믿습니다.

변호사 김재규 전 중정부장께서 육참총장과 제2차장보와 한 차에 타시고 범행 현장을 출발했죠? 그때가 몇 시였죠?

박선호 사건 후 막바로 나갔으니까, 그 시간이 그 시간이죠. 제가 나가서 차 뒷모습만 봤습니다.

변호사 박 과장님이 현장을 떠나서, 그러니까 자동차를 타신 것은 본관 집무실 앞에서 타신 것 아닌가요?

박선호 본관 집무실인데, 부장은 사격을 하고 맨발로 뛰어나가서 뛰어가셨고 저는 얼결에 슬리퍼를 끌고 구관을 통해 나가니까, 차는 벌써 출발해서 뒷모습만 봤습니다.

변호사 현장에서 본관 집무실까지 거리가 50m가량 되나요?

박선호 네.

변호사 50m 거리를 가셔서 그냥 차를 타고 가셨다고요? 김재규 피고인이 지체하지 않고 그냥 차 타고 갔습니까?

박선호 지체했는지 안 했는지는 못 봤으니까 모르겠습니다. 뒷모습만 봤습니다.

변호사 김계원 피고인이 대통령을 모시고 차 타고 문을 떠나는 것을 봤나요?

박선호 못 봤습니다. 못 봤으니까 제가 오자 누가 그런 보고를 해줬지요.

법무사 피고인과 관계되는 부분만….

변호사 사살 후 시간이 25분 경과되어 있으니까….

법무사 시간은 시계를 들여다본 사람은 없을 테니까 기억하는 사람 없을 겁니다. 사실은 신문이 다 끝났으니까 중복은 피해주시고….

변호사 끝났습니다.

법무사 들어가 주세요.

김계원 비서실장에게 전화를 걸다

박선호에 대한 변호사들의 보충신문에 이어 박흥주에 대한 보충신문이 진행되었다. 변호사는 김계원 실장과 관련된 내용에 관한 질문을 집중적으로 이어갔다. 김계원은 육본에서 걸려온 전화인 줄 알고 받았는데 박흥주 대령이었다고 했지만, 박 대령은 분명히 자신이 박 비서관이며 김 부장의 전화임을 말했다고 진술했다. 또한 박 대령은 육본 벙커에서 본 김재규와 김계원의 모습, 만찬장 밖에서 들은 총소리 등 당시 상황에 대해 담담하게 이야기했다.

법무사 박흥주 피고인 들어오세요. 박흥주 피고인에 대해 보충신문이 오래 걸릴까요? 오래 걸리면 오후에 하겠습니다.

이병용 변호사 조금만 하면 됩니다.

법무사 중복되는 것은 회피해주시기 바랍니다.

변호사 김계원 피고인의 변호사입니다. 김계원 피고인에 관계된 것만 묻겠습니다. 육본 벙커에서 청와대 비서실장에게 전화를 연결하셨다고 했죠?

박흥주 그렇습니다.

변호사 전화 몇 번 연결했나요?

박흥주 육본 벙커에 갔을 때 댁으로 전화를 대라고 해서 댁으로 했는데 안 계셨고, 차로 연락하려고 했지만 차에 안 계셨고, 상당히 시간이 많이 지난 다음에 청와대 비서실 실장실로 전화해서 한 번 전화를 댔습니다.

변호사 피고인은 한 번만 댔다고요?

박흥주 한 번 전화해서 실장님과 직접 통했습니다.

변호사 그 전화를 통해서 김계원 피고인과 직접 대화했나요?

박흥주 직접 대화했습니다.

변호사 뭐라고 했나요?

박흥주 이우용 비서를 통해서 전화를 바꿔 달라고 했습니다. 김 부장이 통화하려고 하는데 바꿔 달라고 했더니 한참 기다린 끝에 실장님이 전화를 받았습니다. 제가 "박 비서관입니다. 김 부장님께서 전화를 통하시려고 하시는데…" 그러니까 "왜? 이리 오시라고 그래" 하고 전화를 끊었습니다.

변호사 그때 "육본 총장실입니다"라고 하지 않았나요? 이우영 비서에게나 김계원 비서실장에게?

박흥주 그건 기억나지 않습니다. 여기가 어디라고 명시했는지 안 했는지 확실치 않습니다.

변호사 말씀하시기는 "김 부장 전화입니다"라고 했나요, "육본 총장실 전화입니다"라고 했나요? 왜냐하면 김계원 피고인은 "육본 총장실에서 전화 왔다고 해서 수화기를 받았는데…"라고 진술하고 있습니다. 그러니까 육본 총장이라고 했는지, 김 부장이라고 했는지….

박흥주 제가 박 비서관이라고 했고 김 부장 전화라고 한 것 같습니다.

변호사 김재규 피고인의 전화는 결국 직접 통화가 안 됐군요?

박흥주 제가 전화 연결했을 때는 안 됐습니다.

변호사 그 후에는 피고인이 대화의 연결이나 심부름하신 일이 없나요? 전화 연결은 한 번뿐이고요?

박흥주 그 후에는 김계원 실장과 관계되는 일이 없었습니다.

변호사 그다음에 김계원 피고인이 총리 또는 국무위원 등과 같이 육본 벙커에 온 것을 봤나요?

박흥주 네, 같이 오셨습니다.

변호사 그때 육본 벙커 안에서 김재규 피고인과 김계원 피고인은 계속 붙어 다녔다는데 보셨나요?

박흥주 처음에 오셨을 때는 같이 계신 걸로 아는데, 제가 그 사무실에 들어가 있을 수가 없어서 밖에 있었습니다.

변호사 피고인이 사무실에 있을 때는 둘이 같이 있었나요?

박흥주 제가 사무실에 있을 때가 아니라 처음에 오셔서 같이들 앉아서 말씀하시는 것 같았는데, 제가 그 사무실이 아니라 다른 데 있어서 그 뒤 상황은 잘 모르겠습니다.

변호사 국방부 장관실이나 부속실에 가서 같이 있는 것은 못 봤나요?

박흥주 같이 들어가시는 것은 봤지만, 그 후에 제가 그 사무실에….

변호사 그 안에 들어가서는 같이 있었는지 어떤지 못 봤다고요?

박흥주 그 안에 들어가셨다가 들락날락하셨는데, 제가 보좌관실이 좀 떨어져 문을 하나 닫아놓고 있기 때문에 정확하게는 모릅니다.

변호사 그러니까 육본 벙커에 들어간 것, 또 국방부 장관실에 같이 들어간 것만 봤고 그 안에는 피고인이 따라 들어가지는 않아서 그 후의 일은 모른다는 것이군요?

박흥주 제가 장관실에 한 번 들어갔는데 약이 필요하다고 하셔서 약을 갖고 들어갔는데 여러 분이 앉아 계셨습니다.

변호사 그때 어땠나요? 김재규 피고인과 김계원 피고인은 마주 보고 앉아 있었다는데요?

박흥주 여러 분이라서 위치는 잘 모르겠습니다.

변호사 여러 분 속에 김재규 피고인과 김계원 피고인이 있는 것도 보셨죠?

박흥주 제 기억에는 계신 것 같은데 확실치는 않습니다.

변호사 김계원 피고인의 변호사 김수룡입니다. 만찬석에서 두 발인가 한 발인가 총소리가 났다고 했죠?

박흥주 그렇습니다.

변호사 한 발인가 두 발인가 하는 것은 연달아 났기 때문인가요, 아니면 한 발만 쏜 것으로 기억하는 건가요?

박흥주 그때 너무 경황이 없어서 뭐라고 말씀드릴 수가 없습니다.

변호사 피고인은 만찬석에서 총소리가 난 후 피고인과 총을 다 쏘기까지 몇 초나 걸렸을 거라고 생각하십니까?

박흥주 많아야 6~7초 이상은 아닌 것 같습니다. 시간에 대해서는 뭐라고 말씀드릴 수가 없습니다. 정상적이 아닌 상태에서였기 때문에요.

이기주에게 경호원 확인사살을 인정하라고 종용하다

중정 경비원은 이기주 피고인 확인사살 장면은 안 봤다고 주장했다. 그러나 확인사살을 실행한 김태원 피고인은 이기주 피고인과 함께 들어가 한 명을 쏘는 것은 그가 지켜보았다고 수사 과정에서 진술했다. 보안사 수사관은 이기주 피고인에게 김태원 피고인의 진술을 인정하라고 종용했다. 이기주는 마지못해 "김태원이 정 그러면 내가 인정하겠다"고 말했다. 꿰맞추기 수사로 확인사살 행위가 크게 부각된 것이다.

법무사 다음 이기주 피고인에 대해 보충신문 해주세요.

강신옥 변호사 박선호 피고인의 변호인입니다. 박 피고인이 "깨끗이 됐느냐"고 피고인에게 물었다고 했는데….

이기주 확실히 모르겠다고 했습니다. 그러기 전에 유성옥이 운전하고 옆에 서영준이 타고 나갔다고 그랬더니, "안에 어때?"라고 물어보셨습니다. 차 실장을 물어보는 줄 알고 "부상당했는지 죽었는지 확실히 모르겠다"고 했더니 거기서 지시하셨습니다.

변호사 그걸 확인사살 하라는 뜻으로 들었단 말입니까?

이기주 뜻으로 들은 게 아니라, 그렇게 지시하셨습니다. 확인사살 하라고 말한 게 아니라 김태원에게 "안에 들어가서 깨끗하게 쏴버리라"고 지시하셨습니다.

변호사 박 과장은 확인사살 하라는 얘기를 하지 않고….

이기주 확인사살이란 소리는 수사 과정에서 나온 말로 압니다.

변호사 "깨끗하게 됐어?"라고 했다는데, 피고인은 깨끗하게 하라는 말로 들었구만요?

이기주 김태원이한테 "깨끗하게 쏘라"고 했습니다.

변호사 박 과장이 쏘라고 해서 쏜 것인가요, 피고인이 김태원이한테….

이기주 김태원이 저쪽에 서 있으니까, 과장님이 저한테 김태원에게 그렇게 얘기하라고 해서 제가 김태원에게 가서 얘기했습니다. 과장님 지시인데 이렇게 하라고 제가 얘기했습니다.

변호사 이상입니다.

차지철이 눈을 뜨고 손을 움직이는 것 같았다

김홍수 변호사 김태원의 변호인입니다. 이기주 피고인에게 맨 처음에 검찰관이 신문할 때 일련의 총 발사를 다 끝낸 후에 사후확인을 했다는 뜻의 얘기를 하고, 그 안에 있는 사람은 완전히 쓰러져 있었다. 꼼짝 안 했다. 다 죽어 있었다는 진술을 했는데….

이기주 다시 한번 정확하게 얘기해주십시오.

변호사 박흥주하고 이기주하고 유성옥하고 주방에 있는 사람을 다 쏘지 않았나요?

이기주 네.

변호사 박선호 피고인은 대기실에서 둘 쏘고.

이기주 그건 모릅니다. 어디 계신지도 모르고.

변호사 "그 후 사후확인을 했는데 다 쓰러져 있었다. 꼼짝 안 했다. 죽어 있었다." 이런 말을 하셨어요.

이기주 제가 그런 얘기는 한 적이 없습니다. 누구에게 그런 말을 했다는 건가요?

변호사 이 법정에서 얘기를 했는데….

이기주 제가 그 안에 들어가서 본 것은 경호실장만 봤습니다. 눈 뜨고 손을 움직인 것만 봤습니다. 그 외에는 일절 본 사람이 없습니다.

변호사 그럼 차례로 묻죠. 차지철 씨를 본 것이 주방에 대고 총 쏜 뒤 얼마나 뒤인가요?

이기주 총 쏘고 안에 들어가서 상의 뒤지고….

변호사 몇 분이나 후에?

이기주 시간은 모릅니다. 동작이 계속 쉬지 않고 연결되니까….

변호사 연결된 행동으로, 안에 들어가서 누구누구의 총을 회수했나요?

이기주 회수는 안 했습니다. 두 사람 상의를 들쳤는데, 총이 없어서….

변호사 두 사람은 누구죠?

이기주 모르겠습니다. 엎어져 있었는데, 상의를 들쳤는데 아무것도 없어서 일어서는데, 안에서 "얘들아 들어와" 해서 들어갔더니 안이 굉장히 컴컴해서 바닥을 보면서 들어가는데 쓰러져 있는 사람 다리가 두 개 보였습니다. 그래서 거기에 대고 총을 들이대고 "꼼짝 마" 했습니다. 그리고 안에 들여다보니까, 경호실장이 눈을 뜨고 있었고 손이 움직이는 것 같았습니다.

변호사 그것이 주방에서 발사한 직후의 일이죠?

이기주 주방에서 발사하고 들어가서 옷 뒤지고 그다음에….

변호사 1~2분 내 얘기 아닌가요?

이기주 모르겠습니다.

변호사 다른 데 가서 서 있거나 쉰 적은 없고 계속 행동하는 것 아닌가요?

이기주 서 있거나 쉰 적은 없습니다.

변호사 검찰관 작성 공소장에 주방에서 총 쏜 것은 7시 40분으로 나와 있습니다. 최소한 2~3분 내에 일어난 일이군요?

이기주 시간은 자꾸 묻지 마십시오.

변호사 그때 보니까, 차지철의 눈이 떠 있고 손이 꿈틀거리는 것 같았습니까? 그 후에는 안 봤죠?

이기주 그렇습니다. 그 후에는 일단 거기서 현관으로 나왔습니다. 차에 모시고 차 문 열고….

변호사 각하 모시는 걸 돕고 그러고 있는데 김태원과 박선호 과장이 들어왔나요?

이기주 들어왔는지 뭔지 모르고 아무튼 거기 서 계셨습니다.

변호사 그래서 박선호 피고인에게 대통령이 후송되었다고 보고를 하고… 그때 박선호 피고인이 뭐라고 말했나요? 그때 대화 내용을 다시 한번 말해주세요.

법무사 그 진술에 대해서는 벌써 한 세 번 정도가 나왔으니까 중복되는 질문은 제한해주시기 바랍니다.

변호사 중복은 됐는데, 김태원의 변호인으로는 처음입니다. 좀 확실히 하기 위해서 말씀드립니다.

검찰관 증거 공동의 원칙에 의해서 다른 변호인단에서 신문한 것을 원용하셔도 되지 않나요?

변호사 다시 한번, 박선호 과장이 대통령이 후송되었다는 얘기를 듣고 뭐라고 했다고요?

이기주 "안에 어때?" 그랬죠. 안에서는 한 분밖에 안 봤고, 차 실장님 얘기하시는 걸로 알고 부상인지 사망인지 확실히 모르겠다고 했습니다. "뭐라고 혼자 중얼거리는 것 같다" 해서 "김태원에게 들어가서 깨끗하게 전부 쏴버리라고 하라"고 그랬습니다.

변호사 김태원한테 가서 뭐라고 했나요?

이기주 그대로 전했습니다. 과장님 지시인데 "안에 들어가서 "깨끗하게 쏴버리라"고 그런다고요. 김태원이 "한 번도 안 들어갔는데 같이 들어갑시다" 그래서 "나도 한 번밖에 안 들어가 봤는데…" 하면서 안에 들어가서 한 번 쓰러져 있는 사람 보고 나니까 들어가기가 싫었습니다.

변호사 가만, 그때 김태원에게 지시인지 전달인지를 할 때 "저 안에 있는 사람들은 전부 죽었는데, 과장 지시이니 다시 한번 쏘고 나오시오" 그러지 않았나요?

이기주 저는 처음부터 그런 말을 한 적이 없습니다.

변호사 그럼 뭐라고 했다고요?

이기주 좀 전에 말씀드린 대로 "과장님 지시인데 안에 들어가서 전부 쏴버리라"고 했더니, 한 번도 안 들어가 봤다고 같이 들어가자고 했습니다. 나도 한 번밖에 안 들어가서 잘 모르겠다고 하면서 정문에서 바로 마주 보이는 문으로 들어갔습니다.

변호사 들어가기 전에 "다 죽었으면 무서워서 어떻게 들어가느냐" 그런 말은 없었나요?

이기주 거기서는 얘기 나눈 게 없었습니다.

변호사 김태원이 "할아버지와 부장님은 어떻게 되었나요?" 하는 질문은 없었나요?

이기주 하여튼 제가 드린 말씀 외에는 나눈 적이 없습니다. 수사관도 그 얘기를 하고 그래서, 저는 그런 얘기한 적도 없고 자꾸 그렇게 우긴다면 그렇게 하겠다고 말했습니다.

변호사 할아버지 얘기는 요전에도 있었는데요? 할아버지와 부장님은 어떻게 됐냐고 물었다고 이기주 씨가 이 법정에서 말했었는데요?

이기주 하지 않았습니다. 그게 왜냐하면 검찰관이 이 얘기는 이기주 너한테는 아무 해당도 없는 얘기인데 이 얘기를 인정하면 동료한테는 좋다는 식으로 얘기했습니다. 난 기억은 없지만 인정하겠다고 그랬습니다. 인정했는지 안 했는지 검찰관이 "저 자신은 모르겠습니다" 첫마디 꺼내니까, 검찰관님이 그 얘기는 자기가 시킨 얘기니까

변호사 신경을 안정시키고 찬찬히 말씀을….

이기주 제가 왜 자꾸 그러냐 하면, 변호사님들 질문하시는 게 저에게만 자꾸 나쁘게만 말씀하시니까….

변호사 내가 나쁘게 얘기할 이유가 뭡니까? 할아버지 얘기해서 나쁜 게 하나도 없습니다. 정신 좀 안정시키세요.

이기주 자꾸 중복되게 물으시면 답변 안 하겠습니다. (방청객 웃음소리)

변호사 나는 처음 물어보는 겁니다. 좀 흥분하고 계신 모양인데, 이기주 씨에게 불리한 것은 내가 절대로 묻지 않습니다. 불리한 것도 아니고, 대답 여하에 따라서는 김태원이 불리한 것이지 이기주 씨에게는 불리한 거 없습니다. 그래서 김태원과 같이 그 집에 들어갔죠? 어느 방 어느 방인가를 가르쳐줬나요?

이기주 그 방으로 왜 들어갔냐 하면, 처음에 사고 나기 전에 그 방문에서 과장님이 두 번이나 들락날락하셨습니다. 저를 정문에 세워놨을 때 과장님이 그 방에서 나오셔서 "총 바꿔와라" 그리고 들어가셨다가 또 그 방에서 나오셔서 차에 가서 타고 있다가 "같이 행동하라" 그런 지시를 하셨기 때문에 그 방으로 같이 들어갔었습니다.

변호사 그 방이 어느 방인가요?

이기주 두 사람 쓰러져 있던 방입니다. 한 사람 쓰러져 있는 데

에 쏘는 것 보고서 두 번째는 제가 그냥 "안 봤다. 안에도 있다" 라고 손가락질하고 그냥 나왔습니다.

변호사 한 사람 쏘는 것 보고…. 그때 그 사람이 완전히 죽어 있었나요, 살아 있었나요?

이기주 죽었는지 살았는지 모르지만 꼼짝도 안 했습니다.

변호사 한 사람 쏘는 것만 보고 그냥 나왔으면, 차지철 씨 시체는 보지 못했죠?

이기주 못 봤습니다.

"김태원이 정 그러면 확인사살 내가 인정하겠다"

변호사 이 사건 발생 후 구속된 후의 일인데, 현장검증 간 일이 있죠? 거기서 돌아올 때 차에 들어가면서 김태원을 만난 일이 있나요?

이기주 차에 저하고 박흥주·김태원이 같이 타고 갔었습니다.

변호사 그때 김태원과 무슨 대화가 있었나요?

이기주 대화라기보다 김태원이 저한테 "자기가 얘기한 대로 하라" 고 그랬습니다. 얘기 그대로 하라고 그런 것 같았습니다. 수사관들이 저쪽에서 정 우기면 인정한다고 그랬다고 말했습니다. 김태원이 정 우기면 그렇다고 말하겠다고 얘기했습니다.

변호사 김태원의 말로는 "사실대로 하지 왜 딴소리하느냐…."

이기주 "사실대로"라고 안 하고요, "자기가 얘기한 대로". 왜냐하면 거기서 조사받을 때 영창이 여섯 개씩이나 있었는데, 방 안에서 받는 데 다 들렸습니다. 담당 수사관하고 얘기하는 게. 서로 다 알죠, 듣고 있다는 걸. 김태원이 자기가 얘기한 대로 하라고 얘기하길래 우리 담당 수사관에게 김태원이 자꾸 그렇게 말하면 내가 인정해버리겠다고 그렇게 얘기했다고 했습니다.

변호사 그게 무슨 뜻인가요?

이기주 우리 수사관이요 김태원이 너하고 그런 대화를 나눴다고 하는데 사실이냐고 자꾸 그래서 그렇게 여러 가지 대화 나눈 적도 없고 그냥 과장님 지시한 것 얘기해주고 그냥 들어갔다고 했는데… 김태원은 그러는데 너는 왜 안 그러냐고 그러길래, 김태원이 정 그러면 내가 인정하겠다고 그랬습니다. 그랬더니 그렇게 하면 안 되고 내가 했다고 그러라는 겁니다.

변호사 뭐를 했다고 그러라는 건가요?

이기주 김태원이 얘기한 대로 내가 얘기했다고 그러라는 겁니다.

법무사 피고인, 그게 검찰에서 얘긴가요, 헌병대에서인가요.

이기주 수사과, 보안사 수사실에서입니다. 정 김태원이 우기면 내가 인정하겠다고 했어요.

변호사 "내가 하고 싶어 하느냐" 그런 말은 안 했고?

이기주 그런 소린 안 했습니다.

변호사 이기주 씨가 수사 과정에서 폭행을 당해서 부상당하고 진술서도 각본대로 썼다는 얘기를 했죠?

이기주 진술서를 앞부분을 맞춰야 한다고 해서 썼다고 했습니다. 전부 다가 아니고, 조금 앞부분인가를….

변호사 무슨 진술서가 잘못돼서 폭행을 당했다는 얘깁니까?

이기주 저는 그런 소리 한 적 없습니다.

변호사 에이….

이기주 여기서 폭행당했다는 소리한 적 없습니다.

변호사 에이…. (방청석 웃음)

이기주 잘못 아시고 계신 모양입니다.

변호사 변호사 접견 시 내가 듣지 않았나 말입니다.

법무사 그건 담당 변호사가….

변호사 관두겠습니다.

이기주 김태원이 접견할 때 저는 없었습니다.

변호사 하하, 됐습니다. 그럼 관두죠.

이기주 잘못 착각하신 모양입니다. (방청객 웃음)

변호사 아닙니다. 착각이 아니라 그건 명백히 들었습니다.

검찰관 김계원 실장이 "얘들아 이리 들어와" 할 때 아무 거부감 없이 들어갔나요?

이기주 안에 전부 높은 분들이 계시기 때문에 하나 겁 없이 들어갔습니다.

검찰관 "꼼짝 마라" 할 때는 꿈틀거리고 아직 살아 있기 때문에 꼼짝 말라고 했고요?

이기주 그게 아니고, 컴컴해서 밑을 보고 들어가는데 다리가 갑자기 보이기에 그냥 "꼼짝 마라"고 했지, 꿈틀거려서 그런 게 아닙니다.

검찰관 "이리 줘"는 뺏긴 것인가요 준 것인가요?

이기주 총을 겨누고 있는데 누가 가져갔습니다. 제 손에서 그냥 가져갔습니다.

검찰관 김계원 피고인이 "각하 괜찮습니까?" 이런 말을 한마디라도 들었나요?

이기주 다른 얘기는 일절 못 들었습니다. 그 외에는.

검찰관 어두워도 사람은 분간할 수 있을 정도였죠?

이기주 가까운 사람은 분간할 수 있을 정도입니다.

검찰관 싣고 나갔을 때 김계원 피고인이 환자를 거들든가 걱정스런 태도로 보든가 한 적이 있나요?

이기주 표정을 알 수는 없고 걱정스러워하는 것도 알 수가 없고 거든 적도 없습니다. 저하고 서영준 둘이서만 들고 나갔습니다.

검찰관 이상입니다.

(휴정 후 군법회의 속개)

이병용 변호사 김계원 피고인을 위해서는 유성옥이 보충할 것이 두어 가지 있습니다. 대통령을 병원까지 옮기는 데 운전을 하셨죠?

유성옥 네.

변호사 그 차는 정보부 차가 아니고 대통령이 타고 오신 차였죠? 그 차의 운전기사도 그때 죽었죠?

유성옥 그때는 몰랐습니다. 나중에 살해됐다는 얘기를 들었습니다.

변호사 대통령 승용차를 운전한 것은 어째서 하게 됐나요?

유성옥 실장님께서 빨리 시동을 걸라고 하셔서 시동을 걸었습니다.

변호사 피고는 연회석상까지 들어가지 않았죠?

유성옥 그 안에는 들어가 본 일이 없고 그 당시에도 들어가지 않았습니다.

경호실 병력 이동 상황을 감시하라

현역 군인 박흥주 대령에 대한 신문이 계속되었다. 박흥주 대령의 말에 의하면 그는 10·26 당일 저녁에야 김재규의 계획을 들었고 상관의 명령을 이행했을 뿐이었다. 그는 사건이 벌어진 안가의 정확한 상황을 파악하지도 못했고 육본으로 가서도 어떤 조치를 취할 만한 여건도 아니었다. 그의 솔직한 진술을 듣고 있으면 상명하복의 군대보다 더 엄정한 조직인 중정에서 역사의 소용돌이에 휘말려 든 강직한 젊은 군인의 비극적 운명이었다는 느낌을 지울 수 없다.

법무사 다음으로 박흥주 피고인에게 보충신문해주세요.

김수룡 변호사 만약 김계원 실장이 화장실 앞 복도, 만찬이 열리고 있는 앞 그 복도에 서 있었다면 피고인이 총 쏘는 위치를 볼 수 있는 위치인가요?

박흥주 내부구조를 제가 전혀 모르기 때문에….

변호사 피고인은 김계원 피고인을 잘 보지는 못했더라도 김계원 피고인이 명령하거나 소리치거나 하는 걸 들은 사실이 있나요?

박흥주 저는 소리치는 걸 듣지 못했습니다. 저는 현장에서 금방 이탈했기 때문에 그 이후 사실은 잘 모릅니다.

변호사 피고인도 김계원 피고인을 보지 못했고 김계원 피고인도 피고인을 못 봤다고 말씀하시는데, 그러면 피고인이 총 쏘고 하실 때 아무것도 듣지 못했다면, 김계원 피고인과 경호원 처치하는 것을 달리 감시나 독려한 것도 없었겠네요?

박흥주 저는 김 실장님께서 어디에 계셨는지 알 수도 없었고, 거기는 현장에 지휘를 한다거나 그런 형편도 안 되는 장소였습니다.

변호사 김계원 피고인은 경호원을 처치하는 것을 격려나 독려한 것도, 감시할 처지도 아니었고 독려한 일도 없다고요? 피고인은 정보부장 호송차 김인수 대위에게 병력 이동 사항을 보고하라고 한 일이 있다고 하셨죠? 그 보고받는 이유는 무엇입니까?

박흥주 전에도 한 번 말씀드렸지만, 육본에 도착해서 보니까 모든 사람이 준비한 거사인 줄 알았는데 전혀 모르는 상태이기 때문에….

검찰관 지금 변호인 신문이 중복되고 있습니다. 변호인 신문을 제한해주시기 바랍니다.

박흥주 그렇기 때문에 좀 겁도 나고 그 차의 통신도 좋고 그래서 경호차가 온 다음에 제 신발을 꺼내고 임의로 한번 보내봤던 것이지 다른 뜻은 없었습니다.

검찰관 만약 경호실 병력이 출동해서 남대문 쪽이나 서울역 또 육본 쪽으로 이동한다는 보고가 들어왔다면 어떻게 하셨겠습니까?

박흥주 인지할 뿐 별도리가 없습니다.

검찰관 그걸 보고받고 김재규 피고인에게 보고를 드려야겠죠?

박흥주 만약 상황이 있다면 보고해야겠지만, 인지로 그치지 다른 방법은 없었습니다.

변호사 만약 병력들이 오면 인지만 하고 가만 있었겠나요? 알기만 하려고 한 것은 아니지 않습니까? 부장에게 보고를 드려서 "병력이 이리 이동하고 있는데 아마 청와대 병력 같습니다. 막아야 될 것 아니냐" 하면 부장이 무슨 조치를 취하실 것 아닙니까?

박흥주 그때는 그런 조치를 취한다기보다도 차의 통신상태가 좋고 겁도 나고 상황은 파악되지 않겠느냐 이런 생각이지 '그 병력을 이용해서 사후 대책을 취한다' 이런 정도까지 되어 있질 않았습니다. 왜냐하면 제가 육본에 갔을 때는 제가 생각하던 것과는 너무 많은 차이가 있었기 때문에 임의로 했던 것이지, 그걸 갖고 무슨 대책을 세울 만한 여건은 못 되었습니다.

변호사 김재규 피고인은 평소에 권총을 휴대하고 다니나요?

박흥주 특수공작을 위해서 임의로 공작원을 만나러 갈 때나, 경우에 따라서 권총을 휴대하고 다닌 날이 많았습니다.

변호사 사건 당일 궁정동에 도착하기 이전에 권총을 휴대하고 계셨나요?

박흥주 권총은 제가 챙겨드리는 것이 아니고 차셨는지 안 차셨는지 모릅니다.

변호사 평소엔 권총을 차고 계시는데, 그날 차고 계셨는가 안 계셨는가는 피고가 챙겨드리지 않았기 때문에 잘 모르신다는 겁니까?

박흥주 권총을 항상 차시는 것은 아니고 필요할 때 꺼내서 차신다는 말입니다.

변호사 평소 권총은 어디에 보관하나요?

박흥주 제가 보관하지 않고 직접 보관하는데, 금고에 넣어두셨던 것 같습니다. 그 권총은 제가 챙기지 않습니다.

법무사 오후에 하실까요? 오후 2시에 속개하겠습니다.

김수룡 변호사 사건 당일 19시 10분경, 본관 집무실 부근에서 김재규 피고인으로부터 범행 지시를 받을 때, 김재규 피고인이 권총을 갖고 있는 것 보셨나요?

박흥주 확실히 물건을 보지는 못했지만, 이렇게 하고 들칠 때 있는 것으로 인지했습니다.

변호사 직접 보시지는 못했지만 손으로 툭툭 쳤기 때문에 권총을 갖고 계신 것으로 알았다는 말인가요?

박흥주 그렇습니다. 실제로 꺼내서 보여주거나 하지는 않았습니다.

변호사 검찰관 직접신문 시에도 나왔고 변호인 보충신문 시에도 나 왔는데요, 피고인이 육본 벙커에서 김재규 부장의 지시로 김계원 실장에게 직접 전화해서, “부장님이 이리 오시랍니다” 하니까 김계원 실장께서 “이리 오라고 그래” 하고 전화를 끊었다고 하셨죠? 그때가 몇 시쯤인가요?

박흥주 육본에 도착한 후 상당히 많은 시간이 흐른 뒤였습니다. 정확한 시간은 모릅니다.

변호사 평소에 김 부장이 김 실장에게 전화를 할 때에도 그렇게 바꾸지도 않고 “이리 오라고 그래” 하고 끊은 적이 간혹 있었나요?

박흥주 아직 그렇게 직접 대드린 적이 없었습니다. 왜냐하면 각 사무실에는 보좌관들이 있기 때문에 보좌관들에게 얘기를 하지 그렇게 직접 해드린 적은 없는데, 육본 벙커에서는 전화가 가까이 있지 않고 상황실에 멀리 떨어져 있었기 때문에 직접 통할 수 있었습니다.

변호사 예, 평소에는 피고인이 직접 전화를 걸어드리거나 한 일은 없고요?

박흥주 항상 보좌관들을 통해서 전화했습니다.

변호사 김계원 피고인이 "청와대로 오라고 그래" 하면서 전화를 끊을 때, 피고인이 느낀 심정은?

박흥주 뭐라고 말할 수가 없는데, 그 당시 상당히 급박한 상황이고 마음도 초조한 상태이고 해서 들은 그대로 전달했을 뿐이죠.

변호사 혹시 김계원 피고인도 김재규 피고인과 같이 한 것으로 알고 있는데 조금 이상하다 하는 느낌 같은 것은 못 받았나요?

박흥주 ….

변호사 묵묵부답인데, 그때 전화를 거실 때 정보부 요원은 대강 몇 명 정도 있었나요?

박흥주 김정섭 차장보, 부장, 저 외에는 없었습니다.

변호사 그 이후 김계원 피고인이 총리 모시고 육본 벙커로 오셨을 때, 육본 벙커에 정보부 요원이 몇 명이나 있었나요?

박흥주 부장, 김 차장보, 저 이외에는 없었습니다.

변호사 총리께서 오실 때도 없었나요?

박흥주 그때도 없었습니다.

변호사 김인수 대위와 또 다른 사람 오지 않았나요?

박흥주 김인수 대위와 기타 요원들은 거기서 상당히 멀리 떨어진 벙커 밖의 차에 있었습니다. 안에는 없었습니다.

변호사 육본 안에는 들어왔었나요?

박흥주 경호요원들 말씀하시는 모양인데, 경호요원들은 전부 밖에 있고 들어오지 않고, 벙커 내에는 제가 부장을 수행하고 육군총장과 같이 탔던 김정섭 차장보만 벙커 내에 있었습니다.

변호사 국방부로 갔을 때 경호원들은 따라가지 않았나요?

박흥주 국방부로 갔을 때는 경호원들이 따라 올라오지 않고, 차들이 밑에 육본 벙커 옆 주차장에 있기 때문에 전화기로 불러서 차들을 올라오도록 지시를 해서 올라왔습니다. 그 후에는 경호원들이 왔는지 안 왔는지 확인이 안 되었다가 상당 시간이 흐른 뒤에 통신연락이 제대로 안 되고 그래서 밑으로 내려가 보니까, 경호차가 와 있었습니다. 인원들은 그 밑에 차에 탑승한 채로 그 자리에 있었습니다.

변호사 피고인이 검찰관 직접신문 시에 김재규 피고인이 다시 실내로 들어갈 때-궁정동 식당 내에서의 일입니다-현관문이 잠시 열린 틈으로 보니까, 김계원 피고인이 우측 주방 쪽에서 뛰는 듯했다고 진술했죠?

박흥주 그렇습니다.

변호사 그 현관문은 자동문인가요, 미닫이인가요, 여닫이인가요?

박흥주 양쪽 두 옆으로 해서 그냥 흔들렸습니다. 그날 그렇게 보였고 그 이후 그 문을 본 적이 없습니다.

변호사 앞뒤로 흔들려서 열리는 문이라고 하면 열었다가 닫히는 시간은 상당히 짧았을 텐데요?

박흥주 상당히 짧았습니다.

변호사 그때 얼핏 보니까 주방 쪽에서 뛰는 듯이 하는 것을 보셨다는 뜻인가요?

박흥주 주방 쪽인지, 현관에 가까운 쪽인지는 잘 모릅니다. 그 내부구조가 어떻게 생겼는지 몰라서 확실히 모르겠는데, 문이 열릴 때 우측으로 급히 피하시는 것 같은 모습만 보였습니다.

변호사 그 복도는 조명이 상당히 어둡다고 했는데, 피고인이 어디서 봤는데 김계원 피고인인지 박선호 피고인인지 구별이 잘 안

갈 텐데, 어렴풋이 짐작이 간다는 것인가요, 확실히 봤다는 것인가요?

박흥주 그때 저는 밖에 있었고 안이 밝지는 않았지만 사람은 알아볼 수 있었습니다.

변호사 김계원 실장이 틀림없었나요?

박흥주 현재 생각으로는 틀림없었습니다.

변호사 그때 김 실장이 무슨 옷을 입고 있었나요?

박흥주 상의를 벗었던 것 같은데 잘 모르겠습니다.

변호사 조명도 어둡고 한데 문이 열릴 때 얼핏 보고 그 사람이 누구인가를 짐작한다는 것이 좀 어려울 것 같아서 묻습니다. 검찰관이나 조사에서 그게 김계원 피고인이 아니더냐고 하니까 지금 와서 가만히 생각하니 그런 것 같다고 한 것이 아닌가 싶어서 묻는데 당시에 김계원 피고인이라고 생각했었나요?

박흥주 나중에도 현관 안에 들어가 보지 못해서 거리가 어느 정도인지 모르지만, 제가 얼핏 보기에 그렇게 봤고, 처음부터 조사과정에서도 그렇게 얘기했고, 거의 틀림없는 것으로 알고 있습니다.

변호사 식당 건물 주변은 옥외등이 다 켜져 있었나요?

박흥주 제 기억으로는 그 정원이 상당히 껌껌해서 제가 몇 번인가 발을 헛디뎠던 것으로 봐서 다 켜 있지는 않았던 것으로 압니다. 상당히 컴컴했습니다.

변호사 국방부에서 김계원 실장이 국방장관 부속실 골방으로 들어가서 국방장관과 참모총장을 불러오게 한 사실을 압니까?

박흥주 모릅니다.

변호사 국무총리 일행이 병원으로 갔다는 사실을 알고 부장을 뵐려고 했는데, 부장님이 안 계신다고 해서 궁금하게 생각했다고 검찰관신문 때 대답하셨죠?

박흥주 그렇습니다.

변호사 그때는 벌써 김재규 피고인은 체포된 뒤였죠?

박흥주 그 당시에는 몰랐습니다. 밖에서 계속 서 있다가 확인하려고, 들어가려고 시도했던 것뿐입니다.

변호사 이상입니다.

미국의 압박에 애태운 김재규

김재규는 1978년 10월 1일 중앙정보부장에 임명되었다. 당시는 국내적으로는 양대 선거, 대외적으로는 미국과의 갈등이 깊었던 시기였다. 그는 건강이 안 좋았음에도 불구하고 최선을 다해 일을 하고 대통령에게 조언을 아끼지 않았다. 이런 그의 모습은 부하들에게 깊은 인상을 남겼고 박흥주는 본받아야 할 롤모델이자 상사로서 김재규를 절대적으로 신뢰하고 따랐다.

태윤기 변호사 피고인은 군대 생활을 오래 했고 베트남전까지 갔다 왔죠? 군대 기율이 어떻다는 것은 잘 알죠?

박흥주 네.

변호사 거기 근무하면서 군대 기율과 비교한다면 무슨 특별한 기율이 있나요?

박흥주 군대 기율과 비교한다면, 군대 기율은 외적인 요소로서 많이 나타내지만 중정은 내적인 요소로서 그 기율이 성립되었다고 생각됩니다. 모든 것은 외부적으로 군대 기율처럼 그렇게 보이는 것이 아니라 1대 1 정보조직의 원칙에 의해서 각각 자기 통괄 요원의 지시에 절대적으로 응하는 체제라는 점이 좀 다르고, 군에서 요구하는 것을 능가해 생사를 걸어야 하는 상명하복 관계에 있습니다. 지시하고 복종하는 상명하복 관계는 엄수되어야 할 기율로 생각합니다.

변호사 이건 가정 상황인데, 피고가 베트남전도 갔다 오시고 연대장도 했죠?

박흥주 연대장은 하지 않고요. 저는 현재 포병 대령으로서, 작년에 대령이 됐기 때문에 연대장은 할 수 없고, 베트남전은 중위로 갔었습니다.

변호사 지금 살고 있는 집은 어딘가요?

박흥주 행당동입니다.

변호사 얘기 듣기로는 굉장히 높은 산꼭대기라고 하던데요?

박흥주 예, 차가 못 들어가는 높은 곳입니다.

변호사 집이 몇 평이나 되나요?

박흥주 작습니다.

변호사 몇 평인지 모르세요?

박흥주 ….

변호사 왜 묻는고 하니, 평소 생활이 결백했는지 알고 싶어서 그럽니다.

박흥주 그걸 이 자리에서 밝히고 싶지 않습니다.

변호사 끝으로 하나만 더 묻겠습니다. 이 사건이 난 뒤 수사 과정에서 육체적·정신적으로 어떤 고통을 받았다든가 잠을 안 재웠다거나 하는 일은 없었나요?

박흥주 그런 거 없었습니다.

안동일 변호사 김재규·유성옥·이기주에 대해 한 가지씩만 묻겠습니다. 어제 법정에서, 김재규 부장한테 지시를 받고 계단을 나오면서 "민주주의를 위하여"라고 손을 드는 표시를 했다는데, 그 옆에 박선호가 같이 있지 않았나요?

박흥주 박선호 과장은 플래시를 들고 문 쪽으로 가고, 저를 향해서 돌아서서 이런 식으로 얘기를 하고 갔습니다.

변호사 복부를 향해서 이런 식으로 주먹으로 하면서 그러니까 박선호 피고인이 못 들었을 수도 있겠네요?

박흥주 잘 모르겠는데, 지금 생각하기에는 지시할 때 제가 찜찜해하고 서 있었기 때문에 저한테만 그렇게 하셨는지 하여튼…

변호사 그 목소리가 큰 목소리였나요?

박흥주 그렇게 큰 목소리는 아니었습니다. 주위에 사람들도 있고 해서.

변호사 1964년도 중위 때부터 김재규 부장과는 각별한 사이로 쭉 모셨다는데, 수행비서관이라면 공식적인 행사에서만 수행비서를 하나요, 개인적인 일에도 수행하는 적이 있나요?

박흥주 사적인 문제는 아주 간단한 사항, 예를 들면 양복을 하는 데 간다, 안경을 맞춘다 하는 것은 하지만 전반적으로 집안 살림을 한다거나 하는 일은 없습니다.

변호사 중위 때부터, 모실 때부터 지금까지 김재규 피고인에 대해서 어떻게 생각했나요? 인간성이랄까 성격이랄까 신념이랄까 간단히 대답해주시겠습니까?

박흥주 중위 때 처음 뵐 때는 상당히 스포티한 지휘관이었습니다. 장군이 스포츠머리를 하고 성격도 괄괄하고 반면에 인정도 많고, 매사에 면밀한 지휘관이라고 생각했습니다. 판단하거나 계획할 때 상당히 합리적인 분이라고 생각했습니다. 그 후 헤어진 후에는 종종 가서 인사만 드리고 하면, 국내 문제나 국제 문제를 군인들이 어느 정도 아는가 묻고 영관장교들을 키우는 자세로 대해주시는 것을 상당히 고맙게 생각했습니다.

그리고 직접 부장을 수행하는 수행비서관으로 느낀 점은 첫째로 작년 1978년 10월 1일 정보부에 보직이 됐는데 그때는 국내적으로는 양대 선거, 미국과의 문제로 굉장히 애를 많이 쓰는데 건강이 과히 좋지 않으면서도 그 일에 최선을 다하는 것을 보고 '과연 정보부장이란 자리가 쉽지 않은 직책이구나. 내가 군인인 만큼 다른 기술도 없고 학식도 별로 없고 단지 내가 시간과 능력만으로 보필을 해야겠구나' 하는 생각이 들 정도로 상당히 바쁜 가운데 윗분을 모시는 것을 보았습니다.

금년에 들어와서는 여러 가지 일이 겹치는 걸 봤지요. 국내 정치·경제·국외 문제 같은 것들 때문에 저하고 같은 위치에 있는 비서관들, 마찬가지로 위에는 국무총리, 국무위원, 관계부처에 있는 모든 사람들이 늦게까지 일을 하는데 거기서 열심히 일을 하고 윗분을 잘 모시고 있구나 생각했습니다.

항상 윗분-곧 박정희 대통령 각하를 말합니다-에 대해서는 평소에 보고서를 하나 갖고 올라가더라도 옷을 깨끗이 갈아입고 양치를 다시 하고 세면 다시 하고 온몸을 다시 해서, 무릎 꿇는 자세로 테이블에 놓고 서류를 챙겨서 올라가시는 것을 항상 보아왔습니다. 윗분을 모시는 것도 배워야겠다고 생각했습니다. 단지 그동안 국내외적인 어려운 문제가 있을 때 여러 가지 건의하는 것을 본 적이 있습니다.

건의를 하고 건의를 받아서 직접적으로 각 부서로 지시를 해서 즉각적으로 처리하는 과정을 볼 때 '군대에서 지휘관 할 때 양성한 지휘 능력이 이런 데서도 적용되는구나' 하고 저는 군인으로서 그런 것들을 배웠습니다.

때로는 물론 여러 가지 일을 하다 보니까 어려운 일도 있으신 것 같았습니다. 한번은 차를 타고 나오시면서, "모든 기능, 모든 기구, 많은 사람들이 연구해서 보고드리는 건의사항을 안 받아들이시니 앞으로 장차 나라를 어찌할까" 탄식하는 소리도 듣고 이분이 얼마나 이 나라를 생각하니 이러시는가 하고 내가 좀 더 열심히 모셔야겠다는 생각을 한 적도 있습니다.

매사에 보면 군인인 수행비서관으로 볼 때에는, 많은 시간과 많은 노력과 군대 체제 그대로 윗분을 모시고 있지 않나 생각해 왔습니다. 저는 부장을 모시면서, 대통령을 직접적으로 모시면서 국내·외 정보를 망라해서 보필을 하는 부장을 내가 조금이라도 편하게 모시는 것이 기본적으로 내가 할 일이 아닌가 싶어서 저대로 최선을 다하면서 배울 점을 배웠습니다.

김재규, 1979년 4월 업무 부담과 건강 문제로 사표 내기도

변호사 군인으로서 존경하고…. 건의사항을 자세히 보고드리는데 안 받아들이니 나라가 걱정된다는 말씀의 취지인가요?

박흥주 그런 탄식을 들은 적이 있습니다.

변호사 그 건의사항이 뭔지 구체적으로 알고 있습니까?

박흥주 윗분들이 하시는 일을 정확히는 모릅니다. 지금 어떤 일이 토의되고 있는가는 알 수 있습니다. 그 내용이 무엇인가는 모릅니다. 왜냐하면 총리실에서 회의, 저희 사무실에서 회의, 저희 본청 사무실에서 회의, 거의 회의를 소집하고 토의하고 그 내용을 완전히 종합해서 각하께 보고를 드리기 때문에 어떤 문제가 취급되는가를 알 수 있습니다. 내용은 모르지만.

그런데 제가 알기에는 여기서 말씀드려도 되는지 모르겠습니다만, 내용은 잘 모르겠습니다만, 한때 우리나라에서 시끄러웠던 경제 문제·정치 문제는 문제가 됐던 거, 최근까지도 해결되지 않고 있는 것들, 국외에는 골치 아픈 사람들의 문제, 또 국외 문제 중에 양대 국가 간의 이 권 문제 여러 가지 관련이 되어서 아직까지 해결이 안 돼 골치 아픈 문제들입니다. 이런 일들에 대한 건의사항을 사전에 준비하고 토의해서 건의드렸는데 받아들이지 않고 그러니까, '다른 사람들이 옆에서 자꾸 얘기해서 받아들이지 않는구나'라고 생각하고 '윗분들도 애를 쓰시는 데 빨리 해결되어야겠다'라는 생각만 했습니다.

변호사 김재규 피고인을 오래 모시면서 개인 생활에 있어서 무슨 오락이나 취미·특기 같은 것, 예를 들면 서도라든지, 개인 생활에서 취미 같은 거 알고 있나요?

박흥주 옛날에는 술은 하시고 담배는 안 하셨습니다. 최근에는 술도 별로 안 하시고, 서도는 가끔 하시고. 여러 가지를 많이 써서 외국 분들께도 드리고 국내 분들이 원하시는 분께 드려야 하기 때문에 틈틈이 쓰셨고. 운동은 정구를 주로 치시다가 요즈음은 안 하시고, 골프를 하시는데 1년에 맘 놓고 나가야 하루나 이틀 나가고 각하께서 같이 나가자고 하시면 수행하는 정도로…. 매우 바쁜 일정 가운데 지냈기 때문에 본인의 취미 생활을 할 수가 없었습니다.

변호사 서도의 붓글씨 내용 기억나는 거 있나요?

박흥주 많이 있죠.

변호사 혹 간단한 글 기억나는 것 없어요?

박흥주 선생님의 은혜를 감사하게 생각한다는 뜻으로 네 자로 된 족자며 많이 있는데….

변호사 본인이 직접 쓰신 거….

박흥주 그런 것들이 있지만 제가 글 내용을 다 외우지는 못하겠습니다.

변호사 알겠습니다. 건강이 상당히 안 좋았다고 하고, 참고인 진술조서에 보니까 1979년 4월에 사표를 낸 적이 있다고 하는데, 건강은 어땠나요?

박흥주 간이 안 좋으셨습니다. 모든 음식이나 운동도 상당히 조심하고 대체로 그날 업무를 수행하는 데 보통 강한 체질이라고 해도 그 업무를 수행하려면 벅찬데, 어려움이 많으셨을 겁니다.

변호사 이기주와 유성옥에 대해서 두 가지만 묻겠습니다. 그 당시 차 안에서 이기주·유성옥과 같이 있었죠?

박흥주 네.

변호사 그 차에서 나와서 주방 후문까지 유성옥하고 가셨죠?

박흥주 예, 주방 후문입니다.

변호사 그 거리가 어느 정도인가요? 몇 초면 거기까지 가나요?

박흥주 밤에 볼 때는 상당히 멀었습니다. 현장검증 때 보니까 그렇게 멀지는 않았지만, 몇 초는 걸릴 것 같습니다.

변호사 어느 피고인은 1초면 된다고….

박흥주 1초는 어림도 없습니다. 좀 멀리 떨어졌습니다.

변호사 유성옥과 후문에 가셨죠?

박흥주 그때 제 기억으로는 두 사람이 먼저 뛰어가서 바깥이 상당히 껌껌했습니다.

변호사 공소장에 의하면 피고와 유성옥은 주방 후문에 있었고 이기주는 블록담 위에 있었다고 되어 있는데, 주방 후문에는 유성옥과 같이 도착했나요?

박흥주 제가 좀 늦은 것 같은데요.

변호사 도착했을 때 주방 안에 다른 사격이 있은 다음에 피고인이 사격을 했나요?

박흥주 제가 좀 늦었습니다.

변호사 아니, 앞에 간 유성옥이 먼저 쐈는지 피고인이 먼저 쐈는지는 나중에 묻기로 하고, 후문에 도착했을 때 이미 사격 소리가 들렸나요?

박흥주 들렸습니다.

변호사 이기주에 의하면 먼저 거기서 사격 소리가 나서 고개를 숙이니까 껌껌하고 불이 꺼져가지고 다시 사격을 했다는데, 그래서 혹시 그 안에 경호원이 먼저 사격하는 줄 알았다고 하는데…. 그러니까 주방 후문 쪽과 블록담 있는 쪽과 어디서 먼저 사격이 됐는지 불분명해요.

박흥주 제가 뛰어갔을 때는 막 사격 소리가 났고 불은 좀 있다가 꺼졌습니다. 제가 후문 디딤돌에 있는데, 상당히 멀리 떨어져서 사격했는데 안쪽만 환하게 보였습니다.

변호사 네, 알았어요. 왜냐하면 세 피고인의 말을 들어보니까 그 안에서 사격이 어떻게 되어서 그 안에 있는 사람이 다치게 됐는지가 불분명해서 물었습니다.

박흥주 그 당시에는 벽이 보였고 왼쪽으로 테이블 같은 게 보였을 뿐입니다.

충신의 직언을 받아들이지 않는다

대통령 박정희의 독선은 1979년에 들어 그 강도가 심해졌다. 전문가들과 국무위원들이 다 검토하고 여러 사람 의견을 종합해서 최선의 방법으로 건의한 정책과 해결책을 받아들이지 않고, 경호실장 차지철처럼 전문성도 없는 측근의 말이 구미에 맞는다고 받아들여 일을 그르치는 경우가 많았다. 김재규는 대통령에 대한 불만이 쌓여갔다. 박흥주 대령은 김재규가 청와대를 다녀오는 차 안에서 이런 일에 대해 무릎을 치면서 통탄하는 것을 들었다고 진술했다. 10·26 거사가 굳혀져가고 있었던 셈이다.

신호양 변호사 김재규·이기주·유성옥을 위한 국선변호인 신호양입니다. 김재규 피고인과 공적으로 같이 근무한 것은 몇 년입니까?

박흥주 중위 때 2년 가까이 되고 사단장 시절에 전속부관이기 때문에 공관에서 거의 같이 생활했습니다. 6관구에 나와서는 사무실로 출근하면서 근무했고 그 뒤로 쭉 같이 근무하지 않았습니다. 1978년 4월 1일부터 1년 6개월 동안이니까, 총 3년 6개월 됩니다.

변호사 사적으로 왔다 갔다 하면서 사귀고 그분의 집을 드나들고 한 것은 몇 년 정도입니까?

박흥주 1974년부터니까, 한 15년 가까이 됩니다.

변호사 15년간 김재규 피고인과 왕래하는 동안 평상시나 우연한 기회에 김재규 피고인이 유신헌법이나 민주주의에 대해서 얘기한 적이 있나요?

박흥주 제가 알기로는 김 부장께서는 사단장 시절에 6·3 사태 때문에 먼저 정부를 위해서 애를 썼습니다. 덕수궁에 나와서 한 달여 근무하고 사태를 평정하고 들어갔고 그다음에 국내 문제가 있을 때 태릉에 나와서 상당 기간 주둔하면서 서울 시내의 치안유지를 위해서 근무했는데, 그때는 제가 수행해서 부관으로 나왔었습니다. 그다음, 보안사령관 시절엔 대통령선거에 바쁘고 여러 가지 어려움이 있을 때, 서승, 뭐 그런 사건이 있을 때도 보니까 나라를 위해서 많이 애쓰시는 것 보았습니다.

건설부 장관 시절에 제가 전방에서 대대장을 하면서 잠깐 나와봤더니 "우리나라는 큰일이다. 돈이 하나도 없어서 장관들이 돈을 꾸러 다니는 형편인데, 돈을 벌려면 돈 있는 데 가서 벌어야 한다. 지금 돈 있는 데가 오일 나는 데니까 그쪽으로 뚫어야 한다"고 역설하시더군요. 그래서 전방 대대장으로 있으면서 그런 것은 몰랐는데, 이런 문제가 있구나 하는 것을 알고 갔습니다.

나라에 대한 문제는 관심을 갖고 많이 말씀하셨는데, 체제 문제에 대해서는 뭐라고 말씀을 안 하셨습니다. 왜냐하면 당사자가 그 체제 안에서 중요한 직책을 수행하는 분인데 그 체제를 이러쿵저러쿵 수행하는 비서관 정도에게 얘기한다는 것은 오히려 문제가 있지 않나 생각됩니다. 다만, 민주주의 문제니 이런 것은 교과서적인 내용에 대해서 얘기하는 정도였지 체제가 어떻고 민주주의가 어떻고는 안 했습니다.

다만 사회가 안정되고 모든 사람들이 수긍할 수 있는 체제하에, 예를 들면, 학생들 문제 때문에 얘기한 적은 있는데 "공부를 해야 할 때 저짓들을 하니 문제가 있다. 버릇을 단단히 고쳐서 공부를 시켜야 하는데, 이 사람들이 내주면 또 딴짓을 하고 그러니 걱정이다. 너무 저렇게 눌러놓게 되면 대한 남아들의 패기가 없어져서, 만약 미국 사람들이 한국 여자들을 희롱하더라도 나중에 욕을 먹을까봐 패기를 발휘 못 하는 정도가 된다면 그것도 곤란한 건데…" 하는 정도의 선에서 저와 대화가 되지, 더 이상 깊은 관계를 토의하지는 않았습니다.

변호사 김재규 피고인이 개인 이익이나 목적을 위해서 이권에 개입했던 사실을 아는 게 있나요?

박흥주 제가 알기로는 사단장 할 때에도 보면, 이미 작고하셨지만 아버님께서도 손수 장사를 하시고 시골집이 있으시지만 참 검소하게 사시는 집안이어서, 제가 몇 년간 모시면서도 그 댁을 한 번도 들어가 보지 못했습니다. 정보부장으로 오신 다음에는 물론 공관은 다른 데보다 잘해놓았지만-외부 사람들이 오더라도 그 권위를 위해서 잘해놓았지만-집은 검소한 집에 사셨습니다.

이권 문제는 정보부장이 상당히 능력이 많을 것으로 알고, 여러 사람들이 와서 부탁을 하려고 하는 것이 보입니다. 명함을 들여보낸다거나 이런 일이 있는데, 정보부장이란 자리가 사실 10분을 만나서 얘기할 수 있는 여유가 힘든 직책이었습니다. 면담자들이 면담을 요청하면 상당히 기다려야 면담이 가능한데, 시간도 그렇지만 정보부장이 필요 없이 작은 일에 매달려서 소신껏 일을 못 해서야 되겠느냐는 신념을 가지고 웬만한 것은 만나서 잘 이야기하지 않고….

그 대신 각종 민원사항이 있습니다. 친구들이나 불쌍한 사람들이나 옛날의 후배들, 옛날에 학교 다닐 때 하숙집 노모들, 이런 도와줘야 할 분들에 대해서는 비서를 통해서 도와주도록 하고 취직을 부탁해오는 사람은 가능한 대로 자기 능력에 맞게 도와주는 것은 봤지만, 큰 이권에 관련되어서 하는 것은 제가 알 수 없습니다. 만약에 하셨다면 표시가 곧 날 텐데 그렇지도 않은 것 같습니다. 제가 알기에는, 정보부장 직책에 있으면서 그런데 눈을 뜨지 않아도 될 만큼 모든 체제가 되어 있는 것으로 압니다.

변호사 김재규 피고인 동생의 사업 문제로 친서인지 경고를 받은 사실이 있다는데 알고 있나요?

박흥주 압니다. 올라가서 내려올 때 노란 봉투에 받아가지고 내려오셨는데, 옛날에 중요한 직책에 있던 사람들이 본인 자신보다는 주위에 있는 사람들에 의해서 본인의 명예가 추락되어서 중요한 일을 수행하는 데 어려움을 초래한 경우가 있으니 이런 것을 참작해서 처리하라는 뜻의 내용이었습니다. 그날 당장 불러서 이야기하는 것 같았습니다. 본인 자신의 문제가 아니라 제3자들의 말에 의해서 여러 가지 풍문이 있었던 것으로 알지, 정확한 내용은 모릅니다.

변호사 금년 4월경에 정보부장 해임 교체설이 있었다고 하는데 압니까?

박흥주 여기 와서 처음 들었습니다.

변호사 이번 거사에서처럼 한쪽으로는 각하를 모시고 한쪽으로는 다른 손님을 모시는 일이 종종 있었나요?

박흥주 이번에는 특이한 케이스였습니다. 전에는 한 번 각하 행사가 있을 때, 3군 총장을 잠시 와서 기다리도록 해서 시간을 맞춰서 나가시려고 했는데, 그때도 시간이 너무 지체되어서 3군 총장들에게 상당히 미안하게 된 일이 있었습니다. 이번에는 좀 특이한 케이스로, 두 분 손님이 오셨는데 그 전전날도 거의 그 시간에 정당 관계되는 분들이 오셔서 저녁식사를 하면서 말씀 나눴습니다.

제가 기억하기로는 그때 계엄 사태하에 있고, 잘은 모르지만 양당 관계가 제대로 해결이 안 되어서 상당히 어려운 가운데 있던 상태가 아닌가 생각합니다. 그때 오셨기 때문에 사기 앙양을 위해서 불렀든지, 각하의 지시를 받아서 말씀을 드리기 위해서 이 사람들을 대기시킨 것이 아닌지 합니다. 왜냐하면 한 분은 육군지휘관이고 한 분은 정치를 전문적으로 조정하시는 분인데, 두 분이 와 계셔서 그렇게 생각하는 정도로 그쳤습니다.

변호사 이번 말고 먼젓번에도 그렇게 모셨을 때는 언제였나요?

박흥주 장소는 현재 그분들이 와서 앉아 계시던 그 장소였고, 3군 총장이 새로 취임하고 얼마 안 되어서였습니다.

변호사 수행비서관으로 근무 시, 김재규 피고인이 각하에게 정책이나 국내외 사태에 대해서 건의를 여러 번 했겠죠?

박흥주 국내 문제나 국외 문제나 총리를 모시고 회의하거나 청와대 수석비서관들하고 회의를 하거나 그것을 종합해서 보고하시는 것은 거의 부장님께서 하시니까, 국내외 문제를 종합하고 분석해서 보고하는 것은 거의 다 하셨다고 생각합니다.

변호사 김재규 피고인이 그런 건의를 드렸다가 기분 나쁘게 보인 때가 몇 번이나 있었나요?

박흥주 그걸 얼굴에 곧 표시하는가요?

변호사 불만을 표시했다든지 그런 것을 본 사실이 없나요?

박흥주 무슨 일인지는 모르지만, 관계 전문가들이 연구하고 관계 국무위원들이 다 검토하고 여러 사람 의견을 종합해서 최선의 방법으로 건의드렸는데 안 받아들였다는 투의 말씀이 있었습니다. 중지를 모아서 건의드리는 것은 받아들이시지 않고 잘 모르는 일부 사람의 말을 받아들여서 일을 그르치고 말았기 때문에 안 됐다고 무릎을 치면서 통탄하시는 것을 들었습니다. 청와대에 들어갔다 오시거나 할 때는 앞 좌석에서 백미러로 뒤 눈치만 보지 뭐라고 말씀을 드릴 수가 없습니다.

변호사 그 불만의 요지가 각하에 대한 불만인지 차지철에 대한 불만인지 좀 더 민주적으로 처리하려고 했는데 안 된 것에 대한 불만인지 느낀 대로 한 번….

박흥주 말 들은 대로인데, 요지는 '다른 사람, 잘 모르는 사람의 의견을 받아들여서 그것을 채택하고 중지를 모아서 건의드린 것은 안 받아들여 일이 잘못됐지 않느냐' 그런 뜻의 얘기입니다.

변호사 아까 안동일 변호사 신문 시, 서도에서 민주주의라는 말을 쓴 것도 있었나요?

박흥주 제가 최근에 본 것으로는 없습니다.

변호사 이기주·유성옥에 대해서 두 가지 묻겠습니다. 피고인이 이 두 사람에 대해 지휘나 명령을 한 적이 있나요?

박흥주 없습니다.

법무사 똑같은 질문이 계속되고 있습니다.

박흥주 단지 물어본 것은 뒤에 몇 사람이냐, 그것밖에 없습니다.

변호사 결국 주방을 향해서는 피고인을 포함해서 세 사람이 사격을 가했는데, 다른 사람은 없죠?

박흥주 그 당시에는 세 사람밖에.

변호사 세 사람이 다 사람을 안 보고 사격을 했다는데, 경호원들은 죽어 있습니다. 결국은 누구 총에 맞아 죽은지는 모르지만 세 사람의 사격에 의해서 죽었다는 결론이 아닙니까? 아무튼 세 사람 외에는 주방에 대해 사격을 가한 사람이 없다는 거죠?

박흥주 저는 그렇게 알고 있습니다.

(10분간 휴정)

국군서울병원으로 후송

총격 후 박정희를 국군서울병원으로 후송한 상황에 대한 신문이 이어졌다. 중정 경비원 이기주에 따르면 비서실장의 지시에 따라 자신과 몇몇 사람들이 같이 대통령을 차에 태웠다고 했다. 이기주는 안에서 총소리가 나면 주방 안으로 경호원들을 한쪽으로 몰아붙이라는 지시를 받았다. 만약 경호원들이 먼저 총을 쏘면 어떻게 하느냐고 묻자 "그때는 사살해도 좋다"는 답변을 들었다. 처음 들어갔을 때에는 주방이 어디 있는지도 모르고 경호원들 위치와 인원도 모르니 총소리가 나자 '죽었구나' 하는 아찔한 생각에 반사적으로 사격을 하게 되었다고 말했다.

법무사 군법회의 속개합니다. 변호인단께서는 검찰관 측으로부터 증거목록 받으셨습니까? 검찰 측이나 변호인 측에서 증거신청 있으시면 미리 서면으로 제출해주시기 바랍니다.

(이기주 보충신문)

이병용 변호사 총성이 나고 다시 불이 켜졌을 때 연회장 입구에 들어갔었다죠?

이기주 네, 주방 안에서 총을 회수하라는 지시를 받고 두 사람 상의를 뒤졌는데 총이 없었습니다. 그래서 일어나려고 하는데, 안에서 컴컴한 데 하얀 와이셔츠가 보였습니다. 보이면서 "애들아, 어서 들어 와. 어서 들어와" 했습니다.

변호사 다른 데 얘기는 관계없고, 각하와 김 부장·차 실장·비서실장 있는 연회장 입구에 갔었습니까?

이기주 방문 입구까지 갔습니다.

변호사 지난번 검찰신문에서 피고인이 손에 가지고 있는 총을 김계원 피고인이 채갔다는 거였죠?

이기주 "이리 줘" 하면서 가져갔는데 당시에는 누가 가져간 줄 몰랐습니다.

변호사 그래서 피고인이 꺼내 줬나요, 아니면 그분이 탁 채가던가요?

이기주 제가 놀라서 "꼼짝 마" 하면서 발에 대고 총을 겨누고 안을 쳐다보는데, 누가 "이리 줘" 하면서.

변호사 채갔다? 좋아요. 채간 분이 그때는 누군지 몰랐지만, 이제 보니까 김계원 실장이 틀림없나요?

이기주 네, 그래서 수사본부에서….

변호사 아, 내가 묻는 대로만 대답해요. 길게 얘기할 것 없이. 그때 "각하 계신 데서, 총 이리 줘"라는 말을 하지 않던가요? 김계원 피고인을 면회해 보니까 그렇게 말했다는데.

이기주 그런 말은 못 들었습니다. 마루 안에 들어가서 들은 소리는 총 겨누고 있을 때, "이리 줘" 하는 소리하고 "각하 부상당했어. 각하부터 모셔. 빨리빨리" 하는 소리뿐이었습니다.

변호사 아, 그건 나중에 묻고, "각하 계신 데서" 하는 소리는 들은 바가 없고, "이리 줘" 하면서 총을 채갔다 이거죠.

이기주 네.

변호사 그때, "차 실장 아직 안 죽었다" 그런 소릴 했나요?

이기주 제가 거기서 얘기한 건 기억에 없습니다.

변호사 그다음, "각하 빨리 병원으로 모시고 가야겠다"고 김계원 피고인이 서둔 것을 알고 있지요?

이기주 빨리 병원으로 모시고 가야 한다는 소리는 못 듣고, "각하부터 모셔"라고.

변호사 그 말은 누가 했나요?

이기주 비서실장님이….

변호사 그 당시는 비서실장인지 누군지 몰랐지만, 권총을 채간 분이 그렇게 말했다는 것이죠?

이기주 아니, 그게 아니고요, 권총을 "이리 줘" 하면서 뺏어갔습니다. 안에서 보고 있다가 다시 이쪽으로 봤습니다. 권총을 못 봤습니다. 비서실장이 갖고 있는지 어쩐지 모르고, 이렇게 보니까 "빨리 각하부터 모셔" 했습니다.

변호사 각하를 모시는데 서영준과 피고와 비서실장이 협력해서 차에 모셨죠?

이기주 비서실장님이 협력한 게 아니고, 제가 방안엘 쳐다봤습니다. 어디 계신가 하고. 한쪽 구석에 여자 같은 사람이 둘 있었습니다.

어두워서 잘은 안 보이고, 술상 가운데에 가서 방석이 있는데 조금 다른 것 같았습니다. 뒷받이 같은 게 있구요. 그 앞에 쓰러져 있길래 보니까, 남 사무관이 그쪽으로 막 갔고 저도 그쪽으로 갔습니다.

변호사 남 사무관하고 피고하고 또 서영준은?

이기주 서영준이 바로 들어왔습니다.

변호사 그럼 셋이.

이기주 남 사무관이 맨 처음에 들어왔습니다. 일으켜 세운 것을 같이 들어서 서영준이 등에 얹고 저는 뒤에서 엉덩이를 받쳐서, 현관까지 나온 거는 서영준하고 저하고요. 차 있는 데 와서 뒷문을 여니까 안에 유성옥이 시동 걸고 있었습니다. 그래서 차 뒷좌석에 모시고 나니까 비서실장님이 나오셨습니다.

변호사 뒷자리 해놓은 그 자리에 비서실장이 올라탔나요?

이기주 네, 옆에. 서영준은 유성옥이 옆에. 그리고 저는 문을 열었습니다.

변호사 피고인하고 서영준하고 남효주 사무관하고 셋이 거들어서 각하를 모실 때, 비서실장은 나가서 운전기사를 독촉하고 들어왔나요?

이기주 그건 모르겠습니다.

변호사 하여튼 차에 올려드렸을 때, 비서실장이 올라타더라? 그리고 비서실장이 "각하부터 모셔"라고 한 것은 틀림없나요?

이기주 네.

변호사 유성옥이 운전해서 갔는데, 그 당시 각하를 모시고 온 운전기사는 이미 죽었죠?

이기주 그건 모릅니다. 어디 있는지도 모르고.

변호사 그러나 경호실 관계 사람들은 다 살해된 뒤죠?

이기주 네, 경호실 직원은 아무도 못 봤습니다.

변호사 유성옥이 병원으로 비서실장과 같이 차가 떠난 뒤에, 유성옥으로부터 전화를 받은 일이 있나요? 몇 번이나?

이기주 대여섯 번입니다.

변호사 병원에 있는 유성옥으로부터 첫 번 전화 받은 것은 몇 시경입니까?

이기주 시간은 잘 모릅니다.

변호사 그럼 자동차로 모셔서 떠난 뒤 얼마나 후인가요? 20~30분 후인가요, 1~2시간 후인가요?

이기주 시간이 많이 걸린 것 같지는 않습니다.

변호사 유성옥으로부터 무슨 전화를 받았나요?

이기주 맨 처음에는 어느 병원에 왔다고 하면서, 그 당시에는 국군병원이라고 안 듣고 무슨 개인병원 이름으로.

변호사 병원 이름이 중요한 게 아니라, 무슨 내용을?

이기주 과장님 계시냐고 해서 나가셨다고 하니까, "각하 가망 없다고 그런다고 말씀드리라"고….

변호사 그다음에는?

이기주 어느 부대에서 인계하러 왔는데 어떻게 했으면 좋겠냐고….

변호사 그것을 누구에게 물어달라고요?

이기주 과장님요.

변호사 세 번째도 마찬가지인가요?

이기주 이상 없다는 전화가 한 번 왔고, 현재 그냥 거기에 있다고요. 그리고 무슨 보안대 감찰실에서 계엄사령관 명으로 수사 나왔는데 현장으로 가자고 하는데, 어떻게 했으면 좋겠냐고요.

변호사 그것이 마지막 전화인가요?

이기주 마지막이 아니고 그런 내용의 전화가 몇 번 왔습니다. 현장에 가자고 하는데 어떻게 했으면 좋겠냐고 하는데 마침 과장님이 안 계셨습니다. 하여튼 과장님한테 물어봐야겠다니까 좀 기다리라고 하고 끊었는데, 다시 거기서 재촉한다고 빨리 가자고 한다고요. 보안대 감찰실장인가 무슨 대령이라고 했습니다. 재촉은 하는데 우리 마음대로 할 수도 없고 죽겠다고 그랬습니다. 그래서 과장님께 말씀드렸더니 10분만 기다리라고 했습니다. 그렇게 세 번인가 왔고, 나중에는 과장님이 차 타고 나가셨습니다. 알아보신다고요.

변호사 그게 몇 시경입니까?

이기주 새벽인데, 시간은 잘 모르겠습니다.

변호사 유성옥한테서 전화 올 때, 비서실장님으로부터 지시를 받아서 보안조치를 하고 있다는 얘기는 않던가요?

이기주 그런 얘기는 못 들었습니다.

변호사 이상입니다.

중앙정보부 안전가옥의 총격전

김수룡 변호사 피고인은 검찰 직접신문 시에 그날 저녁 7시 40분경 차에 있으니까 총성이 한 발인가 두 발인가 들렸다고 했죠?

이기주 네.

변호사 한 발인지 두 발인지 구별을 잘 못 하는 것은 두 발이 너무 연달아 났기 때문인가요, 아니면 한 발 쏘고 나서 한참 있다가 또 한 발이 났나요?

이기주 첫발 들으면서 제가 문을 열고 나갔기 때문에 확실히 모르겠습니다.

변호사 그 뒤 만찬석상에서 나는 한 발은 못 들었고요?

이기주 만찬석상에서는 총소리 나는 거 못 들었습니다.

변호사 피고인은 후문 쪽으로 뛰어가다가 담 위로 올라갔다고 했는데, 담의 높이는?

이기주 높이가 요것보다 조금 낮습니다.

변호사 뛰어 올라가는 데 시간이 많이 걸리지는 않았겠군요?

이기주 그 당시에는 높은지 낮은지도 몰랐습니다. 현장검증 때 보니까 높지는 않았습니다.

변호사 방안에서 첫 총성이 난 뒤 전깃불이 꺼졌죠? 그간의 시간은 몇 초나 걸렸나요?

이기주 전깃불 나간 것이 10~20초 정도였습니다.

변호사 꺼져 있는 시간이 10~20초라는 건가요?

이기주 네.

변호사 첫 총성이 나고 전깃불이 꺼지기까지는?

이기주 제가 올라서서 소리치자마자 총소리가 났고, 총소리 나자마자 제가 바로 고개를 숙였습니다. 숙이자마자 바로 꺼진 것으로 압니다.

변호사 5~6초 후 정도로 보면 되겠네요?

이기주 네.

변호사 피고인은 김 실장이 "애들아, 각하 부상당하셨어. 어서 들어와" 할 때 처음으로 김 실장을 발견했다고 했는데요?

이기주 일어서면서 소리가 나서 돌아보니까, 그 당시에는 비서실장인지 몰랐습니다. 하얀 와이셔츠….

변호사 좋습니다. 그때 처음 발견했죠?

이기주 네.

변호사 그것은 불이 꺼졌다가 들어온 후에 몇 초나 걸렸을까요?

이기주 불이 꺼졌다가 다시 들어왔을 때는 저희들이 주방 안으로 들어갔습니다. 불이 들어왔을 때 안을 보니까 전부 식탁 주위에 엎드려 있었습니다. 들어가니까 총을 회수하라고 해서 바로 두 사람 걸 뒤지고 일어나니까, "애들아, 어서 들어와"라는 소리가 들렸습니다.

변호사 그럼 10초 정도 될까요?

이기주 시간은 모르겠습니다.

변호사 김재규 부장이 뛰어나가는 것을 봤나요?

이기주 안에 들어가서 본 사람은 비서실장뿐입니다.

김수룡 변호사 전깃불이 나갔을 때 실장님께서 "각하 계신다. 불

켜라" 하는 소리는 못 들었나요?

이기주 못 들었습니다.

검찰관 재판장님, 지금 변호인의 신문이 완전히 중복되고 있습니다.

법무사 중복되는 부분은 좀 제한해주십시오.

변호사 이 부분은 검찰관께서도 한 번도 안 물은 것으로 압니다. 전깃불 나간 뒤 "각하 계신다. 불켜라" 한 것을 검찰관께서 한 번도 안 물었습니다.

검찰관 그것은 변호인 반대신문에서 충분히 한 것으로 압니다.

변호사 지금 피고인은 증인이기 때문에 묻습니다. 김계원 실장이 경호원들에게 총 쏘는 것을 지휘하거나 감시한 것은 있나요?

이기주 모르겠습니다. 마루에 들어가자 와이셔츠가 보이고 옆에 계신 것만 봤습니다.

변호사 피고인에게 감시하거나 지시한 것은 없었죠?

이기주 없었습니다.

변호사 피고인이 비서실장에게 총을 뺏겼다고 했는데, 그 총 안에는 실탄이 남아 있었나요?

이기주 있는지 없는지 생각을 안 해봤습니다.

변호사 검찰신문에서 만찬 시 방 안은 어두웠다고 했는데, 복도도 어두웠나요?

이기주 만찬석과 마루도 굉장히 어두웠습니다. 현장검증 때 보니까, 마루에 연못도 있고 층계도 있었는데, 그날은 아무것도 못 봤었습니다.

변호사 그때 피고인이 보기에는 각하가 완전히 돌아가신 것으로 느꼈나요?

이기주 들어가서 각하 몸에 대해서는 보지를 않았습니다. 남 사무관이 일으키길래 그냥 같이 따라서 옆에서 일으켜서 서영준에게 업혀서 따라 나갔을 뿐, 얼굴 같은 것도 일절 안 봤습니다.

변호사 김계원 피고인이 각하를 완전히 돌아가신 것을 확인하고, 돌아가신 것을 알고 병원으로 후송하는 것 같았나요, 황급히 서둘러 병원으로 후송하는 것 같았나요?

이기주 그런 걸 생각해볼 여지가 없었습니다.

변호사 생각은 못했는데, 각하 돌아가신 것을 확인하는 것은 못 봤죠?

이기주 비서실장님이 마루에 계신 것만 봤지, 그리고 나서는 차에 가서 실은 다음 차에 왔을 때 그렇게 두 번 본 겁니다.

변호사 각하를 병원으로 후송할 때 남효주와 서영준이 들어왔다고 했는데, 그 사람들도 김계원 실장께서 "각하 부상당했어. 어서 들어와" 하는 소리를 듣고 들어온 것 같았나요?

이기주 그 당시에는 남 생각할 여지가 없었습니다.

변호사 각하를 후송한 차는 어디에 서 있었나요?

이기주 현관에서 바로 나가니까 현관 바로 앞에 있었습니다.

변호사 그 차는 궁정동에서 쓰는 차인가요, 대통령 차인가요?

이기주 차에 대해서는 확실히 보지 않았습니다. 밖은 너무 껌껌했습니다. 차 구별도 못 하고, 뒷좌석에 모시니까 비서실장님이 타시고 서영준이 앞에 타고 저는 바로 문으로 뛰어갔습니다.

변호사 피고인은 청와대 병력이 오면 사살하라는 지시를 받았다고 했는데, 만약 경호실에서 각하가 그곳 궁정동에서 살해된 것을 알고 총을 쏘면서 왔다면 피고인은 다른 정보부 경비원과 함께 응사했겠지요?

이기주 먼저 밖에서부터 쏘면서 오면 저희도 같이 쏩니다. 그런데 그 당시에는 무장을 전부 해제하고 문도 고리를 잠가놨던 거 열어놨습니다. 의심 안 받으려고요.

변호사 제가 이것을 묻는 것은, 만약 경호실에서 각하가 궁정동에서 살해당했다는 것을 알았다면 청와대 경호실 병력이 궁정동을 습격해왔겠죠? 그러면 궁정동에서도 같이 응사를 해야겠죠? 그러면 사회 혼란은 가중되겠죠?

이기주 네.

변호사 그것 때문에 묻는 겁니다. 각하를 모시고 간 유성옥으로부터 전화가 왔을 때, "각하 가망 없어. 과장님께 말씀드리라고 했다"고 좀 전에 말했죠? 그때 과장님께 보고드렸나요?

이기주 네, 과장님한테서 전화가 왔었습니다. 별일 없냐고요. 그래서 유성옥이 전화했는데 각하 가망 없다고 한다고 전했습니다.

변호사 어떤 지시를 받지 않았나요?

이기주 지시는 받지 않았습니다.

변호사 보안을 철저히 지키라는….

이기주 그런 건 없었고, 직원들한테 만일 누가 묻더라도 모른다고 그러라고 지시하라고 했습니다.

(이기주 보충신문 –박선호 관련 증언)

강신옥 변호사 박선호 과장이 경호원 처치하라고 명령할 때 바로 가서 사살하라고 명령했나요?

이기주 아닙니다. 후문을 들어가서 후문에서 3~4m 걸어가시면서 그 안에 들어가서는 걸음 템포가 약간 느려졌는데요. 유성옥하고 저하고 양쪽에 서 있는데, 안에서 총소리 나면 주방 안으로 경호원들을 한쪽으로 몰아붙이라는 소리를 들었을 때 처음 들어갔기 때문에, 주방이 어디 있는지도 모르고 경호원들이 주방 안에 있는지 밖에 있는지 모르고 인원도 모르고… 하여간 죽었구나 하는 아찔한 생각밖에 없었습니다. '에이, 죽는 김에 명령이니까 한번 해보자' 하구서, "만약 경호원들이 먼저 총을 쏘면 어떻게 하느냐?"고 물었습니다. 그러니까 그때는 같이 사살해도 좋다고요.

변호사 처음에는 쏘라는 것이 아니고.

이기주 네, 한쪽으로 몰아붙여서 꼼짝 못 하게 하라고 했습니다.

변호사 그 명령 이행은 어떻게 했나요. 총소리가 나서 주방으로 가서 어떻게?

이기주 다른 사람들은 모르겠습니다. 제가 움직인 것밖에 생각이 안 나는데, 후문으로 뛰어들어가려고 보니까 문이 굉장히 좁아 보였습니다. 그래서 저는 언뜻 생각하기에 같이 들어가다가는 넘어질 것 같아서, 그 옆에 요런 저게(손으로 가리킴) 있고 창문이 위에 있었습니다. 그리로 올라가서 보니까 사람이 있었습니다. "꼼짝 마. 손들어"라고 하는데 벌써 막 총소리가 들렸습니다.

변호사 그 총소리는 어디서 난 것입니까?

이기주 그 당시에는 안에서 쏘는 걸로 알았습니다.

변호사 아, 저쪽에서 응사하는 걸로 알았다고요?

이기주 네, 그래서 저는 소리치니까 저를 쏘는 줄 알고서요. 고개를 얼른 숙이면서 속으로 '굉장히 빠르구나' 생각했습니다. 숙이자 바로 불이 꺼졌습니다.

피범벅 된 각하의 얼굴

중정 운전기사 유성옥은 운전수를 찾는 김계원 실장의 부름을 듣고 따라 나가서 대통령 차를 운전해 국군통합병원으로 갔다. 병원에서 본 대통령의 얼굴은 피범벅이었고 심하게 부어 있어서 누군지 알아보기 어려웠다. 병원에서 김계원 실장은 유성옥에게 "보안을 유지하라, 외부 출입 통제하라"는 지시를 내렸다.

(유성옥 피고인 보충신문 – 김계원 관련 증언)

이병용 변호사 김계원 피고인이 지시할 때, 뛰어나와서 빨리 시동 걸라고 해서 건 것이죠?

유성옥 뛰어나오셨는지 어쩐지는 모릅니다.

변호사 서영준이 업고 이기주가 뒤에서 받치고 대통령 승용차의 뒷좌석에 모셨죠?

유성옥 네.

변호사 김계원 피고인이 뒷좌석에 같이 들어가서 자리 잡고 앉았죠?

유성옥 네.

변호사 피고인이 운전하는 운전대 옆에는 경비원 서영준이 오른쪽에 앉았죠? 최초로 총성이 난 뒤 차에 대통령을 모실 때까지 대략 몇 분 정도 걸린 것 같습니까?

유성옥 정확한 시간은 모르겠습니다.

변호사 대략 5분? 10분?

유성옥 5~6분쯤.

변호사 거기서 차로 나와서 중앙청 앞으로 돌아서 군 병원에 갔죠?

유성옥 네.

변호사 청와대 앞으로 가면 더 빠를 텐데 왜 돌아갔나요?

유성옥 어느 쪽으로 가냐고 하니까, 김계원 실장이 좌측으로 가라고 말씀하셨습니다.

변호사 밤에는 바로 중앙청 뒤쪽으로 넘어갈 수 있나요, 없나요?

유성옥 다녀보지 않아서 모릅니다.

변호사 발차해서 병원까지 몇 분이나 걸렸나요? 물론 시계 보고 하는 건 아니니까 대략?

유성옥 모릅니다.

변호사 김계원 피고인이 가는 도중 빨리 가라고 독촉한 일이 있다는데요?

유성옥 한 번 있었습니다.

변호사 병원에 도착해서 군의관이 나와서 진찰했죠? 그에 앞서 김계원 피고인이 "수술 빨리 해야겠다"고 말한 것 못 들었나요?

유성옥 들은 적 없습니다.

변호사 차가 도착해서 각하를 들어서 모시는 일은 피고인은 관여하지 않았나요?

유성옥 제가 문을 열어드리고, 서영준과 비서실장 둘이 들어갔습니다.

변호사 안에 들어가서 "수술 빨리!" 소리를 했는지 안 했는지 모르겠네요?

유성옥 제가 나중에 뒤따라 들어갔는데, "빨리 살려야 한다"는 소리는 한 번 들었지만 수술 빨리하라는 얘기는 못 들었습니다.

변호사 아까 이기주에게서 확인하니까, 궁정동에 전화 보고 내지 연락을 대여섯 번 했다는데요?

유성옥 제가 3번 했고 서영준이 2번 했습니다.

변호사 김계원 실장이 피고인에게 무엇을 지시하고 갔나요?

유성옥 가시면서 여기 보안 문제하고 그 안에 출입통제를 철저히 하라고 하시고, 다시 오신다고 하고 가셨습니다.

변호사 그때가 몇 시경이었나요? 8시 조금 전 아닌가요?

유성옥 잘 모릅니다.

변호사 피고인이 거기 있는 동안 청와대 비서실에 "어떻게 할까?" 하고 전화를 했습니까?

유성옥 전화를 해봤지만 통화가 되지 않았습니다.

변호사 지난번 검찰신문에서 나온 걸로 아는데, 병원장이 전화 수화기를 못 들게 하고 "외부전화는 삼가주십시오" 하고 했다는데 그것은 김계원 피고인의 지시 때문인가요?

유성옥 그렇습니다.

변호사 새벽 2시경 김계원 피고인과 당시 최규하 총리, 국방장관과 서너 분이 그 장소에 오셨죠? 그때 피고인이 맞이했겠군요? 그때 노재현 국방장관이 "너희들은 어디 소속이냐?"라고 물었다는데요?

유성옥 저희한테 물은 게 아니고 비서실장님이 말씀하셨습니다. 비서실 요원이라고요.

변호사 뭐라고요?

유성옥 비서실 요원이라고 말씀하셔서 우리는 잠자코 있었습니다.

변호사 그게 아니고 국방장관이 "너희들 소속이 어디냐?"고 물으니까, "중정입니다"라고 했다고 되어 있는데요.

유성옥 그건 안치실에 들어가서의 일입니다.

변호사 안치실에서 국방장관이 누구에게 물었나요? 서영준에게였나요, 유성옥이었나요?

유성옥 같이 양쪽에 서 있는데 그냥 가운데에서 말씀하셨습니다. 소속이 어디냐고요.

변호사 뭐라고 대답했나요?

유성옥 서영준이 중정 직원이라고 했습니다.

변호사 김계원 피고인은 운전하고 갔던 피고인이 그 당시만 해도 각하의 운전기사로 착각하고 있었다는데요.

유성옥 모르겠습니다.

변호사 비서실장에게, 각하 차는 있고 운전기사가 없으니까 "제가 운전하겠습니다" 하고 보고한 적이 있나요?

유성옥 없습니다.

변호사 각하 차 운전기사든 아니든 "빨리 시동 걸라"고 하니까 한 것뿐이지, "저는 이 차 운전수 아닙니다"라고 한 일은 없습니까?

유성옥 네.

변호사 10월 26일 저녁 7시 전후해서 밖이 어둡지 않나요?

유성옥 어두웠습니다.

변호사 정신 차려서 빤히 보지 않으면 각하 차 운전기사인지 아닌지 분간하기가 쉬웠던가요, 어려웠던가요?

유성옥 어려웠습니다.

변호사 이상입니다.

김수룡 변호사 피고인은 김계원 피고인이 "운전수, 운전수!" 하고 소리를 질러서 쫓아나갔다고 했죠? 피고인이 쫓아가서 바로 대통령 승용차로 갔죠?

유성옥 제가 주방 쪽에 있었는데 "운전수, 운전수!" 부르기에 나가 보니까 김계원 실장이 대통령 승용차 뒤에서 운전수를 불러서 뛰어갔습니다. 빨리 시동 걸라고 지시를 받았습니다.

변호사 대통령 승용차 열쇠는 차에 꽂혀 있었나요?

유성옥 그렇습니다. 스위치를 찾는 데 좀 시간이 걸렸습니다.

변호사 김계원 피고인 입장에서 보면, 승용차 뒤에서 운전기사를 찾았는데 피고인이 쫓아왔고 빨리 시동을 걸고 밖은 어두우니까 대통령 승용차 운전기사로 알았겠군요?

유성옥 그건 잘 모르겠습니다.

법무사 중복은 피해주세요.

변호사 피고인은 변호인 보충신문에서 비서실 직원인 것처럼 행세한 것은 총리께서 오셨을 때 비서실장이 비서실 직원이라고 했기 때문에 그때부터 비서실 직원인 것처럼 행세했다는데, 국무총리 오기 전에는 비서실 직원처럼 하지 않았나요?

유성옥 병원장이 물었을 때도 "우리 비서실 직원이다"라고 하셨기 때문에 거기서도 비서실 직원으로 알았습니다. 그래서 병원장이 "경찰인가, 뭔가?"라고 물을 때 고개만 끄덕이고 대답은 하지 않았습니다.

변호사 김계원 피고인과 피고인이 같이 있는 자리에서 병원장이 물었나요?

유성옥 들어가시면서 거기 군의관들에게 "우리 직원들"이라고 하고 가셨습니다.

변호사 피고인은 잘 모르는데 그런 것 같아서 비서실 직원처럼 행세했다는 말인가요?

유성옥 비서실장이 그렇게 말하고 갔기 때문에 그렇게 대답했습니다.

변호사 대통령을 모시고 병원으로 갔을 때 시속 몇 km로 갔나요?

유성옥 빨리 간다고 갔는데 정확히는 모르겠습니다.

변호사 피고인이 빨리 간다고 가는데, 김계원 실장이 빨리 가자고 재촉했다는 말인가요?

유성옥 한 마디 하셨습니다.

"각하 모시고 밤새워라"

변호사 후송 도중에 뒷자리에서 신음소리가 났느냐 여부에 대해서 피고인이 대답을 하려고 하는데 검찰관께서 가로막으면서 "그렇게 급하게 달리고 정신이 없을 때는 들을 겨를도 없겠지?" 하니까 "예" 하고 말았는데, 후송 도중 전혀 들어보지 못했나요?

유성옥 전혀 듣지 못했습니다.

변호사 검찰관신문 시 피고인의 표정은 "들었습니다" 하는 "듣…" 소리가 나오는데 검찰관이 가로막았는데, 피고는 지금 전혀 못 들었다고 말씀하시는군요?

유성옥 아닙니다. 그 순간에는 뒤에서 뭐라고 하는지, 신음소리가 나는지 전혀 못 들었습니다.

변호사 병원 도착 후에 각하 얼굴을 보니까 각하 얼굴을 구별할 수 없었다고 했는데, 어떤 점에서 구별할 수 없었나요?

유성옥 얼굴에 피가 많이 묻고 부어 있었고 입을 쫙 벌리고 있어서 누가 봐도 각하라고 인정할 수 없는 인상이어서 저 자신도 확인할 수 없었습니다.

변호사 얼굴에는 총탄이 안 나온 것으로 아는데요?

유성옥 피가 많이 묻었다는 것이지 총탄이 나왔다는 얘기는 아닙니다.

변호사 김계원 피고인이 병원에 도착하자마자 뛰어내려서 수술 준비하라고 고함치는 것을 못 들었나요?

유성옥 못 들었습니다.

변호사 차가 도착하니까, 장·사병을 포함해서 20여 명이 주위에 몰려든 사실 있나요?

유성옥 20여 명은 보지 못했고, 제가 문을 열었을 때는 비서실장이 나오셨고, 서영준이 업고 비서실장님이 뒤따라가시고, 뒤에 사병이 한 사람 따라간 것밖에 못 봤습니다.

변호사 밤에 일반인이 거기 출입하려면 그렇게 순조롭게 잘 안 될 텐데요? 몇 사람이 나와서 확인하고 그래야 될 텐데요?

유성옥 정문에 들어갈 때 말인가요?

변호사 수술실, 병원 안에 들어가서도.

유성옥 20명은 안 되고 군의관 둘인가 하고 사병하고 다른 사병도 있었는데, 전부 내보내고 그 안에는 서너 명 있었습니다.

변호사 내보내기 전에 몇 명 정도 있었나요?

유성옥 그건 잘 모릅니다.

변호사 남은 건 알고 내보낸 건 모르나요?

유성옥 제가 거기에 쭉 있지 않았기 때문에 모르겠습니다.

변호사 남은 사람은 서너 명인데, 나간 사람은 그보다 많았나요, 적었나요?

유성옥 그 상황에서 인원이 많다 적다를 파악할 수 없었습니다.

변호사 김계원 피고인이 다시 청와대로 돌아갈 때 피고인에게 "너희들은 각하 모시고 밤새워라"는 말을 들었나요?

유성옥 밤새우라는 말을 들은 일이 없고 여기서 보안유지하고 외부 전화 관계 통제하고 인원 출입을 통제하라는 지시는 받았지만 밤새우라는 말은 못 들었습니다.

변호사 그때 김계원 피고인이, 피고인이 정보부 운전기사인 줄 알고 보안유지를 시킨 것인가요?

유성옥 저는 우리가 정보부 직원인 줄 알고 계셨던 걸로 압니다.

변호사 그렇게 알았다면, 대통령 승용차 키를 어떻게 갖고 있었는지를 확인했어야 하지 않겠습니까?

유성옥 키는 자동차에 꽂혀 있었고, 제가 뛰어갔을 때는 나에게 "운전기사냐?"고 하면서 시동을 걸라고 했는데 스위치가 어디에 있는지….

변호사 좋습니다. 김계원 피고인을 사적으로 본 적이 있나요?

유성옥 없습니다.

변호사 차로 모셔본 적은 있나요?

유성옥 없습니다.

변호사 가까이서 대화해본 적이 있나요?

유성옥 없습니다.

변호사 피고인이 입었던 옷이나 기타 거기에 정보부 요원이라는 배지나 표시가 된 것이 있었나요?

유성옥 표시는 없고, 주머니에 우리 표찰과 신분증이 들어 있었습니다.

변호사 주머니 속에 든 것 말고요.

유성옥 거기에 핀이 꽂혀 있는 것 외에는 없었습니다.

변호사 피고인이 궁정동 식당에서 총 쏠 때나 불 꺼졌을 때 김계원 실장을 본 일이 있나요?

유성옥 없습니다.

변호사 김계원 실장이 피고인에게 빨리 경호관들 처치하라고 지시하거나 독려하는 소리를 들은 적 있나요?

유성옥 없습니다.

변호사 병원에서 김계원 피고인이 "보안을 유지하라. 외부 출입 통제하라"는 말은 거기 참석한 군의관에게 했나요, 피고인에게 했나요?

유성옥 저한테 했습니다.

변호사 그 당시 그 이야기할 때, 그 자리에는 다른 군의관도 있었죠?

유성옥 있었지만, 조금 나오셔서 말씀하셨습니다.

변호사 문밖이었나요?

유성옥 응급실 문밖이었습니다.

경호실 습격 대비해 시신 옮겼나

변호사들은 김재규 피고인에 대한 보충신문 기회를 요청했으나 군 검찰관은 그에 앞서 김계원에 대한 보충신문을 먼저 진행했다. 검찰관은 총격 당시 현장 상황에 대해 집중 신문을 했고 병원 후송 과정에 대해서도 추궁했다. 김계원은 처음에 김재규가 차지철과 다툼을 벌이다 과실로 대통령을 저격했다고 생각했고 확인사살로 절명한 줄은 전혀 몰랐다고 했다. 빨리 대통령을 병원으로 옮겨서 수술해야겠다는 생각에서 나온 행동이었다고 답했다.

안동일 변호사 유성옥의 국선변호인이 한 가지만 묻겠습니다. 지난번 접견 시-재판이 계속되어서 접견을 못했는데-변호인한테 허리와 다리가 몹시 아프다고 했죠?

유성옥 네.

변호사 귀도 아프다고 하던데?

유성옥 네.

변호사 구속 이후에요?

유성옥 귀는 전에 고막 이식수술을 순천향병원에서 했는데, 지금 현재 염증이 생겨서 잘 못 듣습니다.

변호사 허리와 다리는 어떤가요?

유성옥 허리는 숨을 크게 쉬면 탁탁 막히고 팔은 완전히 시퍼렇게 죽었습니다.

변호사 오른팔이?

유성옥 여기서 보여드리겠습니다.

변호사 그렇구먼. 구속 이후에 그런 건가요?

유성옥 전에는 안 그랬습니다.

변호사 수사기관에서 폭행이나 고문당한 일 있나요?

유성옥 변호사님 상상에 맡깁니다.

변호사 지난번 접견 시 변호인에게 말한 게 사실이지요?

유성옥 네.

변호사 수감 생활하는 데 몸에 지장이 있는가요?

유성옥 네.

변호사 진찰받아보고 싶지요?

유성옥 신청은 해놨지만 아직 못 받고 있습니다.

변호사 이상입니다.

변호사 김재규 피고인에 대한 보충신문 기회를 주셔야겠습니다.

(안동일 변호사에 이어 다른 변호사가 나섰다)

법무사 시간이 얼마나 걸릴지요?

변호사 시간이 좀 걸릴 것 같은데요.

법무사 사실심리를 자꾸 중복하면 제한하겠습니다.

변호사 김계원 피고인과 말이 상치되는 점만 확인하겠습니다. 사실상, 김재규 피고인에 대해서는 변호인 반대신문의 기회-반대신문이라면 어폐가 있겠지만-변호인도 정상과 공소사실에 대해서 직접신문할 권한이 있는데, 사선변호인단에서 심리가 안 되었습니다. 그렇다면….

법무사 예, 드리겠습니다.

검찰관 그러면 검찰 측에서 김계원 피고인에 대해서 보충신문을 간단히 하겠습니다.

법무사 김계원 피고인은 시간이 얼마나 걸리나요?

검찰관 김계원 피고인의 변호인단으로서는 김재규 피고인의 보충신문을 하고 나서 해야겠습니다.

법무사 김계원 피고인 먼저 하세요. 시간이 어느 정도 걸리나요?

변호사 김재규 피고인 보충신문을 하고 난 뒤라야 김계원 피고인을 할 수 있습니다. 김계원 피고인에 대해서는 어차피 다 물었는데, 김재규 피고인의 검찰신문이나….

법무사 알았습니다. 여기 먼저, 다른 변호인들께서.

안동일 변호사 김계원 피고인에 대해서도 김재규 피고인 먼저 신문한 다음에 국선변호인도 하려고 했는데, 기회를 주신다면 김계원 피고인에게 우선 몇 가지만 보충신문하겠습니다.

검찰관 검찰 측에서도 김계원 피고인에 대해서 간단히….

변호사 먼저 검찰에 기회를 주십시오.

법무사 보충신문?

변호사 예.

검찰관 김계원 피고인은 비서실장 당시 경호관을 두고 있었나요.

김계원 처음에는 없다가 10월 중순부터 뒀습니다.

검찰관 비서실장도 경호의 필요가 있나요?

김계원 전에는 필요를 못 느꼈는데, 부산지구에 계엄이 선포된 후부터 비서실에 있는 여러 사람들이 경호관을 데리고 다니는 게 좋겠다고 각하께 보고를 드리고 세 사람을 채용했습니다.

검찰관 이번 거사 때문은 아니고요?

김계원 전혀 관계없습니다.

검찰관 변호인 신문 과정에서 검찰에서 "김재규 피고인 조서는 끝났는데 피고인 때문에 사건 처리가 늦어진다고 해서 김재규 피고인 진술대로 했다"고 진술한 적이 있는데, 검찰에서 그랬나요?

김계원 아닙니다. 제가 그렇게 말했으면 죄송합니다. 수사 과정에서 다른 피고인들과 제 진술이 일치되지 않는다고 수사관들이 대단히 고통을 받고 있길래 제가 "그건 대단한 문제가 아니니까 그쪽 사람들 말과 일치시키십시오"라고 말한 것이 수사 과정에서 한 진술인데, 그것이 검찰에 와서 그대로 된 겁니다

검찰관 검찰이 그런 것이 아니죠?

김계원 아닙니다.

검찰관 각하 마중 시에 수행원이 누구누구였나요?

김계원 차지철 경호실장, 각하를 항상 수행하는 조수석에 앉는 경호관 한 사람뿐이었습니다.

검찰관 그때 운전기사 얼굴을 못 봤나요?

김계원 각하 운전수는 통상 차가 도착하든지 출발하든지 하면, 각하 타시기 전에 먼저 승차하고 있고 각하가 하차하셔도 차에서 내리지 않습니다.

검찰관 만찬 분위기를 돌리려고 삽교천 얘기를 했다는데, 오히려 김재규 피고인으로부터 들은 말이 있어서 일부러 위장하기 위해서 그런 것 아닙니까?

김계원 위장하기 위해서 그랬다면 제가 김재규에게 술을 권하지도 못했을 것이고, 권하니까 김재규는 제게 스트레이트로 권하기에 기분을 어떻게 좀 부드럽게 해보려고 스트레이트로 그대로 받아서 마셨습니다.

검찰관 1발을 맞고 방 밖으로 나올 때 차지철이 "경호관, 경호관!" 하고 나오는 소리는 못 들었나요?

김계원 못 들었습니다.

검찰관 1차 김재규 피고인이 차지철 실장에게 발사할 때 차지철 실장이 반항하는 흔적은 못 들었나요?

김계원 못 들었습니다.

검찰관 못 봤나요, 눈치도 못 챘나요?

김계원 못 봤습니다.

검찰관 변호인 신문에서, 각하가 피하는 것 같았다고 얘기를 하셨죠?

김계원 네.

"각하 신체는 병원장이 보면 안다"

검찰관 나중에 증인이 나오겠습니다만, 피하는 사람이 그렇게 옆으로 스르르 쓰러지는 식으로 피하는 사람이 있나요? 그렇게 동작이 느리게 피하는 사람이 있어요?

김계원 총성을 듣고 김재규를 보느라고 눈을 그리로 확 돌렸습니다. 총성 직전에 제가 뭘 하고 있었는지는 모릅니다. 아마도 전면을, 바로 앞에서 앉아서 기타를 치는 것을 보고 있지 않았나 싶은데 기억이 확실치 않습니다. 그래서 김재규 총소리를 듣고 그쪽을 확 보는 순간에, 앞 식탁 저쪽에서 각하께서 엎드리는 것 같은 것이 제 시야에 들어왔습니다. 제가 각하를 주시해본 것은 아닙니다.

검찰관 지난번 변호인 신문에서 쏠 때 각하가 확 피하는 것 같아서 안 맞은 줄 알았다고 진술하셨는데….

김계원 네, 각하가 안 맞은 줄 알았습니다.

검찰관 김재규 피고인이 총 두 발을 쏘고 총이 고장 나서 나갔다가 2차로 뛰어들어올 때, 거기가 양탄자라서 소리가 나지 않았다고 했는데, 현장검증 때 보셨겠지만, 거기는 마룻바닥입니다. 그러니까 그건 근거 없는 소리 아닌가요?

김계원 김재규 피고인이 나갈 때는 봤는데 들어오는 것은 못 봤습니다.

검찰관 아무튼 그게 마루죠? 양탄자가 아니죠?

김계원 그게…. 아, 마루입니다. 제가 착각했습니다. 저는 거기에 빨간 양탄자 깔려 있는 줄 알았었습니다.

검찰관 불 꺼지고 김재규 피고인이 나가는 동안 "각하, 괜찮습니까?" 한마디라도 했나요?

김계원 불 꺼진 동안 그런 얘기 못했습니다.

검찰관 계속 한 번도 못했죠?

김계원 네.

검찰관 변호인 신문 중에서 사회적으로 군대 후배인 김재규 피고인 밑에서 비서실장을 할 수 있겠냐고 했는데, 박정희 대통령 각하도 포병 창설 때는 피고인의 후배였죠?

김계원 창설 때는 그랬습니다.

검찰관 전후가 모순되네요?

김계원 ….

검찰관 병원 후송 도중에 신음소리를 들었나요, 못 들었나요?

김계원 못 들었습니다.

검찰관 가슴에 손을 짚어봤나요?

김계원 가슴에는 못했고 각하 손을 쥐었습니다.

검찰관 맥이 뛰던가요?

김계원 그건 확인 못했습니다.

검찰관 최초의 녹음된 진술을 들어보면 알 거라고 했는데, 검찰 진술에는 얼굴에 두부에 피가 묻은 것을 못 봤다고 그러셨죠?

김계원 차 안에서는 못 봤습니다.

검찰관 그 직후에 나오는데, 최초 진술에 보면 얼굴에 피가 묻어 있는 것이 보였다는 녹음이 되어 있는데 그때의 진술과 상치되는 것이 아닙니까?

김계원 ….

검찰관 그럼 그대로 좋습니다. 중정 식당에 중정 직원 외의 사람도 들어올 수 있나요?

김계원 못 들어오는 걸로 알고 있습니다.

검찰관 대통령 수행원 중 살아남은 사람도 있다고 생각했나요?

김계원 그 당시 경호관이 몇 명이 왔고 몇 명이 죽었는 줄 몰랐습니다.

검찰관 아무튼 대통령 수행원 중 살아남은 사람도 있다고 생각했나요?

김계원 저는 경호관들이 안에만 있는지 밖에도 있는지를 잘 몰랐습니다. 경호관이라고 다 희생되었다고는 생각지 않았습니다.

검찰관 있다면 거기서 죽인 사람과 무슨 총격전이 벌어져야 하지 않을까요?

김계원 저는 각하를 모시고 나올 때까지는 그 안에서 총성이 중정 직원의 일방적인 총성이라는 걸 몰랐습니다. 대통령 경호관들이 전원이 사살됐다는 사실은 그 이튿날 알았습니다.

검찰관 경호관들도 거기서 동조했다고 생각되나요?

김계원 동조가 아닙니다. 했다면 중정 직원과 싸웠겠죠.

검찰관 그러니까 나중에 제압되어서 총격전이 없었기 때문에 일단 전부 처치됐다고 봐야 하지 않겠나요? 각하가 그렇게 됐는데…. 어떻게 생각하나요?

김계원 희생되었든지, 몇이 남아서 도망갔든지 현장에 숨었든지라고 생각했습니다.

검찰관 그러면 유성옥이 대통령의 운전기사라고 생각했다는 것은 어디서 근거한 것인가요?

김계원 각하 차 운전기사를 찾으니까 바로 뛰어나왔고 운전을 하기에 그렇게 알았습니다. 후에 일입니다만, 저도 신기하게 생각했습니다. 그게 각하 차인데 키는 어디서 나왔고 어떻게 자기가 가지고 운전을 했는지…. 그다음 날 유성옥이 중정 직원인 것을 알고 저도 참 기이하게 생각했습니다.

검찰관 어디로 간다고 얘기했나요? 거기 있는 사람들에게?

김계원 안 했습니다.

검찰관 이런 사고가 나면 부근 경호실에서 경호관들이 달려들 거라는 걸 예상 못했나요?

김계원 예상했습니다.

검찰관 그러면 오히려 거기에 각하 시신을 모셔두는 것보다도 군병원으로 옮기는 게 더 안전하지 않았겠습니까? 그렇죠? 경호관들이 습격을 하면 금방 발각되지 않겠어요?

김계원 아니죠, 그건 아닙니다.

검찰관 그럼 넘어갑니다. 대통령 복부에 반점이 있다는 걸 평소에 알았나요?

김계원 모릅니다.

검찰관 군의관들이 얘기하는데 어떻게 점 있는 걸 봐서 안다고 얘기하셨나요?

김계원 이튿날 원장이 얘기해서 알았습니다.

검찰관 그렇죠, 그 이후죠? 그 당시에는 몰랐죠?

김계원 각하 신체는 병원장이 보면 대번에 압니다.

검찰관 죽은 사람을 수술만 잘하면 살릴 수 있나요, 그런 명의가 있는가요?

변호사 검찰관의 신문에 이의 있습니다. "죽은 사람을 살릴 수 있는 의사가 있느냐 없느냐"는 피고의 신문 사항으로서는 적절치 않은 신문으로 생각합니다.

검찰관 어떻게 생각하나요?

김계원 각하께서 총탄에 맞으셨기 때문에, 그때는 각하가 돌아가신 줄 몰랐습니다. 총탄을 맞아서 외과수술이 필요하다고 생각했기 때문에 수술을 빨리해야 한다고 했던 겁니다.

검찰관 이미 5분 전에 절명하셨다는 말을 들은 후, 살려봐달라고 했죠?

김계원 그건 그 전 얘기입니다.

검찰관 각하 입원실로 모시라고 할 때, 병원장이 절대로 안 된다고 할 때, 왜 각하 시신이라고 말 한마디만 하면 금방 해결이 될 텐데 왜 자꾸 그런 얘기만 했나요?

김계원 저는 원장이 각하인 줄 알고 그러는 줄 알았습니다. 각하 시신을 원장이 보고 모를 리가 없습니다.

검찰관 전 국무총리에게 김재규 피고인이 범인이라고 하지 않은 이유는, 변호인 신문 중에서, 육본 총장실에서 혁명 운운할 때까지는 의도적 사살로 보지 않아서 사실만 보고했다고 했는데, 그 직전에, "어떻게 각하까지 그렇게 했어?"라는 얘기는 어떻게 된 것입니까? 그건 이미 알고 있는 얘기 아닙니까?

김계원 김재규를 만나서 그렇게 물은 것은 김재규 자신이 각하가 돌아가신 것을 모르고 있는 줄 알고 그렇게 말했습니다. 각하를 의도적으로 그렇게 했으리라고는 생각지 않았습니다. 총리께도 차지철과 김재규가 싸우는데 김재규가 쏜 총에 각하가 맞아서 돌아가셨다고 보고드렸는데, 허위보고 아닙니다.

검찰관 혁명 운운 이전에, 왜 "각하까지 그렇게 했냐?"고 얘기하지 않으셨나요?

김계원 각하가 돌아가셨으니까 "각하를 왜 그랬냐?"고 물었습니다. 그랬더니 김재규가 "알고 있습니다" 하면서 혁명 운운하기에, '아, 문제가 다르구나' 하고 느꼈습니다.

검찰관 부주의로 사람이 다쳤을 때, 각하가 김재규 피고인의 잘못 쏜 총에 맞았다고 할 때, "왜 각하까지 그렇게 했어?"라는 것이 통상 쓰는 얘기입니까?

김계원 통상 있을 일이 아닙니다. 상상을 초월한 일이 일어났으니까… 그때의 말 한마디 한마디를 집어서 따지면 이상하지만, 그때는 하나도 이상하지 않았습니다.

검찰관 차지철 실장과 각하는 앉은 방향이 전혀 달랐죠? 차지철 실장은 왼쪽 모서리에 앉고 앞부분에 각하가 앉았죠?

김계원 네.

검찰관 김재규 피고인은 바로 옆에 있었죠?

김계원 네.

검찰관 만약 두 사람이 총격전을 했을 때, 잘못해서 맞을 가능성이 있나요?

김계원 있습니다.

검찰관 변호인 직접신문 당시, 그 얘기를 직접 하지는 않았지만, 뒤앙스로 봐서 눈물을 흘린 자도 있었다고 했는데, 이미 그런 걸 알았다면, 각하가 서거하셨다 얘기해도 아무 혼란이 없지 않겠나요?

김계원 청와대 비서관들·법무장관·내무장관이 왔는데, 차마 각하 서거하셨다는 말은 말씀드리지 못했습니다. 총리께만 말씀드렸습니다.

검찰관 청와대에서 육본에 전화를 할 때 "이리 오시오" 했을 때 무슨 체포할 준비라도 하고 오라고 했나요?

김계원 저 혼자서 중정부장을 어떻게 체포하겠습니까마는 김재규가 이미 육본에 있으니까, 육본에 가면 거기서 체포하는 것은 제가 체포 준비를 따로 하지 않더라도 가능한 문제라고 생각했습니다.

검찰관 청와대로 오라고 했을 때, 오면 어떻게 하려고 했나요?

김계원 온다면 자기가 자수하러 올 것으로 판단했습니다.

검찰관 대통령을 살해한 사람이 자수할 것으로 생각했나요?

김계원 사실, 오라고 했을 때는 자수할 가능성이 있다고 봤습니다. 혁명 같은 것은 전혀 생각지 못했습니다. 각하가 돌아가셨다고 하면, 각하와의 관계라든지 김재규의 성격으로 볼 때 떳떳이 자수하고 나올 사람으로 봤습니다.

검찰관 이상입니다.

중정부장과 경호실장의 갈등은 높아만 가고

청와대 경호실장 차지철은 월권을 많이 한 것으로 정가와 군부에 소문이 나돌았다. 야당에 대한 회유나 막후조정 등 정치공작은 비밀업무였지만 중앙정보부장 소관 사항이었다. 그러나 차지철은 1979년 5월의 신민당 전당대회나 김영삼 총재의 국회 제명 등에 개입했다. 순수한 경호책임자였다면 알지도 못하고 할 수도 없을 정치공작을 그는 즐겨 했다. 자신이 국회 외무위원장까지 역임한 중진 정치인이라는 것을 과시하려는 욕심도 작용했다. 차지철의 이런 월권행위는 김재규를 자극했고 중정부장으로서 자기가 행사할 임무에 침범당했다는 데 대해 매우 못마땅하게 생각하고 있었다.

안동일 변호사 김재규 피고인을 신문하고 나서 했으면 좋겠지만 사정이 이렇다면, 몇 가지만 묻겠습니다. 김계원 피고인에게 김재규 피고인의 국선변호인으로서 몇 가지 묻겠습니다. 평소 약주 좋아하십니까? 주량은 양주로?

김계원 그날그날 상태에 따릅니다만, 대개 공복 때면 한 병의 5분지 1이나 4분지 1 마시면 취합니다.

변호사 기록에 보면 청와대 오셨을 때도 주기가 있으셨다고 기록되어 있는데, 당시 어느 정도 자신 것 같나요?

김계원 보통 그런 파티 때는 술을 두 병 준비하는데, 대부분 80~90%는 저와 각하가 마십니다. 그날 사건 날 때까지 한 병 정도는 없어진 것 같습니다.

변호사 제가 정확히는 못 밝혔는데, 한 병하고 조금 더 각하와 실장님이 드신 걸로… 그러니까 반병은 드셨겠군요?

김계원 각하도 퍽 기분이 좋으셨고… 저는 각하하고 대작을 하는데, 김재규 피고인이 스트레이트를 줬기 때문에 제가 조금 더 마셨을 줄 압니다만, 각하 앞이니까 정신을 차리느라고 그때까지는 실수 없이 지낸 것으로 압니다.

변호사 스트레이트로 김재규 피고인이 건넸을 때가 총성 나기 직전이었던가요?

김계원 훨씬 전입니다.

변호사 지금 생각하면, 반병 이상은 드셨겠네요?

김계원 반병이라면 끔찍합니다만, 한 병 이상 없어졌다면 그렇게 되겠죠.

변호사 5분의 1이 주량이신데 반병이면 그날 상당히 과음하신 편이네요?

김계원 각하도 평소보다는 많이 하신 걸로 압니다.

변호사 피고인에게 묻는 겁니다.

김계원 저도 그런 자리에서는 평소보다 조금 많이 마신 것 같습니다.

변호사 분위기도 화기애애해졌는데, 갑자기 돌발사태가 벌어졌는데, 술을 한창 자셨을 텐데, 그때 김재규 피고인이 뭐라고 하면서 총을 빵빵했는지 잘 기억이 납니까?

김계원 그 당시를 기억한다면, 김재규가 나갔다 들어오면서 소리를 지른 것 같습니다. "차지철 이놈아!" 거기에 중복되게 차지철이 "김 부장 왜 이래?" 하는 소리와 각하께서 "이거 무슨 짓들이야?" 이 세 가지 말이 중복되면서 총성이 난 것 같아요.

그런데 지난번 현장검증 때, 김재규나 다른 증인들이 전부 김재규가 앉아서 두 발을 다 쐈다고 했습니다. 나는 분명히 서 있는 것을 봤는데…. 그래서 저를 수사하던 수사관이 각하의 총의 사입구를 보고 줄을 갖고 재보더니 이건 틀림없이 서서 쏜 것이다 해서 김재규도 그 자리에서 본의 아니게 둘째 발은 서서 쐈다고 시인한 것으로 생각됩니다. 세 사람이 증언했지만, 저는 김재규가 앉아서 쏘지 않았다고 지금도 생각합니다. 다른 증인들이 전부 앉아서 쐈다고 하니까. 제가 뭐….

변호사 왜냐하면 피고인께서 전면을 바라보시고…. 확실한 기억은 아니지만, 기타를 보고 있었던 것 같다고 말씀하셨죠?

김계원 네.

변호사 그 당시 기타 소리도 나고 또 문에서 들어오는 것을 전혀 볼 수 없는 위치인데, 옆에 와서 앉았는지도 잘 모르는 건데. 더욱이 기타 소리도 나고 그 갑작스런 돌발사태가 일어나는데, 왜 이런 말씀을 묻는가 하면, 김재규 피고인은 세 마디는 다 맞다. "각하 잘 모셔." "각하, 정치를 대국적으로 하시오." "이 버러지." 이렇게 세 마디라고 하고 피고인은 "차지철 이놈아!" "김 부장, 왜 이래?" "그 무슨 짓들이야?"가 나왔는데, 그 당시 김재규 피고인은 술을 거의 안 했다고 되어 있고 피고는 평소 주량보다도 과음을 하셨다는데, 더구나 청와대 가셨을 때도 주기가 상당히 올라 있었고… 그렇다면 혹 기억을 잘 못 하시는 게 아닌가 해서 묻습니다.

김계원 지금도 김재규가 서서 쏜 것으로 알고 있습니다. 현장검증 때 증인들이 다 앉아서 쐈다고 하니까, 그것도 김재규는 두 발 다 앉아서 쐈다고 했는데, 각하 맞은 것은 서서 쏜 것으로 정정이 됐습니다만, 그때 술이 취해서 그런지 모르지만 저는 지금도 김재규가 서서 쏜 것으로 기억합니다.

변호사 지금 서서 앉아서를 묻는 게 아닙니다.

김계원 말도 제가 말한 것밖에 기억나지 않습니다.

변호사 그렇게 기억을 하시는데, 그 당시 약주를 많이 드셨다고 하셨죠? 사건 이전의 대화 내용은 김재규 피고인과 거의 일치하는데, 그 이후부터의 대화, 전화라든지 좀 일치하지 않는 부분이 있고 그중에도 제일 일치하지 않는 부분이 총성 울리기 직전의 목소리 세 마디가 어떻게 한 마디도 같지 않은가, 혹시 기억을 잘못하신 게 아닌가 해서 묻는 겁니다. 이상입니다.

신호양 변호사 김재규 피고인을 위한 국선변호인으로서 피고인에게 몇 말씀 드립니다. 김재규 피고인과 피고인은 옛날부터 접촉이 많아서 잘 아는 사이죠? 김재규 피고인의 성격을 어떻게 평하겠습니까?

김계원 남의 성격을 표현하는 데는 여러 방법이 있겠는데, 이 사건과 관련해서 생각해보면, 자기 자신 생각에는 정의감이 강하고 남자답다고 자부심을 갖고 있는 사람으로 봅니다.

변호사 유신헌법이 나온 이후, 김재규 피고인과 유신헌법이나 민주주의에 대해 논의한 사실이 있나요?

김계원 없습니다.

변호사 김재규 피고인이 개인 목적을 위해서 이권 운동에 개입한 적이 있나요?

김계원 잘 모릅니다.

변호사 차지철 실장과 암투가 많았다고 하셨는데 어떤 종류의 암투인가요?

김계원 암투라기보다도, 지난번 검찰관 신문 때도 말씀드렸지만, 차지철 실장이 자기 본연의 임무가 아닌 정치 문제에 많이 개입했습니다. 이것은 본래 중정의 사명입니다. 이런 점으로 볼 때, 중정부장으로서는 자기가 행사할 임무에 침범당했다는, 상당히 못마땅하게 생각하는 면이 있었습니다. 직접적인 면에서 그렇고, 차지철 실장의 개인적 성격 면에서 각하를 친근히 모시는 사람으로서 태도가 거만하다든지 연장자나 상급자에 대해서 언어·행동이 과히 좋지 못하다든지 하는 점에서 과히 좋지 못하게 생각했습니다.

변호사 그런 사유를 가지고, 각하 앞에서 경호실장을 권총을 발사해서 죽일 만큼 심각한 상태라고 생각했나요?

김계원 본 피고인과 수차 차지철 실장의 행동에 대해서 못마땅하다는 얘기를 주고받은 적이 있었습니다. 그럴 때마다 김재규 부장은 "저놈을 처치해야지, 그냥 놔뒀다가는 각하 눈을 흐리게 한다. 여러 가지로 좋지 않다"는 말을 했었습니다. 적절한 시기에 각하께 말씀드려서 월권적 행동을 못 하게 한다든지, 혹은 본인에게 주의를 주게 한다든지 이런 방법을 취하게 하자는 의미에서 본 피고인과 김재규는 수차 이야기를 했었습니다. 이것이 각하를 가장 가까이 모시는 사람이 각하 면전에서 총격전으로 상대방을 사살한다는 것은 전혀 생각지 않았습니다.

변호사 피고인의 검찰 진술에 "차지철을 살해해서 목숨을 부지할 수 없으니까 각하까지 살해한 것 같다"라고 되어 있는데, 각하의 측근들이시고, 각하를 모시는 분들이 각하 앞에서 총격전을 벌여가면서 자기와 암투의 대상을 과연 쏠 수 있는가요? 피고인의 진술이 좀 이상해서 다시 물었습니다.

김계원 그때 검찰관에게 이렇게 말씀드린 것 같습니다. 김재규가 "민주 회복이다. 혁명이다" 하는 것은 이번에 공소장을 보고 처음 알았습니다. 김재규가 각하를 살해하고 혁명을 꿈꿨다는 것은 이번 사건이 나고 육본에 가서 처음 알았습니다. 처음에 생각했을 때는 사건 나기 직전에 정치 화제가 김재규로 하여금 상당히 홍분되도록 했던 것이….

신호양 변호사 술자리가 각하 앞에서 차지철을 죽일 정도로 감정이 격했나요?

김계원 분위기 전체가 그렇지는 않았지만….

변호사 사람을 죽일 정도로, 총격전을 벌여서 죽일 정도로 단순히 개인감정이 그렇게 고조되어 있지는 않았겠죠?

김계원 바로 직전에 정치 문제 얘기가 나왔을 때 김재규는 상당히 흥분되어 있지 않았나 생각됩니다.

변호사 긴급조치 9호를 폐지하고 10호를 대안으로 내놓는다고 대통령 집무실과 육본 B-1 벙커 안에서 두 번에 걸쳐서 건의했다는 진술이 있는데 내용 잘 아십니까?

김계원 긴급조치 10호에 대한 얘기가 두세 번 있었던 것은 알고 내용은 잘 모릅니다.

변호사 긴급조치 10호 내용이 무엇을 포함하는지는 잘 모르시죠?

김계원 잘 모릅니다.

변호사 금년도 4월달에 중정부장을 교체한다는 풍문이 각하 측근에서도 있었나요?

김계원 없었습니다. 다만, 이건 있습니다. 김재규 피고인이 본인에게 "언제든지 정보부장을 그만두는 시기가 언제인지 실장께서 보셔서 적절한 시기가 판단되면 사전에 제게 이야기해주십시오" 라는 얘기는 본인에게 몇 번 한 일이 있습니다.

변호사 각하가 싫어하는 눈치가 있으면 언제든지 사표 낼 준비는 되어 있다는 의도죠? 각하께서 '너 사표 내라. 사표 냈으면 좋겠다'는 의중을 비춘 사실은 없었죠?

김계원 그건 아닙니다.

변호사 "나는 하면 합니다"라는 문구를, 김재규 피고인이 거사 뒤 나오면서 피고인에게 했다고 하는데 그 말은 피고인이 주로 쓰는 용어라는데 김재규 피고인은 쓰지 않는다는데, 피고인은 평소에 이런 말을 수시로 잘 쓰시나요?

김계원 나는 그런 용어 써본 적이 없습니다.

변호사 과거에도 이런 말 잘 안 쓰셨나요?

김계원 네, 내 주위 사람들이 내가 그런 말 쓰는 것 들어본 일이 없을 것입니다.

변호사 김재규 피고인의 평소 생활 태도는 어땠나요? 부유한지, 검소한지?

김계원 저하고 가깝지만 사생활은 전혀 모릅니다. 내가 김재규 집에 가본 일도 없고 그 사람이 내 집에 와본 일도 없습니다.

변호사 한 말씀만… 그날 술좌석에서의 총격 사고는 분위기가 격화되어서 감정에 못 이겨서 경호실장 한 사람만 제거하기 위해서 총격했다고 볼 수 있나요, 없나요?

김계원 지금 와서는 뭐라고 말씀할 수 없습니다. 각하를 살해했는데 어떻게 경호실장만 목표로 했다고 말할 수 있나요?

변호사 유성옥 피고인을 위해서 한 마디만 묻겠습니다. 병원에서 나오시면서 보안유지와 외부인사 출입 통제를 지시하고 나오셨다고 하는데, 아무 목적이 없고 각하가 살해되니까 외부로 누설되면 어떤 사태가 돌발할지 몰라서 우선 보안을 유지를 위해서 그런 지시를 한 것이지 특별한 다른 의도가 있어서는 아니겠죠?

김계원 변호사님 말씀 그대로입니다. 정부에서 어떤 대책을 강구해서 발표되기 전에 이것이 일반인의 입을 통해 밖으로 새나가면 여러 가지 혼란이 올 것 같아서, 정부가 발표할 때까지는 각하가 서거하셨다는 것이 밖에 알려지면 안 되겠다고 생각해서 보안유지를 시켰습니다.

변호사 유성옥도 그런 의도로 받아들였겠죠?

김계원 그럴 겁니다. 제가 그다음 날 아침 2시에 국무총리를 모시고 갔을 때까지는 부끄러운 말씀입니다만, 유 피고인을 각하 운전기사인 줄 알았습니다.

변호사 한 마디만 더 묻겠습니다. 김재규 피고인의 제씨 문제로 각하로부터 친서나 경고를 받았다고 하는데, 그 내용에 대해서 알고 계신가요?

김계원 모릅니다. 언젠가 각하께서, 아, 김재규가 본인에게 그런 말을 한 일이 있습니다.

변호사 김재규 피고인이 중정부장으로 있을 때 각하로부터 친서나 경고를 받은 것은 그때 한 번뿐이죠?

김계원 친서를 받았다는 얘기가 아니고, "누가 모함을 했는지 각하로부터 주의를 받았다" 하는 말을 저에게 한 일이 있습니다.

변호사 개인 신상 문제로 친서를 받은 것은 그것 한 번뿐이죠?

김계원 신상 문제와는 무관합니다.

법무사 보충신문하시죠.

변호사 김재규 피고인을 하고 난 다음에 하겠습니다.

검찰관 재판장님, 오늘 증인신청을 미리 해놓겠습니다.

김홍수 변호사 김계원 피고인의 변호인 김홍수입니다. 두 말씀만 여쭙겠습니다. 각하 계셨던 방에 계셨기 때문에 차지철이 총에 맞아서 비서실장께서 각하를 모시고 갈 때까지 차지철의 총 맞은 후의 동태를 기억하시겠어요?

김계원 전혀 기억 못 합니다. 듣기에는 차지철 실장이 손에 총을 맞고 변소에 들어갔다가 다시 튀어나오다가 김재규와 부딪쳐 싸우다가 총을 맞고 쓰러졌다는 얘기인데, 저는 그때 밖에 나와 있어서…. 다른 피고인이 한 얘기를 제가 들었습니다.

변호사 실장님께서는 그걸 보셨나요?

김계원 각하 모시고 나올 때, 방에 들어갈 때, 차 실장 넘어져 있는 것을 발로 넘어서 들어갔지만 얼굴은 보지 못했습니다.

변호사 "얘들아, 이리 오너라. 각하를 모셔야지" 그래서 누군지는 모르지만 총을 들이대서 총을 뺏지 않았어요? 그 시간이 발포 후 몇 분 후인가요?

김계원 이번 공소장에 보니까 사건이 오후 7시 40분부터 43분까지 3분간에 일어난 것으로 되어 있지만, 제 판단으로는 3분이 아니라 30~40초 사이에 일어난 일이 아닌가 싶습니다. 그 뒤 어느 피고인이 확인사살이다 뭐다 하는데 이것까지 하면 시간이 더 오래 걸리겠지만, 처음에 김재규가 제1탄을 발사하고 각하를 모시고 나올 때까지 합해서 2분, 다 합해서 3분… 총을 쏘고 한 일은 30~40초간에 다 일어난 일이 아닌가 생각됩니다.

변호사 각하를 모시고 나온 것이 2~3분 후라는 얘기군요?

김계원 바로 직후지만, 역시 밖에 나가서 자동차 시동 걸고 사람 불러서 모시고 업고 나가고 하니까 그런 것이 아무래도 1~2분 걸리지 않았겠나요?

변호사 각하를 방에서 자동차에 태울 때까지 2~3분밖에 안 걸렸단 말입니까?

김계원 네.

변호사 이상입니다.

증인은 현직 대통령부터 술 시중든 여인까지

이어지는 공판에 대비한 검찰 측과 변호인단의 증인 신청이 진행되었다. 검찰은 대통령 유해를 진단한 병원장 및 군의관 2명, 그 밖에 손금자(가명, 가수)·정혜선(가명, 여대생)·남효주·서영준 등 사고 현장에서 살해 현장을 직접 목격하거나 피해를 입은 피해자들을 증인으로 요청했다. 변호인단은 현장에 있던 손금자 외에 최규하 전 총리 겸 현직 대통령과 노재헌 국방부 장관, 박 대통령의 병원 후송에 관여한 서영준 등이었다. 연회 현장에서 술 시중을 들다가 살아남은 손금자와 정혜선은 꼭 필요한 증인이었고, 시해 후 상황에서 김계원의 보고를 확인하기 위해 현직 대통령과 장관까지 소환된 셈이었다.

검찰관 내일에 대비해서 증인신청을 미리 해놓겠습니다. 김 과장, 이거 좀….

법무사 변호인단에서 뭐 증인신청이라든가 써오신 거….

안동일 변호사 검찰관님의 입증사항 제시를 보고 나서 신청하겠습니다.

법무사 써오신 거 있으면 제출….

변호사 지금 써올 수야 없지요. 검찰관이 입증을 한 다음에 변호인이 하는 거 아니겠습니까?

법무사 내일 아침까지 제출….

변호사 법무사님, 김계원 피고인을 위해서는 김재규 피고인에 대한 관련 신문하고 난 다음에 김계원 피고인에 대한 보충신문의 기회를 좀 주셔야겠습니다.

검찰관 지금 증인으로서는 사고 현장에 있었던 사람 5명, 병원에서 대통령 유해를 진단한 병원장 및 군의관 2명, 성명 남효주·김용남·신재순·심민경·서영준·김병수·송계용 이상 7명, 입증 취지는 1번 남효주부터 5번 서영준까지는 사고 현장에서 살해 현장을 직접 목격하거나 피해를 입은 피해자들입니다. 그 외에 병원장 김병수 준장·송계용 군의관은 대통령 유해를 직접 검진하고 그 후에 서울지구병원에서 피고인 등의 범행을 직접 목격하거나 연락한 사람들입니다. 입증 취지 이상입니다.

변호사 입증사항을 좀 더 분명하게….

법무사 이거 한 부씩 드립니다.

변호사 보충신문 마치기 전에 변호인 측의 증인신청할까요?

법무사 있으면 제출해주세요.

변호사 지금 검찰관께서는 요목을 내신 이 기록도 당 재판부에 현출하시는 거죠?

검찰관 예, 기록과 기타 증거도 변호인들이 만일 제출을 원한다면 보충신문 이전에 제출할 수 있습니다.

변호사 검찰관께서 제출하는 것으로 전제하고 검찰관 제출 기록 중 김계원 피고인으로서는 피고인 김계원의 검찰관이 작성한 피의자 신문조서의 진정 성립만 인정하고 나머지 모든 증거에 대해서는 동의하지 않습니다. 그리고 검찰관께서 증거신청을 했기 때문에 김계원 피고인을 위해서 증거신청을 하겠습니다.

변호사 지금 증거조사하시는 단계입니까?

법무사 우선 제출만 받겠습니다. 신문이 다 끝나야….

변호사 아, 소송경제상 제출을 해달라….

신호양 변호사 먼저 증인으로서 전 총리이신 최규하 현 대통령. 입증 취지는 피고인이 최초로 총리께 보고한 내용이 허위인지의 여부. 둘째 김재규 피고인이 청와대로 들어오지 못한다는 이유가 "경호실이 무서워 들어오지 못하는 것 같으니 육본으로 가십시다"라고 말했는지의 여부. 셋째 이재전 경호실 차장에게 경계만 하고 병력 출동을 하지 말라고 한 것은 밤중에 상호 충돌을 염려한 것인지의 여부. 이상이 최규하 전 총리를 증인으로 신청하는 입증 취지입니다.

두 번째 증인 노재현·정승화 입증 취지는 김재규 피고인이 범인이라는 고지를 김계원 피고인으로부터 받았는지의 여부, 그가 무장하고 있으니 날쌘 몇 사람을 시켜서 조용하게 그러나 신속하게 체포하라고 요청한 사실의 유무, 고지 후 빨리 체포되지 않는 것 같아서 초조하다 못해서 재촉까지 한 사실의 유무입니다.

세 번째 증인, 검찰관께서 신청한 것 같습니다만, 청와대의 김 피고인과의 대화 및 김계원 피고인의 지시를 받았다는 유성옥·서영준의 동인에 대한 언동입니다.

네 번째 증인 서영준. 고 박 대통령을 병원으로 모시고 갈 때의 피고인 김계원의 언행입니다.

다섯 번째 증인 심수봉-검찰 기록으로는 심민경으로 되어 있는 것 같습니다, 신재순-만찬석에 동석하였던 여인입니다. 왜냐하면 그 방에 있던 사람 중 살아 있는 사람은 김재규 피고인과 김계원 피고인 둘뿐인데 이 여자들만이 그 당시의 상황을 말할 수 있지 않겠습니까?

그 두 증인은 김재규 피고인이 각하와 차 실장으로부터 힐책 및 면박을 받았는가의 여부, 김계원 피고인이 정치 이야기를 비정치 이야기로 돌리려고 하였는지 여부, 김계원 피고인이 주로 대통령과 대작하여 그날 술을 많이 들었는지의 여부, 김재규 피고인이 범행 직전 김계원 피고인을 쳤는지, "각하 잘 모십시오." "각하 정치를 대국적으로 하십시오"라고 했는지 아니면 "차지철 이놈아!" "김 부장 왜 그래?" "이게 무슨 짓들이야?"라는 3인의 말과 거의 동시에 총성 2발이 났는지 어느 쪽인지 여부, 그 후 김계원 피고인이 김재규 피고인을 밀어냈는지 여부, 또 불을 켜라고 소리쳤는지의 여부입니다.

그리고 현장검증을 신청합니다. 궁정동 소재 중정 식당의 구조, 연회장의 구조, 전기 촉광, 복도의 수와 넓이가 김계원 피고인이 피신하였는지 경호원 사살을 감시하였는지의 판단의 전제이기 때문에 현장검증은 본건 진실 발견의 기초가 될 것으로 생각합니다. 현장검증이 채택되면 좋고 현장의 설명 파악하기 위한 증인으로 현장검증이 채택된다면 좋고, 만약 현장검증이 채택되지 않을 경우에는 증인 남효주를, 즉 중정 식당 사무관을 현장의 구체적인 상황을 파악하기 위한 증인으로 채택해주시고 현장검증이 채택된다면 이 증인은 필요 없습니다.

세 번째로 본 변호인단이 갖고 있는 증거로서 김계원 피고인이 사건 당시 입고 있다가 대통령을 차 안에서 안고 감으로써 피가 묻은 상의 한 점, 둘째는 녹음대-1979년 10월 27일 17시경 청와대 비서실에서 보안사령관 및 수사관 앞에서 사건 경위를 진술한 녹음대-를 증거물로 신청합니다.

특히 본건 증거신청에 있어서 최규하 전 총리는 현재 국가원수이시기 때문에 국가원수를 증인으로 환문하는 것이 예의가 아니라고 귀 재판부에서 보신다면, 귀 재판부 재판장님 또는 법무사와 더불어 말하자면 수명법관 형식의 절차를 밟아서라도 그분의 말씀의 요지가 재판 기록에 꼭 나와야 한다고 생각합니다. 왜냐하면 김계원 피고인이 김재규 피고인을 돕기 위해서 한 것인지 아니면 김계원 피고인으로서는 자기가 처한 상황에서 최선을 다해서 한 것인지의 여부는 오로지 그 어른만이 판단하실 수 있다고 생각되기 때문에 그 어른의 판단, 보고받은 내용이 김계원 피고인의 본건 진실 발견을 위해서는 필요하다고 생각되기 때문에 그와 같이 신청하는 고충이 있다는 것을 참고해주시기 바랍니다.

법무사 다른 변호인은….

안동일 변호사 상 변호인께서 증거조사 단계에 이른 것으로 알고 검찰이 목록을 낸 서증에 대해서 인부를 하셨기 때문에 본 변호인으로서도 인부를 하겠습니다. 김재규·이기주·유성옥에 대한….

법무사 증거조사는 나중에 하십시오. 가지고 계십시오. 채택 여부에 대해서는 나중에 결정하겠습니다. 증거조사가 아니니까.

변호사 위 세 피고인에 대한 검찰관 작성의 피의자 신문조서에 대해 그 진정 성립만 인정하고 나머지 모든 서류는 증거로 함에 부동의합니다. 따라서 검찰관께서 증인신청하신 남효주·신재순·심민경에 대해서는 본 변호인으로서도 같이 증인을 신청하겠습니다. 지금 갑작스런 증거신청을 받기 때문에 내일 아침 서면으로 제출하겠습니다만, 우선 당시 김재규 피고인에 대한 정상과 동기의 점에 대한 입증이 되겠습니다.

증인 현홍주 입증 취지는 긴급조치 9호를 10호로 바꾸라고 지시한 내용을 받은 사람입니다. 그리고 시안을 만든 것으로 참고인 진술서에도 나와 있는데, 그 내용에 대해서 구체적인 것이 안 나와 있습니다.

정상에 관한 증인으로 김학호의 입증 취지는 당시 감찰실장으로서 대통령으로부터 경고 친서를 받은 여부와 그것에 대한 조사 여부에 대해서 공소장 모두 사실에 나와 있기 때문에 묻겠습니다. 그리고 기타 피고의 인격 형성 과정, 사상, 신념에 관해서 정상과 동기의 점에 대한 소정에 의해서 증인신청을 내일 서면으로 내겠습니다. 이상입니다.

강신옥 변호사 박선호 피고인에 대해서는 증거신청할 것이 없습니다.

법무사 나머지 변호인단이 있으시면 내일 아침까지 하십시오.

변호사 박흥주 피고인에 대해서도 별로 없습니다만 총 쏠 때, 뒷문에 갔을 때, 방안이 모두 희고 자기는 사람 같은 거 보지 않고 쐈다고 그러는데, 그 명령을 받고 왔다 갔다 한 자리가 저희들 머리에 잘 떠오르지 않습니다. 김재규 피고인 변호인도 현장검증을 신청했는데, 박흥주 피고인 변호인도 현장검증을 신청하겠습니다.

법무사 오늘 신청만 받는 겁니다. 채택 여부는 나중에 하겠습니다.

변호사 김태원 피고인의 변호인입니다. 김태원 피고인의 공소사실의 유죄 판단의 기준은 오직 시체 검안서에 의해서 사망 시간과 사망 원인을 가리는 데 있습니다. 검찰관이 제출한 증거목록 51호, 시체 검안서 작성자, 52·53·55호 전부 시체 검안서입니다. 그 작성자를 증인으로 신청합니다. 그것뿐입니다.

안동일 변호사 김재규·유성옥·이기주 피고인에 대해서도 현장검증을 같이 신청하겠습니다. 사건 현장뿐만 아니라, 부장 집무실, 대기실, 참모총장과 차장보가 와 있었다는 장소, 그리고 경호원 대기실 모두 포함됩니다. 내일 서면으로 내겠습니다.

검찰관 증거신청에 대한 검찰 측의 이의를 하나 제출하겠습니다. 현 최규하 대통령에 관한 사실은 피고인이 본 법정에서 자백하고 있고 그 사실을 변호인 측에서도 인정하고 있기 때문에 평가 문제만 남아 있다고 생각합니다. 또한 정승화·노재현 두 분은 B-2

벙커 내지 국방부에서의 김계원 피고인의 행동을 입증하기 위해서 하는데, 현재로는 입증이 곤란한 사정이기 때문에 유혁인 전 정무제1수석비서관을 검찰 측의 증인으로 신청합니다.

법무사 변호인단 의견 제출한 거 중에서….

변호사 이제 검찰관께서 변호인의 증거신청 이의를 하셔서, 물론 현재 국가원수를 환문한다는 것은 예의에 어긋난다는 것은 알기 때문에 서면으로 의견까지 붙였습니다. 그러나 그것은 단순한 피고인이 당 공정에서 자백이라고 검찰관께서 보시는데, 저는 자백이라고 보지 않습니다.

허위보고를 했느냐 안 했느냐는 객관적 진실에 맞느냐 안 맞느냐는 것도 있지만, 보고하는 사람의 주관적 인식의 일치 여부도 문제가 되는 것이고, 본건의 경우에 김계원 실장으로서는 대통령이 그와 같은 일이 있을 때 대통령의 권한대행자에게 최초로 보고할 책임이 있는 것이고, 그것을 바로 그분에게 보고했고 그분의 지시를 받아가면서 그분에게 건의해가면서 행동하는 것이 쭉 나와 있습니다.

따라서 그분이 어떻게 보고 어떻게 받아들였느냐 하는 것은 본건 김계원 피고인의 구체적 진실 판단에 있어서는 가장 긴요한 것입니다. 따라서 본건 같은 것은 몇천 년 동안 있을까 말까 한 사건으로서, 말하자면 탑클래스에 있는 분들의 일에 관해서는 그 진실 발견을 위해서는 부득이합니다. 따라서 수명법관으로 해서 가서 저희들이 찾아가 뵙고 여쭙는 한이 있어도 해야만이 김계원 피고인은 자기가 어떻게 한 데 대한 평가가 나올 것으로 생각됩니다.

법무사 그 외에 의견이 없으면 이상으로서 오늘 군법회의를 폐정하겠습니다. 내일 10시에 개정하겠습니다.

9장

승리했으나 포로가 된 장군

7회 공판

12월 15일

군인 김재규

12월 15일 오전, 제7회 공판이 시작됐다. 김재규가 사선변호인단을 거부하여 국선변호인들의 보충신문이 진행되었다. 국선변호인 안동일 변호사는 주로 김재규의 개인사와 삶에 대한 질문을 했다. 이날 답변을 통해 어릴 적부터 군인을 동경했으며 충직하고 올곧게 복무하며 여러 차례 훈장도 받았던 훌륭한 군인 김재규의 삶과 철학을 엿볼 수 있다. 그는 사표를 낸 적이 있냐는 질문에 "내고 싶었지만 그럴 형편이 아니었다"며 건강 악화로 인해 중앙정보부장의 직무를 내려놓고 싶었던 솔직한 심정을 토로했다.

재판장 공판 준비가 끝났으므로 군법회의를 개정하겠습니다. 김재규 피고인에 대한 보충신문부터 시작하겠습니다.

안동일 변호사 김재규 피고인의 국선변호인 안동일입니다. 보충신문에 앞서 어제 증거신청을 구두로 했습니다만 보완하기 위해서 몇 가지만 더 증거신청을 하겠습니다. 증인 남효주, 신재순, 심민경, 서영준, 유혁인에 대해서는 검찰과 공동으로 신청하고 증인 김정섭, 김학호는 그대로 유지하고, 현장검증 신청에 있어서는 사건 현장인 식당 및 본관 대기실 등을 피고인들과 변호인들의 참여하에 검증 재현하여 사안의 진상을 명백히 규명하고자 합니다. 증거물로서는 김재규 피고인에 대해서 정상에 관한 증거물이 되겠습니다. 사진 1매, 김재규 피고인이 건설장관 임명장 수여 시에 대통령 앞에 서 있는 모습입니다. 사진 6매, 김재규 피고인의 붓글씨 내용입니다.

그리고 유성옥에 대해서는 모범공무원 표창 수상 과정 광경인 1978년도의 사진을 제시합니다. 유성옥의 결혼일자가 기년 11월 3일 12시에 서울신문사 3층에서 하기로 예정되어 있는 '알리는 말씀'을, 인쇄물입니다. 정상에 관한 증거물로 내겠습니다.

보충신문에 앞서, 어제도 말씀 올렸습니다만, 공판조서의 열람이 아직도 이루어지고 있지 않습니다. 특히 김재규 피고인에 대해서는 지난번 2차 공판정에서의 진술이 공판조서에 어떻게 기재되어 있는가 내용에 따라서 보충신문을 해야겠기에 보충신문에 앞서서 다시 한번 공판조서의 열람을 정식으로 국선변호인이 신청합니다.

법무사 아직 작성이 안 됐기 때문에 되는 대로 보여주도록 하겠습니다.

변호사 네, 그러면 중복이 되더라도 양해 바랍니다. 우선 정상에 관한 신문부터 김재규 피고인에 대해 하겠습니다.

(김재규 피고인에 대한 변호인 반대신문)

신호양 변호사 김재규·이기주·유성옥 피고인을 위한 국선변호인 신호양입니다. 김재규 피고인에 대한 반대신문에 들어가기 전에, 21명의 사선변호인이 퇴정한 후 국선변호인으로서 몇 말씀 올리고 반대신문에 들어가겠습니다. 1979년 10월 26일 각하 살해사건 이후, 국가의 여러 가지가 변모되고 있습니다.

거론도 할 수 없었던 헌법 개정 문제, 긴급조치 9호 위반자들에 대한 구제조치 및 동 법령의 해제 및 정치 문제에 있어서의 제 문제가 변화를 가져오고 있습니다. 이와 같이 국내 및 국외의 여러 문제를 야기했던….

법무사 잠깐, 그게 뭐에 관한 겁니까? 변론은 이다음에 좀….

변호사 변론을 제한하지 말고 동기, 이런 걸 좀 밝히게 해달라는 겁니다. 간단합니다. 1분밖에 안 걸립니다.

대통령 각하 살해는 개인적으로나 공적인 면에서 가까운 사이이며 또한 일생을 군에 바쳐 반공과 국가에 이바지한 측근인 김재규 피고에 의해 이루어진 행위였습니다. 이때까지의 변론 과정에서 엿볼 수 있듯이 본건은 우발범이라기보다는 확신범에 가까운 성격이 있다고 판단됨은 물론, 검찰관 공소장 기재 내용에서 밝혔듯이 목적범으로 규정하고 있습니다. 목적범 내지 확신범은 사건의 동기, 근인(近因)과 원인(遠因), 개인의 성장 과정, 인격 형성 과정, 사상 등이 사건의 진실 여부를 밝히는 데 필수적인 요인이라고 사료됩니다.

그러므로 본 변호인은 사선변호인들의 뒤를 이어 김재규 피고인에 대한 보충신문을 통하여 개인의 성장 과정, 인격 형성 과정과 사상, 신념 등을 통하여 사건의 진실을 밝혀볼까 하오며, 다소 사실과는 직접적인 연관이 없어 보이지만 사안의 실체적 진실 발견에는 절대적인 연관이 있으니 양지하여 주시기 바라며 보충신문에 들어가겠습니다. 보충신문은 국선변호인 안동일 변호사가 직접 하겠습니다.

안동일 변호사 마이크 관계로 앉아서 신문하는 것을 양해 바랍니다. 김재규 피고인에게 몇 가지 묻겠습니다. 제가 묻더라도 재판장님을 향해서 분명히 대답하세요. 보도에 의하면 사선변호인단의 변론을 거부하고 국선변호인의 변론은 그대로 받겠다고 하셨는데, 지금 국선변호인의 신문에 응해서 사실을 사실대로 말씀해주실 수 있겠습니까?

김재규 있습니다.

변호사 국선변호인 접견 시에 이왕 과거지사로 다 흘러간 일이고 이제는 공개적으로 재판을 진행해줬으면 좋겠다는 의견을 변호인단에 요구했는데 사실인가요?

김재규 사실입니다.

변호사 정상에 관해서 몇 가지 묻겠습니다. 육사 2기로 임관했다는데 그때 군번과 성적을 말씀해주세요.

김재규 군번은 10177, 196명 졸업에 14등이었습니다.

변호사 그때 소위로 임관하셔서 첫 근무지와 보직은?

김재규 1947년 12월 14일 소위로 임관해서 대전에 있는 제2연대 중대장 대리로 보직받았습니다.

변호사 소위 때 중대장 대리를 했나요?

김재규 제가 대전에 가는 14명 동기생을 인솔해 갔습니다. 그때는 장교가 모자랐기 때문에 선임장교인 저에게도 소대장을 시키지 않고 바로 중대장 대리 명령이 났습니다.

변호사 중대장 대리 다음에 뭐 하셨어요?

김재규 연대 정보주임을 했습니다.

변호사 그 당시 정보주임은, 당시에 CIC(육군 특무부대) 기능이라든지 다른 기능이 없어서, 정보관계는 총망라하는 임무를 하셨다는데 사실입니까?

김재규 그렇습니다. 그때는 아직 CIC 기능이 편성되기 전이기 때문에 연대 정보주임은 CIC 기능도 같이 수행했습니다.

변호사 연대 정보주임 근무 당시 연대장이 누구였나요?

김재규 김종석이라는 공산주의자인데, 남로당이었습니다. 그 후 처형됐습니다.

변호사 나중에 공산주의자로 노출된 사람이라서 피고인과는 암투가 시작되었고 급기야는 그 사감 때문에 연대장이 쫓아내서 1947년 6월 1일 명예면관이 되어서 군을 떠나셨어요? 제가 알기로는 군에 쭉 계신 줄 알았는데 소위 때 떠나셨네요?

김재규 예, 육군 중위로 진급하는 날 군을 떠났습니다. 사유는 연대장 김종석은 대단히 머리도 명석하고 그런 분이었지만, 이분이 공산주의자였는데, 제가 육사 2기 중 선임장교였기 때문에 저를 포섭하려고 애를 썼습니다. 그런데 제가 포섭되지 않고 거꾸로 연대장께 충고했습니다. 연대장께서 만나는 사람이 전부 좌익 계열 사람들인데, 우리 국방경비대는 불편부당해야 하지 않느냐고 충고했습니다.

연대장은 그때만 해도 자기 신분을 은닉하고 있었습니다. 자기는 가톨릭 신자고 한민당(해방 직후 우익 민족진영의 최대 정당으로 송진우·김성수 선생이 창당했다) 당원이라고 하고 사무실에는 항상 십자가를 걸어놓고 있었는데, 그러나 저에게 자기 신분이 탄로됐다는 것을 알고 그때부터 저를 기피하기 시작했고, 대전에서 군경 축구시합에 충돌사건이 생겼습니다. 사건 당일 날, 제가 일직사령을 했기 때문에 그 책임을 지고 명예면관이라는 이름으로 군대를 그만두었습니다. 그날 일직사령은 사실은 저희 동기생인 박노규였는데, 위경련이 일어나서 병원에 입원했습니다. 저는 오후 2시에 그 일직 완장을 명령 없이 대신 찼는데 그것이 원인이 되어서 그로부터 2시간 후에 생긴 사고로 군대를 그만두게 됐습니다.

변호사 군을 떠난 후에 김천중학교, 대륜중·고등학교에서 체육교사로 2년 있었다는데 사실입니까?

김재규 그렇습니다.

변호사 이때 박선호가 제자였나요?

김재규 제 기억으로는 그때 박선호의 담임을 했던 것으로 압니다.

변호사 박선호가 그때부터 피고인을 존경해왔다고 해서 참고로 물었습니다. 그 후 당시 연대장이 빨갱이라는 것이 밝혀져서 군법회의에서 사형선고를 받았다는데 사실입니까?

김재규 그렇습니다.

변호사 그래서 피고인이 그때 억울하게 군에서 쫓겨났구나 해서 다시 군에 복귀했다는데?

김재규 예, 연대장은 그 후에 남로당 당원이라는 것이 밝혀져서 사형됐습니다. 그 후 그때 그만둔 저의 경우가 억울하다고 해서 육군본부 인사국에서 제게 복직 권고가 왔습니다. 그래서 군을 떠나서 근 2년 약간 넘었다고 생각됩니다만, 다시 군에 복직하게 됐습니다.

"죽을 자리를 잘 찾으라"

변호사 그 후 군에 복직하셔서, 안동지구 공비 토벌, 6·25 사변 중에는 영덕지구 181고지 전투라고 아주 험한 악전고투를 겪으셨다고 하고 또 포항지구 전투 등에도 참가해 혁혁한 무공을 세웠다는데….

김재규 군에 복직해서 22연대 정보주임이 됐고 안동지구 토벌 작전에 참가해서 공비 토벌에 임해서 상당한 전과를 올리고 충무무공훈장을 탔습니다. 그 이후에 25연대, 다시 말해서 안동지구 공비토벌사령부에서 대구에 있던 22연대 제2대대장으로 명령이 났습니다. 바로 명령 나던 날이 6·25 사변이 발발한 날입니다. 그래서 그 2대대를 지휘해서 의정부에서부터 황간 전투까지 계속 혈전하면서 황간까지 내려왔는데, 그동안에 수많은 저의 부하를 희생시켰고 악전고투를 했습니다.

황간에서 기차로 대구로 이동해서 비로소 원소속인 3사단에 복귀했는데, 그때 3사단이 동해안에서 전투를 하고 있어서 동해안으로 전선이 바뀌어서 영덕지구 전투에 참가했습니다. 여기서 저의 운전병까지도 전부 희생됐습니다. 작전이 다시 불리해져서 포항까지 밀려가서 형산강을 중간에 두고 치열한 전투를 했습니다. 그 후에 유엔군의 본격적인 반격으로 이북으로 진격하게 됐습니다.

변호사 참전 중에 몸이 극도로 쇠약해지셔서 야전병원에 입원한 일도 있었다는데 사실입니까?

김재규 포항 야전병원에 일시 입원한 일이 있습니다. 너무 몸이 쇠약해져서 2주일가량 입원했다가 다시 전선으로 갔습니다.

변호사 그래서 군에 쭉 계시면서 중장까지 진급하셨는데, 보안사령관도 지내셨고 소위 임관 후부터 6·25 사변에 이르기까지 공산군과 싸우는 데는 그 누구보다도 앞장서서 일하셨다는데 사실입니까?

김재규 우리 국군 장병들이면 누구나 공산당하고 싸워봤지만, 저도 그중 한 사람으로 20대 초반부터 그런 역사가 시작되었죠.

변호사 공산당과의 대결은 무엇보다도 어려서부터 자유를 지켜야 한다는 신념 때문이었다고 생각되는데 사실입니까?

김재규 저는 어려서부터 성격이….

변호사 잠깐, 제가 정리를 해드리겠습니다. 지난번 신문 시에도 나왔는데, 부친으로부터는 자유로운 교육을 받았고 "정의를 위해서는 남아로서 죽을 자리를 잘 찾으라"는 교훈에 힘입어왔다는데 사실입니까?

김재규 그렇습니다.

변호사 국민학교 4학년 때 이런 에피소드가 있었다고 합니다. 왜놈 순사와 싸웠는데, 아버지가 "한 일은 옳다. 그러나 남자가 참을 때는 참을 줄 알아야지"라고 말씀하셨고 "항상 남아가 기가 죽으면 안 된다"라고 하시면서 무척 자유롭게 키우셨다는데, 왜놈과 싸운 것은 무슨 일입니까?

김재규 어릴 때 얘깁니다만, 방과 후에 집으로 오는 동안, 시골에 가면 나무장이 있어요. 지금은 그런 것이 없지만, 경찰관이 나무꾼을 발로 차고 있었습니다. 처음에는 무슨 일인가 해서 구경을 했는데, 나무꾼이 나무 한 짐의 값을 15전이라고 하는데 순사가 5전으로 하라고 하니까 못 하겠다고 해 발로 차고 하지 않아요? 발로 차이고 얻어맞고 하면서 나중에는 5전에 하겠다고 나무장사가 말합니다. 어린 마음에도 그 순사가 하는 짓이 몹시 못마땅해서 일본말로 "이 순사 도둑놈이다"라고 했어요. 그러니까 여길 달랑달랑 들어다가 유치장에 넣었습니다.

유치장에서 한두 시간 있었다고 생각되는데 저의 아버님이 저를 찾아오셨어요. "그런 말을 들어도 참을 줄 알아야지 바로 그 앞에서 그러면 되나? 앞으로는 그런 것을 보더라도 참으라"고 말씀하셨습니다.

변호사 아버님과 피고인은 18년의 차이가 있어서 늘 피고인에게 꿈을 키워주셨고 성격상으로는 군이 생리적으로 맞아서 계속 군에 복무하게 되었다는데 사실입니까?

김재규 저는 군인을 무척 동경했습니다. 어릴 때부터 꼭 군인이 되겠다고 생각했고 제 생리에도 맞아서 군인을 지원했습니다.

변호사 군 복무 중의 훈장·표창에 대해서 몇 가지 묻겠습니다. 안동 토벌 작전에 충무무공훈장 타셨죠?

김재규 네.

변호사 충무무공훈장을 22연대 대대장 하실 때나 부연대장 하실 때도 타셨네요. 세 번 타셨네요?

김재규 예, 그렇습니다.

변호사 보국훈장도 타셨네요?

김재규 예, 보국훈장 1등을 탔습니다.

변호사 을지무공훈장 2개, 그리고 보안사령관 재직 시에 전임자가 간첩을 많이 잡았다고 해서 리본을 달았는데, 그것을 연 4회째나 다는 업적을 남기셨다는데, 리본이란 게 무엇입니까?

김재규 대통령의 부대 표창을 타게 되면 부대 기(旗)에 리본을 하나씩 답니다. 제가 보안사령관을 3년 7~8개월 했다고 기억하는데, 처음 부임하던 해에는 간첩을 하나도 잡지 못해서 그다음 해부터 간첩 잡는 데 주력했습니다. 보안사령부의 대공요원들이 많은 수고를 해서 개가를 올렸습니다. 중정과 보안사령부와 경찰 3개 기관이 간첩 잡는 경합을 합니다만, 보안사령부에서 가장 많이 잡았습니다. 연 3년을 계속 제일 많이 잡았죠.

과거 김창룡 장군 시절에 이승만 대통령의 리본이 하나 있었는데, 그 이후에 제가 그만둘 때까지 3개의 리본을 더 추가해 놓고 떠났어요. 그때 마지막으로 보안사령부를 떠날 때, 보국훈장 1등을 받았습니다. 간첩을 가장 많이 잡았다는 것을 인정해서 제가 받긴 했지만, 저희 대공요원들이 받아야 할 훈장입니다.

변호사 대통령 개인훈장도 3회 이상 있었고, 사우디아라비아 최고훈장은 건설장관 재직 시에 타셨고, 군과 일반의 주요 직위를 거치면서 국가·민족을 위해서 보람 있는 업적을 남겼다고 자부할 수 있는 거 더 생각나는 것 있습니까?

김재규 군에서 말입니까?

변호사 군이나 일반에서.

김재규 특기할 만한 것은 없습니다만, 1974년 9월 14일에 건설부 장관으로 부임해 1차 오일 쇼크 때입니다. 그때 김용환 재무장관이 저에게 돈 3,000만 달러 빌릴 데가 없냐고 하더군요. 왜 그런 정도의 적은 돈이 필요하냐고 했더니, "지금 이자와 원리금을 동시에 상환할 때가 왔는데 외환 사정이 지극히 나쁘다. 바닥이 났다. 어디서든 돈을 빌려왔으면 좋겠다"고 했습니다.

그래서 우리나라의 외환 사정이 지극히 나빠지고 오일 쇼크로 인해서 대단히 어려워졌다는 것을 알고 그때 곰곰이 생각했어요. '우리가 지금 오일 쇼크에 걸린 환자인데, 병이 있으면 약이 있는 법인데 약이 무엇인가? 약은 달러다, 달러는 어디 있나? 산유국에 몰려 있다. 그 외화를 무슨 방법으로 환류해오느냐? 이것만 환류해온다면 활로가 생긴다'는 생각으로 그런 방향으로 검토하고 연구해서 1974년 9월 부임했을 때는 해외 건설 계약고가 1년에 1억 달러가 채 못 되었고 한 8,000여만 달러밖에 안 되었는데, 그 이듬해 1975년도에 해외 건설 목표를 10억 달러로 책정했지요. 그리고 해외 건설에 주력, 10억 달러 목표에 약간 미달했지만 거의 도달했고 1976년도에는 20억 달러를 목표해서 그것을 돌파, 30억 달러까지 올라갔습니다.

1차 오일 쇼크는 해외 건설을 통해서 완전히 극복한 셈입니다. 그것 하나, 건설부 장관으로서의 업적이라고도 할 수 있고 보람이라고도 할 수 있습니다. 그 대가로서 저는 근정훈장을 받았습니다.

변호사 장관 재직 시에요?

김재규 예.

변호사 자유중국 최고훈장도 받으셨다는데?

김재규 사우디아라비아는 사우디 건설부 장관과 한국 건설부

장관이 1년씩 돌아가면서 건설장관 회의를 갖도록 제가 제의해서 이뤄졌습니다. 1차는 한국에서 하고, 2차에 사우디에 갔을 때 사우디 건설장관과의 회의를 마치고 사우디 국왕이 저에게 사우디 최고훈장을 줬습니다. 자유중국에는 작년 초에 가서 최고훈장을 받았습니다.

변호사 박선호 피고인이 진술한 내용인데 "격무에 시달리시고 몸도 약해지고 해서 이 자리를 그만두고 시골에 가서 낚시나 하고 장기나 두면서 지냈으면 좋겠다. 부장 자리는 3년으로 정해져 있는데, 오늘이라도 그만두라면 그만두겠다"는 얘기가 있었다는데, 1978년 4월에는 사표도 낸 일이 있고….

김재규 1978년 4월에요?

변호사 예.

김재규 사표를 낸 일은 없고, 사표를 낼 만한 형편이….

변호사 죄송합니다. 공판조서를 못 봐서 신문을 보고 신문하기 때문에 잘못되었습니다.

김재규 그동안 제가 사표를 낼 수 있는 여건이 되고 모든 문제가 저희가 적극적으로 활동을 안 해도 될 만큼 모든 여건이 됐을지 모르지만, 건강상의 이유로 사표를 내고 싶은 적도 있었지만, 자꾸 거듭되는 일 때문에 사표 내고 나갈 형편이 못 됐습니다. 제 건강이 몹시 나빴던 때가 몇 번 있었기 때문에 개인적으로는 사표를 내고 싶은 때가 여러 번 있었지요.

변호사 정상에 관해서는 이만 마치고 공소사실에 관해서 몇 가지 묻겠습니다. 나머지는 신호양 변호사께서 신문하시겠지만요.

박정희 연금 계획

김재규는 10·26 거사가 결코 우발 충동행위가 아니었다며 유신헌법이 선포된 직후인 1972년 11월 이미 박 대통령을 연금하고 하야를 권고하려 했다고 말했다. 당시 김재규 피고인은 3군단장이었다. 유신헌법을 구해 읽어보니 완전히 개인의 영구집권을 위한 내용임을 알고 박정희를 밀어낼 계획을 세웠었다고 그는 주장했다.

박 대통령은 그를 신임해 전방 부대 순시 때면 그의 임지에 가서 머물다 가곤 했다. 그런 기회에 그는 박 대통령을 연금하고 하야할 것을 요구하려 했다는 주장이다. 진실인지 완전히 검증된 주장은 아니나, 그가 박 대통령의 독재권력에 문제의식을 오래전부터 품어왔다는 한 지표였다.

안동일 변호사 공소사실에 의하면, 피고인이 중정부장으로서의 임무를 수행함에 있어서 자신의 정국 수습책이 거듭 실패해서 그 무능함이 노출되어 대통령으로부터 질책을 당한 일이 있다고 되어 있는데, 실제로 대통령으로부터 심한 꾸지람을 들은 일이 있습니까?

김재규 그것은 정반대입니다. 제가 건의를 잘못해서 질책을 받은 일도 없고 제가 별로 잘못된 건의를 한 적도 없어요. 각하께서 받으실 때도 있고 안 받으실 때도 있었지만, 저희가 각하에게 건의하는 것은 어떤 개인이 하는 것이 아니라 저희 기관의 전문 요원들에 의해서 연구되고 검토되고 분석 평가되기 때문에 아주 정확한 것이 올라갑니다. 그렇기 때문에 저희 부에서 올라간 건의가 잘못되어서 어떻다는 것은 말이 안 됩니다.

각하로부터 질책을 많이 받았다는 것은 전혀 사실과 다릅니다. 여기 김계원 실장도 계시지만, 김계원 실장에게 물어도 가장 측근에 계셨던 분이니까 바로 알 수 있지만, 그런 일은 전혀 사실과 다릅니다.

변호사 드리기 어려운 보고도 숨김없이 다 드렸다는데 사실입니까?

김재규 그렇습니다. 저는 각하께 드리는 보고는 숨겨서는 안 된다는 신념을 갖고 있습니다. 좋든 나쁘든 설사 그 내용이 꾸지람 들을 만한 일이라도 적나라하게 보고를 드리는 것이 정보를 책임진 참모의 책임이라고 생각, 어떤 꾸지람을 듣는 한이 있더라도 저는 서슴없이 보고를 드렸습니다.

변호사 당시 수행비서관이었던 박흥주 피고인이 이런 진술을 어제 했습니다. 어제 피고인께서 안 계셨을 때의 다른 피고인들의 진술 내용을 이 재판부에서 고지를 안 해주셨기 때문에 모르실 줄 압니다. 제가 몇 가지 묻겠습니다. 이런 일이 한 번 있었다는데, 예컨대 아까 말씀하신 것처럼 "전문가들의 의견을 종합하고 여러 가지로 분석해서 '이거야말로 좋은 건의다' 생각하고 보고를 드렸는데, 그것을 받아들이시지 않고 잘 모르는 사람의 건의를 받아들이시니 참 큰일이다. 나라가 큰일이다" 하신 적이 있다는데?

김재규 그런 경우가 몇 번 있습니다. 그 내용은 지금 여기서 얘기하지 않겠습니다. 여긴 공개 재판이고 그 내용은 정부의 여러 정책에도 관계될 뿐 아니라 어떤 사람이나 타 기관의 명예에 영향을 주기 때문에 내용은 이야기하지 않겠습니다.

그러나 저희가 공작을 해서 각하께 보고를 드릴 때 그대로 받아들이시면 정부의 입장이 대단히 유리해지고 앞으로 정국이 굉장히 편하게 될 일인데도, 저희들은 전문적으로 연구 검토해서 보고를 드린 것인데, 받아들여지지 않고 어떤 특정한 개인의 보고가 받아들여진 경우가 몇 번 있었습니다. 그때 저는 몹시 걱정했고 또 제가 걱정했던 그대로 적중했습니다. 그 결과가 매우 좋지 않았으니까. 저희가 건의한 대로 했으면 아주 좋았을 텐데…. 그 후에 각하께서 다소 후회하셨다는 말을 들었습니다.

변호사 박선호 피고인은 이런 진술을 했습니다. 김재규 피고인의 인간성과 신념을 얘기해달라고 하니까 "각하께 전화로 보고할 때도 있었는데, 옆에서 가끔 들어보면 분명히 욕을 먹을 일인데도 국민의 입장에 서서 보고하는 것을 들었다. 본건 사건을 벌인 것은 사심이나 욕심이 있어서보다는 신념 때문에 한 일로 안다"고 했는데, 전화로 각하께 보고드린 일도 있었어요?

김재규 예, 각하께서는 급한 보고는 전화로 해도 좋다는 말씀이 계셔서, 짧은 내용이나 급한 내용은 전화로 했습니다. 저는 이제까지 사심을 가지고 살아오지 않았습니다. 20대 초반부터 군인으로서 언제든지 국가와 민족을 위해서 바친다는 신념을 갖고 살아왔기 때문에, 금번에 10·26 혁명도 제 사심은 조금도 개입되지 않았습니다. 오로지 국가·민족을 위하고 이 나라 자유민주주의를 회복한다는 것이 나의 전부입니다.

변호사 그리고 공소장에는 두 번째 동기로서 "군의 후배이고 연하인 대통령 경호실장 차지철의 오만방자한 태도와 월권적 업무간섭에도 불구하고 대통령은 차지철만을 편애하는 데 불만을 품었다"고 되어 있는데, 차지철 실장과 피고인과의 관계, 그 관계에 있어서 대통령이 보는 관점, 이것이 불만을 품을 정도에까지 이르렀습니까?

김재규 그것은 제가 생각하는 것과는 너무 거리가 먼 얘기입니다. 돌아가신 분을 얘기해서 안됐습니다만, 차지철 경호실장이 주장하는 바는 강경론입니다. 우리는 어디까지나 온건하고…. 여기에 결국 생각의 차는 있지만, 그 외의 예의범절 면에서는 저한테 대해서는 깍듯이 합니다. 반드시 문 앞에까지 나오고, 또 제가 떠날 때에도 문 앞에까지 나와서 전송할 정도로 깍듯이 했어요. 그런 문제에 대해서는 그렇게 불유쾌하게 생각했다든지 모욕을 느꼈다든지 하는 것은 없습니다.

그리고 각하께서 차지철만을 편애한다… 운운하는 것은 작은 계집애들끼리 시샘하는 것도 아니고, 전혀 말이 안 되는 얘기입니다. 각하께서 차지철만을 편애한 경우도 있었다고 생각지 않습니다. 경호실장이니까 항상 데리고 다니는 위치에 있으니까, 서로 얘기는 자주 나눌 기회가 있었겠지만, 어디까지나 각하께서는 업무에 대해서는 아주 명확하게 구분해서 정보부장의 보고는 정보부장의 보고로, 경호실장의 보고는 경호실장의 보고로, 이렇게 했지. 그것이 우리가 무슨 경쟁적으로 보고하지 않으면 안 될 정도로 관계를 만들지는 않았습니다. 그런 얘기는 어린애들이라면 모르겠습니다만, 다 큰 저희들이 그런 문제를 가지고 서로 아웅다웅한다든지 감정을 앞세워서 이런 거사를 한다든지 하는 것은 있을 수가 없는 얘기입니다.

변호사 1979년 4월경부터 대통령 등을 살해한 후에 정권을 잡을 것을 기도하고 있었다고 공소장에 되어 있는데, 이 점에 대해서 어떻게 생각합니까?

김재규 저는 정권을 잡을 생각은 한 일이 없습니다. 왜냐하면 저는 군인이고 혁명가입니다. 군인이나 혁명가가 정권을 잡으면 독재를 하게 마련입니다. 독재를 마다하고 혁명을 하는 사람인 제가 정권을 잡아서 독재할 요인을 만든다는 것은 전혀 말이 안 됩니다.

금번 대통령 각하를 희생해서 혁명을 했습니다만, 개인의 의리라든가는 제가 혁명의 목적을 달성하기 위해서 부득이 버리지 않으면 안 되었습니다. 어느 한쪽을 취하려면 다른 한쪽은 안 버릴 수가 없습니다. 각하는 자신의 운명과 자유민주주의 회복을 완전히 숙명적 관계로 만들어놨습니다. 각하께서 희생되셔야만 자유민주주의가 회복되고 각하께서 희생되지 않으면 자유민주주의가 회복이 안 되는 그런 관계가 되어 있어요. 그래서 부득이 각하는 제가 희생시켰지만, 제가 각하의 무덤 위에 올라설 정도로 제 도덕관은 아직 그렇게 타락되지 않았습니다.

제가 대통령이 되겠다는 생각은 처음부터 한 적이 없습니다. 금년 4월에 혁명을 계획했던 것은 사실입니다. 그러나 어디까지나 제가 대통령이 되기 위해서 혁명을 계획하지는 않았습니다. 어디까지나 자유민주주의를 회복하겠다, 이겁니다. 그때는 지금과 마찬가지 방법으로 준비를 했지만, 여건이 맞지 않아 일단 중지했습니다.

중정부장 발령, 유신체제를 고칠 수 있을 줄 알았는데…

변호사 그 점에 대해서는 추후에 신 변호사께서 더 묻겠습니다. 그렇다면 이 사건은 우발적이거나 돌발적인 사고가 아니라 그 전부터 의도적으로 신념으로 계획해왔다는 얘기인가요?

김재규 그렇습니다. 저는 여러분들이 보시기에 참 집요한 사람이라고 생각하실 겁니다. 제일 처음 생각했던 것은 군인으로 있을 때였습니다. 3군단장으로 있을 때, 1972년 11월경 유신헌법이 반포된 직후, 각하께서 연말에 전방을 군단까지 순시하셨어요. 그때 3군단을 순시하실 때 각하를 연금해 놓고 그 자리에서 녹음테이프를 갖다 대고 각하로 하여금 하야 권고를 드리려고 했습니다.

그래서 3군단 사령부에 가보시면 알겠지만, 3군단 사령부의 건물 전체를 펜스로 쳤습니다. 그렇게 해서 펜스 끝을 밖에서 누가 못 들어오게 바깥으로 해야 하는데, 저는 거꾸로 했어요. 왜냐하면 정문 하나만 봉쇄하면 안에 있는 사람이 일체 밖으로 못 나가도록, 들어온 사람들 전체를 연금하도록 그런 조치를 취한 거죠. 그 당시 하 대령이라고 하는 공병여단장은 "어디 가도 이건 이렇게 하게 되어 있지 이렇게 하지 않는다"고 저에게 얘기했습니다. 무조건 내 명령이니까 그렇게 하라고 해서 이렇게 구부려놨어요. 그것이 1972년 10월 유신 후에, 한 1개월 후 각하께서 전방을 순시하실 때의 일입니다. 그러나 각하께서 막상 3군단에 오셔서 저와 같이 얘기하고 있는 동안에 그 마음이 사라지고 말았습니다.

그 후에 군대를 그만두고 유정회 국회의원이 되었다가 정보부 차장이 되었습니다. 건설부 장관으로 갈 때까지 정보부 차장으로 약 10개월 근무했는데, 역시 제가 생각했던 대로 '유신헌법은 안 되겠다. 이것은 독재 헌법이다. 이것은 자유민주주의 헌법이 아니다' 이런 생각이 또 굳어졌습니다.

1974년 9월 14일, 건설부 장관으로 사령받는 그 자리에 저는 45구경 권총을 여기에 차고 들어갔습니다. 제가 서 있는 사진, 엎드려 있는 것을 보면 모르고 똑바로 서 있는 것을 보면 약간 알 수 있어요. 45구경은 두께가 있기 때문에, 아무리 묶어도 약간 표가 납니다. 그때 저는 유서를 다섯 장을 준비했습니다. 국민에게, 우리 어머니에게, 우리 아내에게, 그리고 내 딸에게, 내 바로 밑 남동생에게 다섯 통의 유서를 써놓고 국기에 민주·민권·자유·평등을 써서, 나일론으로 된 중형 국기입니다. 그걸 접어서 여기다 가지고 있었습니다. 제 유서는 집 책상 서랍 앞에 다섯 장을 써서 놔뒀고. 그날이 바로 9월 14일인데 그날도 역시 각하를 대하고 대화를 나누는 동안 내 마음은 또 사라지고 말았습니다.

그다음 해 정월 27일경으로 생각되는데, 대통령이 초도순시를 나올 때, 그때도 저는 제 방에 있는 국기의-국기를 남산으로 향해 놨는데-남산을 향해서 좌측, 그러니까 국기의 동쪽으로 향한 면을 면도칼로 째고 45구경을 넣어서-이렇게 늘어져 있으니까 총이 들어가도 모르죠-그렇게 해놓았습니다. 저는 언제든지 각하와 제가 동시에 없어지고 유신체제를 없애버리겠다는 생각을 했는데, 그날 역시 각하를 대해서 대화를 나누다 보니 마음이 또 사그라지고 말았어요.

그 이후 건설부 장관을 2년 몇 개월을 하고 1976년 12월 4일, 갑자기 중정부장으로 발령을 받았습니다. 그때 제가 제일 기뻤던 것은 중정부장이 된 것이 기쁜 것이 아니라 '이제는 내가 물리적인 방법이 아니라 순리적인 방법으로 유신체제를 고쳐볼 수 있다. 절호의 찬스가 왔다' 생각해서 기뻤던 겁니다. 그 당시 미국의 로비 사건, 박동선 사건 때문에 신직수 부장하고 저하고 교대했습니다. 한두 달 동안 상황을 파악해서 각하께 보고드렸습니다.

"각하, 워싱턴 로비는 세계가 다 하고 있습니다. 그중에서도 우리가 가장 희미합니다. 유독 우리만 문제가 된 것은 로비가 문제가 아니라, 우리 한국이 독재를 하기 때문에 이걸 못마땅하게 생각해서 미국 애들이 비트는 겁니다"라고 말씀드렸습니다.

그래서 각하로 하여금 체제를 완화할 것을 떠보았지만 조금도 각하께서는 제 건의에 응해주지 않았습니다. 그 외에 각하께서 하신 말씀이 있습니다만, 이 자리에서 안 합니다. 그건 역시 한미 간의 문제가 있기 때문에 얘기할 수 없습니다.

변호사 예, 알겠습니다.

발포 직전의 외침들

10·26 당일 밤 김재규 중정부장이 박 대통령에게 권총을 쏘기 직전 그 자리서 나온 말을 둘러싸고 서로 주장이 달랐다. 그 자리에 있다가 살아남은 사람은 술 시중을 들던 여인 둘을 제외하고는 김재규·김계원 피고인이었다. 김재규 피고인은 발포 직전 김계원 실장에게 "각하 좀 똑바로 모시시오" 차지철 경호실장에게 "이 버러지 같은 자!" 그리고 박 대통령에게 "각하 정치를 좀 대국적으로 하십시오"라고 세 마디를 외쳤다고 밝혔다.

이에 비해 김계원 피고인은 김재규 부장이 차지철 실장에게 먼저 총을 겨누자 "김 부장 왜 이래"라고 차 실장이 소리쳤으며 이에 김 부장은 "차지철 이놈아" 박 대통령이 "이게 무슨 짓들이야"라고 각각 외쳤다고 주장했다. 이는 수사의 기본인 현장 재구성이 제대로 안 된 것으로 끝내 규명되지 못하고 넘어갔다.

법무사 지금 변호사가 신문하고 있는 것은 지난번에 다 나온 얘기입니다. 중복을 피해주시기 바랍니다.

변호사 그 부분은 신 변호사가 나중에 더 묻겠습니다. 아까 재판부에 증거물로 제출했습니다만, 건설부 장관 임명장 받으실 때 꼿꼿이 서 있는 사진을 제출했습니다. 지난번에 검찰관께서 제출하신 수그린 사진으로는 알 수 없지만, 꼿꼿이 서 있는 사진을 보면 알 수 있다는 취지지요?

김재규 예.

변호사 아까 민주·민권·평등에 대해서 써놓고 하셨다는데, 어제도 잠깐 다른 수행비서관 말이 서도도 즐기시고 하셨다는데, 오늘 제출한 여섯 장의 사진에 대해서 지금 기회가 되길래 말씀드립니다. 민주·민권·자유·평등, 이런 서도였나요?

김재규 예.

변호사 이것도 피고인께서 쓰신 겁니까?

김재규 예.

변호사 이것도 맞습니까?

김재규 뭐라고 써 있나요?

변호사 민주, 민권, 자유, 평등.

김재규 예.

변호사 이것도 맞나요? 위민주정도(爲民主正道)?

김재규 예.

변호사 위대의(爲大義)?

김재규 예.

변호사 비리법권천(非理法權天)?

김재규 예.

변호사 비리법권천은 무슨 뜻입니까?

김재규 비(非)는 이(理)를 당하지 못하고, 이(理)는 법(法)을 당하지 못하고, 법은 권세를 당하지 못하고, 권세는 하늘을 당하지 못한다는 뜻입니다.

변호사 알겠습니다. 공소장에 의하면 "단독으로 구체적으로 거사 계획을 세우고 나중에 입법·사법·행정을 총괄하는 위원회를 구성하여 자신이 위원장에 취임하여 집권 기반을 확보한 후에 대통령에 출마할 것을 계획하고 부마 소요사태를 거사의 계기로 역이용하여서 기회를 엿보고 있었다"고 되어 있는데, 피고인께서 아까 말씀하신 것처럼 사심으로 자기가 대통령에 출마해서 정권을 잡아보겠다는 취지가 아니고 민주주의를 회복하기 위해서 거사를 했다는 취지이지요?

김재규 지금 그 혁명위원회는 혁명 결행 후에 혁명회의와 혁명위원회를 구성해서 혁명 기간 동안 제가 위원장으로서 역할을 하는 것입니다. 그러나 혁명 기간이 끝나고 이것이 일단 민정으로 이양될 것 같으면 그 모든 기능은 그때 바로 소멸되는 것입니다. 저는 대통령이 되기 위해서 혁명위원회를 구성한 것이 아니라 혁명과업을 수행하기 위해서 혁명위원회를 구성하는 것입니다.

변호사 알겠습니다. 공소사실 '가'항에 관해서 지난번에 중복된 것인데, 확인만 하겠습니다. 10월 26일 16시경에 차지철 실장으로부터 대통령 주재 만찬이 있다는 연락을 받고, 그날 대통령과 차지철 실장 및 경호원 일행을 살해해서 범행할 것을 그때 결심했다고 공소장에 되어 있는데 결심한 시각이 그날 그 시간인가요?

김재규 '이제는 더 이상 늦출 수가 없다. 이제는 혁명기가 완전히 성숙되고도 남았다. 기회만 포착되면 결행한다'고 생각하고 있었습니다. 마침 10월 26일 16시경 차지철로부터 연락을 받고 그 순간 '오늘이다'라고 결심했습니다.

변호사 공소장에 대통령 살해 후 이용할 목적으로 육참총장 정승화 및 정보부 차장보 김정섭에게 각각 전화를 해서 식사하자는 구실로 오라고 했는데, 이용할 목적으로 불렀던 것은 맞나요?

김재규 육참총장과 저희 정보부 제2차장보를 부른 것은 제가 없는 동안 육군총장과의 공간을 메우기 위해서였고, 총장을 부른 것은 혁명 초부터 육군총장과 접촉을 유지해야겠다고 생각해서 의도적으로 불렀습니다.

변호사 보도에 의하면 관련이 있는 것으로 되어 있는데, 그때 거사 계획을 나누거나 하지는 않았나요?

김재규 전혀 없었습니다. 육군총장은 계엄이 선포되면 일단 계엄부대를 지휘해서 모든 사태를 장악해야 하기 때문에 육군총장이 그렇게 오래되지도 않고 하기 때문에 저로서는 혹 총장이 당황해서 사태 수습에 실수가 있다든지 해서는 안 되겠기에, 자극을 안 주기 위해서 총장에게는 의도적으로 이야기를 안 해줬습니다. 그 익일 날 총장을 만나서 차분히 앉아서 얘기하려고 했습니다.

변호사 공소사실 '나'항에 관해서 한 가지만 묻겠습니다. 김계원 피고인과 식당 앞 정원의 경계석에 앉아서 대화 도중에-대화 내용은 자주 나와서 생략합니다-"오늘 해치우겠다", 공소장에는 "오늘 해치울 테니 뒷일을 부탁한다"고 되어 있는데 뒷일을 부탁한다는 말은 안 했다면서요?

김재규 전혀 다릅니다.

변호사 오늘 해치운다는 얘기는 했나요?

김재규 오늘이라는 말도 안 했습니다. 그때 표현을 그대로 하면, "그 친구 해치워버릴까?" 그랬습니다.

변호사 김계원 피고인은 평소에 피고인과 "해치운다는 말을 입버릇처럼 해왔다"고 했는데 그렇게 입버릇처럼 해왔나요?

김재규 김 실장께서 어떻게 기억하는지 몰라도, 제 기억으로는 차지철을 해치운다는 말은 그날 그 자리에서 처음으로 한 것으로 압니다. 그 전까지는 오히려 김 실장과 차 실장 사이에서 제가….

변호사 알겠습니다. 그렇다면 그날 17시 50분경 경계석에 앉았다고 했죠? 시간이 좀 어두운 때였나요?

김재규 그렇게 어둡지는 않고 어둑어둑하려고 할 때였습니다.

변호사 경계석에 마주 보고 앉았나요?

김재규 나란히 앉았습니다.

변호사 구부린 자세인가요?

김재규 약간 구부린 자세입니다.

변호사 그때 그 내용으로 봐서 오늘 이렇게 거사한다든지 하는 내용을 김계원 피고인이 암시적으로나 느낌으로나 알 수 있을 정도로 한 겁니까, 지나가는 말로 한 겁니까? 그때 알았다고 생각했나요?

김재규 그때 김 실장께서는 제가 그날 저녁에 혁명을 결행한다는 것을 도저히 알 수가 없었습니다. 알도록 말하지 않았습니다.

변호사 "김계원의 승낙을 받고"라고 공소장에 되어 있는데요.

김재규 전혀 사실과 다릅니다.

변호사 '다'항에 관해 묻겠습니다. 그날 18시 5분경부터 만찬이 시작되었는데, 19시경에 만찬석에서 나와 집무실에 가서 거기 와 있던 육군참모총장과 차장보를 만나서 만찬이 끝나는 대로 다시 오겠다고 한 후 2층 침실로 올라갔다고 되어 있는데, 이때 만찬이 끝나는 대로 다시 오겠다는 말만 했나요, 암시적으로라도 거사 계획에 대해서 말한 게 있나요?

김재규 안 했습니다.

변호사 거사 이후 그리로 뛰어갔다고 되어 있죠? 최초로 만날 사람들인데 논의 같은 것 안 했나요?

김재규 전혀 안 했습니다.

변호사 박흥주 피고인은 이렇게 말했습니다. 그 당시에 구관 정원에서 박선호와 박흥주에게, 이 공소장에는 "오늘 해치울 테니 각오하라. 각하 등은 내가 직접 해치울 테니 총성과 동시에 너희들은 똑똑 한 놈 세 놈만 골라서 경호원을 처치하라" 이렇게 지시하면서 총장과 차장보가 집무실에 와 있다는 것을 고지했다고 되어 있는데, 박흥주 피고인은 그 당시 "나라가 잘못되면 너나 나나 다 죽는다" 그러면서 "오늘 하겠다" 그리고 나오다가 주먹으로 배 부분을 어떻게 하면서 "민주주의를 위하여"라고 했다는데, 그 대화 내용이 기억납니까?

김재규 기억납니다.

변호사 박흥주 피고인의 말이 맞습니까?

김재규 박흥주의 말이 그대로 맞습니다.

변호사 공소사실 2항 '가'항에 관해서 묻겠습니다. 박선호 피고인으로부터 범행 준비 완료 보고를 받고 19시 40분경 만찬석으로 들어와 앉으면서 우측 옆자리에 앉아 있던 김계원 피고인을 오른손으로 툭 치면서 "각하 잘 모시시오"라는 말과 동시에 하의 시계 주머니에 감춰뒀던 권총을 꺼냈다고 되어 있는데, 당 법정에서 피고인은 "각하 똑똑히 모시시오" "정치 좀 대국적으로 하십시오" "이 버러지 같은 놈!" 하면서 발사했다고 하고, 김계원 피고인이 당 법정에서 하신 말씀은 조금 다릅니다. 차지철 실장이 "김 부장 왜 이래?" "차지철 이놈아" "이 무슨 짓들이야?" 이렇게 세 마디가 나왔다고 하는데, 기억이 나십니까?

김재규 김 실장께서 약간의 주기(酒氣)가 있어서 잘못 기억하신 게 아닌가 생각됩니다. 그 대목을 정확히 말씀드리면, 제가 7시 반쯤 밖으로 나가서 박 과장으로부터 준비가 다 되었다는 보고를 들었고 실제로 결행한 것은 45분입니다. 방 안에서 15분간 여유가 있었어요. 방안 분위기가 또 정치 문제가 화제로 올랐습니다. 그때 화제는 "브라운 장관이 오든지 말든지 김영삼이 구속해서 기소하라고 했는데, 유혁인이 말 들었더니 잘못 들었던 것 같애" 하시길래, 제가 "각하, 김영삼은 국회에서 이미 제명되었습니다. 사법조치는 아니지만…."

법무사 피고인, 그거 지난번 내용과 같은 내용이죠?

김재규 네.

변호사 세 마디에 대해서만….

법무사 피고인에게 다시 한번 경고합니다. 국가기밀에 관한 사항은 삼가주시고, 특히 변호인단도 비공개 석상에서 신문한 사항에 대해서는 삼가주시기 바랍니다.

안동일 변호사 그 당시에….

김재규 아까 그 얘기를 매듭짓겠습니다. 제가….

법무사 중지하시오. 방금 경고했지 않습니까?

김재규 그 문제가 기밀에 관계되는 문젠가요? 지금 말씀하시는 게 그겁니까? 그걸 하지 말라면 안 하겠습니다만….

법무사 신문사항에 대해서만 답변하시면 됩니다. 그 세 마디 물었지 않습니까? 그 피고인 진술하고 김계원 피고인의 진술이 상호모순되기 때문에 그것을 밝히기 위해서 변호인단이 물었습니다. 거기에 대해서만 답변해주세요.

김재규 그래서 저는 그 토막을 역력히 기억하고 있습니다. 제가 혁명 행동을 결행하기 직전의 사항이기 때문에 저에게는 생생히 기억됩니다. "정치를 대국적으로 하십시오" 하고 김계원 실장을 툭 치면서 "각하 똑똑히 모시시오" 하고 권총을 뽑아 얘기를 다 끝내지도 못하고, "이 버러지 같은" 하면서 첫 발이 차 실장에게 나갔습니다.

나가는 동시에 그대로 옆으로 각하를 향해서 2발이 나갔어요. 1발과 2발이 나간 간격은 1초의 몇 분의 일밖에 안 됩니다. '꽝꽝' 이 정도입니다. 거기에서 대화가 오고 가고 할 여유가 없었어요. 김 실장께서는 주기로 인해서 그때 상황이 조금 혼미하지 않았나 생각됩니다. 이 부분에 대해서는 제가 명확히 기억하고 있습니다.

변호사 당시 피고인은 술 별로 안 드셨죠?

김재규 저는 술을 별로 안 했습니다.

변호사 김계원 피고인은 많이 드셨나요?

김재규 원래 주량이 좀 있기 때문에 많이 든 편입니다.

변호사 만찬석으로 다시 들어와 앉아서 발사할 때까지 지체한 시간은 어느 정도였나요?

김재규 15분 정도였습니다.

변호사 옆에 앉아 있었을 때 그 당시 기타 소리가 나고 그랬다는데?

김재규 그렇습니다. 그렇게 하다가 유흥 좌석이 끝나고 화제로 돌아갔습니다.

"10·26 혁명은 성공했다"

김재규 피고인은 자신의 민주 회복 거사 계획이 오래전부터 시도된 것이라고 주장했다. 그는 보충신문에 답변하면서 부산사태 등을 보고 박정희 제거가 모든 국민으로부터 지지받을 것으로 확신했다고 토로했다. 유신체제의 지탱 세력은 박 대통령 혼자뿐이라고 그는 주장했다. 그리고 어쨌거나 10·26 거사로 민주화 목표에 성공했으며 자신은 전쟁에 승리한 장군이 일시 실수로 포로가 된 기분이라고 표현했다.

변호사 공소사실 14페이지 '바'항에 관해서 묻겠습니다. "국헌을 문란할 목적으로 살해하고"라고 되어 있는데, 국헌을 문란한다는 뜻을 피고는 아십니까? 어떤 때 국헌이 문란되는지?

김재규 모릅니다.

변호사 제가 한 가지 설명 말씀을 드립니다. 형법 91조에 의하면, 헌법·법률에 정한 절차에 의하지 않고 헌법·법률의 기능을 소멸시키고 헌법에 의해 설치된 국가기관을 강압에 의해서 전복 또는 그 권능행사를 불가능하게 하는데, 이때 당시에 정부를 전복한다거나 민주적 기본질서를 파괴한다거나 이렇게 생각했나요? 구체적으로 대통령 자체를 살해하려고 한 것입니까?

김재규 아까도 잠깐 말씀드렸듯이 유신체제는 핵심이 박 대통령 각하이고 유신체제를 지탱하는 전체가 바로 박 대통령 각하입니다. 박 대통령이 계신 한 유신체제가 민주체제로 바뀔 수가 없었습니다. 그렇기 때문에 박 대통령 각하는 스스로 자유민주주의의 회복과 자신의 희생을 아주 숙명의 관계를 만들어놓으셨습니다. 둘 중 어느 한쪽을 희생하지 않고는 한쪽을 얻지 못하도록 되어 있습니다. 어디까지나 자유민주주의 회복에 있는 것이지, 그 외에 다른 데 목적이 있는 것은 아닙니다.

변호사 우리나라의 건국이념이랄까, 국시가 자유민주주의적 기본 질서를 의미하는 것으로 알고 있습니다. 구체적으로 대통령 자체를 살해하려고 한 것이라는 의미가 되겠네요, 그렇죠?

김재규 그렇습니다.

변호사 14페이지 3항 '가'항 공소사실에 관해서입니다. 19시 43분경 위 식당 현관에서 김계원 피고인에게, "나는 한다면 합니다. 이제 다 끝났습니다. 보안유지를 철저히 하십시오"라고 말하니까, 김계원 피고인이 "알았소"라고 대답했다고 되어 있는데…. 이때 "나는 한다면 합니다"라고 한 것이 기억나십니까?

김재규 저는 그 토막이 전혀 기억이 안 납니다. 왜냐하면 김 실장께서 말씀하신 대로 "나는 한다면 합니다"라고 말하려면 미리 김 실장과 사전에 어떤 얘기가 있었어야 합니다. 사전에 아무 이야기가 없었기 때문에 그런 얘기를 할 필요가 없어요. 그렇기 때문에 "이제 다 끝났소. 보안을 철저히 하시오"라고 한 것만 기억나지, "나는 한다면 한다"는 얘기는 제가 평소에 잘 쓰는 용어가 아닙니다. 또 사전에 김 실장과 모의가 있었던 게 아니기 때문에 그런 말을 할 이유가 없습니다.

변호사 공소사실 18페이지 '나'항 공소사실에 관해서 확인하기 위해 묻습니다. 같은 날 22시 25분경, 육군참모총장실 내에 있는 화장실에서 김계원 피고인과 단둘이 만나서 사태 수습이 더 급선무이며 보안을 유지해야 하며 최단시일 내에 계엄사령부 간판을 혁명위원회 간판으로 바꿔 달도록 유도해야 된다고 얘기하셨다는데, 사실입니까?

김재규 사실입니다.

변호사 이때 혁명이란 말을 '혁명위원회'라고 했으니까, 처음 쓰셨나요? 그날 사건 이후 혁명이란 말을 처음 쓰신 겁니까?

김재규 처음 썼습니다.

변호사 이 사건 이후에 처음 만난 사람은, 공소사실 3의 '가'항과 관련해서 묻겠습니다. 처음 만난 사람이 육군참모총장과 제2차장보인데, "큰일 났으니 빨리 차에 타라"라고만 얘기하고 차에 타고 가셨나요?

김재규 그렇습니다.

변호사 그다음 날 차분히 앉아서 얘기하려고 하셨다고 했지만, 그때 총장이라든지, 그렇게 해놓고 김계원 실장에게 이 혁명 얘기를 하지 않은 것은 왜입니까?

김재규 아까도 말씀드렸습니다만, 육군총장에게 말하지 않은 것은 총장을 당황하게 하지 않으려는 생각에서였고, 김계원 실장에게는 총장실·B-2 벙커·총장실 화장실에서 처음 제 속얘기를 조금 비친 것입니다. 혁명위원회 간판으로 바꿔 달아야 한다는 것을 처음 비쳤어요.

그리고 익일 총장과 차분히 만나서 이야기한다는 것은 병력이 전부 진주해서 완전히 중요 시설들을 장악하고 나서, 총장도 시간적 여유가 생겼을 테니까, 그때 총장을 만나서 각하의 유고를 말씀드리고 혁명으로 넘어가지 않으면….

법무사 그건 공소사실과 무관하므로 제한하겠습니다.

변호사 한 가지만 덧붙이겠습니다. 피고인은 말씀하시기를 단독으로 거사 계획을 하고 혁명을 했다고 말씀하시는데, 피고인 혼자만이 이 법정에 서시지 않고 내란 목적 살인과 내란 미수죄로 다른 피고인, 예컨대 김계원·박흥주·박선호 그리고 그 당시 중정 경비원·기사였던 사람과 같이 이 법정에 서고 계십니다. 그 점에 대해서 피고인은 어떻게 생각하십니까?

김재규 저는 금번 10월 26일 혁명을 민주 회복 국민혁명이라고 이름 붙였습니다. 이것은 자유민주주의를 갈망하는 전체 국민이 이 혁명에 정신적으로 참여하고 있기 때문에, 여기에는 따로 혁명 주체가 있는 것이 아니라 기존 조직과 기존 세력을 그대로 활용해서 이 혁명을 수행하는 것입니다.

그렇기 때문에 이 혁명을 실제로 기도하고 주도한 사람은 저 하나로 족했습니다. 이 혁명이 지도자인 저 하나만 있고 그 외에는 주체가 따로 없다, 전체가 주체다라는 것을 알아주시기 바랍니다.

"이 혁명이 혼란의 요인이 되지 않기를 바란다"

검찰관 재판장님, 지난번에 피고인이 이 법정에서 똑같은 진술을 하셨는데 중복되는 부분은 제한해주시기 바라겠습니다. 소송경제상 소득책이 아니라고 생각되기 때문에….

재판장 요점만 하세요.

김재규 재판장님, 저는 이렇게 생각합니다. 금번 이 혁명에 실제로 주역을 하고 명령하고 지도한 사람이 바로 본인이다. 여기에 김계원·박선호·박흥주, 그 외에 경비원 네 명이 더 있었다고.

이런 예를 이 자리에서 드는 것이 적절할지 모르지만, 일본의 5·15 사건이나 2·26 사건이 있는데, 그때 일본의 근위사단의 병력이 나와서 실제로 각부 대신을 쏘아죽인 사건이 있었습니다. 그런 사건의 경우도 주모자인 장교에 대해서는 극형이 내려졌지만, 그 외의 하사관과 병들에 대해서는 무죄로 한 것으로 압니다.

군대 명령은 선택적으로 받아들여져서는 안 되며 무조건 받아들여져야 한다는 데 그 뜻이 있다고 생각합니다. 그래서 살인 행위를 했지만 명령권자는 처벌하고 하사관과 병에 대해서는 처벌하지 않았다고 하는 것이 먼 앞날을 내다보고 명령의 존엄성과 명령이 선택적으로 받아들여져서는 안 된다는 데서 이뤄졌다고 생각합니다.

여기 경비원 네 사람은 군대와 같습니다. 어떤 의미에서는 정보부 시설이 보안을 고도로 요하기 때문에 군대 이상의 임무와 기능을 갖고 있습니다. 따라서 이 네 사람 경비원에 대해서는 명령에 충실했고 명령을 선택적으로 받아들이지 않고 100% 그대로 받아들여서 명령대로 행동한 것입니다. 이 네 사람에 대해서는, 일본의 예가 적절했는지 모르겠습니다만, 특수 생리의 이런 조직이라는 것을 감안하셔서 이 사람에 대해서는 각별히 정상을 참작해주시기를 간청드립니다.

박선호·박흥주에 대해서 말씀드리겠습니다. 이 두 사람은 제가 혁명에 들어가기 직전에 이 두 사람에게 명령을 했습니다. 강한 명령을 했어요. 이 사람들에게는 전혀 선택하고 판단할 시간적 여유를 주지 않았습니다. 따라서 이 사람들도, 박선호 과장은 저와 사제관계가 되는데 평소부터 저의 얘기라면 아무 가감 없이 그대로 받아들이려는 생각을 기본적으로 갖고 있습니다. 제가 하는 명령에 대해서는 선택적으로 받지 않고 무조건 지금까지 받아서 성실하게 수행해왔습니다.

박선호 과장에 대해서 재판장님께 말씀드리고 싶은 것은, 사람으로서 역시 약간의 시간이 있지 않고는 판단할 능력이 없다고 생각할 수 있습니다. 본인은 이 사람들에게 다른 생각을 못 가지게 하기 위해서 의도적으로 시간을 주지 않았다는 것을 확실히 이 자리에서 말하겠습니 다. 박흥주 대령은….

법무사 피고인의 최후진술권은 나중에 또 있으니까 간단히 말씀해주십시오.

김재규 이 사람의 성실성은 제가 위관급 때부터 잘 보아왔습니다. 이번에도 실제로 제 명령을 받아서 행동했습니다만, 제 생각으로는 박 대령의 총에 한 사람도 희생되지 않았다고 봅니다. 다만 제가 하는 혁명 행동에 장애를 주는 요인을 우선 막기 위해서 꼼짝 말라고 소리치고 행동 못 하게 하는 데 그쳤다고 생각합니다. 육사 출신의 모범적이고 성실하고 장래가 촉망되는 장교였다는 것을, 이 점 재판장님께서 십분 참작해서 심판해주시기를 부탁드립니다. 특히 군법회의는 단심이기 때문에 박 대령의 경우는 각별히 고려해주시기를 부탁드립니다.

변호사 한마디만 하겠습니다. 피고인은 단독으로 거사를 하셨다고 하시는데, 아버님 옛 교훈처럼 남아가 죽을 자리를 잘 찾았다고 생각하시는지?

김재규 그 전에 제가 간단히 한 말씀만 하겠습니다. 저는 김계원 실장을 변론하기 위해서 말씀드리는 것은 아닙니다. 김 실장은 속되게 말해서 모진 사람 옆에 있다가 벼락 맞는 격이 되었습니다.

그날 제 혁명 거사를 수행하는 과정을 한번 가만히 눈을 감고 상상해주시기 바랍니다. 김계원 대장께서는 현역에 있을 때도 인정이 많고 후배들에 대해서 사랑이 많으신 분입니다. 일단 제가 만들어놓은 행위에 대해서 어쩔 도리가 없으니 잠깐 동안 저를 따라온 것뿐입니다. 그러나 곧 다섯 시간 뒤에는 다시 정신을 차려서 저를 고발조치해서 오늘날 이 재판을 받도록 만들었습니다. 잠깐 5시간 동안에 생각이 잘못된 점이 있더라도 이것은 후배를 사랑하는 마음에서 이루어진 것이라고 생각됩니다. 이 점도 감안해주실 것을 간청드립니다.

지금 변호사께서 말씀하신 문제에 대해서는, 저는 10·26 혁명이 없었다면 이 나라에는 지금 현재까지도 자유민주주의는 없었을 것이라고 생각합니다. 이것은 천하의 공지사실입니다. 10·26 혁명이 있었기 때문에 자유민주주의는 완전히 회복될 것이 보장되어 있어요. 이것은 최 대통령께서 권한대행 때 국민 앞에 공약했습니다. 국회에서는 긴급조치 9호가 해제되었고요. 이런 일련의 행위가 10·26 혁명 없이 이루어질 수 있겠는가를 생각할 때, 혁명의 목적은 완전히 달성되었고 그렇기 때문에 저는 죽어도 아무 여한이 없습니다. 저는 죽어도 자유민주주의를 위한, 자유민주주의를 회복시키기 위한 투사로서, 영웅으로서 저는 평가받을 수 있기 때문입니다.

혁명과업을 마지막까지 수행하지 못하고… 하고 말았기 때문에 앞으로 해야 할 혁명과업이 많습니다. 이 문제를 성공적으로 치러주시고 이 혁명이 악순환의 요인이 되고 혼란의 요인이 되지 않기를 바랍니다. 제 지금 기분이 전쟁에서는 승리를 한 장군이 우연한 기회에 적에게 포로가 된 기분입니다. 저는 혁명을 완성해 놓고 심판을 받고 있습니다. 그런데 저는 이렇게 생각합니다.

법무사 최후진술은 다음에 해주시기 바랍니다.

김재규 예, 한마디만 더 하고 끝마치겠습니다. 심판장님, 심판장님께서는 유신의 배경을 가지고 재판하고 계시고 저는 자유민주주의 배경을 가지고 여기 서 있습니다. 오늘 재판받는 이 결과는

4~5개월 후에는 다시 심판을 받으리라, 그것은 국민의 심판을 받으리라고 봅니다.

법무사 불필요한 진술은 제한하겠습니다.

김재규 알겠습니다. 이상 마치겠습니다.

(이상으로 오전 중 군법회의를 휴정)

부산사태 보고 국민 지지 확신

(보통군법회의 오후 2시에 속개)

법무사 다시 한번 변호인단에게 말씀드립니다. 사건과 관련이 없거나 중복되는 신문은 피해주시기 바랍니다. 피고인 역시 신문에 대한 답변만 해주시기 바랍니다.

안동일 변호사 다시 한번 죄송한 말씀드리겠습니다. 공판조서가 아직 작성 안 되었다고 하셔서 말씀드리는데, 2차 공판조서는 조속히-12월 8일에 있었으니까요-열람할 기회를 주십시오. 지금 변론 준비도 문제가 돼요. 자세한 내용을 몰라서요. 연일 계속되어서 잘 안 된 것으로 압니다만…. 공판조서가 증명력이 있는 것이기 때문에 그 내용을 보지 않고서는 국선변호인이 변론에 임하기 곤란한 입장입니다.

신호양 변호사 오전의 뒤를 이어서 김재규 피고인의 국선변호인 신호양이 몇 가지만 보충신문 하겠습니다. 피고인은 유신체제에 대해서 각하를 제거해야만 민주 회복을 위해서 수행할 수 있다는 판단하에 10·26에 궁정동에서 각하를 살해했다고 하셨는데, 각하를 제거해야 한다는 의사로 각하를 살해하셨다면 각하를 먼저 쏘고 경호실장을 쏘는 것이 원칙이 아닌가 하는 생각이 드는데, 어째서 경호실장을 먼저 쏘고 각하를 쐈습니까?

김재규 경호실장은 항상 무장을 하고 있기 때문에 먼저 무장하고 있는 사람을 제거하지 않고는 바로 본인에게 공격이 가해질 가능성이 있기 때문에 미리 제거했습니다.

변호사 권총을 발사할 때 조명은 어느 정도나 밝았나요?

김재규 사격을 하는 데 조금도 지장 없을 정도였습니다.

변호사 사람은 분명히 알아볼 수 있을 정도였죠?

김재규 물론이죠. 완전히 알아보고 조금도 지장이 없었습니다.

변호사 아까 진술에서 건설부 장관 임명식 때 권총을 휴대하셨다고 했고 정월 초 건설부 장관 초도순시 때 태극기에 권총을 감춰두셨다고 했는데, 그 권총은 어디서 구한 어떤 형태의 것인가요?

김재규 그 권총은 육군 보안사령관 시절 미국에 가서 콜트 회사를 방문했을 때 거기서 특별히 만들어준 45구경의 권총입니다. 그 권총은 45구경이지만 경금속으로 되어서 총신도 좀 짧고 아주 가볍습니다. 그래서 이것은 제가 예편하면서 경찰에 영치했습니다. 그러나 과거에 제가 보안사령관을 했고 언제든지 간첩들의 공격 대상이 되기 때문에 당시 중정부장 신직수에게 얘기해서 제가 국회의원으로 있을 때 저에게 제 45구경을 휴대할 수 있도록 해달라고 요청, 중정부장의 지시에 의해서 제가 경찰로부터 그 권총을 다시 받고 휴대증을 받고 그 총을 가지고 있었습니다.

변호사 피고인은 10·26 사건을 혁명이라고 하시는데, 우리가 보통 알기에는 혁명을 계획할 때는 계획부서·실행부서·행동대원 및 동조자들을 필수요건으로 하는데, 본건은 피고인 혼자서 계획하고 실행까지 혼자 다 했다고 진술하시는데, 1인의 행위를 혁명이라고 볼 수 있는지 거기에 대한 의견을 말해주세요.

김재규 혁명이라고 할 수 있습니다. 이것은 민주 회복 국민혁명입니다.

법무사 신문사항에 대해서만 답변하세요. 혼자 할 수 있느냐고 물었지 않습니까? 똑같은 얘기를 자꾸 반복하지 말고 혼자 하는 것도 혁명이냐에 대한 답변만 하세요.

김재규 이렇게 답변하지 않고는 답이 안 되기 때문에 그렇습니다. 그래서 이것은 기존 체제·기존 세력을 그대로 이용하는 것이 이 혁명의 특징입니다. 따로 혁명의 주체가 없고 군 조직 혹은 관의 조직을 그대로 활용하는 것입니다. 따라서 계획부서나 실행부서는 필요 없어요. 유신체제를 무너뜨리기 위해서는 각하 한 분만 희생시키면 유신체제는 무너집니다. 지금 현재 각하가 희생됨으로써 무너졌습니다. 그렇기 때문에 행동에 있어서는….

법무사 제한하겠습니다.

김재규 행동대원으로서는….

법무사 됐습니다. 똑같은 얘기 계속하고 있으니까 제한하겠습니다.

변호사 좋습니다. 피고인은 젊은 시절은 군에서 반공·국토방위업무를 수행하시면서도 정보부서에 주로 근무하시고 보안사령관까지 지내신 다음 3군단 군단장 시절에-1972년 10월에 유신에 의해서 유신헌법이 공포됐는데-그때의 유신헌법-이 사건의 동기가 유신헌법에 대한 반대행위입니다-체제를 무너뜨리기 위한 행위다라고 하시는데, 그때 공포된 유신헌법을 보시고 어떤 생각을 하셨나요?

김재규 이것은 '자유민주주의가 완전히 말살됐구나. 이 헌법은 국민을 위한 헌법이 아니라 박정희 대통령 각하가 종신 대통령이 되기 위한 헌법이구나'라고 생각했습니다.

변호사 1976년도 중정부장으로 임명받으시고 순리적으로 유신헌법을 제한을 가하고 변경을 가할 수 있다고 좋아하셨다고 진술했는데, 그럼 순리적 방법에 의해서 유신헌법을 제한하고 고치기 위해 건의한 사항들이 있나요? 그 건의사항들을 순차적으로 중복되지 않게 간략하게 말씀해주세요.

김재규 1976년 12월 4일에 부임해서 1977년 2월 하순경에 각하에게 박동선 사건을 보고드리면서 이 사건은 로비가 문제가 아니라 우리가 독재를 한다고 해서 문제가 되고 있습니다. 이것을 완화하…

법무사 제한하겠습니다. 똑같은 얘기를 자꾸 반복하고 있고, 정치 문제·보안 문제를 자꾸 얘기하면 비공개로 하겠습니다. 다시 한번 경고합니다.

김재규 1977년 6월경에 각하에게 말씀드렸습니다. "지금 현재로는 단독으로 출마하셔도 능히 당선되십니다. 통일주체국민회의에서 할 것이 아니라, 직선으로 하시는 것이 어떻겠습니까?" 하고 건의드렸더니, 각하께서는 "한 번밖에 안 했는데, 그렇게 할 필요가 있느냐"고 거절하셨습니다.

법무사 잠깐 기다려주세요. 그거 비공개로 다 들었는데, 자꾸 중복해서 하고 있는데 말이죠. 온 국민이 다 공지의 사실로 알고 있어요.

변호사 네, 좋습니다.

김재규 그럼 제가 제일 마지막 것만 보고드리겠습니다. 그렇게 다섯 차례에 걸쳐서 보고를 드리고 마지막은 금년 9월, 부산사태를 보고 와서 각하께 보고를 드렸습니다. 부산사태는 첫째는 체제에 대한 도전이고 둘째가…

법무사 제한하겠습니다. 계속 얘기하고 싶으시면 비공개로 하겠습니다.

김재규 아닙니다, 지금 물으셨기 때문에…

법무사 몇 번 건의한 사실이 있느냐고 물었습니다.

김재규 여섯 번 건의했습니다.

변호사 각하를 살해하는 행위 자체가 국헌을 문란케 하는 내란을 야기하는 행위라고는 생각지 않았나요?

김재규 그렇게는 생각지 않습니다.

변호사 만약 그렇게 각하를 살해한 다음에 국민들로부터 찬성을 받거나 지지를 받을 수 있다고 생각했나요?

김재규 전체 국민이 자유민주주의를 희구하고 있기 때문에 자유민주주의 회복에 대해서는 전체 국민이 이의가 없다고 생각합니다.

변호사 피고인이 전체 국민이 찬성하고 지지할 것이라는 생각을 하셨다는데 그것이 독단적인 생각인지, 어떤 정보 따위에 의해서 근거가 있다고 판단하셔서 범행을 하게 되셨는지 간단하게 말씀해주십시오.

김재규 저희가 가지고 있는 여러 곳에서 들어온 정보를 종합적으로 판단해서 그런 결론을 얻고 있었습니다. 부산사태는 그것을 입증해주는 좋은 증거입니다.

변호사 마지막으로 딱 한 가지만 묻겠습니다. 10월 26일, 누가 생각해도 그 어마어마한 사태가 벌어졌는데 지금 현재는 이 공개법정에서 재판을 받고 있습니다. 그럼 그때 한 행위와 지금 공개 재판을 받는 입장에서 소감 한마디, 간략하게 짤막하게 한마디만 말씀하십시오.

김재규 소감입니까?

변호사 거사 후에 일이 재판까지 되지 않았다면 마지막으로 소원이 뭔가 말입니다.

검찰관 재판장님, 지금 변호인의 신문은 최후진술권에서도 충분히 드러날 수 있습니다. 또 사실심리는 객관적 사실에 치중을 해야지 본인의 의견이나 소감은 최후진술에서 전부 진술할 기회가 있기 때문에 그런 진술은 제한해주시기 바랍니다.

법무사 그건 최후진술에서 들어주시기 바라겠습니다.

변호사 그 동기 때문에 묻는 것이고….

법무사 동기는 이미 비공개법정에서 충분히 나왔습니다.

변호사 네, 네, 죄송합니다. 중복된 점은 저희가 비공개법정에서는 변호인이 아니었기 때문에 그래서 좀 중복된 점이 있었지만, 양해 바랍니다.

김재규 아까 질문의 요지가 무엇인가요?

신호양 변호사 간략하게, 짤막하게, 오늘 이 시점에서 거사한….

법무사 그건 최후진술에서 듣도록 하겠습니다.

변호사 이상입니다.

"김계원 실장은 혁명할 사람이 못 돼"

김계원의 변호인 이병용 변호사는 김재규에 대해 보충신문을 진행했다. 김재규는 김계원이 혁명할 사람이 못 되기 때문에 거사에 끌어들일 생각을 하지 않았으며 사건은 자신의 단독범행이라고 말했다. 사건 발생 후 김재규는 김계원에게 보안을 부탁했지만 박선호나 박흥주에게 박 대통령과 차지철의 시신을 옮기라는 등의 지시는 내리지 않고 그냥 자리를 떴다. 미리 계획했다고는 하지만 즉흥적인 부분이 컸고 거사 이후 조치에 대한 계획이 부족했음을 알 수 있다.

이병용 변호사 김계원 피고인의 변호인 이병용입니다. 아까 김계원 피고인에 대해서는 여러 가지로 유리하게 진술하셨기 때문에 어떻게 생각하면 더 물을 것이 없지 않겠냐고 생각되지만, 보시는 평가를 말씀하시는 것이고 이 사건의 발생 전후 경과에 관해서 김계원 피고인의 말과 조금 상치되는 것이 있기 때문에 몇 마디 물어보겠습니다.

검찰신문에서나 지난번 신문에서 단독범행이라고 하셨고 아까도 그렇게 말씀하셨습니다. 김 실장은 혁명할 사람이 못 된다고 하셨죠?

김재규 그렇습니다.

변호사 김계원 피고인도 이 거사에 끌어들일 생각은 안 했겠네요?

김재규 그렇습니다.

변호사 본건 공소장을 보셨겠지만, 김계원 피고인도 공모 가담한 것으로 되어 있습니다. 각하 오시기 10~15분 전에 집무실에 왔었죠?

김재규 네.

변호사 김계원 피고인이 피고인보다 먼저 집무실에 와 있는데 가서 만나신 거죠?

김재규 네.

변호사 거기서 얘기를 좀 주고받고 다음에 기다리기 위해서 정원 경계석에 둘이 나란히 앉아서 대화를 했죠?

김재규 네.

변호사 다른 대목은 관계 않겠습니다. 거기서, 아까 오전의 말씀에서 "오늘 저녁"이란 말도 한 일이 없고, "해치워버릴까?" 소리만 했다고 하셨습니다. 그런데 그 "해치워버릴까?"의 대상은 차지철 실장이 아닌가요?

김재규 네.

변호사 그 말이 나온 경위, 어째서 그 말이 나왔나요?

김재규 김 실장께서 "차 실장이 강경해서 야단이야. 야당 국회의원 한 사람만 만나면 각하에게 쪼르르 가서 얘기하고 해서 야단이야"라고 했습니다.

변호사 그때 김계원 피고인의-제가 김계원 피고인 면회해서 물어보니까 그런 말 들은 것 같지 않은 것처럼 말씀한단 말입니다-그 얘기 끝에 "해치워버릴까?" 소리를 했단 말이죠? 김계원 피고인에게 내가 지금 어떤 의도가 있다는 것을 분명히 알려줄 필요가 있어서 하신 말인가요, 아니면 그냥 지나가는 말로 한 것인가요?

김재규 지나가는 말로 했습니다.

변호사 당시 피고인의 가슴속에는 남모르는 어떤 결의가 있었겠지만, 표정으로 나타내는 것은 지나가는 말로 했나요?

김재규 네.

변호사 김계원이 "무슨 소리냐?" 하면서 따지고 달려들면 어떻게 하려고 했나요?

김재규 "그 친구 해치워버릴까?" 하는 얘기 갖고는 김 실장이 따질 정도가 못 되죠. 따질 정도가 되도록 제가 강하게 표현한 게 아닙니다. 그냥 해치워버릴까 하면 술이라도 퍼부을 수 있고….

변호사 좋습니다. 어제 검찰에서 피의자 신문조서에서 말한 것을 기록 열람하는 데서 보니까, 만일 김계원 피고인이 좀 이상하게 보면 농담으로 넘겨버리려고 했다고 진술하셨습니다. 그런데 그렇게 말한 데 대한 반응이 당 공판에서는, 옆으로 보니까 "해치워버릴까?"라는 그 말에 대해서 긍정적인 반응으로 보였다고 공판에서는 말씀하셨고 검찰조서를 보니까, 김 실장이 두 번인가 고개를 끄덕였다고 진술되어 있습니다.

지금 물어본 데 대해 하신 말씀과 조금 다릅니다. 김 실장이 고개를 끄덕였다거나 긍정적인 반응을 했다고 하는 것은 두 사람 간에 무엇인가가 통했다는 얘기로 들리기 때문에, 여기에 대해서 진실되게 얘기해주시기 바랍니다.

김재규 옆으로 나란히 앉았기 때문에 확실히 고개를 끄덕였는지 어떤지를 확실히는 모릅니다. "그 친구 해치워버릴까?"라고 했을 때, 김 실장이 느끼는 것은 한번 봉변이라도 보게 만들까 하는 심정에서 고개를 끄덕였을 것입니다.

변호사 그 얘기에서 충분히 나옵니다만, 피고인이 생각하고 있는 본심은 이미 굳어져 있는 것인데, 집무실에서 기다릴 때나 정원 경계석에서나 각하를 대상으로 한 얘기는 오간 것이 없죠?

김재규 없습니다.

변호사 그 사건과 관계가 되기 때문에, 조금 가정이 되기는 하지만, 피고인이 생각하고 있는 거사랄까 범죄 결행이랄까, 거기에 김계원 피고인이 꼭 동조 가담해줘야 할 필요성은 없죠?

김재규 없습니다.

변호사 방에 들어가서의 얘기를 하겠습니다. 김계원 피고인과 피고인은 대통령과 마주 바라보게 앉았는데, 그 사이에 물병이 놓여 있었나요? 왜냐하면 양주는 스트레이트로 마실 수 없으니까 양주에 섞기 위한 물인지 소다수인지 간에 그런 병이 놓여 있었나요?

김재규 물병은 책상 위에 놓여 있지 밑에 있는 경우는 없습니다.

변호사 그래요? 지난번 현장검증 갔을 때 둘이 앉은 좌석 사이에 있었다는데? 물병이 탁자 위로 올라갔다 내려갔다 할 수도 있는 것이지만….

김재규 물병은 경호실장과 저 사이에 놓이지, 비서실장과 저 사이에는 안 놓입니다.

변호사 지난번 현장검증 때는 두 분이 앉은 사이에 있었다고 해서 물었습니다. 말은 서로 들었다는 사람과 했다는 사람이 다를 수 있기 때문에 그것은 더 이상 묻지 않겠지만, 옆에 앉은 김 실장을 툭 치면서 "각하 잘 모시십시오"라고 분명히 했나요?

김재규 했습니다.

변호사 그 말을 꼭 해야 할 이유가 납득이…. 왜 그러냐 하면 김 실장은 그런 얘기를 들은 적도 없고, 적어도 나이도 위고 군에서도 선배이고 한데 김 부장의 성격이나 선배에 대한 태도로 봐서, 아무려면 툭 친다는 것은 동년배나 아랫사람에게 하지 조금이라도 윗사람에게는 그럴 리도 없고 그런 일이 없다고 말씀하시는데….

김재규 그 순간 저는 흥분되어 있었고 행동 결행 직전입니다. 저로서는 "정치를 대국적으로 하시오" 하면서 툭 치고 순간적으로 콱 흥분되어 총에 손이 바로 갔고 그 순간에 툭 친 겁니다.

변호사 알겠습니다. 그것이 무슨 김계원 피고인에 대한 어떤 신호라든가 결의 표시의 방법은 아니죠?

김재규 아닙니다.

변호사 그 자리에서 김 실장은 화제를 정치 얘기가 아닌 것으로 유도했다고 하는데, 그렇게 생각하는가요?

김재규 김계원 실장의 성품으로 봐서 능히 그렇게 하실 분입니다. 그날 저녁에 정치 얘기를 자꾸 꺼낸 것은 각하였고, 김 실장이 술도 많이 들고 화제를 바꾸려고 했던 것이 사실입니다.

변호사 피고인이 총을 두 방 쏠 때는 그 직전에 정치 얘기가 있었나요?

김재규 있었습니다.

"보안을 철저히 하시오"

변호사 정치 얘기가 끝나고 노랫소리가 나오고 분위기 좋았다고 되어 있는데?

김재규 정치 얘기가 나왔다가 끝나고, 분위기가 좋아져서 노래도 나오고 했다가 다시 정치 얘기가 나온 겁니다. 내가 준비 완료 보고를 받은 것은 7시 30분이고 결행은 45분이니까 15분간의 간격이 있었어요.

변호사 당 공판에서 술의 양이 문제가 되는데 두 병 준비해서 남은 것은 한 병의 3분지 1병뿐이라는데, 한 병 준비했나요, 두 병 준비했나요?

김재규 두 병입니다.

변호사 김계원 피고인의 얘기로는 김 부장도 차 실장도 별로 못 들기 때문에 술은 순전히 각하와 자기만 들었다고 하는데?

김재규 그렇습니다.

변호사 "칵테일은 내가 잘합니다" 해서 칵테일을 하다가 중간에는 김계원 피고인에게 스트레이트로 권했다는데요?

김재규 네, 주량이 우리하고 다르기 때문에 소주잔 정도에 그냥….

변호사 김계원 피고인은 과하다고 생각은 했지만, 각하 앞에서 분위기를 깰까봐 그냥 받아 마셨다는데, 맞군요. 문제는 총을 쐈을 때, 첫 발과 두 번째 사이가 4~5초, 6~7초 여러 가지인데 어떤가요?

김재규 제 얘기가 가장 정확합니다. 1초도 안 걸렸습니다.

변호사 사실 한 발 쏘고 한참 있다가 쏜다는 것은 납득이 잘 안 가서 물었습니다. 총을 두 방 팡팡 쏘고 나서 탄피가 빠지지 않아서 방아쇠가 안 당겨졌다고 했죠?

김재규 네.

변호사 그렇게 쏘고 난 뒤 김계원 피고인이 벌떡 일어나서 밀었다는데 기억이 없나요?

김재규 기억에 없습니다.

변호사 피고인이 팡팡 쏘고 대기실에서 총성이 나고 전깃불이 나갔다는데, 전깃불 나간 것을 기억하나요?

김재규 저는 기억 못 합니다. 전깃불 나갔을 때 저는 밖에 나가 있었습니다.

변호사 모든 피고인들의 진술에 전깃불이 나간 것이 다 드러나는

데 피고인이 기억을 못 하는 것은 너무 흥분되어서 기억 못 하는 것 아닌가요?

김재규 저는 총이 작동을 안 하기 때문에 작동을 하면서 밖으로 뛰어나왔습니다. 그 건물 안에는 경호원도 있고 하기 때문에 총이 작동 안 되는 것을 알면 바로 내게 공격을 해올 것 같아서 그 공격을 피하기 위해서 밖으로 나왔던 겁니다. 내가 밖으로 뛰어나온 동안 안에서 불이 꺼졌기 때문에 알 수가 없습니다.

변호사 10월 26일 저녁 7시 45분이라면 상당히 어두운 때이니까, 불이 나가면 그 건물 전체가 불이 나가니까 밖에 있는 사람이라도 불이 나간 것을 충분히 인식할 수 있는 상태이기 때문에 그러는데요?

김재규 그 위치가 그것을 인식할 수 있는 위치가 아니었습니다.

변호사 흥분했거나 그런 상태가 아니면 누구나 불이 나간 것을 인식할 수 있을 텐데….

김재규 저는 밖에 나와 있었기 때문에 안에 불 나간 것은 몰랐습니다.

변호사 다시 들어가서 또 쏘고 나왔는데, 오전 중에 나온 말처럼, "나는 한다면 합니다" "보안을 부탁합니다"였는데, "나는 한다면 합니다"라고 한 일이 없고 오로지 "모든 일은 다 끝났습니다. 보안을 부탁합니다" 했나요, "뒷일을 부탁합니다" 했나요?

김재규 "보안을 철저히 하시오" 그랬습니다.

변호사 보안을 철저히 하라는 소리는 김계원 실장으로 하여금 나의 범행을 잘 감춰달라는 뜻인가요? 아니면 국가적 위기 사태의 조치가 될 때까지 보안을 할 필요가 있는 것을 판단해서 하라는 뜻인가요?

김재규 후자입니다. 제가 혁명 단계를 다음으로 넘길 때까지는 보안이 되어야겠다고 생각해서였습니다.

변호사 그것은 피고인의 가슴속에 있는 것이지 아직 아무도 모르는 것이니까….

김재규 그렇습니다.

변호사 "나는 한다면 합니다"는 평소에 잘 안 쓰는 말이라고 했죠?

김재규 잘 안 쓰는 말일 뿐 아니라, 그런 말을 하려면 내가 먼저 실장에게 한다는 얘기를 해놨어야 하는데, 얘기한 적이 없으니까 말이 안 됩니다.

변호사 "다 끝났습니다"는 무엇을 뜻하는가요?

김재규 각하와 경호실장을 다 처치했으니까 이제 다 끝났다고….

변호사 그런데 김계원 피고인은 설마하니 각하까지 그렇게 한 것이 실감 나지 않았다고 하는데, 어떻게 생각하나요?

김재규 김 실장으로서는 각하에 대해서뿐 아니라 차 경호실장에 대해서도 총을 쏘리라고는 전혀 생각지 못했을 것입니다.

변호사 김계원 피고인이 "알았소"라고 했나요?

김재규 "하여튼 알았소"라고.

변호사 피고인은 거기서 참모총장과 차장보와 갔는데, 그 장소에서 김계원 피고인은 그대로 그것을 봤고, 앞으로 이런 상태를 그대로 보존하려면 그곳에서 나가지 않게 해야 할 필요성이 있어야 하는데, 그런 데 대한 조치나 지시를 한 일이 있나요?

김재규 누구에게 말입니까?

변호사 부하들에게요.

김재규 김 실장에게는 보안을 부탁했고 "하여튼 알았소" 했고 김 실장이 처음에는 가담 안 했지만 이미 문제가 거기까지 갔기 때문에 거사 후에 김 실장에 대해서는 특별히 의심하거나 하지는 않았습니다.

변호사 박선호 피고인이나 박흥주 피고인에게 이쪽의 상황에 대해서 누구도 손대지 말라든가 하는 지시를 안 했군요?

김재규 어떤 상황 말입니까?

변호사 각하나 경호실장의 시신을 절대로 밖으로 내가면 안 된다든가….

김재규 그것은 제가 조치하기 위해서 육군본부의 상황을 보고 나서 제가 곧 조치하기 위해서 그냥 놔뒀습니다.

변호사 거기서 떠나실 적에는 미처 지시를 않았다는 말이군요?

김재규 네.

계엄 선포 사유는? 유고, 서거, 치안

거사 이후 현장에서의 대화는 물론이고 전화통화와 육본에서의 대화에 관한 김계원과 김재규의 법정진술은 엇갈렸다. 김재규는 김계원 실장이 통화에서 “큰 영애가 박 대통령을 찾기에 딴 데 계시다고 했는데 또 찾으면 어떡하지?”라고 말하길래 ‘보안을 잘 지켜달라는 내 부탁을 잘 들어주고 있구나’ 하는 느낌을 받았다고 했다. 그러나 이병용 변호사에 따르면 김계원은 그런 통화를 한 적이 없다고 말했다. 김재규는 김계원이 자신의 뜻에 따르고 있었다 생각했지만 김계원은 달랐다. 김재규가 육본에서 체포되는 데 김계원은 결정적인 역할을 했다. 둘의 동상이몽이었던 셈이다.

이병용 변호사 육본 벙커에서 박흥주를 시켜서 김계원 피고인에게 전화를 걸라고 시키셨죠?

김재규 시켰습니다.

변호사 박흥주 피고인이 전화해서 처음으로 전화가 연결되었을 때, 김계원 실장이 나오더니 “왜 그래. 이리 오라고 그래. 이리 오시라고 해” 하고 더 이야기를 않고 끊었다고 박흥주 피고인이 진술했는데.

김재규 맞습니다.

변호사 그럼 박흥주 피고인에게 그대로 보고를 받았나요?

김재규 네.

변호사 그 후 대화가 되어서 가게 되었는데, 그에 앞서서 “큰 영애(근혜 양)가 전화로 물어서 딴 데 계시다고 했는데 또 물으면 어떻게 하지?" 그런 말 한 일이 없다고 김계원 피고인은 그러던데요? 그런 말을 한 일도 없고 밤중에, 큰 영애가 나이가 30이 다 되는데 그런 시간에 비서실장에게 이쪽에서 연락하기 전에 아버지 신상을 묻는다는 것은 과거에도 그런 일이 없거니와 그날도 그런 일이 있을 수도 없고 있지도 않았다고 하기에 묻는 겁니다.

김재규 저는 그것을 확실히 들었습니다. 그 후에 잠깐 들었는데, 그날 저녁에 육인수 의원과 가족들 모임이 있었다고 들었습니다. 그 시간까지 안 들어오시니까 물은 것으로 생각되는데, 그 문제에 대해서 김 실장이 말하지 않았다면 제 머리에 남을 수가 없어요. 그 부분에 대해서는 듣지 않았다면 제가 만들어낼 수가 없는 부분이지요. 그 말을 듣는 순간에 저로서 하나 느낌이 있었기 때문에 분명히 기억하고 있습니다.

변호사 그 느낌이라는 것이 본건 공소사실에 중요하기 때문에 여쭤보겠습니다. 그 소리를 듣고 김 실장이 내 부탁을 잘 들어주고 있구나 하는 느낌을 받았다는 거죠?

김재규 네, 보안을 잘하고 있구나 했습니다.

변호사 애당초 보안을 부탁한 것은 나라를 위한 것이지 나를 위한 것이 아니라고 했으니까, 그런 느낌이 들었다고 해서 꼭 김 실장으로 봐서 불리하다거나 유리하다거나는 평가의 문제인데, 김 실장은 그런 말을 할 리가 없고 그런 말이 나올 턱이 없다고 하시기 때문에 물었습니다. 서로 대화의 내용이 조금 달라지는 거야 도리가 없죠. 육본 벙커 안에서 화장실에 두 분만 갔죠? 누가 가자고 해서 갔나요?

김재규 제가 가자고 했습니다.

변호사 거기에서 김계원 피고인이 "각하는 왜 그랬어?"라고….

김재규 "이 사람아, 어쩌려고 각하까지…?" 하면서 팔을 잡았습니다.

변호사 그때 피고인은 "이제 그런 말을 할 때가 아닙니다. 민주회복이란 말과 계엄사령부를 혁명위원회로 전환할 일이 중요합니다"라고 말해서 김계원 피고는 비로소 '아하, 전혀 딴생각을 갖고 있구나' 생각했다는데, 김계원 피고인이 머리가 좋아서 그랬는지 나빠서 그랬는지 그런 걸 떠나서 그때까지는 도저히 상상할 수 없고 예상할 수 없는 일이었는데 그 장소에 가서 비로소 처음부터 김재규 피고인이 큰일을 저지르려고 그랬구나 하는 것을 그때서 알았다고 하던데….

김재규 그랬을지도 모릅니다.

변호사 그랬을지도 모르는 건가요, 그런 건가요? 피고인이 볼 때는.

김재규 이것도 역시 앞서 말씀드린 것과 마찬가지인데, 김계원 실장의 성품으로 봐서 모든 것을 자기 주관으로 생각하는 법인데, 도저히 혁명을 할 분이 아니기 때문에 처음에는 당황도 했고 도대체 이해가 안 갔을 겁니다. 시간이 좀 지나고 육본에 와서야 느꼈다는 것이 옳을지 모릅니다.

변호사 그때 거기 가서도 피고인에게 타일러서 자수를, 군에서도 선배이고 나이도 좀 위이고 평소에는 형님이라고 불렀고 그런 사이니까 욱하는 마음으로 실수로 그랬다고 봤기 때문에, 자수를 권하려고 하는데 그런 말이 나오니까 '어이쿠 이건 자수 운운할 문제가 아니구나'라고 생각했다는데?

김재규 그분의 성격으로 봐서 그럴 수 있다고 봅니다.

변호사 청와대에 있는 김계원 실장과 전화통화할 때 김계원 실장은 자꾸 청와대로 오라고 하고 피고인은 "거기 뭣 하러 갑니까. 이리 오시오" 하며 서로 "이리 오시오"라고 하지 않았나요?

김재규 그랬습니다.

변호사 피고인이 "나는 거기 못 간다"라고 한 일 있나요?

김재규 그랬습니다.

변호사 피고가 청와대에 못 온다고 하는 말을 김계원 피고는 청와대 경호관들에게 사살 보복을 당할까 두려워서 못 온다고 하는 걸로 알았다는데?

김재규 그렇게 생각할 수 있겠죠.

변호사 그 당시에 피고인은 자수를 않고, 자기 계획대로 말한다 하더라도, 청와대에는 못 들어가는 것 아닌가요?

김재규 못 들어갑니다.

변호사 김계원 피고인이 그 당시 그렇게 판단한 것을 피고인도 합리적인 것으로 보시는 것 아닌가요?

김재규 네.

변호사 육본 벙커에서나 국방부에서나 피고인은 김계원 실장을 항시 주시하고 같이 있었다는데?

김재규 그렇습니다.

변호사 피고인이 생각한 거사가 성공하느냐 못 하느냐는 김계원 피고인에게 달렸다고 생각했기 때문인가요, 한 사람이라도 나의 거사에 찬동을 바라서 그랬나요?

김재규 현재로서 기밀이 누설될 가능성은 김계원 실장 한 분밖에 없기 때문에 내일 오전까지는 기밀을 유지해야겠기 때문에, 김계원 실장의 행동을 주시했습니다.

변호사 그 현장에서의 기밀은 김계원 피고뿐만 아니고 두 여자들도 있는데, 그 두 여자들이야 별문제가 아니고 김 실장은 중요한 위치에 있는데 다른 행동을 하면 안 된다고 생각한 것인가요?

김재규 그쪽 인원은 여자애들까지 포함해서 전부 연행하도록 계획되어 있었기 때문에 그것은 희생시킬 필요도 없고 전부 연행시키면 보안이 되는 건데 다만 밖에 나와서 행동하는 것은 김 실장 한 분뿐이니까요.

변호사 국방장관실에서-국무회의는 국방부 회의실에서 정식으로 열리고 국무회의가 열리기 전 국방부 장관실에서-국무총리와 몇 분의 국무위원들과 유혁인 비서관이랑 앉아 있는데, 김계원 실장과는 마주 바라보고 앉아 있었다는데 그때 계엄 선포 사유를 가지고 서로 의견이 일치하지 않았다죠? 사유는 유고, 서거, 치안 세 가지였죠?

김재규 네.

김재규 체포되기 직전 김계원과의 동상이몽

변호사 그때 피고인이 강력히 주장한 것은 치안을 이유로 한 긴급사태였고 김계원 실장은 유고를 주장했다는데요?

김재규 그건 잘 모르겠습니다.

변호사 총리께서 국무회의에 들어가서 국무위원에게 사유를 설명해야겠는데, 김 실장에게 좀 설명하라고 하명한 것을 들었나요?

김재규 네.

변호사 그때 김계원 실장이 들어가겠다고 했나요? 아니면 "그건 총리께서 하셔야지 저는 국무위원도 아닌 데 들어갈 수 없습니다"라고 했나요?

김재규 그렇게 말했습니다.

변호사 그때 피고는 국무회의에 들어가고 싶으셨겠네요? 상황 설명도 하고….

김재규 저는 들어가고 싶은 생각이 없었습니다.

변호사 왜요? 그건 말이 안 되는데요? 계엄 사유도 긴급사태로 주장해야 할 뿐 아니라 자기의 포부를 눈치 봐가며 말하기 위해서 들어갈 법한데요?

김재규 그럴 형편이 아니라고 판단했었습니다. 그래서 들어갈 생각이 없었습니다.

변호사 만약 들어와서 설명하라고 하면 들어갈 생각이었나요?

김재규 안 했습니다.

변호사 좀 납득이 안 가는데…. 김계원 피고인의 말은 "내가 들어가면 김 부장도 들어오지 않겠는가. 그렇게 되면 거기서 크게 논쟁이 벌어질 뿐 아니라 혁명 운운하면 안 되겠다고 생각해서 자기가 안 들어가겠다고 했다"는데 얘기가 좀 다르군요.

김재규 어떤 점이 다른가요? 하나도 안 다르지 않나요?

변호사 물론 그 당시에 동상이몽이니까, 같은 장소에 있어도 머리에 생각하는 것은 다르니까 그 상황을 인식하는 상황도 달라지는 것이니까요. 김계원 피고인의 말과 굳이 일치하라는 것은 아닙니다. 확인하는 것뿐이죠. 그런데 그 앉은 자리에서 잠깐 동안 피곤해서 그랬는지 심사숙고하려고 그랬는지, 소파에 앉아서 눈을 감고 한참 명상한 일이 있죠? 명상에서 눈을 떠보니까 마주 앉아 있던 김계원 피고인이 없었죠?

김재규 그렇습니다.

변호사 이상하다고 생각했죠?

김재규 그렇습니다.

변호사 그래서 두리번거렸나요?

김재규 가만히 생각했습니다.

변호사 곧 찾으셨나요?

김재규 그러고 있는데 국방장관실에 있는 사병이 하나 들어와서 김 실장이 저를 찾는다고 해서 나갔습니다. 그래서 밖에 대기하고 있는 헌병에게 연행됐습니다.

변호사 아니, 그러기 전에 마주 바라보고 있던 김 실장이 자리를 떠서 피고인이 찾는데 부속실인가에서 국방장관과 정승화 대장하고 김 실장이 얘기하는 것을 발견하셨죠?

김재규 저는 못 봤습니다.

변호사 그래서 김 실장이 "동원부대의 특식비가 준비되었냐"고 했다는데 들었나요?

김재규 못 들었습니다.

변호사 김계원 실장이 잠깐 비운 사이에 찾던 중 사병이 와서 김 실장이 보자고 해서 나갔더니 바로 체포되었다. 이겁니까?

김재규 네.

변호사 합수부에서 과거에 한 발표와 조금 달라서 그러는데요. 체포 과정도 다르고 그러기 이전에 피고인의 눈을 피해서 김계원 실장이 다른 데 잠깐 갔다 온 것을 전혀 몰랐다는 건가요?

김재규 항상 내 시야 안에 있었는데, 잠깐 명상을 하다가 눈을 떠 보니까 안 보였습니다.

검찰관 B-2 벙커에서는 잠깐 떨어져 있지 않았나요?

김재규 지금 국방장관실 얘기하는 것 아닙니까?

검찰관 아, 제가 벙커나 국방장관실에서 떨어진 일이 있는가를 물었습니다.

김재규 벙커에서는 떨어진 일이 있었습니다.

검찰관 그때는 김계원 실장의 행동이 자유롭지 않았나요?

김재규 제가 장관실에 가서부터 주시를 했습니다.

이병용 변호사 왜 벙커에서는 주시하지 않았나요?

김재규 벙커에서는 총장실 화장실에서 만나서 제가 그런 말을 한 직후이고 해서 그럴 필요를 느끼지 않았습니다.

변호사 국방장관실보다 그때가 더 느끼셔야 할 텐데, 납득이 안 됩니다.

김재규 제가 그런 말을 할 때 김 실장이 아주 부정적인 태도였더라면 그때부터 경계했을 것입니다. 마지못해 따라오긴 했어도 제가 볼 때는 부정적은 아니었다는 느낌을 받았습니다. 말로 좋다 나쁘다 한 것은 아니지만….

변호사 두 분의 관계가 좋았기 때문에 김계원 실장의 입장에서는 생각지도 않은 오해랄까 그렇게 수사기관에서는 받고 있는데, 김계원 실장과 피고인은 4·19 후에 1961년인지 1962년인지, 마산 육군대학에 총장으로 있을 때 부총장으로 있었다죠?

김재규 그렇습니다.

변호사 김계원 실장은 별 둘이고 피고인은 별 하나고요?

김재규 예.

변호사 거기서 두 분이 다 가족들은 안 데리고 계셨다죠?

김재규 저희 가족은 거기에 있었고 김계원 실장은 왔다 갔다 하셨습니다.

변호사 그때 함대사령관의 초청 파티가 있어서 돌아오는 길에 부총장 차가 앞서가고 총장 차가 뒤에 따라가다가 앞차가 보이지 않아 서 보니까 낭떠러지에 떨어져서 김계원 실장이 가서 교통사고로 빈사 상태에 있는 피고인을 업어서 구출해준 일이 있다고 해서 피고인은 보통 동향 선배·군 선배로서뿐만 아니라 인간적으로 형님 이상으로 대했다는데?

김재규 그렇습니다. 그때 사건은 해군 이희정 제독이 함대사령관이었습니다. 함대사령관이 육군 수송감 김익렬 장군이 마산에 훈련차 왔기 때문에 그분을 위한 환영 파티가 있었습니다. '고스라기집'이라고 있었는데 거기서 저녁을 하고, 제가 계급이 제일 낮고-저는 준장이고 나머지는 전부 소장입니다-뒤에 뭐 빠진 게 없나 하고 주워 가지고 나오다보니까 함대사령관이 술이 많이 취했는데 운전대에 앉아 있고 사병은 운전대를 뺏으려고 하고 장군은 그 애를 때리고 있었어요. 뒤에서 헤드라이트를 비추고 보니까 사고가 날 것 같았습니다. 그래서 내가 이희정 제독이 운전하는 차의 운전석 옆에 앉아서 주의를 주며 거의 무사히 왔는데 정상에서 갑자기….

변호사 네, 알겠어요. 제가 필요한 것만 물어보겠습니다. 그 정도 교분이라면 혹시라도 가슴속 일부라도 비칠 법한데, 비친 일이 없죠?

김재규 제 생각을 누구에게도 비친 일이 없습니다.

변호사 피고인의 가슴속 생각은 부인이나 동기간에게도 한 일이 없군요?

김재규 네.

변호사 피고인의 비서에게는 경호관 처치를 위해서 부득이하게 시간적 여유를 주지 않고 발설했고 그 외에는 어느 누구에게도 눈치채게 한 일이 없군요?

김재규 역사적으로 이런 일들이 두 사람 이상 모의해서 성공한 일이 없었습니다. 그래서 누구에게도 의논 안 한다는 신념을 갖고 있었습니다.

변호사 본 변호인은 이상입니다.

(10분간 휴정)

박정희 병원 후송 알았다면 승낙 안 했을 것

김재규에 대한 김계원 변호인들의 보충신문에 이어 검찰관의 반대신문이 이어졌다. 그러나 진술을 듣던 변호인들은 깜짝 놀랐다. 김재규는 차지철과 권력 암투를 한 적이 없다고 말했는데, 둘 사이에 암투가 있었다는 내용이 검찰조서에 등장했기 때문이다. 변호인들은 만일 검찰관이 본건 심판을 그런 방식으로 이끌어간다면, 검찰관의 반대신문에 대한 재 반대신문 또 재재 반대신문으로 갈 것이라고 강력히 항의했다. 이때부터 불공정재판의 싹이 트고 있었던 것이다.

김수룡 변호사 김계원 피고인의 변호인 김수룡입니다. 피고인께서 만찬석상에서 각하를 1차 공격할 때 누가 그 자리에 있어도 막을 사람이 없었겠죠?

김재규 없습니다.

변호사 김계원 실장이 피해서 도망을 갔다고 검찰 공소장에 되어 있는데, 김계원 실장이 아닌 다른 훌륭한 분이 계셨더라도 막을 방법이 없었겠습니까?

김재규 없지요. 김계원 실장이 도망갔다는 것은 무슨 말씀인가요?

변호사 공소장에는, 마치 피고인의 범행을 용이하게 도와주기 위해서 도망간 것으로 되어 있습니다.

김재규 김계원 실장은 도망간 일이 없습니다. 제가 1차 공격을 했을 때는 누구도 막을 수 없었어요. 전격적으로 일어났기 때문에 세상 어떤 사람도 막을 수 없었습니다. 그때까지 김계원 실장은 제 옆에 있었고 도망가지 않았습니다. 제가 총이 작동이 안 돼서 밖에 나가서 새로 총을 갖고 왔을 때는 김계원 실장을 보지 못했습니다.

변호사 검찰 공소장에는 2차 공격하러 피고인이 만찬석으로 돌아갔을 때 김계원 실장은 복도로 나와서 경호원들의 처치 장면을 감시 감독하고 있었다고 되어 있습니다. 어떻게 생각하나요?

김재규 보지 않았으니까 뭐라고 할 수 없지만, 믿어지지 않는 얘기입니다.

변호사 검찰 공소장에 보면 국방부 장관실에서 김계원 실장이 피고인과 같이 있을 때, 다른 국무위원들이 강력히 반대하는 것을 보고 피고인의 계획이 실패한 것을 눈치채고 이것은 안 되겠구나 하고 살짝 신고하러 나갔다고 되어 있습니다. 그 당시 국방부에서 다른 국무위원들이 계엄 선포에 강력히 반대한 사람이 있나요?

김재규 없습니다.

변호사 단지 그 문구에 있어서 유고냐, 서거냐, 치안 문제냐에 관한 다툼만 있었고 계엄 선포에 반대한 사람은 없었군요?

김재규 없었습니다. 반대할 이유가 없었으니까요.

변호사 검찰 작성의 피의자 신문조서에 피고인 진술을 보니까 어떤 국무위원은 치안을 이유로 한 비상계엄 선포에 동조한 사람도 있다고 되어 있는데….

김재규 잘 모르겠습니다.

변호사 만약 체포되지 않으셨다면 의도하는 대로 다 되었을 것으로 생각합니까?

김재규 됐다고 확신합니다. 국방부에서 그날의 국무회의는 계엄에 대한 결의만 하면 되는 것이고, 계엄만 선포하면 군이 필요한 부대를 동원해서 필요한 곳에 배치합니다. 국무위원은 그것만 결의하면 끝나는 것이지, 그 외에는 아무것도 할 일이 없습니다. 그것만 결의하고 국무위원들이 해산했으면, 기밀이 24시간만 유지되었더라도 완전히 성공하는 겁니다.

변호사 피고는 이번 계획이 수포로 돌아간 주요 원인을….

법무사 변호인, 공소사실과 관계없는 것은….

변호사 공소장에 김계원 피고인이 신고한 내란 미수 경위 공소사실로 적시되어 있기 때문에 그렇습니다.

법무사 심판부의 판단사항은 가급적 신문 안 해주셨으면 합니다.

변호사 각하를 통합병원으로 후송한 것을 언제쯤 알았나요?

김재규 몰랐습니다.

변호사 국방부에서 국무회의 할 때까지도 몰랐나요?

김재규 그렇습니다.

변호사 만약 통합병원으로 후송할까를 물어올 경우 승낙했을까요?

김재규 안 했을 것입니다.

변호사 이상입니다.

(검찰관 보충신문)

검찰관 지난번 김계원 피고인 신문 시에는 분리신문을 했기 때문에 거기서 나온 사항을 간단히 얘기하면서 확인하겠습니다. 김계원 피고인이 검찰신문에서 얘기하는 김재규 피고인과 차지철 실장의 관계는 첫째, "5·16 이후 측근끼리 대통령의 신임을 얻으려고 암투하는 것 같았다."

그런 예가 있나요?

김재규 그런 사실은 전혀 없습니다.

(이때 김계원 피고인의 변호사 김수룡 씨가 "그렇게 진술 안 했잖아?" 하고 낮게 속삭이는 소리가 녹음됨)

검찰관 신민당 전당대회 시 총재경선을 둘러싸고 차지철 실장과 피고 사이엔 견해를 달리했습니다. 그 결과가 반대로 나왔기 때문에 피고인은 이것이 차지철 실장의 농간이라고 해서 굉장히 흥분했다는 얘기가 나왔습니다.

김재규 거기에 대해 답하란 말입니까?

검찰관 나중에 묻겠습니다. 부마사태에 대해서 견해를 달리했고 각하는 차지철 실장의 얘기를….

법무사 검찰관, 중복되는 것은 회피해주시오.

검찰관 예, 그래서 분노가 극도에 달했다는 얘기가 나왔습니다.

김수룡 변호사 재판장님께 여쭙겠습니다. 검찰관님께서 지금 말씀하시는 것이 먼젓번에 김계원 피고인이 이 법정에서 한 말씀인가요?

재판장 예, 1차 검찰신문 당시의 진술입니다.

변호사 거기에 이의가 있습니다. 1차 신문 당시에 저도 들었고 상변호인께서도 들었는데, 그런 권력 암투를 김재규 피고인과 차지철 실장이 했다는 진술은 없었습니다. 그것을 부인한 것으로 알고 있습니다.

검찰관 아닙니다. 분명히 그때 자세한 것을 잘 모르기 때문에 조서를 읽어드렸습니다. 그러니까 틀림없다는 답변을 들었습니다. 둘째, 김계원 피고인에 대한 검찰관 직접신문에서 김재규 피고인은 중정부장으로서 박 정권을 위해 성실하게 일했고 유신체제를 반대한 것이 아니고, 자신의 정보보고가 채택이 안 될 때 불평을 많이 했습니다. 이번 범행 동기에 대해서 김재규 피고인과 정치 문제로 수세에 몰려서 이성을 잃고, 차 실장의 참지 못할 자극에 격해서 범행을 한 것으로 봅니다. 피고인 생각은 어떤가요?

김재규 전혀 사실과 다릅니다. 7년 전부터 이성을 잃을 리도 만무하고, 제가 생각했던 것은 뿌리가 깊고 오래된 것입니다.

검찰관 확인만 하고 넘어가겠습니다. 왜냐하면 그 당시 분리신문을 했기 때문에….

변호사 재판장님, 지금 똑같은 사실을 변호인과 검찰관이 들었는데 양쪽이 틀리게 들었습니다. 공판조서가 완전히 작성되기 전에는 공판을 정지시켜 주십시오. 이렇게 완전히 틀려서는 공판조서에 어떻게 작성될지 모릅니다.

재판장 변호인의 신문 자체는 한 글자도 빠지지 않고 나와 있습니다. 확인해보시면 알 수 있을 겁니다.

안동일 변호사 재판장님께 이의 있습니다. 검찰관님 신문에 공판조서와 다른 신문을 하는 것 같아서 국선변호인으로서도 이의를 제기합니다.

이병용 변호사 검찰관님의 신문에 대해서 본 변호인도 이의를 제기하겠습니다. 만일 검찰관이 본건 심판을 그런 방식으로 이끌어간다면, 본 변호인도 검찰관의 반대신문에 대한 재반대신문 또 재재반대신문 또 재재재반대신문으로 갈 것입니다. 검찰관의 기억만이 절대 우선이고 변호인은 그렇지 않다는 말은, 변호인들이 변론 준비가 안 되어 있기 때문에라는 그 말은 취소하시기 바랍니다.

변호인도 변론 준비는 다 되어 있습니다. 변호인도 귀관 이상으로 열심히 하고 있습니다.

검찰관 변호인의 신문에 대해서는 아마 일간신문에 해당 부분이 실렸고 일자일구도 안 틀리니까 참고하시기 바랍니다.

법무사 양쪽 다 조용히 하십시오. 검찰관, 중복되는 신문은 삼가주시기 바랍니다.

검찰관 김계원 피고인이 중정 식당에 도합 몇 번이나 갔나요?

김재규 횟수는 잘 모르지만 여러 차례 왔습니다.

검찰관 김계원 피고인의 진술은 네 번이라고 되어있는데, 그 이상입니까, 이하입니까?

김재규 확실히는 모르지만 본인의 기억이 정확할 것입니다.

검찰관 그 이상이 아닌가요? 다른 사람의 진술은 그 이상으로 나와 있는데요?

김재규 그 정도로 생각됩니다. 본인의 기억이 정확할 겁니다. 비서실장은 각하의 행사에 나올 때도 있고 안 나올 때도 있기 때문에 다른 사람이 알 수 없을 것입니다.

검찰관 이건 아까 나왔습니다. 차지철을 해치워버린다는 말은 그날 처음 한 것이지 늘 입버릇처럼 한 것은 아닙니다.

김재규 아닙니다.

검찰관 식당 앞에서 각하 오시기를 기다리면서 그런 얘기를 한 적이 한 번도 없나요?

김재규 없습니다. 그날이 처음입니다.

검찰관 분명히 검찰 앞에서의 진술은 "곁눈질로 보니까 분명히 끄덕이는 것 같았다"고 했는데, 그렇게 생각을 한 것인지 분명히 봤는지를 밝혀주시오.

김재규 "그 친구 해치워버릴까?" 했을 때 우선 아무 말이 없고 제 느낌에 끄덕이는 것 같았습니다.

검찰관 그때 이미 살해할 결심을 했기 때문에 관심을 총집중시키면서 "오늘 해치워버릴까?" 한 것은 상당히 강경한 어조였다고 분명히 제 앞에서 말씀하신 것 같은데….

김재규 그렇지 않습니다. 지금 제가 말하는 어조와 똑같이 그 친구 해치워버릴까 정도였습니다. 지극히 가볍게 했습니다.

검찰관 그 얘기를 할 때 "나는 이미 결심했기 때문에 상대방의 반응에 주의를 했다. 상대방이 동조를 하지 않는 기색이 보이면 농담이라고 흘려보내고 살해 현장에서도 같이 사살해버렸을 것이다"라고 얘기하셨죠?

김재규 예, 만일의 경우 제가 강력하게 얘기했을 때 제게 반대 의사를 보이면 그렇게 했을 겁니다. 그러나 제가 그렇게 가볍게 얘기했기 때문에, 또 가볍게 받았기 때문에 그럴 필요가 없었어요. 제가 만일 제 의사를 김계원 실장에게 얘기해서 김계원 실장이 반대를 했다면, 김 실장도 그날 저녁에 제거 대상이 될 겁니다. 그러나 김계원 실장에게는 얘기하지 않았기 때문에 김계원 실장이 반대하는지 지지하는지 확인하지 않았기 때문에 제거 대상이 안 되었습니다.

검찰관 "그 얘기가 나왔을 때 반대했다면…" 분명히 그렇게 얘기하신 거죠?

김재규 예?

검찰관 그걸 꾸며서 하는 얘기는 아니고 사실대로 하신 거죠?

김재규 저는 꾸민 것은 하나도 없습니다만.

검찰관 만약 반대하는 감이 들면, "농담이요" 하고 껄껄 웃어버리고 그날 살해 현장에서 한꺼번에 제거했을 것이라고 얘기했죠?

김재규 뒤에 뉘앙스가 상당히 달라지는데요. 제가 강력하게 얘기해서 저쪽에서도 강력하게 예스, 노가 왔을 때 그다음 부분이 연결되는 것이지, 제가 가볍게 했기 때문에 저쪽에서도 가볍게 받았기 때문에 그 뒷부분은 필요가 없어요.

검찰관 그건 평가의 문제가 되겠는데, 당시의 어조나 행동거지는 평소와 같았나요?

김재규 네, 지금 말한 대로 “그 친구 해치워버릴까?” 이런 정도였으니까.

김계원은 동조자가 아니다

김재규는 어쩔 수 없이 사건에 휘말렸던 이들의 희생을 막기 위해 애썼다. 김계원에 대한 검찰의 반대신문에서도 이러한 태도는 한결같았다. 김계원 실장은 자신이 보안을 요구하고 계엄을 혁명으로 유도해야 한다고 몰아붙여서 마지못해 따라온 것이며 결국 다섯 시간 후에는 정신을 차려서 자신을 고발했다고 말했다. 김계원이 유일하게 사형을 무기형으로 감면받고 이후 사면될 수 있었던 것도 이런 김재규의 진술 덕분이 아니었을까?

검찰관 피고인이 술좌석에서 말이 없고 침울하고 시계를 자주 보았다고 그러던데?

김재규 그것은 어떻게 보고 그랬는지 모르지만, 저는 보통 때와 똑같이 했는데 마음속에 뭔가를 생각하고 있었기 때문에 혹 옆에서 본 사람에게 그런 것이 감지되었을지도 모릅니다.

검찰관 당시 술을 어느 정도 했나요?

김재규 평소에 술을 잘 안 합니다.

법무사 검찰관, 그거 중복되는 것은 제한하겠습니다.

검찰관 피고인 자신이 술 한 것은 안 나와 있습니다.

김재규 진로 소주 한 잔 정도를 물에 희석해서 먹지 않았나, 제 양이 그 정도 되지 않나 싶습니다.

검찰관 시바스 리갈 양주병 두 병이 준비되었죠?

김재규 예.

검찰관 한 병은 약 5분의 4가 남아 있었죠? 하나는 8분의 1이

깔려 있었죠?

김재규 예.

검찰관 주전자에는 하나는 완전히 비고, 한 주전자는 그대로 남아 있었죠?

김재규 예.

검찰관 술잔 일곱 개에 전부 나왔는데, 따져 보니까 주로 각하와 김계원 실장이 5분의 4 정도를 마신 걸로 되어 있는데, 반병 조금 못 되게 마셨는데 각하와 김계원 실장의 주량을 알고 있나요?

김재규 평소 주량은 시바스 리갈 반병 정도는 드시지 않나 생각합니다.

검찰관 두 분 다요?

김재규 네, 김계원 실장이 좀 더 셉니다.

검찰관 그럼 반병 이상은 들겠네요?

김재규 네.

검찰관 김계원 피고인이 말하기를 들어오자마자 서서 쏴서 잘 모른다고 했는데 들어오자마자 쐈나요?

김재규 아닙니다. 들어와서 적어도, 보고를 7시 30분에 받았고, 제가 행동을 결행한 것이 45분이니까, 15분 이상의 시간차가 있습니다.

검찰관 더 이상 하면 중복이 되니까 그것만 확인하고 넘어가겠습니다. 서서 쏘면서 "각하 잘 모시시오"라며 옆구리를 치지는 못했겠죠?

김재규 네.

검찰관 제1발이, 차지철 실장을 향해서 쏠 때 앉아서 쏘고, 일어서면서 어중간한 상태에서 대통령의 흉부를 향해서 쏘고요?

김재규 둘 다 앉아서 쐈습니다. 일어설 여가가 없어요. 순식간에 행동하는데….

검찰관 차지철 실장과 피고인 사이에 칵테일 상이 조그만 게 하나 있었죠?

김재규 네.

검찰관 상당한 거리가 있었죠?

김재규 바로 딱 붙어 있었죠.

검찰관 그러니까 팔을 치려면 상당한 거리가 있죠?

김재규 예.

검찰관 몸을 구부려야 피고인 몸에 닿죠?

김재규 예.

검찰관 오히려 가까운 거리에 있는 것은 지난번에 다 나왔어요. 20~30cm의 자리를 두고 김계원 실장과 사이가 떨어져 있었습니다. 만일 그 당시에 혁명을 하려면 보안유지를 위해서는 현장에 있는 사람들을, 김계원 실장이나 여자 둘을 사살했다면 오히려 비밀유지가 철저히 되지 않겠어요?

김재규 제가 육본까지 갔다가 바로 조치하도록 계획하고 있었습니다. 만일 지금처럼 시간이 많이 끌고 보안이 샐 염려가 있다면, 지금 검찰관 말대로 전부 처치해야 합니다. 그런데 이렇게 시간을 끌 이유가 없기 때문에, 저는 바로 저쪽에서 차 실장의 전화를 가지고라도 안전국에 지시해서 그다음 조치가 있었기 때문에 그 애들을 희생시킬 생각은 없었습니다.

검찰관 그 당시 여자들을 보내지 않았나요? 거기에 대해서는 하등의 조치를 취하지 않았지 않았나요?

김재규 보내지 않았습니다.

검찰관 그날 저녁에 돌아갔습니까?

김재규 박 과장이 상당히 늦은 시간에 돌려보냈을 겁니다.

법무사 공소사실과 관계없는 부분은 제한합니다.

검찰관 1차로 두 발을 발사했고, 밖에 나가서 총이 안 되니까 노리쇠를 후퇴전진 시키면서 정원까지 나갔다가 다시 들어왔다고 했죠?

김재규 네.

검찰관 그때 진술에는 처음에 나갈 때와 들어올 때 어둡고 밝은 것을 느낄 수 없을 정도로 똑같은 것 같았다고 했죠?

김재규 똑같았습니다.

검찰관 나가 있는 동안 불이 나갔다가 그 전에 또 불이 들어왔죠?

김재규 그런 것 같습니다.

검찰관 들어와서 박선호 총을 뺏었죠?

김재규 그렇습니다.

검찰관 박선호라는 걸 확실히 알았다면, 그때는 불이 들어왔었죠?

김재규 네.

검찰관 김계원 실장이 마루에 서 있는 것은 못 봤다고 했죠?

김재규 못 봤습니다.

검찰관 1차 사살 시에 총이 고장 나서 노리쇠를 후퇴전진 시킬 시에, 김계원 실장은 잡았다고 하는데, 오늘도 역시 기억이 없다고 하시고….

김재규 저는 기억에 없습니다.

검찰관 "보안유지 철저히 하십시오"는 분명히 얘기했는데, 오늘 "한다면 합니다"는 피고인의 용어가 아니라고 하시고?

김재규 최초부터 계속 제가 얘기했지만, 그 말은 제가 잘 안 씁니다.

검찰관 육본 벙커에서 군사혁명으로 유도되어야 된다고 할 때, 김계원 실장이 확정적으로 동조할 것으로 확인했다는 요지의 진술을 하셨죠?

김재규 제가 느끼기는 "알았다" 하는 것이 저에게 동조하는 것으로 알았는데, 그때 아주 명확히 "그렇게 하자"고 한 것은 아닙니다. 묵시적으로는 알았다는 의미는 되지만, 강하게 '당신 얘기를 내가 받아들이겠다'는 식은 아니었습니다.

검찰관 국방부나 거기서, 예를 들면 계엄 선포의 사유가 문제가 아니라 우선은 계엄을 빨리 선포하는 것이 급선무죠?

김재규 그렇습니다.

검찰관 선포를 해놓고 사유를 가급적이면 긴급사태로 하는 것이 좋다는 것이 피고인의 생각이죠? 혼란을 방지하기 위해서?

김재규 예.

검찰관 그러나 그것이 벽에 부딪혔죠? 사유를 긴급사태로 하자는 문제에 대해서는?

김재규 벽에 부딪히지는 않았습니다.

검찰관 그때 최 총리께서 분명히 그런 얘기를 하지 않았나요? 지금 부마사태도 다 진압이 되고 정국이 평온한데 어떻게 긴급사태로 하겠느냐? 또 국무위원들에게는 납득할 수 있는 얘기를 해줘야 하지 않겠느냐고. 계엄 선포는 괜찮은데 그 사유를 긴급사태로 한다는 것에는 약간의 저항이 있었던 거죠? 생각을 달리했던 거죠?

김재규 "국무위원들에게는 명확하게 설명을 해줘야 하지 않겠느냐." 이걸 가지고 몇 번 되풀이하시더군요.

검찰관 그렇게 논의하다가 서거는 도저히 안 되겠고, 유고로 낙

착된 것이죠?

김재규 각하 유고라고 하지 않고, 전국에 긴급한 사태가 발생해서 계엄을 선포한다고 합의했는데, 그 이후에 그렇게 바뀐 것은 저는 지금 기억 못 합니다.

검찰관 이상입니다.

"다 끝났다. 보안조치를 잘하시오"

변호사 한마디만 묻겠습니다. 검찰관이 방금 보충신문 시에, "자주 자리를 뜨시면서 시계를 자꾸 본 일이 있지요?" 하니까 "예, 있는 것 같아요"라고 대답하셨죠? 그때 시계를 자주 보게 된 것은 각하께서 "삽교호 준공식 텔레비가 왜 안 하나" 하면서 각하께서 시계를 간혹 보시니까, 차지철 실장이 "뉴스 할 시간 되면 제가 켜겠습니다" 하면서 차 실장도 시계를 자주 보셨죠? 기억 나십니까?

김재규 잘 모르겠습니다.

변호사 그래서 뉴스 틀 시간이 됐는가 안 됐는가를 알기 위해서 시계를 자주 보신 건데, 유독 피고인만 시계를 본 것처럼 검찰관께서 신문하고 계십니다. 한 가지 더 묻겠습니다. 비상계엄을 선포한다는 데서는 아무 이의가 없는데 서거로 하느냐, 유고로 하느냐, 치안 문제로 하느냐, 여기에 의견이 나눠졌다고 하는데, 지금 공소장에 나타난 사실과 검찰관 직접신문에서는 국무위원들에게는 각하가 돌아가신 것을 김계원 실장도 피고인도 말씀 안 한 것으로 되어 있습니다.

그런데 어떻게 국무위원이나 국무총리께서 유고를 사유로 할까, 서거를 사유로 할까 하는 말이 나올 수 있나요? 그러니까 국방부 벙커에 국무위원들께서 도착하셨을 때는 각하가 돌아가셨다는 것은 벌써 알고 계신 거죠?

김재규 국무총리께서 말입니까?

변호사 예.

김재규 그때는 몰랐고 후에 알았는데, 김 실장께서 말씀을 해서 국무총리께서는 알고 있었다고….

변호사 만약 모르신다고 가정하면 서거라는 말이 나올 리가 없지 않겠나요? 그냥 유고라고 하든지 해야 할 텐데, 서거라는 말이 나온 것으로 봐서 이미 알고 계셨다는 얘기가 되겠죠?

김재규 예.

변호사 다음, 차지철 실장과 피고인 사이의 거리는 상당히 멀어서 굽히고 일어나지 않으면 손이 닿지 않을 위치에 있다고 검찰관께서 신문하시니까 "그렇습니다"고 대답하셨는데요, 그 식탁의 폭이 불과 1.5m도 안 되죠? 저희들은 검증하는데, 현장검증을 신청은 해놨습니다만 그 신청을 채택해줄지 안 해줄지 모르겠습니다. 가보면 환히 나타날 건데, 그 폭이 1.5m도 안 되고 바로 이 모서리에는 차지철 실장이 앉고 피고는 바로 이래 앉고 마주 보고 있는 상태죠?

김재규 네.

변호사 그래서 손을 휘두르거나 하면 반 팔 간격밖에 안 되지 않겠어요?

김재규 그렇지 않습니다. 탁자가 하나 들어가 있을 정도니까, 탁자에서부터 약간 떨어져 있으니까, 거리가 있습니다.

변호사 직선거리를 따질 때….

김재규 그래도 여기하고 나 있는 사이에는 탁자가 하나 있어서 앉아서 그냥 손이 닿지는 않습니다.

변호사 김계원 실장께서 재판을 받는 주요한 공소사실이, 아까 피고인도 말씀하셨지만, 각하 돌아가신 후 약 4~5시간의 행적, 그것 때문에 재판을 받지 않나 해서 아까 말씀하셨죠?

김재규 네.

변호사 그때 피고인이 하신 일에 대해서 극히 동조했다고 생각되는 점이 있습니까?

김재규 김계원 실장님은 마음으로부터 동조한 것은 없어요. 마지못해 따라온 것이고 어쩔 도리가 없어서 따라오셨습니다. 내가 자꾸 보안을 요구하고 계엄을 혁명으로 유도해야 한다고 하기 때문에 거기에 딸려서 조금씩 한 발자국씩 다가온 형편이지, 마음으로부터 승복을 해서 따라온 것은 아닙니다.

변호사 어쩔 수 없이 따라왔다는 부분이 어떤 것인가요?

김재규 제가 혁명을 결행하고 난 뒤 "이제 다 끝났다. 보안조치를 잘하시오" 할 때 막바로 고발하지 않았다든지, 그런 행동이 한 5시간 동안, 제가 체포될 때까지의 사이에 있었던 행동은 본인은 마음이 내키지 않았지만, 미적미적 되어 왔고 그러니까 소극적이죠. 적극적인 것은 못 됩니다. 이미 총리에게도 보고를 드리고 그 보고가 차지철을 쏘려다가 각하가 맞았다고 했다지만, 아무튼 저에게 적극적으로 협조 안 한 것은 사실이고 소극적으로 마지못해 따라왔는데, 한 다섯 시간 후에는 자기 정신 차려서 고발하고 말았죠.

변호사 어찌할 바를 몰라서 따라왔다는 것도 결국 소극적으로 신고하지 않았던 점을 동조라고 보면 동조이고 아니라고 보면 아니다?

김재규 그렇죠. 신고를 한다든지 하면 적극적이 되겠죠. 그러나 그런 점들은 약간 소극적이라고 할 수 있을지 모르지만, 김 실장과 저와 과거부터의 개인적인 관계라든가, 제가 몇 번씩 당부한 관계로 인해서 일은 벌어졌고 부득이했으리라는 것이 이해가 갑니다. 근본적으로 얘기해서 김계원 실장은 혁명을 하실 분은 못 됩니다.

법무사 제한하겠습니다.

변호사 한 말씀만 묻겠습니다.

법무사 거, 중복되는 것은 좀 삼가해주시기 바랍니다.

변호사 예, 예, 좋습니다. 마지막으로 지금 피고인께서는 국가 주요 정책기관에 계셨습니다. 만약 김 실장이 고발하려면 어디에 고발해야 합니까? 지금 피고인은 육본 벙커에 계시고 참모총장님과….

법무사 본건과 관계없으므로 제한하겠습니다.

변호사 지금 그것은 중요합니다. 공소장에….

재판장 고발을 하느냐 안 하느냐의 문제는 지나간 얘기입니다. 공소사실도 아니고 관계가 없다고 사료되기 때문에 제한합니다. 다른 변호사님 신문사항 있습니까? 담당 피고인과 관계된 사항만 신문해주시기 바랍니다.

변호사 예, 좋습니다. 그 부분에 대해서 조서에는 기재해주십시오.

자유민주주의 회복을 위한 혁명회의를 꿈꾸다

김재규에게 '내란 목적의 살인죄'를 적용하면 '단순 살인죄'와 달리 법정 최고형이 구형된다. 변호사는 이를 다시 한번 강조하며 김재규의 혁명 주장에 대해 명확히 밝혀달라 요청했다. 두 사람의 질의응답을 통해 김재규가 10·26을 통해 꿈꾸었던 그림이 드러난다. 그는 대통령 시해는 유신체제를 자유민주주의로 바꾸기 위한 거사였다고 규정하며 합법적인 절차를 거쳐 자유민주주의를 회복하는 것이 목표였다고 말했다. 비상계엄까지도 헌법 절차에 따라서 국무회의 의결을 거쳐서 하고 법률이 허용하는 한도 내의 절차를 밟아서 국회나 국민투표를 거쳐 헌법을 개정하려 했음을 명백히 밝혔다.

강신옥 변호사 박선호 피고인의 변호인으로서 몇 마디 묻겠습니다. 공소장을 보면 피고인은-김재규 부장님을 말합니다-오전에 피고인 자신도 "내란 목적 국헌 문란 목적은 전혀 없었습니다. 오히려 민주 회복이 목적이고 유신제도를 없애는 것이 목적이다. 그래서 이런 거사를 했다"고 하셨는데 현재 공소장에는 국헌 문란을 목적으로 살인을 했고 그것도 피고 혼자뿐 아니고 박선호, 박흥주, 심지어 밑의 경비원까지 포함되어 있는데, 피고인 자신은 국헌 문란 목적은 전혀 없었던 거죠?

김재규 없습니다.

변호사 국헌 문란의 목적이 없으면서 경호원 몇 사람을 처치하라는 명령을 박선호 피고에게 내렸습니다. 그런데 그 명령은 아까 오전 중에 말씀하실 때는 어떤 명령이라도 따라야 한다는 식으로 말씀하셨는데, 그 명령은 피고인 자신의 생각으로는 도의적으로 아주 정당한 명령이라고 생각하는 거죠? 경호원을 처치하라, 사람을 죽이라는 명령이기는 하지만….

김재규 제 목적이 혁명이기 때문에 혁명목적을 달성하기 위해서는 무혈혁명이 제일 좋지만, 무혈혁명이 안 될 때는 최소한의 희생을 내는 수밖에 없습니다. 혁명목적을 달성하기 위해서는 일부의 희생이 나야 하기 때문에 저로서는 정당하고 합당한 명령이라고 생각하고 했습니다.

변호사 현행법에는 반하는 것이지만 정당하고, 도의적으로도 아주 정의로운 명령이라고 생각했다는 말이죠?

김재규 네.

변호사 박선호 피고인이나 박흥주 피고인은 그 명령을 단순히 명령이기 때문에 받아들였다고 생각합니까, 정의로운 명령이라는 생각이 보태져서 받아들여졌다고 생각합니까?

김재규 순수한 명령으로 받아들이면서, 평소에 저를 신뢰하고 있는 아이들이기 때문에 '이것은 정의로운 명령일 것이다'라고 생각했을 것입니다.

변호사 그 명령의 결과, 즉 박선호 피고인이 경호원을 처치한다. 박흥주 피고인도 주방을 지킨다. 이런 명령의 결과 현재 이런 사태가 생겼습니다. 만약 그 명령이 다 수행되었다면 김재규 피고인은 무엇을 하려고 했나요? 성공리에 되었다면 말입니다.

김재규 저는 민주 회복을 하는 것이 저의 목적입니다.

법무사 변호사님, 자꾸 중복되는데 담당 피고인과 관련되는 보충신문만 해주시기 바랍니다.

변호사 담당 피고인이 내란 목적 살인 아닙니까?

법무사 그러니까 그 관련되는 부분, 당 법정에서 밝혀지지 않은 부분만 보충신문 해주십시오.

변호사 네, 좋습니다. 박선호 피고인이나 박흥주 피고인은 그 당시 30분 전에 명령을 받았죠? 그때는 경호원만 처치하고, 피고인은 각하를 살해하고 차 실장을 살해한다는 정도만 알고 있던 것이지, 그 혁명의 결과나 그런 것에 대해서는 전혀 몰랐죠?

김재규 몰랐습니다.

변호사 그들은 단순히 개인 몇 사람이 죽는다는 정도만 알고 있던 것 아닌가요?

김재규 예.

변호사 혁명의 목적까지는 전혀 몰랐던 거죠?

김재규 그렇습니다.

변호사 단순한 살인을 하는데 그 살인의 목적은 부장님이 아주 정의로운 판단에 의해서 하는 것이기 때문에 내가 따라야 한다는 정도에서 그 명령에 따랐을 것이라는 것이죠?

김재규 평소에 저를 신임하는 부하들이고, 제가 부당한 명령을 내리지 않을 것이라고 생각했기 때문에 따랐을 것으로 봅니다.

변호사 처치하라는 것은 죽이라는 말인가요, 경호관을?

김재규 저를 공격해올 경우에 처치하라는 것이지요.

변호사 원칙적으로는 죽이지 않더라도 제지를 시키고 그다음에 안 되면 처치하라는 정도로 명령했다는 말입니까?

김재규 그렇습니다.

변호사 지금 피해를 입은 사람은 피고인의 입장에서 볼 때는 최소한의 생명을 희생시킨다는 계획 속에 포함된 거죠?

김재규 그렇습니다.

변호사 이상입니다.

김홍수 변호사 김홍수입니다. 질문의 취지를 설명하겠습니다. 내란 목적 살인죄는 우리 형법전에서 정한 가장 최고의 형벌을 과하고 있는 조문입니다. 그래서 이것이 내란 목적 살인인가, 단순 살인인가에 따라서는 형량에 무척 차이가 납니다. 그래서 묻습니다. 김재규 전 정보부장께서 거사하신 것이 법률상 내란이 되느냐? 이 법정에서 수차 혁명이라고 말씀하셨는데 그것은 일반 통념상의 관념이고, 우리 법률가는 그것이 내란죄에 해당하느냐 아니냐를 규명할 필요가 있어서 몇 마디 묻겠습니다. 지금까지 김 부장님께서 말씀하신 걸 보면, 자유민주주의가 국시라고 하셨죠?

김재규 그렇습니다.

변호사 유신체제를 자유민주주의로 바꾸기 위한 거사였다고 하셨죠?

김재규 그렇습니다.

변호사 유신체제의 지탱 세력은 전 박 대통령 각하뿐이었다고 하셨죠?

김재규 그렇습니다.

변호사 혁명 완수의 수단으로서는 기존 체제를 그대로 이용하겠다고 말씀하셨죠? 기존 군·관 체제를 그대로 이용하겠다고 하셨죠?

김재규 네.

변호사 국무회의에서는 계엄 절차만 취해지면 되는 것이지, 그 외에는 국무회의에서는 할 것이 없다고 하셨죠?

김재규 예.

변호사 그리고 기존 체제를 이용해서 행정관청에서는 도지사 이상 정도의 사람으로서 혁명의회를 조직하겠다고 말씀하셨습니다.

김재규 혁명회의입니다.

변호사 아, 혁명회의. 그러면 법조문을 잠깐 말씀드리겠습니다. 내란죄라는 것은 국헌 문란이어야 하는데, 국헌 문란은 첫째로 헌법·법률의….

법무사·검찰관 (이구동성으로) 변호사님, 그것은 아까…. 신문사항만 해주십시오. 판단은 당 법정에서 합니다.

변호사 알겠습니다. 그러면 그것은 빼겠습니다.

법무사 그건 변론 때 해주시고, 피고와 관련되는 신문사항만….

변호사 알겠습니다. 저는 지금까지 보충신문을 과히 길게 하지 않는 사람에 속합니다. 결국은 박 대통령만은 법률에 의하지 않은 절차로 제거했지만, 나머지 절차는 현존 법 테두리 안에서 헌법을 고친다면 국회를 통과시키고, 계엄 선포하는 데 반드시 국무회의 의결을 거치지 않고도 충분히 대통령 제거하는 방법으로 해도 될 텐데, 그 국무회의의 합법적 절차를 거치려고 한 뜻은 무엇인가요?

김재규 그것은 비상계엄을 선포해서 자연스럽게 군이 계엄의 방법에 의해서 사태를 장악케 하는 데 목적이 있었습니다.

변호사 그런데 계엄 선포의 방법으로서 국무회의 의결이 그 당시에 반드시 필요했나요?

김재규 국무회의 의결을 거치지 않을 경우, 대통령이 유고 시니까 총리가 하시고 후에 추인을 받는 수도 있지만 그것은 약식 절차가 되기 때문에 가능하면 합법적인 절차를 다 밟는 것이 좋겠다고 생각했습니다.

변호사 김 부장께서는 대통령 제거는 비록 불법적으로 했지만 나머지 절차만은 합법적인 절차를 밟고자 하셨다?

김재규 예.

변호사 혁명의회니 하는 것도 다 현재 있는 법률 질서 안에서 하실 생각이었나요?

김재규 기존의 모든 조직을 그대로 활용해서 가능하면 조용한 가운데 너무 큰 폭의 변화 없이 자연스럽게 물 흐르듯이 하려고 했습니다.

변호사 제가 법률가이기 때문에 이것을 따집니다. 현존 법질서 안에서 비상계엄까지도 헌법 절차에 따라서 국무회의 의결을 거치듯이 모든 것을 그런 절차를 따라서 하시려고 했다는 애기인가요?

김재규 이 나라에 자유민주주의만 회복되면 그만이니까요.

변호사 자유민주주의 회복은 목적이고, 거기에 이르는 절차는 헌법을 고쳐야 하지 않겠습니까? 헌법도 현존 법률이 허용하는 한도 내의 절차를 밟아서 국회나 국민투표를 거치도록 되어 있는데, 그와 같은 절차를 틀림없이 밟고자 했던 것인가요?

김재규 물론이지요. 그걸 안 밟고는 안 되는 거죠.

변호사 끝났습니다.

법무사 신문이 없으면 이상으로 마치겠습니다. 이상으로 사실심리를 전부 마치고 증거조사로 들어가겠습니다. 우선 검찰관부터 증거에 대한 입증 취지부터….

검찰관 우선 휴정을 하고…. 아직 준비가 안 됐습니다. 밖에 두고 왔습니다. 목록은 제출했습니다만.

법무사 소송경제상 양 당사자 측에서 신청한 증인 중에서 남효주·김용남·신재순·심민경·서영준·김병수·송계용에 대해서만 우선 결정을 하고, 재정증인이 있으면 휴정 후에 속개하도록 하겠습니다.

(10분간 휴정)

법무사 검찰, 증거 제시하시오.

검찰관 저희 검찰 측에서 본건 피고인들에 대한 공소사실을 뒷받침할 수 있는 증거를 제출하겠습니다.

첫째, 검찰관 및 군 사법경찰관이 각 작성한 피고인들에 대한 각 피의자 신문조서와 피고인들이 각 진술한 진술서가 되겠습니다. 입증 취지는 피고인들의 본건 공소사실의 자백 내용입니다. 두 번째, 검찰관 및 군 사법경찰관이 각 작성한 심민경·신재순·김용남·강무홍·김일선·남효주에 대한 각 진술조서와 군 사법경찰관이 작성한 박상범·이종오에 대한 진술조서 및 심민경·신재순·김용남·강무홍·김일선·엄익종·남효주·김기한·김정학이 각 작성한 각 진술서가 되겠습니다. 입증 취지는 살해 현장에서의 피고인 등의 범행 경위를 진술하고 있는 내용이 되겠습니다.

세 번째, 검찰관 및 군 사법경찰관이 각 작성한 송계용·정규행·서영준에 대한 각 진술조서 및 검찰관 작성의 서울지구병원장이신 김병수 준장에 대한 진술조서와 동인 등이 각 작성한 진술조서가 되겠습니다. 입증 취지는 국군서울지구병원에서의 김계원과 유성옥의 범행 경위에 대학 내용입니다. 다음, 검찰관 및 군 사법경찰관이 작성한 유혁인에 대한 각 진술조서, 검찰관이 작성한 최규하에 대한 진술조서, 이재전에 대한 검찰관의 각 피의자 신문조서 사본 및 군 사법경찰관이 작성한 이재전에 대한 진술조서, 그리고 동인들 및 이상주·유홍모가 작성한 각 진술서가 되겠습니다. 입증 취지는 청와대 및 육본과 국방부에서 있은 김계원의 범행 경위에 대한 내용입니다.

다음 검찰관 및 군 사법경찰관이 작성한 김정섭에 대한 각 진술조서 및 정승화·이재전에 대한 각 진술조서, 입증 취지는 김재규의 살해 후 육본과 국방부에서의 범행 경위 등에 대한 내용이 되겠습니다. 검찰관 및 군 사법경찰관이 각 작성한 송은익·홍시교·장윤수·유승문·최종률·엄현희·이강철·이말륜·김인수에 대한 각 진술조서 및 군 사법경찰관이 각 작성한 장민순·김기한·홍승수에 대한 각 진술조서 및 동인들이 각 작성한 각 진술서가 되겠습니다. 입증 취지는 김재규 및 김계원을 제외한 나머지 피고인들의 살해 후 내란 부분에 대한 내용이 되겠습니다.

다음은 검찰관 및 군 사법경찰관이 각 작성한 김정섭·현홍주·김병주·김금수·이병호·주진균·윤병서에 대한 각 진술조서 및 군 사법경찰관의 조승구에 대한 진술조서, 김정섭·김병주·조승구·윤병서·주진균이 각 진술한 각 진술서 및 박기준·안석희·강필원·현순이 작성한 각 진술서입니다. 입증 취지는 김재규의 범행 동기에 대한 내용이 되겠습니다.

다음, 현장검증 조서 및 사고현장 약도 사진을 제출하며 입증 취지는 살해 현장에서의 피고인들의 범행 경위를 검증한 결과가 되겠습니다. 육군 각 수사연구소 감정관인 지장현 작성의 감정서입니다. 입증 취지는 피고인들이 살해 범행에 사용한 총기와 탄피, 탄원 등에 대한 감정 의뢰입니다.

다음은 대위 이기덕(10·26 당시 국방부 헌병 중대장으로 김재규 중정부장을 체포한 장본인)이 작성한 진술서입니다. 입증 취지는 김재규의 체포 경위가 되겠습니다.

다음, 첫째 국군서울지구병원장 공군 준장 김병수가 작성한 박정희 대통령에 대한 시체 검안서와 둘째 육군수사연구소 법의과장 소령 정상우 작성의 차지철·정인형·안재송·김용태·김용섭에 대한 사체 검안서, 셋째 동 병원 육군 소령 성상철이 작성한 박상범에 대한 진단서, 넷째 동 병원장 김병수가 제출한 박 대통령 유해 X레이 사진, 다섯째 성누가병원장 김준철이 작성한 김용남에 대한 총상 진단서, 여섯째 서울지구 병원 성상철 작성의 이종오에 대한 총상 진단서, 입증 취지는 피해자들의 사인 및 상해 부위와 정도에 관한 내용…. (이하 생략)

10장

대통령의 죽음을 둘러싼 증언

8회 공판

12월 17일

10·26 술자리의 최후를 본 두 여인

10·26 사건 당일 밤 박정희 대통령의 양옆에 앉았던 두 여인이 증인으로 출두하는 날, 합수부는 이들의 신원이 노출되지 않도록 보호하는 데 크게 신경을 썼다. 이들이 역사의 현장을 목격했을 뿐 아니라 '사건 뒤의 여자'로 비쳐져 세간의 눈길을 받는 건 어쩔 수 없었다. 두 여인의 프라이버시가 드러날 수밖에 없는 상황이었다. 개인의 사생활은 보호되어야겠지만 너무나 엄청난 사건에 휘말렸기 때문에 국민의 알 권리보다 그것이 우선시될 수는 없는 일이었다. 더구나 한 여인은 유명가수로 대중문화의 스타여서 일반인들에게도 큰 반향을 불러일으킬 수 있었다.

그러나 합수부는 언론보도에서 두 여인의 사진을 뒷모습만 게재하도록 제한했으며 이름도 가명을 쓰게 했다. 시중에는 이미 '손금자'라는 가명으로 발표된 가수가 누군지 알리는 정확한 '유비통신'이 나돌았다. 모 대학 연극영화과 재학생이며 모델 노릇도 한다는 정혜선 양의 신원도 언론보도만 막는다 해서 감출 수 있는 상황이 아니었다.

12월 17일 오후 4시 15분경, 두 여인은 감색 제미니 승용차를 타고 보통군법회의 8회 공판이 열린 군사법정 앞에 도착했다. 이들은 이날 재판부와 검찰관, 변호인 그리고 보도진 4명과 기관원 등으로 방청이 제한된 별관의 소법정에서 수 시간에 걸쳐 각각 따로 증인신문에 답변했다.

정혜선 처음 총소리가 난 후 화장실로 피신했는데 조금 있다가 또 총소리가 났습니다.
검찰관 그때 대통령 각하는 어떻게 하고 계셨습니까?

정혜선 쓰러져 있었는데 식탁 옆으로 몸이 기울어 있었습니다.

검찰관 총소리가 난 후 불이 나갔나요?

정혜선 불이 꺼진 뒤 손양과 둘이서 각하를 부축했습니다. 그때 차지철 경호실장은 "경호원, 경호원" 하고 소리치며 화장실에서 나와 문갑을 잡고 있었습니다.

(이때 변호인단이 유도신문을 하지 말라며 이의를 제기했다. 증인의 답변이 합수부의 수사기록대로 따라가고 있었기 때문이다.)

검찰관 당시 상황을 기억나는 대로 설명할 수 있겠습니까?

정혜선 식탁에 엎드린 각하를 일으켜 부축했는데 그때 김재규 부장이 나갔다가 다시 돌아와 각하의 머리에 권총을 들이대… 나도 이제 죽었구나 하고 겁이 나서 실내 화장실로 뛰어 들어갔습니다. 잠시 후 조금 조용해지는 것 같아 나와 보니 검은 옷을 입은 사람이 각하를 업고 나갔습니다.

검찰관 차 실장을 본 적이 있습니까?

정혜선 방에서 빠져나가려는데 차 실장이 문가에 쓰러진 채 살아 있어서 누군지 모르는 사람과 함께 부축하면서 일어나라고 했더니 "나는 못 일어날 것 같아"라고 하기에 그냥 밖으로 나왔습니다. 그때 옆 사람이 안내해줘 어느 방으로 들어가 기다리고 있는데, 신음소리도 났고 잠시 후 총소리가 계속해서 일곱 발 정도 났습니다. 그 방에 전화가 몇 번 왔는데 무조건 모른다고 했어요.

(이어 변호인 신문이 시작됐다. 김재규 피고인의 국선변호인으로 선임된 안동일 변호사가 물었다.)

안동일 변호사 검찰관이 신문할 때처럼 그냥 "네네" 하지 말고 아는 대로 대답해 주세요. 궁정동에 도착해서 바로 방에 들어갔습니까?

정혜선 6시 30분에서 40분 사이에 도착해서 잠깐 동안 대기했었습니다.

안 변호사 방에 들어갔을 때 대화가 계속되고 있었나요?

정혜선 대화가 계속되고 있는 상태에서 들어가 인사하고 앉았습니다.

안 변호사 대화 중 언성이 높아진 적이 있습니까?

정혜선 없습니다.

신호양 변호사 대화 중 차 실장과 김재규 부장 사이에 언성이 높았습니까?

정혜선 그런 느낌은 못 받았습니다.

이병용 변호사 합동수사본에 몇 번이나 갔지요?

(이때 검찰관이 "본 건과 직접 관련이 없는 질문을 삼가라"고 이의를 제기했다. 그러자 이 변호사는 "검찰신문의 신빙력에 관한 질문이다"라고 응수했다.)

"이 버러지 같은 놈"이라는 고함 소리 들려

이 변호사 그날 김계원 실장이 머리를 떨구고 있었다는 것은 높은 어른 앞이라 그런 것인가요, 아니면 무슨 꾸지람을 들었거나 죄책감이 있어선가요?

정혜선 무언가 초조해하는 것 같았습니다.

이 변호사 그날 저녁 손양이 자리에 들어가니 대통령 각하가 본관이 어디냐고 묻고선 얼마 전 작고한 총무처장관과 본이 같다고 했다는데.

정혜선 맞습니다.

이 변호사 각하가 총에 맞았을 때 비명소리가 있었나요?

정혜선 숨소리가 좀 거치셨습니다.

이 변호사 증인은 그날 김 실장님을 처음 보았고 조명도 흐렸지요?

정혜선 조명은 말하기 곤란합니다.

안 변호사 조명이 어두웠나요, 밝았나요?

정혜선 조명에 대해서는 말하고 싶지 않습니다.

조명에 대한 질문에 거부반응을 보이는 것은 실내가 밝지 않았음을 반증한다. 시중의 룸살롱처럼 어두컴컴한 조명 아래 권력자 그리고 술과 여자가 함께 있었다. 이어 가수 손양이 증인석에 앉았다.

검찰관 그날 대기실에서 기다리는 동안 대통령의 이야기 소리가 들리던가요?

손금자 조금 높은 소리가 들렸습니다.

검찰관 만찬석에 들어간 뒤 대통령 각하께서 총에 맞을 때까지 생각나는 대로 얘기해보세요.

손금자 처음 들어가니 각하께서 차 실장에게 "TV에서 삽교천 행사를 방영하지 않느냐?"라고 물었고 차 실장은 "시간이 되면 제가 켜드리겠습니다" 하면서 시계를 봤습니다. 이때 저도 시계를 봤는데 7시 10분 전쯤이었요. 삽교천에 대한 말씀이 계속됐고 심부름하는 사람이 들어와 김 부장의 귀에 대고 "과장님이 뵙자는데요" 하자 바로 나갔습니다. 그 후에 나갔던 김 부장이 언제 들어왔는지 곧 총소리가 났어요.

검찰관 그때 상호 간에 주고받은 얘기는 없었습니까?

손금자 "이 버러지 같은 놈"이라는 고함소리만 들었습니다.

검찰관 김재규 피고인이 두 번째 들어올 때 눈이 마주쳤다고 했는데….

손금자 총을 들고 들어오는 것을 보고 굉장히 당황했어요. 설마 했으나 각하 머리에 총을 갖다대는 걸 보고 밖으로 뛰어나갔는데 남효주 사무관이 부속실로 들어가 있으라고 했습니다.

두 여인의 진술은 비화보다는 사건 당일의 현장 목격담이 주였다. 그러나 '관립 비밀요정'의 풍속도를 전해준 증언이었다.

배꼽 아래 흰 반점으로 대통령을 확인하다

12월 17일 오전 10시 제8회 공판이 열렸다. 이날 궁정동 안가의 연회 담당 사무관인 남효주와 국군서울지구병원장 김병수 공군 준장 등 증인들이 법정에 나와 진술했다.

대통령의 주치의였던 국군서울지구병원장에 따르면 시신의 얼굴은 피로 흠뻑 젖은 수건으로 가려져 있었고 중정 경비원들이 보안조치라며 들여다보지 못하게 제지했다고 했다. 병원장이 시신의 신원을 확인한 것은 사망진단을 하기 위해 복부를 들추어보았을 때였다. 배꼽 아래 흰 반점이 눈에 들어오자 그는 시신이 박 대통령임을 알아보았다. 언젠가 박 대통령이 흰 반점을 제거할 수 없겠느냐며 보여준 일이 있었기 때문이다.

김재규 부장이 대통령과 마주 앉아서 차지철에 이어 쏜 총알은 가슴을 관통해 폐를 뚫고 나갔다. 이 경우는 최악이라도 쇼크에 빠지는 정도지 목숨은 살려낼 수가 있다고 병원장 김병수 공군 준장이 법정에서 진술했다. 박 대통령을 절명케 한 것은 제2탄이었다. 1탄을 발사한 후 김재규 부장은 권총이 고장 나 밖에 나가 박선호 피고의 총을 가져왔다. 그는 박 대통령에게 다가가 권총을 그의 머리에 바싹 들이대고 2탄을 발사했다. 이 총알이 그의 머리를 관통했다. 병원장은 이 두부 관통상으로 박 대통령이 소생 불능 상태가 됐다고 말했다. 조준 확인사살이었다.

법무사 증언거부권이 있는 것을 방금 말씀드렸습니다. 재판장을 대신해서 인정신문하겠습니다. 성함은 (공군 준장 김병수) … 생년월일 (1935년생) … 소속 (국군서울지구병원) …. 검찰관, 신문하십시오.

검찰관 우선 증인신문에 들어가기에 앞서, 대통령의 X레이 사진인데, 전부 살해 직후 찍은 것인지 한번 보십시오.

김병수 병원장 석 장 다 살해 당시에 찍은 게 틀림없습니다.

검찰관 증인이 검찰관 앞에서… 그 당시에 사실대로 이야기하고… 인정해서 날인을 하셨나요? 대통령에 대한 시체 검안서를 병원장 명의로 작성했는데 틀림없는지 확인해주시오.

병원장 틀림없습니다.

검찰관 증인은 1979년 10월 26일 밤에 급히 병원으로 오게 된 경위를 약술해주시겠습니까?

병원장 당직사령으로부터 청와대 비서실장이 응급환자를 데려왔다고 해서 전화를 받고 바로 나왔습니다.

검찰관 당직 군의관은 누구였나요?

병원장 지금 본인과 같이 나와 있는 소령 송계용과 대위 정규형입니다. 제가 연락을 받은 것은 당직사령에게서입니다.

검찰관 연락을 받고 병원에 몇 시경에 도착했나요?

병원장 제가 정확히 시간을 기억한 것은 남영동 신호대기에서 8시 15분을 확인했습니다. 내가 정확히 도착한 시간을 내 자신은 알 수 없지만, 보안사령부의 출입자 명부에 보면 8시 22분, 본 증인의 당번들이 적어놓은 걸 보면, 8시 27분으로 되어 있습니다.

검찰관 20시 25분 전후해서 병원에 도착하셨군요?

병원장 네.

검찰관 도착하자마자 당직 군의관에게 무슨 사고냐고 물었나요? 군의관들이 뭐라고 했습니까?

병원장 총기사고라고 했습니다.

검찰관 어떤 상태냐고 묻지 않았나요?

병원장 죽었다고 했습니다.

검찰관 환자가 누구냐고 물었습니까?

병원장 모른다고 했습니다.

검찰관 응급실에 낯선 사람이 없었습니까?

병원장 두 명 있었습니다.

검찰관 어떤 사람이었는지 모릅니까?

병원장 지금으로서는 기억합니다. 유성옥이 내가 들어가는데 제지한 사람이고 서영준이 안에 있었습니다.

검찰관 그 당시에는 전혀 몰랐죠? 약간 얼굴이 곰보이고 키가….

병원장 그렇죠. 나중에 보니까 그렇더라는 거죠.

검찰관 그들이 무기는 갖고 있었나요?

병원장 그건 확인 못했습니다.

검찰관 그때 증인이 그 사람들한테 누구냐고 물은 적이 있나요? 뭐라고 대답하던가요?

병원장 "이 사람들 누구요?" 하니까 "잘 모릅니다" 해서 "당신들 누구요?" 하니까 "알 필요 없다." "당신들 소속이 어디요?" "비서실 직원이다." 이 정도의 얘기가 오고 갔습니다.

검찰관 그 당시 대통령이라는 사실을 알 수 없었습니까?

병원장 전혀 알 수 없었습니다.

검찰관 환자가 어떤 상태였습니까?

병원장 제가 도착했을 때 환자의 상태는 피로 흠뻑 젖은 수건으로 얼굴이 가려져 있었습니다. 내가 이 자리에서 말씀드리고 싶은 것은 대통령 비서실장이 대통령을 모시고 왔다가 가버렸다는 것은 도저히 상상도 할 수 없는 일이고 그냥 예사로운 환자로 생각했습니다. 솔직히 말씀드려서 내가 "당직사령에게 그 정도이면 왜 나에게까지 연락했나? 당직 계통에서 처리할 일이지"라고까지 얘기했습니다.

검찰관 평소에 김계원 실장이 가족이나 누가 진료하러 왔을 때, 원장님에게 맡겨놓고 자기 일 보러 가곤 합니까?

병원장 몇 번 병원에 온 일이 있지만, 그런 일은 없었습니다. 대부분의 경우 진료를 끝내고 엑스레이를 찍고 검사를 다 끝내고 약의 처방이 끝날 때까지도 비서실장은 제 방에 같이 앉아 있었습니다. 그렇기 때문에 각하 시신을 비서실장보다는 훨씬 솔직히 말해서 형편없는 정도로 취급했습니다.

검찰관 김계원 실장으로부터 전화 받은 적이 있습니까?

병원장 있습니다.

검찰관 어떤 내용인지 기억해주실 수 있습니까?

병원장 기억이 생생할 때 메모해둔 것이 있는데 봐도 좋습니까?

검찰관 좋습니다. 전화 온 것이 20시 40분 정도였죠?

병원장 그렇습니다. 내가 병원에 도착해서 사망 확인을 우선하고 당직 군의관들이 어떻게 처리했는지 확인했으니까, 길어야 10분 이상 흐르지 않았을 것입니다. 맨 처음 말이, "거 어떻게 됐나?" "죽었습니다." "그래?" "실장님이 모시고 올 때 죽었습니다." "그럼 정중히 모셔라." "네." "어디에 모시려나?" "저희 병원에는 영안실도 없고 한데 어떻게 하죠?" "그럼 각하 방에 모셔라." (여기에서 김계원 실장과 옥신각신이 일어난다) "저는 절대 안 됩니다. 실장님, 아무리 그렇지만 각하 방에 어떻게 아무나 모십니까?" "그럼 어떻게 하겠느냐?" "저는 어쩔 수 없어요." "그래, 알았다. 아무튼 김 장군이 책임지고 정중히 모셔라." 하는 정도의 지시였습니다.

검찰관 그 당시 김계원 피고인이 증인이 다 아는 걸로 해서 독촉을 했다고 하는데요?

병원장 저는 그렇게 판단되지 않습니다. 우선 시작부터가 "거 어떻게 됐나?"였습니다. "실장님, 우리 병원에는 영안실이 없는데 어떻게 합니까?"라고 했을 때 사정하는 부탁하는 식이었습니다. '그렇다면 비서실장이 좀 아는 사람이거나 아니면 비서실장 산하의 어떤 사람이 다쳤기 때문에 우리 병원에 왔구나'라고 생각했습니다.

솔직히 당시 나는 기분이 나빴습니다. 우리 병원에 영안실을 두지 않는 이유가 대통령을 모시는 병원이기 때문에 되도록 여기에서 죽어 나가는 사람이 없어야 합니다. 환자가 들어와서 생명이 끝날 때가 되면 보호자에게 종용해서 오히려 다른 데로 옮기도록 하고, 간혹 죽은 환자가 오면 응급실에서 바로 수도통합병원으로 옮깁니다. 그런 상태인데 이미 죽은 줄 알고 이리로 모시고 온 데에 기분이 나빴습니다.

"각하를 각하 방에 모셔야지"

검찰관 그 당시 유성옥이나 같이 따라왔던 사람의 행동은 어떠했나요?

병원장 제가 처음 나타나서 응급실에 들어가려 할 때, 우선 제지를 당하고 우선 위협을 느꼈습니다. 제가 당시에 사복을 하고 들어갔었기 때문에 우선 가운을 가져오라 했습니다. 내가 의사라는 것을 보여주기 위해서. 가운에는 준장 김병수라는 게 있습니다. 가운을 보고 내 계급을 보면 이 사람들의 위협이 좀 풀릴 거라고 생각했습니다.

그런 데 계속되었습니다. 그래서 어쩔 수 없이 가운을 도로 벗고 당번들에 게 점퍼를 가져오라고 했습니다. 이제 가운을 보고 의사인 줄은 인식을 했을 것이고 점퍼에는 계급장이 있기 때문에 계급을 의식시키기 위해서 점퍼로 갈아입고 그때부터 군의관들에게 어떻게 됐는지 조치 확인을 했고….

검찰관 아까 하나 빠졌는데, 먼저 김계원 피고인과 전화통화를 하고 난 다음에 유성옥에게 바로 전화를 넘겨준 사실이 있습니까?

병원장 네, 그랬습니다. "그 친구 바꿔"라고 했습니다.

검찰관 그러면 나중에 시신이 각하인 줄은 어떻게 알았나요?

병원장 두 번째 "각하 방에 모셔라" 할 때, 다시 한번 각하 방에 가서 시신을 보고 확인을 하려고 했는데, 시간적 여유를 주지 않았습니다. 그 당시 거기에 와 있던 서영준에게 설득했습니다. "야, 어차피 진단서는 내가 끊어야 하는데, 의학적인 증빙서류를 만들어야 하지 않나" 해서 우선 X레이를 찍자고 비서실장하고 처음 통화를 했습니다. 그래서 당직 군의관들에게 어느 컷을 어떻게 찍으라고 지시하고 내 방에 내려와 있었습니다.

두 번째 비서실장에게서 전화가 왔다고 하기에 받아보니까 전화가 이미 끊겨 있었습니다. 그래서 다시 전화로 청와대를 불러서, 비서실장이 자리에 없다고 했습니다. "나 김 준장인데 비서실장이 전화했다기에 지금 전화하는 거다." 찾아달라고 하니까, 몇 군데를 통화해서 찾더니 비서실장과 통화를 했습니다. 그때… 이걸 좀 봐야겠습니다. (메모를 봄)

변호사 재판장님, 저 증인이 보는 메모지를 변호인들도 한 번 보고 열람하게 하는 게 어떤가요? 신성한 기억을 더듬어서 해야 하는데.

병원장 아, 그럼, 기억을 더듬어서 하죠. 내가 혹시 말이 틀릴까

봐 그랬습니다. 두 번째 전화가 왔을 때, "거, 어떡하느냐?" "어떡하기는 어떡합니까? 날더러 어떻게 하라는 말입니까?" "어떻게 모셨느냐? 각하 방에 모셔라." "그건 안 됩니다. 실장님, 아무리 그렇지만 거기가 어딘데 산 사람도 못할 텐데 어디 죽은 사람을 어떻게 거기에 모십니까? 실장님, 가장 이상적인 방법을-그 당시에는 아이디어라고 했습니다-가르쳐 드리겠습니다. 이분을 수도통합병원으로 옮기십시오. 거기에는 영안실도 아주 깨끗하고, 우리 병원에 앰뷸런스도 깨끗한 게 있으니까 잘 모시겠습니다. 통합병원으로 모십시오." "그건 절대 안 돼." "그럼 난 어떡하라고 이러고 있습니까?"

그러자 청와대 의무실-청와대 안에도 의무실이 있습니다-을 지칭하면서, "그쪽으로 모시면 어떤가?" "실장님, 정신 나갔습니까? 거기는 각하 수술 전용입니다. 그런데 어떻게 거기에 모십니까?"-그때 내 음성이 상당히 격화되었던 것으로 기억합니다-"그럼 어떻게?"-몇 번 계속됩니다-"하여튼 깨끗이 모셔라. 정중히 모셔라." 계속되었습니다. "알았습니다. 아무튼 제가 책임지고 할 테니까 그런 줄 아십시오."

두 번째 전화를 받고 끊는 순간에 본인에게도 이상한 직감이 들었습니다. 혹시 비서실장이 청와대 의무실로까지 모시라고 한다면-비서실장이 부임한 지 1년이 채 못 된 것으로 압니다-아무리 우리 병원의 각하 방의 용도라든지 우리 병원이 어떤 목적에서 있는가를 잘 모른다 쳐도, 청와대 의무실이 있는 것은 최소한 아실 텐데 여기까지 모시라고 하는 것은 조금 이상한 예감이 들었습니다.

만에 하나라도 혹시 각하가 아닌가 생각하면서 내 방에서 응급실로 올라갔습니다. 가면서 나는 각하의 용안의 어떤 특징을 사마귀라든지 점이라든지 이런 걸 상상하면서 올라갔습니다. 올라가서 나 한 번 더 봐야겠다고 하니까, 그 당시 서영준이가 뭘 자꾸 더 보려고 하느냐고 했습니다. "보자. 한 번 더 확인하자" 하면서 확인했습니다. 혹시 각하일 것 같다고 생각하고 보니까, 조금 비슷했습니다. 그러나 확실하지는 않았습니다. 그래서 흉부총상을 보자고 했습니다.

처음 단계에서는 이렇게 젖혀서 보여주는 걸 내가 일부러 와이셔츠를 위로 젖혔습니다. 각하가 돌아가시기 얼마 전까지만 해도, 검찰조서에 나와 있는데, 점풍반점이라고 희뜩희뜩한 반점이 있습니다. 그것 때문에 각하와 나는 상당히 "이거 어떻게 고칠 수 없나?" "각하 이건 근본적으로는 고칠 수 없습니다. 더 커지지만 않으면 됩니다" 하고 내가 그것을 항상 쓰다듬고 조금만 더 커지면 무슨 방법을 취해봐야겠다. 이런 식의 말을 나눈 일이 있기 때문에 나는 그걸 보는 순간 각하라는 것을 확인했습니다.

검찰관 환자 상처를 확인하고 X레이 촬영을 하셨죠?

병원장 아니죠. 그전이죠.

검찰관 도착하자마자 하셨나요? 두 번째 전화 받은 뒤였나요?

병원장 아니죠. 처음 전화 받고 X레이 촬영을 시키고, 사망진단을 위한 증빙자료를 위한 조치를 서영준을 설득해서 했습니다.

검찰관 그 당시, X레이 촬영 때 벗겨보고 했을 텐데 그때는 확인하지 못했나요?

병원장 별로 중요하게 생각지 않았기 때문에 당직 군의관에게 부분에 따라 석 장을 찍으라고 지시하고 저는 나왔습니다.

검찰관 평상시에 각하가 병원에 오시면 진료를 증인이 직접 하시죠?

병원장 저도 하고 내과적인 문제는 민영기라는 사람이 있습니다.

검찰관 그 당시 대기하고 있던 당직 군의관들이 각하를 진료하지는 않죠?

병원장 직접 하는 일은 없습니다.

검찰관 각하 사망의 치명적 원인은?

병원장 두부의 맨 가운데 있는 상처죠.

검찰관 1차로는 들어가서 흉부로 해서 폐로 나간 거죠? 그 경우에는 어떤가요?

병원장 그 경우는 극단으로라도 쇼크 상태에 빠지는 정도지, 살릴 수 있습니다.

검찰관 치명상은 제2탄이군요, 두부에?

병원장 그렇죠.

검찰관 통화는 전부 몇 번?

병원장 내가 기억하기로는 네 번 내지 다섯 번인데, 네 번은 확실히 기억하는데 한 번 더 있었는지는 기억나지 않습니다.

검찰관 그 후 나중에 확인하고 각하라는 것을 알고 통화한 일이 있나요?

병원장 네, 있습니다. 그것은 완전히 각하를 인지하고 제일 먼저 취한 행동이 보안사령부에 통보를 해야겠다 생각해서 통보를 했습니다. 그러고 나니까, 통금까지 시간이 너무 길게 남아 있었습니다. 어떻게 해서든지 시간을 벌어야 했습니다. 그 당시 우리 군의관들은 비상소집이 되어서 전부 들어오고 있었고, 그 시간에 환자는 이미 돌아가셨는데 할 일은 없고, 이 사람들이 각하라는 것을 알아서 도움 될 일은 하나도 없습니다.

그래서 이 사람들을 다 퇴근시키고, 나머지 요원들, 그러니까 각하가 거기 도착 시부터 관여했던 모든 요원들을 불러서, "내가 각하로부터 전화를 통해서 직접 지시를 받았다. 이분이 누군지

난 잘 모르겠다. 아마도 국가적으로 중요한 VIP인 모양이다. 각하께서 각하 방에 직접 모시라고 하는데, 내가 감히 거역할 수 없다. 이분이 누구든 VIP인 것만 인정하고 지금부터 정중히 근엄하게 일거수 일동작을 조심하면서 각하 방으로 운구한다." 이렇게 해서 모셔다 놓고….

당시로서는 서영준과 유성옥을 범인으로 생각하지 않았습니다. 서영준·유성옥에게 부탁을 했습니다. 당신들도 비서실 직원이라고 하니, 내나 당신들이나 국가적 책임은 마찬가지요. 내 병사들이 하나라도 여기 들어와서 날 도와주다가 혹시 각하라는 것을 알게 될 때 얘들의 충격은 대단할 것이고, 얘들이 떠들면 곤란하다. 그러니 각하가 피 묻은 옷을 입고 있는데 이건 안 된다. 지금부터 옷을 갈아입혀야겠으니 날 도와달라고 했고 그들이 순순히 도와줬습니다.

그래서 저까지 셋이서 옷을 갈아입히고 내 방으로 와 있는데 비서실장으로부터 또 전화가 왔습니다. "어떻게 했느냐?" "하라는 대로 했습니다." "어떻게 말이냐?" "실장님 하라는 대로 했습니다."-나로서는 굉장히 격해졌습니다-"어떻게? 각하 방에 모셨느냐?" "예" 그때, "그럼 각하를 각하 방에 모셔야지"라고 처음으로 '각하'라는 말이 나왔습니다. 그러고 나니까 "국무위원들이 갈 것이다. 깨끗이 해놔라" 이런 얘기가 나왔습니다.

시신은 '코드 원'이다

박 대통령의 사망을 궁정동 술자리에 참석했던 사람들 외에 가장 먼저 알았던 곳은 보안사였다. 병원장이 시신의 신원을 알아차린 직후 첩보 보고를 받은 보안사 참모장 우국일 준장이 전화로 병원장을 찾았다. 그는 병원장이 외부에서 온 경비원들의 감시 아래 있어 부자유스럽다는 낌새를 알아챘다.

"지금 병원장은 자유롭지 못한 상태에 있는 것 같은데 내가 묻는데 대해 '예'나 '아니오'로만 대답하시오. 병원에 들어온 시신이 비서실장이나 경호실장입니까?"

"아닙니다. 그런 거 아닌데요."

그러자 우 준장은 다급하게 다시 물었다.

"그러면 '코드 원'입니까?"

이 말에 병원장은 짧게 응답했다.

"예."

우 준장은 곧바로 전두환 보안사령관을 찾았고 사건을 알게 된 전 소장은 다음 날 낮 청와대로 가 김계원 비서실장으로부터 사건의 전말을 청취한다. 전 소장은 이때부터 권력의 중심권에 진입할 채비에 들어간 셈이다. 그 당시 이미 보안사는 나라의 중요 정세를 예의주시해온 핵심집단이었다.

검찰관 보안사 참모장한테 인터폰 연락받은 사실이 있나요? 뭐라고 연락이 왔었습니까?

병원장 두 번째 전화를 받고 각하라는 것을 인지하고 나 혼자 굉장히 번민에 빠져서 어떻게든지 보안사령부하고 연락을 해야겠다고 생각하고 있을 때인데, 유성옥이 계속 따라다녔어요. 도저히 내가 전화를 걸 수는 없고, 어떻게 하든 유성옥이 모르는 방에 가서 전화를 걸려고 혼자 어떤 방에 살짝 들어갔는데 공교롭게도 통화가 안 되었습니다.

그래서 나오면서 당번들에게 "어이, 저쪽에 전화 어이" 했지만, 내 당번들이 알아들을 리가 없었어요. 내가 뭘 표현하려고 했냐 하면 '저쪽 보안사령부에 어떻게 전화해서 내게 연결시켜다오. 나는 이제 각하인 줄 알았으니까' 그런데 당번들이 그걸 알아들을 리가 있겠어요? 멍청하게 "예, 예" 하고만 있는데 기가 막힐 노릇이었습니다. 그래서 앉아서 담배를 한 대 피우고 있는데, 보안사 참모장이 참 요령이 좋았습니다. 전화는 유성옥과 나 사이에 있었고, 인터폰은 내 오른쪽에 있었기 때문에, 그때는 인터폰 정도는 유성옥이 못 듣습니다. 그러니까 보안사 참모장과 통화한 내용을 말하라는 거죠?

검찰관 네.

병원장 "김 장군, 지금 상당히 위협적이고 어려운 순간에 놓인 것 같은데, 대답은 하지 말고 내 말을 듣기만 하시오. 혹시 가능하면 간단히 하시오. 돌아가셨나요?" "예." "실장입니까?" "아니 그런 거 없어요." - 왜 그렇게 했냐 하면 예, 아니오만 계속하면 유성옥이 눈치챌까봐 - 그 순간 보안사 참모장이 조금 못 알아듣는 것 같았습니다. 그랬는데 곧 알아차리고, "코드 원?" 해서 "예" 이걸로 전화는 끝났습니다.

검찰관 코드 원이란 건 대통령을 지칭하나요?

병원장 우리 군대 용어로는 대통령을 지칭합니다.

검찰관 그때 유성옥이 무슨 얘기를 하지 않았나요?

병원장 무슨 이야기냐고 물었습니다. 실제로도 유성옥을 범인으로 생각을 안 했기 때문에, 날더러 신변에 위협이 있냐고 물어서 그런 거 없다고 대답했노라고 말해줬습니다. 내가 여기 있으니까 안심하라고 해서 알았다고 했습니다. 아, 누구냐는 걸 먼저 물어서 보안사 참모장이라고 했습니다.

검찰관 유성옥이 주로 따라다니고 서영준은 시신 있는 데에 가서 주로 있었죠?

병원장 네.

검찰관 비상소집해서 들어온 병력은 다 돌려보냈나요?

병원장 네.

검찰관 이상입니다.

이병용 변호사 저는 김계원 피고인의 변호인 이병용 변호사입니다. 증인은 병원장이신데 전문과목은?

병원장 일반외과입니다.

변호사 증언 중에서 비서실장과 통화를 세 번 했는데, 세 번째에 가서야 비로소 의사인 병원 원장인 증인에게 환자가 각하인 것을 말한 것이 퍽 불쾌하달까, 기분 나쁜 것처럼 말씀하시는데, 일반 사람 같으면 금방 말할 수 있지만 각하의 신상에 관한 것은 국가의 중대사이기 때문에 그렇게 금방 말할 수 없어서 그런 거라고 생각지는 않았습니까?

병원장 그렇게 생각하지 않았어요. 내가 병원 책임자이고 장군인데 나에게는 얘기를 해주었어야 했지요.

김수룡 변호사 김계원 피고인의 변호인 김수룡 변호사입니다. 증인은 언제부터 통합병원 분원장으로….

병원장 1977년 1월 15일부터 현재까지입니다.

변호사 증인은 좀 전의 변호인 보충신문에서 첫 번째 비서실장과 전화한 사실은 유성옥이 모른다고 대답했죠?

병원장 아니지요. 전화를 건 것은 알지만 그 내용은 모른다는 거죠. 내용이야 유성옥이에게 얘기할 필요가 없는 거죠.

변호사 비서실장이 전화를 걸어와서 유성옥을 바꿔 달라고 한 것 같다고 하셨는데, 그것은 기억이 또렷합니까?

병원장 예, 확실합니다. 그건 옆에 앉아서 "어이 전화 받아보래" 했으니까요.

변호사 뭐라고 하면서 전화를 바꾸라고 했나요?

병원장 "그 같이 온 친구 바꿔" 했습니다.

청와대 비서실장의 전화

변호사 증인은 대통령 시체 검안을 하셨다고 했죠?

병원장 네.

변호사 가슴의 총탄의 사입구 방향으로 봐서는 앉아서 쏜 것인가요, 서서 쏜 것인가요?

병원장 저희가 검토한 바로는 서서 쏘았습니다.

변호사 위에서 밑으로 내려갔나요?

병원장 예.

변호사 혹시 서서 쏘지 않았더라도, 앉은 자세에서 피하려고 하다가 옆으로 넘어질 때도.

병원장 에이, 그럼 사입구·사출구가 안 나오죠.

변호사 그 통합병원 분원은 어떤 사람들만 입원 되나요, 일반 사람들은 안 될 거고?

병원장 일반 사람들이 다 안 되는 것은 아니고, 저희 능력을 초과하기 때문에, 물론 군인 내지 군인 가족은 다 올 수 있습니다.

그러나 일이 너무 과중해질 때 내 직권으로 막습니다.

변호사 저도 군 생활을 오래 했고 제대한 지도 과히 오래지 않는데, 통합병원 분원에는 갈 수도 없었고 받아주지를 않아서 가지 못했습니다. 그런데 그 병원에는 소위 그 귀한 VIP들만 오는 것 아닌가요? 아무나 올 수 있나요?

병원장 아닙니다. 올 수 있는데 괜히 지역적으로 보안사령부와 같이 있으니까, 사람들이 안 오죠.

변호사 그 병원을 출입하려면 반드시 보안사 정문을 통과해야 하나요?

병원장 정문 쪽은 보안사 정문을 통과해야 하고 후문에 가면 우리 위생병이 연합 파견 나가 있습니다.

변호사 후문으로는 일반인 출입을 시키나요?

병원장 가족증을 갖고 있으면 시킵니다.

변호사 야간에도 출입 시키나요?

병원장 야간에도 응급환자는 출입 시켜야죠. 응급환자는 정문이고 후문이고 관계없습니다.

검찰관 재판장님, 지금 변호인의 신문은 본건 공소사실과 관계가 없는 질문이므로 제지해주십시오.

변호사 지금 응급하게 후송했느냐 아니냐를 묻는 겁니다.

법무사 입증 취지만 물어주시오.

변호사 좀 전에 보던 메모지를 그때 작성했다고 그러는데 언제 작성했나요?

병원장 자필 진술서를 적고 나서 나로서도 뭔가 기억할 자료가 있어야겠다고 생각해서 그날 바로 내가 했던 행위들을 기억나는 대로, 솔직히 먼 훗날에 내가 역사의 증인이 될 때 무언가 하나 적고 싶어서 적어놨습니다.

변호사 진술서는 언제 썼고, 메모지는 언제 작성했나요?

병원장 메모지는 11월 3일 저녁에 작성했습니다.

변호사 비서실장님과 1차 통화하실 때, 각하 방에 모시라 하니까 "안 됩니다. 각하 방에 어떻게 모십니까. 여기는 영안실도 없습니다" 하니까 "어쨌든 각하 방에 모셔" 하고 기분 나쁜 투로 비서실장이 말했다고 했지요?

병원장 아니, 기분 나쁜 투가 아니고 솔직히 말씀드리면 좀 '사정한다, 부탁한다'는 식이었습니다.

변호사 남의 속은 잘 모르겠지만, 비서실장님 입장으로서 '정중히 모셔라, 사정한다' 이런 걸로 봐서 '각하 방에 모셔야 될 텐데, 거기는 영안실이 아니기 때문에 각하를 모시지 않으려고 한다. 그러니까 어쨌든 각하 방에 모셔달라' 이런 취지가 아니었나요?

병원장 아, 그건 아닙니다. 저희 병원에 영안실이 없어요. 그 이유는 각하를 모시기 때문에 영안실을 안 만들어놨는데, 각하라면 각하 방에 모셔야지요.

변호사 글쎄요. 그건 증인이 첫 통화 후 좀 더 음미를 해보면 '이게 무엇인가, 이 밤에 대통령 비서실장이 모시고 왔고 또 두 사람을 배치해놨고 돌아가신 분을 각하 방에 자꾸 모시라 하고… 이것은 어딘가 각하가 아닌가' 하는 것은 그 당시 신중히 생각해보면 당장 알 수 있는 거죠?

병원장 알겠습니다. 아까도 이 대목에서 상당히 화가 났는데, 기어이…. 나도 어느 정도는 국가의 VIP일 것이라고는 생각했습니다. 이걸 누구누구 이름을 대라면 나는 여기서 못 댑니다. 왜냐하면 현존 인물이고 그 사람 인격에 관한 문제이고…. 재판장님 필요하시면 내가 서면으로 제출하겠습니다. 자꾸 좀 VIP 비슷하게 생각지 않았느냐고 하는데 그 이름은 내가 못 말하겠습니다.

법무사 좋습니다. 증언거부권이 있습니다.

변호사 증인은 각하라는 사실을 알고서도 군의관들에게 전부 알리면 좋을 것도 하나 없고 오히려 보안만 누설될 것 같아서 군의관들에게 얘기하지 않고, 어쨌든 각하에게 깨끗한 옷을 갈아입히고 각하실로 모셨다고 그러셨죠? 그것은 증인의 입장, 즉 병원장의 입장에서도 각하라는 사실을 많은 사람에게 누설시켜서는 국가보안상 좋지 않다고 생각하셨는데, 육군참모총장을 지내고 정보부장을 지내시고 현재 비서실장으로 계시는 분은 더 이 사실이 여러 사람에게 알려지면 안 좋겠다는 생각이 더 컸겠죠?

병원장 그건 그럴 수 있겠죠. 그러나 필요한 사람은 알아야죠. 사태 수습에 필요한 사람은 알아야죠. 위생병이나 군의관은 알아봐야 사태 수습에 도움이 안 됩니다. 필요한 보안사령부에 알렸습니다.

변호사 각하인가 아닌가를 비서실장에게 물어본 일은 없지 않습니까?

병원장 "누굽니까?" 하고 물어봤죠. 여하튼 각하 방에 모시라고 했던 거죠.

변호사 비서실장께서 증인이 그 시신을 각하로 알고 있다고 생각했는지 아닌지를 증인으로서는 알 수 없겠죠?

병원장 네.

변호사 증인, 아까 증언 중에서 각하가 1년에 3~4번 정도 그 병원에 오신다고 했는데, 또 한 마디가 각하를 알아도 비서실장보다 내가 더 잘 알 텐데 왜 나한테 이야기 안 해주느냐 기분 나쁘다는 취지의 얘기인데…. 병원장이 1년에 서너 번 각하 모시는데,

대통령을 조석으로 대하는 비서실장보다 어떻게 해서 더 가깝다고 생각하는가요?

병원장 그건 내 나름대로 그렇게 생각했습니다. 내가 이 병원장으로 내려오기 전에 청와대 연구실장으로 있을 때 24시간 수행 근무한 적이 있으니까, 내 나름대로 그렇게 판단할 수 있는 것 아닌가요?

변호사 그럴 수는 있는데, 1년에 서너 번 오셨다는 말이 혹시 기억에 반하는 거짓이 아닌가요?

병원장 그건 우리 기록에 다 나와 있습니다.

법무사 입증 취지에 대해서만 중복을 피해서 물어주십시오.

변호사 각하 진료부는 병원에 있나요?

병원장 있습니다.

변호사 각하 진료부는 언제든지 제출할 수 있나요?

병원장 그건 안 됩니다.

변호사 이상입니다.

안동일 변호사 유성옥의 변호인이 세 마디만 묻겠습니다. 유성옥이 따라다니면서 감시하는 통에 전화를 외부하고 연락도 못했다고 하셨는데, 그것은 보안유지를 위한 것이고 병원장님을 협박한다거나 하는 것은 아니고, 보안유지를 감시한다는 뜻이 외부와 전화 연락을 막기 위해서 전화 들려고 하면 못 들게 하고, 그걸 좀 구체적으로 말씀해주실 수 있나요?

병원장 저는 그 당시에 유성옥이나 서영준에게 나중에 각하라는 것을 인지하고 나서는 굉장히 고맙게 생각했습니다. '너희들 정말 갸륵한 사람들이구나.' 그러면서도 계속 전화는 못 하게 하고 전화가 오면 "어디서 왔습니까?" "보안사 참모장이다." "뭐라고 합디까?" 아까 말한 그대로였고….

변호사 예, 그건 아까 하신 거고, 또 달리 제지한 것은?

병원장 저희 당번들에게 전화 못 하게 하고 일체 기록도 못 하게 하고…. 이런 건 유성옥이 인정할 겁니다.

변호사 아, 그런데 그것이 강압적이거나 무례한 방법으로 제지를 했나요?

병원장 무례한 방법은 딱 한 번 있죠. 내가 병원에 들어갈 때. 물론 내가 병원장인지 몰랐을 겁니다.

변호사 예, 그건 아까 말씀하셨고….

병원장 그다음에 비서실장하고 통화하고 나서, "비서실장 지시인데…"-그때는 기분 좀 나쁘더군요-"전화 좀 삼가시오" 감히 내 신분이 장군인데 일개 비서가 "삼가시오"가 뭔가 하는 생각이 들었습니다.

변호사 비서실장은 대통령 비서실장이니까, 유성옥이 그날 행동한 모든 과정을 봐서 비서실장의 지시를 받들어서 그대로 수행하는 것 같았나요, 좀 더 월권적이었나요?

병원장 주관적 판단입니다만, 월권은 아니었습니다. 지시대로 하는 것 같았습니다.

변호사 유성옥이 병원장을 계속 따라다녔다는데, 그때 외부와 전화하는 것 봤나요?

병원장 많았습니다.

변호사 그 내용을 저쪽에서 하는 거야 모르겠지만, 이쪽에서 한 거는 기억나시는 거 없나요?

병원장 몇 번에 걸쳐서 비서실장을 찾고 있었습니다. 통화가 안 된 건지 그건 잘 모르겠습니다. 어디에 다이얼을 돌려서 "비서실장 대, 비서실장 대주시오" 했습니다.

변호사 "비서실장 대" 그랬어요?

병원장 네, 그건 분명합니다.

변호사 "의전과장 대" 하지 않고요?

병원장 아닙니다. 비서실장입니다.

변호사 그 전화를 몇 번쯤 한 것 같나요?

병원장 몇 번이라는 건, 이 사람 전화한 것까지는 모르겠습니다.

시신의 얼굴을 가리는 사람들

국군 서울지구 병원장은 당일 김계원 청와대 비서실장의 거동에 많은 불만과 의혹을 표시했다. 대통령의 전용 병실에 싣고 온 시신이 누구냐고 물어도 계속 신원을 밝혀주지 않은 채 각하 방에 모시라고만 했다는 것이다.

그러자 김계원 피고인의 변호인은 "자꾸 각하 방에 모시라고 했을 때 그 신원을 눈치채지 못했느냐?"고 의문을 표시했다. 이에 병원장은 그 병원은 국가 요인들이 오기 때문에 그 정도 얘기로 각하인 줄 알 수는 없다고 말했다. 그러면서 그는 그 병원을 이용하는 고위 인사들을 공개할 수는 없으나 서면으로 제출하겠다고 했다.

그는 이어 김계원 실장이 마지막 전화통화 때 비로소 "그래. 각하를 각하 방에 모셔야지"라며 처음으로 그 시신이 각하임을 언급했다고 밝혔다. 그는 김 실장이 "곧 국무위원들이 갈 테니 깨끗하게 해놓아라"고 지시했다고 덧붙였다. 그때는 이미 국방부에서 김재규 부장이 범인으로 체포되고 계엄 선포 문제가 논의되고 있는 상황이었다.

변호사 이쪽에서 먼저 전화해서 누구와 통화하는 것을 봤는가요? 뭐라고 했나요?

병원장 봤지요. "어떻게 할까요?"가 있었고 확실한 건 이런 거 있습니다. 12시 전후에 보안사 참모장에게서 내게 또 전화가 왔어요. "내가 지금 신변 보호를 해야겠습니다. 1개 소대를 병원으로 보내겠으니 신변 보호를 받도록 하십시오." 그런데 당시 나로서는 신변 보호를 받을 이유가 없었어요. 유성옥이나 서영준이를 나는 고마운 사람으로 보고 있었기 때문에, 전화를 잠깐 기다려 달라고 하고 유성옥에게 물어봤죠. "당신이나 나나 지금 신변이 위험하대. 보안사 참모장이 1개 소대를 보낸다고 신변 보호를 받으래" 했더니, 유성옥이 "어 안 됩니다. 조금 물어봅시다" 이래요. 어디에 묻는지 몰랐는데, "안 됩니다…. 시키십시오" 그랬습니다.

변호사 묻는 대로만 대답해주세요. 그렇게 외부와 전화하는 내용을 들었을 때 그것이 아주 높은 사람과 하는 것 같았나요, 보통 동료급인 것 같았나요?

병원장 상관인 것은 틀림없습니다.

변호사 혹 유성옥이 대통령의 안면을 손으로 가리면서 대통령인 사실을….

병원장 그건 서영준입니다. 유성옥은 주로 내 뒤를 따라다녔습니다. 내가 맨 처음 들어갔을 때 수건이 가려져 있었는데, 서영준이 한쪽에 서 있었고 유성옥이도 처음 들어갔을 때는 상당히 위협적인데 수건의 반대편 쪽을 거드는 정도는 있었고 그 뒤에는 유성옥은 나만 졸졸 따라다녔습니다.

변호사 증인이 보려고 할 때 유성옥이 대통령의 안면을 가린 일은 없었나요?

병원장 그건 서영준입니다.

변호사 이상입니다.

김홍수 변호사 죄송합니다. 두 가지만…. 각하 시신을 실은 자동차가 병원에 도착한 시간에 관한 기록이 있나요? 몇 시인가요?

병원장 잠깐 메모를 보겠습니다. 정문 통과가 7시 57분입니다.

변호사 이 사건과 관계된 다른 사람의 시체 검안도 했나요?

병원장 그것은 병원에서 한 것이 아니고, 육군범죄수사연구소에서 군의관이 시체 검안만 했습니다.

이병용 변호사 제가 두 가지만 묻겠습니다. 새벽 1시 30분에 국무총리·국방장관·비서실장이 왔을 때 그 방에 계셨죠?

병원장 네.

변호사 그때 김계원 비서실장은 두 사람을 비서실 직원이라고 하고 국방부 장관이 나중에 "너희들 어디 소속이냐?" 하니까 그때서야 "중정 직원이다" 했다는데 들었나요?

병원장 나는 못 들었습니다. 국방장관이 뭐라고 하는데, 저는 맨 앞에서 인솔해서 들어갔기 때문에… 각하 방 구조를 보면 응접실이 있고 각하 시신을 모신 방이 있습니다. 나는 그 안으로 들어가서 못 들었습니다.

변호사 그 후에 두 사람이 중정 직원이라는 것을 언제 알았나요?

병원장 국무위원들이 와서 울먹이고 하니까, 저도 그때부터 눈물이 났습니다. 그래서 비서실장이 나갈 때, "실장님, 이제 우리 각하 우리가 모십니다. 이 사람들 철수시켜주십시오." 상당히 나도 강경한 어조로 말했습니다. "누구 말이냐?" 하기에 "비서실 직원 말입니다" 하니까, "어어, 이 친구들? 이 친구들이 내가 아까 같이 온 친구들이냐?" 그러길래 "비서실 직원이랍니다" 했습니다. 그런데 비서실장이 분명한 해답을 안 주었어요. 비서실장에게 확실한 언질을 받고 요놈들에게 인식을 시켜야 우리 병력으로 모실 수가 있을 것 같아서 현관까지 따라 나가보니까 차는 다 떠나버렸습니다.

변호사 증인은 제가 묻는 데 답변은 않고 다른 소리를 하고 있습니다. 증인이 그 두 사람을 중정 직원이라는 것을 언제 아셨냐고 물었습니다.

병원장 아, 이제 시작됩니다. 그래서 이거 어떡하느냐 하고 있는

데, 올라와서 5~10분 내에 비서실에서 전화가 왔습니다. "아까 그 친구들 말이야. 이제 경호실장이 부재중이다. 경호실 차장 이재전 중장이 지휘를 할 테니까, 이재전 중장이 보내는 경호관 2명과 대체시켜라. 단 인적 사항을 파악해놓아라" 하기에 제가 메모지를 갖고 들어가서 "적어라" 하니까, 유성옥이 자기 이름을 적고 서영준도 이름을 적어서 날 주기에 "소속 없는 인적 사항이 어디 있느냐" 하니까 서로 의논을 하고 그제서야 중정이라고 썼어요.

변호사 그러니까 국무총리와 국무위원들이 다녀간 뒤에, 비서실장으로부터 전화가 와서 경호실 직원으로 교체하라는 지시를 받고 본인들한테 소속을 적어내라고 해서 알았다고요? 국방부장관이 물을 때 본인들이 중정 직원이라고 답변하는 것은 증인은 못 들으셨군요?

병원장 네.

변호사 검찰신문에서 증인은 죽은 사람을 병원에 버려놓고 갔다고 말씀하셨는데, 사람이 죽었다 안 죽었다 하는 정확한 판단은 의학적인 판단이라야 정확한 것 아닌가요? 그렇다면 이 총기사고로 인한 경우에는 호흡이 끊겼다, 맥이 아주 끊겼다, 이런 것은 보통 전문가 아닌 사람은 정확하게 판단할 수 없지 않은가요?

병원장 그렇겠죠.

변호사 그렇다면 최초로 진단한 정규형 대위로부터 말하자면 환자가 들어오기 조금 전에 사망했다고 보고받으셨다고 했죠? 그렇다면 모시고 온 비서실장으로 볼 때는 죽은 줄 알고 모시고 온 것이 아니라, 자기로서는 긴급하게 모시고 오는 도중에 사망한 것일 수도 있지 않은가요?

병원장 그렇겠죠. 그거야 우리로선 어쩔 수 없죠.

변호사 한 가지만…. 총리께서 오셨다가 돌아가실 때 비서실장도 나가는데, "저 사람들 철수시켜주시오" 하니까 비서실장이 우물쭈물하는 태도를 취하더라고 하셨는데, 그때 증인이 보시기에는 비서실장이 비서실 직원이거나 자기 직원인 것처럼 행동했나요?

병원장 네, 그렇게 했습니다.

변호사 좋습니다. 그때는 이미 김계원 피고인은 김재규 부장을 체포한 뒤에 병원에 온 겁니다.

법무사 이상 마칩니다.

궁정동 연회장 담당 사무관 남효주의 증언

10·26 당시 안가에서 근무했던 이들이 계속 증인으로 소환되었다. 변호인들은 연회장 담당 사무관 남효주에게 그날 대통령과 경호실장·중정부장의 분위기와 총격 직후 상황에 대해 신문을 이어갔다.

이병용 변호사 차 실장이 노래를 부르고 또 하나의 여인도 노래를 불렀고 각하는 그 노래에 맞춰서 작은 콧노래로 노래까지 불렀다는데… 그 장소의 분위기가 좋지 않았다고 증인은 말하는데, 그 장소의 분위기가 좋지 않았다고 말하는 근거는?

남효주 제가 각하를 모실 동안에 각하께서 차에서 내리시면 표정이 좀 다릅니다. 만약 그날 기분이 좋으시면-여기 부장님도 계시지만-웃으시면서, "별일 없나?" 하시면서 들어가시고, 그런 아무 말씀 없이 들어가시면 이건 뭔가 기분 상하신 일이 있으시구나 하고 알지요. 그래서 연회가 시작됐고 노래 부르고 할 때는 기분이 달라지셨겠죠. 제가 말씀드리는 것은 그전 이야기입니다.

변호사 그 후 연회장소에서 노랫소리가 있은 것은 아시죠? 여자들이 노래를 부르고 차 실장이 노래 부르고.

남효주 네, 차 실장이 노래하는 것은 못 들었습니다.

변호사 아십니까, 모르십니까?

남효주 차 실장 노래하는 것은 못 들었습니다.

변호사 여자가 노래하는 것은 들었나요?

남효주 조금 들었습니다.

변호사 그러니까 그 이후에 분위기가 부드러워졌다는 것은 알지만, 각하가 들어가실 때는 기분이 좋지 않았던 것으로 알았다는 얘기군요.

남효주 네.

변호사 다음, 불이 나갔을 때 바로 옆에서 어느 분인가가 불을 켜라고 소리쳤다고 했지요? 젊은 경비원의 목소리인가요, 나이 든 사람의 목소리인가요? 누군지는 모르지만 음성으로 봐서 그것이 젊은이의 목소리인지 나이 든 사람의 목소리인지는 구별이 될 텐데?

남효주 전혀 구분 못 하겠습니다.

변호사 젊은 경비원의 목소리로 들렸나요? 왜냐하면 경비원은 대개 젊으니까. 젊은이냐 나이 든 사람이냐 그것만 묻습니다.

남효주 불을 켜라고 소리치면 그 소리가 젊은 사람 목소리하고 나이 든 목소리하고 어떻게 다릅니까?

변호사 허허, 신문하는 변호인에게 반문하는 게 아닙니다. 증인은 지금 무엇인가를 여기 와서 검찰관이나 변호인의 질문에 대해서 순수하게 대답하려고 생각지 않고, 변호사가 묻는 것에 대해서 그 뜻이 무엇인가를 자꾸 생각하려고 하는데, 저한테 그렇게 반문하는 것이 아닙니다.

남효주 죄송합니다.

변호사 그러니까 내가 묻는 것에 아는 데까지는 얘기해주실 의무가 있어요. 젊은 목소리인가, 나이 든 목소리인지를 물었습니다.

남효주 저는 알 수 없었습니다.

변호사 증인이 그 목소리를 들은 바로 근처에 김계원 피고인이 있다는 것을 그때 당시나 그 후에 몰랐나요?

남효주 몰랐습니다.

변호사 김계원 비서실장이 각하를 차에 빨리 모시라고 하는 소리는 들었죠?

남효주 네.

변호사 그 음성과 아까 빨리 불 켜라고 한 음성하고 비슷했나요, 아닌가요?

남효주 다릅니다.

변호사 좋습니다. 그건 다르다는 것을 확실히 아는 분이 어떻게 젊은이인지 나이 든 목소리인지는 모른다고 했죠? 김계원 피고인의 명에 따라서 서영준 경비원과 증인이 같이 협력해서, 서영준에게 우물거리지 말고 등을 대라고 해서 증인이 각하의 몸을 붙들어 일으켜서 서영준 등에 업혀드렸다는 거죠? 그럴 때 김계원 피고인이 운전수를 빨리 찾아서 자동차 시동 걸라고 하는 것은 들었겠네요?

남효주 못 들었습니다.

변호사 아하, 방에 들어갔으니까?

남효주 네.

변호사 서영준이 등에 업고 나올 때 증인이 각하의 시신을 뒤에서 부축하면서 따라 나오지 않았나요?

남효주 거기에 누가 한 사람이 더 있었습니다.

변호사 누군가요?

남효주 그 당시에는 누군지 모르는 한 사람이 있어서.

변호사 지금까지도 기억나지 않는가요?

남효주 그 이후에 물론 나중에 신문을 보고 이기주라는 걸 알았습니다.

변호사 서영준·이기주 증인이 부축했는데, 그렇게 부상한 사람은 한 사람만으로는 안 되고 각하에 대한 예의상으로도 누가 부축해서 따라가야 했을 텐데, 누가 따라갔나요? 이기주가 따라갔나요?

남효주 네.

변호사 증인은 이기주하고 부축해서 등에 업도록만 하고 그 자리에 그냥 있고, 이기주가 부축해서 차에 모셨구먼?

남효주 차에 모시는 것은 못 봤고, 아무튼 그 방에서 나갔습니다.

변호사 이상입니다.

김수룡 변호사 증인은 아까 불 켜라는 소리가 가까이서 들리기는 들렸는데, 누구 목소리인지는 구별할 수 없었다고 하셨죠? 그런데 증인은 그 소리를 어디에서 들었나요?

남효주 연회석상 문턱 바로 바깥, 주방 쪽으로 좀 떨어진 마루 가운데쯤 됩니다.

변호사 연회석 방문에서 조금 떨어진, 그러니까 2~3m인가요, 1~2m인가요?

남효주 1m 반이나 2m입니다.

변호사 약 1~2m 떨어진 복도에서 그 소리를 들었나요?

남효주 네.

변호사 당시 김 부장과 박 과장은 어디에 있었나요?

남효주 연회석상 문턱 바로 밖에.

변호사 증인과 박 과장과의 거리는 약 1m라고 보면 되겠죠?

남효주 네.

변호사 그 불 켜라는 말이 박 과장의 말인가요?

남효주 어두울 때라서 모르겠습니다.

변호사 1m 떨어져 있으면 바로 마주 보고 있는 셈인데, 거기서 불 켜라 하면 바로 알 수 있는 소리 아닌가요? 가까이서 났나요, 조금 떨어져서 났나요?

남효주 가까이서 났습니다.

변호사 그 집 안이면 전부 가깝죠. 그런데 바로 1m 정도로 마주한 사람의 목소리는 아닌 것 같죠? 가까이는 가까인데….

남효주 지금 그 목소리가 누구의 목소리인가 물으시는 건가요?

변호사 아니, 좋습니다. 그러면 박 과장은 평소에 잘 만나고 접촉이 많으니까 그 목소리를 잘 알고 계시지요?

남효주 평소 보통 말하는 목소리는 잘 알지만….

변호사 그 목소리입디까, 아닙디까?

남효주 잘 모르겠습니다.

변호사 낯익은 목소리가 아니기 때문에 잘 모르는 거 아닙니까?

남효주 꼭 그렇다고 규정할 수는….

변호사 좋습니다. 그다음 "각하께서 다치셨다, 얼른 모셔라"라는 목소리를 김계원 실장으로부터 들었다고 했죠?

남효주 네.

변호사 그 목소리는 급한 목소리인가, 느긋한 소리였나요?

남효주 급한 소리였습니다.

변호사 김계원 피고인이 경호관들 처치하는 것을 감시 감독하는 것을 보신 일 있나요?

남효주 없습니다.

변호사 증인이 첫 발 총소리를 듣고 후송하기까지 그 시간은 총 몇 초나 걸렸다고 생각하나요?

남효주 모르겠습니다.

변호사 너무 당황해서 어찌 되었는가 잘 모르겠는데, 상당히 급하게 후송한 것은 틀림없나요? 거의 순간적인가요, 상당한 시간

을 두고…,

남효주 아주 짧은 시간에….

변호사 상당히 짧은 시간에 급하게 끝나버린 상황이었어요?

남효주 네.

변호사 그리고 각하를 병원으로 후송할 때 김 실장이 각하가 돌아가셨는가 안 돌아가셨는가 전부 확인하고 "돌아가신 게 틀림없다" 이래서 각하를 후송했나요? "다치셨다" 해서 빨리 후송하는 그런 급한 장면이었나요?

남효주 김 실장님은 현관에 서서 저한테 각하를 빨리 차에 실으라고 하시고, 그 이후에는 저는 김 실장을 본 일이 없습니다.

변호사 그러니까 급하게 후송한 것인가요, 아니면….

남효주 빨리 모시라고 했으니까, 서영준이 들어와서 업고 나간 모든 행동은 빨랐겠죠.

변호사 업고 나가고 하는 것도 급하게 하는 경우가 있고 천천히 해서 형식만 갖추려고 하는 경우가 있지 않나요? 증인이 직접 거들고 하셨으니까 '촌각을 다투는 거다' 하는 생각에서 서둘렀는가요?

남효주 네, 빨리한 겁니다.

변호사 빨리 급히 후송했다. 이상입니다.

신호양 변호사 증인께서 각하를 서영준 등에 업힐 때 각하께서 운명하셨나요, 생존해 계셨나요?

남효주 모르겠습니다.

변호사 연회 도중에 부장에게 가까이 가서 과장님이 좀 뵙자고 한다고 얘기한 적이 있었죠? 그때 분위기가 어땠나요? 무슨 대화를 하고 있었나요, 노래를 하고 있었나요?

남효주 불과 몇 초 사이였기 때문에 분위기가 어떻다는 것은….

변호사 그 진행 과정이, 연회석상의 진행 과정이 뭘 하고 있었는지 생각 안 나나요?

남효주 안 납니다.

변호사 가까이 가서 말씀하실 때 김재규 피고인의 표정이 어땠나요? 화난 표정인가요, 보통 상태인가요?

남효주 거기에 대해 제가 말씀드릴 것이 있는데, 전에도 가끔 무슨 일이 있으면 과장님이 좀 뵙자고 한다고 말씀드릴 때도 있고, 그러면 부장님은 통상 "그러냐" 하고 가시는데, 그날도 그 외에는 별다른 것 못 느꼈습니다.

변호사 그때 잠깐 동안이지만, 감정이 격화되었다든지 살벌하다든지 하는 것은 못 느꼈나요?

남효주 그런 것은 못 느꼈습니다.

누가 전기를 껐나

사건 당일 궁정동 식당에 있었던 남효주에 대한 신문이 이어졌다. 변호인과 법무사는 특히 중앙정보부의 안가 경비원 이기주와 중정 의전과장의 운전사 유성옥의 그날 행적에 대해 집중 신문을 했다. 이기주와 유성옥 일행은 연회장에서 총성이 나자 주방으로 달려가 식사 중이던 경호원들을 사살했다.

변호사 증인은 궁정동 식당 관리인이라고 하는데, 전깃불이 잠깐 꺼졌다가 다시 들어왔다고 하는데, 보통 때도 그런 일이 있는가요?

남효주 극히 드물지만 그런 때도 있습니다.

변호사 더군다나 각하나 중요한 손님을 모실 때, 그렇게 정전되는 경우가 있나요?

남효주 가끔 그런 일이 있는데. 그래서 거기 식당에는 선을 일반선과 청와대선 두 선을 사용하다가 한쪽이 죽으면 빨리 다른 쪽으로 옮기도록 시설을 갖춰놓고 있습니다.

변호사 그날 누가 전기를 껐다가 켠 것은 아닌가요?

남효주 그 당시에는 누가 껐다가 켰는지 전혀 몰랐는데, 나중에 알고 보니까 보일러공이 총성을 듣고 혹시 합선된 것이 아닌가 해서 일단 껐다가 켰다고 합니다.

변호사 그것이 몇 초 동안인가요?

남효주 어둡고 긴장하고 있어서 잘은 모르지만 10~15초 정도로 느꼈습니다.

변호사 나중에 청와대 경호원 두 명이 총소리를 확인하기 위해 왔다고 했는데, 그들이 무장하고 있었나요?

남효주 그냥 코트 입고 있었기 때문에 무장을 했는지 안 했는지 모릅니다.

변호사 이기주가 "우리도 못 들었다. 자체 비상을 하고 있다"고 해서 돌려보냈다는데, 왜 거짓말을 했다고 생각합니까?

남효주 ….

변호사 그러니까 사실대로 이야기했다가는 총격전이 벌어질지도 모르니까, 사태를 더 악화시키지 않기 위해서 이기주가 잠깐의 기지를 발휘해서 그랬다고 생각지 않습니까?

남효주 그 당시에는 왜 거짓말을 하는지 깊이 생각해보지 않았지만….

변호사 그리고 그때 중정 경비원들은 무장하고 있었나요?

남효주 문 안쪽, 즉 창문 쪽에 있던 사람만 총을 휴대하고 있었고, 제가 갔을 때는 다른 사람들은 휴대 안 한 것으로 압니다.

안동일 변호사 김재규·유성옥·이기주 피고인에 대해서 한 가지씩만 묻겠습니다. 재판장님을 향해서 대답해주세요. 저를 보지 말고.

남효주 죄송합니다. 바른쪽 귀가 잘 안 들려서.

변호사 이기주 피고인을 평소에 잘 모릅니까?

남효주 '잘'이라는 것이 어느 정도를 말씀하시는지 모르지만, 친한 사이는 아닙니다.

변호사 제가 잘못 들었는지는 모르겠는데, 각하를 업어드릴 때 이기주가 있었죠? 그런데 나중에 알고 보니까 이기주이더라, 그랬죠? 평소에 안면이 있고 하면 바로 알아봤을 텐데 왜 나중에야 알아보았을까요?

남효주 궁정동 식당에서는 평소에 이기주가 들어오지 못하게 통제되어 있습니다. 다른 부서의 사람들은 통제를 받기 때문에 이기주가 거기에 있으리라고는 생각도 못했습니다.

변호사 그런데 이상합니다. 이기주 피고의 진술에 의하면 당시에 식당 관리하던 노수길이 입원하는 바람에 10일 전부터는 식당 일도 같이 봤다는데, 그렇다면 증인이 관리인으로서 몰랐어요?

남효주 친한 사이냐 하고 아는 사이냐 하고는 다른데….

변호사 아니, 그 당시에 업어드릴 때 몰랐다고 해서 묻는 거요.

남효주 그때는 몰랐습니다.

변호사 그 사건 총격이 있은 다음에 거기에서 처음으로 이기주를 만났나요?

남효주 네.

변호사 그때 각하께서 업어드릴 때 어떻게 해서 사고를 당했다는 걸 알고 있었나요?

남효주 몰랐습니다.

변호사 그리고 나서 이기주를 대기실에서 처음 만났나요?

남효주 네.

변호사 사건 직후, 이기주를 만나기 전에 증인보다 더 윗사람을 만났나요?

남효주 박 과장님을 만났습니다.

변호사 대화를 했다거나 무슨 지시가 있었나요?

남효주 일절 없었습니다.

변호사 평소 이기주와 증인은-계급을 따진다는 것은 우습지만-누가 더 윗사람인가요?

남효주 이기주는 경비원이고, 저는 사무관이니까 직책상….

변호사 아무래도 증인이 더 높죠?

남효주 네.

변호사 그 대기실에 갔을 때, 이기주에 의하면, 무장도 해제하고 윗분의 지시를 받아서 청와대에서 누가 오면, 저쪽에서 사격해오면 사격해라 하는 얘기 못 들었나요?

남효주 못 들었습니다.

변호사 그때 어떤 뜻으로 그런 사인해줬나요?

남효주 제 이름 사인해준 것은 제가 거기 근무하고 있었다는 것을 상대방이 요구하는 것 같아서 해줬습니다.

변호사 아니, 그쪽에서 생각하는 것은 총성을 확인하러 왔다가 아무 일 없다고 해서, 그러면 그 대기실에 있던 사람 중 증인이 제일 높은 사람이니까 증인이 사인해준 것이 아닌가요? 그런 뜻이죠? 이 중에서 윗사람 사인을 받아간다는 취지가? 그렇다면 그 분위기를 다 알 수가 있을 텐데 증인이 모르고 사인해줬다는 게 이상해서 하는 얘기예요.

남효주 제 생각에는 그것이 아니고 그쪽에서는 이쪽 전화번호가 뭐냐, 저는 또 그쪽 전화번호가 뭐냐….

변호사 그러니까 아무런 뜻도 없이 해줬다는 얘기인가요? 아무 분위기도 모르고? 이기주에게서 들은 바도 없고?

남효주 네.

변호사 아까 증언하신 것처럼 왜 거짓말을 하나 이상하게 생각했다는 말인가요?

남효주 네.

변호사 그다음 날, 이기주가 유석술에게 묻으라고 한 내용 압니까?

남효주 네.

변호사 그것을 이기주로부터 보고랄까, 얘기를 들어서 이렇게 내가 시켰는데 남 사무관님 어떻게 했으면 좋으냐는 얘기 들은 적 있나요?

남효주 있습니다.

변호사 그 얘기 좀 해보세요.

남효주 시간은 분명히 알 수 없지만, 27일 아침, 하여튼 날이 밝았을 때였는데 제가 대기실 한쪽 구석에 앉아 있는데 이기주가 와서 "남 사무관님, 어제 박 과장님한테 치우라고 해서 총 두 자루를 받았는데 이것을 유석술한테 치우라고 해서 유석술이 정원에 묻었습니다. 그런데 저걸 어떻게 할까요" 하길래 저는 그대로 두라고 했습니다.

변호사 왜 그대로 두라고 했나요?

남효주 무기는 저하고 전혀 관계가 없고, 그게 뭐에 사용했는지도 모르고, 제가 그걸 어떻게 하겠습니까?

변호사 이기주도 어떻게 해야 할지 모르니까, 일단 묻어두라고 해놓고 직책상 윗분인 남 사무관님께 한번 의논조로 물었다고 생각했나요?

남효주 글쎄, 윗분이고 그런 건 생각 안 했고, 지나치는 말로 하길래 그냥….

변호사 그리고 대기실에서 그날 밤을 보내면서 유성옥한테서 전화 왔다는 연락을 받거나 이기주가 전화를 받아서 얘기하거나 하는 거 보신 일이 있나요?

남효주 이기주·유성옥은 통화를 한 것 같았는데, 그 내용은 저한테 별로 얘기한 일도 없고 저도 받기는 받았습니다. 그냥 이기주를 바꿔 달라고 해서 바꿔줬습니다.

변호사 아니, 그냥 유성옥이 전화해서 이기주 바꿔 달라고 했나요, 뭐라고 얘기를 하고서 바꿔 달라고 했나요?

남효주 그냥 바꿔 달라고….

변호사 다른 얘기 물은 거 없고요?

남효주 네.

변호사 과장님 바꿔 달라는 얘기도 없고요?

남효주 없고요.

변호사 예, 이상입니다.

김홍수 변호사 김태원 피고인의 변호인입니다. 그 총성이 끝난 후에 각하 시신을 증인하고 이기주와 서영준하고 업어서 내갔다죠?

남효주 네.

변호사 그 시간하고 총성이 끝난 것하고 시간 차이가 얼마나 되나요?

남효주 그건 기억 안 납니다.

변호사 쉬었다가 한 것이 아니라 총성이 나고 즉시 그 방으로 갔나요? 담배를 피운다거나 뭐 다른 생각을 한 것이 아니고, 총성이 나자 즉시 각하 방으로 쫓아간 것 아닌가요?

남효주 시간은 정확히 알 수 없고….

변호사 아니, 몇 초 후, 몇 분 후? 총성이 멎은 후 얼마나 있다가 갔나요?

남효주 모르겠습니다.

변호사 총성 날 때는 중앙 요리대에 있었다고 그랬죠?

남효주 네.

변호사 그러다가 총성이 멎은 직후에 각하 계신 방으로 달려가지 않았나요?

남효주 저는 김 실장님이 "각하를 모셔라"라고 말할 때 각하 방으로 뛰어갔습니다.

변호사 그것이 총성이 끝난 후 얼마나 후인가요?

남효주 그 시간을 제가 정확히 알 수가 없습니다.

변호사 5분이나 10분은 아니겠죠?

남효주 그 상황에서 시간을 생각할 수 없습니다.

변호사 좋습니다. 들어가 보니까 차 실장이 "남군! 남군!" 그러더라면서요?

남효주 네.

변호사 거기 있던 여자 손님하고 같이 일으켜드리려고 했는데, 무슨 얘기를 하셨는데 기억이 안 난다고요?

남효주 네.

변호사 그래서 혹시 내가 피격당하는 것이 아닌가 해서 즉시 그 여자 손님을 부속실에 데려다주고 조용히 있으라고 하고 지하실로 피신했다고 했죠?

남효주 네.

변호사 이것으로 끝내겠습니다.

황종태 법무사 차 실장이 "남군! 남군!" 해서 피했죠, 부속실로?

남효주 네.

법무사 그때 차 실장 말고 주방이나 대기실에서 신음소리를 들었나요?

남효주 못 들었습니다.

법무사 증인이 지하실로 내려갈 때, 거기에 쓰러져 있던 사람들은 다 죽었던가요?

남효주 죽었는지 살았는지는 모르지만, 앓는 소리라든가 그런 소리는 일절 듣지 못했습니다.

법무사 그날 만찬 준비 상태는 평소에 비해서 어땠나요?

남효주 평소와 다름없었습니다.

법무사 거기에 대해서 김재규 피고인이 만찬 준비 어떻게 되었느냐고 문의한 사실이 있나요?

남효주 그날은 저한테 물어보신 일이 없었어요.

법무사 피고인들 중에서 증인에게 물어볼 일 있나요?

김태원 제가 물어볼 거 있습니다. 남 사무관님이 거기서 차 실장님의 "남군! 남군!" 하는 소리를 듣고 부속실로 피신하신 다음에 지하실로 들어가신 후 총소리를 들을 때까지 시간 간격이 얼마나 되나요?

법무사 총소리를 아까 못 들었다고 했는데….

남효주 아닙니다. 지하실에서 총성 들었습니다. 아무리 길어도 지금 생각하기에 5~6분 이내라고 생각됩니다.

법무사 수고했습니다. 돌아가주세요.

주사위는 던져졌다

법무사 김용남 증인 들어오세요.

인정신문: 김용남. 1944년 11월 2일생. 현재는 면직되어 놀고 있음. 전에는 중정의 식당차 운전기사. 주소 종로구 부암동.

입증 취지만 신문해주시오. 검찰신문하세요. 김재규·김계원 피고인은 나가서 쉬셔도 좋습니다.

(김용남 증인에 대한 검찰의 신문)

검찰관 증인은 10·26 당시 직책이 무엇이었나요?

김용남 식당차 운전기사입니다.

검찰관 각하가 만찬에 참석하신 이후 증인은 식당 내의 어디에 주로 있었나요?

김용남 행사가 시작되면, 제 임무가 원래 경호처장·부처장님을 편하게 모실 수 있는 일을 맡고 있었습니다.

검찰관 그래서 각하 오신 후 증인은 주방에 있었죠?

김용남 총성 날 때 주방에 있었습니다.

검찰관 주방에 있는 동안 유성옥이 중정 식당 후문 쪽으로 제미니 차를 몰고 들어오는 것을 보았지요? 그때 문은 누가 열어주었나요?

김용남 제 기억으로는 박선호 과장이 문을 열어주고 있었습니다.

검찰관 그때 증인은 유성옥에게 말을 걸었나요?

김용남 여기 어떻게 들어왔냐고 제가 물었습니다.

검찰관 뭐라고 하던가요?

김용남 오늘 친구들하고 약속을 했는데 행사가 있어서 약속도 지키지 못하고, 과장님이 이쪽으로 차를 대라고 해서 댄다고 얘기했습니다.

검찰관 총소리 나기 직전에 이기주로부터 인터폰으로 연락이 왔는데 "지금 윤 비서에게서 연락이 왔는데, 과장한테는 연락이 안되고 준비는 다 됐다고 연락해달라" 이런 얘기를 들었다고 하는데?

김용남 총성 나기 전에 그런 인터폰을 받았습니다. 과장님을 바꿔 달라기에 안 계신다고 하니까, 얘기를 전해달라고 하길래 무슨 얘기냐고 물었더니 윤 비서한테서 인터폰이 왔는데 준비는 다 됐다고 전해달라고 해서, 제가 주방에서 그 인터폰을 받고 대기실로 갔습니다. 거기에 정인형 처장·안재송 부처장·박선호 과장 세 분이 말씀하고 계시길래 박 과장님한테 온 사실을 말씀드렸더니 알았다고 해서 말만 전해주고 저는 주방으로 왔습니다.

검찰관 그런 얘기를 전해줄 때부터 총성이 들릴 때까지의 시간이 어느 정도였죠?

김용남 그 말을 전하고 주방에 와서 불과 1분도 안 돼서 총성이 들렸습니다.

검찰관 총성이 날 때 주방에 누가 있었나요?

김용남 남효주·김용석·박상범 경호관 등이 식사하려 하고 있었고 주방 요리사 이종오·김일선 씨, 주방 문 입구에는 김용태 각하 기사가 있었습니다.

검찰관 김용태는 식사를 안 했는가요?

김용남 식사를 하라고 했더니 그 전에 정인형·안재송 처장이 안주하고 약주를 좀 드셨기 때문에 자기는 시장하지 않다고 하면서, 안에 식사가 들어가면 그때 밥을 먹겠다고 해서 경호관 두 사람 것만 준비해 주고 김용태 경호관은 바깥 입구에 있었습니다.

검찰관 그리고 총성이 만찬석상에서 들렸죠?

김용남 네.

검찰관 그 총소리를 듣고 어떻게 행동했나요?

김용남 이기주한테서 인터폰을 받고 주방에 와서 좀 있는데, 안에서 소리가 나길래 남 사무관에게 "무슨 소리가 났는데 아무래도 총소리 같다" 이렇게 전했더니 남 사무관이 의식적으로 거실 쪽으로 들어가고, 나는 들어가는 걸 보고 돌아서는 순간 저도 총격을 당했기 때문에 그 후에는 정신을 잃었습니다.

검찰관 그래서 증인도 쓰러졌죠?

김용남 주방에 쓰러져 있었습니다.

검찰관 쓰러져 있는데 그 후에 누가 주방 안에 들어와서 소리치는 소리 못 들었나요?

김용남 처음에는 외부에서 뭐가 어떻게 된 줄 알았는데, 쓰러져 있으니까 "꼼짝 마라. 움직이면 쏜다" 하는 소리가 들렸습니다. 제 기억으로는 유성옥으로 알고 있었습니다.

검찰관 총성이 나고 누가 들어와서 그런 소리를 하고 그러는 동안에, 옆에 쓰러져 있던 김용석 경호관이나 이종오의 신음소리 못 들었나요?

김용남 저도 총 맞은 자리에 통증이 오길래, 많이 다쳤나 이런 생각을 하고 있는데, 옆에서 "아이구, 아이구" 소리가 났는데, 김용석 소리였습니다.

검찰관 그때 만찬석이 있는 내실 쪽에서는 무슨 소리가 안 들렸나요?

김용남 내실 쪽에서는 총성과 함께 고함소리가 나고 상당히 시끄러웠습니다. 저도 놀라서 주방에 누워 있었기 때문에 총성과 고함소리만 들었지 다른 건 잘 모르겠습니다.

검찰관 "총 앞으로 내놓으라"는 소리를 들었다고 했는데요?

김용남 네.

검찰관 그 소리 듣고 누가 총을 내놨나요?

김용남 그 당시에는 저도 눈을 감고 땅에 누워 있었기 때문에 소리만 들었지 누가 어떻게 행동했는지는 잘 모르겠습니다.

검찰관 그 후에 계속 엎드려 있다가 그 후에 총성이 계속 몇 방 나는 것을 들었죠?

김용남 네.

검찰관 그 후 주방 입구에서 또 총성이 크게 한 방 나는 것을 들었죠?

김용남 네.

검찰관 그 총소리가 날 때까지 김용석이 신음하는 소리를 들은 적 없나요?

김용남 누워 있을 때까지 "아이구, 아이구" 하는 소리를 계속 들었습니다.

검찰관 그러니까 김용석은 제일 마지막에 주방 입구에서 한 방 크게 소리 난 총에 맞아서 사망한 거네요?

김용남 그 신음소리도 났고, 저도 있는데, 다시 총소리가 나는데 가까이에서 들리기에, 나도 이제 죽었구나 하는데, 주방 바로 옆에서 꽝 소리가 났습니다. 그런데 소리가 워낙 컸기 때문에 무슨 소리가 났는지 귀에 잘….

검찰관 주방에서 총성이 크게 나고 그다음에 일어난 일에 대해서 얘기해보세요.

김용남 이번에는 내 차례구나 싶어서 있는데 "김 형은 일어나" 하는 김태원의 목소리를 들었습니다. 제가 일어나면서 놀라서 "나도 총을 맞았는데 어떻게 하면 좋지" 하니까 "위의 지시니까 다시 누우시오" 해서 다시 엎드렸습니다. 조금 있으니까 "다시 일어나"라고 해서 일어났더니 "우리 식구는 다 나와" 그래서 김일선을 데리고 나왔습니다.

검찰관 나와서 어떻게 했죠?

김용남 총 맞은 자리에 통증이 오길래 후문을 빠져나와서 응암동에 있는 병원으로 택시를 타고 갔습니다.

검찰관 어느 병원인가요?

김용남 응암동에 있는데 이름은 잘 기억나지 않습니다.

검찰관 병원에 있다가 다시 경비원 대기실로 돌아왔나요?

김용남 병원에서 응급조치를 받고 다시 들어왔습니다. 대기실에 들어오니까 10시 30분쯤 됐습니다.

검찰관 들어오니까 경비원 대기실에서 이기주가 증인에게 뭐라고 했나요?

김용남 어디 갔다 왔냐고 묻길래 부상을 입어서 응급처치를 하고 왔다고 하니까, 박선호와 남효주가 얼마나 찾았는지 아느냐고 하면서…. 박선호에게 연락을 하니까 알았다고 그냥 거기에 앉아 있으라고 해서 거기에 앉아 있었습니다.

검찰관 몇 시경에 잠자리에 들었죠?

김용남 저는 잠을 안 자고 계속해서 대기실 방에서 혼자 앉아 있었습니다.

검찰관 그날 저녁에 혼자 앉아 있다가 대기실 방에서 김태원을 만난 사실이 있나요?

김용남 김태원이 바깥 근무하고 돌아오는 것 같았습니다.

검찰관 그때 김태원이 뭐라고 안 했나요?

김용남 혼잣말로 "주사위는 던져졌다"라고 한 것으로 들었습니다.

검찰관 그게 무슨 얘기인 줄 알고 들었나요?

김용남 그 당시에는 저도 너무 당황했기 때문에 무슨 특별한 생각은 없었습니다.

검찰관 예, 이상입니다.

11장

보통군법회의 최후진술

9회 공판

12월 18일

재판부는 12월 18일 제9회 공판으로 사실심리와 증인진술, 증거조사 등을 모두 끝냈다. 공판이 시작된 지 14일 만에 이런 절차를 마친 것은 사법사상 그 유례를 찾아볼 수 없는 초고속 재판이었다. 그것도 국가원수 살해라는 엄청난 사건임을 생각하면 법조인이면 누구든지 혀를 내두를 만큼 속도전으로 밀어붙인 재판이었다.

이날 공판에서 검찰 측 논고에 이어 구형이 있었다. 예상대로 김재규·김계원·박선호·박흥주·이기주·유성옥·김태원 피고인 등 7명에게 사형이 구형됐다. 그리고 궁정동에서 사건 후 권총을 땅에 파묻은 유석술 피고인에게는 징역 5년이 구형됐다.

변호인들은 변론(부록에 수록)에서 박정희와 김재규의 운명적 관계를 고대 로마의 시저와 브루투스에 비유했다. 브루투스도 자신의 상관이며 양아버지로까지 모셨던 로마제국의 지배자 시저에게 칼을 꽂았다. 그리고 브루투스는 이렇게 외쳤다.

"나는 시저를 사랑한다. 그러나 나는 로마를 더 사랑하기 때문에 그를 죽였다."

공화정에 의해 시민정치를 꽃피웠던 로마가 군인정치가 시저가 집권한 이후 독재정치로 멍들어가고 있었다. 그 로마의 공화정을 살려내기 위해 자신의 은인인 시저를 죽였다는 것이 브루투스의 웅변이었다. 유신체제 아래서 실질적 2인자인 중앙정보부장이 대통령을 살해한 사건은 모든 국민에게 의아심을 줄 수밖에 없었다. 이 같은 유례 없는 사건을 설명하는 데 김재규 피고인의 진술은 브루투스의 주장 그대로였다.

김재규 피고인의 최후진술을 마지막으로 남겨놓고 법정은 10분간 휴정에 들어갔다. 휴정하는 동안 재판부는 방청객들을 모두 내보냈다. 그가 최후진술에서 국가기밀을 공개할 우려가 있다는 이유로 법정은 비공개로 들어갔다. 변호인들과 김 피고인의 가족 4명만이 남은 법정에서 그는 최후진술을 했다. 그의 최후진술은 논리정연했고 막힘없이 흘러나왔다. 사형을 눈앞에 둔 피고인이 혼신의 힘을 다해 토해내는 웅변, 바로 그것이었다.

이날 오후 6시 반, 김 피고인은 물을 한 컵 청해 마시고는 정성껏 다듬은 문장과도 같은 최후진술을 전개해나갔다. 메모를 준비하지 않은 채 30여 분간 이어진 웅변을 통해 그는 '10·26 혁명'의 의의와 불가피성을 설득력 있게 정리해놓았다. 그는 보안사가 수사 결과 발표했던 차지철과의 알력설을 부인했다. 부산·마산의 시민 시위사태를 현장에서 보고 더 많은 희생을 방지하기 위해 대통령 한 사람을 희생시킬 수밖에 없었다는 것이 그의 주장이다. 부마사태로 미루어 그는 유신체제의 유일한 지탱자인 박 대통령만 제거하면 모든 국민이 지지할 것으로 믿었다. 그는 국민이 갈구해왔던 일을 실천했는데 내란죄라니, 그것이 합당하냐고 항변했다.

당시 비공개법정의 장막에 갇힌 그의 최후진술은 군 당국의 녹음기에만 기록돼 훗날의 역사적 평가와 재심을 기다려야 했다.

김재규 중정부장이 가장 믿는 부하였던 박선호 피고인은 국내에서 정보를 가장 잘 아는 분의 판단이었기에 옳다고 생각했다. 그는 평소 김 부장이 잘못된 명령을 내린 일이 없다고 말했다. 그는 다시 그런 상황에 처한다고 해도 그대로 따를 수밖에 없을 것이라고 했다.

박흥주 대령은 박선호 의전과장과는 개인적 생각이 달랐지만 역시 김재규 부장의 평소 인격과 판단력을 믿었다고 진술했다. 박 대령의 경우 피고인들 중 유일한 현역 군인이어서 항소심이 없는 단심재판을 받게 돼 있다. 이것이 법정에서 하는 마지막 진술이었다. 정규 사관학교를 나와 평생을 군에서 보내고 국군묘지에 묻히기를 바랐던 그는 "궁정동의 비극이 민주 대한의 활력소가 되기를 바란다"며 최후진술을 마쳤다.

박흥주 "나라 잘못되면 모두 죽어"

…학교를 나와서 사관학교에 입교한 이후, 전후방 각 부대에서 군인으로서는 최선을 다해서 근무했으며 1978년 4월 1일, 중앙정보부장 수행비서관으로 임명받은 후에도 군인으로서는 최선을 다해왔고 국가의 막중한 임무를 수행하는 중정부장을 조금이라도 돕는다는 자부심을 갖고 근무를 해왔습니다. 저는 평생을 군에서 보내고 국군묘지에 묻히기를 원했던 사람입니다.

실로 이번 일은 국민과 국가와 전 세계에 영향을 크게 미친 충격파라고 생각합니다. 물론 본인으로서는 예기치 않았던 일이고, 행동에 참여는 했지만 큰 계획도 모르고 실시했던, 생각해보면 많은 복잡한 생각을 가져오게 하는 사건이었습니다. 단지 본인은 일국의 정보 책임자로 중요 임무를 수행함으로써 남들이 취급하지 못하는 각종 서류에 국내의 움직임을 누구보다도 더 예민하게 감지했었고 심지어 마산·부산사태에 부장을 수행해서 밤 1시에 현장에 내려가서 그 심각성도 보고 돌아온 사람입니다. 평소에 국제 정세, 특히 이란 정세를 비롯한 각종 소요로 인한 국가에 미치는 영향에 대해서도 본인이 잘 알고 있었고 항상 뇌리에 남아 있었습니다.

사건 이틀 전에도 국내의 여러 가지 복잡한 문제의 해결을 위해서 부장이 애쓰는 것을 봤고 전반적 사항으로 봐서 상당히 문제점을 안고 있는 시기로 본인은 생각했던 겁니다. 당일 갑자기 부장께서 "나라가 잘못되면 자네나 나나 죽는 거야"라고 말씀하시고 "민주주의를 위하여!"라고 외치며 들어가실 때, 본인은 판단을 제대로 하지 못하고 단지 부장의 평소의 인격과 평소의 판단력과 본인 스스로 갖고 있던 사태·소요에 대한 핵심, 이런 것들만 생각하고 실제 행동에 옮겼던 것입니다.

물론 사건이 다 끝난 오늘에 와서는 생각되는 점이 많이 있습니다. 그러나 당시에는 가장 적절하고 가장 정확한 판단에 의해서 지시되는 사항으로 알고 거기에 순응했던 것입니다. 이제 본인은 궁정동의 비극이 발전하는 민주 대한의 활력소가 되기를 바라겠습니다. 그리고 유족 여러분에게 죄송한 말씀 드립니다. 이상입니다.

박선호 "정보 가장 잘 아는 분의 결심이었다"

본인은 그때 당시의 상황을 지금 당해도 그와 같이 할 수밖에 없는 입장에서 그날 일이 벌어졌다는 것을 말씀드리고, 그 진행 과정을 지금 곰곰 생각할 때, 저로 인해서 저의 훌륭한 부하들이 이 법정에 와서 서게 됐다는 데 대해서 마음 둘 바 없습니다. 오로지 존경하는 재판장님들께서 관대히 처리해주시기를 말씀드립니다. 그리고 저희가 사람을 죽이는 게 목적이 아니었고, 단지 그때는 저희가 판단을 잘못했습니다만, 위협을 하면 이미 모든 사람이 행동을 제지할 것으로 생각하고 심지어 운전기사까지 데려갔다는 것, 이렇게 저희가 자진해서 겁도 없이 들어가서 전우를 살리려고 했던 것이 오히려 제 손으로 희생을 시키고 나니까 뼈가 저립니다.

제 입장 나름대로 최선을 다했지만 그것밖에 할 수 없었습니다. 그리고 부장님께서 제가 존경하게 된 동기는 지난번에 말씀드렸고, 이분의 지시를 왜 제가 따랐느냐, 부장님은 다른 사람과 달라서 국민이 거꾸로 돌아가도 거꾸로 돌아갑니다가 아니고 바로 돌아갑니다 하는 것, 국민의 가려운 데를 긁어주고 아픈 데를 어루만져줄 수 있는 정확한 판단하에서 일을 집행하시는 점에서 제가 존경하고 따랐던 것입니다. 제가 생각할 때는 이 나라에서 정보 면에서 가장 정확하게 많이 알고 계시는 분이 정보부장을 3년가량 하신 김 부장님이라는 것은 국민 모두가 아실 것으로 생각됩니다.

그러면 이분께서 직접 민주주의 회복을 위해서 건의해도 안 되고 마지막으로 부산까지 가셔서 실제 체험을 하고 오셨고 또한 부산과 같은 상황이 서울에서 일어나기 직전의 상황에 이르렀고, 막아지지 못했을 때는 옛날의 4·19는 어린아이 장난에 불과하다고 판단했고, 부장님도 그렇게 판단하심으로써, 이번 거사를 하신 것으로 생각됩니다. 이로 인해서 최소한 대한민국의 모든 국민이 갈망했던 민주 회복을 10~20년은 앞당겨놓은 분이라고 알고 있습니다. 이상입니다.

김계원 "중세기의 궁중 모반사건 같은 것"

재판장님, 심판관님, 부질없는 생명이 붙어 있어서 검찰관이 제시한 공소장에 의해서 이와 같은 모양으로 재판정에 선 것을 대단히 유감스럽게 생각하며, 돌아가신 각하께 또 하나의 누를 끼치는 것이 아닌가 싶어서 가슴 아픕니다. 10월 26일 각하를 모시고 왜 죽지 못했던가 하는 것이 천추의 한이 됩니다. 김재규가 왜 나를 각하와 함께 사살하지 않았는가 원망스럽기 한이 없습니다.

각하로부터 말할 수 없는 총애와 신뢰를 받아오던 접니다. 하해 같은 은덕으로 본인이 생각해보지도 못하던 영광된 자리에까지 올라와 있었습니다. 그와 같은 각하께 홍모의 보은도 드리지 못하고 마지막에 국립묘지까지 모시고 가지 못한 불충을 지금 백 번 만 번 사죄한들 무슨 소용이 있겠습니까. 다만 각하의 명복을 빌고 그 유족에게 하나님의 위로와 가호가 같이하기를 바랄 뿐입니다.

각하를 그렇게도 숭상하시던 국민 여러분, 각하의 서거를 그렇게도 애통해하던 국민 여러분, 군 장병 여러분, 죄송합니다. 각하 보필을 제대로 못 한 것을 사과드립니다. 바라건대 새로운 영도자를 모시고 모든 국민이 일치단결해서 각하께서 이룩하지 못한 민족중흥의 대업을 한시바삐 완성시켜주시기를 바랄 뿐입니다.

광명한 20세기 대한민국에서 이번 같은 끔찍한 사건이 나리라고 과연 누가 상상인들 해봤겠습니까. 중세기 암흑세계에서 일어나던 궁중 모반사건 같은 것이, 그것도 공산당에 의해서가 아니라, 가장 친근하게 믿는 각하 주변에서 일어났다는 것, 과연 상상인들 누가 했겠습니까.

이것이 민주주의로 가는 빠른 길이라면 우리는 방법을 고쳐야 할 줄 압니다. 한 나라의 영도자를 살해하고 민주주의가 쉽게 획득된다면, 이런 사건은 우리나라에 두고두고 계속 일어날 것으로 생각됩니다. 명분이 제아무리 좋고 어떠한 미명하에서도 이와 같은 인륜 도덕을 무시하는 모반사건이 이 나라에서 다시 재현되어서는 안 되겠습니다. 이런 사건에 종지부를 찍는 계기가 되어야 하리라고 생각됩니다.

사건 후 수사기관에서, 수사 과정에서, 검찰에서, 검찰신문 과정에서 수사관들이 범죄사실을 신속하게 파악하기 위해서 열성적으로 일하는 데 또한 검찰관들이 인간적인 개인의 감정을 억제해가면서 부여된 임무에 충실히 노력하는 데 깊은 감명을 받았습니다. 존경을 표하는 바입니다. 재판 과정을 전후해서 본 피고를 위해서 본 피고가 미처 기억하지 못 하는 일까지도 이 재판정에 생생하게 제시해주신 본인을 위한 두 변호인에게 진심으로 감사합니다. 혈육 이상의 온정이 넘친 열성에 대해서 본인과 똑같은 마음으로 있을 본인 가족을 대표해서 심심한 감사 인사를 드립니다.

존경하는 재판관님, 심판관님, 각하는 돌아가셨습니다. 너무나도 처참히 돌아가셨습니다. 그러나 각하께서 생각하고 구상하고 시작하셨던 조국 근대화의 계획은 너무나도 컸고 그 청사진은 상상할 수 없을 정도로 컸습니다. 그러기에 각하 서거는 원통하고 애석하기 한이 없습니다. 도중에 가셨지만, 그동안 각하께서 이룩하신 위대한 업적은 우리 민족사에 길이 남을 수 있는 큰 업적이라고 생각합니다. 역사에 큰 페이지를 차지하리라고 봅니다. 그 마지막 페이지에 기록될 이 재판 과정에서 발견된 진실한 사항이 생생하게 기록될 것을 믿어 마지않습니다.

존경하는 재판장님, 심판관님, 재판장님의 이름으로 진실된 사실이 각하 치적의 마지막 페이지에 기록될 것을 확신해 마지않습니다. 10~50년 후에 가서 변동될 내용이어서는 안 되겠습니다. 그동안 여러 날 재판장님, 심판관 여러분들, 열성적인 재판을 해주시고 또 소상하게 진실된 것을 저희들에게 물어주신 데 대해서 진심으로 감사드리며 이상으로 본인의 진술을 끝내겠습니다.

김재규 "더 많은 국민 불행 볼 수 없어 뒤돌아서 원천을 때렸다"

재판장님, 그리고 심판관님, 최후진술의 기회를 주셔서 감사합니다. 목이 잠겨서 제대로 될지 모르지만 최후진술이니까 끝까지 해보겠습니다.

금번, 본인 외에 피고인들이 내란죄로 기소되어 재판받고 있습니다. 그런데 우리나라에는 그동안에 합법적으로 수립됐던 민주당 정권이 5·16 혁명에 의해서 밀려났습니다. 그다음에 10월 유신은 자기 집, 말하자면 자기 집 앞마당에서 또 한 번 치르는 혁명이었습니다. 이 혁명은 자유민주주의를 말살했습니다. 그리고 금번 10·26 혁명은 이 나라에 건국이념이고 또한 국시이고 6·25를 통해서 전 국민이 수난을 겪고 수없이 많은 사람들이 생명을 바치고 지켜온 자유민주주의를 회복하기 위해서 혁명한 것입니다.

이 혁명이 어떻게 내란죄의 심판을 받아야 되느냐는 생각이 듭니다. 또 오늘날 자유민주주의는 우리 대한민국 전체 국민 남녀노소 할 것 없이 3,700만이 다 같이 갈구하는 것은 사실입니다. 이것을 회복시키는데 어찌하여 내란죄의 적용을 받아야 되느냐는 생각이 듭니다. 또 10·26 혁명은 순수하고 깨끗합니다. 집권욕이나 사리사욕이 있는 게 아닙니다. 오로지 자유민주주의를 회복하겠다는 일념에서 이루어진 것입니다. 이 혁명의 결과 자유민주주의는 완전히 회복되었고 보장되었습니다.

최 대통령께서는 권한대행 시절에 국민 앞에 공약을 했습니다. 현 대통령의 자리를 임기를 다 마치지 않고 도중에서 그만두겠다. 다시 말해서 과도적으로 이 정권을 지키겠다는 말씀을 하셨습니다. 과도라는 것은 자유민주주의로 이행해가는 과도를 의미합니다. 따라서 10·26 혁명의 목적은 완전히 달성되었다고 생각할 수 있습니다. 뿐만 아니라 국회에서 긴급조치 9호를 해제했습니다. 이것 또한 만일 10·26 혁명이 없었던들 이런 결의를 할 수 있었겠습니까? 이것 또한 이 혁명의 성공을 입증해주는 것입니다.

또 이 혁명은 5·16 혁명이나 10월 유신에 비해서 그야말로 정정당당합니다. 허약한 자유민주당 정권을 무력하다는 이유로 밀어치우는 것과 앞마당에서 한바탕해서 자유주의를 말살하는 것에 비하면, 서슬이 시퍼렇고 막강한 힘을 갖고 있는 유신체제를 정면에서 도전해서 유신체제를 타파하는 데 성공했습니다. 그렇게 해서 민주주의를 회복하는 데 완전히 성공했습니다. 그래서 10·26 혁명이야말로 역사상 가장 정정당당한 혁명이다라고 생각합니다.

물론 무혈혁명이 가장 이상적입니다. 그러나 무혈혁명으로는 혁명의 목적을 달성할 수 없을 때에는 부득이하게 최소한의 희생은 안 낼 수가 없습니다. 이번 혁명은 최소한의 희생이 불가피했던 것입니다. 여러분도 아시다시피, 박정희 대통령 각하께서는 자유민주주의 회복과 자신의 희생과를 숙명적 관계로 만들어놓았기 때문에, 자유민주주의 회복을 위해서는 각하께서 희생되지 않을 수가 없게 되어 있었습니다. 그래서 우리가 대통령 각하를 잃었다고 하는 것은 매우 마음 아픈 일이고 그야말로 아픈 마음을 어디에 비길 데가 없습니다.

그러나 유신 이후 7년이 경과되었습니다만, 영구히 집권할 수 있는 모든 것이 보장된 오늘날 20~25년은-이것은 이 박사 수명을 기준 해서 본 것입니다-최소한 자유민주주의 회복이 안 된다고 볼 때에 가슴 아픈 일이고, 하지만 이 나라 전체 국민의 희생을 막기 위해서는 결국은 이 혁명을 안 할 수 없었습니다. 그리하여 지금 우리들은 모두 감상적이 되어 있습니다. 그리고 감정이 앞서 있습니다. 그렇기 때문에 어떤 사리판단에서 지나치게 판단하기 쉽습니다. 다시 말해서 금번에 저희들이 내란죄로 심판을 받는 것도 나는 그런 까닭이라고 생각합니다. 따라서 우리는 감정은 감정으로, 정치 현실은 정치 현실로서 냉정하게 판단하고 법은 엄연한 이런 자세로서 적용되어야 한다고 생각합니다.

나는 법을 잘 모릅니다만, 때나 경우를 가리지 않고 공정한 법을 적용하기 위해서 판례를 매우 중요시하는 게 아닌가 생각합니다. 그래서 나는 앞으로 내 스스로가 내 생명을 구걸하기 위해서 최후진술하는 것은 결코 아닙니다. 오히려 저는 대장부로 이 세상에 나서 내가 할 수 있는, 내가 죽을 수 있는 명분을 발견했다는 것은 매우 죽음의 복을 잘 타고난 사람이라고 생각합니다. 다시 말해서 나는 내가 오늘 죽어서 영생할 수가 있다는 자부가 있어서 조금도 내 생명을 구걸하고 싶은 생각은 없습니다. 그런데 나는 10·26 혁명을 그 이념과 정신과 그 성공결과를 뚜렷이 해놓기 위해서 법이 허용한 마지막 날까지는 투쟁할 수밖에 없습니다.

다시 말해서 나의 변호를 말하라고 하면, 5·16도 10월 유신도 범법이 아니라면, 자연히 10·26도 범법이 아니라고 생각하기 때문에, 마지막까지 투쟁을 얘기하는 것입니다. 만일 내가 이것을 하지 않으면 10·26 혁명은 의미 없는 혁명이 되고 맙니다.

여러분, 우리나라는 자유민주주의 국가여야 합니다. 이것은 내가 새삼스럽게 설명할 필요도 없습니다만 건국의 이념이요 우리의 국시입니다. 수없이 많은 국민들이 희생을 치르고 전체 국민이 수난을 당하고 지켜온 자유민주주의입니다. 무슨 이유로든 이것은 말살될 수가 없습니다. 그런데 10월 유신과 더불어 까닭 없이 말살되어 버렸습니다. 그렇게 하여 유신체제는 국민을 위한 체제가 아니라, 각하의 종신 대통령 자리를 보장하기 위한 체제가 되어버렸던 것입니다. 나는 이 민주주의 국가에서는 대통령이라도 자유민주주의를 지킬 의무와 책임은 있어도 이것을 말살할 권한은 절대 있을 수 없다고 생각합니다.

그렇게 해서 우리나라에는 모순의 시대가 오는 것입니다. 특히 체제에 대한 반대의 소리가 높아지고 민주주의를 회복하라는 소리가 높아지자 긴급조치 9호가 발동되어서 수많은 사람이 옥고를 치르고 했습니다. 그러나 이 불은 꺼지지 않고 탔고 번져나갔습니다. 전국에 팽배한 상태까지 번졌습니다. 내가 정보부장으로서 파악하고 있는 바에 의하면 앞으로 이 유신체제를 두고 정부와 국민 간에 치열한 공방전이 벌어집니다. 이 공방전에서 많은 사람이 희생됩니다.

이승만 대통령과 박정희 대통령을 비교할 때, 이승만 대통령은 그만둬야 할 때 그만둘 줄 알았습니다. 그러나 박정희 대통령 각하는 절대로 그만두시지 않습니다. 마지막까지 방어를 해냅니다. 많은 희생자는 나도 자유민주주의는 회복되지 않습니다. 본인은 이걸 알기 때문에 유신체제를 지탱하는 지주의 역할을 했던 저이지만, 더 이상 국민들이 당하는 불행을 보고만 있을 수가 없기 때문에 이 사회의 모순된 문제들을 해결하기 위해서 뒤돌아서서 그 원천을 두드린 겁니다.

저의 10월 26일 혁명의 목적을 말씀드리자면 다섯 가지입니다.

첫째, 자유민주주의 회복. 둘째, 보다 많은 희생을 방지. 셋째, 적화 방지. 넷째, 혈맹의 우방인 미국과의 관계가 건국 이래 가장 나쁜 상태이므로, 이 관계를 완전히 회복해서 돈독한 관계를 가지고 국방을 위시해서 외교·경제까지 보다 적극적인 협력을 통해서 국익을 도모하자는 데 있었던 것입니다. 다섯째, 국제적으로 우리가 독재국가로서 나쁜 이미지를 갖고 있습니다. 이것을 씻고 이 나라 국민과 국가가 국제사회에서 명예 회복하자는 것입니다. 이 다섯 가지가 저의 혁명의 목적이었습니다. 이 목적은 10·26 혁명 결행 성공과 더불어 모든 문제가 해결되었습니다. 해결이 보장되었습니다.

여기서 내가 한마디 확실히 말씀해둘 것은 저는 결코 대통령이 되기 위해서 혁명을 하지는 않았습니다. 저는 군인이었고 혁명가입니다. 군인이나 혁명가가 정치를 하면 독재를 하기 마련입니다. 독재를 마다하고 혁명을 한 제가 독재 요인을 만들 이유가 없습니다. 각하와의 개인의 의리를 청산하고 혁명했습니다만, 각하의 무덤에 올라설 정도로 아직 내 도덕관은 타락되어 있지 않습니다.

혁명의 결행은 성공했습니다만, 혁명과업은 손대지도 못한 채 50여 일이 흘렀습니다. 혁명 결행에 못지않게 혁명과업 수행이 중요합니다. 장장 19년 동안 이 나라에는 많은 쓰레기가 꽉 들어차 있습니다. 이 설거지 안 하고 어떻게 하시겠습니까. 여러분 보십시오. 증권 파동이나 4대 의혹사건, 이것은 곧 6·3 사태를 불러일으켰습니다. 그 당시 나는 사단장으로서 서울에 나와서 사태를 진압하는 지휘관이었습니다. 따라서 그때 상황을 역력하게 기억하고 잘 알고 있습니다. 그때 의혹사건은 국민을 우롱하는 사건이었습니다. 엄청난 재산을 치부해 놓고 책임지는 사람 하나도 없었고 지금까지 그때 치부한 돈 한 푼도 정부에서 환수한 일 없습니다. 이래 가지고도 이 사회에 정의가 살아 있다고 할 수 있습니까? 이런 것 설거지하지 않고도 자유민주주의 출범시켜서 순조롭게 가겠습니까?

지금은 우리나라에 핵심이 없습니다. 각하께서 돌아가시고 나서 핵심이 없어져 버렸습니다. 이 상태가 가장 위험한 상태입니다. 4·19 혁명 이후와 비슷합니다. 주인이 없습니다. 이런 상태로 자유민주주의가 출범하게 되면, 힘센 놈이 밀면 또 넘어갑니다. 악순환이 계속됩니다. 이것을 막는 길은 오로지 민주 회복을 지도한 저만이 할 수 있다고 생각했습니다. 저는 군의 주요 지휘관들과 협력해서 자유민주주의를 출발시켜놓고 이것을 보호하는 데 내 역할이 있다고 생각했습니다.

우리나라에 건국 이래 지금까지 대통령이나 정권이 순리적인 방법으로 오고 갔던 적이 없습니다. 이번만 해도 그렇습니다만, 지금까지 4·19 혁명, 5·16 혁명, 이런 악순환을 언제까지 가져가야겠습니까? 나는 군 수뇌들과 손을 잡고 이 나라의 정권이 앞으로는 국민의 뜻에 따라 순리적으로 오고 가도록 토착화시켜야겠다고 생각했습니다. 단 한 번이라도 그렇게 만들어놓으면 정권이 바뀌든 대통령이 바뀌든 국민의 뜻에 따라 순리적으로 이뤄질 수 있다고 생각했습니다. 그것이 내가 할 일이라고 생각했습니다.

그리고 나는 최 대통령 각하에게 말씀드리고 싶은 것이 자유민주주의가 대문 앞에까지 와 있는데 지금 문을 열지 않고 있습니다. 그래서 자유민주주의가 들어오지 못하고 있습니다. 자유민주주의를 빨리 회복시키는 데 절대로 혼란이 올 리 없습니다. 자유당 때 자유민주주의 해서 혼란이 온 것이 아닙니다. 자유민주주의를 안 하고 부정선거를 해서 혼란이 온 겁니다. 공화당 정권 되고 난 이후에 국민을 우롱하는 사건을 만들어내니까 혼란이 왔지, 자유민주주의 해서 혼란이 온 게 아닙니다.

물론 지나치게 급격한 변화를 가져오는 것은 문제가 있지만, 3~4개월이나 5~6개월이면 충분하지 1년이나 1년 반씩 끌 아무 이유가 없다고 봅니다. 그래서 나는 오히려 빨리 민주주의 회복을 안 하고는, 자꾸 끌다가는 내년 3~4월이면 틀림없이 민주 회복 운동이 크게 일어납니다. 그때는 걷잡을 수 없는 사태가 벌어집니다. 지금 핵이 없습니다. 정부가 통제력이 없고 국민은 자제력이 없습니다. 이런 상태에서 큰일을 당하면 뭐가 될지 모릅니다.

나는 그래서 이런 문제가 될 만한 요인을 미리미리 없애라고 권고드리고 싶습니다. 또 입법부에 말씀드리고 싶습니다. 진정 민의를 대변하는 국회의원들이라면, 국민들이 어느 정도 민주주의를 갈망하는가를 파악한다면, 나는 국회에서 10·26 혁명을 지지 결의해야 한다고 봅니다. 그래서 하루빨리 자유민주주의가 회복되어야 한다고 봅니다. 만약 이렇게 하지 않고 자유민주주의가 회복되었을 때, 대한민국 국회의원들은 뭐라고 할 것인가, 자유민주주의 회복을 위해서 뭐를 했다고 할 것인가 물어보고 싶습니다. 그동안 긴급조치 9호를 해제 결의했지만, 지엽적인 일에 불과합니다. 더 원천적인 일은 자유민주주의 회복을 결의하는 일이라고 생각합니다.

나는 지금 모든 것을 체념하고 내 앞일을 청산하고 가만히 눈을 감고 있을 때 가장 염려스러운 것이 내가 한 혁명이 원인이 되어서 이 나라에 혼란이 오고 경우에 따라서는 국기마저 흔들릴 요인이 생길까 봐 몹시 겁이 납니다.

나는 최 대통령 각하에게 지금이라도 말씀드리고 싶은 것은 감상에 사로잡혀 있지 말고, 정치는 현실이고 냉혹한 것이니, 나를 아무리 밉더라도 밉다고 생각지 말고, 나를 끌어내서 "나와 같이 혁명과업을 수행합시다. 그렇게 해서 핵을 만들고 중심 세력을 만듭시다. 그렇게 해서 국가의 모든 장래를 반석 위에 올려놓읍시다"라고 말씀드리고 싶습니다. 그러나 나의 이런 얘기가 현재 분위기로 봐서 받아들여질 리가 없다고 생각합니다만, 진정 나라 장래를 걱정한다면 감정을 초월해서 이성으로 돌아가서 정치 현실을 냉혹하게 보고 정치의 전망을 정확하게 판단해야 합니다. 일시적인 감정이나 감상에 사로잡혀서 국사를 그르치는 일이 있어서는 안 된다고 생각합니다.

심판장님, 심판관님, 여러 날 계속되는 재판에 매우 피곤하시겠습니다. 오늘 제가 이 장황한 이야기하는 것을 경청해주시니, 마지막 이 세상을 하직하고 가더라도 여러분에 대한 고마움은 간직하고 가겠습니다. 나는 오늘 마지막으로 이 나라에 자유민주주의를 회복시켜놓았다, 20~25년 앞당겨놨다 하는 자부를 가지고 있습니다. 우리 대한민국에 자유민주주의가 만만세가 되고 10월 26일 혁명이 만만세가 되도록 기원합니다.

다만 내가 이 세상을 빨리 하직함으로써 자유민주주의가 이 나라에 만발하는 것을 보지 못하고 가는 그 여한이 한량없습니다. 그러나 이미 모든 것이 기약되어 있기 때문에 내가 못 보았다 뿐이지 틀림없이 오기 때문에 나는 웃으면서 갈 수 있습니다. 아무쪼록 심판장님께서는 소신껏 심판해서 제게 알맞은 형벌을 내려주시기 바랍니다.

끝으로 심판장님께 부탁드리고 싶은 것은, 아까 여기 나와서 모두 최후진술을 했습니다만, 모두 양과 같이 착하고 순합니다.

너무 착하기 때문에 저와 같은 사람 명령에 철두철미 복종을 해서, 그 사람들 입장에서 볼 때는-제 입장에서는 혁명을 했습니다만-죄를 저질렀습니다. 그러나 그 모든 원천이 저에게 있습니다.

따라서 우리가 많은 사람을 희생시킨다고 해서 법의 효과를 얻는 것이라고 생각지 않습니다. 저 하나가, 이 나라의 중정부장까지 지낸 사람이 총책임을 지고 희생됨으로써 충분히 대가를 치를 수 있다고 생각합니다. 따라서 저에게는 극형을 내려주시고 나머지 사람들에게는 극형만은 면하게 해주시기 바랍니다.

특히 요전번에도 말씀드렸습니다만, 박 대령의 경우는 현역이기 때문에 단심으로 알고 있습니다. 심판장님의 판결이 마지막 결정이 되는 것입니다. 매우 착실한 사람이었고, 가정적으로도 그렇고 매우 모범적이고 결백했던 사람입니다. 청운의 꿈을 갖고 사관학교에 지망했던, 지금 선두로 올라오는 대령입니다. 물론 군에서는 더 봉사할 수 없겠지만, 사회에서 더 봉사할 수 있도록 극형만은 면하게 해주시기를 간곡히 부탁드립니다. 두서없는 말을 장황하게 해서 죄송합니다. 이것으로 끝마치겠습니다.

12장

항소심 진술 — 박정희의 술과 여자

고등군법회의 2~3회

1980년 1월 23, 24일

"술자리 여자 명단을 공개하면 세상이 시끄러워질 것"

10·26 사건에 대한 군사재판은 1979년 12월 20일, 제10회 공판으로 1심을 끝냈다. 1심에서 사형선고를 받은 김재규 등 피고인 7명은 고등군법회의에 항소했다. 김재규 피고인의 항소이유서는 1심 2회 공판(12월 8일)의 비공개 진술을 바탕으로 작성됐다.

1980년 1월 22일 오전 10시, 계엄고등군법회의가 개정됐다. 이날은 김계원·김태원 피고인만 출정시켜 검찰부가 1심 공판 때의 사실심리 내용을 확인하는 데 그쳤다. 검찰부는 1심에서 김계원 피고인에게 적용됐던 '내란 목적 살인죄'를 '단순 살인'으로 바꾸었다. 다음 날인 1월 23일 항소심 2회 공판이 열렸다. 김재규·박선호·이기주·유성옥·유석술 피고인 등 5명에 대한 검찰과 변호인단의 사실심리가 진행됐다. 유일한 현역 군인인 박흥주 대령은 단심으로 이미 사형이 확정된 상태였다.

항소심인 고등군법회의에서는 재판부가 모두 바뀐다. 재판장은 전투교육사령관인 윤흥정 중장, 심판관은 육군행정학교장 소준열 소장 그리고 법무사로 김진오·신학근·양신기 중령이 임명됐다. 검찰관은 김익하 중령과 이병옥 소령으로 이 중 이 소령만 1심 때부터 계속 간여했다. 변호인단은 1심 때와 변동이 없었다.

1980년 1월 24일 오전 10시, 고등군법회의 3회 공판이 열렸다. 피고인들이 진술하는 것으로 마지막인 결심공판이다. 이날 재판부는 김계원 피고인의 변호인이 낸 이재전 전 청와대 경호실 차장 등 11명에 대한 증인신청과 김재규 피고인의 변호인이 제출한 중정 기획조정국장 현홍주 등 6명에 대한 증인신청을 모두 받아들이지 않았다. 현장검증 재실시신청도 기각됐다.

이들의 사형이 확정된 대법원의 상고심은 피고인들과 문답을 갖지 않는다.

대법관들이 군법회의가 법률을 제대로 적용했는지만을 검토하는 이른바 법률심이다. 대법원은 군법회의 재판이 다시 검토해야 할 만한 잘못이 없다고 판시했다. 이로써 이들의 사형이 확정된 것이다. 군법회의에 문제를 제기한 대법관들도 있었지만, 그것은 소수의견으로 부치는 데 그쳤다. 소수의견을 낸 대법관들은 얼마 후 각기 옷을 벗고 나가야 했다. 정권을 장악한 신군부의 보복이었다.

박선호 피고인을 담당한 강신옥 변호사는 항소심에 들어와 박 대통령의 술과 여자 문제를 폭로하는 전략으로 나갔다. 그것이 10·26 거사의 정당성을 부각시킬 수 있는 방법이기 때문이다. 그리고 10·26 거사가 어느 정도 정당성이 인정되고 불가피한 것이었다면 피고인들의 내란 목적 살인죄는 정상참작이 가능해지거나 단순 살인으로 낮추어질 것이다. 그것이 피고인들에게 극형을 면하게 해주는 길이었다.

그러나 박선호 피고인은 강 변호사의 속뜻을 아는지 모르는지 항소심 첫 심리에서도 박정희의 사생활 폭로를 거절했다. 다만 이름은 밝힐 수 없지만 당시의 일류 연예인들이 궁정동 관립 요정을 거쳐 갔다는 사실 자체는 확인했다. 10·26 사건의 역사적 평가는 이 증언만으로도 커다란 영향을 받게 될 것이다.

법무사 박선호 피고인이 원심 법정에서 진술한 내용을 말씀드리겠습니다. 요지는 부장님 지시로 총을 쏘기는 쏘았지만, 차 경호실장은 처치하고 각하는 납치하는 정도라고 생각했다는 것입니다. 여기에 관해서 신문해주십시오.

강신옥 변호사 여기에 관해서라니 무슨 말인가요?

법무사 그 진술 외에 신문사항 있으면 하십시오.

변호사 당시 피고인은 각하까지 포함되냐고 물었죠?

박선호 부장이 고개를 끄덕였습니다.

변호사 각하까지 포함되는데, 그런 명령을 내렸다면 그 명령에 따른 이유는요?

박선호 부장님을 20~30년을 모시면서 아직 한 번도 부당한 지시나 제가 존경하지 않을 만한 점은 하나도 없었습니다. 어떤 명령이든 듣는 것이 정의다, 무조건 따른다는 신념을 가졌습니다. 특히 군에서도 마찬가지지만 상관이 전투 명령을 하는데 그것이 옳고 그른 판단의 필요가 없습니다. 상급 지시관이 지시하면 무조건 들어야 합니다. 정보부의 경우 명령에 따르지 못할 때 오히려 국가에 역효과라고 생각하며 부장님 지시는 무조건 듣는 것이 상책이라고 판단하며 무슨 명령이든 듣게 되어 있었습니다.

변호사 부장 명령만 따른 것이 아니라 피고인 생각도 우리나라 사태가 심각하구나 그러니 어떤 일이 있어야겠다고 생각했던 것인가요?

박선호 네, 모든 것을 알고 실감했습니다. 이런 식으로 가다가는 더 많은 피를 흘리겠다는 것을 부장님이 염려하시는 것을 항상 들었습니다. 큰일을 막기 위해서 작은 희생은 해야겠다고 항상 부장님께서 염두에 두셨기 때문에 저는 모든 것을 대략 알고 있었습니다.

변호사 기록에 보면, 정승화 참모총장이 와 있다는 것을 언제 알았나요?

박선호 부장님이 말씀하실 때 알았습니다.

변호사 기록을 보면, 윤병서 비서관이 4시에 다른 손님이 온다고 보고한 것같이 되어 있는데, 그때 정 총장이 포함되어 있다는 얘기 들었나요?

박선호 7시 30분에 손님이 오기로 되어 있는데, 그런 전화를 받고 오히려 반문했습니다. 아직 손님이 오지 않아서 누군지 모른다는 것, 거기까지만 알았습니다.

변호사 부장님이 명령을 내리면서 총장도 여기에 와 있다고 할 때 처음으로 알았나요?

박선호 그때 처음 알았습니다. 저는 이번 모든 과정에서 살기 위해서 비굴하게 거짓말한 적 없습니다. 전부 사실대로 말했습니다.

변호사 피고인이 안재송·정인형 담당했는데 그 사람을 살리기 위해서 그랬다는 거죠?

박선호 제가 말 한마디만 했으면 20~30명의 경비원이 심지어는 수류탄도 있고 기관단총도 있고, 제 명령 한마디면 1분 내로 다 배치되어서 2~3분이면 다 처치할 수 있는 모든 여건이 갖춰져 있었지만, 부장님이 하시는 의도가 그것이 아니고 어디까지나 정당하게….

각하까지 하지 않을 거라고 생각한 이유는 2~3명이라는 적은 숫자로 할 때는 제가 죽을 각오로 명령을 수행했기 때문에 죽인다는 관념은 없고, 착각을 했습니다만, 총을 먼저 뽑아서 위협하면 이 사람들이 응할 줄 알았습니다. 경호처장이나 부처장 방에 제가 안 들어가고 다른 사람을 시켰으면 총성 신호와 함께 그 사람들 등 뒤로 쏠 수 있고 그 방에 두 사람도 세 사람도 보낼 수 있었지만, 다른 사람보다는 나하고 친하니까 내 말은 듣겠지 하고 내가 들어갔습니다. 나머지도 사살하라는 명령은 한 적이 없습니다. "전부 한 곳으로 몰아라, 몰면 들을 거다"라고 했는데, 만약 총을 쏘면 어쩌냐고 묻기에 그러면 응사하라고 지시했습니다.

법무사 변호인께 한 가지 묻겠습니다. 강신옥 변호사죠? 대통령이나 경호원을 살해한 것은 단순 살인이라는 것을 전제로 해서 내란에 관한 법률 오해를 주장하는 거죠? 그것은 원심에서 다 현출된 사실관계에 있는 법률 판단 문제가 아닌가요?

변호사 만약 그것이 인정되지 않을 때는 내란이라고 하는 것이고 내란이라 하더라도 내란의 범위를 오해했다는 식의 얘기지요.

법무사 법률 오해를 주장해놓고 그 부분에 관한 것은 원심에서 나온 것과 비슷한 것을 질문하기 때문에 새로운 얘기가 나올 줄 알았는데 똑같은 얘기라는 겁니다.

강신옥 변호사 새로운 것을 묻겠습니다. 공판조서에 분명하게 되어 있지 않기 때문에.

법무사 중복되면 새로운 것도 못 물으니까, 잘 할당해서 해주십시오.

변호사 피고인은 1심에서 변호인이 당일 여자 두 사람을 인솔해온 데 대해 물었을 때 대답을 않겠다고 했는데, 지금도 그런가요?

박선호 그 문제는 제가 답변하게 되면, 지금 시내에서 일류 배우들로 활동하고 있고 역효과가 나고, 사회적으로도 혼란을 일으키고 고인을 욕되게 하므로 피했습니다.

변호사 지금도 그렇게 생각합니까?

박선호 지금도 하고 싶지 않습니다.

변호사 이번에 한 행동의 숨은 동기 중 혹시 그런 사정 때문에 내 자신의 행동에 영향을 미쳤다고 생각지 않습니까?

박선호 제가 무슨 동기가 있었다기보다 1년 내내 하루도 근무를 쉬지 못했어요. 여러 가지 이유가 있는데… 불시에 오시기 때문에 그랬는데, 저는 그때 동기라든가 이런 것보다는 무조건 존경하는 부장님의 지시면 무조건 한다는 것 외에는 없고, 만약 그때 다른 지시를 했어도 응했을 것입니다.

변호사 만찬에 참석한 여자 둘을 몇 시에 보냈나요?

박선호 11시경에….

변호사 거사가 있고 난 뒤였나요? 돈도 주고 보냈죠?

박선호 돈도 다 계산해서 보냈습니다.

변호사 그때는 이 거사가 실패했다는 것을 알았을 때입니까?

박선호 저는 거사가 성공했냐 어쨌냐 하는 데에는 관심도 없었고, 이번에 수사 과정에서도 그런 말이 있었지만, 거사의 장차 목적을 위해서라는 말을 하는데, 총 쏘는 문제가 나와서 죽고 사는 것이 문제지 장차 어떤 기대를 한다는 것은 있을 수도 없고, 저한테 심지어는 똑똑한 줄 알았더니 참 바보라는 애기도 있었습니다. 그때 김재규 부장님을 쏘고 밀고하면 영전하지 않겠냐는 애기도 듣고 웃었습니다.

상관이 믿고 거기 갖다 놓은 제가 배신을 했다면 그분은 정말 죽을 맛일 겁니다. 저는 신의를 지켰고 국가가 국민으로부터 신임을 못 받았을 때 그 정부는 망하게 되는 것과 마찬가지로 상관이 직속부하에게 신임을 못 받으면 그 상관은 죽은 거나 마찬가지인데, 저희는 목숨을 바쳐서 저의 직속상관을 받든다는 신념하에서 앞뒤 그런 것 생각할 여지가 전혀 없었습니다.

변호사 작년 4월 부장님 계실 때 만찬이 있었죠, 대행사가? 그때 육해공군 참모총장 세 분을 만찬에, 이번에 정승화 총장을 부른 식으로 불러온 사실을 알고 있나요?

박선호 네.

변호사 만찬에 김 부장이 참석하고 다시 그분들을 모시고 연희동에 가서 술을 대접했다는데 알고 있나요?

박선호 제가 대접했습니다.

변호사 따라갔나요?

박선호 네.

변호사 연희동 무슨 술집이었나요?

박선호 잘 모릅니다.

변호사 4월 며칠경인가요?

박선호 잘 모릅니다. 4~5월경에 그런 일이 있었습니다.

변호사 1심에서는 묻지 않은 일인데, 번스틸 8군 사령관이 부장님한테 엽총을 하나 선사했다면서요?

박선호 부장님이 군단장으로 계실 때 일입니다.

법무사 만약 군사기밀이라든지 말하면….

박선호 군단장으로 계실 때 엽총으로 사냥을 하면 좋지 않겠냐고 했더니, 불교 신자이기 때문에 살생을 금한다는 말씀을 몇 번 해주시고, 정구나 스케이트 같은 검소한 운동을 하라고 하고 죽이는 것은 안 된다고 여러 번 말씀하셨습니다.

법무사 변호인, 사건과 관련 있는 내용입니까?

변호사 물론 있습니다. 김재규 피고의 항소이유 보충서에 필요한 내용을 묻고 있습니다. 그 엽총을 선사받아서 자기는 살생을 하지 않는 사람이기 때문에 다른 사람에게 줬다고 하는 것을 피고가 말한 적이 있는데 사실인가요?

박선호 네, 사실입니다.

변호사 부장이 책을 보라고 할 때는 무슨 책을 보라고 했습니까?

박선호 교양적인 것, 세상을 밝게 볼 수 있는 것을 보라고 하시고, 지위 고하를 막론하고 누가 오시면 현관까지 마중을 나오시고 각별히 하셔서 제 생각으로 정보부장이 저 정도까지 할 필요가 있는가 의심할 정도였습니다.

변호사 이상입니다.

법무사 검찰신문할 거 있습니까?

검찰관 몇 가지 묻겠습니다. 궁정동 식당이라는 데가 사람 죽이는 뎁니까?

박선호 네?

검찰관 목적이 뭡니까?

박선호 각하의 연회장소입니다.

검찰관 그러니까 보호하는 집이죠? 피고인은 직책이 무엇입니까?

박선호 의전과장입니다.

검찰관 피고인 직책이 중정이란 것이 부장 개인 것인가요, 아니면 국가를 위해서 있는 것인가요?

박선호 그야 당연히 국가를 위해서죠.

검찰관 피고인 어디 아픈 데 있나요? 하나 묻겠습니다. 피고인이 범행 후에 중정 남산분청에 간 일 있죠? 김정섭을 만난 사실 있죠? 그때 의아한 표정으로 "차장님 왜 여기 와 계십니까?"라고 했죠?

박선호 네.

검찰관 마치겠습니다.

법무사 원심 외에 더 하고 싶은 얘기 있나요. 들어가 앉으십시오. 변호인께서 다른 피고나 증인신청을 서면으로 제출해주십시오. 김재규 피고인, 항소이유서 보충서를 제출해주시겠어요? 언제까지?

김재규 4~5일 주십시오…. 아직 보지 못했기 때문에.

법무사 범행 동기에 대한 것이 대부분입니까?

김재규 조사 과정과 재판에서 모든 것이 제대로 다뤄져 있지 않습니다. 이 나라 민주주의 발전을 위해 뚜렷이 남겨놓고 가야….

법무사 범행의 동기나 과정이라든지 피고인의 인간 철학이 1심에서 충분히 진술되지 않았고 공판조서 열람을 하지 못했기 때문에 항소이유서를 제출하는 데 시간적 여유를 달라는 것이지요?

김재규 네.

최고권력자 환락 뒷바라지 의전과장이 중정부장의 최측근

중앙정보부에서 의전과장은 언제부터인가 부장이 가장 신임하는 오른팔이 맡게 돼 있었다. 그것은 대통령과 중정부장 등 최고권력자들의 내밀한 사생활을 관리하는 직책이 되면서부터였다. 국가기밀과 정보관리를 이유로 일반 국민의 눈으로부터 완전히 가려져 있는 중정에 최고권력자들의 환락을 뒷바라지하도록 한 것이다. 그 책임자가 의전과장이었다.

법무사 이기주 피고인 앞으로 나오세요.

변호사 궁정 식당은 중정 안가라고 불리는 곳이죠? 안가의 뜻을 아는가요?

이기주 글자 그대로 안전한 가옥이란 뜻으로 알고 있습니다.

변호사 보안상 안전가옥이죠? 안가에서는 원래 내부의 보안이 외부에 철저히 지켜지고, 외부로부터의 침투가 차단되는 곳이죠? 그곳에서는 경비원의 임무나 할 일 분담을 누가 해주는가요? 주로 의전과장인가요?

이기주 총명령은 의전과장이고 그 밑에 윤 비서, 남효주 사무관이 있습니다.

변호사 피고인이 주로 지시 명령을 받는 것은 누구인가요?

이기주 주로 윤 비서의 명령을 받고 심부름을 했습니다.

변호사 박선호 과장의 궁정 식당 내에서의 위치는 그 사람의 명령이라면 생사를 걸고 무조건 복종해야 하는 처지였다고 하는데, 피고인이 생각하기에는 그 안에서 박 과장이 어느 정도 실력자입니까?

법무사 범죄사실에 관한 것만 물으십시오.

이기주 제가 4년간 근무했는데 지금의 박선호 과장뿐만 아니라, 그 전의 이무송·김인영 과장님 그분들서부터 원래가 정보부에서는 의전과장이 부장의 오른팔이 아닌가 생각했습니다.

변호사 그러니까 박 과장이 지시하면 무조건 복종하지 않으면 안 된다는 얘기죠?

이기주 네.

변호사 그 안에 근무하면서 부장님 얼굴을 본 일이 있는가요?

이기주 그전에 정문 경비에서 한 번 봤고, 경비원 대기실에서 문틈으로 멀리서 몇 번 봤습니다.

변호사 경비원으로서 부장 집무실 당번도 했다고 원심에서는 나오는데, 공소장에는 경비원 조장으로 되어 있는데, 부장님 집무실 건물에 들어가 본 일이 있습니까?

이기주 집무실에는 못 들어갔습니다. 윤 비서와 웨이터 최명곤 두 사람만 키를 갖고 있습니다. 저는 아침에 7시에 나와서 매일 회의실·화장실·비서실 청소는 했습니다. 그리고 과장님 방 청소하고….

변호사 이 사건 장소, 식당 있던 곳에 궁정동 근무하면서 이 사건 이전에 그 사고 장소에 가본 일이 있습니까?

이기주 과장님 따라 처음 들어갔습니다.

변호사 그 정원에 처음 들어갔죠?

이기주 그 담 안에는 처음 들어갔습니다.

변호사 아까 박선호 피고인이 얘기했고, 법무사 신문에서도 잠깐 얘기가 나왔는데, 그날 박선호 과장이 지시할 때는 안에서 총성이 나면, 주방 내 사람들을 한쪽으로 몰아붙이고 만약 반항해서 총을 쏘면 이쪽에서도 총 쏴도 좋다고 했다는 것이 틀림없나요? "부장님 지시다. 부장님 이 총을 쏘면…" 이런 말은 분명히 없었습니까?

이기주 그런 얘기 들은 적 없습니다. 그 얘기는 어디에서 나왔냐 하면, 보안사에서 수사관들이 수사하면서….

법무사 피고인, 묻는 말에만 간단히 대답해요.

이기주 이건 분명히 밝히고 싶은데, 수사관들이 말을 맞춰야 된다고 쓰라고 했습니다.

법무사 알았어, 알았어… 합수반 기록은 증거에는 안 나와 있어요. 아시겠어요?

이기주 그리고 아까 저 보통군법회의….

법무사 묻는 말에만 대답하세요

변호사 아까 뭐요? 피고인 지금 무슨 얘기하려고 했나요?

이기주 아까, 저, 보통군법회의에서 진술할 때는 안에서 총소리가 나면 신호로 하라고 그랬는데, 아까 법무사님께서 그렇게 말씀 안 하시길래….

변호사 아, 알았어요. 그건 여기서 밝히세요.

법무사 이기주 피고인이죠? 내가 그렇게 말한 것이 아니고, 총을 쏠 당시 각하 신변이 위태롭다는 것에 대해서는 미처 생각을 못 했나요?

이기주 그런 건 저희는 생각도 못했죠.

법무사 그렇지. 생각을 못했다는 건데, 그 말이 잘못됐는가요? 원심 법정에 그렇게 기록되어 있어요.

이기주 보통군법회의 때 제 진술이 잘못 기록되어 있을까봐….

법무사 그렇게 기록되어 있기 때문에 요지를 말해준 겁니다.

변호사 그래서 안에서 총소리가 나는 것은 누가 누구를 쏘는지 무슨 총소리인지 전혀 알 수 없었다는 얘기죠? 그때 생각은 반항하면 총을 쏴도 좋다고 얘기가 나왔으니까, 만약 실수하면 피고인도 죽을지도 모른다는 생각은 안 했나요?

이기주 그 명령을 받자마자 속으로 '오늘 죽었구나' 생각했습니다. 왜냐하면 주방이 어디 있는지, 경호원이 어디 있는지도 아무것도 모르고 그러니, 총소리 기다리는 동안 정원 어디에 숨어 있다가라도 경호원들에게 먼저 들키면 저는 죽는 거 아닙니까? 그래서 '아이구, 나는 죽는구나' 생각밖에 안 들었습니다.

변호사 사태가 어떻게 진전되고 누가 누구를 해치고 그 결과가 어떻게 되고 하는 것은 전혀 생각할 수 없었나요?

변호사 블록 담 위에서 총을 4발 쏜 것으로 되어 있는데, 원심에서 이렇게 말했습니다. "담 위에 올라가서 안을 들여다보는 순간, 총소리가 나서 창에서 얼굴을 조금 내렸더니 불이 나가서 그 불 나간 곳을 향해서 총을 두 발 쐈고 조금 내려와서 창틈을 향해서 또 두 발을 쐈다"는데, 나중 두 발은 왜 또 쐈나요?

이기주 총에 실탄이 남아 있거나 하면, 남들은 쐈는데 저는 남아 있으면 혹시 욕먹지 않을까, 혼나지 않을까 해서 안에 대고 다 쐈습니다.

변호사 피고인이 쏜 총으로 사람이 맞았다고 생각지 않는다는 거죠?

이기주 저는 모르겠습니다. 과학적으로 수사를 하시면 다 나타날 테고, 저는 컴컴한 데에 대고 쐈기 때문에 모른다고 했습니다.

변호사 원심에서 피고인도 내가 왜 경비원 조장까지 승격했는지 불만이라고 했는데, 김태원 피고인이나 유석술 피고인이나 다 같은 경비원 아닌가요?

이기주 다 같은 동기입니다. 유석술 피고인은 저보다 먼저 들어와서 고참입니다.

변호사 피고인은 1974년 11월 30일에 중정의 경비원으로 채용됐고, 유석술은 1973년도에 들어왔으니까 오히려 급수가 많죠? 김태원도 평소에 부를 때 "태원아, 태원아" 하고 지내지 않나요?

이기주 경비원들끼리는 친구같이 지내는 사람이 3분의 1 정도입니다. 서로 반말로 "기주야" 그러고….

법무사 범죄사실과 상관없는 질문은 삼가주십시오.

변호사 지시를 했다고 되어 있기 때문에 묻는 겁니다. 그래서 김태원이나 유석술에게 무슨 지시를 한다는 것은, 피고인이 지시할 만한 상관의 입장은 아니죠?

이기주 과장님의 지시사항을 전달하는 입장입니다.

변호사 김태원에게는 박선호 과장이 어떻게 얘기를 해서 확인사살케 했다고 되어 있는데 원심에서도 나오고 김태원 피고인 얘기는 조금 다른데, 분명히 한마디 해줘요. 깨끗이 어쩌구 했다는데….

이기주 보통군법회의에서, 검찰관에게 보안사에서 얘기한 건데 그대로라고 말했습니다.

변호사 더 이상 보탤 게 없다….

이기주 예.

변호사 유석술 피고인에게 권총 묻는 문제, 그 당시 남효주 피고인 하고도 의논을 하고 해서 이루어진 일이지, 피고인이 일부러 그런 것은 아니라고 했는데요?

이기주 저는 분명히 남효주 사무관에게 물어봤습니다.

변호사 혹시 피고인이 판단을 잘못했다거나 그 상황 후의 두려움 때문에 어떻게 해야 할지 모르니까, 과장님 지시는 없고 해서 그런 것이지 이 사건을 돕기 위해서 한 것은 아니라는 말이죠?

그리고 청와대에서 왔을 때 총성을 듣지 못했다고 거짓말한 것도 남 사무관하고 의논해서 그랬나요?

이기주 네.

변호사 유성옥 피고인과 상호연락을 취하면서 부장님 지시를 대기했다고 되어 있는데, 부장님 지시를 대기한다는 것이 경비원으로서 있을 수 있는 일인가요? 과장님 지시를 대기한다는 것은 본연의 임무이겠지만….

이기주 경비원 대기실 전화는 경비원들과 과장님밖에 모릅니다. 상호연락을 한 것도 아닙니다. 유성옥이 가 있는 곳도 몰랐어요. 그냥 병원이라는 것만 알았습니다. 전화번호도 몰랐고, 저는 전화 건 적도 없습니다. 유성옥·서영준에게서 전화 온 것을 받아서 과장님께 말씀드리고 안 계실 때는 그냥 지금 대답할 수 없다고 답변했지, 연락을 직접 하지는 않았습니다.

변호사 이 사건 이후 보안사에 체포됐을 때 저쪽에서 묻기도 전에 권총 매몰에 관해 즉시 이야기했다면서요?

이기주 연행되어 갈 때 차장님 지시니까 사실대로 이야기하라고 해서 사실대로 다 이야기했습니다.

변호사 이상입니다.

검찰관 간단히 두 가지만 묻겠습니다. 이기주 피고인이 경비원으로 있을 때 박선호 피고인이 와서 순수한 경비업무를 보고 있는 피고인을 행정관리직으로 옮겨준 사실 있죠?

이기주 말로만 그랬지, 아무 근거도 없습니다.

검찰관 순수한 경비원이 하는 임무와 행정관리직 경비원은 경비원이긴 마찬가지인데, 일의 차이점은?

이기주 경비원이라고 다 경비하는 것이 아니라, 건물 청소나 과장님 심부름도 하다가 2~3개월 후 다시 경비근무 서고 합니다.

검찰관 행정직은 우선 야간근무가 없으니까 편하고 봉급도 수령해서 경비원들 봉급도 나눠주고 이런 위치에 있다 보니까, 일반 경비원보다는 괜찮은 것은 사실이죠?

이기주 아무래도 과장님의 신임을 받다 보니까 직원들끼리도 다른 사람보다는 제 말을 더 잘 듣습니다.

검찰관 창고 속 비품관리도 과장을 통해서 피고인이 열쇠를 갖고 보관하죠? 술이나 비품 같은 거 말이죠.

이기주 창고 열쇠는 안 갖고 있지만, 과장님이 다른 경비원은 못 들어가게 하지만 저는 들어가서 내올 수 있습니다.

검찰관 박선호 피고인이 경비원 대기실에 있던 피고인에게 리볼버 권총으로 무장시켜서 유성옥 피고인과 함께 구관을 통해서 식당으로 오는 쪽문에서, 부장님 지시라는 말은 없었다고 하지만, 어쨌든 "부장님이 안에서 총을 쏠 테니 그 총성에 맞춰서 너희들은 경호원을 몰아붙여라" 하는 얘기를 들었죠?

이기주 "부장님이 총을 쏠 테니"라는 말은 안 했고, "안에서 총소리가 나면"이라고 했습니다.

검찰관 그때 박선호 피고인이 그런 얘기를 하면서 그 일을 시킬 때, 그걸 과장이 독단적으로 하는 것이라고 생각했나요, 아니면 부장님의 지시를 받고서 과장이 하는 것으로 생각했나요?

이기주 거기서는 뭐 과장님 지시라거나 부장님….

검찰관 그런데 구체적으로 이건 부장님 지시고 이건 과장님 개인적으로 한다는 지시는 안 했지만 일 성격으로 봐서, 사소한 경비일 같은 것은 의전과장이 시켰을 거고, 이와 같이 총을 쏘고 다른 사람도 아닌 대통령의 경비원을 몰아붙이는 일 정도라면, 과장 독단으로 피고인에게 지시할 성질은 아니라는 걸 그때 알았죠?

이기주 나중에는 알았지만, 그 당시에는 생각을 못했습니다. 평소에도 경비원들 생각으로는 과장님의 지시는 부장님의 지시를 받고 하는 것이라고 생각했습니다.

검찰관 그러니까 이 일도 분명히 부장님의 지시에 따라서 할 거라는 것은 알았죠?

이기주 네.

검찰관 마치겠습니다.

변호사 김계원 피고인에 관한 부분에 관해 두 가지 물어보겠는데, 김계원 피고인에게 총을 뺏겼다고 했는데, 그때 구체적인 상황을 말해보세요. 자세도 취해가면서 가령, 손잡이를 뺏어갔는지 총대 부분을 뺏어갔는지….

이기주 손잡이인지 총신 부분인지는 모르겠습니다. 비서실장님이 뺏어간 것도 저는 몰랐습니다. 나중에 보안사에 가서 수사관들이 "네 총 어떻게 했느냐?"고 해서 모른다고 했다가 몇 대 얻어맞기도 했지만, 나중에 수사관들이 가르쳐줘서 알았습니다.

변호사 누가 빼간 줄도 몰랐어요?

이기주 아니, 뺏어간 줄은 알았지만 누가 가져간 줄 몰랐습니다. 총을 발 있는 데다 겨누고 안을 쳐다보고 있는데, "이리 줘" 하면서 갖고 갔기 때문에….

변호사 오른손에 쥐고 있는데 좌측으로 와서 나꿔채 갔겠군요. 뺏어간 강도가 세었나요?

이기주 그렇게 센 것 같지도 않았습니다. 그 당시에 저는 "이리 줘" 하는 소리만 확실히 기억나고 나중에야 내가 총이 없다는 걸 알았지 "이리 줘" 하는데 총을 꼭 가져갔다는 것조차도 느끼지 못했습니다.

변호사 피고인과 서영준 피고인 등이 각하 시신을 업어갔다고 했는데 김계원 피고인이 "얘들아" 그랬나요 "야" 그랬나요?

이기주 "얘들아 어서 들어와" 그랬습니다.

변호사 명령조였습니까?

이기주 다급한 목소리였습니다.

법무사 보충신문 있습니까?

안동일 변호사 박선호 피고인이 평소 피고를 신임하는 바람에 김태원 피고인과 유성옥 피고인 둘이 지시를 받았는데, 지금 생각하면 왜 나를 시켰나 싶어서 상당히 원망스럽다고 했는데 사실입니까?

이기주 괴로움 받고 아플 때는 원망도 했습니다. 하필이면 경비원 여러 명 있는 중에 나를 데려와서 이렇게 하나 생각도 했는데, 한편으로는 '상관이 신임했으니까 시켰겠지' 하면서 위로 삼았습니다.

변호사 법무사가 신문했기 때문에 확인하기 위해서 묻습니다. "각하 부상당했어. 빨리 모셔"라고 김계원 피고인이 말했을 때 각하가 부상당한 것을 처음 알았나요? 누가 어떻게 해서 이렇게 부상당했나 하는 걸 알 수 있었나요?

이기주 누가 어떻게 같은 건 생각도 못했습니다. 빨리 옮기라고 하니까 그냥 각하를 옮겼을 뿐입니다.

변호사 이상입니다.

법무사 안 변호사님, 유성옥 피고인에 대한 신문은 서면으로 제출해주십시오.

안동일 변호사 유성옥 피고인이 아까도 재판장께 말씀 올린 것처럼, 재판받기가 어렵다고 하는데, 의사 진단을 받아서 그때까지는 유성옥 피고인에 관해서는 군법회의법 348조에 의해서 공판 절차를 정지하는 것이 바람직하지 않은가 정식으로 신청하는 바입니다.

법무사 그 여부를 서면으로 제출해주십시오. 5시까지 군법회의에 제출해주시기 바랍니다. 김재규 변호인단 있나요? 대표변호사 선정됐습니까? 각 변호사가 할 것인가요?

변호사 모든 것을 서로 상의해서 중복되지 않도록 할 생각입니다.

법무사 그 신문사항을 서면으로 미리 주실 수 있습니까?

변호사 오후 2시에 하신다는데 지금 어떻게… 만일 피고인의 건강이 좋지 않아서 오후에 신문이 안 되면 신문사항을 만들겠지만, 그렇게 간단히 한두 시간에 만들 수는 없습니다.

(군법회의 휴정 오후 2시 속개)

항소심, 모든 증인신청 기각해 초고속 재판

1980년 1월 22일 오전 10시, 항소심 1회 공판이 시작되었고 다음 날인 1월 23일 항소심 2회 공판이 열렸다. 김재규는 항소이유서 보충서 제출 의사를 밝혔으나 그와 상관없이 재판을 강행하기로 결정했다. 결국 모든 증인신청과 현장검증 재실시신청도 기각됐다. 다음 날 3회 공판을 끝으로 재판부는 선고를 확정했고 사형을 집행했다. 전례 없는 고속 재판과 사형 집행이었다.

법무사 김재규 피고인의 심리에 앞서서 결정을 고지하겠습니다. 김재규 피고인이 오전에 항소이유서 보충서 제출 여부에 대해서 이야기를 하셨는데, 거기에 대해서 말씀드리겠습니다. 군법회의법 410조에 의하면, 항소인 또는 변호인에게는 20일이라는 항소이유서 제출기한을 줬고, 그 기한은 변호인 등에게 공판조서의 열람 등 피고를 위한 충분한 방어 준비 기간이라고 판단되며, 피고인이 항소이유서 보충서를 제출하고 싶으시면 추후에 제출하시고 본 재판은 예정대로 진행하겠습니다.

그리고 부연해서, 피고인 및 피고인의 변호인들이 주장하고 있는 원심에서의 군법회의법상 규정된 재판의 공개원칙, 공판조서의 열람·등사권, 피고인의 변론을 위한 모든 절차 참여권, 진술권 등 피고인의 방어권과 관련된 소송 절차 위법부당 여부에 대해서는 당 재판부에서는 신중히 이를 검토해서 그 결과를 다음에 고지하겠으며 우선 소송은 진행하겠습니다.

그래서 다음에 그 절차 여부를 검토하기 위한 시간을 드리기 위해서 오늘 피고인 신문에 앞서서 변호인과 검찰관들은 어제 검찰관에 의해 신청되어서 당 재판부가 허가한 김계원 피고인에 대한 공소장 변경으로 인한 김재규 피고인의 원심 판시 범죄사실에 한해서 신문해주십시오. 신문의 순서를 김계원 피고인 공소장 변경에 관해서 김재규 피고인에게 물을 것이 있으면….

강신옥 변호사 공소장 변경을 우리는 받지 않았습니다.

법무사 요지는?

안동일 변호사 요지보다도 공소장 변경을 검찰에서 주셔야 하지 않겠습니까?

법무사 기본적 사실을 해하지 않기 때문에 공소장 변경을 허가했는데, 김재규 피고인과 김계원 피고인이 정원석에 앉아서 "오늘 해치울까?" 한 데 대해서 "차후 대통령과 차 경호실장을 살해할 것을 공모하고"라고 한 부분을 "차 경호실장을 살해할 것을 공모하고"로 바꿔서, 대통령에 관한 부분만 빠진 것입니다.

강신옥 변호사 공소장 변경된 부본을 상 피고인에게도….

검찰관 원래 드려야 하기 때문에 김재규 변호인단에도 제출될 수 있도록 충분히 준비를 하도록 했는데 어제 바빠서 법정에 없지 않나 싶습니다.

법무사 그 신청서를 보신 후 재판하겠습니까?

변호사 아닙니다. 그 점에 관해서 물을 것도 없습니다.

법무사 오전에 피고인의 건강상태가 좋지 않고 해서 피고인에 대한 신문사항이 있다거나 증거조사신청이나 각종 이의신청이 있으면 서면으로 내일 10시까지 당 재판부에 제출해주시기 바랍니다. 본 군법회의를 내일 14시에 속개하겠습니다.

안동일·강신옥 변호사 피고인이 오전이 좋다고 하시니까….

법무사 그 여부에 대해서는 다시 알려드리겠습니다.

강신옥 변호사 피고인이 공판조서 열람 기회를 달라고 했는데….

법무사 그 부분에 대해서는, 잠깐 앉겠습니다. 김재규 피고인에 관해서 말씀드리겠습니다. 공판조서에 관해서는 아까도 말씀드렸습니다만, 피고의 범행 동기 등이 자세히 적혀 있습니다. 그 여부에 대해서는 변호인들이 기록을 열람해서 전부 알고 있는 사실입니다. 그에 관해서 원심에서 이야기한 사실에 대해서 더 보충할 사항이 있으면 항소이유서 제출하십시오.

(폐정)

"자결하게 해달라"

1980년 1월 24일 오전 10시, 고등군법회의 3회 공판이 열렸다. 피고인들이 진술하는 것으로 마지막인 결심공판이다. 이날 재판부는 김계원 피고인의 변호인이 낸 이재전 전 청와대 경호실 차장 등 11명에 대한 증인신청과 김재규 피고인의 변호인이 제출한 중정 기정국장 현홍주 등 6명에 대한 증인신청을 모두 받아들이지 않았다. 현장검증 재실시신청도 기각됐다. 이때는 12·12 군사반란으로 군권을 장악한 전두환 보안사령관 등의 신군부가 5공 정권 창출을 위한 시나리오를 짜고 있을 때였다. 공판이 길어져 논쟁을 유발해 민심만 사나워지게 할 필요가 없었다. 이런 바깥 사정을 감 잡았는지 김재규 피고인은 재판을 그만두고 자결하게 해달라고 간청하기도 했다. 그는 이대로 가다간 조만간 민주화 시위사태가 오며 그러면 자신을 재판으로 처형시킨 사실이 더 민심을 자극할 것이라고 우국충정을 나타냈다.

김재규 나라의 국기(國基)가 흔들리지 않도록 하기 위해서 어떻게 해야 할지를 냉정히 생각해서 이 문제를 다뤄주시기 바라고, 그런 의미에서 재판에서 저를 처리하지 말고 저로 하여금 스스로 자결할 수 있도록 기회를 달라는 겁니다. 즉 국가의 장래, 내가 생각하기에는 지금 기상도가 위태위태합니다. 소나기가 올지 태풍이 불지 모릅니다. 가능한 한 소나기가 안 오고 태풍이 안 불도록 조용하게 하기 위해서 이런 것을 건의 드립니다. 아무 준비를 안 했기 때문에 두서없는 얘기가 됐습니다만…. 예….
법무사 말씀 잘 들었습니다. 이상 끝이지요?

강신옥 변호사 부하들에 대한 질문 하나 더 하겠습니다.

법무사 누구에 대한?

변호사 박선호 피고인을 위해서.

김재규 제가 한마디 더 할까요? 재판장님, 아까도 일본의 예를 들었습니다만, 일본의 5·15 사건이나 2·26 사건을 보면, 일본의 대신들을 전부 희생시킨 일이 있습니다만, 그때 장교들은 희생을 시키고 하사관과 병은 하나도 희생시키지 않았어요. 제가 알기에는 군대 명령은 선택적으로 받아들일 수 없습니다. 명령은 무조건 받아야지 선택적으로 받으면, 극단적인 경우 전쟁터에서도 이 명령을 받을 것인가, 안 받을 것인가가 될 때에는 작전 임무를 수행할 수 없어요. 그렇기 때문에 그런 판결을 했다고 보는데, 여기에 있는 우리 경비원들, 이 사람들은 군대로 말하면 병과 하사관 이하, 모두 병에 가깝습니다.

그런데 이 사람들이 무슨 목적이나 이념이 있어서 행한 것이 아니라, 졸지에 명령에 의해서 동원된 것입니다. 그러니 제가 한 이 어마어마한 일에 가담은 됐다고 하더라도, 이들 한 사람 한 사람의 범죄 정신을 말하자면 지극히 간단하고 단조롭습니다. 이 시퍼렇게 젊은 친구들, 제발 죽이지 말아주십시오.

그리고 남의 나라 얘기입니다만, 그런 것도 참고로 해주시고… 중정이라는 곳은 군대와 똑같고, 어떤 의미에서는 군대보다 더 강한 명령체계를 갖고 있는 것이 중정의 특색입니다. 이 점을 충분히 고려하셔서, 저에게는 극형을 내려주십시오. 저는 모든 마음의 준비도 되어 있고, 지금 심경으로는 살아서 고통을 당하기보다는 죽는 것이 훨씬 편합니다.

그런데 밑의 아이들은 무슨 방법으로든 정상을 참작해주시기 바라고, 박흥주 대령은 여기에 안 나왔습니다만, 박선호 과장하고 이 둘에게도 내가 시간적 여유를 주지 않았습니다. 내가 행동을 하면서 바로 명령으로, 내가 안에서 총을 쏠 테니 너희들은 바깥에서 그냥 나를 엄호해서… 한 것은 바로 처치하라고 명령했습니다. 그러니까 이 사람들에게 생각할 수 있는 여유를 전혀 주지 않았습니다. 이 사람들에게 생각할 수 있는 여유를 주면 틀림없이 반대를 할 것 같아서 선택의 여지를 주지 않았습니다. 그대로 명령으로서 밀고 나갔습니다. 그 결과보다 명령을 주고받은 상황에 대해 충분히 정상참작을 해주시기를 바랍니다. 모든 책임은 명령을 한 저에게 있다는 것을 거듭 말씀드립니다.

법무사 알겠습니다. 검찰관, 신문할 사항 있습니까?

검찰관 없습니다.

법무사 김재규 피고인이 중정부장직에 있을 당시 박정희 대통령의 신임을 받고 있었다고 생각하는가요?

김재규 예, 여기에 김계원 실장도 계십니다만, 몹시 신임해주셨습니다.

법무사 이상으로 김재규 피고인에 대한 사실심리를 마치겠습니다. 피고인의 변호사들이 피고인을 위해서 제출한 증거조사신청, 또는 다른 피고인에 대한 신청사항에 대해서는 원심에서 거의 조사가 되어 있던 사항이기 때문에 일률적으로 기각하겠습니다. 따라서 이상으로 사실심리 및 증거조사를 모두 마치겠고, 만약 이의가 있으시면 이의신청을 제출해주십시오. 검찰관, 의견 진술해주십시오.

강신옥 변호사 재판장님, 김재규 피고인의 변호인은 증거신청을 구두로 하려고 하는데….

법무사 아, 이제 하시려는 겁니까? 제가 어제 제출해달라고 했는데…, 어떤 신청입니까? 요지를 말씀해주십시오.

변호사 우선, 증인으로 전 문교부 장관 박찬현, 신청 취지는….

법무사 지금 시간이 너무… 서면으로 말해주세요. 어제까지….

변호사 간단히 하겠습니다. 신청 취지는….

법무사 신청 취지는 말이죠…, 음…. 우선 증인 이름만 불러보십시오.

변호사 이름만요? 조성구 정보부 외사국장, 정보부 안전국장 김근수, 정보부 기정국장 현홍주, 김재선(김재규 피고의 여동생), 정보부 서울지부장 김병주. 이상입니다.

법무사 알겠습니다. 여기에 대해서는 시간적 여유를 갖기로 하겠습니다.

박정희 술 행사 사흘에 한 번꼴

박선호 피고인은 이날 항소심 최후진술을 통해 대통령 박정희의 사생활을 폭로했다. 그의 폭로는 외설스럽거나 원색적인 표현이 아니라 짧고 명료했다. 박 대통령은 한 달에 열 번꼴로, 그러니까 사흘에 한 번씩 외부의 여자가 시중드는 술자리 행사를 가졌다. 그 자리에는 누구나 이름만 들으면 깜짝 놀랄 일류 연예인 수십 명이 다녀갔다. 그것이 박 대통령의 채홍사 박선호 피고인이 공판기록에 남긴 증언이었다.

법무사 피고인의 최후진술에 들어가기에 앞서서, 김재규 피고인의 변호인단께서는 기록에 남기기 위해서 증인신청한 이유와 취지를 제출할 수 있으면 제출해주십시오. 김계원 피고인 앞으로 나와서 이 법정에서 하고 싶은 말이 있으면 하십시오.

김계원 항소심에서까지 말씀드릴 수 있는 기회를 주셔서 대단히 감사합니다. 재판장님, 심판관님, 법무사님, 검찰관님, 충성스럽게 각하를 보좌하지 못한 불충한 죄인이 이 자리에서 새삼 드릴 말씀은 없지만, 1심에서, 본 피고가 생각하고 있는 것은 최후진술에서 이미 다 말씀드렸습니다. 이 자리에서 다시 재판관님께 말씀드리고자 하는 것은 이와 같은 민족적·국가적으로 불행한 사건이 앞으로는 영원히 일어나지 않도록 이 사건의 진상이 진실되게 사실대로 판명되어서 변함없이 후세에 남기를 간절히 바라는 바입니다.

겸해서 검찰관님께서 공소사실 내용 기재 변경해준 사항에 대해서 만시지탄은 있습니다만, 심판부에서 채택해주신 데 대해서 기쁘게 생각하고 감사드리는 바입니다. 여러 날 존경하는 재판장님과 여러분들이 수고하신 데 대해서 경의와 존경을 표하며, 재판 결과가 공정하고 승복할 수 있는 결과가 나오기를 진심으로 바라마지 않습니다. 이상입니다.

법무사 감사합니다. 들어가십시오. 박선호 피고인 앞으로.

박선호 제가 지금 여기에서 최후진술을 하게 된 것을 영광으로 생각합니다. 제가 정보부에서 근무하면서 존경하는 김 부장님을 모셨다는 것을 첫째 영광으로 생각하고 제가 아직까지 원망이나 비관해본 적 없습니다. 이것은 저의 솔직한 심정입니다.

지금 저희가 거기서 근무하면서 부장님께서 구국을 위해, 민주를 위해 수시로 청와대에 들락날락하시면서 간혹 저희에게 주시는 그 정보를 들어보면, 숨통이 막히는 절박한 상황을 저에게 수시로 전달해주시고, 저로 하여금 일깨워주시고, 국가의 앞날을 버러지의 눈이 아니고 새의 눈으로 볼 수 있게 똑바른 눈이 되도록 길러주신 데 대해서 제가 항상 영광으로 생각했습니다.

그리고 그날 당일에 있었던 상황은 1심에서도 말씀드렸습니다만, 긴박한 상황에서 아마 어느 누구도, 100명 중 90명은 반드시 그 행동을 그대로 취하리라 믿습니다. 지금 또 그와 같은 상황에 처해도 저는 그 길밖에 취할 수 없다는 것을 분명히 말씀드립니다.

지금 제가 그 진행 과정에서, 어제도 잠깐 말씀드렸습니다만, 제가 궁정동 일대 모든 건물을 관리하고 있으며, 제 밑에 많은 부하들이 있습니다. 완전히 사살을 목적으로 했다면 여러 가지 방법이 있고 저는 구두로 지시만 했으면 됐습니다. 그러나 부장님의 뜻이 그것이 아니고, 이것이 과연 누구를 사살하고 누구를 어떻게 하는 것인지도 모르겠고, 제가 생각하기에도 흔히 각하 정도는 납치하면 일이 되지 않을까 항상 속으로 염려했습니다만, 윗분이 하는 일을 제가 알 바도 아니고 하달하신 명령만 충실하기 위해서 했고, 전우를 살리려고 들어갔다가 오히려 희생시킨 데 대해서 이 자리를 빌려서 다시 한번 애통한 마음을 금할 수가 없습니다.

이렇게 될 바에는 차라리 제가 그 장소를 피했어도 될 것을, 살려보겠다는 마음으로 그랬다는 것을 말씀드리고, 여기에 지금 제 부하였던 이기주·유성옥·유석술·김태원 이들은 아무 뜻도 모르고 나왔고 제가 지시한 대로 "한쪽으로 몰아라" 왜냐하면 제가 총소리가 났을 때 일단 저희가 먼저 행동하지 않으면 부장님이 희생당하기 때문에, 그런 상황을 염려해서 "한 군데로 몰라"고 지시했고, 이 사람들은 내용도 모르고 따라 했다가 이 법정에 서게 되었다는 데 대해서 가슴 아픕니다. 아무튼 이 부하들에 대해서만은 관대하게 처리해주실 것을 말씀드립니다.

어제 여기에서 검찰관께 "그 집은 사람 죽이는 집이냐?" 하는 질문 같지 않은 질문도 받았습니다만, 그 집은 사람 죽이는 집이 아닙니다. 그와 같은 건물은 대여섯 개가 있는데, 이것은 각하만이 전용으로 사용하시는 건물로서….

법무사 범죄에 관계되는 사항만….

박선호 예, 그래서 이것을 제가 발표하면 서울시민이 깜짝 놀랄 것이고, 여기에는 여러 수십 명의 일류 연예인들이 다 관련되어 있습니다. 명단을 밝히면 시끄럽고 그와 같은 진행 과정을 알게 되면, 이것은 세상이 깜짝 놀랄 일들이 많이 있습니다. 평균 한 달에 각하가 열 번씩 나오는데, 이것을….

법무사 범죄사실에 관해서만!

박선호 예?

법무사 피고인의 범죄사실에 관해서만 말하시오.

박선호 예. 그래서 제가 1년 연중 하루도 쉬지 않고 열심히 근무했고 상관의 명령을 충실히 이행했다는 것을 이 자리에서 말씀드립니다.

김재규의 항소심 최후진술, "보다 많은 희생을 막았다"

김재규 피고인은 항소심 최후진술에서 1심에 이어 한 편의 문장과도 같이 할 말을 조리 있게 엮었다. 조금도 더듬거리거나 중언부언이 없이 명쾌하고 신념에 차 있었다. 그는 한마디로 10·26 혁명이 보다 많은 희생을 막았다고 단언했다. 부산사태에 대한 박 대통령과 경호실장 차지철의 반응을 보았을 때 몇 사람의 희생으로 끝나지 않고 국가의 기본 바탕을 흔들어 놓을 게 틀림없었다고 그는 거듭 밝혔다.

민주주의 국가에서는 국민 한 사람 한 사람의 생명이 다 아깝기 때문에 개인적으로 친형제 간 같은 박 대통령에게 야수의 마음으로 돌려 권총을 쏘았다는 그의 진술이 진실이라면 그는 민주열사로 기록되는 게 옳다. 그 진실성 여부에 대한 진정한 재판은 재심으로 시작된다.

법무사 김재규 피고인께서는….

변호사 피고인이 몹시 불편한 모양인데, 앉아서….

법무사 앉아서 이야기하십시오. 피고인은 아까 변호인의 신문, 이제 막 변호사의 변론, 또한 피고인의 진술을 통해서 또한 앞으로 제출될 항소이유 보충서에 의해서 그것은 약속대로 공판기록에 틀림없이 찾아놓겠습니다. 더 하실 말씀이 있으면 하십시오.

김재규 네, 그동안 충분히 얘기했고 변론도 있었고 대부분 얘기는 됐지만, 이것이 최후의 진술이기 때문에 그저 몇 마디 마무리를 위해서 얘기하겠습니다. 이 혁명의 필연성, 이것이 여러분들께서는 혹 의아하게 생각할지 모르지만, 실제로 정보를 책임졌던 사람으로서 이제는 도리가 없다. 모든 방법이 다 끊어졌다. 이런 결론에 도달했기 때문에 이 혁명을 결행한 것입니다. 여러분도 짐작은 했겠지만, 유신체제가 출범한 지 7년이란 세월이 흐르는 동안 점점 누적된 유신체제에 대한 항거하는 국민의 생각은 전 국민에게 아주 팽배하게 되었습니다. 부마사태는 좋은 증거입니다. 이것은 삽시간에 5대 도시로 번지게 되어 있었습니다.

자유당 때 이 박사는 마지막에 가서 물러설 줄 알았습니다. 그러나 박정희 대통령은 군인 출신이고 또 너무 완벽한 분입니다. 모든 면에서. 그러니까 어떤 저항이 있더라도 기어이 방어해냅니다. 이 과정에서 많은 사람이 희생됩니다. 부산사태를 돌아보고 와서 보고를 드렸더니, 각하의 결심을 말씀하셨습니다. 앞으로 만일 서울에서 이런 사태가 발생하면 "내가 직접 발포 명령을 하겠다." 간담이 서늘했습니다.

법무사 저 피고인 말이죠….

김재규 네, 알았습니다. 그러니, 4·19 때에 심한 불행이 있었습니다. 이 완벽한 성격의 이분이 위에서 방어를 할 때 어떤 험한 결과가 올지 상상해보십시오. 이 결과가 몇 사람의 희생으로 끝나면 그나마 다행이지만, 급기야는 국기(國基)를 흔들어 놓는다. 미국도 우리하고 등집니다. 그러면 사상적으로도 국가방위에서도 문제가 된다. 그래서 더 이상 늦출 길이 없다. 방법이 없다.

개인적으로는 대통령과의 관계가-심판관님께서도 아시겠지만-친형제 간도 그럴 수가 없었습니다. 그러나 여러 가지로 생각했지만, 야수의 마음으로 돌렸습니다. 그래서 처음부터 나는 내 목숨과 이 혁명과 바꾼다는 것을 각오하고 한 일입니다.

그래서 더 법무사 말씀도 있고 해서 더 이상 얘기하지 않겠습니다만, 하여튼 이런 필연성에 대해서는 여러분들이 알아주셔야 합니다. 보다 많은 희생을 막았습니다. 대통령 한 분을 희생시켰다는 것은 매우 마음 아픈 일이고, 역사적으로도 엄청난 일이 되기는 했습니다만, 민주주의 국가에서는 모든 국민 한 사람 한 사람의 생명이 다 아깝습니다. 다 똑같습니다. 그렇기 때문에 많은 불행을 막기 위해서는 이 방법밖에 없었다는 걸 말씀드립니다.

그다음으로, 가볍게 얘기하고 넘어가겠습니다만, 너무 완벽하면 곤란합니다. 특히 민주주의 국가는 헐렁헐렁하게 좀 여유가 있어야 합니다. 구멍이 너무 완벽해서 어디를 눌러도 손톱이 들어가지 않으니, 마지막 길로 치닿는 것 외에 방법이 없습니다. 솔직히 말씀드려서 이 나라의 민주주의는 20~25년 앞당겨졌습니다.

그런데 여러분 앞에 이런 말씀 드리는 것은 당돌한 얘기입니다만, 제가 제 목을 걸고 하지 않으면 대한민국에 할 사람 없습니다. 결국은 20~25년 동안 자유의 맛 못 보고 그냥 갑니다. 그리고 정치체제에 대해서도 그렇습니다. 야당을 긴급조치로 죄인을 다 만들어놓고 매일 같이 왜 빨리 입건하지 않느냐고 하니, 이거 다 입건하면 뭘로 정치를 합니까? 여당만 갖고 정치를 합니까? 김영삼이란 사람, 국회에서 제명하면 됐지, 사법처리하라고 하니 이래 가지고야 누구를 믿고 누가 삽니까? 야당도 여당 믿고 대통령 믿고 정치를 해야 하는데, 믿을 사람이 없어요.

그러니 완전히 사지가 완전히 봉쇄된 상태다. 그래서 원컨대, 앞으로 어떤 분이 정치를 하든 간에, 민주주의 정치는 찬성이 있으면 반드시 반대가 있게 마련입니다, 대통령도 99.9% 지지하는 것은 세상에 없습니다. 그래서 여당도 필요하고 야당도 필요한 것이고, 민주주의 국가라고 하는 것은 전체가 지지하면 오히려 몇 사람이 일어나서 "난 반대요" 하는 것이 난 민주주의라고 알고 있습니다. 이 얘기는 더 장황하게 하지 않겠습니다.

법무사 예, 이유 보충서에….

김재규 다음에, 원컨대 이 사건 처리가 재판장님께서는 여러 면에서 유능하신 분이니까 잘 알아서 하시겠지만, 내가 말씀드리고 싶은 것은 군인인 여러분들은 역시 보시는 눈이 또 사회가 특정 사회이기 때문에 제한되어 있습니다. 그래서 이 처리가 군 내부에 미치는 정도라면 별것이 아니지만, 이 결과가 정치에 미칩니다.

앞으로, 계엄이 해제되든지 장기화되면 반드시 4·19 같은-4·19가 좋은 예입니다만-경우가 생기면 매우 문제를 복잡하게 만들어서, 자칫 잘못해서 마지막에 가서 잘못해서 결과가 아주 나빠지면, 김재규가 나라 망쳐놨다는 소리 듣기 딱 알맞게 생겼습니다. 나는 죽어도 이 소리는 들을 수가 없습니다. 그러니 지금 예상되는 기상도가 잘은 몰라도 얼멍얼멍한 것으로 압니다. 국내외적으로….

그러니 제 몸뚱이 처리가 뭐 그리 대단하다고 그리 졸속하게…. 또 잘못 편견을 갖고 처리했다가 나중에 되돌릴 수 없는 결과가 온다면 땅속에 들어간 저도 불행한 것이고 대한민국 국민 전체가 불행을 겪게 됩니다. 그래서 아까도 말씀드렸지만, 정치적인 이유가 지배적으로 뚜렷한 재판이니만큼, 국민들이 앞으로 어떤 문제를 삼는 데 그 이슈가 되지 않도록 저 스스로 제 목숨을 끊을 수 있는 기회를 부여해달라, 그래서 아무런 요인을 만들지 말아라. 이것을 말씀드리고 싶습니다.

그리고 거듭 말씀드립니다만, 이 사건은 전적으로 저 한 사람이 이 혁명 사건의 전부입니다. 누구에게도 의논하지 않고 누구에게도 상의하지 않고 사전모의도 아무것도 없습니다. 이 문제에 대한 전체가 저요, 책임질 전부가 저입니다. 저 외에는 아무도 없습니다.

안 된 이야기입니다만, 정승화 육참총장 정말 억울합니다. 말도 안 될 정도로 억울합니다. 이렇게 육군 대장이 목이 달아나서야 육군 대장을 누가 하겠습니까? 그러니 장성이란 신분은 그렇게 간단하지 않습니다. 내가 계획적으로 의도적으로 사전에 불러다가 대기시켜놓고, 처음부터 접촉을 계속하기 위해서 그렇게 했다. 그것이 원인이 되어서 불행한 결과를 가져왔다는 것은 개인이 좋고 안 좋고가 문제가 아니라, 이 나라의 불행입니다. 이런 역사나 판례가 만들어진다는 것은 지극히 불행한 일이라고 생각합니다.

또 김계원 실장이 그 자리에 있든 없든 혁명은 결행하는 겁니다. 그러니 여러분들이 김계원 실장 입장이라면 어떻게 하시겠습니까? 총을 꽝꽝 쏴서 문제를 다 만들어놨는데, 어떻게 하시겠습니까? 또 김계원 실장은 저 개인적으로는 군대에서부터 형님 동생 했습니다. 그러니 엉뚱한 놈이 했으면 그냥 총을 쏘든지 잡아가라고 하겠는데, 사람이란 것이 자기 자식에 대해서 정이 가듯이 자기 가까운 사람에 대해서는 정이 더 가지 않겠습니까? 엄청난 일을 해놨는데 이럴 수도 저럴 수도 없는 순간에 갈팡질팡하다가 조금 시간이 늦었는데… 또 그것도 솔직히 말씀드려서 날더러 이야기하라고 하면, 이번의 실패는 김계원 실장 때문에 있는 겁니다. 김계원 실장이 24시간만 입만 막아 줬더라도 모릅니다. 상황이 어떻게 됐을지.

그런데 김계원 실장이 지금 사형 언도를 받고 있다는 것은 내가 볼 때는 지위의 고하라든가 그때의 형편이라든가 하는 것이 문제가 아니라, 이건 넌센스다, 무섭다. 이렇게 보입니다. 원컨대 이 유신헌법을 대통령 한 분을 제거하니까 완전히 무너지듯이, 이 10·26 혁명 사건에 저 하나 처리하면 완결됩니다. 그러나 제발, 여타의 생명에 대해서는 본인도 본인이거니와, 거기에 딸려 있는 가족들을 생각해보십시오.

박흥주라고 내가 중위 때부터 전속부관으로 데리고 있다가 포병대대장을 끝마치고 대령이 되어서 날 좀 도와달라고 하고 데려다 놨다가 이 지경을 당했습니다. 내가 아는 바로는, 그 가족과 면회하는 광경을 보고 옆에 있는 모든 사람이 눈물을 안 흘릴 수가 없을 정도여서 모두 다 울어버렸습니다. 그러니 이 비참한 불행을 더 이상 파급시켜주지 말아주십시오.

저는 호적으로는 한두 살 적게 되어 있지만, 사실 쉰여섯입니다. 병든 몸이고 거의 다 살았습니다. 잘해야 3~4년, 4~5년 더 사는 것뿐입니다. 적어도 이것이 문제가 안 됐으면 몰라도 문제가 된 한은 저는 죽어야지요. 여러분이 죽이든지, 그렇지 않으면 저 스스로 목숨을 끊든지. 저도 군인으로서 중장까지 됐던 사람입니다. 제 목숨 하나 스스로 끊지 못할 정도의 사생관이 아직 확립되지 않을 정도의 졸장부는 아닙니다. 어느 누구에게도 아무런 피해를 주지 않고 깨끗이 마무리 지을 수 있습니다. 그러니 정말 부탁드립니다. 불행을 최소로 해주시고, 본인은 물론이거니와, 불쌍한 가족들 심정을 헤아려주시기 바랍니다.

거듭 말씀드립니다만, 이 사건의 전부요 시작이요 마지막은 저 하나입니다. 보십시오. 심의해보시면 아시지 않겠습니까? 아무쪼록 군에서 명망도 높으시고 6·25를 같이 치르면서 오늘날이 자유민주주의를 지키기 위해 심혈을 기울여오신 재판관님, 재판장님, 또 법무사 여러분들, 아무쪼록 법률이라는 차원을 떠나서, 이 사건의 성격 자체가 그러니만큼, 법률조항에 너무 충실하지 말고 정상참작을 십이분 해주시기 바랍니다. 감사합니다. 내가 지금, 머리가 저거해서 말 못했는데, 내가 뭐 더 얘기할 거, 빠진 것 없습니까? 조금만 상기시켜주세요.

법무사 네, 보충서로 제출해주세요.

김재규 보충서로, 예. 지금 건강이 나빠져서 오후가 되면 독소가 위로 올라가는지 머리가 돌질 않습니다.

법무사 알겠습니다.

김재규 그럼, 감사합니다. 진지하게 여러 가지 저거해주시고, 서면으로 해치울 수 있는데, 장황하게 이렇게 해주신 데 대해 감사합니다.

부록

계엄사 검찰부의 10·26 사건 공소장

보통군법회의 변호인단 변론(9회 공판, 1979년 12월 18일)

보통군법회의 판결문(1979년 12월 20일)

김재규 형사 재심 청구에 관한 유족 입장문

재심신청 이유서

계엄사 검찰부의 10·26 사건 공소장

피고인 김재규는 본적지에서 김용철의 장남으로 출생, 안동 농림중학교를 졸업하고 일본국 특별 간부후보생으로 일본군에 종군하다가, 8·15 해방으로 귀국, 선산국민학교 등 교사직을 거쳐 육군사관학교 2기생으로 졸업함과 동시, 소위로 임관된 이래, 제6사단장, 제6관구사령관 육군 보안사령관, 제3군단장 등을 순차로 역임한 후, 1973년 3월 육군 중장 예편과 동시 유정회 국회의원, 중앙정보부 차장, 건설부 장관을 차례로 지낸 후 1976년 12월 4일 중앙정보부장에 임명되어 근무 중 1979년 10월 26일 면직된 자.

피고인 김계원은 본적지에서 김길준의 장남으로 출생, 연희전문학교 2년을 수료, 학도병으로 일본군 예비사관학교를 졸업, 소위에 임관 종군하다가 8·15 해방으로 귀국, 군사영어학교를 졸업, 육군 소위로 임관된 이래 제27사단장, 육군대학 총장, 제5군단장, 제6군단장, 제1군사령관, 육군참모총장 등을 순차 역임하고 1969년 11월 육군 대장 예편과 동시 중앙정보부장, 중국대사를 거쳐, 1978년 12월 22일 대통령 비서실장으로 임명되어 근무 중 1979년 10월 30일 면직된 자.

피고인 박선호는 본적지에서 망부 박종형의 장남으로 출생, 대구 대륜고등학교를 졸업하고, 청년간부후보 제16기생으로 졸업, 해병 소위에 임관된 이래 해병 제3여단 제3대대장 해병 검송감실 검무과장을 지내고 1973년 10월 해병 대령 예편 후, 중앙정보부 총무과장, 현대건설 사우디 안전과장, 중앙상사 대표로 있다가 1978년 8월 11일 중앙정보부 비서실 의전과장으로 임명 근무 중 1979년 10월 27일 면직된 자.

피고인 박흥주는 원적지인 평남 평원군 평원리 장림리에서 박창순의 2남으로 출생. 서울고등학교 및 육군사관학교 18기로 각 졸업. 소위로 임관된 이래 1964년 8월 제6사단장 김재규의 전속부관, 1969년 3월 보안사령부 506보안부대 수경사반장, 영등포팀장, 제12사단 65포병대대장 등을 차례로 거쳐, 1978년 4월 중앙정보부장 수행비서로 임명되어 근무 중 1979년 10월 27일 면직된 자.

피고인 이기주는 본적지에서 망부 이정진의 2남으로 출생, 부천 시온고등학교 2년을 중퇴하고 해병에 입대, 1972년 11월 30일 하사로 제대한 다음, 중앙정보부 경비원으로 채용된 후, 1975년 11월 4일 중앙정보부 궁정동 식당 경비원 조장으로 근무 중, 1979년 10월 27일 면직된 자.

피고인 유성옥은 본적지에서 망부 유정룡의 4남으로 출생. 고양중학교 2년을 중퇴하고 육군에 입대, 중사로 제대한 다음, 1971년 12월 중앙정보부 운전기사로 채용된 후, 1978년 8월 31일 위 식당 행정 차량 운전기사로 근무 중, 1979년 10월 27일 면직된 자.

피고인 김태원은 본적지에서 망부 김만대의 5남으로 출생. 강릉고등학교를 졸업하고 육군에 입대, 병장으로 제대한 다음, 1974년 11월 중앙정보부 경비원으로 채용된 후, 1976년 10월 14일 위 식당 경비원으로 근무 중 1979년 10월 27일 면직된 자.

피고인 유석술은 본적지에서 유태준의 2남으로 출생. 거창고등학교를 졸업하고 육군에 입대, 하사로 제대한 다음, 1973년

11월 8일 중앙정보부 경비원으로 채용된 후, 1977년 8월 4일 위 식당 경비원으로 전보되어 근무 중 1979년 11월 6일 면직된 자.

1. 피고인 김재규는 중앙정보부장의 직무를 수행함에 있어, 자신의 정국 수습책이 실패하여 그 무능함이 노출되어 고 박정희 대통령으로부터 질책을 당하고 해임설이 나돌아 그 지위에 불안을 느끼는 한편, 군 후배이고 연하자인 전 대통령 경호실장 차지철의 오만방자한 태도와 월권적 업무 간섭에도 불구하고 대통령은 위 차지철을 편애하는 데 불만을 품고, 1979년 4월부터 대통령을 살해한 후 정권을 잡을 것을 기도하고 보안유지를 위하여 단독으로 그 구체적인 거사 계획을 세움에 있어서 장소는 피고인이 관리하는 서울 종로구 궁정동 50번지 소재 중앙정보부 식당으로 하고 시기는 적절한 때를 선택하며 대통령과 위 차지철은 자신이 직접 살해하고 수행한 경호원들은 현장에서 심복인 피고인 박선호, 동 박흥주 등을 시켜 처치키로 하며 대통령 살해 후, 국가 안전과 질서 교란을 이유로 계엄을 선포하고 중앙정보부의 권한과 동부의 조직력을 이용, 계엄군을 장악하여 무력으로 사태를 제압하고, 입법, 사법, 행정권을 총괄하는 혁명위원회를 구성, 자신이 위원장에 취임하여 집권 기반을 확보한 후, 대통령에 출마할 것을 계획하고 부산·마산 소요사태를 그 거사의 계기로 역이용하여 기회를 엿보던 중

가) 1979년 10월 26일 16시경 서울 중구 필동 소재 중앙정보부 남산분청 부장 사무실에서 위 차지철로부터 동일 18시경 위 식당에서 대통령 주재 만찬이 있다는 연락을 받고 당일 대통령과 위 차지철 및 경호원 일행을 살해하여 범행할 것을 결심하고 대통령 살해 후 이용할 목적으로 육군참모총장 육군 대장 정승

화 및 중앙정보부 제2차장보 김정섭에게 각각 전화를 걸어 식사하자는 구실로 동일 18시 30분까지 위 식당에서 약 50m 상거한 피고인의 집무실에 오도록 유인하여 놓고, 동일 16시 30분경 위 집무실 2층 침실 금고에 보관 중이던 독일제 32구경 권총 총번 159270 1정에 실탄 7발을 장전하여 고장 유무를 확인한 후 서가 층계에 숨겨놓고

나) 동일 17시 50분경 대통령 영접차 도착한 피고인 김계원과 위 식당 현관 앞 정원의 경계석에 앉아 대화 도중 동 김계원이 위 차지철의 강경한 태도와 월권에 불만을 토로하자 피고인의 범행에 동조할 것으로 판단하고 오늘 해치울 테니 뒷일을 부탁한다는 취지의 제의를 하여 동 김계원의 승낙을 받고

다) 동일 18시 05분경 위 식당에 대통령과 위 차지철 등이 도착한 만찬이 시작되고 있던 중 동일 19시경 위 만찬석에서 나와 위 집무실에 가서 동소에 있던 위 육군참모총장과 위 제2차장보를 만나 만찬이 끝나는 대로 다시 오겠다고 한 후, 2층 침실로 올라가 미리 준비하여 두었던 위 권총 1정을 하의 시계 주머니에 넣고 식당으로 돌아가다가 동일 19시 10분경 위 식당에 인접한 중앙정보부 부관 정원에서 피고인 박선호, 동 박흥주에게 오늘 저녁에 해치울 테니 각오하라, 각하 등은 내가 직접 해치울 테니 총성과 동시에 너희들은 똑똑한 놈 세 명을 골라서 경호원을 처치하라는 지시를 하면서 위 육군참모총장과 위 제2차장보가 집무실에 와 있다고 고지, 가담 의사를 확고히 하도록 촉구하여 30분 내 준비 완료하겠다는 승낙을 받고

라) 피고인 박선호는 동 김재규의 지시를 받은 직후 동일 19시 15분경 위 식당 서편 정원에서 피고인 유성옥, 동 이기주에게 "부장님 지시인데 오늘 일이 잘 되면 한몫 볼 것이다, 부장

님이 안에서 총을 쏘는데 너희들은 주방 내의 경호원들을 사살하라"고 지시하여 동인 등의 승낙을 받고 피고인 김태원은 동일 19시 40분경 위 식당 건너편 경비원 대기실에서 대통령이 참석한 후 위 식당에서 총성이 들려 심상치 않은 사태가 발생한 것으로 직감하고 M16 소총으로 무장하고 동 박선호로부터 청와대에서 경호관들이 오면 사살하라는 지시와 아울러 동일 20시 05분경 동 이기주로부터 위 식당 안에 아직 완전히 절명되지 않은 사람을 확인사살하라는 지시를 받고 위 식당 안 경호원 대기실에 들어가 경호원들이 피격된 것을 보고 국가 계엄령 사태인 줄을 알면서 위 지시에 따라 가담하기로 응낙함으로써 각 국헌 문란 목적의 살상 폭동에 가담할 것을 순차로 상호 공모하고

2. 피고인 김재규, 동 김계원, 동 박선호, 동 박흥주, 동 이기주, 동 유성옥, 동 김태원은 전기 공모 내용에 따라

가) 피고인 김재규는 동일 19시 38분경 식사 중이던 위 식당 만찬석 인접 부속실을 나와 동 박선호로부터 범행 준비 완료 보고를 받고 동일 19시 40분경 위 만찬석으로 들어와 앉으면서 우측 옆자리에 앉아 있던 동 김계원을 우측 손으로 툭 치면서 "각하 잘 모시시오"라는 말과 동시에 하의 시계 주머니에 감춰둔 위 권총을 꺼내 피고인의 좌측 옆자리에 앉아 있는 위 차지철을 향하여 1발 발사, 우측 팔목에 관통상을 입히고 바로 일어서면서 앞자리에 앉아 있는 대통령의 흉부를 향하여 1발을 발사, 관통상을 입힌 다음 계속 발사하려다가 동 권총의 격발장치 고장으로 발사되지 않자, 식당 밖으로 나가 동 박선호로부터 미제 38구경 리볼버 권총 총번 A-60168 1정을 받아 다시 만찬석으로 돌아와 그곳에 있던 문갑을 잡고 방어하는 위 차지철의 복

부를 향하여, 이어서 머리를 숙이고 신음 중이던 대통령에게 접근, 후두부를 향하여 순차로 각 1발씩을 발사하고,

나) 피고인 김계원은 위 만찬석상에서 동 김재규가 동일 석상을 추후에 이석할 뿐만 아니라 특히 15분간이나 외부에 나가 있다가 들어온 것으로 보아 결행 시간이 임박한 것을 알면서도 이를 용인하고 있던 중 동일 19시 40분경 동 김재규가 "각하 잘 모시시오"라는 말과 함께 우측 손으로 툭 치는 것을 신호로 위 차지철 및 대통령에게 권총을 발사하자 동 김재규의 범행을 순조롭게 하기 위하여 동석을 빠져나와 위 만찬석 입구에 서서 수행 경호원들의 처치 등 범행 진행 상황을 예의 감시하고

다) 피고인 박선호는 위 식당 현관 앞 대기실에 있으면서 동일 19시 40분경 동 김재규의 권총 발사를 신호로 이미 소지하고 있던 미제 38구경 리볼버 권총으로 동석에 앉아 있던 경호부처장 안재송 및 경호과장 정인형에게 순차로 각 1발을 발사하고

라) 피고인 박흥주, 동 이기주, 동 유성옥은 주방 옆에 주차한 제미니 서울 1다 2578호 승용차에 대기하고 있다가 동일 19시 40분경 동 김재규의 총성을 신호로 주방 쪽으로 달려 나와 동 박흥주, 동 유성옥은 주방 후문에서, 동 이기주는 주방 창문 밖 블록담에 올라가서 동 박흥주는 독일제 웰슨 38구경 연발 권총 총번 21974, 동 이기주, 동 유성옥은 각 38구경 5연발 리볼버 권총 총번 J-59962, 총번 J-59874를 각 사용하여 주방에 있던 대통령 운전기사 김용태, 경호원 김용섭, 동 박상범, 위 식당 종업원 이종오, 위 식당 운전기사 김용남을 향하여 동 박흥주는 7발, 동 이기주, 동 유성옥은 각 4발씩을 집중 사격하고

마) 피고인 김태원은 동일 20시 05분경 M16 소총 총번 776873을 소지하고 위 식당 대기실에 들어가 쓰러져 있던 위 안

재송에게 1발을, 위 정인형에게 2발, 위 식당 만찬석 내에서 신음하고 있는 위 차지철에게 2발, 주방에 쓰러져 있는 김용석에게 1발을 각 발사하여

바) 대통령은 동일 19시 50분경 두부 총창 등, 위 차지철은 복부 총창 등, 위 정인형은 경부 총창 등, 위 안재송, 위 김용태, 위 김용섭은 각 흉부 총창 등으로 각 사망케 하고 위 박상범에게는 3주간의 치료를 요하는 우둔부 관통상을 가함으로써, 각 국헌을 문란할 목적으로 살해하고

3. 피고인 김재규, 동 김계원, 동 박선호, 동 박흥주, 동 이기주, 동 유성옥, 동 김태원 등은 전기 공모 내용에 따라 계속하여,

가) 피고인 김재규는 동일 19시 43분경 위 식당 현관에서 동 김계원에게 "나는 한다면 합니다. 이제 다 끝났습니다. 보안유지를 철저히 해주십시오"라고 말해 동 김계원으로부터 "알았소"라는 대답을 들은 후, 본관 집무실로 가서 위 육군참모총장과 제2차장보에게 "큰일 났으니 빨리 차에 타라"고 하여 동승시킨 후, 차 안에서 위 육군참모총장의 "무슨 일이냐?"는 질문을 받자, 피고인 자신이 범인임을 숨기고 대통령이 저격당하여 사망했다고 하면서 보안유지와 북괴 남침 위험만을 강조하며 중앙정보부로 가려고 하다가 육군참모총장의 제의에 따라 동일 20시 05분경 육군본부 벙커에 도착, 각군 참모총장 등에게는 "적이 알면 큰일"이라는 구실로 3일간 대통령 서거 사실의 보안유지를 강조하고 육군참모총장 등 군 주요 장성과 국무위원들의 동향을 감시함과 아울러, 비상계엄을 선포하도록 유도하고

나) 피고인 김계원은 동일 19시 43분경 동 김재규로부터 전기 보안유지 강조의 말을 들은 후 동 이기주가 소지하고 있던

리볼버 권총 1정을 교부받아 휴대하고 이 범행에 대한 보안유지와 사태가 불리해지면 피고인 자신이 대통령을 살리려고 했다는 구실로 삼기 위해 동일 19시 55분경 대통령의 승용차로 대통령의 유해를 국군서울지구병원에 후송하여 당직 군의관 소령 송계용에게 진단케 한 다음, "이미 5분 전에 사망하셨습니다"라는 것을 확인하고서도 위 소령 송계용, 대위 정규형에게 환자가 대통령이라는 사실을 숨긴 후, "이 사람을 꼭 살려달라"고 하고 동소를 경비 중이던 유성옥에게 외부와 연락을 금지시키라고 지시한 후, 이 병원을 나와 청와대 대통령 비서실장 사무실로 가서 동일 20시 40분경 비상소집된 최광수 등 대통령 수석비서관 7명과 전 대통령 경호실 차장 육군 준장 이재전 등에게 "대통령 각하께서 큰일을 당하셨으니 대기하라", "각하께서는 무슨 일이 나서 병원에 계시고 차 실장은 지금 부대를 지휘할 수도 없으니 부대를 장악해서 경계를 강화하고 경거망동한 행동을 하지 않도록 잘 단속을 하시오. 경호실의 병력 출동은 필요 없다"고 말함으로써 범행 목적 달성에 시간적 여유를 얻고 동일 20시 50분경 동소에서 국무총리 최규하에게 "오늘 만찬장에서 김재규와 차지철의 싸움 끝에 각하가 김재규의 잘못 쏜 총에 맞아 서거하셨습니다. 계엄을 선포하여야 합니다"라고 말하여 동 김재규가 대통령을 살해한 사실을 허위 보고하고 동일 21시경 동 김재규로부터 "육군참모총장도 여기 있고 국방장관도 이리 올 것이니 국무총리 등과 함께 육본 벙커로 오라"는 전화 연락을 받고 동 김재규가 이 육군참모총장을 설득, 군을 장악하고 있는 것으로 직감하는 한편 동일 21시 05분경 동소에서 내무부 장관 구자춘, 법무부 장관 김치열로부터 "각하가 어떻게 된 것이냐?"는 물음에 "간신 세력을 제거한다는 것이 그만 각하께서 다치셨습니다"라고만 대답하여, 동 김재규가 대통령을 살해했다는 사실을 계속 은폐하고 동일 21시 10분경 동소에서 다시 동 김재규로부터 국무총리를 모시고 오라는 전화 연락을 받고 국무총리, 내무·법무 장관과 같이 동일 21시 30분경 이 벙커 내 육본 참모총장실로 가서 그곳에 동 김재규와 같이 국방장관 노재현, 군 주요직 장성들이 모여 있는 것을 보고 동 김재규가 먼저 와서 군을 장악하고 있는 것으로 생각, 국방부 장관 등에게 "각하께서 유고가 생겼습니다. 차 실장이 너무 강경해서 일어난 사고입니다"라고 거짓말을 하면서, "지금부터 총리를 모시고 사태를 수습해야 된다"고 제의하여 계엄령 선포를 유도하고 동일 22시 25분경 육군참모총장실 내에 있는 화장실에서 동 김재규로부터 "사태 수습이 더 급선무이고 보안을 유지해야 하며 최단시일 내에 계엄사령부 간판을 혁명위원회로 바꾸어 달도록 유도해야 된다"는 등 앞으로의 범행 전개 과정을 듣고 동 김재규가 군부까지 완전 장악하여 내란이 성공되어가는 것으로 판단하고 다시 동일 22시 40분경 국방부 장관실에서 동 김재규가 국무총리를 비롯한 정부 각부 장관들과 동석한 자리에서 보안유지를 강조하며 대통령 유고에 따른 국내 치안질서의 혼란을 방지하기 위해 비상계엄을 선포함에 있어 그 사유를 대통령 서거로 하지 말고 국내 치안 문제로 하자고 제안하자 이에 호응하여 대통령 유고로 인하여 계엄령을 선포하자고 건의하고

다) 피고인 박선호는 동일 20시경 위 식당 건너편에 있는 경비원 대기실에 가서 전기와 같이 동 김태원에게 위 차지철 등을 확인사살하게 하고 위 경비원 대기실에서 경비원들을 통제하면서 중앙정보부 남산분청에서 본관 집무실로 전송되는 보고문을 통해 병력 이동 사항을 확인한 후 동 김재규의 내란이 성공한 것

으로 생각하고 병원으로 대통령의 유해를 모시고 간 동 유성옥에게도 계속 보안을 지킬 것을 지시하면서 동 김재규의 지시를 대기하고

라) 동 박흥주는 동일 19시 45분경 위 식당 밖에서 대기하다가 동 김재규를 따라 본관 집무실로 가서 동 김재규 및 육군참모총장 위 제2차장보 등과 같이 승용차에 동승하여 동일 20시 05분경 위 벙커에 도착한 후 위 벙커 내 총장 부관실에 대기하면서 동 김재규와 청와대에 있던 동 김계원 간의 전화 연락을 하여주는 동시, 범행 진행 상황을 예의주시하는 한편, 동일 20시 40분경 동 김재규의 경호 차량을 육군본부로 오게 하고 경호조장 대위 김인수에게 남대문과 서울역 근처에 직원 각 1명씩을 배치해 병력 이동 사항이 있을 때는 무전 연락토록 지시한 후, 계속 국방부 장관실로 동 김재규를 수행하면서 동 김재규의 신변보호와 아울러 지시를 대기하고

마) 동 이기주는 동일 20시 05분경 위 식당에서 전기와 같이 동 박선호의 지시에 따라 동 김태원에게 위 차지철 등을 확인사살케 하고 청와대 경호실에서 총성의 원인을 확인하러 왔을 때에도 총성을 듣지 못했다고 거짓말을 하여 그들을 돌려보내는 한편, 위 병원으로 대통령 유해를 후송하고 간 동 유성옥 등과 계속 상호 연락을 취하고 범행 은폐를 위하여 동일 27일 07시경 동 유석술로 하여금 이 범행에 사용된 권총 등을 매몰시키는 한편 동 김재규의 지시를 대기하고

바) 동 유성옥은 동일 19시 45분경 위 식당 주방에서 사살된 김용섭과 중상을 입은 위 박상범이 휴대한 38구경 리볼버 권총 각 1정을 탈취하여 그중 1정은 위 식당 보일러공 박무홍에게 보관시키고 다른 1정은 피고인의 허리춤에 휴대하고 동일 19시

55분경 동 김계원과 같이 대통령을 위 병원으로 후송하여 대통령의 안면을 손으로 가리면서 환자가 대통령인 사실을 숨기고 동 병원장 공군 준장 김병수에게도 외부와 전화를 걸지 못하게 제지 감시하며 위 경비원 대기실에 있는 동 이기주와 계속 연락을 취하는 한편 동 김재규의 지시를 대기하고

사) 동 김태원은 동일 22시경 서울 종로구 종로6가 소재 이화여자대학교 부속병원에 입원 가료 중이던 위 식당 요리사 이경호에게 가서 동인에게 집에 전화하지 말고 부상 이유를 단순한 오발이라고 말하라고 보안지시를 하고 다시 위 경비원 대기실로 돌아와서 동 박선호로부터 육군본부 쪽에도 잘 해결이 되었다는 말을 듣고 계속 보안을 유지하며 위 식당 부근 경계근무를 하는 한편, 동 김재규의 지시를 대기 하던 중,

아) 동일 20시 30분경 국방부 장관실에서, 국무총리와 내무·법무장관 등이 동 김재규의 주장에 반박하고 호응할 기미가 보이지 않자, 동 김계원은 동 김재규의 주장이 관철되지 않을 것으로 판단, 태도를 돌변하여 국방부 장관 부속실로 위 국방부 장관과 위 참모총장을 불러내 어 "김재규가 대통령을 살해한 범인이다"고 말하여 동 김재규가 군 수사기관에 체포됨으로써 국헌문란의 목적을 달성하지 못하고 미수에 그치고

자) 피고인 유석술은 10월 26일 19시 40분경 위 경비원 대기실에서 휴식 중 위 식당에서 요란한 총성과 함께 주방 요리사 김일선으로부터 주방 아래 경호원, 요리사 등이 생사불명의 총상을 입었다는 말과 익일인 10월 27일 05시경 대통령 유고의 라디오 뉴스를 들어 대통령과 위 차지철 일행이 살해된 것을 알았음에도 불구하고 동일 07시경 위 대기실에서 동 이기주로부터 미제 38구경 리볼버 6연발 권총 총번 36K-4491 1정, 동 실탄

5발, 동 탄피 1개, 독일제 32구경 웰타 7연발 권총 총번 159270 1정, 동 실탄 4발, 망사수포 1족 등을 매몰하라는 지시를 받고 동 물건들이 대통령을 살해하는 데 사용된 증거물이라는 점을 알면서 동 물건 등을 은박지로 포장하여 위 대기실 정원 서쪽 분수대 뒤에 매몰함으로써 타인의 형사사건에 관한 증거를 은닉한 것이다.

보통군법회의 변호인단 변론(9회 공판, 1979년 12월 18일)

김재규 피고인 변론 –"시저와 브루투스다"

법무사 변호인단께서는 변론요지는 서면으로 제출해주시고 요지만을 간단히 변론해주시면 감사하겠습니다. 우선 김재규 피고인의 변호인부터 변론해주십시오.

안동일 변호사 재판장님께서 허용하신다면, 사실 준비가 많이 안 되어 있는데요. 한 10페이지 정도 되니까 여기서 요지를 발췌한다는 것도…. 이게 요지입니다. 예, 피고인 김재규, 피고인 이기주, 피고인 유성옥의 국선변호인 변호사 안동일입니다. 위 피고인들에 대한 내란 목적 살인 등 피고사건에 대해서 변론하겠습니다.

(변호사의 의례상 인사말)

국선변호인들은 변론 준비의 여건, 말하자면 기록의 등사라든지 특히 공판조서의 열람, 피고인과의 충분한 중간접견, 유리한 증거의 수렴, 이와 같은 것과 또 시간상의 제약으로 인하여 변론을 연기하여 주실 것을 간청한 바도 있습니다. 오늘 공소장 변경이 있었습니다만, 공판 절차의 정지를 신청하였으나 받아들이지 않아서 부득이 변론에 임할 수밖에 없습니다. 우선 다음과 같은 변론요지의 일단만을 피력하고 추후 변론취지서를 보충코자 하오니, 상당 기간 동안 선고기일을 연기해주시기를 바라는 것입니다.

변론의 앞머리에 몇 말씀 올리고 넘어가겠습니다. 본건은 역사상 그 유례를 찾아볼 수 없을 정도로, 굳이 찾는다면, 정확한 예가 될 수 있는지 모르겠습니다만, 시저와 브루투스의 예밖에 없다고 생각됩니다. 공적으로나 개인적으로나 대통령과 가까웠던 한 나라의 중앙정보부장이 대통령을 살해한 사건입니다. 그리고 이 땅에서 역사상 두 번 다시 있어서는 안 될 사건입니다. 시공을 초월해서 사안이 얼마나 중요한 것인가는 췌언을 요하지 않는다고 하겠습니다. 또한 이 사건의 귀추를 온 국민과 세계 이목이 지켜보고 있습니다.

더욱 중요한 것은 이 사건 이후 우리 국민들은 화해와 자제로써 국민적 합의에 입각한 민주 발전을 기약하면서 이 나라 건국이념인 자유민주적 기본질서를 더욱 공고히 다지고 있다는 사실입니다. 사건 후 50여 일간에, 10·26 이전에는 상상조차 못 하던 일이 뒤따랐습니다. 고 박정희 각하의 국장을 치르고 그 뒤를 이어서 최 대통령이 탄생하셨고 유신헌법의 개정작업이 진행 중이며 이 사건 재판 중에 긴급조치 9호까지도 해제되었습니다. 그리하여 정치 발전의 기틀을 마련하였고, 내년 교과서부터는 유신 내용을 삭제키로 한다는 보도도 있습니다. 10월 14일 신 내각이 출범해서 신 총리께서는 민주 발전의 스케줄에는 아무런 이상이 없다고 천명하셨습니다.

따라서 이 사건의 재판에 있어서는 그 실체 면과 절차 면에 있어서 형사사법에 의한, 그리고 형사사법에 있어서의 정의가 이루어질 수 있도록 소송 당사자 간에 엄숙한 결의가 바람직하다고 하겠습니다. 그리하여 후세 이 나라 역사와 사법사상 한 점 부끄러움 없는 공정한 재판이 이루어져야 한다고 본 변호인은 믿고 싶습니다. 여기에 국선변호인의 입장을 잠깐 말씀드리지 않을 수 없습니다.

피고인 김재규에 관하여는 20여 명의 사선변호인이 선임되었습니다. 12월 11일, 4차 공판의 오전 공판까지 참여했었습니다. 동일 오후 법정에서 피고인 김재규가 돌연 사선변호인단의 변론을 거부하였습니다. 재판부가 그때 그 이유를 물었더니 피고인은 소신과 신념확신을 가지고 한 10·26 민주 회복 국민혁명이 오히려 변호를 받음으로써 원형이 퇴색될 가능이 있으므로 변호인 없이 재판받겠다고 했습니다.

그때부터 우리 두 변호사는 국선변호인으로 선임이 되어서 공판 중도에 선배 법조인들이 물러가신 뒤를 이어 막중한 임무를 부여받았습니다. 군법회의는 일반 형사소송과는 달리, 변호인이 없는 경우에 국선변호인은 필요적입니다. 물론 변호사가 기본적 인권 옹호와 사회정의의 실현을 사명으로 하는 까닭에, 그리고 형사소송 구조로 보아 변호인의 지위는 단순한 대리인이 아니고 보호자로서 피고인의 권리이익을 옹호하는 한도 내에서 진실 발견에 협력해야 하는 것이므로 국선이라 하여 다를 바가 없고, 오히려 사선변호인단의 변론을 거부한 피고인의 권리이익을 위해서 더더욱 변호인의 권리의무를 충실히 다해야 할 것으로 믿습니다.

그러나 빨리 국민의 궁금증을 풀어주고 신속한 재판을 해야겠다는 귀 군법회의 충정을 선의로 받아들이고 싶지만 12월 4일 첫 공판을 개정한 이래, 재정신청으로 정지되었다가 12월 8일 속개된 이래 3회의 야간재판까지 하면서 하루도 빠짐없이 단 한 번 12월 12일 연기되었을 뿐 공판을 강행해왔습니다.

이런 중도에서 아무런 변론 준비 없이 갑자기 맡아서 2차에 걸친 야간 접견만 하였을 뿐, 수사기록도 공판기록도 제대로 열람되지 못한 상태에서 신문 보도만을 스크랩을 해서 공판에 참여하여왔으니 피고인의 이익 보장과 인권 옹호에 얼마나 도움을 줄 수 있을 것인지 심히 의문이 앞서고, 또 최종 변론 준비의 기회 없이 막바로 변론에 임하게 되었으니 피고인에게 미안하고 국선변호인으로 선임하여주신 재판부에 미안할 따름입니다. 정녕 주어진 여건 속에서 우리 나름대로는 최선을 다했던 것뿐입니다. 양해를 바라는 바입니다.

먼저 이 사건 변론에 들어가면서 이 사건의 재판 절차가 과연 아무런 하자 없이 이루어졌느냐 하는 것, 본 변호인은 지적하지 않을 수 없습니다. 형사소송의 목적은 사안의 진상을 파악해서 형벌법규를 적용 실현하는 실질상의 목적과 그 절차에 관한 절차상의 목적으로 나눠어진다고 보겠습니다. 그 가운데 절차상의 목적은 공익의 유지와 개인의 기본적 인권의 보장을 완수하는 데 있는 것입니다.

만약 이 공익의 유지라는 것하고 개인의 기본적 인권의 보장이라는 두 가치가 충돌하는 경우, 개인의 기본적 인권의 보장의 가치가 우위에 선다고 하는 것은 이론의 여지가 없는 것입니다. 개인의 기본적 인권의 존중과 형사 절차에 있어서의 공정은 아무리 강조해도 지나치지 않을 만큼 형사소송에 있어서의 요체입니다. 무릇 형사소송의 기본구조는 공소권의 주체인 검찰과 변호권의 주체인 피고인과의 대립과 공격방어의 엄숙한 투쟁 과정입니다. 피고인은 유죄의 재판이 확정될 때까지는 당연히 무죄로 추정되는 것입니다.

소송 절차라 함은 재판, 특히 판결을 종점으로 해서 법원과 양 당사자 간의 3주체 간에 단계적으로 진전하는 절차입니다. 각 단계에 있어서의 행위 내지 절차는 모두 법률에 의해서 규정되고 있습니다. 피고인도 아무리 검찰관의 논고와 같이 대역무도한 원흉이라 할지라도 자기의 생명, 신체, 자유 등을 검찰의 공격, 말하자면 공소권에 대해서 부당한 침해로부터 방어를 할 권리, 말하자면 응소권을 가진다고 하겠습니다. 특히 군법회의법은 우리가 알기로는 당사자주의적 소송구조와 공판중심주의가 일반 형사소송법보다는 많이 강화된 훌륭한 절차법으로 알고 있습니다.

그런데 유감스럽게도 이번 공판 절차에 있어서 법이 정하고 있는 적법 절차가 외면당한 경우가 허다하였다고 아니할 수가 없습니다. 차제에 몇 가지 지적해보겠습니다.

첫째로, 군법회의법 64조에 의하면 공소제기 후 변호인의 본질적인 권리인 서류 증거물의 열람·등사권이 보장되지 않았습니다.

둘째로, 대심판결의 공개원칙이 납득하기 어려운 이유로 제한되었습니다.

셋째로는, 군법회의법 82조·86조·88조·89조에서 공판조서의 열람은 변호인의 수차에 걸친 서면 내지 구두 항의에도 아랑곳없이 이 사건 결심 당시까지 이루어지지 않았습니다. 이 점에 관해서 재판부에서는 공판조서의 열람은 일반소송법과는 달리 군법회의법에 있어서는 열람을 허용하지 않아도 된다는 견해를 취하는지도 모르겠습니다. 하지만 일반소송법 55조에 의하면 변호인이 없는 경우에, 공판조서의 열람을 허용하지 않을 경우에 그 조서의 증명력이 없는 것으로 되어 있습니다.

이 경우 '변호인이 없는'이라는 것을 군법회의법에 끌어올 수는 없습니다. 왜냐하면 형사소송법에 있어서는 국선변호인제도가 필요적이 아닙니다. 따라서 변호인이 없는 경우에 재판을 받는 피고인이 허다합니다. 그런 경우에 피고인의 권리를 보호하기 위해서 공판조서의 열람을 피고인이 원할 때 응하지 않으면 증명력이 없다고 보는 것입니다. 그러나 군법회의법은 국선변호인의 제도가 필요적입니다. 변호인이 없이 재판할 수 있는 데가 아닙니다. 따라서 군법회의법 64조에 의해서 변호인의 공판조서의 열람권은 변호인으로서의 본질적인 권리이고 고유권이라고 하겠습니다. 이는 제한할 수도 응하지 않을 수도 없는 것입니다. 이 점에 관해서 말씀드려서 죄송합니다.

특히 넷째로, 공판조서의 녹취는 처음부터 허용되지 않았습니다.

다섯째로, 피고인 신문의 방식은 변호인으로서의 본질적 권리로서 공소사실과 정상에 관해서 직접신문 하도록 규정되어 있으며, 중복되고 사건에 관계없는 사항 또는 국가기밀이라 하여 무조건 제한할 수는 없습니다.

여섯째로, 증거조사를 신청하면 미리 상대방에게 열람할 기회를 줘야 하는데도 충분한 기회를 주지 못했습니다.

일곱째로, 증거된 서류의 증거조사 방식은 그 요지를 고지하여야 함에도 목록의 제시 이외에 요지의 고지 또는 낭독이 불충분하였습니다.

여덟째로, 증명력을 다투는, 적어도 변호인에게 검찰관이 제시한 모든 증거에 대해서 증명력을 다투는 권리를 부여하는 적당한 기회를 줘야 함에도 이런 기회를 주지 않았습니다.

이런 여러 가지 점을 지적하지 않을 수 없습니다. 따라서 이 사건의 공판에 있어서 절차의 공정은 근저에서부터 동요를 일으켰다고 보지 않을 수 없고, 이를 가지고 과연 공정한 재판을 기대할 수 있을 것인가 반문하고 싶습니다.

공소사실과 적용 법조에 관해서 몇 말씀 올리겠습니다. 공소장에는 피고인 "유석술을 제외한 7명이 각 국헌 문란 목적의 폭동 살상에 가담할 것을 순차로 상호공모하고, 또 각 국헌을 문란할 목적으로 살해하고 또 동 김재규가 군 수사기관에 체포됨으로써 국헌 문란의 목적을 달성하지 못하고 미수에 그치고"라고 함으로써 내란 수괴 및 중요 임무 종사 미수죄와 내란 목적 살인죄라 하고 있습니다.

일반적으로 내란죄의 보호법익은 국가의 존립, 구체적으로 말한다면 대한민국의 존립의 기초 그 자체입니다. 내란죄를 통해서 대내적으로는 국가 존립의 기초가 되는 국헌적 법질서에 대한 침해를 보호하는 데 그 보호법익을 두고 있다고 본 변호인은 생각합니다.

따라서 폭동에 의한 내란죄이든, 내란 목적 살인죄이든 간에 다 같이 국토 참절과 국헌 문란의 목적을 구성여건으로 하는 목적범입니다. 형법 91조는 국헌 문란 목적의 정의를, 첫째 헌법과 법률에 정한 절차에 의하지 아니하고 헌법 또는 법률의 기능을 소멸시키는 것, 둘째 헌법에 의하여 설치된 국가기관을 강압에 의하여 전복 또는 그 권능행사를 불가능하게 하는 것을 말한다고 하고 있습니다.

우리나라 판례에는 별로 나와 있지 않기 때문에 일본 판례를 원용하는 것을 죄송스럽게 생각합니다. 일본 판례에 의하면, 조헌 문란-우리나라 국헌 문란이 되겠습니다-이란 국가의 정치적 기본조직을 불법으로 파괴하는 것을 말하고, 이누가이 총리 저격 사건에 있어서 본건 행위로 의회제도의 부인, 내각제도의 개혁, 기타 국가의 정치적 기본조직의 파괴를 직접 기도한 것이 아니므로 국헌 문란의 해당성이 없다. 이렇게 밝혔습니다.

나아가서 총리의 살해는 내각의 붕괴 우려가 없지는 않지만, 내각 각원의 경질을 초래할 뿐, 내각제도를 근본적으로 파괴하는 것은 아니므로 이것을 가지고 정부를 전복하는 행위라고는 칭할 수 없다고… 일본 배심원 판례 소화 10년 10월 24일입니다. 또한 신병대 사건에 있어서도 조헌 문란의 내용은 제도로서의 내각의 파괴 등을 의미하고 특정 시에 있어서의 내각의 파괴를 의미하지 않는다고 판시한 바 있습니다.

결국 국헌 문란은 우리나라 헌법 7조에 이른바 민주적 기본 질서를 파괴하는 것을 의미하는 것이며, 특정 시에 있어서의 특정 인물, 비록 대통령직에 있는 사람이라 할지라도 특정 인물의 살해에 국한할 뿐 제도로서의 자유민주적 기본질서를 파괴하는 것이 아니라면, 나아가 이를 보다 수호하는 것이라고 한다면 이를 국헌 문란으로 볼 수는 없다는 것입니다. 이 점에 관하여, 독일 헌법 80조와 21조는 내란 목적의 해석에 관해서 중요한 시사를 던져주고 있습니다.

그리고 이와 같은 내란 목적은 직접적인 것을 요하는 것이므로 집단적인 폭행의 행위가 있다고 하더라도, 만약 직접의 목적이 아니고 폭동을 계기로 하여 발생할 수 있는 다른 폭동에서 국헌 문란의 사태가 나타남을 기대하는 경우에는 내란죄는 해당되지 않는다. 이러한 우리나라 판례가 있습니다. 1968년 3월 5일자 판례입니다.

무엇보다도 내란죄의 행위는 폭동행위를 그 구성요건으로 하고 있습니다. 폭동이라 하면 다수인이 결합해서 폭행·협박을 하는 경우를 말하고, 그 정도는 한 지방의 평온을 해할 정도의 위력이 있음을 요하는 것입니다. 한 지방의 의미라는 것이 400여 평의 궁정동 식당의 평온을 깨뜨릴 정도의 소요를 뜻하지 않는 것은 물론입니다. 그리고 다수인의 결합은 그 결합이 조직화되어서 분담적 책임을 질 수 있는 정도에 이르러야 하는 것입니다. 따라서 폭동은 내란 목적과는 서로 목적·수단의 관계에 있는 것입니다. 만약 폭동이 있지만, 내란 목적의 실행수단이 아닐 때에는 내란죄에 해당하는 폭동이라 할 수 없고, 더욱이 내란 목적이 있어도 폭동에 나가지 않으면 내란죄라 할 수 없음은 물론입니다.

결국 내란 목적 살인 등은 구체적 증거가 없고 애매한 정황 증거뿐이므로 의심스러울 때는 공익의 유지보다 개인적 인권의 보장이 우선한다는 형사소송 절차의 목적상, 공소장 변경이 없는 한 범죄의 구체적 방법의 명시가 없으므로 공소기각 판결이 앞서야 하고, 범죄사실의 증명이 없으므로 무죄판결이 있어야 할 것입니다.

보통군법회의 판결문(1979년 12월 20일)

10·26 사건에 대한 판결은 1·2·3심을 거치면서 거의 변화가 없었다. 1심에서의 판결이 그대로 2심 항소심에 이어졌다. 심지어 군사법원에서 내려진 판결과 대법원의 심리결과 간에도 큰 차이가 없었다. 그것은 처음부터 재판이 이미 정해진 결론을 실천하기 위한 요식행위가 아니냐는 비판 시각에 상당한 근거를 제공했다. 재판부는 이 판결문을 작성하는 데 법률가뿐만 아니라 정치학자, 역사학자 그리고 수려한 문장으로 이름 있는 언론인 등에게 자문을 구했다. 지식인들은 자문 요청에 "법률적으로만 충실하게 하는 게 좋겠다"는 말로 대부분 거절했다. 재판부도 이 판결문이 법리 이전에 정치적·사회적 시대사를 소화하는 명문이 돼야 한다는 강박감을 가졌던 것이다.

이 사건, 피고인들에 대한 양형 이유를 개진하기에 앞서 본 재판부는 국민의 지대한 관심과 세계의 이목을 집중시킨 전대미문의 이 역사적 사건의 배경과 성격에 관하여 개괄적인 고찰을 하고자 합니다.

돌이켜보건대 외세의 강요에 의한 개항 이래 되풀이되던 침탈과 수난의 역사는 조국 해방과 더불어 종식되는가 했더니 국토의 분단이란 비운과 동족상잔의 비극을 겪어야 했으며 영도력의 결핍과 일천한 자주 역량으로 수차례에 걸친 시련을 치러야 했습니다. 그러나 5·16 혁명을 계기로 국민적 자각 속에 자주와 자립의지가 결실이 되어 국민적 자심감을 회복하고 자립경제·자주국방의 기반 위에 민족의 비원인 조국통일과 풍요한 사회를 바라보는 1980년대의 문턱에 도달하였던 것입니다.

그러나 최근의 일련의 사회적 혼란과 경직된 정국은 해결의 실마리를 찾지 못한 채 혼미를 거듭하였고 이란 사태와 유가 인상 및 경제 강국의 보호무역주의는 도약의 단계에 선 우리 경제에 수출 부진, 경기 침체, 고물가라는 달갑지 않은 충격파를 던져주었고 기회를 놓칠세라 호 전적 공산주의 집단인 북괴는 대남 적화 야욕에 광분하고 있어 우리나라는 또다시 시련과 고난에 직면하게 되었던 것입니다. 이를 극복하기 위하여서는 국민적 단합과 강력한 영도력이 그 어느 때보다도 더욱 절실히 요청되는 시점에서 국가의 핵심적 중추인 대통령 각하를 흉탄에 잃는 참사를 당하였는바 이것이 곧 본 재판부가 이번 범행을 국가와 민족에 대한 반역죄로 다스리지 않을 수 없는 소이연이라 하겠습니다.

차례로 피고인 개개인에 대한 양형 이유를 살펴보겠습니다.

먼저, 피고인 김재규는 대통령의 고위 정책보좌관으로서 중앙정보부장이란 직책상 국가적 난국의 문제점과 원인을 정확히 진단하고 솔선하여 이를 수습함으로써 국가원수를 보필하여야 할 입장에 있으면서도, 사태를 수습지 못한 자기의 무능을 은폐하고 일련의 사태 발생에 대한 책임을 상관인 대통령 각하에게 전가하는 한편, 한 걸음 더 나아가 이를 거사의 계기로 역이용하여 대통령을 살해한 후 정권 탈취를 기도한 점은 가증스럽다 아니 할 수 없으며, 뿐만 아니라 피고인은 당 공판정에서 자기의 잘못을 뉘우침 없이 '자유민주주의 회복'이란 거창한 구호를 내걸고 범행 동기를 미화하려는 치졸한 작태를 계속하고 있으나 범행 전에는 유신체제를 유지하기 위하여 누구보다도 앞장서 오던 장본인이 상황이 악화되자 하루아침에 변심하여 체제 타도를 부르짖는 자가당착적인 행위를, 본 재판부는 납득할 수 없고 또한 설사 피고인의 동기가 제아무리 숭고하고 순수한 것이라 할지라도 총칼로써 민주 회복을 기도하였다면, 그것은 폭력의 악순환만을 초래하는 시대착오적 과대망상이라 아니 할 수 없고 또한 오히려 그 자체가 자유민주주의에 대한 중대한 도전이요 위협이라 아니 할 수 없으며, 인간적인 측면에서 볼 때 대통령 각하와는 동향이며 육사 동기생으로서 그간 대통령의 절대적 신임과 총애를 받아 군과 정부의 주요 요직을 두루 거친 자로서 아무런 주저 없이 대통령의 가슴에 총부리를 겨누고 그것도 부족하여 두부를 향하여 확인사살까지 서슴지 않은 피고인의 행위는 인간의 양심마저 저버린 비인간적인·비인류적 행위로서 일말의 동정도 받을 수 없다 하겠습니다.

다음으로 피고인 김계원은 대통령의 신임과 총애를 받아 군과 정부의 주요 요직을 두루 거치는 동안 대통령 직책의 중요성과 그 어느 때보다도 그분의 영도력이 필요하다는 것을 누구보다도 절감하고 있습니다. 비서실장이란 직책도 대통령의 분신이라 하겠거늘, 살해 현장을 목도하고도 김재규의 살해 기도에 동조하여 자신의 안전만을 생각하는 나머지, 자기 몸을 덮쳐 대통령을 보호하기는커녕 김재규의 범행을 용이하게 하였다는 점만으로도 법의 심판에 앞서 윤리적 비난을 면키 곤란하다고 판단됩니다.

뿐만 아니라 상 피고인들이 살해 이후 정권 탈취를 위한 일련의 행위 사항에 있어서, 피고인은 김재규의 의도에 호응하여 진상을 은폐시킴으로써 김재규의 반역행위를 직간접으로 도와오다가 김재규의 거사가 실패할 것이라고 예상되는 결정적인 시점에 비로소 본인의 비행 사실을 밀고하는 등 기회주의적 행동을 자행하였습니다. 피고인은 본 법정에서도 자신의 행동을 사회 혼란과 유혈적 사태 방지를 위한 부득이 한 조치였다는 구구한 변명을 하고 있으나, 육군참모총장과 중앙정보부장이라는 국가 최고의 관료직을 역임했던 피고인이 이 사태 수습을 위하여 그 정도의 조치만으로 만족했다는 사실은 도저히 수긍할 수 없는 처사로 일말의 동정도 받을 여지가 없다고 판단되는 바입니다.

피고인 박선호·박흥주·이기주·유성옥·김태원에 대하여 살펴보기로 하겠습니다.

이들 피고인들은 국가원수인 대통령 각하의 면전에서 사람을 살상하였다는 것 하나만으로도 대역의 비난을 면치 못할 것인바, 하물며 각하 살해에 가담하여 수행 경호원들을 무참히 살륙하였다는 것은 다른 정상을 살필 필요조차 없다 할 것입니다. 뿐만 아니라 박선호·박흥주는 예비역 또는 현역 대령으로서, 김재규가 국군의 최고통수권자인 각하를 살해한다는 사실을 알고서도 김재규의 개인적 의리와 자신들의 영달만을 위하여 아무런 주저 없이 본건 범행을 분담하고 다른 나머지 피고인들의 범행을 지휘했다는 점에서 그 비난이 가중된다 할 것입니다. 또한 여타 피고인 이기주·유성옥·김태원은 상사의 지시에 따라 범행을 수행했을 뿐이라고 변명하고 본건 범행이나 그 결과에 대하여 한 점의 후회의 빛도 보이지 않고 있음은 역시 정상참작의 여지가 없다 하겠습니다.

끝으로 이 사건을 심판한 본 재판부는 폭력에 의한 헌정질서의 중단은 국가를 파괴시키고 사회적 혼란을 가중시킬 뿐이며, 폭력을 통한 정권 수습이라는 또 다른 폭력의 악순환만을 초래할 것이라는 확고한 신념과 이와 같은 불행한 역사의 오점이 두 번 다시 점철되어서는 안 된다는 강인한 결의를 아울러 밝히면서 판결을 선고하겠습니다.

피고인 김재규·김계원·박선호·박흥주·이기주·유성옥·김태원을 각 사형에, 유석술을 징역 3년에 처한다. 피고인 유석술에 대하여 판결 선고 전 구금 일수 중 50일을 위 징역형에 산입한다. 압수된 증거 제36호 및 37호, 32구경 권총 1정과 동 실탄 4발은 김재규로부터 몰수한다.

1979년 12월 20일

육군본부 계엄보통군법회의 재판장 육군 중장 김영선

이상으로서 군법회의를 폐정하겠습니다.

김재규 형사 재심 청구에 관한 유족 입장문

김재규 장군 유족의 자격으로서 우리는 그가 세상을 떠난 지 꼭 40년이 되는 올해, 10·26 판결에 대한 재심을 청구합니다. 하지만 유족이 10·26 재심을 통해 궁극적으로 구하고자 하는 바는 '판결'이기보다는 '역사'입니다.

10·26은 대한민국 현대사의 물줄기를 크게 바꾼 역사적 사건임은 누구도 부정할 수 없습니다. 하지만 이 엄청난 역사적 사건을 두고, '민주주의를 위한 혁명'이었는지, 아니면 '권력욕을 위한 행위'인지를 설왕설래하는 수준에서 우리는 단 한 발자국도 나가지 못하고 무려 40년을 허비했습니다.

알 수 없었기 때문입니다. 당시 보도는 철저히 통제되었고 재판 역시 당시 권력의 부당한 감시와 외압 속에서 공정하게 이루어지지 않았습니다. 그 결과 지금까지 우리 국민에겐 10·26의 진실을 가늠할 수 있는 자료나 정보가 거의 제공되지 않았습니다. 따라서 10·26에 대해 어떤 입장이든 간에 그것은 모두 '짐작'의 수준일 수밖에 없었습니다. 하지만 역사란 짐작일 수 없습니다. 역사가 필요한 이유는, 과거를 비추어 지금을 살아가는 데 필요한 '가치관'을 세우고, 그것으로 국가의 미래와 희망을 만들어 가기 위해서입니다. 따라서 역사는 후대의 끝없는 재해석을 통해 살아있는 역사가 됩니다.

즉 김재규라는 인물이 당시에 어떤 생각과 마음이었는지를 짐작하거나 단정하는 것은 역사가 아니라는 것입니다. 따라서 이번 재심신청은 '10·26에 대한 짐작과 단정을 대한민국의 역사로 전환한다는 의미'가 있다고 유족들은 판단했습니다. 새로 발굴

된 당시의 자료들을 바탕으로, 10·26을 역사로서 해석해볼 수 있는 매우 의미 있는 계기가 될 것이라고 판단한 것입니다.

옳다고 신념 하는 가치를 지키기 위해 가망이 없는 싸움에 자신의 목숨을 내놓는 것, 그것을 '희생'이라고 합니다. 그리고 '충성'이란 국민과 나라를 위해 기꺼이 희생을 '선택'하는 것입니다. '봉건 시대'에는 왕이라는 한 사람을 위한 희생이 곧 충성이었습니다. 하지만 '국민이 곧 국가'인 '민주공화국'에서는 권력자 개인을 위한 희생은 충성이 아니며, 오히려 그것이 곧 국민과 국가에 대한 반역일 수 있습니다.

이러한 관점에서 보면, 10·26은 5천 년 역사의 이 나라에서 '충성의 전근대적 개념'을 붕괴시킨 사건이라는 의미도 있습니다. 10·26이라는 사건을 기점으로 '충성'의 개념은 '국민과 국가, 그리고 민주주의를 위한 희생'으로 그 의미가 바뀌었기 때문입니다. 즉 10·26은 국민주권에 대한 인식의 수준을 달리하도록 만든 상징적 사건이기도 하다는 것입니다. 10·26은 바로 이런 면에서도 역사적으로 매우 의미 있는 사건이라고 유족들은 생각합니다.

저희 유족은 이번 재심을 계기로 10·26이 다시 한번 대한민국 국민의 기억 속에 소환되길 바랍니다. 그리고 이 재심의 과정에서 10·26과 김재규라는 인물에 대한 역사적 논의의 수준이 진화하고 도약하는 계기가 되길 바랍니다. '대한민국의 역사'와 '민주주의의 가치'에 대해 모든 대한민국 국민이 깊이 생각하고 성찰할 수 있는 계기가 되길 바랍니다.

감사합니다.

2020년 5월 26일

재심신청 유족 대표 김성신(김재규 셋째 여동생 김정숙의 장남)

재심신청 이유서

1. 김재규 형사사건 및 집행 개요

가. 김재규 형사사건 개요

모두가 아는 바와 같이 김재규는 1979년 10월 26일 19시 40분경 박정희 대통령과 차지철 경호실장을 살해하였습니다. 결국 김재규는 같은 달 27일 00시 30분 보안사령부 수사관들에 의해 체포되어 계엄 합동수사본부(본부장 전두환) 수사를 거쳐, 군 검찰 그리고 1979년 11월 26일 군법회의에 공소제기되었습니다. 재판 경과는 아래와 같고, 전대미문의 역사적 중대 사건인데도 변호인 접견권 등 방어권을 행사할 겨를도 없이 속전속결로 재판이 진행되었습니다.

[표1] 군법회의 재판 경과

공소제기	1979년 11월 26일
1심 공판	1979년 보군형공 제88호
1차	1979년 12월 4일
2차	1979년 12월 8일
3차	1979년 12월 10일
4차	1979년 12월 11일
5차	1979년 12월 12일
6차	1979년 12월 14일

7차	1979년 12월 15일
8차	1979년 12월 17일
9차	1979년 12월 18일
10차 선고	1979년 12월 20일 기소된 지 24일, 1심 재판 개시 후 16일
항소심	1979년 고군형항 제550호
1차	1980년 1월 22일
2차	1980년 1월 23일
3차	1980년 1월 24일
4차 선고	1980년 1월 28일 2심 재판 개시한 지 6일
대법원	80도306
선고	1980년 5월 20일
박흥주 사형 집행	1980년 3월 6일
김재규 사형 집행	1980년 5월 24일 기소된 지 6개월여 만에 속전속결

피고인들의 심급별 적용 죄명은 아래와 같습니다.

[표2] 피고인들의 심급별 법령 적용

	1심 법령 적용	2심 법령 적용	선고	비고
김재규	내란 목적 살인 형법 제88조, 제30조 내란 수괴 미수 제89조, 제87조 제1호	좌동	사형	피해자 박○희, 차○철 정○형, 안○송 김○태, 김○섭
박선호 박흥주 이기주 유성옥 김태원	내란 목적 살인 제88조, 제30조 내란 중요 임무 종사 미수 제89조, 제87조 제2호	좌동	사형	박흥주 1980년 3월 6일 사형 집행

김계원	내란 목적 살인 제88조 제30조 내란 중요 임무 종사 미수 제89조, 제87조 제2호	살인 제250조, 제30조 내란 중요 임무 종사 미수 제89조, 제87조 제2호	사형	차○철 살인 김재규와 공동정범 항소심 공소장 변경
유석술	증거 은닉 제156조 1항	좌동	징역 3년	

현역 대령 피고인 박흥주를 제외한 나머지 피고인들이 상고하였는데, 대법원 전원합의체에서는 내란죄 성립 여부를 놓고 합의에 이르지 못해 결국 표결에 붙여 8대 6으로 1980년 5월 20일 상고기각 판결을 하였습니다.

결국, 사형이 확정된 현역 대령 박흥주는 1980년 3월 6일, 나머지 김재규·박선호·이기주·유성옥·김태원은 대법원 선고일로부터 나흘 만인 1980년 5월 24일 토요일 오전 서울구치소에서 교수형 집행을 당했고, 피고인 김계원은 무기징역으로 감형되어 형을 복역하다가 1982년 5월 1일 석방되었습니다.

나. 김재규의 재심 청구는 형사소송법에 따라 형제자매로서 여동생인 김○숙 씨가 청구인으로 제기합니다.

2. 김재규가 재심을 청구하는 이유

–10·26 40년, '다시' 야수의 심정으로 유신의 심장을 쏘다

첫째, 김재규의 행위에 대한 사법적 正名. 김재규가 박정희를

사살한 행위에 대해 사법부가 그에 합당한 이름[正名]을 지어줄 것을, 다시 평가해줄 것을 요청하는 것입니다. 적어도 김재규가 자유민주주의의 회복을 위하여 유신의 심장, 독재의 정점인 박정희를 살해하였다는 것에 대하여 역사적 평가는 별론으로 하고 정당하게 사법적 평가를 먼저 받고자 하는 것입니다.

둘째, 동기-자유민주주의 회복을 위한 부득이한 사살. 김재규 등에 대한 내란 목적 살인, 내란 수괴 미수의 점, 중요 임무 종사 등은 모두 신군부가 박정희 등에 대한 단순 살인을 정권 장악을 위하여 왜곡·과장·창설한 것으로서 사실이 아닙니다. 김재규는 "대통령 각하와의 개인의 의리를 청산하고 혁명을 했습니다만은 대통령 각하의 무덤 위에 올라설 정도로 아직까지 내 도덕관은 타락되어 있진 않습니다"라고 일관되게 말하고 있습니다.

셋째, 사법부의 치욕을 씻는 계기. 10·26 재판은 사법부의 또 다른 치욕의 날, 치욕적인 사건으로 기록될 것입니다. 보안사에 의해 불법 녹음이 되고 보안사 직원들에 의해 쪽지가 전달되어 재판이 진행됨으로써 사법부 독립의 흑역사가 되었습니다. 내란 목적 살인에 대해 8:6으로 내란에 대해 6명의 반대의견이 있었음에도 보도지침에 의해 전혀 보도되지 않고, 다수의견만 만장일치인 양 보도되었습니다. 특히 대법원 전원합의체에서 소수의견을 낸 민문기·양병호[1]·임항준·김윤행·서윤홍 대법원 판사는 위

1 양병호 전 대법관은 전두환 등이 12·12 군사반란 등으로 기소된 형사재판에서 증인으로 출석하여 "1980년 1월 말, 보안사 2인자라는 사람으로부터 김재규 내란 음모 사건의 상고기각을 요청받았다"는 것과 "소수의견을 냈다는 이유로 1980년 8월경 보안사 서빙고분실로 연행되어 1층 밀폐된 공간에서 3일간 감금당한 채 사표를 쓸 것을 강요당했다"고 증언했습니다.

판결일로부터 3개월도 못 되어 신군부의 압력으로 1980년 8월 9일 모두 사표를 내고 대법원을 떠났으며, 정태원 대법원 판사도 1981년 4월 재임용에서 탈락했습니다.

넷째, 변호인의 접견권, 김재규의 변호인 조력권 침해. 쪽지 재판이 횡행하는가 하면, 김재규 등의 법정진술이 국가기밀이라는 이유로 갑자기 저지되는가 하면 비공개 재판을 수시로 했습니다. 1심 재판은 1979년 12월 4일부터 같은 달 20일까지 17일 만에, 항소심 재판은 1980년 1월 22일부터 같은 달 28일까지 7일 만에 선고가 이뤄졌고, 결국 1980년 5월 20일 대법원에서 김재규에게 사형을 선고하였습니다. 사형 집행은 5·18 광주민주화운동 중이던 24일 시행되었습니다. 변호인들은 공판조서를 1심이 끝날 때까지 전혀 볼 수 없었습니다.

다섯째, 박정희를 살해한 동기의 왜곡. 신군부는 김재규의 사살 동기가 ① 인적 해임설, ② 경호실장 차지철과의 갈등, ③ 박정희를 살해하고 대통령이 되겠다는 것이라고 했으나, 해임설은 근거가 없었고, 차지철과의 갈등에 대해서도 피고인 김계원에게 "육군 대장 출신이 육군 대위 출신과 싸웠다고 하면 결국 대장 욕을 하지 대위 출신 욕하겠어?"라고 말하는 등 차지철을 크게 개의치 않았던 것입니다. 그리고 대통령이 되겠다는 생각 또한 대통령의 무덤 위에 올라갈 정도로 타락하지 않았다면서 일관되게 부인합니다.

또한 김재규는 박정희를 권총으로 사살할 당시에도 "① 각하 정치를 대국적으로 하십시오, ② (김계원을 팔을 치면서) 각하를 똑바로 모십시오, ③ 이 버러지 같은 친구"라고 말했다고 진술하고 있습니다. 그런데 범죄사실에는 교묘하게 "각하 정치를 대국적으로 하십시오"라는 말은 삭제되고 "우측 손으로 툭 치는 것을 신호로 위 차지철에게 권총을 발사"했다고만 기술되어 있습니다. 이는 의도적으로 이건 살해의 동기가 '대국적 정치', 민주주의 회복을 의미하는 것을 애써 지우고자 하는 의도에 다름 아니라 할 것입니다.

여섯째, 전두환 등에 대한 내란죄 단죄, 정승화 무죄. 결국 이 사건은 신군부, 당시 전두환 보안사령관을 중심으로 한 하나회가 권력 공백기에 김재규 등의 일련의 행위를 내란 목적 살인죄로 왜곡·과장함으로써 정권 찬탈에 이용하였던 것입니다. 이는 정승화를 연행한 12·12 군사반란이 결국은 내란죄로 처벌받은 것이나, 정승화 당시 육군참모총장 겸 계엄사령관이 내란 방조죄 재심 무죄를 선고[2] 받은 것은 김재규 등에 대한 내란죄 적용이 신군부에 의한 위법한 법 적용이었음을 말해주는 것입니다.

일곱째, 40년 세월, 새로운 증거들의 등장. JTBC 봉지욱 기자가 당시 보안사가 불법으로 재판 전 과정을 녹음한 녹음테이프를 입수해서 공개되면서 재판 진행 내용, 쟁점 사항, 김재규 등의 진술 등을 소상히 알 수 있게 되었습니다. 또한, 전두환 신군부 세력에 대한 내란죄 유죄, 정승화 육군참모총장에 대한 내란 방조 무죄 등 새로운 진실이 밝혀졌습니다. 김재규가 거사 직전 식당 안으로 들어가면서 박흥주에게 "민주주의를 위하여"라고 속삭였다는 이야기는 그들에게 2020년 대한민국 사법부가 무엇이

2 서울지방법원 1997.7.3.선고 95재보군형공 15 판결

라고 말해줄 것인지 대답할 차례입니다.

3. 김재규가 10·26 거사를 하게 된 목적: 내란 목적

가. 자유민주주의의 회복을 위하여 유신의 심장을 쏘다

김재규 최후 진술 녹취록 – 9차 공판기일 녹취록 ①

3312 **저의 10월 26일 혁명의 목적을 말씀드리면 다섯 가지 입니다. 첫째가 자유민주주의를 회복하는 것이요, 두 번째는 이 나라 국민들의 보다 많은 희생을 막는 것입 니다. 또 세 번째는 우리나라를 적화로부터 방지하는 겁니다. 적화 방지입니다. 네 번째가 혈맹의 우방인 미국과의 관계가 건국 이래 가장 나쁜 상태입니다.**

3346 이 관계를 완전히 회복해서 혈맹의 우방으로서의 관계를 회복해서 돈독한 서로 관계를 가지고 국방을 위시해서 외교 경제까지 보다 적극적인 협력을 통해서 국익을 도모하자는 데 있었던 것입니다.

3409 마지막 다섯 번째로, 국제적으로 우리가 독재국가로서 나쁜 이미지를 가지고 있습니다. 이걸 씻고 이 나라 국민과 국가가 국제사회에서 명예를 회복하자는 것입니다. 이 다섯 가지가 저의 혁명의 목적이었습니다. 그러나 이 목적은 10월 26일 혁명 결행 성공과 더불어 모든 문제가 해결되었습니다. 해결이 보장이 되었습니다.

3453 **여기서 한마디 내가 확실히 말씀해둘 것은 결코 전 대**

통령이 되기 위해서 혁명을 하지 않았습니다. 저는 군인이었고 혁명가입니다. 군인이나 혁명가가 정치하게 되면 독재하기 마련입니다. 독재를 마다하고 혁명한 제가 독재 요인을 만들 이유가 없습니다. 또 제가 대통령 각하와의 개인의 의리를 청산하고 혁명을 했습니다만.

3532 **대통령 각하의 무덤 위에 올라설 정도로 아직까지 내 도덕관은 타락되어 있진 않습니다.**

3594 혁명의 결행은 성공했습니다만 혁명과업은 손대지도 못한 채 어언 오십여 일이라고 하는 세월이 흘렀습니다. 혁명 결행에 못지않게 혁명과업 수행이 중요합니다. 장장 19년 동안 이 나라엔 많은 쓰레기가 꽉 들어차 있습니다. 설거지 안 하고 어떡하시렵니까.

따라서 박 대통령의 생명을 끊지 않고서는 유신 철폐가 불가한 것이었기 때문에 그 자신과 박 대통령과 맺어진 인간적 의리마저 뛰어넘어 국가의 장래를 위해서 야수의 심정으로 박 대통령을 살해하게 된 것입니다. 결국 대통령 살해 행위는 자연인 박정희를 살해한 것으로 법률상 단순 살인 의미 이상은 없는 것입니다.

보안사의 합동수사본부는 내란이라는 프레임에 맞춰 억지로 끼워 맞추기식 수사를 하고 내란 목적 살인, 중요 임무 종사로 엮었습니다. 김재규 등은 자유민주주의 회복을 위한 것이었을 뿐 국헌을 문란할 목적도, 고작 7~8명에 불과하여 조직화된 다수인의 결합도 없었으며, 나아가 한 지방의 평온을 해할 정도의 폭동 행위에도 이르지 못하였고 살인 행위는 바로 종료되었습니다.

가. 군법회의법에 따른 녹음신청 및 기각(강봉재 변호사) 2차 공판기일 녹취록 ②

(그럼에도 보안사는 몰래 군법회의 1·2심 일체를 녹음하였습니다.)

2120 변 군법회의법 90조에 의해서 말씀 좀 드리겠습니다. 군법 90조에 의하면 명백히 피고인이나 검찰관이나 변호인은 녹취를 할 수 있게 되어 있는데 우리 비용으로 말입니다, 이걸 입정할 적에 변호인들이 녹음기를 전부 다 보관했습니다. 그러면 우리가 녹취를 할 수 없고 또 이건 이 사건이니만큼 녹취가 절대 필요하고 또 넘겨줘야 되겠습니다.

2151 근데 그 녹음기를 쓰지 못하게 하고 재판을 진행한다는 건 우선 법률에 위반되고 타당성도 없다고 봅니다. 이 점을 해서 우리 변호인단이 변호인이 녹음기를 사용할 수 있도록 재판장께서 해주길 바랍니다.

2232 검 검찰 측에서 반대의견 하나 제시하겠습니다. 공소장 부본이 5일 전에 전부 송달이 되어 있고 그다음에 그 동안에 변호인 접견이 충분히 허용돼서 충분히 공판 준비자료가 마련되었다고 생각이 되고 그러기 때문에 하등의 필요성이 없다고 사료됨으로 기각해주시기 바랍니다.

재 변호인단에서 녹취하고자 하는 이유는 무엇입니까?

2258 변 소상히 이걸 우리가 알아야 될 거 아닙니까. 이거 우

리가 뭐 귀로 듣고 뭐 이게 말해가지고서 우리가 공판 준비상 그건 뭐 법률이 그렇고 상식으로라도 그건 불가능한 이야기고 그러기 때문에 군법회의법의 법률 명문으로 제정했다고 봅니다. 이게 우리가 귀담아 흘러가는 말 듣고 전부 변호인이 그걸 기억을 한다든가 그것을 불가능한 일 아니겠습니다.

2325 또 사정에 의한 게 아니고 법률에 명문이 되어 있습니다 이건 녹취할 수 있다. 할 수 있다가 아니에요.

2333 **변2** 한 가지 보충해서 말씀드리겠습니다. 지금 녹취를 해야겠다는 것은 공소장 내용을 녹취하겠다는 것이 아니고

재 알겠습니다.

변2 오늘 심문에서 피고인들이 진술한 내용을 일일이 기억할 수가 없으니 법에 근거가 있고 그러니까 녹취하는 것을 허용해주십사 하는 말씀입니다.

2427 **재** 지금으로부터 10분 동안 휴정 후에 속개하겠습니다.

2454 **남** **휴정 끝!**

2458 **재** **본 군법회의를 속개하겠습니다.**

남 **착석**

2508 **재** **합의한 결과 녹취신청을 받아들이지 아니하겠습니다. 다만 사건의 중대성에 비춰 피고인의 방어에 지장이 없도록 조서작성에 신중을 기하도록 하겠습니다.**

변 **재판장 뭐 지휘에 따를 수밖에 없는데 법무사께서 말씀하신 대로 이 사건은 중대하니까 이것을 녹취를 못 하고 한다는 건**

재 **잠깐 말씀하실 때는 변호사의 성함을**

2540 변 **저 변호사 강봉재입니다. 우리가 이 저 법치국가에 지금 우리가 군법회의를 법률에서 명료하게 그리고 엄숙하게 운영하자고 그러는 걸 하는 줄로 압니다. 법률에 제정한 그 변호인의 그 권리를 혹은 법률이 정한 것을 기각한다는 건 대단히 유감으로 생각하고 그러면 군법회의법 9·10조에 의한 신청을 기각했다는 그것만으로도 기록에 명백히 올려주면 감사하겠습니다.**

나. 쪽지 재판에 대한 위법성 지적(태윤기 변호사) 9차 공판기일 녹취록 ③

변 네, 박흥주 피고인의 변호인입니다. 역사적인 본 재판에 있어서 박 피고인을 위하여 변론하게 된 것을 대단히 영광으로 생각합니다. 그 의미는 첫째는 두 번 다시 있을 수도 없고 있어서도 아니 되는 이 건 재판 과정을 눈으로 직접 볼 수 있고 또 먼 훗날 민족과 역사를 위하여 증언할 수 있는 기회를 가지게 되었다는 점에서 영광이라고 생각합니다.

2026 **또 하나는 M16을 거총한 군인들이 경계하는 삼엄한 군법회의에서 계속해서 쪽지가 날아오는 것을 지켜보면서 비상계엄하 단심을 받아야 하는 박 피고인을 위하여 위헌 여부 제청 신청을 하였던 것인데 납득할 수 없는 이유로서 짓밟혀버렸고 군법무관이라는 직업이 천하고 죄나 지은 사람처럼 변호인을 지낸 사람이 운운하면서 법정을 통하여 다중의 면전에서 인신공격 같은 수모를 받아야 했고**

2119 기피 사유 소명서와 즉시항고장을 제출하다가 헌병으로부터 뒷덜미를 잡히는 등 모욕을 받았습니다. 뿐만 아니라 이 사건을 법조 생활 30여 년에 처음으로서 변호인을 맡는 데에 대해서 경찰관으로부터 방해를 받았고 자기 집에는 시민이라고 하지만 조직적인 협박 전화가 왔고 심지어 역적 재판을 한다고 하여 살해하겠다는 서신까지 보내고 있습니다.

2206 더구나 이 군법회의를 설치한 계엄사령관이 연행되는 소동을 일으키는 이런 시국에 있어서 인내와 더불어 요행히 변론의 기회를 가지게 되었다는 의미에서 본 변호인은 대단히 영광으로 생각하는 것입니다.

다. 공판조서 열람 거부 등 공판 절차 전반에 대한 변론(안동일 변호사) ④

9차 공판기일 녹취록

2118 피고인도 아무리 검찰관의 논거와 같이 대역무도한 원흉이라 할지라도 자기 생명, 신체, 자유 등을 검찰의 공격 말하자면 공소권에 대해서 부당한 침해로부터 방어를 할 권리 말하자면 응소권을 가진다고 하겠습니다. 특히 군법회의권은 우리가 알기론 강학상 당사자주의적 소송구조와 공판중심주의가 일반 형사소송법보단 많이

2150 강화된 훌륭한 절차법으로 알고 있습니다. 그런데 유감스럽게도 이번 공판 절차에 있어서 법이 정하고 있는 적법 절차가 외면당한 경우가 허다하였다고 아니

할 수 없습니다. 차제에 몇 가지 지적을 하여 보겠습니다.

2211 **첫째로, 군법회의법 64조에 의하면 공소제기 후 변호인의 본질적인 권리인 서류증거물의 열람 등의…열람·등사권이 보장되지 않았습니다. 둘째로 대심판결의 공개원칙이 납득하기 어려운 이유로 제한되었습니다. 세 번째론 군법회의법 82조·86조·88조·89조에서 공판조서 열람은 변호인이 수차에 설친 서면 내지 구두 항의에도 아랑곳없이 이 사건 결심 당시까지 이뤄지지 않았습니다.**

2252 이 점에 관해서 재판부에선 공판조서의 열람은 일반 형사소송법과는 달리 군법회의법에 있어선 열람을 허용하지 않아도 된다 하는 견해를 취하는지도 모르겠습니다. 하지만 일반 형사소송법에 있어서의 형사소송법 55조에 의하면, 변호인이 없는 경우 죄송합니다. 공판조서의 열람을 허용하지 않을 경우엔 그 조서의 증명력이 없는 것으로 되어 있습니다.

2331 이 경우 "변호인이 없는"이란 것을 군법회의법에 끌어올 순 없습니다. 왜냐하면 형사소송법에 있어서는 변호인·국선변호인 제도가 필요적이 아닙니다. 따라서 변호인이 없는 경우에 재판을 받는 피고인이 허다합니다. 그러한 경우 피고인의 권리를 보호하기 위해서 공판조서 열람을 피고인이 원할 때 응하지 않으면 그 공판조서는 증명력이 없다고 보는 것입니다.

2406 그러나 군법회의법은 국선변호인 제도가 필요적입니다. 변호인 없이 재판할 수 있는 데가 아닙니다. 따라

서 군법회의법 64조에 의해서 변호인 공판조서의 열람권을 변호인으로서 본질적으로 권리고 고유권이라고 하겠습니다. 이는 제한할 수도 응하지 않을 수도 없는 것입니다. 이 점에 관해서 말씀드려 죄송합니다.

2441 **특히 네 번째로 공판조서 녹취는 처음부터 허용되지 않았습니다. 다섯 번째로 피고인 신문의 방식은 변호인으로서 본질적 권리로서 공소사실과 정상에 관해서 직접 신문하도록 규정되어 있으며 중복되고 사건에 관계없는 사항 또는 국가기밀이라 하여 무조건 제한할 수는 없습니다.**

2509 여섯 번째로 증거조사를 신청하면 미리 상대방에게 이를 열람할 기회를 주어야 하는데도 충분한 기회를 주지 못하였습니다. 일곱 번째로 증거된 서류의 증거조사 방식은 그 요지를 고지하여야 함에도 목록의 제시 이외에 요지의 고지 또는 낭독이 불충분하였습니다.

2530 여덟 번째로 증명력을 다투는 적어도, 변호인에게 검찰관이 제시한 모든 증거에 대해서 그 증명력을 다투는 권리를 부여하는 적당한 기회를 주어야 함에도 이를 주지 않았습니다. 이러한 여러 가지 점을 지적하지 않을 수 없습니다. 따라서 이 사건 공판에 있어서 절차의 공정은 근저에서부터 동요를 일으켰다고 보지 않을 수 없

2557 고 이를 가지고 과연 공정한 재판을 기대할 수 있을 것인가 반문하고 싶습니다.

라. 구체적인 허위 공판조서의 작성 – 9차 공판조서 ⑤

피고인 김재규는 법정 외에서 진행된 유혁인에 대한 증인신문에 참여하지 못하였는바, 상고심에서 증인신문권과 반대신문권의 침해를 문제 삼으며 증인신문 절차의 위법성을 지적하였습니다. 그런데 대법원은 소송관계인들은 공판조서에 "별 의견이 없다"고 진술하였음이 기록상 명백하다면서 배척하였습니다.

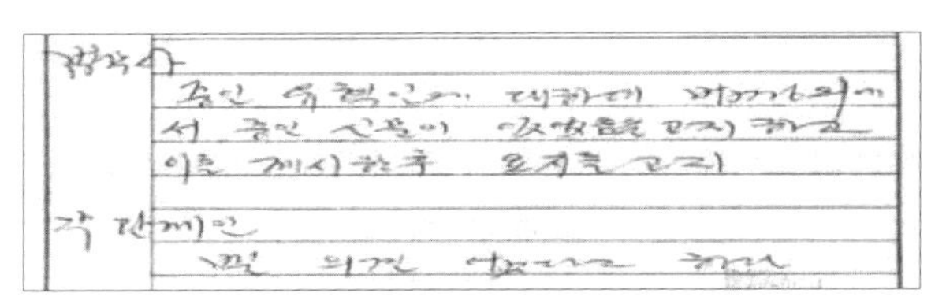

재판장
증인 유혁인에 대하여 법정외에서 증인신문이 있었음을 고지하고 이후 게시한 후 요지를 고지
각 관계인
별 의견 없다고 진술

제9차 공판조서 771면(공판기록 001279면)

위와 같이 공판조서에 별 의견이 없다고 기재된 바 맞습니다. 그러나 녹취록에 따르면,

	군	공판 준비 끝
0953	**재**	지금으로부터 군법회의를 개정하겠습니다.
	군	착석.
1028	**법**	어제 피고인들이 퇴정하면서 유혁인 증인에 대한 증인신문이 있었는데 그 요지를 알려드리겠습니다. 우선 청와대 비상소집이 있었던 내용과 청와대에서 육본 B2 벙커에 와서 국무회의 절차에 관한 논의가 있었던 사실 그다음에 국방부에 올라가서 계엄 선포에 따르는 여러 가지 사실을 논의했던 사실 등이 증언이 되었는데,
1107		피고인들에게 각별히 불리한 증언은 없었습니다.

위와 같이 이야기할 뿐 증인신문조서를 제시하는 절차도 없었고 피고인 김재규가 "별 의견 없다"고 진술하지도 않았습니다. 이처럼 제9차 공판조서도 사실과 다르게 허위로 작성되었는데, 대법원은 허위로 작성된 공판조서에 따라서 위법한 소송 절차를 책문권의 포기로 치유된다고 판결하였던 것입니다.
위와 같이 사실과 다르게 기재되어 있거나, 축소되어 있거나 의미가 왜곡된 경우가 많습니다.

5. 재심 청구 이유에 대한 설명

가. 민간인에 대한 군법회의 재판관할의 위헌·위법성에 따른 재심 청구
나. 비상계엄 발동 요건 불비에 따른 재심 청구
다. 고문·가혹 행위 등에 따른 재심 청구

고문 수사의 불법성 – (김태원 최후 진술) 9차 공판기일 녹취록 ⑥

4023　전 그 사람들 총을 쏠 당시도 몰랐고 지금 현재도 얼굴을 기억을 못 하겠습니다. 또 수사기관에 체포되어 갔을 때 차 실장님 두 발, 차 실장님한테 두 발 쐈단 그 두 발 이야기와 신음소리를 했단 것 전혀 사실무근입니다. 강요에 의했고 말이 전 다른 두 사람하고 말이 맞지 않는다고 그러면서….

4126　수사한 수사관은 이야기하고 한 수사관은 공병 곡괭이 자루를 가지고 다니면서 어깨를 치고 저쪽 다른 방에선 비명소리가 들려오고 이런 상황에서 제가 그

걸 안 했다고 제가 못 들었다고 계속 우겨봐야 저한테 불리한 제가 거길 빠져나올 수 없는 생각이 들고 해서 그 사람들이 원하는 대로 이야기했던 거고 불러주는 대로 제가 썼던 겁니다. 이상입니다. 끝.

김재규 재심 변호인단:
이상희 변호사, 이영기 변호사, 조영선 변호사
2020년 5월 25일

피고인 김재규

10·26 비공개 재판 통합 증언록

초판 1쇄 2024년 11월 27일 발행

지은이 김재홍
펴낸이 김현종
출판본부장 배소라 **디자인** 조주희 푸른나무디자인
마케팅 안형태 김예리 **경영지원** 문상철

펴낸곳 (주)메디치미디어
출판등록 2008년 8월 20일 제300-2008-76호
주소 서울특별시 중구 중림로7길 4, 3층
전화 02-735-3308 **팩스** 02-735-3309
이메일 medici@medicimedia.co.kr **홈페이지** medicimedia.co.kr
페이스북 medicimedia **인스타그램** medicimedia

ISBN 979-11-5706-379-6 (03300)

폴리티쿠스는 (주)메디치미디어의 현대정치사 전문 브랜드입니다.